中東欧の資本主義と福祉システム

ポスト社会主義からどこへ

堀林　巧
Takumi Horibayashi

旬報社

目　次

目　次●中東欧の資本主義と福祉システム──ポスト社会主義からどこへ

プロローグ　中東欧、資本主義、福祉システム、社会主義
　　　──本書の課題・方法・構成
　Ⅰ　本書の課題　*11*
　　はじめに　*11*
　　1　システム・パラダイムと中東欧諸国の資本主義への転換　*18*
　　2　東欧革命（＝政治転換）以後の中東欧の5つの目標　*23*
　　3　中東欧資本主義研究の意義と目的　*30*
　　4　福祉システム──ポランニー、エスピン‐アンデルセン　*36*
　　5　資本主義形成と福祉システムの変容──「断絶」と「継承」　*38*
　Ⅱ　本書の方法と構成　*42*
　　1　本書の方法　*43*
　　　──試行錯誤の実践と比較経済学（比較経済体制論）と比較福祉レジーム
　　2　本書の構成──先進国分析と中東欧研究　*50*

第1章　資本主義と福祉システム分析の視座
　はじめに　*57*
　Ⅰ　ポランニーの『大転換』と資本主義の不安定性　*60*
　Ⅱ　ポランニーと国家、グローバル資本主義、ナショナリズム、
　　　資本蓄積形態、人間観　*64*
　　1　国家の多面性理解　*64*
　　2　グローバル資本主義の視点　*65*
　　3　社会的な単位としての国家とファシズム　*66*
　　4　二重運動と資本蓄積形態の変化　*67*
　　5　ポランニーの人間観と資本主義　*68*
　Ⅲ　戦後資本主義の動態と多様性　*71*
　　はじめに　*71*

目　次

　　1　黄金時代の資本主義――フォーディズム　77
　　2　黄金時代＝フォーディズム終焉の要因　79
　　3　資本主義の多様性――1970〜80年代の先進国資本主義　81
　　4　金融主導型資本主義の形成と動揺――1990年代〜現在の動態　87
　　5　ポランニー、資本主義、社会主義――将来社会展望　96
　Ⅳ　現代福祉システム分析　102
　　はじめに　102
　　1　戦後復興・高度成長期の福祉システム　105
　　　　――戦後コンセンサスにもとづく福祉国家
　　2　福祉システムの分岐　119
　　　　――1970〜80年代の米国・イギリス、北欧、大陸欧州のルート
　　3　1990年代以降の先進国の社会政策・福祉システムの動向　134
　　　　――EU社会政策と「第三の道」

第2章　中東欧資本主義と福祉システムの研究動向

　　はじめに　151
　Ⅰ　中東欧資本主義研究史と研究動向　152
　　1　転換不況――転換始発期の政策不況　155
　　2　資本の本源的蓄積研究――混合所有研究、社会構造変化の研究　166
　　3　中東欧に出現した資本主義の多様性　179
　　4　欧州経済格差の歴史と現状　186
　　　　――ベレンド、ロサーティ、ハイデンライッヒの研究
　Ⅱ　中東欧福祉システムの研究動向　193
　　1　社会主義の成果か「時期尚早の福祉国家」か　196
　　　　――「コルナイ vs. フェルゲ論争」
　　2　中東欧福祉システムの変容と国際諸機関の役割　204
　　　　――ディーコンらの見解
　　3　拡大欧州の雇用・労働・貧困・福祉の比較研究　211

第3章 資本主義の形成と福祉システムの変容
　　　　——20世紀末の中東欧

Ⅰ　資本主義への転換と社会的コスト——1990年代の中東欧社会経済　*261*
　1　転換戦略と幻想　*261*
　2　転換の社会的コスト　*273*
　3　中東欧の資本主義の多様性　*301*
Ⅱ　中東欧福祉システムの変容——動態と多様性　*326*
　1　社会支出、社会保障再編、社会保障の担い手　*326*
　　　——ヴィシェグラード諸国の事例
　2　年金制度の改編——ハンガリーの事例　*342*
　3　ジェンダーと社会政策——ハンガリーの事例　*374*

第4章 外資依存経済のアポリア——21世紀初めの中東欧
Ⅰ　準中心国と準周辺国への分岐と経済危機　*408*
　　　——輸出志向経済と従属金融型成長
　1　ヴィシェグラード諸国の外資依存型資本主義　*408*
　2　ヴィシェグラード諸国の発展パターン　*411*
　　　——輸出志向の準中心国経済
　3　バルト三国の従属金融型発展パターンと純粋な新自由主義　*417*
　　　——「準周辺国」経済
　4　スロヴェニアとネオ・コーポラティズムとブルガリア、
　　　ルーマニアの非力な国家　*422*
　5　スロヴェニアの輸出志向経済とブルガリア、
　　　ルーマニアの従属金融型成長　*424*
　6　経済危機と政治の右傾化　*427*
　7　中東欧資本主義の多様性と共通性　*435*
Ⅱ　欧州社会モデルと中東欧——競争と連帯のはざまで　*440*
　1　中心国の政治的決断によるEU東方拡大　*444*
　2　中心と周辺の経済関係　*447*

目　次

　　3　東方拡大過程と社会政策——社会的欧州は二次的目標　*450*
　　4　拡大 EU と「埋め込まれた新自由主義」　*455*
　　5　欧州危機と社会的欧州の必要　*458*

エピローグ　ポスト社会主義からどこへ
　　　　——良い資本主義 vs. 社会主義
　　1　1970 年代から現在までの私の研究の軌跡　*465*
　　2　ポランニーの議論　*470*
　　3　戦後資本主義と比較経済学——レギュラシオン学派の議論の意義　*478*
　　4　比較経済学の反省と批判的政治経済学の興隆　*483*
　　　　——ストリークとジェソップ
　　5　一層の分析が必要な分野・論点——「対抗運動」、「成長」、「政策」　*487*
　　6　将来社会構想——グランド・デザイン　*495*
　　7　本書の結び　*508*

参考文献　*513*

あとがき　*527*

索　引　*531*
　　人名索引　*531*
　　用語索引　*533*

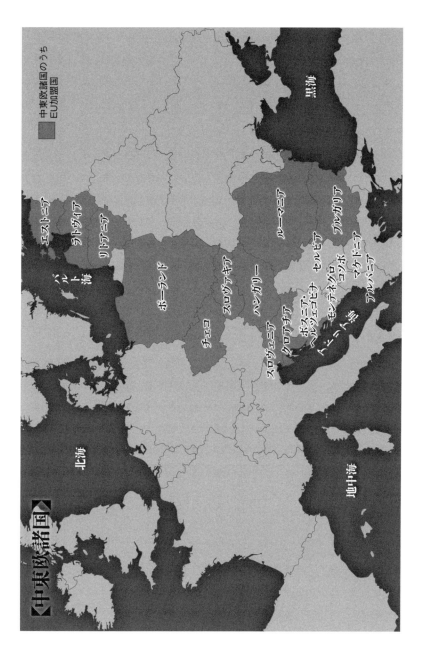

プロローグ

中東欧、資本主義、福祉システム、社会主義
──本書の課題・方法・構成──

I　本書の課題

はじめに

東欧の社会主義の時代──暗い時代？

　1989年の東欧革命以後、そう時を経ていない頃のことであったと思う。ハンガリーの経済学者サムエリが、当時ブダペストで流行っていた小噺を私に知らせてくれた。

　「社会主義とは何か」という問いに対する答えが「資本主義と資本主義の間にある暗くて長い道」であるというものであった。なるほど、よくできた小噺である。

　ハンガリーを含む東欧諸国は、遅くとも1940年代末に社会主義への道を歩み始めた。それからおよそ40年経って1989〜90年には共産党一党支配体制を止め、複数政党制度を復活させ、自由選挙を実施し、民主主義政治を始めた。次いで、価格・貿易を自由化し、国有資産を民営化し、資本主義への道へ踏み出した。

　1940年代末の社会主義開始以前の東欧の体制は、資本主義であった。1989〜90年頃に東欧諸国が歩み出したのは資本主義への道である。したがって、東欧に即して社会主義を定義するならば、社会主義と呼ばれる体制が存在していた1940年代末から約40年の期間が社会主義の時代である。「暗くて長い道」であったかどうかは別として、その期間を「資本主義と資本主義の間」にある時期と特徴づけてよいことはたしかである。

　真偽のほどはたしかでないが、マルクスを読まない人が多くなったという説がある。マルクスを知らなければ上の小噺の落ちはわからないので、無粋であるが説明しておこう。マルクスにおいては、社会主義は人類の歴史のなかで資本主義の次に来る社会である。その限りで、東欧で歴史はそのとおり動いた。しかしながら、他方で東欧ではマルクスの想定とは異な

プロローグ　中東欧、資本主義、福祉システム、社会主義

り、社会主義の後に資本主義が再度待ち受けていた。それがこの小噺のオチである。

東欧の資本主義の時代――再び暗い時代？

ところで、1989年の東欧革命までが「暗かった」のなら、東欧革命以後、現在までのおよそ四半世紀に及ぶ期間はどうであったのか。その期間が資本主義化の時代であり、次いで資本主義化を経て資本主義が作動してきた時代であったことは疑いない。換言すれば、それは資本主義の時代であった。その期間は、東欧に暮らす市井の人々にとって「明るい」ものであったのであろうか。これが本書で検討する事柄の一つである。

2015年夏の終わり、中東からの難民に対して冷たい態度をとるハンガリーの右翼ナショナリストの政権が世界で話題になった。それからしばらくして、ハンガリーとよく似たナショナリストの政権がポーランドでも誕生した。右翼ナショナリズムを好む人は世界のどこでも一定数いるものである。しかし、生活が安定し人々の多くが幸福に暮らしている社会において、右翼ナショナリズムを掲げる政党が政権に就くことは多くない。したがって、上の問いに対する答えは決まっているように思える。「東欧革命以後の東欧」は「明るくはなく」、そこに暮らす人々は「幸福でなかった」というのが答えとなりそうである。

しかし、そう答えるにはまだ早い。すべての東欧諸国がハンガリーやポーランドと同じかどうかわからない。また、ハンガリーやポーランドにしても、1989年以後のすべての期間が「暗かった」わけでないかもしれない。こうして、東欧革命以後現在までの期間の東欧諸国の動向を分析して、上の問いに答えることをしなければならない。本書はそれを行おうとするものである。しかし、問いはまだ広がる。

東欧の資本主義の時代は先進国でも資本主義の時代

現在、先進国の多くもまた、経済停滞・失業・貧困問題等に直面している。そこでは、すべての人々が幸福に暮らすには困難な状況がある。これと関連して、ドイツの「ドイツのための選択肢」、フランスの国民戦線、

オーストリアの自由党、スウェーデンの民主党、イギリス独立党など、西欧や北欧でもナショナリスト政党が反移民を掲げ、各国有権者のなかで一定の支持を獲得している。米国にも反移民を唱える大統領候補を支持する有権者が少なからず存在する。

このように、ナショナリストが政治舞台で影響を持っているのは、ハンガリーとポーランドに限ったことではない。東欧の両国の人々だけに限定して「幸福ではない」と言うのは正しくない。先進国のなかにも失業・貧困状態にあるか、あるいは中間層からの没落の恐れがあるため「幸福でなく」、不安感から右翼ナショナリストの扇動に耳を傾ける人も少なくないのである。不平等の増加や貧困層の拡大は、1970年代初頭に「黄金時代」が終わって以後の先進国における長期的傾向である。そして、冷戦終結とソ連・東欧社会主義崩壊以後、その傾向は一層顕著となっている。

政府や社会による資本主義への規制を緩和し、「資本主義をもっと野放しにすべき」と唱える新自由主義イデオロギーは、1990年以後になると英米などのアングロ・サクソン諸国を越えて、先進国全体に普及した。すなわち、多くの先進国で、新自由主義イデオロギーに沿った政策や制度が導入された。この文脈において、東欧の資本主義の時代は、先進国においても比喩的に表現すれば資本主義の時代であったと私は考えている。私は、先進国と東欧諸国の経済を分析した前著のタイトルを『自由市場資本主義の再形成と動揺』としたが、その際「自由市場資本主義の再形成」とは新自由主義イデオロギーと政策にもとづく資本原理の強化を意味していた（堀林 2014 参照）。そして、資本原理の強化の時代は上で述べた「資本主義の時代」であったと言えるのである。

先進国における「ポスト資本主義的言説」と東欧

和製英語で「リーマン・ショック」と呼ばれる世界金融危機と同時不況が 2008 年に起きた。金融危機の一因は、規制緩和された後の金融機関の無謀・無責任な行為にあった。金融危機によって、多くの人々が富を失い、同時不況で職も失った。こうして、危機と不況の後、規制のない資本主義を擁護する声は小さくなった。また、危機と不況のなかで、多くの国では

ケインズ主義的な景気浮揚策がとられた。日本における「構造改革」から「アベノミクス」への変化はこの流れのなかにある。

他方で、債務危機にある南欧諸国の支援と絡めて、ドイツなど欧州中心国やEUが南欧諸国に緊縮政策を迫るといった事象が見られる。このように先進国や先進国の影響力が大きな国際機関においては、「新自由主義」的言説と政策が——大手を振っているわけではないにしても——消え去ったわけではない。したがって、新自由主義が消え去っていない限りで「資本主義の時代」は先進国で続いているとも言える。

そうした現状のなかで「長期停滞」、「資本主義の危機」、「ポスト資本主義」といった言説が現れ、小さくない影響力を持っている。現在の先進国の低成長ないしは停滞傾向を戦間期の「長期停滞論」を援用しながら説明しようとする米国のサマーズ元財務長官の議論が注目されている。米国だけではない。ドイツではストリーク（またはシュトレーク）の「資本主義の危機」論が現れ（シュトレーク 2016）、日本では水野の「資本主義終焉」論（水野 2014）や広井の「ポスト資本主義」論（広井 2015）が話題を呼んでいる。

ストリークも水野も、1970年代に先進国の資本主義が成長と利潤獲得の限界を迎え、その後は物の生産よりも情報化や金融操作によって延命してきたとする。そして、資本主義の延命形態もまた行き詰まりを迎えているのが現在だととらえている。広井は、そうした時代をネガティブではなく積極的にとらえ、自然の享受の時代、手作りの経済重視・地域経済活性化時代の到来とみる「ポスト資本主義」論を提示している。藻谷らの「里山資本主義」論（藻谷・NHK取材班 2013）も広井の立論と遠くない。

こうして、一方で右翼ナショナリズムに引き寄せられる人々を生み出す経済・社会状況が見られ、他方で経済政策面において新自由主義からケインズ主義への変化があり、さらには現状を資本主義の停滞期ないしは限界ととらえる言説、そのなかには「ポスト資本主義」を展望する言説までが出現している。これが先進国の現在なのである。

私は、世界経済の中心に位置する先進国と、多くが「半周辺」に位置する東欧諸国の事情が同じであるとは考えていない。それについては本書の

分析でも示す。しかし、東欧の資本主義の時代と先進国の資本主義の時代に、不平等と貧困増大といった類似の社会状況が生み出され、右翼ナショナリズムの台頭という類似の現象がみられることに注目する。そして、それだけでなく、東欧諸国の分析にあたって先進国における新自由主義的政策の行き詰まりとそれに代わる政策の探求や「ポスト資本主義」的言説も念頭に置いておくべきであると考えている。

こうして、先進国の分析と東欧諸国の分析を並行して行うほうが、東欧の現状と将来がよりよく見えるというのが本書の立場、私の観点である。

本書の分析対象と叙述の方法──比較経済体制論

本書の課題が、東欧革命以後の東欧諸国の歩んできた道を分析することであることはすでに述べた。東欧諸国が歩んできたのは資本主義の道であったから、本書では東欧の資本主義を分析することになる。さらに、その道が人々にとって幸福なものであったかと問う際には、資本主義と合わせて福祉システムの変化もフォローする必要がある。こうして、本書では東欧の福祉システムも分析する。

上述したように、東欧の資本主義をとらえる際には、先進国における資本主義の態様の分析が有意義であるというのが私の立場である。東欧の資本主義の時代は、先進国の資本主義の時代でもあった。そして、その時代に東欧と先進国では共通する傾向・事象が見られた。さらに、東欧の将来を展望する際には、先進国で述べられている「ポスト資本主義」構想も参考になる。このような観点から、本書では東欧を分析対象としながら先進国の資本主義についても一定の分析を行うのである。東欧革命以後の東欧諸国の福祉システムも、先進国の福祉システムおよびそれに関わる言説の影響を受けてきたため、本書では東欧諸国の福祉システムだけでなく先進国の福祉システムも検討する。一言で言えば、本書は比較経済体制論的な視野からの東欧資本主義と福祉システム分析である。

このあたりで、まだ一般にはよく使用されている「東欧」という術語を、現在、学術の世界で使用されている術語である「中東欧」に切り替える。「東欧」に代えて「中東欧」という術語が使用されるようになって久しい

プロローグ　中東欧、資本主義、福祉システム、社会主義

が、「中東欧」について厳密な定義がなされているわけではない。この後、本書で「中東欧」という術語を使うが、その際、中東欧には冷戦時代に使用されていた「東欧」に含まれていた国のうちで、今は存在しない東ドイツ（ドイツ民主共和国）を除く諸国と、旧ソ連の継承諸国家のうちバルト3国（エストニア、ラトヴィア、リトアニア）が含まれると断っておく。

　こうして、本書の分析対象は中東欧の資本主義と福祉システムである。中東欧諸国全体を分析対象としながらも、本書の叙述に際してはハンガリーの事例が多く取り上げられている。それは私の研究歴に関係してのことであり、ハンガリーが中東欧のなかで特別な位置を占めているからではないことも初めに断っておく必要がある。

　私は、1975年から現在まで40年の間、ハンガリーを中心にしながら中東欧の経済社会動向を追跡してきた。そして、1985年以後は、ほぼ毎年ハンガリーに滞在し、現地調査を続けてきた。ハンガリーを中心に調査研究を続けてきたが、私にはハンガリーの専門家であるという意識は強くなかった。社会主義と資本主義の比較、そして経済システムの多様性を主題とする比較経済体制研究分野の研究者というのが私の自己認識であったし、現在もそうである。

　この自己認識に即して、私はハンガリーで現地調査を行うものの、同時に中東欧諸国の動向を文献を通じて研究してきた。さらに、中東欧の経済社会動向を経済体制論の視点から、他地域の経済社会動向、特に先進国の動向と比較する試みを怠らなかったつもりである。とはいえ、本書の叙述において中東欧を検討する際には、結果としてハンガリーの事例を持ち出すことが相対的に多くなってしまった。

　このため、いっそのことタイトル「中東欧の資本主義と福祉システム」の後にサブタイトルを「ハンガリーの事例を中心に」にしようと思ったこともあったが、それは取りやめにした。そうすることで、本書の目的である比較経済体制論的な視野での中東欧資本主義と福祉システム研究という性格が薄らぎ、本書の地域研究の書としての性格が強くなりすぎるのを危惧したからである。

　本書は、中東欧を扱っているのであるから、地域研究の書であると言っ

ても間違いはない。しかし、私は本書で中東欧諸国だけでなく先進国のそれを含む資本主義と福祉システムの現状がどうであるか、将来どうなるのかという一般的な問題も取り上げたいと考えている。こうして、最終的な本書のタイトルとサブタイトルは「中東欧の資本主義と福祉システム――ポスト社会主義からどこへ」となったのである。

サブタイトルの「ポスト社会主義からどこへ」の含意についても少し述べておく。私は、ソ連・東欧地域でのポスト社会主義の時代、つまり同地域の「資本主義の時代」は、上で述べたように「新自由主義の時代」であったという意味で、先進国でも「資本主義の時代」であったと考えている。そればかりでなく、先進国の「資本主義の時代」は、社会主義的な代替案が失われた時代であったという意味で「ポスト社会主義」の時代であったと考えている。

ソ連・東欧の社会主義体制が崩壊したからと言って、先進国で社会主義的な代替案がなくなったと考える必要はない。しかし、現実にはソ連・東欧の社会主義体制崩壊以後、ソ連・東欧諸国だけでなく先進国でも社会主義の言説が弱まったことは事実である。しかし、それもある特定時代の事象であった。私は、上記のような現在表れている「ポスト資本主義」の言説が社会主義と繋がる可能性が充分にあり、その兆しを指摘しようと思えばできるのが今日の先進国の状況であると考えている。

しかし、中東欧で資本主義の時代と同一のものであった「ポスト社会主義」時代が別の時代に移行していると明言できる状況にはない。同様に、先進国の「ポスト社会主義」時代が「社会主義」時代に向かっていると明言できるわけでもない。その問題を考えてみたいという動機から、私は本書のサブタイトルを「ポスト社会主義からどこへ」としたのである。

さて、本書の課題、対象、叙述の方法について概要を述べた。いささか長くなり、プロローグをこれで結んでもよさそうであるが、第1章からの叙述の内容を一層明確にするため、もう少し以上の内容を展開してみる。

プロローグ　中東欧、資本主義、福祉システム、社会主義

1　システム・パラダイムと中東欧諸国の資本主義への転換

　社会主義経済における不足のメカニズムを解明したことで知られるハンガリーの経済学者コルナイは、中東欧で起きた資本主義と民主主義への転換に関して、それは長期の視点からとらえれば肯定的であったが、資本主義化の過程で多くの人々が日々の生活で味わった苦痛、失望を無視することはできないと述べ、転換をバラ色の過程ととらえてはいない（Kornai 2000）。かつて社会主義に批判的であったコルナイのような学者でさえ、1989 年以後の中東欧諸国における資本主義化を体験したなら、当然、そうした評価になるのだと私は考える。
　また、コルナイはシャバンスとの対談で、2010 年以後のハンガリーの状況を後退とみなし、現在のハンガリーの政権の政策を批判している（コルナイ／シャバンス　2014）。上で述べたハンガリーの右翼ナショナリスト政権は、2010 年のハンガリー総選挙の結果を受けて誕生した。同年、右翼ナショナリスト政党フィデスが政権に就き、それ以後専制的な政治を行っているが、それをコルナイは批判しているのである。シャバンスとの対談で触れてはいないが、コルナイは反ロマ・反ユダヤ主義の極右政党ヨッビクがこの国で議会第 3 党の座を占めていることも危惧しているはずである。私はそれを危惧している。
　ハンガリー右翼ナショナリスト政権は、前述のように、シリアなど中東からの難民の入国を阻止するため、2015 年に「越境防止フェンス」を建設した。それ以後、この政権を擁するハンガリー現政権は欧州右翼・反難民勢力の東の砦とも言うべき存在となっている。
　しかし、およそ四半世紀前の 1989 年夏、ハンガリー共産党（社会主義労働者党）政権が、西ドイツへの移住を望みハンガリーに入国した東ドイツの人々のために、ハンガリーとオーストリアの国境を開放したことを思い出すべきである。当時、ハンガリーの市民だけでなく政権も、国籍とかかわりなく人々が国境を超えて移動する権利を重要な人権と考えていた。そうしたハンガリーの 1989 年の空気を現場で吸ったことのある私のよう

な観察者にとり、当時と現在のこの国の空気の違いは驚きである。

　ところで、コルナイは2010年以後のハンガリーの変化以前には、1989年以後に中東欧で起きた転換を長期的には肯定的であるとして評価してきた。それは、彼が民主主義と資本主義をそれぞれ、専制的政治と社会主義と比べて好ましいとの価値判断を持っているからである。

　但し、コルナイは、民主主義は好ましいものであっても、資本主義の要件ではないとするシステム・パラダイムを2010年以前のもっと早い時期から提示してきた。すなわち、資本主義と民主主義は必ずしも対をなすものではないと彼は考えていたのである。この点に、いま改めて注目すべきであろう。すなわち、コルナイの「システム・パラダイム」は、ハンガリー右翼政権誕生以前に提示されたものである。ハンガリーの現況をふまえて提示されたものではない。歴史に鑑み「民主主義でない資本主義国」があることを認めたうえで、コルナイはシステム・パラダイムを提示していたのである。不幸なことであるが、コルナイの言っていたことは正しかった。東欧革命の後、中東欧諸国では民主的な政権が資本主義化を試みてきたのであるが、資本主義化したハンガリーで2010年以後は、民主主義的というには問題の多い政権が統治する時代が続いているのである。

　ところで、「システム・パラダイム」とは、コルナイによれば、全体と部分の関係や制度を重視する観点からとらえたシステムに関する理論的枠組み、さらにシステムの動態を内的矛盾から説明する理論的枠組みのことである。また、コルナイはシステム・パラダイムにおいては、比較が重要な方法論となるとしている。そして、経済を中心としながら社会、政治、イデオロギーなどを視野に収めるシステム・パラダイムを先駆的に示したのがマルクスであり、それに続いたのがミーゼス、ハイエク、シュムペーター、ポランニー、オイケンなどであったと指摘している。

　コルナイのシステム・パラダイムにおいて、かつて旧ソ連・東欧に存在した社会主義体制の核心をなしたのは、①所有関係における公的所有の優位、②社会経済的調整における中央指令を通じた官僚的調整の優位、③マルクス・レーニン主義党の政治権力独占、であった。これに対して資本主義体制の核をなすのは、①所有関係における私的所有の優位、②社会経済

プロローグ　中東欧、資本主義、福祉システム、社会主義

的調整における市場（的調整）の優位、③資本主義・私的所有・市場に反対しない政治権力の存在、である。そして、コルナイはこのシステム・パラダイムに照らして見るなら、中東欧諸国で社会主義から資本主義への転換は実現されたと述べている（Kornai 2008）。

　コルナイが資本主義への転換を実現した国とみなしている中東欧諸国は、2004年にEUに加盟したチェコ、スロヴァキア、ポーランド、ハンガリーのヴィシェグラード4ヵ国、エストニア、ラトヴィア、リトアニアのバルト3国とスロヴェニア、2007年にEUに加盟したブルガリア、ルーマニアの南東欧2ヵ国、総計10ヵ国である。

　そして、本書が分析の対象とするのもこの10ヵ国である。これら10ヵ国に次いで、2013年7月にEU加盟を実現したクロアチアや、他のいくつかの中東欧諸国も社会主義から資本主義への転換に成功したとみなしてよいだろう。しかし、中東欧諸国のうち、スロヴェニアを除く旧ユーゴスラヴィア構成諸国やアルバニアなどは、私の研究守備範囲を越えているため本書の分析対象とはしない。

　上で述べたように、コルナイは「資本主義・私的所有・市場に反対しない政治権力」を資本主義の政治的要件とするが、政治的民主主義を資本主義の要件とはしないとしている。軍事政権が統治する国や権威主義的統治で特徴づけられる国でも資本主義は存在したし、現在も存在するからである。

　南欧諸国（スペイン、ポルトガル、ギリシャ）においては、1970年代末まで軍事政権が存在し、軍事政権崩壊以後民主主義制度が整えられたが、軍事政権時代の経済システムは資本主義であった。韓国で軍事政権から民主主義への転換が開始されたのは1980年代後半のことである。韓国でも軍事政権下の経済システムは資本主義であった。現在の中国経済システムについて、国家資本主義とする見方と社会主義市場経済とする見方が存在する。私は国家資本主義とする見方にリアリティがあると考える。しかし、その資本主義に民主主義が欠如していることの説明はするまでもないだろう。

　本書の叙述のなかで検討するハンガリーの事例について簡単に述べてお

く。ハンガリーの現在の政権は総選挙結果にもとづいている（2010年と2014年の総選挙）。その限りで、ハンガリーに民主主義は残っているかにみえる。しかし、反難民政策だけでなく復古主義的憲法制定、マスコミ統制を通じた自由な表現に対する抑圧にみられるように、ハンガリーの現政権の政策・スタンスを特徴づけるのは右翼権威主義と専制的政治であり、民主主義とは言い難い。そして、そうした政治のもとでの現在のハンガリーの経済システムは資本主義であり、現在の政権は資本主義を他のシステムに置き換えるような姿勢を示しているわけではないし、そうした政策を実施してきたわけでもない。

　フランスの国民戦線など先進資本主義国の極右勢力に、グローバル化批判の言説が一部あったとしても、資本主義を他のシステムに変えようとする志向はないことに注意すべきである。この意味で、右翼ナショナリズムは反民主主義であっても、反資本主義ではないのである。

　ハンガリーだけでなく、ポーランドでも右翼権威主義政党が政権に就くといったバックラッシュ（反動）が起きた。中東欧では1989年に政治転換＝東欧革命が起き、その後資本主義への転換が企図され、実施されてきた。そして、ハンガリーやポーランドでは右翼ナショナリスト政権のもとでも反資本主義の実践はなされていない。

　以上のように東欧革命以後、中東欧諸国では「資本主義・私的所有・市場に反対しない政治権力」のもとで、民営化と私的セクターの創出を通じて「私的所有が優位」な体制、自由化・規制緩和を通じて「市場が優位」な体制が築かれてきた。そして、資本主義への転換が成就された。さらに、右翼が政権に就いている国でも資本主義を止めるという実践は行われていない。このように見るのなら、コルナイのシステム・パラダイムにもとづく中東欧の転換の説明は間違っていないのである。

　資本主義と民主主義の関係においてコルナイは「リアルな」規定を行っており、間違っていない。しかし、コルナイのシステム・パラダイムには資本主義の本質的規定である「資本－賃労働関係」が欠けていると私は考えている。

　私は、マルクスの言うとおりでなければならないという考えは持たない。

プロローグ　中東欧、資本主義、福祉システム、社会主義

根拠が示されており、それが説得的なものならば、誰のものであれ、そのシステム・パラダイムを受け入れる用意がある。しかし、コルナイは資本－賃労働関係を資本主義の定義から省く理由を提示していないし、資本－賃労働関係からの資本主義の規定に反対するとも述べてない。私にとって、資本主義の定義から資本－賃労働関係を省く積極的理由はないし、それを省いて資本主義を説明することのほうが困難である。こうして、中東欧の資本主義化の成就を説く場合には、資本－賃労働関係の創出について語る必要があるというのが私の考えである。

マルクスは資本主義を、全般的商品経済と生産手段の私的所有にもとづく資本－賃労働関係の存在から説明した。そして、資本－賃労働関係創出を「資本の本源的蓄積」と呼んだのは周知のところである。中東欧における社会主義から資本主義への転換は、生産物価格の自由化、貿易自由化などを通じた「官僚的調整」から「市場的調整」への転換、すなわち全般的商品経済の形成と、国有資産の民営化政策と私的セクター創出策を通じた「公的所有優位」から「私的所有優位」への所有関係の転換を通じて実現された。しかし、もっと正確に言うのなら、公的所有から私的所有への転換にともなう「資本－賃労働関係の創出」を通じて資本主義は創出されたのである。

ポスト社会主義国で、賃労働は国家資産の民営化と下からの私的セクターの広がりのなかで生まれた。後述するように、中東欧では資本主義化開始直後に大不況が起きたが、この「転換不況」にともなって増加した失業者、すなわち国有企業を解雇され、自らの労働力の買い手を探すことを余儀なくされた人々のなかに資本の本源的蓄積（＝資本・賃労働関係創出）の顕著な実例をみてよいであろう。

資本主義の黎明期に、土地と農村共同体から引き剥がされた農民が、生存のために労働力を売らなければならない地位に転落したのと同じく、社会主義から資本主義への転換にともない国有企業を解雇された中東欧の労働者もまた、生産手段の新たな所有者に労働力を売らなければならない地位に転落したのである。そのことも含め資本主義化の悲惨は、1990年代に「転換の社会的コスト」論として広く議論された。

ともあれ、現在の中東欧諸国では「生産手段の私的所有が優位な所有関係」、「市場が優位な社会経済調整様式」（全般的商品経済）、「資本－賃労働関係が優位な生産関係」を見出すことができる。この意味で、中東欧で資本主義への転換は成就されたと言えるのである。

 本書の主題の一つは、すでに述べたように中東欧の資本主義である。もっと言えば、中東欧資本主義の特質と多様性である。その関連で、資本主義化とは何かをコルナイのシステム・パラダイム論を援用しながら上で示したのである。ところで、中東欧の資本主義の特質と多様性を明らかにするために、また本書の別の主題である福祉システム変容を分析するためには、東欧革命以後の中東欧が実現しようとした目標をみておく必要がある。

2　東欧革命（＝政治転換）以後の中東欧の5つの目標

 オレンスタインらが述べるように、1989年の東欧革命以後、中東欧諸国が目標としてきたのは、①民主主義の維持強化、②資本主義形成、③グローバル経済とEU経済圏への参入、④主権国家の維持であった（Orenstein et al. 2008）。

 東欧革命は民主主義革命であり、自由選挙を経て形成された政権は民主主義の強化を目標とした。上述したように、民主主義からの後退は見られたし、見られる。しかし、中東欧の転換は民主主義への切望から始まったことを忘れてはならないであろう。

 後述するように、東欧革命当時に資本主義化がどれほど明瞭な形で示されていたかは別として、東欧革命後形成された政権が資本主義化をめざしたのはたしかであった。

 上記に加えて、冷戦終結と社会主義崩壊によって旧ソ連への政治的・軍事的従属から解き放たれた中東欧諸国にとって、主権維持がポスト社会主義期の目標となった。1991年に独立国家となったバルト3国とスロヴェニア、「ビロード離婚」により分離し1993年以後2つの国となったチェコとスロヴァキアにおいては、維持すべき国民国家の形成自体も重要な目

プロローグ　中東欧、資本主義、福祉システム、社会主義

標となった。

　さらに、コメコン解体を経て、グローバル経済と EU 圏への参入という目標、それを通じて、上記①〜④のほかに、⑤経済・生活水準の点で旧西側欧州にキャッチ・アップすることも東欧革命以後の中東欧諸国の独自の大きな目標となった。

　ハンガリーの歴史家で東欧革命以後は米国で研究を続けているベレンドは、中東欧地域には、工業化（産業革命）、民主主義的政治体制形成、国民国家形成という西欧地域が成し遂げた課題に挑みながら失敗した、あるいは道半ばに終わった歴史があり、その挫折感を土壌として同地域では第一次世界大戦以後左右の急進主義が興ったと指摘している。そして、戦後の社会主義もその文脈のなかでとらえる著書を刊行している（日本語版は、ベレンド 1990）。

　そして、同書のなかで、ベレンドは中東欧における東欧革命以後の時代を、未完の課題に対する再挑戦の時期ととらえると同時に、東欧革命以後の同地域が、第二次大戦後西欧が辿った道を歩む可能性を有しているものの、左右いずれかの急進主義の台頭によって、それが阻まれる危惧もあると指摘している。ベレンドもまた民主主義の強化と資本主義形成、経済的キャッチ・アップ、独立維持、EU およびグローバル経済への編入など上記 5 つの目標の実現を並行的に追求していくことが、中東欧のポスト社会主義国家と市民の課題であるとみていたのである。

　しかし、中東欧諸国がそうした何重もの課題を同時に達成することは容易でなかったし、容易ではない。キャッチ・アップの点について言えば、2004 年にいち早く EU 加盟を果たした中東欧 8 ヵ国（ヴィシェグラード 4 ヵ国、バルト 3 国とスロヴェニア）の 2000 年の平均一人当たり GDP（購買力平価、米ドル換算）は 6328 ドルであり、旧加盟国（EU15）平均 2 万 3652 ドルに対し、26％強にすぎなかった（Landesmann and Rosati ed. 2004: 278）。また、上述 8 ヵ国にブルガリア、ルーマニアを加えた中東欧 10 ヵ国の 2003 年の賃金平均（購買力平価）は、旧加盟国 EU 賃金平均の 3 分の 1 であった（Alber et al. eds. 2008: 165）。

(1) 階級分化、福祉政策、民主主義の関係

このように、2000年代前半の中東欧諸国は依然として「周辺部欧州」の位置にとどまっていた。そして、そうした位置にある国が、上記の他の課題を果たしていくためには多くの問題に対応しなければならなかった。例えば、社会主義から資本主義への転換は新たな階級形成過程である。したがって、それにともなう対立・衝突をいかにコントロールするかという問題に応える必要があった。この論点を敷衍してみよう。

社会主義社会もノーメンクラツーラと呼ばれる党・国家エリートと労働者、農民、知識人など政治的・経済的・社会的に異なる集団で構成されていた。しかし、社会主義が資本主義社会と比較して経済格差の小さい社会であったことを否定する専門研究者はいない。これに対して、資本主義は資本蓄積動機に規定される体制であり、その形成過程は、資本所有者とその動機を体現する経営者と、労働力を商品として提供し労働することで生活と生命の再生産を行う労働者への階級分化をともなう。そして、資本主義形成過程において、異なる階級・社会集団間の経済格差は社会主義時代よりも大きくなると考えるのが自然である。

事実、中東欧で資本主義形成過程に経済格差は大きくなった。経済格差増大にともなう社会集団間の緊張増大は不可避である。そして、緊張が鋭い対立・衝突に至るかそうならないかは、階級間妥協を図る民主主義的制度の機能や国家の調停能力の強さにかかっていたし、かかっている。政治転換＝東欧革命（1989年）を経て成立したばかりの中東欧のポスト社会主義国家は、資本主義形成過程において、そのような調停能力を持ち合わせているかどうかを試された。

緊張を和らげるために、福祉政策によって資本主義形成の「敗者」に対応する国家があった。労使妥協制度創出により緊張緩和を試みる国家もあった。双方を実施する国もあった。しかし、そうした試みを行い、戦後西側先進国で成功した先例に続くのではなくて、ナショナリズムやエスノ・ナショナリズムに訴え、人々の不満や抗議を宥めようとする国家もあった。さらに、資本主義形成能力だけでなく、資本主義化に伴う緊張増

加を鎮める「調整戦略・能力」も持ち合わせていない国家があった。

　上記のような対応策・能力の違いは、政治家の感性・能力水準に依るところ、すなわち偶然的要素に左右されるところもあった。しかし現在、「経路依存性」という術語で説明されている要因、とりわけ（再）資本主義化の始発点における経済発展水準と市民社会の成熟度という歴史的条件に規定されるところが大きかった。

　経済発展水準と市民社会の成熟度において、西欧の中心国（core）に届かないものの、相対的に見れば中心に近いと言える国では、国家は資本主義形成を行う能力を有するととともに、民主主義的な合意形成か、あるいは福祉を重視する対応策、最も好ましい場合には、その双方を重視する対応策がとられた。そして、そのような対応策がとられる程度が大きい国ほど社会は安定した。

　それに対して、経済発展水準はそれほど低くないが、市民社会が成熟していない国のなかには、資本主義形成の点では有能だが、民主主義と国民生活擁護については敏感でない国家があった。経済は相対的に成熟していたが、市民社会が未成熟であることが、福祉と民主主義的合意を軽視する国家の存在を許したのである。

　また、経済発展の点でも市民社会成熟の点でも文字どおり「周辺」（periphery）の位置にある国では、国家行政能力が弱く、資本主義化が遅れ、民主主義的な合意形成も福祉システムの整備も不充分であった。そこでは、社会は不安定であった。

　さらに、初めは民主主義的政治も資本主義化もうまくやっているかにみえた国でも、資本主義化にともなう問題への対処で誤り、民主主義からの退却、専制的政治に傾いた国があった。そのわかりやすい例が、現在のハンガリーやポーランドである。しかし、そうした退却の例は両国にとどまらないかもしれない。中東欧の多くの国は大きな負荷に耐えるほど、民主主義の歴史的伝統を有しているとは思われないからである。

(2)　国民経済と外資・グローバル経済の関係

　次に、主権の維持・強化の課題と関連して、最低限の自立性を備えた国

民経済を形成するという課題を実現することも困難であったし、困難である。この論点についても以下で敷衍してみる。

　主権国家の維持・強化のためには「ドメスティックな」（＝国民的）ブルジョアジーの存在が必要であることは論を待たない。しかし、当然のことながら、中東欧諸国では社会主義時代に資本家は育っていなかった。そして、本書の叙述で示すように、1990年代半ば頃までの資本主義形成期の中欧では、株式会社化（＝商業化）されたものの、国家の株式保有比率が大きい「ハイブリッド所有」（＝混交所有）の大企業においても、民営化された旧国有大企業においても、経営者の多くは社会主義時代の経営者、特に市場経済において経営を行う能力、すなわち「文化資本」を有する経営者で占められていた（Eyal, Szelényi and Townsley 1997）。

　他方で、中小国有企業の民営化や政府の私企業創設促進策を通じて、土着の中小企業経営者（ブルジョアジー）が生まれたものの、それら中小企業が国民経済において果たす役割は中東欧諸国で小さかった。

　コルナイは、資本主義形成の初期に、土着の企業の漸進的発展を通じて「下から」資本主義が形成されることに期待を寄せていた（Kornai 1990b）。そうした「下から」の資本主義形成を待つという選択肢はあった。しかし、中東欧諸国においてとられたのは、国民的ブルジョアジーの出現までじっくり待つのではなく、製造部門、金融部門の国家資産を外資に売却（＝民営化）するか、当部門で外資のグリーンフィールド投資を呼び込むという政策であった。こうした施策の結果、外資が中東欧経済の大きな比重を占めるに至ったのである。

　外資導入は、相対的に短期のうちに経済構造を現代化する一つの方法として、それ自体責められるべき筋合いのものではない。要は、外資と国民的資本の間で、適度なバランスがとれている経済を構築することであろう。しかし、戦後の黄金時代とは異なり、貿易にとどまらず、資本取引の自由化が進む冷戦終焉後の世界においては、多国籍企業の流入を国民生活保護の視点から戦略的にコントロールする力と意志を持つ国民国家と、それを支える国民が存在することを望むのがかなり無理な注文なのかもしれない。

　外資をコントロールするためには、高い見識と力量を持つ政治家とそれ

プロローグ　中東欧、資本主義、福祉システム、社会主義

を支持する国民の「連合」が必要である。しかし、そのような有能な国家と、有能な国家と連合する「民度の高い」国民がすぐに形成されるわけではない。そのこともまた「経路依存的」に決まる。現在の時点から振り返れば、外資をコントロールする国家と国民の連合は、中東欧諸国のなかではスロヴェニアで見られたものの、他では形成されなかったと言える。

　この結果生まれた過度に外資に依存する経済は、外資の戦略・活動によって国民経済が大きく左右されるという弱点を持つ。そして、その弱点はハンガリーやバルト3国を中心に、2007〜08年の世界金融危機と、その後の経済不況下の中東欧諸国において露呈された。

　中東欧諸国は東欧革命以後に、国民国家および国民経済形成・維持とグローバル経済への編入の「二兎」を追ってきた。一兎も得なかったわけではない。しかし、バランスよく2つの課題を達成してきたわけではないのである。それは中東欧の国家の誤りというよりは、上で述べたように時代環境に起因するものであった。もっと正確に言えば、多くの中東欧諸国の外資依存経済は特定の時代の産物であった。この点についてさらに補足しておく。

　そもそも国民国家が「国境」を存立要件とするのに対し、資本主義はグローバルであり、資本は論理からすれば国境を必要としない。2016年の3月以後に世界を揺るがした「タックス・ヘイブン問題」でも明白なように、課税する国民国家は邪魔であるというのが資本（多国籍企業）の本質的な論理である。多国籍企業は資本主義体制のもとで存在する国民国家が資本主義体制を保障する役割も果たしているから、仕方なく税を支払うのである。

(3)　**資本主義と国民国家──過去と現在、中心と周辺**

　そして、近代資本主義は、国民国家が資本主義体制創出を促し（本源的蓄積）、体制存続を保障するという資本と国民国家の関係のなかで生まれた。しかし、戦後の「黄金時代」の先進国においては、国民国家は資本主義を保障するが、国民福祉にも寄与するという役割を果たしていたことが重要である。国民福祉に寄与するという観点だけではないが、その観点か

らも国民国家は国民経済に関与し、その一定の方向づけを行ったのである。すなわち、この時期には国民国家＝福祉国家と資本主義の「共棲」が見られたのである。しかし、現在そうした関係は世界の多くの国において弱まっている。したがって、国民国家が資本（資本主義）をコントロールし、国民福祉のために役割を果たす点で弱かったとしても、それは中東欧諸国に独自の事象ではない。むしろ、そうした事象は他の地域や国でも広くみられる事象なのである。

　しかし、外資、もっと正確に言えば先進国に本拠を置く資本＝企業への依存度が過度に強い資本主義が形成される「可能性」は、多くの多国籍企業が本拠を置く中心国、つまり先進資本主義国の場合よりも、外国にも進出するような多国籍企業がまだ多くは育っているわけではない「周辺」の新興国の場合のほうが高い。そして、高い外資への依存のなかで形成された新興資本主義国で、国民国家が外資を自国民の福祉のためにコントロールできる余地は、先進国の場合よりも小さい。そして、この可能性が実際のものになった事例が中東欧資本主義であったと言えよう。さらに、そのような資本主義形成のあり方が、ハンガリーやポーランドの2010年代における右翼政権誕生の背景の一つ（すべてではない）になったと私は考えている。外資依存経済が右翼政権をもたらすという因果関係があると言うのではない。外資依存経済においては、権力を求める右翼政党が排外主義的扇動を行い、それに成功しやすい土壌があると言っているのである。

　すなわち、資本主義を廃絶する意志は毛頭ないのに、外国支配からの脱却を求めるナショナリズムに訴えて政権を取り、権力を利用して民主主義政治を専制に代えることを目標とする極右政党にとって、多くの中東欧諸国は支持を得やすい環境にある。その環境からハンガリーやポーランドで「民主的選挙」を通じて非民主主義的政治レジームが生まれた（ハンガリー）、あるいは生まれようとしている（ポーランド）と記しても、大きな反論はないであろうと私は考えている。

(4) 欧州周辺部資本主義の特質と多様性

　さて、上の叙述は資本主義化と民主主義の維持・発展を含む5つの目標

プロローグ　中東欧、資本主義、福祉システム、社会主義

をめざす中東欧諸国が 1989 年以後に直面した困難のうちのいくつかを示すにすぎない。私は、上の 5 つの目標のうち、どの目標を優先するかという当初の選択、さらには選択の結果として生まれた問題への対処と続く複合的プロセスのなかで中東欧資本主義の型の相違（多様性）が生まれてきたと考えている。

　本書では、これらのプロセスを具体的に検討し、欧州の周辺部に位置する中東欧諸国で形成された資本主義の共通する傾向と差異を明らかにする。なお、こうしたアプローチは、私が 1990 年代の終わり以後現在まで研究交流を続けている中欧大学（在ブダペスト）の研究者、ボーレとグレシュコヴィッチのアプローチと共通している。彼らは、『欧州周辺部の資本主義の多様性』というタイトルの著書を 2012 年に刊行し（Bohle and Greskovits 2012）、2013 年にはその著書によってスタイン・ロッカン賞を受賞した。本書の叙述は、彼らの著書・論文および私と彼らとの研究交流の成果に多くを負っている。しかし、当然のことながら、私と彼らの間で見解が異なる場合もある。それは叙述のなかで示す。

3　中東欧資本主義研究の意義と目的

　上のような課題を果たすという点と絡んで、「なぜ、それを行うのか」という問いと、それに対する答えが必要であろう。それについても以下で述べる。

　およそ四半世紀前の東欧革命は世界の耳目を集めた。その後、多くの中東欧資本主義研究が行われてきた。しかし、なぜ中東欧資本主義研究が求められているのかを「自覚」した研究はそれほど多くないというのが私の実感である。先進国資本主義の袋小路、BRICs など新興経済大国の世界経済に占める比重の拡大などの現況のなかで、先進国資本主義、新興経済大国の資本主義研究の場合には、なぜその研究が必要なのかについて自ずから明らかなことが多く、そうした自覚を求められることは少ない。たとえ自覚に乏しい研究であっても、その研究刊行物の読者の多くを占める他の研究者が意味づけをしてくれる可能性も大きい。

他方で、現在の世界においても日本においても、中東欧に対する関心はさほど高くない。政治経済に関心の強い人の間では、「なぜ民主主義になったはずの中東欧のいくつかの国で右翼が政権に就いているのか」という疑問が現在の最大公約数的な疑問ではないかと私は推測する。一般に中東欧に馴染みの薄い人には、なぜわざわざ中東欧の資本主義を知る必要があるのかという疑問があるであろう。そうした疑問に研究者は「答える必要はない」と言っても許されるであろう。学問の自由である。それを認めたうえで、私は中東欧に限らず、継続して特定地域を対象として政治経済・社会・地理など社会科学上の主題と取り組んでいる研究者は、そうした疑問に対する答えを用意しておくのが望ましいと考えている。

(1) 新自由主義の浸透と中東欧資本主義

　私は2014年に刊行した著書『自由市場資本主義の再形成と動揺――現代比較社会経済分析』（堀林 2014）において、先進国資本主義と中東欧資本主義を扱ったが、同書の目的が1970年代に興り、1980年代に米英で成立した「自由市場資本主義」（＝新自由主義的な資本主義）が、他の先進国や新興国とともに、ポスト社会主義中東欧地域にも強い影響力を及ぼしたことを明らかにすることである旨記した。すなわち、特定の型の資本主義の浸透を検証するという視点から中東欧資本主義を取り扱うのが同書の目的であった。実際のところ、1990年代以後、中東欧地域は世界における新自由主義の主な実験場であったため、その研究は「新自由主義とは何か」を明らかにするという「一般的な研究」の一環として有意義である。

　それが、「なぜ中東欧の資本主義なのか」という疑問に対する当時の私の答えであった。そして、本書でもこのような観点から中東欧の資本主義化を検討している。すなわち、中東欧の資本主義化のイデオロギーと政策体系が新自由主義であったこと、そしてそのことが、ポランニーが『大転換』で克明に記した資本の本源的蓄積過程が元来持っている悲惨さを、減じることなく中東欧地域にもたらした理由であることを具体的に明らかにすることが本書の目的の一つである。

プロローグ　中東欧、資本主義、福祉システム、社会主義

(2) 資本主義の限界・脆弱性と中東欧

　しかし、本書の中東欧資本主義分析の目的はそれだけではない。米国、欧州、日本など先進国の現在の資本主義が構造的な限界を持ち脆弱なことは、2008年以後の世界不況とユーロ危機で明らかになった。しかし、資本主義の限界と脆弱性は、先進国だけでなく、中東欧地域の約25年の歴史を振り返っても言えるのではないか。そのことを検証するのも、本書のもう一つの目的である。

　先進国資本主義について言えば、戦後30年に近い黄金時代を経た後の1970年代初め以降不安定化した。それから20年近い歳月を経て、米国経済が金融主導で成長期を迎える。しかし、その成長は10年ももたず、ITバブル崩壊、しばらくして住宅バブル崩壊が起きた。そして、米国経済は2008年以後不況に陥る。米国で金融の量的緩和が終わり、小幅の利上げが実施されたのはようやく2015年末のことである。2008年前後から欧州も不況に陥り、その後、南欧債務問題、ユーロ危機を経験している。

　長引く不況と雇用問題を背景にして、南欧諸国や米国において、チプラス（ギリシャの左翼急進党の党首）、イグレシアス（スペインの左派政党ポデモスの党首）、サンダース（米国民主党の上院議員。大統領候補予備選に出馬し健闘）のような社会主義者の人気が高まるという現象が見られる。他方で、戦後の先進国ではあり得ないと思われた現象、すなわちフランスの国民戦線のような排外主義的右翼の影響力が大陸欧州諸国のなかで強まるだけでなく、米国共和党内の極端な右派政治家の声が国民の少なくない層をとらえる現象が米国でも起きた。

　これが先進国の状況である。それは、ソ連や東欧の社会主義が崩壊した四半期世紀前の「ポスト社会主義」初期の頃とは、かなり異なる様相である。先にみたように、「資本主義の長期停滞」、「資本主義の終焉」などが学術的テーマとなる現在は「ポスト資本主義」とも特徴づけられているが、私はそれを「過剰な」規定とは思わない。先進国の多くの人々が、現在の資本主義のなかで生きることを強く望んでいることを示す事象が減少していると思われるからである。

I　本書の課題

　およそ四半世紀前の東欧革命の最中に中東欧の人々が求めたのは、何よりも民主主義と生活水準の向上であった。資本主義を求めたという人もいるであろう。しかし、後でももっと詳しく述べるように、当時の東欧を知っている専門研究者は軽々しく、東欧の人々は東欧革命の時に資本主義を求めていたなどとは書けない。社会主義時代に郷愁をもっているから書けないのではない。後知恵に属するようなことは書けないというだけのことである。1980年代後半からの、とりわけ1989年のブダペスト滞在時に、私は人々が民主主義を求めていることを痛いほど知った。しかし、人々が求めている経済システム像を具体的につかむことはできなかった。それについては本書の叙述のなかでふれる。

　それでも、1990年代以後中東欧が「ポスト社会主義」時代、すなわち資本主義の時代を歩んできたのは事実である。そのなかで、1990年代には甚大な資本主義への転換の社会的コストを被ったが、2000年代には短い「黄金時代」を経験し、西欧の中心国より高い成長率を収めた。そして、旧西側欧州諸国への若干のキャッチ・アップを果たした。しかし、2008年前後に、いくつかの中東欧諸国で、それまでの成長が住宅バブルであったことが判明した。

　バブル経済でなかった国も含めて、2008年以後大半の中東欧諸国は不況に陥った。その後、現在までに中東欧経済は回復してきている。現在の欧州の経済問題の焦点は南欧にあるように思われるが、中東欧資本主義の構造的脆弱性が払拭されたわけではない。これが1990年代以後、現在までの中東欧経済の軌跡である。

　ここで先進国資本主義の脆弱性と限界を詳しく説明するスペースはない。本書の後の叙述でふれる。しかし、ここでも言えるのは、先進国資本主義の成長の限界を指摘する経済学者が2008年以後増えており、彼らの指摘を否定する根拠を見出すのは困難だということである。一言で言えば、成熟経済で人口増加の可能性も乏しい国が成長する可能性はそう大きくないし、必要性もないという指摘だが、イノベーションでも持ち出さなければそうした指摘に説得的な反論はできない。実際に、反論する経済学者の大半がイノベーションへの期待を表明し、そのための施策を提案している。

プロローグ　中東欧、資本主義、福祉システム、社会主義

　私は、「成長の限界論」に与する。しかし、それでもその議論が説得力を持つのは、上述したように成熟社会の先進国であり、新興国で資本主義的発展の余地が乏しいのかどうかについては慎重な検討が必要だと考えている。しかし、中東欧の資本主義化と資本主義を四半世紀間フォローした後の現在、私が思うのは、中東欧のような欧州周辺部においても、現在あるような資本主義は持続可能でないのではないかということである。それはまだ推論であり、論証されてはいない。とはいえ、こうした推論には一定の事実による根拠がある。その事実と推論を示せば、以下のようである。

　少数の例外を除き、国内資本の発展が乏しく外資主導であったが、それでも（あるいはそれゆえ）中東欧経済はEU圏に包摂され、一定の経済成長も遂げた。特に、ヴィシェグラード諸国は他のEU加盟国に自動車・ハイテク電子機器・部品を輸出する基地として経済競争力をつけた。これからもEU中心国に成長の余地があるなら、これらの輸出基地であるヴィシェグラード諸国にも成長の余地がある。しかし、先進国、欧州で言えばEU中心国の成長の余地が乏しいのは1970年代以降の歴史が示すところである。

　中心国への輸出が伸びなくとも、中東欧諸国の国内市場の拡大の余地があるであろう。すなわち、外資主導で輸出主導の発展、首都と旧西側諸国との国境地域の発展と他地域の遅れといった、これまでの不均等発展な発展経路を正すならば、中東欧諸国の国内市場の発展の余地はあるといえる。問題は、そうした合理的な発展を、現在の資本主義に期待できないのではないかというのが私の推論である。その推論の根拠は次のとおりである。

　国内市場の発展のためには、すぐには成長しない地域住民の雇用を安定させ、需要を興すこと、インフラを整備すること、中小企業を助成するなど再分配政策が必要となる。黄金時代に先進資本主義国は、多かれ少なかれ、そうした政策（再分配政策・地域政策）をとってきた。先進国でそうした黄金時代の資本主義文化を壊したのは新自由主義であった。新自由主義の文化のもとでは、根気よく地域の需要を掘り起こすというような長期的に合理的な行動を資本はとらない。短期的視野の新自由主義の文化は、「IT文化」や「金融主導型資本主義文化」と相性が良い。

国民国家と政治は、「論理的には」、つまり「民主主義の論理」に即するならば、「資本の論理」に従う必要はない。それは、国内市場の発展を促す政策を実施できるはずである。しかし実際にはそうした政策を行っていない。経済学者は市民のための経済政策を提示できるはずだし、そうしている経済学者もいる。しかし、世界金融危機頃までメインストリームにあった経済学者の多くはそうではなかった。現在でも、ブライスの『緊縮——危険な思想の歴史』（Blyth 2013；邦訳 2015）が明らかにしているように、根拠に乏しい緊縮政策を勧め、国家の無作為を後押ししている学者が多くいる。

　中東欧のバルト諸国やハンガリーでなどでは、そうした状況のなかで2000年代に住宅・消費バブルが起きた。これらの国では外国銀行の現地法人（金融資本）が、住宅・消費財に関する外貨建て家計融資を増加させ、家計債務を膨らませるというやり方で需要を創出し、バブル経済を生み出した。クラウチは国家債務で需要を創出するケインズ主義と区別するために、そうした成長方式を「民営化されたケインズ主義」と呼んだ（Crouch 2008）。新自由主義（＝自由市場資本主義）は債務も民営化するのである。

　以上で述べたように、私が現在の資本主義の構造的脆弱性と考えるものの一つは、実際には行われれば効果があり、資本主義の延命に貢献することを、資本も国家も実施しないことである。金融で生み出される人為的利潤（バブル）を求めるが、本来の実需で生まれる利潤を軽視するといった「倒錯」はそのわかりやすい例である。そして、この脆弱性については先進国でも中東欧の周辺国でも変わらない。こうした構造的脆弱性を持つ現在の資本主義に未来を託す人はそう多くないであろう。その意味で現在は、「ポスト資本主義」に向かっていると言ってよい。但し、ポスト社会主義＝資本主義の時代は終わったといっても、次の時代はまだ明らかになっていないのが現在である。

　さて、先進国と中東欧諸国について言えることが、中国、ロシア、インド、ブラジルのような新興大国に言えるかどうかについて現在までの私の研究では答えられない。しかし、少なくとも先進国と中東欧では「現在の資本主義」は袋小路に入っていると言ってもよいのではないか。それは、

プロローグ　中東欧、資本主義、福祉システム、社会主義

1990年代以後の先進国と中東欧で起きた事実から言える。それを論理的に、かつ事実にもとづき示すのが本書の目的である。

4　福祉システム——ポランニー、エスピン‐アンデルセン

　中東欧の資本主義とともに、福祉システムを分析することも本書の課題である。本書で福祉システムを取り扱うのは、資本主義を構成する要素・領域のなかで、福祉システムは市井の人々の労働と生活に大きな影響を及ぼすからである。わが国のポスト社会主義中東欧研究のなかで、福祉システムを取り扱う研究と出版が相対的に少ないことも本書で福祉システムを取り扱う理由である。

　まず、福祉システムという術語によって私が何を示しているのかを明らかにしておきたい。カール・ポランニーは、資本主義の形成を、本来商品でない労働（労働力）・土地（自然）・貨幣の商品化＝擬制商品化から説き起こした。次いで、自己調整的市場の拡張（資本蓄積）と、それに対抗する社会の自己防衛運動（対抗運動）の「二重運動」を軸に据えながら、資本主義の動態を分析した。ここで、対抗運動には工場法や社会立法を求める運動、保護関税を求める運動、土地立法など自然環境保護を求める運動、国際金本位制（＝貨幣の商品化）にともなう経営不安定化に対抗する経営者の運動などが含まれる。さらに、ポランニーは公共図書館設立のような生活の質を高めるための人々の運動も対抗運動＝社会の自己防衛運動とみなしている。

　こうした社会の自己防衛運動から生まれる政策と制度の総体を福祉システムとみなすことができる。こうして、「広義の福祉システム」には、社会政策・社会保障制度、財政政策・制度、金融政策・制度、環境政策・制度、教育政策・制度等が含まれる。しかし、通常、福祉システムや福祉レジームは労働の商品化への対抗運動を含む人間の社会的保護の運動から生まれる政策・制度の総体として取り扱われる場合が多い。私は、それを「狭義の福祉システム」とし、その意味での福祉システムを本書で分析する。これについても簡単に敷衍しておく。

I 本書の課題

　エスピン-アンデルセンは、ポランニーの疑似商品化から示唆を得て、福祉レジーム（彼の用語、本書では福祉システム）を、まず労働力の「脱商品化」の視点からとらえた。公的労働災害保険給付、公的失業給付、公的医療保険給付とサービス、障がい者・高齢者への公的年金給付、出産・育児のための公的給付・休暇・サービス、さらに病弱など様々な要因により最低限の文化的生活を送ることが困難な人々に向けた社会扶助制度などは、労働者が人生の特定の時期に、また特定の環境におかれた時に、自らの労働力を商品化しなくとも最低限の社会的・文化的生活を送れることを可能にする。その意味で、これらの社会保障制度は労働力の「脱商品化」のための制度であると言える。

　また、自由時間には労働者の労働は商品化されていないから、法定労働時間など労働時間規制もまた脱商品化のための制度である。このように、エスピン-アンデルセンは福祉レジームを、まず脱商品化のための制度としてとらえ、「脱商品化」指標で先進国の福祉システムを比較対照した。

　しかし、資本主義のもとでは、莫大な資産あるいは資産からの利益で暮らせる少数の人々を除いて、大多数の人々は有償労働に参加することなしに生活を営むことはできない。すなわち、労災・病気休業の期間、失業期間、定年退職以後のような特定の期間を除けば、また怪我・病気・高齢など特定の環境におかれない限り、労働力を「脱商品化」して生きていくことはできない。多くの人々は労働力を商品化する。自営業者は労働力を商品化しないが有償労働に参加する。

　その際、労働力を商品化するための保障は雇用保障である。したがって、「完全雇用」（雇用保障）を求める人々の運動、さらには雇用された組織での労働の安全を求める運動、文化的・社会生活を営むに必要な賃金・所得を求める運動などから生まれる政策・制度も福祉システムの要素となる。また、完全雇用を目標とする経済政策、失業者や就業困難者が必要なスキルを修得することを可能にする積極的労働市場政策なども福祉システムに含まれる。自営業者が有償労働に就き、それを継続していけるには経営の安定に関わる保障、たとえば銀行融資への容易なアクセス、彼らの生産物に対する価格安定制度などが重要である。ポランニーは、それを社会防衛

37

プロローグ　中東欧、資本主義、福祉システム、社会主義

運動に含めている。私も、「狭義の福祉システム」にこうした制度が含まれるべきだと考えている。

　ところで、上記の事柄と関連することであるが、エスピン - アンデルセンはフェミニストからの批判をふまえ、脱商品化だけでなく、とくに女性の労働市場参加（労働力商品化＝雇用関係への包摂）を促すための「脱家族化」に向けた施策、すなわち公的育児・介護サービスの提供などの女性・家族支援政策と制度もまた、福祉システム（レジーム）を構成するものであるとした（Esping -Andersen1990; 1999）。労働力の脱商品化だけでなく、雇用保障・女性と家族支援政策など「労働力商品化の保障」施策もまた福祉システムの要素なのである。

　こうした文脈で、脱家族化も含む「雇用保障」と「社会保障」を総合し、それに「生活保障システム」という術語を当てる試みがある（宮本 2009）。本書における福祉システムの主な要素は、この「生活保障システム」と重なる。本書では、福祉システムを「生活保障」を軸に据えたうえで、雇用者と被用者の団体交渉制度、政労使の三者協議制度など労使関係に関わる制度も包含する術語として使用する。このように定義される福祉システム、上で述べた「狭義の福祉システム」は、人々の労働と生活に大きな影響を及ぼす。中東欧の資本主義形成過程および資本主義成立以後の福祉システムもそうであった。そのため、本書では中東欧諸国での資本主義化、出現した資本主義とともに、東欧革命以後の福祉システムの変容を取り扱うのである。

5　資本主義形成と福祉システムの変容——「断絶」と「継承」

　本書は中東欧の資本主義と福祉システムを分析対象とするものであるが、その際、中東欧での資本主義化の主な側面が過去との「断絶」であったのに対して、東欧革命以後の福祉システムの態様の主な側面が過去からの「継承」であったことを銘記しておく必要がある。

　社会主義から資本主義への転換は、本質的には過去との「断絶」を意味する。国家資産の民営化、市場的調整優位の経済への転換のための価格・

貿易の自由化などを実施することなしに資本主義は構築できない。資本主義的な金融・財政制度を新たに創設することも必要である。それらの実施は、社会主義という過去との断絶を意味する。急進的な断絶か、漸進的な断絶かの間で選択することは可能である。また、社会主義時代に市場経済に向けた経済改革を経験していたスロヴェニア、ハンガリー、ポーランドなどの場合には、社会主義時代と資本主義化の時代の間に一定の連続性がある。しかし、そのような国であっても、経済システム転換においては「断絶」が主要な契機である。

　これに対して福祉システムの場合、事情は異なる。中東欧に市場が導入されていた社会主義国はあった。しかし、そのような国でも資本主義的な労働市場を通じて労働力が商品化されていたわけではなかった。したがって、社会主義時代に当諸国に存在した年金保険、医療保険（ないしは税財源の医療）制度などは「脱商品化」のための制度ではなく、高齢や病気というリスクに対応するための保障システムであった。そして、社会主義時代の中東欧では、基本的に完全雇用は実現されていたので、失業手当制度はなかった。貧困者は存在したが、資本主義国ほどの比重を占めなかったこともあり、社会扶助（生活保護）制度もなかった。

　社会主義の福祉システムの本質的な規定を行うためには、存在した社会主義の規定を詳細に行う必要がある。ここではそれに踏み込まず、存在した社会主義システムは資本蓄積原理にもとづくものではなかったこと、したがって福祉システムは擬制商品化に対抗する運動から生まれた政策・制度の総体ではなかったこと、しかし雇用保障を軸としつつ、高齢・病気など人間が直面するリスクに対応する社会保障制度が社会主義にも存在し、それが社会主義福祉システムを構成していたということだけは指摘しておこう。

　社会主義福祉システムは温情主義であり、権利としての福祉ではなかったという批判は正しい。しかし、公的年金・医療制度など社会主義時代に存在していた福祉制度は資本主義形成過程においても、そして資本主義成立以降も「継承」された。この継承がなければ、社会はもっと強い危機に陥り、資本義形成は不可能であったであろう。本書でみるように、カー

ダール時代以後の福祉国家を「時期尚早の福祉国家」と規定し、それに批判的なコルナイでさえ、社会主義時代から継承された福祉が資本主義化の荒波の影響を一定程度和らげたことを否定してはいない（コルナイ2016）。

とはいえ、福祉システムは、補強の方向であれ縮減の方向であれ、中東欧の資本主義形成期にも、その成立以後の時期にも「変容」してきた。変容を余儀なくさせた要因の一つは、完全雇用の崩壊であった。これにより社会主義時代には存在しなかった失業手当制度（雇用保険制度）が必要となった。また、失業を大きな理由として増加した貧困者を援助するために、社会扶助など社会主義時代にはなかった社会保障制度の導入が必要となった。

「変容」を促した要因は完全雇用の崩壊にとどまらない。緊縮政策を迫るIMFや世界銀行など、国際機関の圧力も福祉システム変容の要因であった。EU加盟と関係してEUレベルの社会政策もまた中東欧の加盟国の福祉システムに影響を及ぼした。法人課税を嫌う資本からの圧力も中東欧福祉システムと関連する課税制度の変化の要因であった。

以上のように、東欧革命以後の中東欧では社会主義から資本主義への体制転換（過去との「断絶」）と福祉システムの変容（断絶をともなう「継承」）が進行したのである。本書が分析するのはこれである。ここでも、なぜ中東欧の資本主義を研究するのかという問いと同じように、なぜ中東欧の福祉システムを研究するのかという問いに答えておきたい。

資本主義の不安定性の根源にあるのは、飽くことなき資本蓄積動機である。この動機のみによって形成された社会は、ポランニーの言を借りれば「社会の人間的実在と自然を壊滅させる」（Polanyi 2001：訳6）。これを防ぐのが「広義の福祉システム」であり、「社会の人間的実在」の「壊滅」を防ぐ点で重要なのは「狭義の福祉システム」である。「広義」と「狭義」の双方の福祉システムによる補完によって資本主義は安定傾向を示す。

ところが、先進国であるか、（中東欧も含む）新興国であるかを問わず、現在の資本主義は不安定である。その不安定性の底にあるのは福祉システ

ムの不十分性ではないのか。そして、「債務危機」、「中心国と周辺国の対立」、「欧州懐疑主義政党・極右政党の伸長」など欧州政治経済の不安定性の底流にあるのもそれではないのか。上述したように、福祉は社会保障だけに限定されない雇用保障や労使関係制度も含む概念である。社会保障支出削減だけでなく、高い失業率（雇用保障の低下）や労使協議制の後退なども福祉の縮減である。そして、福祉システムの不十分性と福祉の縮減が中心部欧州＝先進国と、それよりも「周辺」の地位にある中東欧資本主義の不安定性の原因となっているのではないのか。こうした問題意識から私は、東欧革命以後の中東欧福祉システムを取り扱うのである。

　それと関係して、中東欧諸国において福祉システムは、1989年以後資本主義の不安定性を和らげる方向で再編されてきたのであろうか、という問いに簡単に答えておきたい。上述したように、コルナイは中東欧の福祉システムが資本主義化の人々への負の影響をある程度和らげたと述べているが、私は、全体的評価としては、中東欧の福祉システムは資本主義の不安定性を十分には和らげてこなかったと考えている。

　たしかに中東欧のなかの特定の国では、あるいは中東欧の資本主義化の特定の時期においては、福祉システムは資本主義化のコストを和らげ、資本主義の不安定性を減少させる方向で再編された。たとえば、スロヴェニアの福祉システムは資本主義化のコストを減少させる役割を果たしてきた。しかし、EU加盟（2004年）と前後して、同国の福祉システムは縮減の方向にある。また、1990年代前半に中東欧諸国のなかでは相対的に強い福祉システムをもっていたヴィシェグラード諸国（チェコ、ハンガリー、ポーランド、スロヴァキア）でも、2000年代以後は全体として福祉は縮減の方向にある。

　すでに述べたように、中東欧で見られる福祉縮減は同地域特有のものではない。先進国、新興国を問わずみられる「福祉後退」の傾向が、中東欧でもみられるというのが真実である。そして、その中東欧での表れがどのようなものであり、どのような帰結をもたらしているかを明らかにすることが本書の課題である。そして、それは現在の世界の資本主義と福祉システム研究に寄与することになると私は考えている。これが、なぜ中東欧の

プロローグ　中東欧、資本主義、福祉システム、社会主義

福祉システムを検討するかという問いに対するひとまずの私の回答である。

II　本書の方法と構成

　1980年代中頃から、私は1年のうち数ヵ月をハンガリーで過ごすという生活を始めた。ハンガリーの人々とも出会いは多い。1990年の総選挙で当選し国会議員となり、その後の総選挙で再度当選し大臣となった私と同世代の人物との最初の出会いの場は、ドナウ川を航行する船の上であった。現在は、「マジャール・スズキ」の工場が立地するエステルゴムという町の美しい教会を見た後、エステルゴムとブダペストを結ぶ定期船に乗り、彼とその家族と出会ったのである。

　彼とはハンガリーや日本について30分ほど話した。1985年に出会った当時、彼は技師で30歳台半ばであった。彼から日本の品質管理や企業経営に関する質問を受けたことを覚えている。彼と彼の配偶者は、日本訪問の経験はないものの、東欧の隣国のみならず、オーストリア、イタリア、トルコなどへの旅行経験があった。

　また、1986年以降90年代半ばにかけて、私が寄宿していた部屋の大家夫妻のうち妻にあたる人はイタリア好きであり、社会主義末期に、私は彼女と私の他の友人と一緒にフィレンツェとヴェネツィアへの小旅行を楽しんだことがある。ハンガリーのスープ名にちなんで「グヤーシュ社会主義」と形容されたカーダール統治下の「ソフトな共産主義」のもとで、ノーメンクラツーラ（特権階層）でなくとも外貨（西側諸国の兌換可能な通貨）を持ち合わせているなら、普通の人でも西側旅行の機会はあったのである。

　また、美味しい料理で評判の高い、社会主義時代においても比較的値段の高いレストラン「グンデル」で年金生活者夫妻が月に一度ぐらい食事できるほどの年金は支払われていた。ただし、社会主義末期にはインフレで年金は目減りしていた。そして、民主的でない政治だけでなく、インフレに対する人々の不満が社会主義体制崩壊の底流を形づくっていたことを忘

れてはならないが……。

　ともあれ、政治転換以後、旅行の自由は完全なものとなり、ハンガリー通貨＝フォリントと西側諸国通貨との交換も容易となった。しかし、資本主義化をめざす価格・貿易の自由化、財政緊縮・金融引締めなどマクロ安定化政策によって起きた「転換不況」により、大多数の国民の生活は悪化した。私の身の回りで相変わらず旧西側旅行を続ける人もいたが、生活防衛のために支出を切り詰め、貯金を増やす人が多かった。私の知り合いの年金生活者夫妻は「グンデル」での食事をやめ、外食を楽しむ時はもっと安いレストランを利用するようになった。

　ところで、一党制崩壊という政治転換のまさにその時、ハンガリーの人々は、存在していた経済システムにとって代わる経済システムの具体的な設計図を持っていたのだろうか。持ってはいなかった。

1　本書の方法
——試行錯誤の実践と比較経済学（比較経済体制論）と比較福祉レジーム論

　ハンガリーの人々にとって最も身近な国は、かつて「二重帝国」を築いた相手のオーストリアである。だから東欧革命の時に、めざすはオーストリアのような経済システムというようなイメージはあったように思う。事実、私にそう述べた人もいる。また、他の人にとっては、それはドイツであった。しかし、米国の資本主義をモデルと考える人は当時少なかったように思う。

　いずれにせよ「どのような経済システムに向かうか」、「そのために何をするか」について東欧革命当時議論はなされたが、国民的合意は形成されていなかったというのが当時の状況であった。私の知人・友人との会話、当時の出版物、マスコミ報道を思いだす限りそうであった。もう少し具体的に述べよう。

⑴　試行錯誤の資本主義化

　1990年春のハンガリーの自由な選挙の時に提示された将来像は、大別

プロローグ　中東欧、資本主義、福祉システム、社会主義

すればリベラルな異論派知識人がリードする政党＝「自由民主連合」の「西欧型社会」、ハンガリー的伝統重視の知識人がリードする政党＝「民主フォーラム」の共産主義でなく西欧型社会でもない社会という意味での「第三の道」、旧共産党の改革派で構成される政党＝社会党の「混合経済に基づく社会的市場経済」であった（堀林 1990；1992 参照）。他にもあったであろうが、私のなかで強い記憶としては残っていない。

　自由民主連合の「西欧型社会」が何であるかは、言うほどには明確でなかった。私はルカーチの孫弟子にあたる哲学者で自由民主連合の党首（1990年当時）であったキシュ（Kis János）にインタビューを行った時のことを覚えている。彼が述べたのは、「西欧型社会とは、社会的公平と社会資本を重視する自由主義という意味での社会自由主義だ」というものであった。彼は当時、東欧にも流入していた新自由主義の類のイデオロギーには否定的であった。彼の考えはそうであったと思う。しかし、自由民主連合に属する若手経済学者にはサッチャー流の新自由主義者がいた。当時、若手の政治学者であったボゾーキは、後に「1980年代末までに、ハンガリー知識人、特に若い世代の経済学者と政治学者の間で新保守主義と新自由主義の影響が強まる傾向にあった」と記している（Bozóki 1999: 266）。この記述は、当時についての私の記憶と一致している。

　社会党の説く「混合経済に基づく社会的市場経済」のうち、「社会的市場経済」だけで推測すれば、目ざすはドイツ型資本主義ということになろうが、実際には特定の国をモデルとするというよりは西欧諸国の社会民主主義政党が実現してきたような資本主義をめざすというのが、当時の社会党のスタンスであった（Vitányi Ivan）。親しくしていた社会学者、社会党のリベラル派重鎮のビターニ国会議員と話している時、私は西側の社会民主主義者と話しているとの錯覚を覚えるほどであったから、このように述べても大きな誤りではなかろう。

　民主フォーラムの「第三の道」の保守的イデオロギー的立場は明確だが、それがめざす資本主義像は明瞭ではなかった。そして、その民主フォーラムが1990年春の総選挙で議会第一党の座を射止め、他の保守政党と連立政権を発足させた。民主フォーラム主導政権は、価格・貿易・為替の自由

化、緊縮財政・金融引締めなどマクロ安定化、国有企業の民営化と私企業創設促進という中東欧のどこでも採られた政策をハンガリーで実施した。

1990～94 年の民主フォーラム主導政権時代に自由化・マクロ安定化政策が実施され、「官僚的調整」から「市場的調整」への転換という意味での資本主義化は速やかに進められた。けれども、国有大企業の民営化のスピードは緩やかであった。さらに、社会保障支出水準は低下したものの、民主フォーラム主導政権のもとで、社会保障支出水準を維持する努力はなされた。そして、この政権のもとで社会主義時代の社会保障制度の大枠も継承された。

ハンガリーの資本主義化政策は、IMF や世界銀行の新自由主義的な「ワシントン・コンセンサス」の影響を受けたものの、単純に新自由主義と特徴づけられるものにはならなかったのである。これは、福祉システムの改編についても言えることであった。

ところで、政党配置が社会民主主義政党（中道左派）、大なり小なり知識人主導で新自由主義の影響を受けるリベラルな政党（社会的には中道左派だが、経済政策面では中道右派）、ナショナル・アイデンティティを強調する政党（保守ないし中道右派）という布置である状況は、ハンガリーだけでなく、ポスト社会主義時代初期の中東欧諸国で多く見られた。

そうした政党布置状況の中東欧において、共産主義崩壊以後、到達すべき資本主義が新自由主義的な資本主義であると明言したのが、シカゴ学派信奉者であり、サッチャー主義支持を隠すことのなかったクラウスであった。クラウスは 1990 年当時にチェコスロヴァキアの蔵相であり、その後チェコの首相、大統領を歴任した人物である。

クラウスは、1990 年にチェコスロヴァキアがめざすのは「形容詞抜きの市場経済」であると述べた。しかし、1990～92 年の期間のチェコスロヴァキア、1993 年以後のチェコでとられた資本主義化の施策もまた、単純に新自由主義と特徴づけられるものではなかった。福祉に関するチェコの政策は、他のヴィシェグラード諸国よりも新自由主義的傾斜が小さかった。

とはいえ、上述したように全体として中東欧諸国の福祉システムは、資

プロローグ　中東欧、資本主義、福祉システム、社会主義

本主義化の荒波から人々を護るのに不十分であった。そして、バルト三国、ヴィシェグラード諸国、ブルガリア・ルーマニアの南東欧２国、スロヴェニアのそれぞれにおいては、福祉に対するスタンス、福祉遂行能力が異なっていた点に留意が必要である。

　以上の叙述を通じて述べたいのは、資本主義化始発期の中東欧諸国の政権に資本主義への詳細なロード・マップはなかったということ、ましてや国民のなかに資本主義化の道筋について合意はなかったということである。とはいえ、中東欧の諸政権は、詳細でないにせよおおまかなプログラムは持っていた。ところが、それを実施に移そうとしても、転換不況に対する国民の不満、民営化の遅れ、外資の中東欧への進出意欲の強さなど内外の諸事情によって、当初のプログラムの変更を余儀なくされることがたびたび起きた。中東欧の資本主義化および福祉システム改編は、文字どおり試行錯誤の実践であり、各国の政権、国内外諸アクターの相互作用のなかで決められたのである。

(2)　「移行経済学」

　ところで、中東欧諸国に関する研究は、こうした試行錯誤の資本主義化過程を的確にとらえてきたのだろうか。私はそうは思わない。IMF、世界銀行、EBRD（欧州開発復興銀行）など国際機関は、中東欧のマクロおよびミクロ経済データを収集・分析し、自由化・民営化に関わる数値を示すことを通じて「市場経済移行」に関する調査研究を公表してきた。そして、それにはデータとして有益なものもあった。しかし、それらの調査研究の多くは、上記のような試行錯誤の過程をとらえるうえでは不十分なものであったのである。現地での生活感とはかけ離れていることがしばしばあった。

　たとえば、「マクロ経済安定化」、「自由化」、「民営化」の進捗状況を得点にし、その得点に応じて各国の資本主義化（市場経済への移行と呼ばれることが多かったが）の序列をつけるような試みがあった。そして、そのような試みのなかで、マクロ経済安定化、自由化、民営化政策が社会に及ぼしている影響の分析が弱かったのである。そうした政策の是非が問われ

ることも稀であった。概して、資本主義化の道は「既知」とされた。特定の政策がもたらす社会的悲惨を抑制するために、別の政策を追求しようとするような問題意識も乏しかった。マクロ安定化政策がポスト社会主義地域で大不況を生み出したことは明白であった。けれども、マクロ安定化の政策の遂行度でもって各国の課題の進捗状況を評価するといった「倒錯」がしばしば「平気」で行われていたのである。

　もちろん、世界銀行の副総裁を務めたスティグリッツや世界銀行の仕事に携わったバー（ロンドン大学教授）のような研究者が関わった刊行物には、世界銀行が中東欧諸国に推奨した年金改革に対する説得力ある批判（Orszag and Stiglits 2002; Barr 2002）や、資本主義化がもたらした社会的悲惨（よく使われる用語は「転換の社会的コスト」）を批判的に分析した研究もあったこともたしかである。だから、IMF、世界銀行、EBRDなどの国際機関の刊行物に現れた調査研究が、すべて問題含みであったとは言わない。しかし、1990年代のそうした調査研究、さらにその影響を受けた「移行経済学」（ここでも、移行経済学のすべてではないと断っておく）に「新自由主義的バイアス」があったことを指摘しても誤りではないであろう。

(3)　比較経済学（比較経済体制論）と比較福祉レジーム論

　1990年代と比べれば、現在の中東欧政治経済を論じる環境は随分異なっている。たとえば、2010年9月に当時の世界銀行総裁ゼーリックが、「マクロ安定化」、「自由化」、「民営化」を中東欧諸国も含め新興国・途上国に迫る「ワシントン・コンセンサス」の「終焉」を表明し話題となった。それ以後、IMFや世界銀行の政策が根本的に変化したとまでは言わない。しかし、世界金融危機・同時不況を経た現在において、ブレトン・ウッズ機関が、以前の新自由主義的な言質・政策提言をそのまま何の留保もなく繰り返すことはできなくなっていることだけはたしかである。IMFのラガルド専務理事が、EU中心国の政策担当者よりもしばしば景気対策重視の発言を行うのを、私はこうした時流変化と関連づけて解釈している。

　専門研究者のポスト社会主義政治経済研究においても、1990年代と現

プロローグ　中東欧、資本主義、福祉システム、社会主義

在ではアプローチの違いがみられる。サムエリ（たとえば、Szamuely 1993）や佐藤（たとえば、佐藤 1996）のように、「試行錯誤的な資本主義化」というポスト社会主義地域の実情を踏まえ、移行の到達点として「多様な資本主義」を念頭に置きながら、政治経済転換分析を行う必要を指摘した経済学者が1990年代にもいたことはたしかである。しかし、新自由主義的バイアスの大小とは別に、「一般的に規定される社会主義」から「一般的に規定される資本主義」への「移行」という視点からの中東欧資本主義化研究が1990年代には優勢であった。

それが画期的なアルベールの労作（アルベール 1992）以後の、「先進国資本主義多様性論」の発展と、そのポスト社会主義地域への応用が進むなかで変化し、2000年代になると「ポスト社会主義国の資本主義多様性」を論じた労作が発表されるようになっていた。上述したボーレとグレシュコヴィッチの研究（著書は、Bohle and Greskovits 2012）だけでなく、ポスト社会主義地域を対象とする「移行経済学」の教科書（Myant and Drahkoupil 2011）も「出現する資本主義の多様性」という独自の章を設けている。

さらに、永年の比較経済システム研究の集大成であるコーエンの著書（Cohen 2009）は、世界の経済を、先進国資本主義経済、旧社会主義から資本主義への移行経済、開発途上経済の3つに分けた理論的・実証的比較分析と、それぞれのカテゴリーの内部での比較分析＝多様性論（たとえば、先進資本主義のなかでの米国、欧州、日本経済の比較分析＝多様性論）を結びつけた水準の高い研究書である。

一般に、資本主義多様性論の基礎となっているのは制度派経済学である。それは、国民経済を「賃労働関係」（労働市場、労使関係）、「貨幣関係」（金融政策・制度）、「市場と国家」（税制、福祉国家）、「国際関係」（対外開放度、輸出志向、輸入代替）など各領域の制度・政策に着目して体系的にとらえ、諸国民経済間の共通性と差異を明らかにする志向性をもった経済学である。

それとの関連で言えば、「政治」、「所有」、「調整」に関わる制度と実態に即して、資本主義と社会主義を区分するコルナイのシステム・パラダイ

ム論も、制度派経済学のアプローチと共通するものと言える。また、ソ連・東欧社会主義崩壊以前に存在した「比較経済体制論」ないしは「経済体制論」と呼ばれた学問の多くも——自覚的であったか無自覚であったかは別として——制度派経済学の手法に依るものであった。

さらに、「比較経済体制論」や「比較体制論」の他に、アルベールの著書以前、つまり冷戦終焉とソ連・東欧社会主義崩壊以前にもレギュラシオン学派など、先進資本主義の多様性分析に焦点を当てた「比較経済学」が存在した。アルベール以後のレギュラシオン学派も含む資本主義多様性論の興隆は、その比較経済学の継承・発展であった。

こうして、従来の「比較体制論」ないしは「比較経済体制論」の成果もふまえながら、先進資本主義の多様性を分析し、さらにはポスト社会主義国の資本主義の多様性分析を行う「比較経済学」が現在、存在するのである（なお、ここでは「比較経済体制論」と「比較経済学」を区別しているが、他の箇所で2つの術語は同義である）。

こうして私たちは、ソ連・東欧社会主義が崩壊し、当該諸国で資本主義化が試行錯誤で行われていた1990年代と比べて、現在では一層たしかな「比較経済学」という理論的枠組みを使いながら、中東欧の資本主義化と出現した資本主義を分析できるのである。私は本書で比較経済学を「導きの糸」としている。すなわち、本書の方法は比較経済学である。

本書の中東欧の福祉システム研究についても、先進国比較福祉レジーム論、特に上述したエスピン－アンデルセンの「自由主義」（アングロ・サクソン諸国、特に米国）、「保守主義」（大陸欧州諸国）、「社会民主主義」（北欧諸国）という類型論が「導きの糸」となる。

私の知る限りで、日本では社会主義時代のソ連・東欧諸国の福祉システムは相対的に手薄の研究分野であった。国際的にも、社会主義と資本主義の福祉システムの比較研究、ソ連・東欧諸国の福祉システムの比較研究は、それほど活発な研究分野とは言えなかった。特に、（旧）西側における福祉国家・福祉システム研究の蓄積をふまえた、すなわち標準的な理論的フレームワークを意識した旧社会主義福祉システム研究は、ソ連・東欧社会主義崩壊以後のほうがそれ以前よりも活発であるように思われる。

プロローグ　中東欧、資本主義、福祉システム、社会主義

　その先駆的業績は、中東欧の社会主義時代の福祉システムからポスト社会主義時代の福祉システムの変容を国際機関の役割を中心に分析したディーコンらの労作であった（Deacon et al. 1997）。エスピン‐アンデルセンも先進国比較福祉レジーム論の枠組みをふまえて、中東欧、中南米、アジアの新興国の福祉レジームの特質を抽出する試みを行った（Esping-Andersen ed. 1996a）。さらに、比較福祉国家・福祉システム研究の蓄積を生かした方法により、20世紀初めから21世紀初めの期間のチェコ、ハンガリー、ポーランドの福祉システムを体系的にフォローしたイングノットの研究（Inglot 2008）も画期的である。
　こうして現在では比較福祉レジーム論が切り開いた標準的な理論にもとづいて、中東欧の福祉システムを分析する環境が整っているのである。本書は、比較経済学と合わせて比較福祉レジーム論を方法として、中東欧の資本主義と福祉システムを分析する。
　私は、エリア・スタディの意義を評価する。しかし、特定の地域を対象とする研究者は、その地域に不案内な研究者や読者に対しても、できる限り理解可能な仕方で研究成果を示す必要があると考えている。そして、その際の一つの方法が、主題とする分野――本書なら資本主義と福祉システム――の研究における「共通言語」（理論）を用いて叙述を行うことであると考えている。換言すれば、経済や福祉システムと関わるエリア・スタディは理論研究である必要があるということである。本書は、こうした私の学問観にもとづいて書かれている。本書の構成もそうした観点・方法にもとづいている。このプロローグの最後に、本書の構成を示す。

2　本書の構成――先進国分析と中東欧研究

　本書第1章「資本主義と福祉システム分析の視座」では、ポランニーの資本主義論と、2000年代に行われた先進国を対象とする比較資本主義論（資本主義の多様性論）を含む戦後先進国資本主義論、さらに先進国における福祉システム論を検討する。ポランニーの資本主義論については、2014年刊行の拙著（堀林 2014）ですでに一度検討している。そこで、

それに関しては前著刊行以後の私の思考の深まりを反映した叙述とすることを心がける。

　戦後先進国資本主義論に関しては、それらの議論そのものも重要であるが、本書では中東欧資本主義（形成）分析にとって有益と思われる視点を抽出するという観点から戦後資本主義論を検討したい。福祉システム論についても同様である。

　本書の第2章以下が、中東欧を対象とした考察である。第2章「中東欧資本主義と福祉システムの研究動向」では、中東欧の資本主義化と資本主義、福祉システム変容の四半世紀間を振り返り、その期間に浮上した論点・問題群と研究動向を概観する。

　中東欧の資本主義化と資本主義との関連では「転換不況」、「混交所有形成と社会構造変化」、「中東欧資本主義の多様性」、「欧州経済格差の歴史と現状」といった事象・論点に関する研究動向を紹介・検討する。福祉システム変容については、「社会主義時代と資本主義化初期の福祉システムの評価」、「福祉システム変容と国際機関の役割」、「拡大欧州の雇用・福祉の比較研究」などの問題群に関わる研究動向を概観する。第2章で本書の主題である中東欧の資本主義と福祉システムについて分析するが、そこでは研究動向の紹介・検討が中心である。第3章と第4章での時系列を意識した叙述に先立ち、東欧革命以後の中東欧の状況を明らかにする目的で第2章を叙述する。

　第2章の内容と関わる一連の論文を私は発表してきており、同章で新しい見解を打ち出しているわけではない。しかし、たとえば「転換不況」に関する論文について言えば、すでに20年前に刊行したものであるが、それは期せずして今日の先進国のデフレを分析する際に重要な視角を提供するものであった。すなわち、現在の時点においても意義を持つものがこれまでの論文に含まれている。すでに発表したいくつかの論文を、現在における意義も明らかになるよう書き改めて第2章を構成する。

　本書第3章、第4章は、本書の課題と関連する事例および動向の研究である。第3章「資本主義の形成と福祉システムの変容──20世紀末の中東欧」では、1990年代の資本主義形成と福祉システム再編を跡づける。

プロローグ　中東欧、資本主義、福祉システム、社会主義

　大部分の国における資本主義への転換戦略が、IMF、世界銀行と、その息のかかった旧西側諸国のアドバイザーおよび中東欧の同調者による「自由化」、「マクロ安定化」、「民営化」という3点セットであったこと、そのうち、とりわけマクロ安定化策＝緊縮政策が需要不足から起きる転換不況をもたらしたことは、第2章で検討する。それをふまえ、第3章では、まず資本主義への転換戦略を、西側からの大がかりな援助や速やかなペースの民営化といった誤った想定＝幻想があったことも含めて、再検討する。そのうえで、転換不況およびその後の時期において、資本主義化が中東欧にもたらした悲惨＝転換の社会的コストを明らかにする。

　とはいえ、中東欧諸国の資本主義化戦略も実施の態様も一様ではなかった。その結果として、1990年代に中東欧で形成された資本主義は多様であった。本書第3章ではそのことも明らかにする。さらに、第3章では1990年代の中東欧福祉システムの変容の実態を、社会保障支出の動態、社会保障制度の変容、社会保障の担い手の変化といった視点から概観したうえで、年金制度およびジェンダーと関わる労働市場・家族政策の変化をハンガリーに即して検討する。それらの論点については、1990年代の変化のみならず、社会主義時代も含めて分析するが、すでに述べたように福祉システムにおいては「継続性の中の変化」が特徴的であり、ポスト社会主義時代の変化をとらえるためにはそれ以前も含めた研究が必要であると考えるために、そうした分析＝叙述を行うのである。

　第4章「外資依存経済のアポリア——21世紀初めの中東欧」では、1990年代末からの外資導入の加速化のなかで中東欧諸国において資本主義化が完了したこと、そして2008年前後まで中東欧諸国が相対的に高い成長を遂げたものの、国内外の諸要因から経済危機を経験したことを具体的に分析する。また第3章で「経済」、「社会」、「政治」に関わる指標にもとづく中東欧資本主義の多様性を明らかにするのに対して、第4章では国際分業への編入形態にもとづく中東欧資本主義の多様性を示す。

　ところで、1990年代末以後のEU加盟交渉過程と加盟以後、EU社会政策が中東欧諸国にも影響を及ぼすことになった。私は前著『自由市場資本主義の再形成と動揺——現代比較社会経済分析』（世界思想社　2014

年）において、EU社会政策の動態と、その中東欧諸国への影響を分析した。そして同書で「社会的欧州の不足」が南欧債務危機の背景にある旨指摘した。同書刊行以後もEUにおいて、社会的欧州に向けた歩みは遅い。競争力のある「経済的欧州」に向けた統合と社会的欧州の不足というアンバランスは、欧州の「中心国」と「周辺国」の双方で右翼ナショナリストの跳梁を許すことになっている。第4章では、最近の中東欧の政治過程を詳細に検討するまでに至らないにしても、その背景にある欧州内部の非対称性（中心と周辺）と統合の非対称性（経済的欧州と社会的欧州）について検討する。

エピローグでは、中東欧資本主義と福祉システムの先進国のそれとの差異を軽視しないが、資本主義一般の不安定性と現代的特質を明確にする。そのうえで、中東欧のみならず資本主義社会に住む人々にとってあるべき将来像を示す。

本書は現地調査、国内外での専門研究者との交流、諸文献の読解にもとづくものである。私の見解はデータをふまえたものであるが、本書は国内外の専門研究者の文献読解と研究交流で得られた主題に関する私の思想と理論を示すことに重きを置く。そのため、図表等は最小限にとどめ、必要な数値は本文のなかで示すという方法をとる。また、これまでの叙述ですでに私の現場体験を記しているのと同様に、以下においても私の体験、実感を随所で述べる。そうした叙述のスタイルの選択は好みの問題であり、それを嫌う研究者や読者がいることを私は知っている。しかし、それでもそうした叙述をするのは、豊富なデータやその厳密な分析から得られる結論よりもリアリティのあるルポルタージュや小説があることを私が知っているからである。また、そうした叙述のスタイルは、社会科学の醍醐味は洗練された学術的方法もさることながら、五感と思索にもとづくリアリティのある描写（＝作品）にあるという私のこれまでの体験によるものである。

また、本書は中東欧を扱う専門書であるが、私は中東欧の専門研究者が読者であると想定して本書を書いてはいない。中東欧についてほとんど予備知識はないが、資本主義や福祉システムに関心のある読者もいると想定

して書いている。どんな社会科学上の主題であれエリア・スタディが細分化しすぎて、時に研究当事者が何のためにその研究をしているのかが「専門外」の人々にはわからない状況、他方で資本主義・福祉システムといった重要な主題の研究が「中心」地域に偏りがちである状況の双方に対して、多くの研究者・読者は批判的であろうと思う。多くの場合に中心地域の分析をふまえて行われている理論研究と、非中心地域の実証的研究の間の「橋渡し」を行うことが求められているように思う。本書がそうした役割を担うことを私は願っている。

第1章
資本主義と福祉システム分析の視座

はじめに

　カール・ポランニーは 1886 年にオーストリアで生まれ、青年時代までをハンガリーで過ごした（1886〜1919 年）。その後、オーストリアに移住、ジャーナリストとしての生活を送り（1919〜1933 年）、次いで英国に移住し、労働者教育協会との雇用契約により労働者教育（国際関係と英国社会経済史）に携わった。その講義ノートが米国で 1944 年、英国で 1945 年に刊行された『大転換——市場社会の形成と崩壊』の元となった（若森 2011）。

　カール・ポランニーの娘、カリ・ポランニー‐レヴィットによれば、カール・ポランニーに対するアカデミックな関心は、最初『大転換』に示されている彼の経済学よりも、その後刊行された経済人類学の書に向けられていた。しかし、1970 年代になると世界システム論者がポランニーの経済学に注目するようになった。そして、米英で規制緩和と民営化の波が席巻する 1980 年代には自己調整的市場のユートピアを批判した『大転換』が広い読者を集めるようになる（Polanyi-Levit 2007）。

　また、ポランニー‐レヴィットの小論を序文とする著書の編者は、ポランニーの見解がどのような文脈で言及されてきたか、次のように記している。1960 年代にポランニーの見解は、資本主義市場社会を超歴史的にとらえる経済学に対する批判として援用され、次いで現代資本主義の中心的制度としての「市場」と他の社会制度との関係を論じる「経済社会学」の手本として取り扱われるようになった。さらに、グローバリゼーションの時代に入ると、国民国家（政治）がグローバル経済を統治できるか否かという論点とからんで『大転換』の論理が省察されるようになった。また、ソ連型社会主義崩壊をふまえて、資本主義の枠内の多様性を分析することを通じて、より良き政治経済の型を求めるという文脈で援用されることもある（Harvey, Ramiogan and Randles 2007）。

　私は、ポランニーに対する関心の所在に対する上の叙述を概ね正しいと

考えている。つけ加えれば、社会主義時代に改革先進国であったハンガリーでは、ポランニーが示した統合パターン、すなわち「互酬」、「再分配」、「交換」から示唆を受け、改革過程を「再分配＝官僚的調整」と「交換＝市場的調整」の関係の再構成ととらえる見解がかなり普及していたことである（コルナイ 1984；コロシ 1988；堀林 2014 を参照されたい）。

ポランニーの主著『大転換』は、1834 年の英国スピーナムランド体制崩壊にともない本格的に形成される資本主義＝自己調整的市場経済が帝国主義に転化し、第一次世界大戦が起き、大戦後の社会諸勢力対立の激化による政治経済的機能不全と国際金本位制復帰の試みと挫折を経てファシズム（ナチズム）、共産主義、ニューディール体制が生まれるという歴史、つまりは自己調整的市場経済というユートピアが崩壊に至る歴史を独自の論理で描いた社会経済学の傑作である。同時に、それは古典派・新古典派経済学批判の書でもある。

前著（堀林 2014）でも指摘したことであるが、ポランニーにはマルクスに類似する視点がある。それは、私的所有のもとでは生命活動としての、また社会的存在（類）の確証行為としての労働が私的所有者の利得行為に貶められている、すなわち、疎外された労働となっていることを告発する青年マルクスとの類似性である。しかし、それは剰余価値論にもとづき階級闘争の必然性を説くマルクスとの類似性ではない。

『大転換』に見られるポランニーの論理は、現代の資本主義を読み解くうえできわめて示唆に富む。中東欧資本主義の特質を理解する際にも有用である。さらに、労働（労働力）・土地（自然）・貨幣の商品化を起点とする資本蓄積（自己調整的市場の拡張）と、それに対する社会の自己防衛という「二重運動」のなかに資本主義のダイナミズムを見るポランニーの論理は、労働力の「脱商品化」を重視するエスピン-アンデルセンの福祉レジーム論に影響を及ぼした。こうして、現代資本主義における福祉システムをみる際にも、中東欧資本主義（化）における福祉システムをとらえる時にも、ポランニーの論理から得られるものは多い。

他方で、2000 年代の先進国資本主義論において、資本主義の多様性に着目する研究が一定の影響力を持った。その背景には、グローバル化のな

かで各国の資本主義が収斂傾向を強めているのか、それとも多様性を維持しているのかという点への関心の高まりがあった。また、社会主義崩壊以後の世界において、資本主義か、それとも資本主義でない政治経済システムかという問題設定ではなくて、むしろ既存資本主義のなかに「より良い資本主義」を見出すという問題関心の高まりがあった。

　多くの論者が資本主義の多様性論に参加したが、そのなかにはポランニーの見解を援用する論者もいた。そして、資本主義の多様性論に触発され、中東欧資本主義の多様性論を展開するボーレとグレシュコヴィッチのような論者も現れた（Bohle and Greskovits 2012）。しかし、2008年に起きた国際金融危機と、その後の欧州債務危機、先進国と新興国の双方で現れた政治経済的機能不全を背景にして、現在の資本主義論は、多様性よりもむしろ資本主義に共通する傾向・不安定性の解明に光を当てるようになってきている。そして、ここでもポランニーを援用する議論が見られる。ポランニーが生きていたら、資本主義の多様性論と資本主義の不安定性論のどちらの議論に彼の見解が援用されることを好むだろうか。私は後者ではないかと考える。それについては、すぐ後の項で説明する。

　エスピン−アンデルセンの画期的作品『福祉資本主義の三つの世界──比較福祉国家の理論と動態』（Esping-Ansersen 1990）刊行から四半世紀が経過した。今も彼の比較福祉システム論は、先進国福祉システムの動向を特徴づける際に基本的な準拠枠組みとなっている。他方で、先進国でも中東欧諸国でも進行している傾向の一つは、Welfare to Work、すなわち就労（勤労）福祉である。福祉システムの歴史的経路依存性（持続性）を説く論者もいる。1990年代以後の中東欧の福祉システムの変容をとらえる理論的視座を指定するために、エスピン−アンデルセンの『三つの世界』と、それ以後の先進国の実際の福祉変容の傾向と福祉をめぐる理論動向を検討する必要がある。

　本章では中東欧の資本主義と福祉システムをとらえる視点を明らかにすることを目的として、カール・ポランニーの『大転換』に見られる資本主義論、戦後資本主義の形態変化と多様性とそれに関する諸見解、エスピン−アンデルセンの福祉システム論、戦後福祉システムの変遷と「第三の

道」など福祉システムに関わる諸見解を検討してみたい。

I　ポランニーの『大転換』と資本主義の不安定性

　すでに私は前著（堀林 2014）において、ポランニーの『大転換』の論理を明らかにしている。ここでは、前著刊行以後の私のなかで一層明確になった点をふまえ、『大転換』の論理構造を簡潔に示したい。

　まず初めに明らかにしておきたいのは、『大転換』は資本主義社会の「二重の意味での不安定性」を示した書であるということである。第1に、資本主義は本来販売のために生産されたものでない「労働（力）」、「土地（自然）」、「貨幣」を商品化＝擬制商品化する。擬制商品にもとづくシステムは不安定である。この不安定は人間社会にとってのリスク増大を意味する。

　労働力が商品化されることは、労働が利得動機のシステムに組み込まれることを意味する。しかし、経済人類学が示すのは「利得動機は人間にとって『自然』なものではない」ということである（Polanyi 2001: 訳484）。むしろ、人間が所属している文化共同体のなかでの与えられた仕事の遂行、匠の技＝職人芸の発揮により社会的承認を得ることのほうが人間労働の動機において重要である。人間が生きるための最低限の所得を保障していたスピーナムランド体制崩壊（新救貧法制定、1834年）によって、働く男女は悲惨な環境のもとで「資本の利得目的のために労働する」か、スティグマをともなうワークハウスで生活するかの選択を迫られた。ポランニーにおいては、労働力が商品化され「人間が利得目的のために労働する」ことは、人間が資本主義以前の伝統的・文化的共同体から切断されること、「文化的諸制度という保護膜を奪われ」（同上書: 訳 126）、労働の真の動機を失うことを意味するのである。

　土地の商品化により「自然は元素まで破壊され、街と自然景観は冒涜され、河川は汚染され、……食料と原料を生産する能力は破壊され（る）」（同上書: 訳 126）。貨幣の商品化により「企業は周期的に整理される……」。と

いうのは、「貨幣の不足と過剰は……事業にとって災厄となる」からである（同上書: 訳126）。土地の商品化の説明とその帰結についての説明は不要であろう。貨幣の商品化でポランニーが意味しているのは、金という「商品貨幣」が、国際金本位制という自己調整的市場メカニズムに組み込まれることである。すなわち、世界貨幣としての金の保有量によって各国の通貨発行量が制約を受けることである。そして、その制約は経営破綻の要因となるのである。

　以上が、擬制商品にもとづく資本主義システムが不安定であることを意味する最初の事柄である。ところで、資本主義は擬制商品にもとづく資本蓄積（ポランニーの用語では「自己調整的市場」の拡張）と、それがもたらす不安定性（上記の一つ目の不安定性）を緩和することを目的とする社会の自己防衛運動（擬制商品の「脱商品化」運動）という「二重運動」のバランスの上で機能している。ここで、社会の自己防衛運動は資本蓄積への対抗運動であるとともに、資本蓄積を補完する役割を担っている。

　山田（2008）は、資本蓄積を「資本原理」、社会防衛運動を「社会原理」と呼び、両者の対抗と補完関係に論及しているが、その術語を用いて言えば、社会原理は資本原理の暴走から生まれる人間社会と自然の破壊を食い止めるという意味で、資本原理の補完的役割を果たしているのである。言うまでもなく、人間社会や自然が崩壊すれば資本は存立できない。だから、社会原理による資本原理の規制は、資本原理の補完であるということができる。しかし他方で、「二重運動」の力のバランスが崩れれば、政治的・経済的機能不全が生まれる。これが資本主義の２つめの不安定性である。

　そして「大転換」が起きたのは、この不安定性の帰結であった。『大転換』の以下の文章は、それを示すものである。

　「社会はみずからを保護するための手段をとった。しかしどのような手段であろうと、そうした保護的手段は市場の自己調整を損ない、経済生活の機能を乱し、その結果、社会を別のやり方で窮地に追い込んだ。市場システムの展開を一定の型にはめ込み、ついにはそのシステムの上に成立する社会組織を崩壊へと追いやったのは、このジレンマであった」（Polanyi

第1章　資本主義と福祉システム分析の視座

2001：訳6）。

　実際に起きたことは、次のことである。疑似商品にもとづく資本主義システムに対して、社会は自己防衛運動を展開した。労働者は、工場法、社会立法（社会保障のための制度構築）を求める運動、地主階級は自然保護のための土地立法、農業関税導入を求める運動、経営者は中央銀行による短期融資などを求める運動を展開した。これらの運動は成果をおさめた。国家は社会を市場から保護するための法と制度を整えた。

　ところが、各国における社会の自己防衛運動としての保護主義は、競争的市場を独占的市場に代え、それによって市場の自己調整的機能を損ない、資本蓄積形態の変更を迫った。社会立法による費用増大や輸入関税が輸出を妨げるところから、資本は政治的に保護されていない市場（途上国）への輸出を確保して市場支配を盤石にする戦略、すなわち帝国主義（植民地獲得・保持）的蓄積形態を選んだのである。それは、帝国主義戦争、第一次世界大戦につながった。

　次いで、第一次大戦終了後、経済的自由主義か国家介入主義かをめぐる階級闘争が激化した。国際金本位制度への復帰をめざす国際連盟の援助で政権の座を射止めた勢力は、通貨安定・健全財政政策を至上命題としたが労働界はこれに反対した。また、欧州各地で社会主義者が政権に就き労働者の政治的影響力が強まるなかで、産業界と労働界の間での通貨と予算をめぐる闘争が激化した。「労働者は、その数の多さを頼りに議会に立てこもり、資本家は、産業を要塞にし直して、そこから国家に君臨しようとした」（同上書：訳420）。こうした階級闘争の抜き差しならぬ状況のなかで、経済システムとともに国家＝政治システムは機能不全に陥ったのである。それを示す文章は以下のようである。

　　「しかしながら、産業と同様に立法府も社会に対して果たすべき正式の機能をもっていた。立法府のメンバーは、社会的意志の形成、公的政策の監督、国内外における長期的計画策定という任務をゆだねられていた。いかなる複合社会も、政治的な立法機関と行政機関の機能なしには立ち行かないであろう。産業か、国家か、あるいはその双方の組織に麻痺をもたらすような集団的利害の衝突は、社会に対する直接的な脅威となっ

たのである……遂に経済システムと政治システムの双方が完全に麻痺に脅かされる瞬間がやってくる」(同上書: 訳420)。

こうした政治的・経済的機能不全の状況のなかで、ドイツでヒットラーが政権に就く (1933年)。他方で、「市場経済に代る可能性をもつ代表として登場」(同上書: 訳441) したソ連は1920年代末から1930年代初めにかけて強制的集団化と工業化を実施し、共産主義を形成した。米国はニューディール体制に入った。「ファシズム (ナチズム)」、「共産主義」、「ニューディール」という新しい体制は、「自由放任原理を顧慮しないという一点においては、類似性をもっていた」(同上書: 訳437-8)。

さらに、1931年の英国、1933年の米国の金本位制放棄により「従来の世界経済の最後の痕跡」が消滅した」(同上書: 訳44)。言うまでもなく、ソ連共産主義を除き、ファシズム体制もニューディール体制も資本主義の消滅を意味するわけではない。しかし、両体制の出現が、古典派や新古典派経済学が唱える「自己調整的市場」により機能する資本主義、前著で私が「自由市場資本主義」と呼んだシステム (堀林 2014) の破綻を意味した。この見地から、ポランニーはソ連共産主義の出現、ドイツ、米国の資本主義の形態変化を総称して「大転換」と呼んだのである。

以上が、ポランニーの『大転換』における資本主義社会の二重の意味での不安定性、およびその帰結としての「大転換」についての私の読解である。要約すれば、労働 (力)、土地 (自然)、貨幣の商品化にもとづく資本主義は元来不安定であるが、それを安定させる社会の自己防衛運動により保護主義が高まるにつれて、市場原理 (資本原理) と社会防衛原理 (社会原理) の対立が激化し、そこから政治的・経済的機能不全が生じ、ついに自己調整的市場システムは資本主義の別の形態 (規制された社会経済システムとしてのニューディール体制、ファシズム) に転化するか、あるいは共産主義にとって代わられたとするのが『大転換』の論理である。私は、戦後先進国の資本主義の動態と多様性についても、1990年代以後の中東欧の資本主義の動態と多様性についても、それをとらえるためには以上のような『大転換』に含まれている資本主義の不安定性を理解することが重要であると考えている。

II ポランニーと国家、グローバル資本主義、ナショナリズム、資本蓄積形態、人間観

　上述の『大転換』に見られるポランニーの資本主義の不安定性の理解に加えて、現代資本主義および現代社会を理解するうえで有用と思われるポランニーの見解についてもここで指摘しておきたい。それについても前著（堀林 2014）と重複する点があるが、以下の叙述は前著刊行以後の私の認識の深まりを反映するよう心がけている。

1　国家の多面性理解

　第1は、ポランニーの重層的な国家論も示唆に富む。ポランニーは、「外に対する」国家（主権国家）の成立を重商主義システムの産物ととらえるとともに、国家を対内的には「再分配」機構としてみている。さらに、スピーナムランド体制崩壊を促したことに示されるように、国家は資本主義化を推し進める機構である。それだけではなく、社会の自己防衛の要求を実現する機構であるとポランニーは述べている。後の点について言えば、「社会的保護は、一般に社会の全体的利害を託された人々が担うことになる。近代の文脈においては、これは時の政府が担い手になることを意味する」と記している（Polanyi 2001: 訳280）。

　また、「複合的社会」において国家（政治システム）は社会を運営していくうえで不可欠であるとも述べている。そして、その機能不全が「大転換」の原因となったとしているが、それについてはすでに上で引用文を示したとおりである。さらに、ポランニーには「社会的な結合の単位」として国家というとらえ方があるが、これについては後で彼のファシズム論をみる際に立ち戻る。

　後述するように、ハーヴェイは1970年代以降興った新自由主義（自由市場資本主義）国家の役割を、強力な私的所有権、自由市場、自由貿易、

Ⅱ　ポランニーと国家、グローバル資本主義、ナショナリズム、資本蓄積形態、人間観

企業活動の自由などを推進する制度的枠組み作りであったとし、ポランニーが描いた自己調整的市場拡張を推進する側面に光を当てながら国家を規定している。他方で、ボーレとグレシュコヴィッチは、ポランニーが「複合的社会」では政治システムの果たす役割が決定的であると述べている点（上で示した引用文）に着目し、中東欧の資本主義形成においては国家の能力が決定的であったとし、国家能力の強弱と国家戦略の相違によって中東欧資本主義の類型化を行っている。私がとりわけ注目するのは、二重運動に含まれる資本主義の問題性（すでに私が述べた資本主義の２つめの不安定性）を「一時的に解決する」のが国家（政治領域）であるとの見解を『大転換』の解釈を通じて提出していることである（Bohle and Greskovifs 2012: 16）。

　近代および現代社会を解明するうえで、資本主義と国家のそれぞれの理解が不可欠であることは言うまでもない。マルクスがそうであったように、資本主義に比べて国家の体系的研究は遅れている。その点に鑑みて、私はポランニーの上のような国家の重層的理解から学ぶところが多いと考えている。換言すれば、「国家＝階級支配の用具説」のような還元主義的で単純な理解は、現実の資本主義や国家理解には有用でないということである（私は国家が階級支配の役割を果たしていることを否定しているわけではない）。

2　グローバル資本主義の視点

　第２に、『大転換』にグローバル資本主義の視点があることが重要である。『大転換』は「19世紀文明は崩壊した」という文章で始まる（Polanyi 2001: 訳5）。ポランニーによれば、19世紀文明を支えた制度は、列強間の①「バランス・オブ・パワー」の政治、②「国際金本位制」で組織された世界経済、③自己調整的市場、④自由主義国家である。このように、ポランニーは19世紀文明を国際的（①と②）、国内的（③と④）政治経済制度の総体としてとらえていた。ここで経済について言えば、国際金本位制が各資本主義国内の自己調整的市場の枠組みをなしていた。国際金本位制

度崩壊が国内的自己調整的市場の動揺を招いたのはこのためである。

『大転換』は英国史ではなく欧州を中心に論じた「グローバル・ヒストリー」であり、列強間の関係を視野に収めたグローバル資本主義の著である。世界システム論者がポランニーから示唆を得たのは当然のことである。ウォーラーステインは、「ミニシステム、世界＝帝国、世界＝経済（近代世界システム）」という彼の歴史把握がポランニーの「互酬」、「再分配」、「交換」（市場）という統合パターン論の系譜にあると述べている（Wallerstein 2004）。資本主義のグローバル・システムとしての把握は、後にみる比較経済学（資本主義の多様性論）の方法論的ナショナリズムへの傾向、資本のグローバルな運動と国民経済の間の緊張関係を見逃す傾向に対する警告として重要である。また、本書の課題である中東欧資本主義の特質解明の点でも、グローバル資本主義の視点は重要である。なぜなら、中東欧の大部分の国において、資本主義は国内的発展よりも外資主導で形成されたものであり、一国内の「自生的な展開」では説明がつかないからである。

3　社会的な単位としての国家とファシズム

第3は、ファシズム（ナチズム）と関連してポランニーが、階級よりもむしろ国家のほうが結合力が強かったと述べている点が注目される。これもまた、ポランニーの上の国家の重層的理解と関わる。以下に核心となる文章を引用する。

「経済的な階級利害を優先的に考える自由主義およびマルクス主義の思想においては、ヒトラーが必ず勝利するように思われた。しかし、長い目で見れば、経済的な単位としての階級よりも社会的な単位としての国家の方がいっそう結合力のあることが判明したのである」（Polanyi 2001: 訳440）。

ナショナリズムは現在、フランスなど欧州中心国、ロシア、ハンガリー、ポーランドなど旧ソ連・東欧諸国で顕著な傾向である。最もナショナリズムへの熱狂が小さいと思われたイギリスが、2016年6月の国民投票で国民国家への愛着を示して世界を驚かせた。ナショナリズムは中東の「IS

＝イスラム国」などを含め、先進国を越えた世界の主な潮流である。このナショナリズムを理解するうえで、「社会的な単位としての国家」の「結合力」というポランニーの見解と警告に注意を払う必要がある。

4　二重運動と資本蓄積形態の変化

　第4は、資本主義の歴史的変容（動態）と空間的多様性をとらえるために「二重運動論」を一層掘り下げることが必要である。私は、前著のなかで「社会の自己防衛運動の強弱が資本主義の動態を規定」し、社会の自己防衛運動から生じる資本（経済）の「埋め込み形態の相違」が資本主義の空間的多様性を規定すると述べた（堀林 2014）。このような考えに今も変わりはない。しかし、その後『大転換』を読み返しながら、「社会の自己防衛運動の強弱は、資本蓄積体制の変化を初め資本主義の動態を規定する」と言ったほうが正確であろうと思い至った。もちろん、「資本主義の動態」は「資本蓄積体制の変化」を含む概念である。しかし、ポランニーが説いているのは二重運動から生じる資本蓄積体制の変化である。細かい点であるが、「資本主義の動態」と「資本蓄積体制の変化」は一応概念的に区別しておく必要があるというのが、ここで私が指摘しておきたい主旨である。それを簡単に敷衍する（「エピローグ」でも再論──著者）。

　社会の自己防衛運動は、資本の運動が始まるや否や現れる。そして社会の自己防衛運動から生まれる制度が、自己調整的市場メカニズムという特定の資本蓄積体制にとって障害となると資本主義の形態は変化する。その際、『大転換』が描いているのは、一つには自由市場資本主義から帝国主義への資本蓄積体制の変化である。さらに、ポランニーが指摘しているニューディール体制とファシズム（ナチズム）への「大転換」もまた資本蓄積体制の変化である。大転換の3つの形態のうち、ソ連共産主義は資本蓄積体制の変化ではなくてシステム転換である。

　ところで、ポランニーの研究家ブロックは、『大転換』新版（2001）に寄せた序文において、ポランニーはルーズベルト大統領のニューディール体制を将来のモデルと考えていたと記している（Polanyi 2001: 訳 xxxiii）。

第1章　資本主義と福祉システム分析の視座

出典が示されていないので、ポランニーがそう考えていたかどうかを確認することはできない。しかし、「大転換」の3つの形態のうち戦後の資本主義に最も強い影響を及ぼしたのは、ニューディール体制であったことは事実である。他方で、米国フォード社の経営方式、すなわち「テーラー主義的分業＋機械化」と高賃金制度を国民経済全体に押し広げた資本蓄積体制、さらに米国のニューディール期に始まる労使関係の制度化と社会保障整備が、戦後米国の「フォーディズム」的調整様式をもたらし、それが高度成長をもたらしたとするのがレギュラシオン学派である。ポランニーの19世紀から第二次大戦までの時期を扱った資本主義分析（ニューディール政策への着眼）とフォーディズムを関連づけることにより、戦後先進国資本主義分析を行うことができる。

社会の自己防衛と資本蓄積体制の変化に関わるレギュラシオン学派、ボワイエの以下の引用文は、その文脈でとらえられるであろう。

「第4の展望は、カール・ポランニーに始まる伝統のうちにある。資本主義がその進歩的性格――すなわち生産性向上を通しての生活水準の改善――を示すためには、資本主義は社会から押し付けられた強制にぶつかる必要がある。19世紀、夜間労働や児童労働の禁止は機械化の躍進の起源となったのでなかったか。フォーディズムのもと、交渉による実質的賃金上昇の力強さは、生産性およびイノベーションの刺激剤となったのではないか」（ボワイエ 2005: 294）。

5　ポランニーの人間観と資本主義

第5に重要な視点は、ポランニーが、資本主義が人間、とりわけ労働者にもたらす悲惨を「搾取」よりもむしろ、「文化的真空」のなかにみていたことである。ここで、ポランニーの人間観をもう少し立ち入ってみておくことにする。

「社会的な苦難とは、所得水準や人口統計によって測定できるような経済的な現象ではなく、第一義的に文化的な現象である」（Polanyi 2001: 訳284）と述べるポランニーは、イギリス資本主義形成の過程において敗

者として出現した労働者の悲惨を植民地化された国の先住民族になぞらえている。

　先住民族が失ったもので最も重要なものは、自らの文化であった。アフリカの部族が失ったものは、工芸上の優れた技術であった。土着技術の喪失は文化の喪失である。こうして「文化的真空」が生まれる。初期資本主義の敗者である労働者も「文化的真空」の状態におかれた。商品として労働力を販売する立場に追いやられた彼らは、それ以前に有していた社会的認知の機会を失い、社会的認知から得られた自尊心を失った。したがって、労働者が社会防衛運動で求めたのは経済的利害ではなく、社会的認知であった。

　「欲求充足にかかわるような純粋に経済的な事柄が、階級行動を説明するうえでもっている有効性は、社会的認知の有効性にくらべると比較にならないくらい小さい。もちろん経済的欲求が、社会的認知の結果として、とりわけその功績などの対外的な明示あるいは顕彰の結果として満たされる場合があるかもしれない。しかし、ある階級の利害は、身分と序列、地位と安全にきわめて直接的にかかわるものであり、したがってそれは本来、経済的なものではなく、社会的なものである」(Polanyi 2001: 訳 279)。

　ポランニーは、経済人なるものは資本主義の創作であり、人間固有のものでないとしている。人間の根源的欲求は社会的認知であるとする。彼は、フランク・ナイトの「人間に特有な動機には、経済的なものはない」という命題を引用している (Polanyi: 訳 453)。ヴェブレンは、経済人を歴史的産物としてみた。そして、人間集団にとっての有益な本能として「製作者本能（職人気質）」に言及している。労働社会学者セネットは、人間が労働に求めるのは「職人気質」の発揮、「有用性」の社会的認知、自己が労働と生活を語り、それを見る他者が存在することによって成立する「物語性」であるとしている (Sennet 1998)。

　資本主義とは経済人の世界であるとする資本主義的人間観に対する異論は、スティグリッツも示すところである。彼は、一般の人々の82％が暴風雪の後、除雪用シャベルの価格を上げるのは不当であると考えているの

に対し、ビジネス・スクールの学生でそう考えるのはわずか24％であったとの逸話を紹介しながら、経済学を学ぶ者は、普通の人々と比べて認識が歪んでいると指摘している（Stiglitz 2012: 訳242）。

「経済人」という想定が現実を反映しないことは、最近の行動経済学の知見を待つまでもなく早くから「まともな経済学者」にとっては自明のことであった。まともな経済学者は、「共感」（スミス）、「自然を享受することの喜び」（J.S.ミル）、「社会的存在（類）の確証行為としての人間労働」（マルクス）、「人間の製作者本能」（ヴェブレン）など、「経済人」よりももっと深いところで人間的本質をとらえていたのはよく知られていることである。そして、彼らは資本主義のもとで人間が「経済人」に貶められることを批判的にみていた。ポランニーも同じである。

それと関連して、ポランニーが土地の商品化に対し社会の自己防衛を担う地主階級が家父長制復帰を試みるかもしれないけれども、労働力の商品化に対し社会の自己防衛を担う工場労働者は、彼ら自身の協同組合的共和国を樹立する必要を感じるだろうと述べている点に注目すべきである。分配面で不利な立場におかれるところから労働者階級が資本主義の「墓堀人」となると考えることはできる。しかし、協同組合的共和国を展望するポランニーには、深い人間的本質に根差す資本主義の否定の動機があったと言えるであろう。

資本主義は資本蓄積運動と、それを推進するイデオロギーだけで機能していると考えるのは一面的である。資本主義はそれを肯定するイデオロギーをともなうが、それは人間本質とそれに規定される人間行動の制約を受けると考えるべきであろう。この視点は、本書の課題である中東欧の資本主義と福祉システムを分析する際にも重要である。

ボーレとグレシュコヴィッチは、中東欧諸国における資本主義への転換の「社会的コスト」を貧困率や格差増大といった統計的事実よりも、ポランニーと同じく人々が経験した社会的転落という意識から説いている。また、フェルゲは中東欧諸国の福祉削減に対する歯止めとなってきたのは「福祉の国家責任」という社会主義から継承された国民意識と、それにもとづく国民の国家への福祉の維持・拡充要求であったと説いている（後述）。

以上の例にとどまらず、私が抽出したポランニーの資本主義観、人間福祉に対する考えや人間理解は、現代資本主義・福祉システム分析一般および中東欧資本主義・福祉システム分析の理論的枠組みとして有効である。

　さて、ポランニーの考察はひとまず中断し、次にポランニーから示唆を受けたベッカーなども加わった2000年代初めの先進国を対象とする資本主義の多様性論争を概観する。それを通じて、中東欧資本主義の動態と多様性を分析する理論的視点を定めるのがねらいである。その際、資本主義の動態と多様性を将来社会展望とつなげるという私の問題意識からポランニーに再度立ち戻り、彼の社会主義論、グローバル資本主義論等から得られるものは何かについても検討する。

Ⅲ　戦後資本主義の動態と多様性

はじめに

　1990年代半ば、私はイギリスのバーミンガム大学ロシア東欧研究センターに滞在し、研究生活を送った。東欧革命、ドイツ統一、ソ連崩壊という激動を経て数年後のことである。旧ソ連・中東欧では、政治転換直後のユーフォリア（多幸感）は消失し、資本主義化にともなう失業、貧困化など「転換の社会的コスト」の増大から、1993～94年にはポーランド、ハンガリーなどで旧共産党継承政党が政権復帰するという政治変化がみられた。こうして中東欧のなかには、向かう先であるとされる資本主義への失望が顕在化していた国があったのが当時の状況であった。

　ところで、東欧革命から四半世紀が経ち、東欧革命という術語さえどの程度の人の記憶に残っているか覚束ない現在とは異なって、当時、旧社会主義地域への関心は高く、イギリスだけでなく他の西欧諸国や旧ソ連・中東欧諸国から大学院生や若い研究者がバーミンガム大学ロシア東欧研究センターに集い、センターの専門スタッフのもとで研鑽に努めていた。

第1章　資本主義と福祉システム分析の視座

　今も私の記憶に残っているのは、若いドイツ人とブルガリア人研究者カップルとの会話である。当時、私は「1968年」と「1989年」に世界で起きた出来事の共通点と差異について考えていた。そのこともあり、1968年に参加した経験のない2人の研究者に「1968年と1989年の違いは何だろうか」と尋ねてみた。彼らの回答は細部で異なっていたが、共通していたのは1968年の西側諸国のベトナム反戦運動、自主管理を求める学生・青年労働者の運動、チェコの民主化運動（＝「プラハの春」）などの根底には新しい社会、もっと言えば「自主管理社会主義」、「人間の顔をした社会主義」など「新しい社会主義」への希求があったが、1989年には一党独裁体制を崩壊させる願いはあったとしても、新しい社会の実現という目標はなかったという評価であった。それは、当時でもそうであったが、今という時点から振り返ってみると本当に的を射た回答であったと思う。たしかに、1989年に「希望」はあったが「理想」はなかった。
　さらに、彼らは1968年と1989年の先進資本主義諸国の「時代精神」は異なると指摘した。1968年には、豊かさのなかに存在する社会の歪みを正したいという「時代精神」があった。それが、学生・青年労働者をして「反管理社会」、自然環境破壊反対などの運動に駆り立てた。1989年の先進資本主義国の「時代精神」は異なる。自然環境破壊に反対する運動は先進資本主義国で継承されていたが、資本主義は「管理社会」というより熾烈な「競争社会」となっており、労働者も学生も分断されており、誰もかれもが生き延びるために必死になっているというのが1989年の先進資本主義国の状況であった。先進国において、1989年には学生・青年労働者を運動に駆り立てるような時代精神はなかったというのが彼らの見解であった。
　先進国における資本主義の性格が1968年から1989年に至る期間を経て変化しているなかで、旧ソ連・中東欧諸国が資本主義化する時、彼らが述べたような時代精神も含め変化の影響を受けざるを得ない。彼らは青年期特有の勘の良さで旧社会主義の資本主義化を研究していたのである。しかし、彼らのそのような時代認識は、どの程度旧ソ連・中東欧諸国の政権担当者や人々のなかで、そして先進資本主義国の旧ソ連・中東欧研究者の

なかで共有されていただろうか。資本主義の形態変化と先進資本主義国における「時代精神」を前述したドイツおよびブルガリアの青年のように認識している旧ソ連・中東欧の政権担当者や人々がいたとしても、少なくとも1989年当時には、彼らは多数派でなかったであろうと私は考えている。

ハンガリーやポーランドで1989年の中心となった異論派知識人、改革派政治家・官僚、「連帯」に集う労働者たちは、西側先進資本主義国の動向とは切り離して、社会主義の改革から一歩先に進みたいという願望にもとづいて「向かうべき資本主義の形」を考えていた。中央集権的計画経済を生産物市場の増加で補完しても社会主義経済の効率化に目立った改善はみられなかった。私的セクターを拡大することが必要であり、そのために国有経済の圧倒的優位という社会主義の根幹を覆すことが必要であった。そして、それを実現するためには共産主義政党の一党支配構造を複数政党制度に代えなければならない。その後にやってくる世界は資本主義であるというような論理の連関から彼らは「資本主義を考えていた」のであり、1980年代の先進国の生きた現実としての「資本主義をみていた」わけではなかった。

1980年代からハンガリーに滞在しつつ中東欧の動向を観察していた私は、上のような論理構造から引き出された資本主義認識が、1989年を担った人々の最大公約数であったと考えている。そして、先にみたコルナイの社会主義と資本主義のシステム・パラダイムは、そのような認識を表現したものであった。

若い世代にはサッチャー流の新自由主義に影響を受けた経済学者がいたことはたしかである。すでに述べたように、東欧革命後早い時期に「形容詞抜きの資本主義」(新自由主義)が目標であると断言したクラウスのような政治家がいたこともたしかである。しかし、新自由主義的資本主義、私の用語法では「自由市場資本主義」が、旧ソ連・中東欧で圧倒的影響力を持つようになるのはIMFや世界銀行、それと同じ志向を持つ外国人アドバイザーの旧社会主義諸国に対する提言を通じてであったというのが真相である。

先進資本主義国の旧ソ連・中東欧研究者はと言えば、旧社会主義地域の

第 1 章　資本主義と福祉システム分析の視座

政治経済動向の分析に集中していればいるほど、それに時間をとられ、旧西側資本主義の変化を並行して深く研究している例は少なかった。こうして、ポスト社会主義国の資本主義のあり方について確たる見通しを持つ研究者は少なかったのである。

　さらに言えば、先進国資本主義を対象とする研究者のなかでも先進国資本主義の戦後の変化と多様性を一貫した論理で示す研究は、それほどなされていなかったのではないかというのが、私の経験にもとづく率直な観察であった。具体的に言えば、本格的に資本主義研究を手がけようと思い立った1990年代の初め、私は現代資本主義研究の書を探したのであるが、新古典派、ケインズ学派、マルクス学派による研究のなかで、世界資本主義の構造と配置、地域・国別多様性などを体系的かつ説得的に示す著書を見出すのは困難であった。むしろ当時、私が知りたい主題にまともに取り組んでいると思われたのは、世界システム論、レギュラシオン学派、さらに後の「資本主義の多様性論」に連なる学派、すなわち制度的アプローチをとる諸研究であった。

　最後のものについて言えば、ラインランド型（ドイツが代表格）が社会的公平や経済的安定の観点からは優位であるが、冷戦終結と共産主義崩壊以後アングロ・サクソン型資本主義の影響のほうが強く、先進国資本主義がその方向に進む可能性が強いと指摘（＝警告）していたアルベールの1990年代初めの研究（アルベール 1992）が、私の目には秀逸であった。その評価は今でも変わらない。

　日本では、中曽根政権のもとで1980年代に国鉄民営化が実施されるなどサッチャー、レーガン流新自由主義の傾向が見られたものの、バブル経済最後の年、1989年においては「ジャパン・アズ・ナンバーワン」（エズラ・ボーゲル）の余韻がまだ残っており、日本型資本主義が米国型資本主義より優れているとする資本主義観が影響力を保っていた。日本では当時、新自由主義、新保守主義の影響は経済学者よりも、政治学者、特に政治改革の必要を説く学者に強く見られたと記憶しているが、間違いではなかろうと思う。

　ところで、1970年代に中南米で興り、80年代に米英両国で確立し、そ

の後欧州や日本の資本主義の大きな影響力を持つようになる新自由主義的資本主義を体系的に明らかにしたのがポランニーを援用したハーヴェイであり（Harvey 2005）、新自由主義の特定の形態である金融主導型資本主義の形成を戦後資本主義の形態変化の文脈に位置づける著書を刊行したのがレギュラシオン学派のボワイエ（2005）や山田（2008）であった。

現在から考えれば不思議なことだが、「新自由主義の生態学的優位」（Jessop 2009）が明らかになる2000年代に資本主義の多様性論争が起きた。ホールとソスキスは、市場コーディネーションが優位な自由市場経済（LME）と非市場コーディネーションが優位なコーディネートされた市場経済（CME）に先進国資本主義経済を区分した（Hall and Soskice 2001）。レギュラシオン学派第二世代のアマーブルは、先進国資本主義を5つの類型で示す議論を提示した（Amable 2003）。

これらの多様性論のほとんどは、世界金融危機勃発（いわゆるリーマン・ショック）を予想できなかった。その結果、比較社会経済学者＝資本主義多様性論者のなかで、自己批判を込めて政治経済学に転身する研究者が出現した。また、資本主義多様性論者への批判も強まった。

こうした経緯をふまえて、以下では戦後資本主義の動態と多様性に関する議論および資本主義論の最近の動向を検討する。すでに私は前著（堀林2014）において、この論点を扱っている。したがって、重複部分を必要最小限にとどめる叙述としたい。

ところで、ドイツ人とブルガリア人の若いカップルが述べた「時代精神」の影響を受けて、またIMFや世界銀行の関与とEU中心国をはじめとする旧西側諸国を本拠地とする多国籍企業の進出のなかで、中東欧の資本主義化が実現され、福祉システムの変容が起きた。この中東欧資本主義化と福祉システム変容の分析のためには、先進国資本主義と福祉システム分析が必要であると、ここで再度述べておきたい。

戦後先進国資本主義について、私の前著は①「黄金時代」（1945〜73年）、②「高度成長終焉以後」の時代（1970年代、80年代）、③「冷戦終結以後」の時代（1990年代〜現在）という時期区分をしているが、②と③の時期の叙述について言えば、各々の時期の連続性が顕著であり、時期

区分の観点が充分明確でないとする批判が寄せられている（吉井 2015）。その批判は半ば当たっている。

しかし、私にはそのような時期区分を行う理由と必要があった。先進国で高度成長が終わり、1970年代から米英を中心に新自由主義イデオロギーが強まり、80年代には米英両国で新自由主義政策がとられた一方で、高度成長終焉後の「不確実性の時代」（ガルブレイス）には先進各国で多様な模索がなされた。資本主義の多様性が、1970年代〜80年代を特徴づけた。冷戦終結以後、新自由主義の特定形態としての金融主導型資本主義が米英両国で確立し、米英型資本主義は大陸欧州や日本など他の先進資本主義にも大きな影響を及ぼした。このように、1970年代以降、2007〜08年の世界金融危機までの期間に新自由主義が生まれ先進資本主義国に浸透したという点において、上記②と③の時期には連続性がある。この点を強調すれば、私の前著に対する上述した批判は的を射ている。

しかし、ジェソップの「新自由主義が生態的優位に立つ、傾向としてグローバルな」、「しかし多様な資本主義」というような先進国資本主義の「複眼的」とらえ方のほうが、現在という時代をとらえるうえで有効であるというのが私の見解である（ジェソップについては、Jessop 2009; 2014）。そうした両面を見ながらも、1970〜80年代の時期には新自由主義は浸透したが、それよりも先進国資本主義の多様化が主な傾向であったのに対して、1990年代以降世界金融危機までの時期は先進資本主義の多様性は存続するものの、新自由主義の浸透が先進国の主な傾向であったというのが私のとらえ方である。

そのようなとらえ方にもとづいて、本書では先進国の戦後資本主義を、①黄金時代（1945〜73年）、②不確実性と分岐の時代（1970年代、80年代）、③自由市場資本主義の浸透と動揺の時代（1990年代〜現在）に区分し、概観する。なお、③の時代について、世界金融危機以後には、それ以前の時期と異なる傾向もみられる。それについては叙述のなかで示す。

1　黄金時代の資本主義──フォーディズム

　フランス・レギュラシオン学派の理論的枠組みは様々な学派と類似点を持つが、独自のものである。レギュラシオン学派は、システムの分析において制度を重視する点でアメリカ制度学派の流れに属するように見える。他方で、ボワイエがシステムの特徴を把握するために分析する以下の制度は、マルクス学派が重視する制度と重なる。また、フォーディズムが需要創造を促す制度と政策の総体であると把握している点から、レギュラシオン学派はケインジアンの系譜に属すとみなされることもある。

　ボワイエが分析対象とする制度は、①賃労働関係（労働力の使用と再生産にかかわる諸制度）、②貨幣形態（通貨・金融をめぐる諸制度）、③競争形態（企業間関係、市場構造、価格決定方式などをめぐる諸制度）、④国家形態（大きな政府 vs. 小さな政府、租税制度など）、⑤国際体制とそれへの編入形態（国際通貨体制、各国の対外開放度、産業特化、財・資本の輸出入構造など）である。ボワイエは、諸制度間の関係については「制度補完性」と「制度階層性」が重要であるとする（ボワイエの見解については、主にボワイエ 2005 による）。

　経済システム分析において「制度補完性」概念を導入したのは「比較制度分析」（CIA）学派の青木らである。それは、現実の経済に存在する複数の制度の間には、一方の制度の存在・機能によって他方の制度がより強固なものになっているという関係があることを示す概念である（青木らの見解は、青木・奥野 1996）。たとえば、（戦後）日本経済システムにおいては、長期（終身）雇用制度とメインバンク制度が相互に補完しあっており、両者には「制度補完性」があった。

　ボワイエやアマーブルは「制度階層性」も重視する（アマーブルについては、Amable 2003）。それは、諸制度のなかには他の制度と経済システム全体を規定する制度と、他の制度に規定される制度があることを示す概念である。たとえば、フォーディズムにおいては労使妥協に関わる制度が他の制度を規定し、また経済システムの根幹にある。他方で、1990 年代

以降の米国「金融主導型成長体制」においては「金融」(貨幣諸形態に関わる制度)や「グローバル化」(国際体制とそれへの編入形態)が経済システム全体を規定していた。そして、金融とグローバル化に関する制度が「賃労働に関わる制度」を規定していた。つまり、雇用管理は株式市場に従属していた (山田 2004; 2008)。

「制度補完性」と「制度階層性」の関連について言えば、制度階層性こそが制度補完性を生み出すというのがボワイエとアマーブルの見解である。彼らは、「制度階層性」は政治の産物(政治的妥協の産物)であるとし、制度と政治の関係を重視する。「フォーディズム」を支えたのは「経営者」と「労働者」の同盟という政治的関係であったのに対して、「金融主導型成長体制」の政治的支柱は「金融機関・投資家」と「経営者」の同盟である (ボワイエ 2005; Amable 2003)。

フォーディズムは元来、米フォード社のベルト・コンベアを使った大量生産と高賃金を内容とする経営方式のことである。大量生産は、テーラー主義と機械化の組み合わせで可能になった。テーラー主義は徹底した分業体制をさす。そこでは構想と実行が分離されている。これに機械化が加わり、フォード社の大量生産の労働生産性は高い。

ヘンリー・フォードは、大量生産には大量消費が対応しなければならないという至極当然の理由から、自社の従業員の賃金を当時の平均賃金よりもかなり高い水準に設定した。1920年代の米国では、自動車のほか、ラジオ、洗濯機、冷蔵庫、電気掃除機が普及しており、大量消費の可能性はあった。しかし、フォード社のような高賃金が他の自動車メーカーや他産業に広く普及したわけではなかった。

他方で、需要が大切であるとするケインズ経済学がニューディーラーに影響を及ぼし、公共事業など有効需要創出のために政府支出が行われたほか、老齢年金制度、失業保険制度の全国規模での形成が図られ(社会保障法の制定。1935年)、労使関係の制度化・安定化を図るため、産業別労組の認知と団体交渉・労働協約の拡大を主な内容とするワーグナー法や公正労働基準法などが制定された。そして、これらは戦後の米国において国民経済レベルでフォーディズムが創出され機能する基礎となった。

フォーディズムとは、大量生産・大量消費による資本蓄積体制をさす。このなかで、とりわけ重要なのは、持続的に内需型需要を創出する諸制度配置・政策である。中心的な制度は、労働生産性上昇を賃金上昇に結びつける団体交渉などの労使妥協制度である。この制度を通じて賃上げが実施されれば、労働者の消費が増加するとともに、生産拡大のための設備投資も増加する。さらに、社会保障を含むケインズ主義的な財政政策も国内需要の安定化に貢献する。これら国内制度配置、政策に加え、国際体制も重要であり、ブレトン・ウッズ体制は全体として対外開放度を小さくする役割を果たし、先進各国で内需向け生産に依拠する成長体制をもたらした。

フォーディズムは戦後米国で確立し、他の先進諸国にも普及した。ドイツ（西ドイツ）では、高度成長時代に国内需要と合わせて輸出が大きな役割を果たした。また、日本では黄金時代に労働生産性の成長が労働者の賃上げにつながったのは事実としても、「設備投資が設備投資を呼ぶ」と呼ばれたように、設備投資の増加が成長に貢献した割合のほうが高かった。このように、フォーディズム的成長体制にも多様性があった。しかし、ボワイエが指摘しているように、黄金時代の先進資本主義国の成長の 3 要件は、概ね①労働生産性の上昇、②労使妥協、③小さな対外開放度であったと言ってよい（ボワイエ 2005）。対外開放度について付け加えれば、ドイツのように貿易が成長に果たす役割が大きい国があったとしても、一般的に先進国で対外直接投資、ポートフォリオ投資が活発になるのは、フォーディズム終焉以後のことであった。

2 黄金時代＝フォーディズム終焉の要因

高度成長から 1973 年以後の「危機」（停滞）への転化は、「オイル・ショック」など「外生的」要因で説明されることが多いが、レギュラシオン学派は「内生的要因」からこれを説明する。すなわち、高度成長（大量生産と大量消費）を支えた諸条件・要素が 1960 年代の末から 70 年代初めには消失しつつあったことが危機（停滞）の要因であった。レギュラシオン学派の見解を踏まえながら、先進国におけるフォーディズム終焉要因

を私自身の叙述で示せば以下の通りである。

　第1は、需要の多様化である。1960年代末から70年代初め頃までには先進諸国では規格化された消費は満たされ需要が多様化していたが、テーラー＝フォード的「少品種大量生産」の技術ではこの多様化に対応できなかった。それとともに、需要増加が投資増加につながり、それが生産性上昇につながるという回路が働かなくなった。

　第2は、労働疎外である。労働者は消費とテーラー主義の取引に我慢しなくなった。そして、1960年代末から70年代初めにかけて、欧米諸国では労働疎外に対する積極的・消極的抵抗が顕在化した。積極的抵抗としてはフランス、ドイツ、スウェーデンなどで起きた「労働者自主管理運動」、あるいは経営参加を求める運動などが挙げられる。そしてドイツやスウェーデンでは、この運動に対して経営者・政府側が譲歩し、1970年代に労働者参加を強める施策がとられた。消極的抵抗の主な現れは、欠勤増加（アブセンティズム）であった。

　第3は、賃金上昇圧力と「利潤圧縮」である。「黄金時代」に労働者の（直接）賃金は上昇した。また、欧州諸国では福祉国家充実により「間接賃金」も増加した。1960年代末から70年代初め頃には、こうした直接・間接賃金の増加（「賃金爆発」）による「利潤圧縮」傾向に対し、経営側から「賃金圧縮」を迫る動きが出てきた。これを強力に進めたのが、1970年代末に誕生したイギリスのサッチャー政権、それに続き80年代初頭に米国大統領となったレーガンである。これ以後、両国では「賃金妥協」、すなわち「生産性上昇─＞賃金上昇」回路が崩壊した。

　第4は、国際体制の変容である。欧州諸国や日本の輸出競争力の強化も一因となって「金ドル本位制」（および固定相場制）が1970年代初めに崩壊し、国際通貨体制は「変動相場制」に変わった。また、多国籍企業の活動が活発化するなど「国際化」が進展し、先進諸国の「対外開放度」が高まった。これにともない戦後復興期、高度成長期と続いた国内生産志向の度合いが弱まった。

　第5に、環境制約の増加である。大量生産・大量消費体制に対する「環境制約」が増した。公害、大量廃棄などが問題となり、1970年代に初め

頃に「成長至上主義批判」が現れた。それ以後、環境保護運動が世界的に普及した。

以上の諸要因により「フォーディズム」は終焉を迎え、先進資本主義国は「ポスト・フォーディズム」の時代に入っていく。

3　資本主義の多様性——1970〜80年代の先進国資本主義

ボワイエなどレギュラシオン学派第一世代は、1990年代以前には資本主義の多様性という術語は使用せずに、ポスト・フォーディズム諸形態を規定する試みのなかで「複数の資本主義」について語っていた。その後、米国新制度学派の分析枠組みにもとづいて、あるいは数量分析を駆使して精緻な資本主義多様性論を提示する試みが2000年代に相次ぐ。

その際、多くの人々によって参照され、比較社会経済学のテキストというべきものになっているのが、邦訳もあるアマーブルの「5つの資本主義論」(Amable 2003)、先進国資本主義を「自由な市場経済」(Liberal Market Economy, LME)と「コーディネートされた市場経済」(Coordinated Market Economy, CME)の2つに分類したホール／ソスキスの資本主義多様性論である（Hall and Soskice 2001）。

アマーブルの英文単著とホール／ソスキスの編著は2000年代前半に刊行されたものであるが、そこで示されている内容に照らし合わせれば、それらは1990年代以降よりも、1970〜80年代の資本主義の多様性を示す議論として適切であると私は考えている。また、1990年と1999年刊行著で示されているエスピン-アンデルセンの比較福祉国家論、比較福祉資本主義論もまた1970〜1980年代の先進資本主義国の現実の理論的定式化であるように思われる（Esping-Andersen 1990; 1999）。

(1)　スウェーデン（北欧）型、フランス型、米英型、日本型、ドイツ型資本主義

1970年代のフォーディズムの終焉、スタグフレーションに示されるケインズ主義的経済政策の行き詰まりのなかで、先進資本主義で異なる対応

が生まれた。スウェーデンでは1970年代に、ジェンダー平等の徹底を図るための福祉国家の拡充が行われた。また、ボルボ社でベルト・コンベアが廃止されるなど分業が見直された。さらに、西ドイツにならって共同決定制度が導入された。スウェーデンでは、社会民主主義政権のもとで1930年代から全国レベルの労使協議がなされ、そこで結ばれた協約が産別・企業レベルでの労使協議を規定していた。この制度と1970年代の施策があいまって、スウェーデンの資本主義は社会民主主義的資本主義とでも言うべき特質を帯びることになった。アマーブルはスウェーデンの政治経済を、他のいくつかの北欧諸国とともに「社会民主主義」と特徴づけている。

「5月革命」の余波で1970年代のフランスでは「自主管理社会主義」を求める運動、エコロジー運動の活性化と「アソシアシオン」（協同組合、NGO、NPOなど）増加など、低成長時代到来を見据えたかのような新しい傾向が見られた。しかし、1970年代までフランスの経済実績は米国やイギリスよりも良かったため、大きな政治経済的変動が起きたのは1980年代になって以降であった。1980年代初頭に社会党所属のミッテランが大統領に就任し、内閣も社会党、共産党の連立となった。連立政権がとった政策の方向は、自主管理社会主義ではなく国有セクター拡大、最低賃金引き上げ、福祉支出拡大など伝統的な「一国社会主義」であった。この政策実施後、経常収支悪化、フランス・フラン危機が起きた。「一国社会主義」は失敗した。

その後、一方では欧州統合のなかでのフランス経済の浮揚を図る政策がとられ、他方で国有企業の民営化が実施されるなど、国家介入が大きいという戦後フランス資本主義の特色を薄める施策がとられてきた。しかし、政界エリートと経済界のエリートの強い結びつき、個別企業経営に対する国家の干渉などは依然として残っている。したがって、アマーブル（Amable 2003）のようにフランスをドイツと同じ「大陸欧州型」資本主義に分類するよりは、ベッカー（Becker 2009）のように「資本原理を国家により埋め込む」ことを志向する資本主義と特徴づけるほうが適切であると私は考えている。

なお、アマーブルが示す資本主義の5類型は、①市場ベース型（米国、イギリス）、②大陸欧州型（ドイツ、フランスなど）、③社会民主主義型（北欧）、④南欧型（イタリア、スペインなど）、⑤アジア型（日本・韓国）である。これに対し、ベッカーが示すのは、ポランニーの市場＝資本の社会への埋め込み概念を援用した類型論、すなわち埋め込みの強弱と埋め込みの主体の相違に着目した次の4類型論である。①資本原理が最も強く現れている米国・イギリス型資本主義、②資本原理を国家によって埋め込む志向が強いフランス資本主義、③資本原理を「コーポラティズム」により埋め込む志向が強い北欧諸国とドイツなどの資本主義、④企業集団レベルで資本原理だけでなく社会原理が働いているメゾ・コミュニタリアン型の日本、韓国の資本主義。

　アマーブルもベッカーも、米国とイギリスが同じ資本主義類型に属すとしているが、それは事実と照応している。1970年代の米国とイギリスは失業率やインフレ率で高い数字を示し、社会的にも閉塞感が強かった。こうした社会経済状況のなかで自由な資本主義を唱える政権が誕生し、1980年代には両国で類似の政策がとられた。レーガン政権がとったのは、高所得層・法人に対する減税、労働市場規制緩和、労組弱体化政策であり、サッチャー政権がとったのは国有企業民営化、炭鉱スト抑圧に象徴される労組弱体化政策、最低賃金制度撤廃など規制緩和政策であった。

　こうして両国の資本主義は、新自由主義＝市場原理主義的な特徴を強めることになった。アマーブルの「市場ベース型」、ベッカーの資本原理が最も強く現れている米国・イギリス型資本主義型とはこれである。1990年代になると、米国とイギリスの新自由主義はその特定形態として金融主導型資本主義となり、大陸欧州や日本などにおける米英とは異なるタイプの資本主義に影響を及ぼした。しかし、1980年代に先進資本主義国の成功モデルとみなされていたのは米英資本主義ではなく日本資本主義であり、欧州ではドイツの資本主義であった。

　レギュラシオン学派は、ポスト・フォーディズムの成功例として「トヨティズム」を評価したことがあった。その後、日本の資本主義を「企業主義」、「企業主義的レギュラシオン」などと定式化している（たとえば山田

2008)。アマーブルが「アジア型」資本主義の特徴として摘出しているのも、ベッカーが「メゾ・コミュニタリアン型」資本主義と規定する際に意味しているのも、この企業主義である。そして、慣行であるが長期雇用制の企業は利潤追求組織であるとともに共同体の性格も備えており、それがインバンク制および政府の産業政策を通じて強められるような資本主義が日本の「企業主義」である。日本の「企業主義」的特徴の多くは、フォーディズム終焉以前から存在していた。しかし、日本が高度成長から安定成長への移行に成功したことから、日本の資本主義から「企業主義」を抽出し、それが製品差別化や品質向上による市場確保というポスト・フォーディズム時代の要請を満たしていることにレギュラシオン学派は着眼したのである。

　先に述べたように、現在の資本主義多様性論の先駆けとなった1990年代初頭のアルベールの著書『資本主義対資本主義』（アルベール 1992）はアングロ・サクソン型資本主義とドイツのライン型資本主義の対比を理論的枠組みとした。アルベールは社会経済の状態、とりわけ人間の幸福という点から見ればライン型資本主義が優れているのであるが、アングロ・サクソン型資本主義が国際競争力で優るというイデオロギーが席巻し、アングロ・サクソン型資本主義がライン型資本主義を壊すことに警鐘を鳴らした。アングロ・サクソン型資本主義と日・独資本主義を対比・分析するドーアの単著、邦訳タイトル『日本型資本主義と市場主義の衝突——日・独対アングロ・サクソン』もまたアルベールと類似の見解を示した（Dore 2000）。

　ドーアの上記原著の1年後の2001年に英文で刊行した編著収録論文のなかで、ホールとソスキスは、米国の「自由な市場経済」（LME）とドイツの「コーディネートされた市場経済」（CME）の特質を対比しながら、両者に経済実績上の優劣があるわけでないとしたうえで、米国の諸制度配置は「ラディカルなイノベーション」に適しており、ドイツの諸制度配置は「漸進的なイノベーション」に適していることを指摘した。また、それと関連して米国の諸制度配置は、「ラディカルなイノベーション」が重要なIT産業、遺伝子工学部門などに「比較制度優位」を付与し、ドイツの

諸制度配置は「製品差別化」や「高い品質」が市場競争にとって重要な機械工学、工作機械、自動車など輸送、耐久消費財部門に「比較制度優位」を付与すると指摘した。

　日本が1980年代に強い国際競争力を持ち成長への輸出の貢献度を高めた時、その主力産業は自動車、家電製品であった。当時、欧州の輸出国家の代表格はドイツであり、工作機械や自動車は高い競争力を持った。その際、日本の輸出主力産業に比較優位を与えた制度配置が企業主義であった。その重要な構成要素は、上で述べたように、雇用保障（長期雇用）と銀行による企業の経営保障制度（メインバンク制度）であった。ドイツの場合、機械工学、工作機械、自動車などの産業部門に比較制度優位を付与する制度配置としては、産業レベルと企業レベルの労使協調体制と銀行の経営保障（ハウスバンク制度）が重要であった。ドイツでは産別労使交渉や産業別経営者団体が主導する職業訓練・教育が日本よりも大きな役割を果たしているものの、「比較制度優位」を与える制度配置が長期志向である点で両国に違いはなかった。ドイツの産業レベルの労使協調体制は、企業レベルの労使協調体制である共同決定制度で補完され、絶えざる製品差別化と品質向上を促すような産業・企業特化型技能を育てた。ホール／ソスキスはドイツを「コーディネートされた市場経済」と特徴づけ、日本もそのタイプに属するとした。

　先進国市場で耐久消費財や自動車などの市場は1970年代には飽和状態になっていたものの、品質・性能の良い製品に対しては買い替え需要があり、1980年代に携帯用ビデオ・カメラなどは、事実上新しい耐久消費財として需要を掘り起こしていた。こうした買い替え需要のある製品と新しい耐久消費財において、日本企業は輸出競争力を持った。ドイツの自動車や工作機械製造企業もそうであった。振り返って見れば、漸進的なイノベーションから生まれる製品に国内および外国（先進国）での需要があった時期の成功モデルが、日本とドイツであったのである。

　アルベールが記したように、ライン型資本主義は経済的のみならず、社会的にも成功したモデルであった。それは、産別交渉や共同決定制度を通じて労働者の利害や経営参加の要求を取り込む資本主義であった。また、

ブラント社会民主党主導政権が 1971 年に、①環境予防、②汚染者負担原則、③環境協力の環境 3 原則を明確にして以後、環境分野で自発的市民セクターの活動が活発になるなど、ライン型資本主義には環境政策面での比較優位が存在した。自発的市民セクターの発展のなかで、1980 年には「緑の党」が結成されている。

　ベッカーのように、労使協議制度による資本主義の規制や、環境先進国といったドイツ資本主義の特徴に留意して、ドイツ資本主義をスウェーデンなど北欧型と同種の型に分類するのも一理あると言える（Becker 2009）。しかし、以下で述べるようにドイツとスウェーデンには福祉システムにおいて差異があり、エスピン-アンデルセンは両国を福祉資本主義の別の類型に区分している。

(2) 福祉資本主義の 3 つの類型——社会民主主義、保守主義、自由主義

　エスピン-アンデルセンは、①社会保障によって人々が労働力の商品化を免れている程度を示す「脱商品化指標」、②社会保障および民間福祉と人々の階層化の関係を示す「階層化指標」、③女性および家族の家事・育児の社会化がどこまで進展しているかを示す「脱家族化指標」に関わる事項の計量分析を行い、3 つの類型の福祉資本主義を抽出した。第 1 が、「脱商品化」、「脱家族化」が進展しており、「階層化」は大きくない「社会民主主義型」（北欧）であり、第 2 が、「一家の稼ぎ手」の「脱商品化」は進展しているが、ビスマルク型社会保険制度とも関わり「階層化」が大きく、保育所建設の遅れなど「脱家族化」が遅れている「保守主義型」（ドイツ、フランスなど大陸欧州諸国）であり、第 3 が、社会保障水準が低く、「脱商品化」の程度は低く、民間福祉を利用できる階層とそうでない階層の格差など「階層化」が大きい「自由主義型」（典型的には米国）である。自由主義型に分類される米国では、脱家族化はベビーシッターを雇えるミドル・クラスに限定される。なお、日本は社会保障制度の型からは「保守主義」、社会保障水準の点からは「自由主義」に分類される（以上は、Esping-Andersen 1999）。

　以上のような福祉資本主義論もまた大枠で 1970 年、80 年代の先進国資

本主義の多様性をとらえている。この時期、特に 1980 年代以後米国とイギリスで労働者・国民の生活悪化につながる大きな変化があった。そして、1990 年代以後、他の先進諸国でも雇用・貧困問題が深刻化したが、その背景には米国型資本主義、すなわち 1980 年代以降の新自由主義と、その特定形態としての金融主導型資本主義が米国を越えて他の先進国にも影響を及ぼしたということがあった。次に、1990 年代以後の先進国資本主義の動向を見てみよう。

4　金融主導型資本主義の形成と動揺――1990 年代〜現在の動態

1990 年代以後、現在までの世界の主要な傾向を摘出するなら、①米国金融主導型資本主義の形成と米国型資本主義の他の先進国への影響の強まり、2007〜08 年世界金融危機以後の金融主導型資本主義の動揺、②BRICs に象徴される新興国の世界経済・政治におけるプレイヤーとしての役割の増加、③労働保護、地球環境保護、金融規制などの課題解決の必要に対する世界の人々の意識と運動の高まり、などであろう。

(1)　米国金融主導型資本主義の形成と動揺

1970〜1980 年代が資本主義の多様性の時代なら、1990 年代から 2007〜08 年の米国発世界金融危機勃発までの時代は、米国が先進国のなかでは高い成長率を記録し、米国モデルが他の先進国に影響を及ぼした時代であった。IT 革命の先頭を行くなど、実物経済面での改善が米国の相対的に高い成長に貢献したのはたしかであった。しかし、2000 年代初頭の IT バブル崩壊、その後の住宅バブルとサブプライム・ローン関連証券バブル形成と崩壊で明らかになったのは、1990 年代、2000 年代の米国の成長は金融主導であったということである。株価や不動産価格の上昇が企業の設備投資や家計消費の増大を通じて経済成長をもたらす型の資本主義は、金融主導型資本主義と呼ばれる（山田 2008）。

米国での金融主導型資本主義形成の背景にあったのは、①他の先進国に先駆けて同国で製造業から金融への産業構造転換が起きていたこと、②預

金金利規制撤廃、銀行と証券の兼業規制（グラス・スティーガル法）撤廃などを通じて金融自由化が進んだこと、③サブプライム・ローン関連証券に見られるような債権の証券化などを通じて金融商品開発が進行したこと、④ストック・オプション導入など米国型企業統治の普及、⑤家計の「過剰消費」などであった。

　また、「過剰流動性」の米国への流入と金融市場のグローバルな統合が金融主導型資本主義の対外的側面として重要であった。1976年から米国経常収支は恒常的赤字に陥り、レーガン政権時代に赤字幅が拡大した。赤字は1990年代にも継続した。その結果、米ドルが貿易黒字国に流出した。貿易黒字国に実物経済のドル需要を越える米ドルが流入する場合、その米ドルは過剰資本となるが、金融グローバル化のもとで過剰資本は国境を超えて移動する。米・欧・日の先進国では、1970、1980年代、中南米、東アジアの新興国では1990年代に資本取引自由化が実施され、金融市場のグローバル統合が進展した。こうして、1990年代に国際過剰資本は中南米、東アジアの新興国に投資され、「バブル・リレー」とバブル崩壊リレーを引き起こした。1990年代の米国のITバブルとその崩壊（2000年）、2000年代の住宅およびサブプライム・ローン関連証券バブルとその崩壊も、国際過剰資本の移動によってもたらされた（山口編 2009）。

　2000年ITバブル崩壊以後の米国経済回復の要因は、国際過剰資本の流入と金融緩和で生じた住宅需要増加、とりわけサブプライム・ローン増加であった。東アジア諸国の過剰資本の多くは米国債購入に向かったが、欧州過剰資本の多くはサブプライム関連証券購入に向かい、資金面で住宅需要増加を支えたのである。こうして米国はITバブル崩壊を住宅ブームで乗り切ったかにみえたが、2006年以後、住宅価格の下落により住宅バブルが崩壊した。その後、サブプライム・ローン関連証券化商品価格が下落し、それを保有していた米国大手金融機関リーマン・ブラザーズが2008年9月15日破綻、金融危機にともなう信用収縮から、米・欧・日など先進国で実物経済不況が起きた（これを日本では和製英語で「リーマン・ショック」と呼ぶ慣行がある）。

　あの「リーマン・ショック」から8年。金融緩和で現在までに米国の雇

用状況は改善している。連邦準備制度理事会（FRB）、2014年の量的緩和政策終了に次いで、2015年12月にはゼロ金利政策を止めた。

米国金融危機の原因である金融暴走に対する有効な規制は、これまでに整備されたであろうか。金融に代わり、米国を牽引する産業は生まれているであろうか。オバマ政権は商業銀行の投機的投資に対する業務規制など金融規制強化を図り、2010年にドッド・フランク法を成立させた。それは、通常の銀行ではない投資銀行やヘッジファンド、証券化のための特殊な運用会社などの金融業態を政府の監督下に置くものであった。実物経済面ではシェールガス革命があった。しかし、金融危機以後の現在までの期間に、1990年代のIT革命に匹敵するようなイノベーションが起きているわけではない。欧州、日本と比べれば潜在成長率の高い米国であるが、景気回復は住宅、乗用車の販売増加（消費増加）に負っている面もあり、その際、乗用車購入がサブプライム・ローン（サブプラム・ローン・オート）でなされていることも見逃せない。

この点を見れば、世界金融危機により金融主導型資本主義は動揺したものの、現在まで延命していると言えないこともないのである。2008年以後に起きた金融規制強化という多くの人々にとって望ましい変化を軽視してはいけないが、米国をはじめ先進国の資本主義が人々の利益と幸福という見地から適切に調整されているとは言えないのが現状である。2016年にイギリス国民投票において、EU離脱が多数を占め世界を驚かせた。これについてはナショナリズムを扇動する右翼勢力の策謀など多面的な検討が必要であるが、世界レベルでのグローバル資本主義の調整不在に対する諸国民の抗議の声も含まれていることに留意することが必要であろう。

(2) 金融主導型資本主義と先進国——欧州と日本資本主義の変容

すでに述べたように、米国型資本主義が大陸欧州や日本などの他の資本主義類型に大きな影響を及ぼし、先進国経済システムの共通性が強まる2000年代前半に、アマーブルやホール／ソスキスの資本主義多様性論が提起された。そして、それに触発されて資本主義多様性論争が起きた。そのなかにはベッカーのように資本主義の多様性は存在するが、21世紀初

めの主な傾向は規制緩和・自由化・市場化であるとするリアルな認識を示す論者もいたが、規制緩和・自由化・市場化、特に金融面でのそれが世界的な金融危機の芽を宿していること、それも含め現代資本主義の不安定性を指摘する議論は資本主義多様性論、もっと広く言えば比較社会経済学では少なかった。その証拠に資本主義多様性論争のなかで、世界金融危機を予測する見解は出されなかった。

そして、世界金融危機以後、資本主義多様性論をめぐる動向は一変している。かつて資本主義多様性論に参加していた比較社会経済学の大御所ストリークのように、資本主義多様性論よりも資本主義の不安定性を強調する資本主義論が現在は主流になっている。ストリークは 2014 年の論文（Streeck 2014）で、1970 年代初頭以降の先進国の趨勢を、①経済成長率の持続的低下、②（政府、家計、金融部門・非金融部門に属する企業の）債務増加、③不平等増大としてとらえ、現在の世界を「成長低下」、「寡占的再分配」、「公的分野の縮小」、「汚職」、「無政府的な国際秩序」に象徴される「秩序の崩壊」の時代と規定している。このようにストリークは、世界金融危機以後、従来の比較社会経済学から批判的政治経済学（Critical Political Economy, CPE）へ転身したかにみえる。

しかし、批判的政治経済学にも様々な立場がある。先進国資本主義の現在の動向について私の見解に最も近いのが、ジェソップの「多様な資本主義」＝ Varigated Capitalism 論である。それは、現代資本主義をまず「国境を超えたグローバルな資本主義」としてとらえたうえで、グローバルな資本主義における国民的諸単位が「中心－半周辺－周辺」の構造のなかにおかれていること、そして中心が半周辺や周辺と比べ危機管理能力が強いことを含め、国民的単位で現われる資本主義の相違と多様性についても軽視しない見解である。また、現代資本主義は多様であるが、どの国民的経済においても金融主導型資本主義、つまり G－G' の形態をとる資本蓄積の比重が G－W－G' に比して増加しているのが現代資本主義に共通する特徴であると見るのが、Varigated Capitalism 論である（Jessop 2014）。

実際のところ、1990 年代以後、2007〜08 年の世界金融危機、そして現在に至る時期に、先進各国の資本主義の多様性は存続したものの、米国

型自由市場資本主義＝金融主導型資本主義が先進各国に強い影響を及ぼした。以下で、1990年代以後の欧州と日本資本主義の動向を概観してみる。

　フォーディズムにおいては労使妥協が成立し、労働生産性上昇が賃金上昇と結びつけられ、賃金上昇が消費増加と設備投資増加をもたらした。それに対して、金融主導型資本主義において労働は株価の従属変数であった。レーガン政権、サッチャー政権時代の米国、イギリスで労組が弱体化させられ、規制緩和により非正規雇用が増加した。金融主導型資本主義のもとでは、経営者は株価の変動に「即応して」レイオフを実施した。こうした「即応型資本主義」（山田 2008）としての金融主導型資本主義は、1980年代の市場ベース型資本主義＝自由市場資本主義を継承して成立した。そして、1990年代以後、金融主導型資本主義も自由市場資本主義も、米国とイギリスにとどまらず、他の先進各国に影響を及ぼした。各国資本主義の多様性は残ったが、1990年代以降の先進国資本主義の主な傾向は共通性の増大であった。その際、直接金融の比重増大、資本を社会に埋め込む制度としてのコーポラティズムの弱体化、労働保護の後退と不安定就業（雇用）の拡大などが共通する傾向であった。

　新自由主義でもなければ伝統的社会民主主義でもない「第三の道」を掲げ、1990年代末政権についたイギリス労働党は、最低賃金制度を復活させ、EUとの関係改善を図るなど、サッチャー・メジャー保守党政権の政策から軌道修正を行った。しかし、住宅価格の上昇と、世界の金融街としてのシティの中東・ロシアなど産油国の原油取引の金融仲介の独占的地位に起因する利益に依拠する成長政策を継承した。こうして、1990年代以後のイギリスの成長も金融主導であった。同国自身の住宅バブル崩壊に加え、米国発世界金融危機に起因する信用収縮でイギリス経済は不況に陥った。2010年以後の保守党政権は、緊縮政策で国民の不満を買いながら、他方ではタックス・ヘイブン規制など金融規制に積極的な姿勢を示した。ところが、キャメロン首相がタックス・ヘイブンを利用していたことが「パナマ文書」で明らかになった。アイスランドの首相も同じで、責任を取って辞職した。これらの国では、金融主導型資本主義が政治家も蝕んでいたのである。

ところで、過度に金融に依拠する持続的成長はイギリスでも困難であり、実物経済の改善が求められている。イギリスのキャメロン政権は、2015年10月に習近平主席を異例の厚遇で迎えるなど、中国との経済関係強化による製造業および輸出競争力復活に活路を見出そうとしている。しかし、世界的には新興国の台頭、欧州では輸出大国＝ドイツの存在という状況のなかで、イギリスが金融主導型から製造業と輸出が牽引する経済に転換していくのは至難の業である。イギリスは製造業において外資の比重が大きいが、EU離脱によって外資系企業が同国から流出する可能性もあり、転換は容易ではない。

元来がユニーバーサルバンクのドイツの銀行は、金融グローバル化のなかで投資銀行業務の比重を高めてきた。ドイチェ・バンクでは金融デリバティブ等の証券取引業務にあてられる資産額の総資産額に占める割合は、2000年の21％から2004年には46％に増加した（中村 2011）。こうしてドイツの銀行もサブプライム・ローン関連証券を保有していたため、米国金融危機の影響を免れることはできなかったのである。

また、1990年代以降、ドイツの労働側に不利な状況が進行した。一つは、ドイツの労使関係を特徴づけてきた産業部門別交渉による賃金・労働条件に関する合意を経営難のために適用できない旧東独企業が現れるようになったこと、さらにそれに追随する旧西側中小企業が増加したことにともない、労働協約適用率が減少したことである。それは、労働流動化が不安定雇用の増大に結びついている状況のなかで、それを規制する制度が浸食されているという点で重要である。他方で、ハルツ改革など2000年代のシュレーダー政権の一連の社会保障・労働規制改革を通じて、ドイツでは低賃金・不安定就業者が増加した。それは先進国に共通する傾向であるが、1980年代には長期安定雇用で経済実績の点からも社会的観点からも優れているといわれたドイツと日本で不安定雇用が増加していることに注目すべきである。

その日本との比較で言えば、2011年の福島第一原発事故の後の両国の対応の違いも注目に値する。日本で脱原発は世論の大勢となったが、政権に復帰した自民党は原発再稼働を決めた。これに対してドイツでは第二次

メルケル政権のもとで脱原発見直しの動きがあったものの、同政権は2011年の福島第一原発事故以後、すばやく脱原発路線に回帰した。環境先進国のドイツらしい選択であった。

　1990年代初頭に環境税を導入、2008年に1995年比9％の二酸化炭素削減に成功するなど、スウェーデンもドイツと並んで環境先進国としての地位を維持している。社会保障支出水準の対GDP比でスウェーデンはフランスに続いて大きく、所得格差、貧困率はデンマークに次いで小さい。児童手当や育児休業給付など家族向け社会支出比率が高いスウェーデンとフランスの出生率（合計特殊出生率）は2に近い。こうしてスウェーデンは、福祉大国としての地位も維持している。問題は大企業の海外生産シフトによる労使協調の制度の浸食、雇用の減少にある。

　多国籍企業の多いスウェーデンでは、国内雇用に対する国外雇用の割合が1989年に製造業で37％になっていた（宮本 1999）。こうした状況のなかで、大企業の経営者は国内労組代表者との全国レベルの交渉に関心を持たなくなった。1993年以降、労使交渉は産業部門、企業別で行われることになった。大企業の国外移転は、中央労使交渉制度を崩壊させたが、同時に雇用減を補う雇用をどう創出していくかという問題をスウェーデンに投げかけている。この国が医療・保育・教育・高齢者福祉の主体を地方自治体としていることから、一つの示唆が与えられる。すなわち、これまでスウェーデンの雇用を支えてきた分権的な公的福祉・教育部門と、IT競争力ランキング1位（湯元・佐藤 2010）という情報産業を結合した地域雇用創出が可能なのではないかと私は考えている。

　フランスはGDPに占める社会保障支出の比率が先進主要国のなかで北欧諸国と並んで高い福祉先進国である（2011年。31.4％。出所はOECD）。この国でも問題は大企業の国外移転の加速化と、それにともなう雇用減少、不安定雇用の増加である。ミッテランの実験の失敗の後、国有企業の民営化が漸進的に実施され、国有セクターで生み出されたGDPのGDP総額に対する比重は、2000年代初めに5％にまで低下した。また、外資参入が進んでおり、2000年代初めにパリ上場大企業40社における外資比率は44％に達している。生産の国外移転も進み、ミシュラン、トムソンの

国外売上高比率は2000年代に80％を超えた（長部 2006）。

　生産の国外移転にともなう雇用減少は、失業のほか不安定就業増加の形態をとる。フランスでは失業者も多いが、不安定就業者も多い。フランスの社会学者カステルは栄光の時代（黄金時代）の「賃労働社会」から、現在の「不安定社会」へのフランス社会変容に言及している（カステル 2015）。

　被用者のおよそ40％が不安定雇用である日本もまた、「不安定社会」の代表格である。バブル経済が崩壊し、「失われた20年」を経験する前の1980年代の日本は「一億総中流社会」と呼ばれていたから、1990年代以降の社会変容はドラスティックであった。20年間成長がなかったこと自体は、低成長・停滞という先進国の長期的動向と一致するものであり、それ自身を問題視する立場を私はとらない。問題は、それよりもむしろ分配、雇用、労働条件などに関して企業に有利で労働者に不利な扱いがなされており、それが一向に正されない点にある。

　労働分配率は1990年代末から低下し続けた。近年、安倍政権が需要不足を是正するために賃上げを政策課題と掲げなければならないのはそのためである。雇用について言えば、非正規労働に関する規制が緩和され、その否定的帰結が明らかになっているにもかかわらず、雇用可能な非正規労働の範囲が広げられてきている。置き換え可能な人材のほうが企業にとって都合がよいからである。

　「ブラック企業」なる術語が生まれ、急速に普及した。世に知られた企業が労働基準法違反で労働者を低賃金・長時間労働で酷使する。労働者が、辞めたくても次の仕事を見つけるのが困難であることを知っているからである。ハーヴェイは先進国で本源的蓄積期のような労働の不等価交換が復活しているとし、それを「略奪による蓄積」と呼んだ（Harvey 2010a）。ブラック企業が行っているのは、まさにこの「略奪による蓄積」に他ならない。

　他の先進国と同様に日本で起きている雇用劣化は、企業の生産の国外志向（輸出と現地生産）、特に東アジアへの志向と関連している。少し古い資料であるが、2011年のキャノンの国外生産比率は52％、住友化学は

40％である。同年の主要上場企業の営業利益に占めるアジアの比重は44％、日本の比重はわずか4％である。日本の企業の日本市場とのリンクが弱まっているのである。日本市場の意義がそれほど大きくない日系多国籍企業にとって、労働コストが割高な日本で生産したり、サービスを提供する必要はない。進出先の新興国のもっと安価な労働に頼ることができるからである。そして、国内で雇用する場合の労働条件を極端に引き下げるという手段をとる場合もある。このような状況も「不安定社会」、ブラック企業浸透の背景にある。

　日本市場が「必要でない」日系企業は、日本に住む人々にとって「必要でない」企業と言えよう。日本に居住する消費者＝生活人は、必要の原則にしたがって、そうした企業を「見限る」ことができるし、そうしたほうがよいであろう。代わりに日本に住む人々（日本人であるとは限らない）は、自分たちにとって必要な生産やサービスは何かを吟味し、そうした生産・サービス分野で自ら起業するようになるであろう。また、起業する人を助けることで有用な経済活動を広めるであろう。さしあたって、ローカルな範囲でこうした選択を始めることが重要である。並行して、必要なグローバルな経済活動の内容についてもデザインし、実施することも求められる。このようにして、現在の企業は日本からは退出し、その空間は新しい経済活動と生活で置き換えられる。日本だけでなく先進国の多くで、「コスト・利潤競争」（資本原理）ではなくて「必要に応じて」、「互酬原理」＝社会原理にもとづいて経済構造が再編されていくのが望ましいと私は考えている。

　実は、ナチズムが終わった後の社会として、そしてソ連型社会主義とは異なる社会としてポランニーが考えていたのは、人々がそのような選択を行う社会である。この論点も含め、本項の最後にそれほど遠くない将来の社会経済の展望について簡単に言及してみたい。そして、もっと詳細な叙述は本書の「エピローグ」で行う予定である。

5　ポランニー、資本主義、社会主義──将来社会展望

　私は2000年前後の時期に、1970年代に邦訳書を通じて読んでいたポランニーを本格的に読み返した。それは、上述した資本主義の多様性論を検討しながら、ポランニーの問題関心の対象が何よりも先進国社会主義にあり、その点で私の長年の関心と重複することに気づいたからであった。ポランニーを経済学者よりも人類学者よりもまず社会主義者としてとらえているのは、彼の愛娘カリ・ポランニー-レヴィットである。そして、虚心坦懐にカール・ポランニーを読めば彼女の言うとおりである。

　カール・ポランニーの思想は豊かである。私は、彼の資本主義論、社会主義構想を丹念に検討すれば現在にマッチする社会主義論が提示できるのではないかと思考中である。ここでは、完成されたポランニーの思想というよりは、彼の思想を基礎にしながらも私たち自身がめざすべき将来社会の方向に関して、以下の3つだけ指摘しておきたい。

　思考の方向の一つは、ポランニーが述べる3つの商品擬制に反対する運動の到達点としての社会主義である。第2は、すでに述べたことであるが、人間にとっての物質的な価値を超える社会的価値の重要性およびローカルな交流を基礎とする社会としての社会主義という方向である。第3の方向は、世界共和国に至る国際協力体としての社会主義、世界市民主義としての社会主義という思想である。ここで、第1、第2の方向はポランニーが述べていた方向と一致する。第3の方向はポランニーが直接述べているというよりは、グローバルな思考様式をとる彼なら、現在のグローバル資本主義を分析して到達するであろうと私が推測する将来社会の方向である。

(1)　脱商品化と社会主義

　市場システムという「悪魔のひき臼」が破壊しようとするのは人間、自然、企業組織であるとポランニーは述べた。労働力を商品化すれば、人間は文化的な保護膜を奪われ社会的混乱の犠牲になる。土地を商品化すれば、街と景観は冒瀆され、河川は汚染され、食料と原料を生産する能力は破壊

される。購買力である貨幣を商品化し、市場がそれを支配すると企業は周期的に整理される。金融主導型資本主義になれば、資本主義は、人間と自然だけでなく「モノづくり」とも相容れない。そのことは多くの思想家によって指摘されてきた。そして、現代人もそのことを知っている。

しかし、ポランニーのように考えることが、まさに社会主義思想だということは人々にそれほど自覚されていないのはなぜだろうか。おそらく、社会主義が「国有化」であるとか、「労働に応じた分配」であるとか、「計画経済」であるというように経済の制度に関わるシステムとして理解されてきたからであろう。そして、旧ソ連・東欧の社会主義崩壊以後四半世紀も経つのにもかかわらず、未だに社会主義はそう理解されているからであろう。コルナイが示すシステム・パラダイムにおいても、社会主義は共産党の独裁、国有優位、官僚的調整として規定されている。たしかに、現実の社会主義もそのようなものとして存在し、すべての人でないにせよ、多くの人々が社会主義をそのようなものとして理解してきた。けれども、私はそうした理解はもうやめたほうがよいと考える。私自身は、そうした理解から離れて久しい。社会主義思想はもっと豊かであるからである。

美しい自然と暮らせるなら進んで定常状態＝成長のない状態に入ることを望むと述べた点で、J.Sミルは社会主義者であった（ミル 1960）。モノづくりの産業の論理と、カネがカネを生む投機が含まれるビジネスの論理を区別するヴェブレンが自覚的な社会主義者であったかどうかは不明だが、彼が貨幣経済と実物経済を対比し、貨幣経済＝金融に資本主義の問題点を見る思想家の系譜にあることはたしかである。その点でケインズもまた、ヴェブレンに似ていた。

労働を保護しなければ人間は朽ちてしまうというのは、資本主義出現以来の真実であり、まともな社会科学者のすべてが認めていることである。しかし、人間というのは過ちから学ぶことがない。21世紀にもなる現在において、しかも先進国で労働が問題となっているのは、まさに労働保護のない世界で人間が破壊されることの危惧からなのである。過ちから学ぶことがないのが人間だとはいえ、現代人のほとんどが現在の労働の態様を危惧しているのは救いである。

第1章　資本主義と福祉システム分析の視座

　まさしく、自然保護、投機からのモノづくりの保護、労働保護は現代人のほとんどが望んでいることである。そして、それは社会主義思想が求めていたことである。私たちは、いま社会主義を考えるにあたって、そこから出発できる。ハーヴェイは資本主義からの転換をめざす運動が一致できる8つの目標を指摘しているが、その第1は「自然の尊重」である（Harvey 2010b）。そうであろうと思う。金融危機以後、刊行した本格的な学術書でボワイエは、21世紀の重要な課題を、労働・貨幣・自然という擬制商品に統制を加えることであると、ポランニーの表現をそのまま使い定式化している（ボワイエ 2011）。私には、社会主義についてのポランニー的な知的コンセンサスが形成されつつあるように思われる。

(2)　ローカルで自然と文化に根をもつ暮らし

　社会主義を現代に生かす第2の方向は、最近のローカルな価値に目を向ける思想と実践を社会主義思想の豊かな泉と結びつけることである。前述した広井のポスト資本主義定常型社会論が描くのは、自然の恵みを享受しつつ、それへの働きかけのなかで、食から日常雑貨、かなりの技術の機械までを作り、味わい、楽しむ人々のローカルな営みとコミュニケーションである（広井 2011; 2015）。そこに人間が生きていく喜びがある。そこに、金持ちはいない。いや、いるかもしれないが誰も興味をもたない。見せびらかしの消費もない。いや、あるかもしれないが、誰も興味を持たない。自然を享受し、モノづくりを楽しみ、人間的コミュニケーションを楽しむ。それだけである。欧州に広がるスロー・フード、スロー・ライフ運動の実践も同様である。

　こうしたローカルで自然と文化に根を持つ暮らしは社会主義者、また社会主義者だけでなく作家や理想主義者の愛するところであった。ウィリアム・モリス、（ポランニーが描いた）ロバート・オーエン、トルストイ……。先進国で成長よりも生活の質に人々の関心が移ったのは1970年代である。それ以後、ローカルでエコロジカルな暮らしを意識的に実践する人は増えてきている。しかし、衰退した古いコミュニテイ＝共同体が担ってきた文化的・社会的を代替するほどには増えていない。だから、まだ古

いコミュニテイも必要とされている。

　ポランニーが、労働が商品化される時、人間が文化的保護膜から引き剥がされると記した時、その文化的保護膜とは共同体のことであった。すでにみたように、『大転換』においてポランニーは、労働者が堕落するのは「文化的真空」からだと指摘した。長時間労働、単純労働は苦痛である。しかし、労働者にとって何よりも苦痛なのは、彼らの労働が従来属していた共同体と切り離され意味を失っていることである。個人に役割をあてがい、それを評価するのは共同体である。ポランニーは近代主義者であり、古い共同体復興を構想しているわけではない。彼は、資本主義の後に来るのは社会主義であると考えている。ポランニーは社会主義について多くを語っていないが、『大転換』で示している将来社会構想や経済計算論争に参加した時の論稿を読めば、彼が「生産者協同組合」、「消費者協同組合」、「コミューン」（市町村）の協議が基礎となる社会を構想していたことがわかる。そこでの主な統合パターンは「互酬原理」である。生産者協同組合、消費者協同組合、コミューンのようなアソシエーションが人々の交流の場となり、そこで人々の職人気質は磨かれ評価される。アソシエーションのすべての成員が自然と触れ合い、その恩恵を享受する。

　ポランニーが『大転換』を刊行（1944年）してから30年後の1970年代には、ポランニーの構想するようなアソシエーションは先進国、とりわけ欧州で根づき始めた。そして、近年花を咲かせつつある。おそらく遠くない将来、社会主義という術語は、人々のローカルな文化的な営みの浸透として理解されていることであろう。それは、一党独裁の政治システムでもなければ、国有企業や中央集権的計画経済でもない。

　また「ローカルな営み」とは、都市と地方という文脈における地方の営みをさすわけではない。国民国家の「中心－非中心」の位置関係における「非中心」をさすに過ぎない。現在の東京都心部にもローカルな地は存在するし、ローカルな営みの実践例はある。将来、国民国家が果たしている機能のうち、本当に必要な一部の機能を除くほとんどをローカルな単位に移譲すれば、人々が暮らすアソシエーションをあえてローカルな単位と言う必要も減少するであろう。そして、あるアソシエーションは国境を超え

第1章　資本主義と福祉システム分析の視座

て別のアソシエーションと結びつく。小さなアソシエーションを束ねる国家に似た広域組織が過渡的に残るであろうが、しだいになくなるであろう。マルクスの思想もそうであるが、「人に対する支配としての国家」だけでなく「国境としての国家」も消滅すると考えるのが、社会主義思想であると私は考える。

(3) 世界市民主義としての社会主義

　国民国家の消滅を見据えながら、さしあたってグローバル、ナショナル、ローカルというそれぞれの次元に決定権限を適切に配置しながら、グローバルな課題を解決していくことが必要となるであろう。20世紀の2つの大戦を経験した私たち人間には、世界市民となるための絶えざる努力が求められている。すでにみたように、ポランニーは、国家を再分配として把握すると同時に社会的単位であり、階級よりも結合力があるとみていた。しかし、コスモポリタンでグローバルな思考の持ち主のポランニーが、国民国家の永続というような思想を有していたとは私には思えない。

　たしかに、ドイツ国民のナショナリズムは階級意識に勝り、ヒットラーを権力に就かせ、戦争とホロコーストの実施を許した。しかし、ドイツ、イタリア、日本が引き起こした戦争に対する反省から戦後世界史は築かれてきた。これらの国で右翼ナショナリズムを抑制する動きが続いてきたのもこのためである。欧米諸国が歴史修正主義を批判してきたのもそのためである。

　右翼ナショナリズム批判の基礎となっているのは世界市民主義である。それは、国籍とはいっさいかかわらず、人々の市民権、政治権を尊重する思想である。現行の日本国憲法から世界市民主義を読み取ることは容易である。世界市民主義は先進資本主義国だけでなく、社会主義国においても移動の自由、言論の自由、思想の自由、結社の自由、複数政党制などを求める人々の運動の支柱になってきた。本書の「プロローグ」で述べたように、1989年にハンガリーの人々は「東ドイツ難民」のハンガリーから西ドイツへの脱出を助けるため行動した。その行動を促した精神は世界市民主義であった。中東からドイツへ向かう難民を受け入れようとしたメルケ

ル宰相の精神もまたそうであった。

　難民受け入れ問題、「テロとの闘い」をめぐって、国境の垣根を低くする世界市民主義とナショナリズムの間の対立が強まっている。2016年6月のイギリスの国民投票結果は、そこにグローバル資本主義の現在的態様に対する批判が含まれているにしても、世界市民主義からの後退を示すものであった。私たちは、右翼ナショナリズムがもたらした20世紀の悲惨をもう一度振り返り、コスモポリタンの視野を持って前に進むべきである。

　右翼ナショナリストのみならず、多数の人間を代表していると装いながら、実のところ狭い経済・軍事関係者の利害を代表する傾向のある国民国家の政治家を自制させるグローバルな規模の取り組みも焦眉の課題である。核廃絶、脱原発、地球温暖化停止は、そうしたグローバルな課題である。経済に即して言えば、金融取引税・富裕税導入、タックス・ヘイブン規制、不安定雇用の禁止など労働保護が重要である。それは一国でも実施可能だが、国境を越えて実施されてこそ大きな効力を有する。

　グローバルな課題解決のために、国民国家を基礎としない超国家機関の設立が必要かつ可能な時代がやってくるだろう。世界共和国の時代である。現在の国際協力から世界共和国までの間、何を超国家機関で決めるか、国際機関を構成する国民国家の多数決に委ねる事項として何を残すかを決め、それに即してグローバルな調整を行う過渡期があるであろう。

　しかし、過渡期があることは問題ではない。要は、世界共和国に向かう姿勢が明らかになっていればよいのである。世界共和国は、人種、居住地、言語、宗教などの相違を超えて、人間が自由、平等であり、連帯していく到達点を示すからである（世界共和国については、柄谷 2006; 2010）。

　世界共和国は社会主義者でなくとも唱えてきたし、唱えることができる。しかし、社会主義者には世界共和国と異なる選択肢はない。ポランニーは国際協力を唱えたけれど、世界共和国は唱えていない。しかし、コスモポリタンであったポランニーなら、現在、上でみたような世界共和国の構想に反対することはないであろう。

　最近他界したベックは、ここ数年、従来にも増してコスモポリタンであった（たとえば、Beck 2012）。おそらく、世界金融危機、ユーロ危機と無

縁ではなかろう。国境を超えた思考と、それにもとづく規制がなければ世界的な経済危機に対応できないからである。また、人々の接触の増加を背景にした紛争が起きており、排他主義を否定し世界市民主義を普及させる必要が増しているからである。ベックをコスモポリタリズムに駆り立てた背景はこれである。私が今、世界市民主義を強調する背景も同じである。

　さて、戦後の先進国資本主義の動態と多様性をフォーディズムの興亡、ポスト・フォーディズム諸形態＝資本主義の多様性の時代、金融主導型資本主義の出現・波及・動揺という視点から概観し、ポランニーの資本主義論・社会主義論・グローバル・ヒストリー論に触発された私のそう遠くない将来社会＝社会主義構想を示してきた。先述したように、先進国の動向から中東欧の資本主義と福祉システムを検討するための示唆を得るためである。同様の目的で、次に先進国福祉システムの動向を概観してみる。

Ⅳ　現代福祉システム分析

はじめに

　ブダペストのペスト側のヴァーツィ通りは、ワインなど観光みやげを買うことができる中心街。その先にボロシュマルティ広場があり、広場近くにイギリス大使館がある。1997年の晩夏、大使館の近くを歩いている時、一帯に花束が置かれているのが目に留まった。すぐに、パリで亡くなった王妃ダイアナを悼むブダペスト市民の気持ちを表すものだと気づいた。その後に訪れたロンドンでもバーミンガムでも、ダイアナ妃を惜しむ声を聞いた。それとともに、ブレア人気とニュー・レーバーに対するイギリス国民の期待の大きさを肌で感じた。1997年初夏の総選挙で党首トニー・ブレア率いる労働党が圧勝し、1979年から続くサッチャー、メージャーを首班とする保守党政権は終止符を打った。ソ連・東欧社会主義崩壊以後、欧州の左翼政党で社会主義の意味を問い直し再生を図った例は多いが、そ

れが政権交代と結びついたのはイタリアとイギリスである。

　グラムシ、トリアッティ、ベルリンゲルと続く自主独立・社会主義の独自路線探求の伝統を持つ旧西側諸国中で最大勢力を誇るイタリア共産党は、ソ連・東欧社会主義崩壊後、リベラル色を強め「左翼民主党」（後には民主党）に改称、リベラルな政党連合「オリーブの木」の中心勢力となり、「オリーブの木」を政権に就けた。私は、1989年6月4日、歴史の見直しに動いていたハンガリー共産党が、在野の民主勢力とともに開いたイムレ・ナジ元首相の改葬式に出向いたが、イタリア共産党の当時の党首オケットもそれに参加していた。フランス共産党と異なり、旧東側の変化にイタリア共産党は敏感だったのである。

　労働組合を一大支持基盤とし、1980年代にも国有化の目標を綱領に掲げるなど、まだ伝統的左翼イデオロギーの影響下にあったイギリス労働党は、保守党からの政権奪還のため転身を迫られていた。サッチャー流の新自由主義を批判するだけでは不十分であった。新自由主義は、イギリスの保守党、労働党を問わず戦後コンセンサスであったケインズ主義的福祉国家路線が、1970年代以降スタグフレーションでうまくいかなくなったことに対する解答として提起され、実施されたものであったからである。

　「社会民主主義とは何か」について複数の解答があり得るが、ケインズ主義的福祉国家、すなわち、イギリスの文脈で言えば、反循環的財政・金融政策と租税財源に多く依存するベヴァリッジ型福祉国家を組み合わせた政策、および同政策を実施する政治というのが一つの解答である。このケインズ主義的福祉国家に、経済をコントロールするのに必要な国有部門創出という項目を加えるという解答もある。これと関連して、国有化問題について、イギリス労働党内論争の結果、綱領にあった国有化条項は削除され、国有化とイギリス社会民主主義は切り離されることになった

　福祉国家についてはどうか。これについてはブレア党首が総選挙キャンペーンで、教育の重要性について力説したことに示されるように、雇用と福祉財源を生む人的資本強化に向けた「社会投資国家」に光が当てられた。また、社会的包摂の視点からコミュニティの役割が重視された。これらは、ブレアのブレーンである社会学者ギデンズにより体系化された「第三の

道」の核をなすものである。「第三の道」は、ギデンズが述べているとおり、斬新な考えではない。その多くは1990年代初め以降のEUの社会政策関連の刊行物に登場していたアイデアである。また、教育重視を含む積極的労働市場政策はスウェーデン社会民主主義の思想と実践を継承するものである。

　思想的に斬新でないとはいえ、所得再分配として理解されることが多かった福祉国家に対して、福祉を生み出す雇用、雇用を生み出す教育、教育に投資する国家というように、供給サイドからアプローチするイギリスの新しい労働党（＝ニュー・レーバー）の語り口は、多くの有権者にとって当時は新鮮であった。私の知的関心をそそるものでもあった。

　他方で、「社会など存在しない。存在するのは個人と家族だけである」とするサッチャー元首相の姿勢は、労組の力が相対的に強く、これに対峙しえない無能な政府という1970年代末の構図のなかでは、「労組＝社会」を攻撃するレトリックとして一定の支持を期待できるものであったが、労組が弱体化して後、競争激化で個人の防波堤としての社会が存在しなくなっていた1990年代末頃のイギリス国民の感情とは合致しないものになっていた。逆に労働党の「コミュニテイ重視」のほうが保守層の支持をつかむものであった。1990年代半ばにイギリスに滞在している時、私はこの国に根づく個人主義に心地良さを覚えながらも、人々のなかに「コミュニテイ」を求める声が強いことを感じ取っていた。この観察は私だけではなかった。友人のイタリア人の研究者は「ブレアの労働党が勝利したのは、彼がコミュニタリアンとしての立場を強く押し出したからだ」と私に述べた。私も同意見であった。

　ところで、イギリスの労働党の政権奪取に続き、ドイツでも1990年代末の総選挙で社会民主党が勝利し、久方ぶりに政権に就いた。シュレーダー首相は「新中道」を唱え、ブレア政権の「第三の道」に近いスタンスと政策をとった。フランスでも総選挙で社会党が勝利した。その結果、1990年代末から2000年代初めのフランス政治は、ドゴール派シラク大統領と社会党ジョスパン首班の内閣という「コアビタシオン」で特徴づけられた。その際、ジョスパン内閣は労働時間短縮による雇用創出など伝統

IV　現代福祉システム分析

的左翼に近い政策を実施した。すなわち、当時フランス社会主義者はイギリスとドイツの社会（民主）主義者とは距離を置いたのである。

　その頃、英独仏のみならず、他のEU加盟国でも左派政権が誕生し、一時はEU15ヵ国のうち13ヵ国の政権が左派主導政権であった。このうちで、アマーブルが指摘しているように、1990年代から2000年代にかけてEU全体、および個々のEU加盟国の社会政策と福祉システムに強い影響を及ぼしたのは「第三の道」であった（Amable 2003）。

　欧州で人気のないブッシュ（ジュニア）大統領とともにイラク戦争を行うという致命的失敗をおかしたブレア首相は、イギリスでもEUでも求心力を失った。しかし、「第三の道」に示されている社会政策・福祉システムの核心的アイデアは、現在のEUおよび中東欧諸国を含むEU加盟国で採用されている。以下では戦後の先進国福祉システムの軌跡を辿りつつ、1990年代以降のEU社会政策・福祉システムの新しい潮流も含め、現在の先進国の社会政策・福祉システムの特徴を明らかにする。中東欧諸国は現在EU加盟国であり、EU社会政策の検討が中東欧福祉システムの分析にとって不可欠であることは言うまでもない。

1　戦後復興・高度成長期の福祉システム
——戦後コンセンサスにもとづく福祉国家

(1)　ジャットと社会民主主義

　私が歴史家ジャットを知ったのは、彼の主著の邦訳『ヨーロッパ戦後史』（ジャット 2008：原著 Judt 2005）の読書を通じてである。その後、著書の何冊かを読み、彼の知的体験と到達した思想的スタンスと私との間にいくつかの共通点を見出した。第1は、ジャットが1948年生まれ、私が1951年生まれ、ともに人生が戦後と重なり、その世代ならではの思想的立ち位置を共有していることである。第2は、東欧体験である。ジャットはユダヤ系の両親のもとでロンドンに生まれ、ケンブリッジ大学で歴史を学んだ知識人である。父方の祖父がポーランド生まれである。それとも

第1章　資本主義と福祉システム分析の視座

関連して、ポーランド人を中心とする東欧系知識人との交流がジャットの知的形成に大きな影響を及ぼしている。その点を抜きにして彼の思想を語ることはできない。ハンガリーを中心とする私の東欧知識人との交流は1980年代から30年間ほどに過ぎない。それでも、その30年の交流体験がなければ現在の私の考えはない。もっと言えば、その体験を抜きにしては私が何者であるかも語れない。『ヨーロッパ戦後史』を読みながら、私自身に東欧体験があるため、そうでない読者と比べ、私のほうがジャットの記述を深いところで理解していると何度も思ったということを記しておこう。

第3に、知的到達点としての社会民主主義である。彼は、20世紀の遺産を福祉国家とみている。そして、20世紀の勝利者をその後継者が福祉国家を生み出した19世紀リベラル派であったとしている。その際、リベラル派の後継者とはもちろん社会民主主義者である。20世紀、ファシストも共産主義者も政権に就き、彼らの望む社会を作った。しかし、彼らは次の世代に継承されるべき遺産を作ることはなかった。遺産を作ったのは社会民主主義者である。この認識が知識人、歴史家としてのジャットの知的到達点である。私もジャットを読む前からそうした見解に到達しており、ジャットの見解に触れて同感の意を覚えた。

社会民主主義には波乱に富む歴史や、特定の人物により記された体系的イデオロギーの著書はない。社会民主主義はいくつかの散文的事実の総合でしかない。第二次大戦後、人間社会には確実に進歩があったが、その進歩のための貢献度が高かったのが社会民主主義であった。そうしたジャットの社会民主主義の評価は『荒廃する世界のなかで──これからの社会民主主義を語ろう』(邦訳2010年、原著Judt 2010) や『20世紀を考える』(邦訳2015年、原著Judt 2012) のなかで示されている。緻密な歴史研究の裏づけを持ったうえで、人生体験にもとづいて彼が示している20世紀と社会民主主義評価に対して異論を唱えるのはむずかしい。そして、彼の立論に影響を及ぼしているのが東欧体験である。

私の社会民主主義の評価にも、東欧体験が大きな影響を及ぼしている。私のこれまでの人生において、研究の大半は東欧研究に向けられてきた。

書物を通じた研究だけでなく、主にハンガリーの知識人との交流を中心にした現地研究を私は積み重ねてきた。

　それを通じて私が確信しているのは、第二次大戦後に東欧地域で成立し1989年まで続いた社会主義体制は、自主管理社会主義の実験をともなったユーゴスラヴィアの例外を除けば、全体として東欧諸国民が望む体制ではなかったということ、それは自由と民主主義が欠如する体制であり、経済的に見てもよく機能する体制ではなかったということである。私は東欧社会主義を全面的に否定するような立場はとらない。しかし、「東欧革命」を現地で体験した私の東欧社会主義の上のような歴史的評価が覆されることは想像もつかない。

　ジャットもそうである。ジャットが『ヨーロッパ戦後史』を書こうと決意したのは、東欧革命の年の1989年、鉄道のウィーン駅であった。知識人、歴史家の責任として、近代の再現としての20世紀の市民革命＝東欧革命の歴史的意義を書き留めなければならないと思ったからである。それから16年の歳月をかけて彼は責務を果たした。東欧革命は19世紀リベラルの勝利を示すものであった。大半の東欧社会主義は、政治経済的実績で西側諸国との競争に敗れた。しかし、それは資本主義との競争に敗北したというよりは、社会主義が後世に継承されるべき進歩と価値をほとんど持たなかったという意味で敗北したのである。

　旧ソ連も含め存在した大半の社会主義体制が人類の進歩にほとんど貢献することがなかったとしても、第二次大戦以後の人間社会に大きな進歩があったのは厳然たる事実である。特に、先進国では戦争、病気、貧困など社会的リスクが減少した。社会的市民権も含む人権意識が普通の人々にまで普及した。ナショナリズムを克服しようとする人々、国境を越えた世界を考え、グローバルな課題と取り組む人々が増加した。こうした進歩がもたらされたのは、人間が二度にもわたり戦争を行ったことを深く反省したからである。それとともに福祉国家の思想を普及させ、福祉国家を拡充する社会民主主義者の絶えざる努力があったからである。社会民主主義者のみならず、ニューディーラーなどリベラル左派の貢献もあった。しかし、第二次大戦後の福祉国家に結実している人類の進歩の多くは、社会民主主

第1章　資本主義と福祉システム分析の視座

義によってもたらされた。

　ジャットの見解は大筋以上のようなものである。そして、このような視点から『ヨーロッパ戦後史』は書かれている。私は、東欧革命の頃、ジャットと同じような結論に到達していた。しかし、当時はまだ私のなかで、戦後の先進国の偉業に対する評価が明確ではなかった。1989年以後、戦後先進資本主義の歴史を改めて深く検討するなかで、戦後の人間社会の進歩と、それに果たした社会民主主義の貢献について私のなかで積極的評価が確立したのである。私が「戦後民主主義の子」でなければ、そして「東欧社会主義の失敗＝思想的にはリベラル左派の継承としての社会民主主義の勝利」を端的に示す東欧革命を現場で体験していなければ、これほど明確な価値評価に到達できなかったと考えている。そして、そのことはジャットについても言えるのではないかと思う。

　もう一つ、私が戦後復興から高度成長という生活向上の時代に子供時代と青年期を過ごしたこと、そして1970年代以後の不確実性の時代、そして1990年代以降の資本主義の不安定期も過ごしたこと、換言すれば「戦後の２つの時代」（黄金時代と不確実・不確定の時代）を知っている世代であることも、社会民主主義の獲得物としての福祉国家というジャットと同じ評価を持つに至った理由であろうと考える。

　すでに述べたように、四半世紀前の東欧革命の時と比べ、現在のほうが戦後の進歩、進歩の内容としての福祉国家・平和と民主主義・世界市民主義、進歩に果たしたリベラル左派と社会民主主義などに対する肯定的評価が私のなかで一層明確である。そして、その理由について言えば、新自由主義の浸透、次いで新自由主義の衰退傾向のなかでの右翼ナショナリズム台頭という人間社会にとってのネガティブな傾向が続くなか、1970年代初めごろまでに達成された進歩の結晶物が浸食されているとの危惧が近年私のなかで強まっているということがある。

　いささか長くなってしまった。歴史家ジャットの戦後福祉国家と社会民主主義評価、それに対する私の賛意について記した。ジャットが述べ、私が共有する戦後の人間社会の進歩を示すものが福祉国家であり、それに貢献したのが社会民主主義であったとする見解は、本書を貫く視点と価値評

価であることを確認しておきたい。そのうえで主題に戻り、戦後コンセンサスにもとづく戦後復興期と高度成長期の福祉システムを特徴づけることにしよう。

(2) 黄金時代の福祉システム

　歴史家ホブズボームは、なぜ資本主義は「破局の時代」から立ち直るだけでなく「黄金時代」を迎えることができたのかと問いながら、資本主義の再構築と「キリスト教民主主義と社会民主主義の結婚」があったからであると解答している（Hobsbawm 1994）。換言すれば、フォーディズムと福祉国家の普及が黄金時代をもたらしたということである。ジャットは、先進資本主義各国では戦後の出発点にあたって広範な社会・政治勢力の間にコンセンサスが形成されていたと指摘している。米国ではニューディール政策、フランスでは計画化、ドイツでは社会的市場経済および社会国家が戦後コンセンサスの核心であった（Judt 2005）。イギリスではケインズ主義とベヴァリッジ報告にもとづく福祉国家がそれに該当した。日本では「平和と民主主義」と欧米諸国の生活水準へのキャッチ・アップが社会・政治諸勢力の合意の最大公約数であったと言えるであろう。

　戦後は米ソ冷戦時代であり、それに起因する左右の政治対立が先進各国でみられた。しかし、福祉国家、経済成長、労使間妥協という点では先進国において国民的コンセンサスが存在していたと言ってよい。また、小国に武力介入することを厭わない米ソ両国であったが、2大国間の戦争を避けるというのが米ソ2大国の戦略であり、不戦が欧州諸国のスタンスであった。日本でも不戦平和は国民世論の大勢であった。ベトナム戦争、チリの社会主義政権打倒の策謀など、平和と民主主義を侵犯した米国の行為を見逃すことはできない。しかし、旧西側先進資本主義の世界に限って言えば、第二次大戦以後で冷戦終結以前の時期は、平和と進歩の時期であったと特徴づけてよい。そして、その象徴と言えるものが福祉国家、そして国家以外のアクターが供給する福祉も考慮に入れれば「福祉システム」の発展であった。

　先進国の福祉システムの各国別特徴や分類については長い研究の歴史と

第1章 資本主義と福祉システム分析の視座

成果の蓄積があり、数多くのテキスト等を通じて紹介がなされている。本書で詳細にそれを繰り返す必要はないであろう。本書のこの項では、中東欧の福祉システムの特徴をみるうえで、すなわち、中東欧の福祉システムを国際比較の見地からもとらえるのに必要な限りで、戦後の先進国福祉システムの基本的特徴についてまとめておくことにする。

すでに述べたように、福祉システムとは狭い意味では、市場経済が労働力までを商品化するに至った歴史的時点以後の時代における労働力の脱商品化のための政策・制度を基礎としながら、完全雇用を実現するための政策・制度等を付け加えたものの総体である。広い意味での福祉システムには、上記の狭い意味の福祉システムの他に、土地と自然の商品化がもたらす農業者への打撃を予防・緩和する保護政策・制度や自然破壊に抗する制度・政策、貨幣の商品化に対抗する政策・制度、具体的に言えば金融規制政策・制度などが含まれる。これが本書の福祉システムの定義である。そして、それはポランニーの資本主義と福祉に対する考え方にもとづくものである。

以上のように福祉システムを定義した場合、狭義の福祉システムの多様性については、福祉供給の普遍性の多寡や、市場経済の社会への埋め込み形態の相違などにより分類できるであろう。また、広義の福祉システムの多様性は労働規制、環境規制、金融規制の強度を基準に論じることができるであろう。ここでは、そうした基準で見た場合の福祉システムの多様性論について若干の例示をしておく。

戦後の先進国において、国家は社会保障支出・公共サービスを行う福祉国家である限りにおいて、社会を代表し市場経済を埋め込んできた。そして、社会保障支出水準の高い国ほど、国家による労働力の脱商品化の度合いが高かったということはエスピン－アンデルセンが述べるとおりである(Esping-Andersen 1990; 1999)。そして、「脱商品化」を基準にして、その度合いが高い北欧型（社会民主主義）、かなり高い大陸欧州型（保守主義）、その度合いが低い米国型（自由主義）に福祉国家を分類することが可能である。

しかし、国家の役割は社会保障支出と公共サービスの提供にとどまらな

い。労働者の生存と生活にとって決定的な最低賃金・賃金水準・賃金体系のほか、労働時間など労働条件に関わる事項、年金制度など退職後の所得保障に関わる事項などについて、労使の産業横断的な全国（中央）レベルの団体交渉、あるいは産業別団体交渉で取り決め、その取り決め＝協約を企業レベルで実施してきた国では、国家は労使交渉が円滑に進むよう支援してきた。戦前から全国レベルの中央団体交渉が実施されていたのがスウェーデンである。すでに述べたように、戦後の西ドイツでは産業部門別交渉が定着していた。スウェーデンでも、西ドイツでも労組の組織率は高く、またよく組織された経営者団体の労組との交渉に対する関心も1970年代までは高かった。

　他方で、フランス、イギリス、イタリアなどでは労組、経営者団体のいずれか、もしくは双方が交渉当事者として必要な程度までに組織されておらず、また交渉能力を欠いていた。そのため、国家が交渉当事者の役割を果たした。これらの国では広範な規模の国有化が戦後すぐの時期に実施されていたから、国家がそうした役割を果たすのが可能であった（Hancké, Rhodes and Thatcher 2007）。

　このように戦後復興期と高度成長期に、福祉システムの基礎となる労使間システムにおいて先進国間には相違があった。そして、経営者団体と労組の全国あるいは産業部門別交渉という「団体協調主義＝コーポラティズム」で市場経済を社会に埋め込んでいたのがスウェーデンと西ドイツであり（Becker 2009）、国家介入で埋め込んでいたのがフランス、イタリア、イギリスであった。このほか、全国レベルでも産業部門レベルでも団体交渉は行われず、企業別労組と経営者の交渉で賃金水準・賃金体系が決まる日本のような例があった。米国では独占体レベルでの労使団体交渉が重要であった。1980年代に労組が攻撃対象となった米国とイギリスで労使交渉の意義が低下したが、1970～80年代の「不確実性と分岐の時代」にも北欧、大陸欧州諸国、日本では復興期と高度成長期に存在した労使妥協制度が存続し、機能していた。

　上記のほか、福祉システムの別の分類基準は、所得保障やサービスが、階層にかかわらず国民均一条件で提供されることが原則となっているとい

う意味で普遍主義的であるかどうかという基準である。これは、福祉財源が税金か社会保険かという違い、ビスマルク型社会保障制度かベヴァリッジ型社会保障制度かという違いと関わる。周知のように、ドイツの宰相ビスマルクは強まる社会主義運動に対抗するため、1880年代に病気、老齢などのリスクに備えるため、雇用者と被用者がともに拠出し自治で運営する社会保険制度を導入した。ビスマルク自身は社会保障財源として社会保険のほか税財源の国家補助金を考えていたが、ドイツの社会保障財源は基本的に社会保険となった（飯田 2015）。ビスマルク時代に導入された社会保険は、オーストリアなど中欧諸国をはじめフランスなど大陸欧州諸国に普及した。

ビスマルク型社会保険制度が社会保障制度の枠組みなっている国では、労災保険、年金保険、健康保険、失業保険制度、それに加えドイツとオランダなどでは介護保険制度が存在する。公務員、民間企業被用者のそれぞれが加入する保険が異なるだけでなく、民間企業被用者の社会保険は職種別にも異なり、職業上のステータスが社会保障のうえでも差異を生む結果をもたらしている。エスピン－アンデルセンがこの差異を「階層化指標」で測り、その指標の数値により先進資本主義国の福祉システムを区分しているのはすでに述べたとおりである（Esping-Andersen 1990）。

スウェーデンやデンマークなど北欧諸国では、20世紀の初めに労働者と農民の間の区別を設けない国民の権利としてしての年金制度、すなわち国民年金制度が設けられるなど、職業上のスタータスと結びつけない社会保障制度が発達した。そこでは、社会保障財源として税金の果たす役割が大きかった。ベヴァリッジ報告にもとづく戦後イギリスの国民保険サービス（NHS）の財源も税であり、他のイギリスの社会保障制度は均一拠出・均一給付を原則としていた。こうして北欧諸国とサッチャー政権誕生以前のイギリスの社会保障制度の「階層化」の度合いは、ビスマルク型社会保障制度のドイツやオーストリアよりも小さかった。すでに述べたように、エスピン－アンデルセンは北欧型福祉システムを社会民主主義、ドイツ、フランス、オーストリアなど大陸欧州型福祉システムを保守主義と形容しているが、この2つの型の間には社会保障と階層の関係においても相違が

IV　現代福祉システム分析

あったのである。そして、イギリスの福祉システムはサッチャー政権誕生以前には北欧などと同じく社会民主主義であった（Esping-Andersenn 1999）。

　1935年の社会保障法とともに失業保険制度、老齢年金制度を整備した米国であるが、この国は国民全体をカヴァーする公的健康保険制度を持たなかった。「偉大な社会」を掲げるジョンソン政権のもとで、社会扶助制度としてのメディケード、高齢者向け医療保険のメディケアが整備されたが、貧困線以上の稼得者で高齢でない人々の医療費は民間保険加入により賄われるべきと考えられているのが米国の医療制度であった。そのことは、ムーア監督の映画『シッコ』（2007年公開）で世界の人々に知られるようになった。

　民間保険に加入できる稼得がなく、また高い医療費も支払えないので、治療を受けられず命を落とす人が少なからずおり、また医療費支払いが原因で貧困化する人が多いという、およそ先進国とは言い難いのが米国医療保険制度の実態であった。こうして、民間医療保険に加入できる階層とそうでない階層の間に差異があり、さらにはベビーシッターを雇い仕事と育児を両立できるミドル・クラスと、それができない低所得階層の間にも差異があるというように、米国の福祉システムの「階層化」の程度は高かった。

　2009年に誕生したオバマ政権は公的健康保険制度導入ではなく民間医療保険の強制加入制度を導入し、その限りで皆保険制度を整備したと言える。しかし、現実にすべての人々が医療にアクセスできるようになるにはまだ時間を要するであろう。なお、日本で医療および年金の公的皆保険制度は1961年に整備されている。

　米国の公的健康保険（医療制度）の未整備を除き、戦後復興期から高度成長期にかけて先進国では高齢・病気・失業などのリスクに対応すべく、公的年金制度・医療制度、失業給付・職業訓練など労働市場政策・制度、貧困者に対しては税財源の社会扶助制度（生活保護制度）が整備された。また、戦後から1970年代初めまでには完全雇用が、政府が追求すべき政策とみなされていたことは重要である。さらに、日本だけでなく大陸欧州

諸国でも、そして米国でさえ、経営者が解雇に訴えることは少なく、長期雇用が一般的であり、労働者は見通しを持って自らの職業生活を送ることができた。

長年にわたって優れた人類学的手法で米国の労働現場を追ってきた社会学者セネットは、同国でレーガン政権誕生以前と以後、すなわち、1980年代以前と以後で資本主義と労働の姿が変化したと説く。セネットによれば、1980年代以前の資本主義は「社会資本主義」であり、社会資本主義の発端はビスマルクの社会政策にまでさかのぼる。「社会資本主義」は官僚制やフォーディズムで特徴づけられる資本主義、別の呼び方では「組織された資本主義」である。セネットは、若気の至りで彼が以前に「社会資本主義」のもとでの労働を「疎外された労働」と告発したことを自己批判しながら、1980年代以後の「新資本主義」と比較すれば、「社会資本主義」の時代の現場労働者は自分自身の労働により多くの意義を見出すことができたと述べている（Sennet 1998）。

「社会資本主義」のもとで雇用は概ね長期雇用であったため、労働者は労働を含め彼の人生を見つめている他者（同僚など）を見出すことができた。すなわち、労働者は自らの労働について「物語性」を持つことができた。また、長期雇用のもとでは、自らの労働に何らかの「有用性」、および「職人気質」の発露も見出すことができた。こうして限定されていたとはいえ、労働者は社会資本主義のもとでの労働に意味を見出すこと、つまり「物語性」、「有用性」、「職人気質」を見出すことができたのである。セネットの観察対象は米国であるが、「企業主義」的資本主義であった日本の労働にも同じことが言えたであろう。

1980年代以後の「新資本主義」で事態は一変する。ダウンサイジング、リストラクチャリングリングが一般化する。頻繁に労働地点の移動と転職を、そして企業が業績不振なら解雇を迫られる環境のなかでは、正規の労働者であっても、さらに最初から将来の見通しを持ちにくい非正規の労働者が、労働のなかに「物語性」、「有用性」、「職人気質」の発露を見出すのは困難である。セネットが観察した資本主義と労働の変化は米国とイギリスでいち早く起きたが、日本も含め現在では大半の先進資本主義国で見ら

れる。変化が最も小さいのはスウエーデン、デンマークなど北欧諸国であるが、そこでも労働のフレキシブル化は一般的な傾向である。

　セネットの労働の分析が示すように、戦後の黄金時代の達成物は真に大きなものであった。その達成物は、戦前のファシズムとの比較のみならず、黄金時代終焉以後の新自由主義的資本主義（私の用語法では自由市場資本主義。堀林 2014）との比較を通じても際立っているのである。それと関係して、すでに言及したことのあるフランスの社会学者カステルの黄金時代における「社会的所有」という興味ある見解についてもふれておこう。

⑶　黄金時代の「社会的所有」と社会主義

　カステルは、近代以降を３つの時代に区分する。「第一の近代」は、「個人の支えとしての私的所有の時期」である。ロックが述べたように、17〜18 世紀に出現した自立した近代的個人は、自分自身の所有者であるとともに自分自身を支えるための財の保持者であった。近代的個人は「ブルジョア的個人」に限定された。これに対して、「第二の近代」は「私的所有から社会的市民権へ」と所有権が拡張され、「社会的所有」が成立している段階の近代である。「第二の近代」は、先進国では戦後から 1970 年代までの時期に相当する。この時期に労働者は財の所有者、私的所有者になるというよりも「社会的市民権」の所有者となった（カステル 2015）。

　社会的市民権とは、最低限の安全と保障を確保する市民の権利であり、具体的には労働権、健康への権利、年金への権利などからなる。集団協約制度などにより雇用が保障され、病気、高齢化、失業など主要な社会的リスクに対する公的保険、教育など公共サービスに関わる制度、貧困に対する社会扶助（生活保護）制度が整えられることは「社会的市民権」の制度化を意味する。そして、社会的市民権を保障された個人は「社会的所有者」となる。

　カステルが述べる意味での社会的所有は先進国で戦後に成立した。社会的所有がピークに達したのは 1970 年代である。私は、社会的市民権という権利の保障を「社会的所有」と規定するカステルの見解は、社会的所有と社会主義という論点を考える際に示唆的であると積極的に評価する。

従来、生産手段を私的所有者の手から社会に移し、社会のために使用するのが社会主義であると考えられてきた。現在でもそう考えている人がいる。しかし、生産手段となるべき財・サービスだけでなく消費財・サービスも含めて、（個人の利益の観点からではなくて）社会の利益の観点から社会的に所有・使用されるのが望ましい範囲というものは原理的に予め定められているわけでない。その範囲は、民主主義的に組織された社会が決めるというのが昔も今も社会主義思想の原点であると私は考えている。また、資本蓄積を第一義的目的として所有権を定めるのではなくて、何よりも人間の生存と安全の保障という観点から所有権を定めるというのが社会主義思想である。

民主主義が社会主義の不可欠の前提であり、前者なしの後者はあり得ない。さらに、国有ないし準国有形態と中央集権的・官僚的調整が経済的効率の点で市場的調整・分権的管理に劣る場合があることを存在した社会主義国も先進資本主義国も経験してきたことを無視して、これからの社会主義を構想することはできない。また、自主管理や分権的自治を欠いた国有・準国有形態の生産手段の社会的所有には社会主義思想との関係はさほど大きくないことも考慮に入れる必要がある。このように考えれば、将来の生産手段の所有形態は一律国有などではなく、国有、自治体所有、非営利組織による所有、営利目的の法人や個人による所有というように、混合所有となると想定するのが現実的であろう。それだけではなく、過去と将来を結ぶものとして、労働者が歴史的に獲得してきた社会的市民権を大切にし、それを社会的所有としてとらえることには意義がある。その点で私は、カステルの着眼点を評価するのである。

私自身は、社会的市民権の獲得という意味での社会的所有に、さらに必要なものを付加していく方向で将来社会、すなわち社会主義を考えている。私が考える将来構想は本章Ⅲの5項の「ポランニー、資本主義、社会主義——将来社会展望」で示した。また、本書の「エピローグ」でも提示する。ここでもその一端を示しておく。そのほうが、本書の後の叙述の理解が容易になるであろうからである。私自身は、将来社会は営利原則で経済活動を行う「企業セクター」、非営利の「自治体セクター」、人々が生活のため

に働くだけでなく自然と他者とのコミュニケーションと自己の能力発揮のために活動する「共生セクター」から構成されると考えている。

　将来社会に向けて、最初に必要なのが社会的市民権の真の実現である。すべての人々の最低限度の文化的生活の保障から始めなければならない。すなわち、貧困者（中位所得者の50～60%以下の所得生活者）をなくすことである。次いで「ディーセントな所得」の保障が必要である。貧困解消が税財源の社会扶助による「所得再分配」を通じて遂行されるとするなら、ディーセントな所得保障は「分配」を通じてなされることになるであろう。その際、利潤目的で経済活動が営まれている「企業セクター」においては、経営者と労働者の交渉を通じて「ディーセントな所得」水準が決められ、それにしたがって「分配」がなされるべきである。医療・教育・保育・介護・交通・環境保全など「社会的共通資本」の役割を果たす分野は、自治体が所有し運営する「自治体セクター」となる。すでに、スウェーデンなど北欧諸国ではそれに近い状態となっており、他の先進諸国がそれに続くのはそれほど困難なことではない。

　企業セクター、社会的共通資本の役割を果たす「自治体セクター」に加えて、自営もしくは協同組合の「共生セクター」（仮称であり、「ボランタリー・セクター」と呼んでもよい）が考えられる。ポランニーが早くから指摘していたように、本来人間は経済的動機などでは働かない。モリス、ヴェブレン、セネットが指摘してきたように、職人気質、匠の技の発揮が人間的労働の本質である。資本蓄積の道具としての労働はもうやめにしたいと思っている現代人は多いはずである。広井が指摘しているような「ポスト資本主義」を実践している人がすでにいることが、そのことを示している。現在のところ、農林業や水産業など一次産業でそうした実践が見られるが、手作りの日常品加工、映画・演劇・芸能の普及・鑑賞に関わるサービスなど第二次、第三次産業への参入希望者も多くいるであろう。

　以上は、社会的市民権の実現という観点からの社会的所有から、加算の方法で社会主義に至る道についての私の考えである。そこに斬新なアイデアはない。人間の意識が「経済的なるもの」から「社会的なるもの」、「人間的なるもの」に移行しつつあった1970年代に非営利組織を立ち上げた

人々は、上で私が述べたものに近い社会構想を持っていた。というよりも、上で私が示した「混合セクター」からなる社会は、1970年代頃に流布していた構想を思い出してまとめたものである。

　しかし、先進国世界は1970年代から現在に至るまでの間、上で述べたような社会に向かわず、随分「遠回り」してきた。まだ利潤を生むことを可能にする「消費欲望」が先進国に残っていたこと、中間層の多くを低所得者に転落させること（ハーヴェイの用語を借りれば「略奪による蓄積」）によって利潤を確保できる余地が残っていたことが、「遠回り」の理由であった。すなわち、1980年代に日本やドイツなどは製品改良などで消費欲＝需要を掘り起こす道を通じて、米国やイギリスは賃金圧縮・利潤回復を図る新自由主義の道を通じて、資本主義を延命させてきたのである。そして、1990年代以降は米国、イギリスの新自由主義（自由市場資本主義）が他の先進資本主義国にも浸透していったのである。

　すでに述べたように、その結果として生じたのが、カステルが指摘する「賃労働社会」から「不安定社会」への移行であった。社会的所有が実現した「第二の近代」においては、賃労働は労働法や社会保障法で保護されており、労働者をはじめとする社会成員の生活は安定していた。しかし、安定した「賃労働社会」は現在までに崩壊している。出現したのは「不安定社会」である。長期雇用の正規労働者が減少し、失業者とともに派遣・請負・嘱託・契約・有期・臨時など様々な形態の非正規労働者が増大している。不安定な雇用ステータスにある人々は、社会保障の権利へのアクセスも不安定であり、雇用不安定は「不安定社会」と結びついている。カステルが直接取り上げているのはフランスの不安定社会である。しかし、社会の不安定化は米国、イギリスなどアングロ・サクソン諸国、フランス、イタリア、ギリシャなど南欧諸国のほか、1990年代末以後の日本、2000年代以降のドイツでも顕著である。

　なぜ、先進国社会は不安定社会になったのか。その要因は複雑ではない。むしろ単純である。社会的所有（賃労働社会）をもたらしていた経済的社会的条件が消失したからである。社会的所有が可能であったのは、先進国が主に国内市場向けに生産を行い、高度成長を遂げていたからである。さ

らに階級間妥協があったからである。すでに述べたように階級間妥協はフォーディズム的妥協であり、具体的には生産性上昇を賃金上昇に結びつけることを資本所有者と経営者が受け入れたことであった。労働者の賃金上昇は国民経済の消費需要増加を生み、それは投資需要増加と経済成長をもたらした。さらに、経済成長は雇用の安定・増加をもたらし、経済成長の果実は社会保障の充実にも向けられた。

上記のような経済成長が雇用の安定と福祉拡充を生むという回路が働かなくなったことが、賃労働社会から不安定社会への移行の理由であった。しかし、経済成長鈍化の程度はすべての先進国で同じではなかったし、経済成長の鈍化にすべての先進国が同じ政策で対応したわけでもなかった。そこから、1970年〜80年代の先進国資本主義はポスト・フォーディズム段階での多様性を示したのであるが、福祉システムもそうであった。次にそれについて概観してみる。

2　福祉システムの分岐
——1970〜80 年代の米国・イギリス、北欧、大陸欧州のルート

(1) 高度成長の終焉と福祉システム

1970 年代に先進国資本主義が行き詰まり構造的危機に陥ったことは、経済史の常識である。その後の先進国の社会経済史、すなわち「黄金時代」と「フォーディズム」終焉以後約 40 年間の先進国の動向が資本主義の動態と多様性という比較社会経済学的視点からどのようにとらえられているのかについては、すでに述べた。また、「脱商品化」、「階層化」、「脱家族化」という 3 つの指標から先進国資本主義を「自由主義」、「保守主義」、「社会民主主義」の 3 つの型に区分するエスピン‐アンデルセンの比較福祉レジーム（システム）論ないしは比較福祉資本主義論についても言及している。

そのエスピン‐アンデルセンは 2 冊の彼の主著、すなわち『福祉資本主義の三つの世界——比較福祉国家の理論と実態』(Esping-Andersen 1990、

邦訳は2001年）と『ポスト工業経済の社会的基礎——市場・福祉国家・家族の政治経済学』(Esping-Andersen 1999、邦訳は2000年）のほかに、彼自身の論文も収録した編著『転換期の福祉国家——グローバル経済下の適応戦略』(Esping-Andersen ed. 1996a、邦訳は2003年）を刊行している。そして、それらは先進国の福祉資本主義論のテキストとなっている。彼の見解の多くは1970〜80年代の先進国の福祉動向、多様な軌道の特徴づけとして適切である。

　編著を含む上記3冊の著書におけるエスピン−アンデルセンの福祉政策に関する選好は、時には黙示的であるものの、大抵においては明示的である。すなわち、彼は社会民主主義的福祉政策を支持している。興味をそそるのは、エスピン−アンデルセンの米国を代表とする自由主義モデルに対する評価がそれほど厳しくなく、ドイツなど大陸欧州型モデルに対する評価が厳しいことである。それは、アングロ・サクソン諸国では資本主義経済が機能しているものの、社会が階級・階層単位で形成される度合いが大陸欧州諸国より低く、個人中心に形成されている度合いが高いこと、そしてエスピン−アンデルセンが「階層化」に対してネガティブであること、さらに労働の流動化も含め個人中心の社会を好むことと関連を持っているように思われる。エスピン−アンデルセンの上記のような選好のもう一つの理由は、現在および近い将来の福祉システムを「脱家族化」の徹底という方向で展望する彼においては、保守主義モデルこそ最も変わらなければならないモデルであるからである。

　エスピン−アンデルセンは、スウェーデンなど北欧諸国の社会民主主義から、積極的労働市場政策を中核に据えた雇用・労働政策、ジェンダー平等、若い世代に対する社会的支出の重視などを抽出し、それを先進国の将来の福祉モデルとして示し、自由主義モデルと保守主義モデルのそこへの接近を提言している。そして、エスピン−アンデルセンの提言とギデンズの「第三の道」、それに1990年代以降の欧州（EU）雇用・社会政策の間には共通点が多い。たとえば、現在のEU雇用・社会政策においては、失業給付や社会扶助給付と就労を結びつける「アクティベーション」が重視されているが、その政策の起源をスウェーデンの積極的労働市場政策に求

めることができる。

　私は、アクティベーション政策と米国やイギリスのワークフェア（就労福祉）には共通の時代背景があると考えている。黄金時代の先進国で広く普及した社会的市民権の制度化としての福祉システムが「経済的に困難」になるなかで、経済成長の手段としての福祉システムという考え方が生まれ、就労と福祉を結びつける制度としてアクティベーションやワークフェア政策が形成され実施されてきていると言えよう。

　こうして 1990 年代以降の先進国の雇用・社会政策には、社会民主主義モデルと新自由主義モデルの政策の混合ないしは化合物が見られる。1970 代に北欧の社会民主主義は、それ自身が直面していた課題に対応して独自の発展を示した。また、米国の福祉システムも 1980 年代に独自の軌道を形成した。それに対して、ドイツ、フランスなど大陸欧州諸国の福祉システムは、1970〜80 年代において、黄金時代の制度から大きな変化はみせなかった。日本の動向も大陸欧州諸国に類似していた。大陸欧州諸国、とりわけドイツと日本の雇用・社会政策、福祉システムが新自由主義的に改編され、米国型に接近するのは 1990 年代以降のことである。

　社会的市民権の実現に向けて大きな前進があった黄金時代と、社会民主主義と新自由主義を混合した雇用・社会政策、福祉システムの浸透で特徴づけられる 1990 年代以降という 2 つの期間の間の過渡期の先進国の政策・システムの動向を、エスピン‐アンデルセンは上述した 1990 年代半ばの編著収録論文（Esping-Andersen 1996b）において北欧諸国の「スカンジナビア・ルート」、大陸欧州諸国の「労働削減ルート」、米国の「新自由主義ルート」の 3 つの「軌道」に整理し、説明した。現時点から見れば、それぞれの軌道の説明は不十分である。しかし、彼の見解は 1970〜80 年代の先進国福祉システムの多様性を示すうえで有益である。彼の見解をふまえながら、同時にそれに対する私の批判も明らかにしつつ、1970〜80 年代の先進国福祉システムの多様性を以下に示す。

⑵　スウェーデン・モデル──女性・家族支援政策

　1951 年生まれの私が、義務教育で習った福祉国家の代表格はイギリス

第1章　資本主義と福祉システム分析の視座

であった。すなわち、私の記憶では「揺り籠から墓場まで」の社会保障がイギリスで行われていること、その基礎となる設計図を作ったのがベヴァリッジであったと教わったのは、中学生の頃である。そして、1969年に大学に入学した私は、在籍していた大学の財政学担当教授からスウェーデンの福祉国家の講義を受けた。また、別の科目の講義でベルト・コンベアを廃止したスウェーデン自動車企業ボルボ社の実験について教わった。他方で、私の大学生時代にイギリスが話題になっていたのは「先進国病」の典型（イギリス病）という文脈においてであった。1970年代には先進国福祉国家モデルとしての輝きは、経済的に衰退していくイギリスから様々な実験を通じて独自のモデルを構築していたスウェーデンへと移って行きつつあったのである。

　ボワイエは、資本主義の多様性論においては各時代に「モデル国」が存在すること、そのモデル国が1970年代はスウェーデンであったと述べている。因みに、80年代のモデル国は日本、90年代は米国である（ボワイエ 2005）。エスピン－アンデルセンは、福祉システムの独自の型としてのスウェーデン・モデルが形成されたのは1970～80年代であったと述べている。したがって、上述した私の個人的体験は学術の世界における一般的見解と隔たってはいなかったのである。その際、エスピン－アンデルセンがスウェーデン・モデルの特徴として挙げているのは「積極的労働市場政策」、「社会福祉サービスの拡張」、「ジェンダー平等化」である（Esping-Andersen 1996b）。

　今日スウェーデンの支出水準（社会保障支出の対GDP比）はOECD加盟国のなかでトップクラスにあるが（湯元・佐藤 2010）、同国は普遍的な手厚い給付という面で見れば、すなわち「脱商品化」が進展しているだけでなく階層化の程度が低いという面でも、1960年代から優れた実績を示す「社会民主主義的」な福祉国家であった。スウェーデンではこれに1970年代以降「新しい社会民主主義」の要素が付け加えられた。

　「新しい社会民主主義」を象徴するのは、ジェンダー平等化であった。19世紀にJ.Sミルなども参加する女性参政権付与を求めるフェミニズム運動が起き、20世紀の前半を通じて政治面でのジェンダー平等は先進国

でほぼ達成された。これに続いて、フェミニズムは有償労働への平等なアクセスの権利、賃金を含む労働条件の平等、労働を含む社会参加のジェンダー平等を可能にするための育児・介護の「脱家族化」などを求めるようになった。そして、フェミニズム運動は1960年代に多くの先進国で高揚した。

その運動を受けて、国連は1975年を「国際女性年」と設定し、生活のあらゆる場でジェンダー平等を実現することを呼びかけた。1970年代後半にはECも雇用、賃金、社会保障などの面で男女平等を加盟国に促す指令を制定した。先進国のなかで、労働市場と社会生活への女性の参加を促し、そうした参加を現実に可能にするために公立保育所・幼稚園整備、両親育児休暇・給付制度の整備・拡充、高齢者福祉施設・福祉サービス拡充などにより育児・介護に関わる家族支援、とりわけ女性支援を強化したのがスウェーデン、デンマークなど北欧諸国であった。

1970年代以降、北欧諸国が行ってきたジェンダー平等、介護・育児サービスの「脱家族化」に向けた政策は、現在ではEUならびにEU加盟国の雇用・社会政策として掲げられるほか、他の先進国の政策基調にもなっている。この点で、その実現度は別として先進国の社会政策基調は社会民主主義となっている。但し、日本の現在の自民党政権がそうであるように、女性の労働市場への包摂を促す政策が、経済成長という目的の実現という関連でとらえられる傾向があることに注意すべきである。そして、経済成長のための女性労働力に活用という観点が強くなる程度に応じて、女性重視政策はジェンダー平等という近代の価値実現よりも資本原理の強化の特徴を帯びた政策になる傾向にあると私はとらえている。

なお、エスピン－アンデルセンが1970～80年代のスウェーデン・モデルの特徴として挙げているもののうち「社会福祉サービスの拡張」の多くは、女性の労働市場と社会生活への参加の可能性を高める育児・介護サービスの整備と重なっており、その限りでジェンダー平等政策と対をなすものであったと言える。それは、ジェンダー平等政策と積極的労働市場政策との関係についても言えることである。しかし、1970年代以降のスウェーデンの積極的労働市場政策は、女性の労働市場へのアクセスを容易

にする政策にとどまらず、青年や未熟練労働者に対する教育・訓練施策の重視を含むものであったので、この点についてみてみよう。

周知のように、労働市場政策のうちで失業給付など失業者の保護に関わる政策は受動的な労働市場政策と呼ばれ、失業者の労働市場への復帰を可能にする再訓練や、生産年齢に達した青年や非経済活動人口の女性が有償労働に就くことを促す訓練・教育、非経済活動人口のカテゴリーにある人々に対するカウンセリングなど就職支援の施策が積極的労働市場政策と呼ばれる。現在、多くの先進国で労働市場政策の重心は受動的労働市場政策から積極的労働市場政策に移動しつつあるが、早くから積極的労働市場政策に取り組んできたのがスウェーデンであった。

スウェーデンでは労使の中央団体交渉で産業・企業横断的に同一価値労働・同一賃金の原則で賃金体系を決め、その賃金体系にもとづいて賃金を支払い、生産性が低いために赤字になるような企業は倒産してよいとし、倒産企業の被用者についてはもっと生産性の高い産業・企業に移動させるため公的に支援する政策がとられてきた。すなわち、ドイツや日本のようにハウスバンク制度やメインバンク制度により企業経営の安定を図り、長期雇用で労働者を保護するのとは違って、非効率な産業・企業の退出を促し、労働者の労働移動を支援するのが黄金時代からのスウェーデンの産業・雇用政策であったのである。

先進国で耐久消費財生産部門をはじめ、製造業の国内市場が飽和状態に達していた1970年代になると、スウェーデンの製造部門の大企業は輸出に力を入れるとともに、国外生産比率を高め多国籍企業化を強めた。これにともない雇用、とりわけ組み立て加工など単純労働は新興国に流出した。こうして未熟練労働者の過剰問題が起きる。これに対応するため、未熟練労働者を再訓練して技能を高め、彼らが従来よりもグレードの高い労働に従事するための施策、すなわち積極的労働市場政策がスウェーデンでは強められることになった。他方で、脱家族化を進めるための育児・介護などで公的サービスを拡充する政策も「ポスト工業経済」の雇用政策とみなされた。

1970年代から現在までの就業と失業の長期的傾向をみれば、労働者の

技能向上というサプライサイドに働きかけるという政策は、雇用改善面で大きな成果を収めているとは言い難い。他方で、公的サービス部門に就職する女性は多く、公的サービス拡充政策はジェンダー平等政策、およびポスト工業時代の雇用創出政策として成功したと言える。

　上の理由は単純である。製造業部門の生産物に対する需要は多くの先進国で停滞しているから、先進国の製造部門企業の国内市場向けおよび他の先進国向け生産は増えない。したがって、その雇用も増えない。先進国の製造部門企業の生産物に対する新興国の需要は増加しているが、それを満たすための生産は新興国の労働者の手で行われる傾向にある。こうして、先進国の製造部門企業に雇用増のための需要がないのであるから、雇用されることを欲している人が技能を高めても就職できないのは当然のことである。もとより、それは長期の一般的傾向であり、例外はある。IT革命の例を挙げるまでもなくイノベーションによって生み出された製品に対する需要はあったし、現在もある。そこでは雇用に対する追加需要もある。また、単純労働の職種で失職した労働者が技能を高め、高い技能に見合った職に就く可能性も否定できない。

　しかし、イノベーションがそうたびたび起きることはないし、高技能職のポストの数には限りがある。私が述べているのは単純なことである。1970年代に高度成長が終わった後、先進国は需要不足から低成長か停滞社会に移行している。だからサプライサイドを強める雇用政策にはおのずと限界があるということである。ケインジアンの小野はこの点を強調しているが（小野 2012）、私も同感である。スウェーデンの1990年代不況期と、世界金融危機以後の実物経済の停滞期の失業率の高さをみれば、この国の積極的労働市場政策の限界も明らかである。にもかかわらず、スウェーデンの積極的労働市場政策に見られる諸施策は、1990年代以降のEU雇用戦略・社会政策に取り込まれている。

　政策担当者は積極的労働市場政策について私が述べたような限界を意識しているであろうが、学術界では必ずしもそうでなく、サプライサイドの雇用政策の効果を過大評価する言説が今なおみられる。私が言わずもがなのことを記しているのもこのためである。他方で、以下のことも実証され

ていることであるが、言及されないこともあるので記しておく。女性の就業率を高める施策は、どこでも雇用増加政策として成功している。北欧諸国の場合は、公共サービス部門の女性の就業率が高い。スウェーデンにおける公共セクターでの女性の就業者増加という事実から、他の先進国も学ぶことができると私は考えている。

さて、普遍的で寛大な社会保障支出という1970年代以前の社会民主主義的な福祉システムに、ジェンダー平等化、公的サービス部門拡充、積極的労働市場政策の強化を加え、革新された社会民主主義福祉モデルを探求したのがスウェーデンを中心とする北欧諸国であったとして、エスピン-アンデルセンはその試みを「スカンジナヴィア・ルート」と規定した。元来、スウェーデンの福祉システムには社会的市民権実現の志向のほか、労働者を生産性の高い産業・企業に移動させるという「生産主義」的志向が含まれていた。1970年代以降のジェンダー平等化の施策には社会的市民権実現（拡張）の志向、積極的労働市場政策強化の施策には「生産主義的」志向が反映されていたと言える。

(3) 大陸欧州型ルート

他方で、ビスマルク型社会保険が社会保障の核となっているドイツなど、大陸欧州諸国の1970～80年代の福祉システムの動向をエスピン-アンデルセンは「労働削減ルート」と特徴づけている。前述したように、エスピン-アンデルセンの大陸欧州諸国の「保守主義モデル」に対する評価は高くない。

必ずしも明示しているわけではないが、エスピン-アンデルセンは先進国が「ポスト工業化」段階にあると認識しており、そこでは消費、ビジネス、社会的共通資本などに関わるサービス部門の役割が増大し、製造業の比重が低下するとみている。また、ジェンダー平等のための女性の雇用増大および青年の就業率改善と、中高年男性の雇用・社会保障の間にトレード・オフの関係があるとみている。そこからエスピン-アンデルセンは、ポスト工業化に即した産業編成・雇用政策、中高年の「既得権益」削減、女性と青年の雇用保障と社会保障の充実が必要であるとしている。この面

IV　現代福祉システム分析

でみると、スウェーデンなど北欧諸国に比してドイツなど大陸欧州諸国に実績は乏しい。さらに、保育所整備など「脱家族化」のための施策に乏しいというのが、保守主義モデル国に対する1990年代のエスピン-アンデルセンの評価であった（Esping-Andersen 1996b；1999）。

　ポスト工業化、サービス化という点において、ドイツ、フランス、イタリアなどが、サービス化・金融化がいち早く進んだ米国やイギリスと比較してのみならず、公的（福祉・教育）サービス部門の雇用拡大に先導されて「脱工業化」が進んだスカンジナヴィア諸国と比べても「遅れをとっている」のは事実である。ドイツ、オーストリア、イタリア、スウェーデンの2003年の工業部門就業者数の全就業者数に対する比重は、それぞれ20％、20％、18％、17％であり、サービス部門就業者数の全就業者数に対する比重は43％、45％、36％、55％である（Alber 2008b）。数字が示すように、ドイツ、オーストリアのような保守主義モデル国の「脱工業化」、サービス化はスウェーデンほどには進んでない。すでに述べたように、黄金時代の終焉以後、先進国の製造部門の生産物に対する需要が減少しているところから、当部門の雇用減少が起きることは不思議でない。しかし、雇用面での脱工業化の「遅れ」や、サービス部門の雇用増加の「遅れ」は、「悪いこと」としてそれ自体として責められることなのであろうか。

　私はそうは考えない。イギリスや米国では1970年代から起きていた製造業の空洞化がサッチャー政権、レーガン政権のもとで一層進み、一方で相対的に高賃金の金融部門および投資コンサルタントなどビジネス・サービス部門の雇用が、他方で相対的に低賃金の小売部門、ホテル・レストランなどの消費サービス部門の雇用が増えた。このうち、製造業と比べて消費サービス部門の賃金は低く、またパートなど非正規雇用の比重が高いところから、消費サービス部門の拡大が低賃金化を招くことはよく知られることである。さらに、金融部門、ビジネス・サービス部門従事者と消費サービス部門従事者の間の大きな所得格差は、社会の格差増大要因の一つとなる傾向にある。

　エスピン-アンデルセンが述べているように、大陸欧州諸国の公的保育サービスの北欧諸国に対する遅れなどは改善さるべきであろう（Esping-

Andrsen 1999)。しかし、「金融化」、「ビジネス・サービス化」、「消費サービス化」の「遅れ」なるものは批判される筋合いのものではない。もっと言えば、ドイツの「脱工業化」の遅れは同国製造業の国際競争力の強さの反映でもある。米国のサブプライム・ローン関連証券バブルの崩壊が、ドイツの金融機関にも影響を及ぼしたことは、「製造業立国」、「輸出立国」であったドイツにさえ、米国の金融主導型資本主義の否定的影響が見られたという文脈で言及されることが一般的である。世界金融危機以後、「金融化」の遅れをもってドイツや日本が批判されることは少ない。むしろ、製造業の空洞化と金融業の肥大化で米国やイギリスの産業化の歪みが批判されるのが現在の見方である。そして、そのほうが経済に対する健全な見方であると私は考える。

　ポスト工業化の「遅れ」で保守主義を批判する議論の問題点は、以上のようである。次に、中高年男性への手厚い雇用・社会保障が、女性・青年の雇用機会を奪い、労働市場の「インサイダー」(中高年男性)、「アウトサイダー」(女性・青年) の二層構造を作り出しているとするエスピン－アンデルセンの保守主義批判 (Esping-Andersen 1996b; 1999) は的を射ているのであろうか。この批判も問題の所在を正しく指摘するものではないし、適切な雇用政策の方向を示すものでもないと私は考えている。

　エスピン－アンデルセンは、大陸欧州諸国では早期退職者に対する年金支払いが膨らんで保険財政が赤字となり、現役労働者の保険料が引き上げられる結果として、生産性と比べ労働コストが高くなり、企業が雇用を控えるようになる。それが、就業率が伸びない理由であると指摘している。つまり、過剰労働力問題に早期退職奨励と雇用の手控えで対処したのが大陸欧州諸国の「労働削減ルート」ということになる (Esping-Andersen 1996b)。これは、事実の指摘として間違っていないし、理解可能な説明である。

　腑に落ちないのは、この説明に次いでエスピン－アンデルセンが、大陸欧州諸国では「一家の稼ぎ手」として中高年男性が想定されており、彼らには長期雇用保障や家族構成員の生活も配慮した賃金支払いがなされていると、いわゆる「既得権益」を批判するかのような言説をとっていること

である (Esping-Andersen 1996b; 1999)。すなわち、彼は大陸欧州諸国では労働市場の「インサイダー」が「優遇」されていると指摘したうえで、そのことが高い労働コストにつながり、企業の女性と青年の雇用の手控えにつながっていると結論づけている。充分な説明がないので私には、中高年労働者の雇用保障と彼らに対するディーセントな賃金支払いが、女性と青年の雇用をさまたげているという論理が理解できない。また、経営者でもないエスピン－アンデルセンが、以上のような根拠にもとづいて現役(中高年)労働者の「既得権益」の削減を示唆しているのも不可解である。

エスピン－アンデルセンの言いたいことが以下のことであるなら私は賛成ではないが主旨は理解可能である。大陸欧州諸国の中高年者の雇用は安定しており、簡単に解雇できないし、また彼らの賃金水準も低くないので中高年男性被用者の地位を保障する限り、女性と青年の雇用を増やす意志が経営者にはない。したがって、女性と青年をもっと雇用を行うようにとエスピン－アンデルセンが大陸欧州諸国の経営者に対して提言したいのなら理解可能である。

私は、中高年労働者の雇用保障・賃金水準・社会保障に関わる従来の獲得物、すなわち、しばしば誤ってネガティブな意味を込めて使用される「既得権益」と、女性・青年の雇用の改善を二者択一のものとして描くことは、中高年労働者にとっても女性・青年にとっても良い結果をもたらすものではないと考える。資本主義は資本蓄積が至上命題である。労働側が中高年の既得権益を放棄することは、「社会による資本の埋め込み」の断念につながる。そして、中高年が譲歩しても資本が女性と青年に譲歩する保障はまったくないことは言うまでもない。さらに、低成長のなかで雇用のパイが限られているなかでは、「インサイダー」と「アウトサイダー」ならずともすべての労働者が雇用のために競争状態におかれている。この競争や対立を「煽る」ような言説は良くないというのが私の考えである。これを言う時、私は故ブルデューが「社会的既得権益」を大切にしていたことを思い出す(たとえば、ブルデュー 2000)。

さて、それでは1970〜80年代のドイツ、フランス、オーストリアなど大陸欧州の保守主義モデル国の福祉システムの動向をどのように特徴づ

けることが適切なのであろうか。私は、1970～80年代に米国がニューディール政策を継承する福祉システムから新自由主義的な福祉システムに転換し、スウェーデンが普遍的で寛大な給付という意味での社会民主主義にジェンダー平等化、公的福祉サービスと積極的労働市場政策強化など「新しい社会民主主義」をつけ加えたのに対し、大陸欧州諸国では成長率が低下する条件のもとで、黄金時代の雇用保障と社会保障を可能な限り維持する努力がなされたと言うことができようと考えている。

　すでに述べたように、フランスでは1960年代末から70年代に自主管理運動、エコロジー運動が活発となった。また、環境・福祉分野を中心に「社会経済＝アソシアシオン」が大きな役割を占めるようになった。ドイツでも、従来のキリスト教や社会主義団体と結びついた社会組織のほかに草の根運動から生まれた非営利組織が発展し、そこから「緑の党」も生まれた。1970～80年代に生まれた組織の多くは、経済成長志向ではなく、生活の質の向上をめざしてきた。私は、こうした組織とその運動も社会民主主義の革新の一つの形態として重要であると考えている。

　現在もフランス社会党やドイツ社会民主党が大陸欧州諸国の社会主義運動の中心を担っているが、これらの政党は経済成長と、その果実の再分配を通じた物質的条件において平等な社会という社会主義観をまだ払拭していない。そして、そうした社会主義観は、すでに述べたような脱成長、自然と人間の間と人間相互のコミュニケーションの喜びを求める現在の人々に充分にアピールする力を持っていない。資本蓄積に従属する社会に飽きている人は先進国のなかで多い。彼らは概ね脱成長志向で、自然を尊敬し、自由な人間関係を好む。私は1960年代の社会政治運動も体験した世代であるが、経済的には停滞期の発端であり、政治的には静かであった1970年代の自治（自主管理）、エコロジー運動、それを支えた組織・哲学の延長線上に将来社会＝社会主義があると考えている。1970年代の運動・組織、それを支える哲学は、その後、「まだ成長は可能」であるかのような幻想、および幻想にもとづく経済政策によって脇に追いやられたが、2007～08年の世界金融危機、その後のユーロ危機を経て再び見直されているようである。

IV 現代福祉システム分析

(4) 新自由主義ルート

最後に、1970〜80年代の先進国の福祉システム諸形態のうち、イギリスと米国の「新自由主義ルート」についてはどうか。エスピン-アンデルセンは、それを「低賃金戦略」と説明している。前述したように、フォーディズムの終焉要因の一つが生産性を上回る賃金上昇による「利潤圧縮」であったから、1970年代にはイギリス、米国を含め先進国の多くの政権は所得政策を試みた。すなわち、労使協議を通じて賃金を生産性に対応する水準に調整し、インフレを抑制し、利潤を回復する政策を実施した。産業レベルでコーポラティズムが機能していた西ドイツや、企業レベルの労使協調体制が一層強められた日本で所得政策は成功したが、イギリス、米国において所得政策に充分な成果はなく、1970年代を通じて成長率、インフレ、失業率などのマクロ経済実績において両国は先進国のなかで低いグループに属した。1970年代後半、米国を形容するために使われたフレーズは「衰退する大国」、イギリスのそれは「先進国病」（イギリス病）に罹っている国であった。時代閉塞感は国民の間で強く、それがサッチャー、レーガンという超保守主義政治家の登場を促した理由であった。

両国の政権運営の経済学はケインズ主義からマネタリズム、サプライサイド経済学に代わったが、そこに新たな社会経済像があるわけではなく、戦後の「黄金時代」を可能にした福祉国家や労使妥協など社会民主主義的な政策・制度を取り除き、私的所有・市場・競争からなる「古典的資本主義」に時代を逆回転するというのが、サッチャリズムとレーガノミクスの核心であった。それを私は前著で「自由市場資本主義の再形成」と呼んだ（堀林 2014）。

サッチャー政権の炭鉱スト弾圧、レーガン政権の航空管制官スト弾圧などは周知のところであるが、両政権の直接・間接の労組攻撃に、1980年代前半の2ケタに近い失業率があいまって、両国の労働組合の組織率とその交渉力は低下した。高い失業率で雇用不安を持つ労働組合との交渉において、レーガン政権は現役労働者の雇用の継続と引き換えに賃金や労働規制の面で、経営側に有利で労働側に不利な条件を迫る「譲歩交渉」を行っ

た（河村 2003）。

　さらに、最低賃金引下げ策をとった結果、米国の1989年の最低賃金は平均賃金の39％の水準にまで低下した。イギリスでは、サッチャー政権のもとで労働分配率を下げるために最低賃金制度が撤廃された。このように政治が低賃金化を試みたことから、エスピン－アンデルセンは1980年代のイギリス、米国の社会経済政策を「低賃金戦略」と特徴づけたのである（Esping-Andersen 1996b）。

　製造業部門での多国籍企業化＝国内雇用流出を補うものとして、両国の政権がサービス化という方向での産業構造変化を進める政策をとったことも、両国の低賃金化につながった。サッチャー、レーガン両政権とも金融自由化、グローバル化を進めるなど、シティとウォール街を潤わせる政策を実施した。サッチャー政権はテスコなど流通業を重視する政策をとり、レーガン政権は柔軟な雇用＝不安定雇用の増大を可能にする労働規制緩和実施により、ホテル、レストランなどサービス部門の雇用拡大を促した。サービス化のうち金融化は低賃金化につながるものでないが、小売り、ホテル、レストランなど消費サービス部門の拡大は「低賃金化」につながった。なぜなら、当部門の賃金水準は製造業より低いからである。消費サービス部門の増大は、労使が拠出するタイプの民間保険の縮小、確定拠出タイプの個人保険との置き換えにつながった（Esping-Andersen 1999）。米国では、健康保険がそうであるように民間保険、なかでも経営者側と労働側双方が拠出する確定給付型の保険が生活保障に果たしている役割が大きかった。しかし、消費サービス部門には従業員数が少なく、このタイプの民間保険は普及していない。こうして、低賃金化につながる産業構造変化は企業福祉の縮小にも繋がったのである。

　サッチャー、レーガン両政権は福祉国家が「福祉依存」文化を育てるとの言説を用い、社会扶助受給者削減と支給水準削減を図った。また、社会扶助及び失業手当に関して、就労・訓練・求職活動などの受給条件の遂行を厳格にする措置をとった。そして、就労と稼得を結びつけた福祉を現わすために福祉＝welfareとは異なる就労福祉＝workfare（ワークフェア）という術語を使用した。福祉は権利としてではなく、就労との見返りに付

与されるというのがワークフェアの哲学であった。1990年代以後のEUにおいても、社会保障給付と就労を結びつける「アクティベーション」（Activation）という言説が浸透した。就労＝アクティベーションが社会的包摂の政策と見なされる限りで、それはワークフェアと理念的には異なるものである。しかし、社会保障財政抑制（緊縮）の文脈でアクティベーション政策が唱えられる場合、それはワークフェアの趣を持つことも否めない事実であった（Rys 2001）。

　1990年代の民主党クリントン政権は、レーガン政権の社会経済政策を一定程度軌道修正したものの、大枠では新自由主義を継承した。就労福祉を重視するとし、1996年に「被扶養児童家族援助」（AFDC）を「貧困家庭への一時的扶助」（TANF）に変え、公的扶助受給者に就労義務を課した。すなわち、公的扶助受給者は受給開始後2年以内に就業することを義務づけられたのである。

　以上のように、1970～80年代のイギリスと米国の「新自由主義ルート」は、労働組合を弱体化させ、労働規制緩和を進め、消費サービス部門を中心にサービス化を進めることにより「低賃金」化を図ろうとするものであった。また、福祉依存を断つというレトリックを使いながら黄金時代に普及した「権利としての福祉」を「就労福祉」に転換させ、福祉国家の削減を図ろうとするものであった。

　さて、1970～80年代の3つの軌道のうち「スカンジナヴィア・ルート」と「新自由主義ルート」は異なるものであるが、そこには重複する傾向もあった。一つは、脱工業化がスカンジナヴィア諸国では公的福祉サービス部門の拡充、イギリス、米国では金融と消費財サービス部門の増大をもたらし、それぞれの「サービス化」が福祉システムの変化と結びついていたことである。もう一つは、スカンジナヴィア諸国での積極的労働市場政策の強化は「権利としての福祉」という考え方を後退させなかったものの、「生産主義的福祉」が経済の手段としての福祉という考え方を強めたこと、イギリスと米国では「福祉依存」というレトリックで「権利としての福祉」という考え方が攻撃対象となり、就労福祉がそれに置き換えられる傾向をともなったことである。総じて福祉自体に価値を置く黄金時代の文化

が、経済との関係で規定される福祉という文化に置き換えられた。この動きは、1990年代以後さらに強まった。次に、これをみてみる。

3　1990年代以降の先進国の社会政策・福祉システムの動向
　── EU 社会政策と「第三の道」

(1) 1990 年代の欧州社会政策の特質

　小泉政権が「構造改革」を推し進めようとしていた 2000 年代の初め、日本のマスコミに登場する社会科学者で、構造改革の成功した先例としてサッチャー政権とレーガン政権を持ち出す人がいた。記憶を辿れば、そのような人は概ね経済に疎い政治学者であったようである。1980 年代の大方の期間、確かに両政権に対する支持率は安定していた。しかし、両国の経済実績は日本や西ドイツよりも劣っており、1970 年代に続いて 80 年代にも先進国の経済的成功例は日本と西ドイツであった。特に、1980 年代の米英モデルと比較しての日本モデルの成功は、各種統計を見ればすぐわかることである。にもかかわらず、小泉政権の構造改革の頃、サーチャイズムとレーガノミクスの成功例なる言説が持ち出されたことに私は違和感を覚えた。おそらく、それを語る人は 1990 年代の米国経済の成長と英国の好景気、それと対照的なバブル崩壊以後の日本経済の不振、そしてドイツ経済について言えば束の間の「統一特需」ブーム以後の失速の印象に引きずられ、1980 年代について間違った推測をしていたのであろう。

　レーガン政権、ブッシュ政権の 12 年を通じても、米国経済は改善しなかった。だからこそ、米国の民主党は共和党の経済失政を争点にし、1992 年の大統領選を闘って勝利したのである。東欧の体制崩壊の年、1989 年にそれを「資本主義の勝利」として喧伝できるような経済状況にある国はと言えば、バブル経済崩壊以前の日本と欧州の経済センターの西ドイツぐらいであり、米国ではなかった。しかし、当時日本と西ドイツの政治家は賢明にも東欧の体制崩壊を指して「資本主義の勝利」などとは言わなかった。「民主主義と市場経済の勝利」と述べたのは米国の批評家で

あった（フランシス・フクヤマ『歴史の終わり』1992 年）。しかし、資本主義の勝利であるかのような言説が幅を利かせるようになるのはもっと後で、クリントン政権のもとで米国経済が好調となり、「第二次パックス・アメリカーナ」と言われるような政治経済状況が 1990 年代に出現して以降のことであった。

　クリントン政権のスタンスは、レーガン流の新自由主義＝新保守主義でもなければ、ニューディール政策を継承する民主党左派＝リベラルでもない「新中道」、「第三の道」をめざすというものであった。欧州でも社会民主主義者、リベラルな政治勢力のなかで「第三の道」、「新中道」のスタンスが人気を博したのが 1990 年代の政治状況であった。上で述べたように、トニー・ブレア率いるイギリス労働党は 1990 年代後半の選挙で勝利して政権の座に就き、「第三の道」の政策を実施し、同じく政権に就いたドイツ社会民主党のシュレーダー政権は「新中道」の政策を実施した。共産党から改称したイタリアの左翼民主党（後の民主党）は、社会民主主義からリベラル左派までを包摂する選挙連合組織「オリーブの木」を総選挙で勝利に導き、中道左派の経済・社会政策を実施した。

　ところで、少し長いスパンで見れば、そして西欧社会民主主義の流れから見れば、「第三の道」、「新中道」、「中道左派」の経済・社会政策には、ミッテランの一国社会主義の失敗が影響を及ぼしていたと言っても大きな誤りではないであろう。1960 年代末の欧州での自主管理運動の高揚のなかで支持を集めたミッテラン率いるフランス社会党であったが、1980 年代初めに社会党・共産党連合政権がとった政策は国有企業の拡大、最低賃金引き上げなど古典的な社会主義的施策であった。それは、国境を超えて調整された施策ではなかった。この施策の失敗後、欧州委員会の委員長に就任したフランス社会党員ドロールは、欧州の経済統合を一段と進め、経済統合のなかで欧州経済とフランス経済の浮揚を図るという構想を持っていた。さらに、単一市場という経済的な国境のない欧州のもとでは、欧州レベルで調整された社会政策が必要であると考えていた。つまり、「経済的欧州」と並んで「社会的欧州」が必要であると考えていた。

　欧州レベルの社会政策の実施という考え自体は新しいものではなく、欧

州統合過程で徐々に具体化されてきていたものである。1980年代末からは、それが一層具体化されるようになり、1990年代には就業率の向上を目標とし、「就業能力」（employability＝エンプロイアビリティ）を高める積極的労働市場政策を重視する雇用政策や、社会的排除・社会的包摂というように貧困を社会との関係でとらえたうえで貧困問題に対処するアプローチが、欧州委員会や他のEU機関によって示されるようになった。そして、1990年代末以後現在まで、「開かれた政策調整」（OMC）という緩やかな方法で、欧州レベルの雇用と貧困克服・社会的包摂の分野に関わる社会政策が実施されてきている。

　ところで、1990年代末以後の欧州レベルの社会政策は、経済動向・政策との整合性を意識して立案・実施されてきたのが一つの特徴である。単一欧州市場・通貨に向かう経済統合構想の実施が、経済的に強い欧州の実現という動機に規定されたところが大きかったこと、そして経済成長があり、それを前提に社会的市民権の実現という観点から福祉施策を立案することができた黄金時代とは異なって、社会的市民権実現の財政的可能性という論点が社会政策立案で重きを占めようになったことがあいまって、1990年代末以後の欧州レベルの社会政策には経済の視点が色濃く反映されるようになっているのである。

　そのことは、北欧の社会民主主義モデルにある生産主義的福祉のEU雇用政策への取り込みという形態のなかに端的に示されている。さらに、1970年代後半からEC社会政策と北欧社会民主主義モデルの重要構成要素であったジェンダー平等化も、1990年代以降のEU社会政策の重要な柱となった。また、福祉依存文化攻撃のレトリックでイギリスと米国で進められのが「ワークフェア」（就労の見返りに供与される福祉）であるが、この福祉依存文化攻撃という文脈というよりは、就労を社会的包摂のなかに位置づける「アクティベーション」（活性化）という言説をともなってEU社会政策に就労と福祉を結合する考えが取り入れられている。

　こうした1990年代のEU社会政策の展開は、イギリスの社会学者ギデンズなどが唱える「第三の道」に影響を及ぼした（Giddens 1998; 2000）。また「第三の道」を唱える労働党ブレア政権が誕生して以後は、イギリス

の「第三の道」が EU 社会政策に影響を及ぼした（Amable 2003）。

1990 年代以降の先進国の福祉システムがすべて欧州社会政策や「第三の道」に見られる傾向と同じであるわけではない。しかし、1970〜80 年代のイギリス、米国の「新自由主義」、スウェーデンなど北欧の「社会民主主義の革新」、大陸欧州保守主義諸国の社会的既得権の維持という分岐から、1990 年代以降の先進国において「新自由主義」と「伝統的社会民主主義」（ないしはリベラリズム）の間の道を探るという点で共通する傾向がみられたことはたしかである。それは、北欧流の「社会民主主義の革新」でもあったし、マイルドな新自由主義、すなわち「埋め込まれた新自由主義」の道でもあった。そうした傾向が最も反映されているのが、1990 年代以降の欧州社会政策と「第三の道」であった。

私は、欧州社会政策が、国境を超えようとする志向を有しており、「第三の道」が国内的再分配を超えた福祉世界を構想している点については、それを積極的に評価する。また、「社会的排除」と「社会的包摂」の文脈で貧困問題をとらえるアプローチにも賛成である。さらに、新しい個人主義をふまえたコミュニテイ重視を唱えることに関しては、「第三の道」の主導者ギデンズの見解に与する。しかし、社会投資国家の観点からの福祉アプローチについて言えば、それはまだ「経済成長信仰」にとらわれており、その限りでは先進国において魅力あるアプローチではないと考えている。以下では欧州社会政策の歴史と現在、「第三の道」の中心思想をみながら私の考えを示したい。

(2) EEC 創設から EU 創設までの期間の欧州統合と社会政策

独仏伊とベネルクス 3 ヵ国の計 6 ヵ国を加盟国とし、1950 年代初頭に発足した欧州石炭鉄鋼共同体＝ECSC は、独仏不戦（欧州不戦）という政治目的を持つが、それ自身は経済統合組織であった。さらに、「ローマ条約」（1957 年調印、58 年発効）により上記 6 ヵ国を加盟国とし、市場統合を目的とする経済統合組織、欧州経済共同体＝EEC が創設された。1967 年には ECSC と EEC、欧州原子力共同体＝EURATOM が一本化され、欧州共同体＝EC の機関として運営されることになった。欧州統合を

経済統合（経済的欧州）に絞って進める道もあったがECはその道はとらず、経済統合とあわせて、地域振興や欧州規模での社会政策を実施し（社会的欧州）、欧州議会選挙に直接選挙を導入するなど政治統合を進める道（政治的欧州）を選択した。

1968年に開始された共通農業政策（CAP）は、農産物の域内共通価格を設定することで農家の所得保障を図ろうとする点で、産業保護と社会政策の性格をあわせ持つものであった。また、1975年に設けられた「欧州地域開発基金」はEC地域政策の実現のほか、すでに存在していた「社会基金」とあわせて、インフラ投資を通じて雇用創出を図るという社会政策上の目的も有するものであった。

フォーディズムが終焉に向かう1960年代末に、先進国に暮らす人々の意識には変化が生まれていた。その変化の一つは、人々の欲求・優先順位が「経済的なもの」から「社会的なもの」に移ったことである。当時は、「社会的」に代えて、「人間的」、あるいは「プラハの春」がめざした「人間の顔をした社会主義」に倣って「人間の顔をした」という表現がしばしば使われた。フランスの「5月革命」が「打倒」の対象としたのは硬化し人間の顔をしていない官僚制度・管理社会であり、めざしたのは人間による自主管理であった。

1960年代末の運動の精神は、ECにも影響を及ぼした。1972年のECパリ首脳会議が、ECは「人間の顔を持たなければならない」としたのはその例であった。自主管理と並んで高揚したフェミニズム運動を反映して、1970年代には「雇用」、「賃金」、「社会保障」の分野でジェンダー平等を促す指令が制定された。加えて、健康と安全に関わる一連の指令が制定された。こうしてブランパンは、1974年から80年までの期間がEC労働法の「黄金時代」であったと記している（ブランパン 2003）。

1950年、60年代が経済統合、70年代が欧州社会政策の時代であったとすれば、80年代は「経済的欧州」と「社会的欧州」のせめぎ合いの時代であり、90年代以降もこのせめぎ合いが80年代とは異なる構図のもとで継続されている。

ECは、ドロール欧州委員長のもとで、1992年末までに非関税障壁の

撤廃などによりヒト、モノ、サービス、カネの域内自由移動を可能にする単一市場創設をめざした。これにより欧州に市場原理主義と親和的な制度が形成されることを予測したドロールは、欧州統合の社会的側面の重視、すなわち「社会的欧州」を強める意向を示した。そして、一定の領域の欧州共通社会政策に関しては、閣僚理事会の特定多数決で指令を出すことを可能にするための法改正を行った。また、欧州レベルの社会的対話（労使対話）を促進する方向を打ち出した。1970年代末以後政権の座にあり、国内経済社会を新自由主義に則り改造してきたイギリス保守党党首で首相のサッチャーは、ドロールの「社会的欧州」強化に反対した。こうして、1980年代後半のEC域内の「経済的欧州」と「社会的欧州」のせめぎ合いは、ドロールとサッチャーの対立という構図のなかで展開された。

　1980年代には、ギリシャ、ポルトガル、スペインの南欧3国がECに加盟した。軍事政権から民主主義政権に移行していたが、これらの国と1970年代に加盟していたアイルランドからなる「周辺国」の「中心国」へのキャッチ・アップを図るために、ECは様々な支援行った。ギラン、パリェなど社会政策専門家は、南欧への拡大の際のEUは、東方拡大の時よりも格差縮小も含む社会的次元への取り組みに熱心であったとみている（Guillén and Palier 2004）。事実、2004〜06年の中東欧支援額が人口1人当たり125ユーロであったのに対し、1980年代の南欧支援は1人当たり300ユーロであった。「経済的欧州」と「社会的欧州」のせめぎ合いのなかで、90年代以降は80年代と比べ、「社会的欧州」が一層苦戦していると言えよう。

(3)　「ドロール白書」から「欧州2020」までの欧州社会政策と「第三の道」の中心思想

　マーストリヒト条約が発効し、EU＝欧州連合が発足した1993年に、欧州委員会は「欧州社会政策の選択」（グリーン・ペーパー）を刊行、次いで欧州理事会が同年末「成長、競争力、雇用――21世紀に向けての挑戦」と題した「白書」、いわゆる「ドロール白書」を採択した。そこでは、「競争力」、「労働市場の弾力性」、「失業と闘うための教育訓練制度」（積極

的労働市場政策）などを重視する現在の EU 社会政策に連なる傾向が示されていた。

　1997 年に調印されたアムステルダム条約は、「雇用」に関して特別の章を設け（第 8 章 125 条〜130 条）、上述した「グリーン・ペーパー」、「ドロール白書」の主旨を盛り込むとともに、共同体レベルの雇用政策を実施する方法として「開かれた政策調整」(Open Method of Coordination: OMC) を新たに規定した（128 条）。それは、共同体は特定の雇用政策を加盟国に強制しないが考慮すべき指針を示し、加盟国は指針にもとづく行動計画と実績を欧州理事会の場で示すという政策調整方式である。アムステルダム条約以後、EU は雇用と貧困に関する社会政策を以下のように実施してきている。

　1997 年末のルクセンブルク欧州理事会以降「欧州雇用戦略」を開始したが、そこでは、①就業能力（employability）、②企業家精神、③適応能力、④男女（ジェンダー）機会均等、が重視された。2000 年のリスボン欧州理事会は「より多くの、より良き雇用を伴う持続的成長」と「それを可能にする世界で最も競争的でダイナミックな知識基盤経済」をめざすとする「リスボン戦略」を定め、そこには就業率の 61％（当時）から 70％への引き上げの数値目標（達成期限は 2010 年）も盛り込んだ。リスボン欧州理事会は社会的包摂に向けた政策を、OMC を適用し実施することを決めたが、数値目標は設けなかった。

　2010 年を達成期限とする「リスボン戦略」の中間点で戦略見直しが行われ、雇用に関して「フレクスキュリティ」が重視されるようになった。2010 年の EU27 ヵ国の就業率は 64％であり、就業率 70％という数値目標は達成されなかった。ユーロ危機さなかの 2010 年 6 月に、「リスボン戦略」に次ぐものとして「欧州 2020」が定められた。

　「欧州 2020」は、「リスボン戦略」のスタンスを継承し、①活発な成長（知識とイノベーションに依拠する成長）、②持続可能な成長（温室効果ガス削減など環境重視）、③「包摂的成長」を目標とした。その際、「包摂的成長」の中心課題は雇用増加および貧困削減など社会的包摂であった。「欧州 2020」は、雇用に関して、2020 年までに 20 歳から 64 歳人口の

就業率を少なくとも75%とするという数値目標を掲げるほか、「貧困または排除のリスクに見舞われている人々」の数を2000万人削減するという数値目標も掲げた（中村 2012; Hay and Wincot 2012）。

「貧困または排除のリスクに見舞われている人々」とは、①貧困者、すなわち各加盟国の可処分所得中央値の60%未満の世帯に属する人々、②適切な暖房装置、洗濯機、電話など「物質的剝奪」に関わる9項目のうち4項目以上が欠落している世帯に属する人々、③18〜59歳の世帯員のうち一人も就業していないか、たとえ就業者がいても、その就業時間が著しく短い世帯に属する人々、を指す。ここで、貧困は所得で定義されているが（可処分所得中央値の60%未満）、「排除」は労働市場・就業からの排除としてとらえられている。貧困と排除を一体的にとらえる、しかも貧困の社会関係的側面を重視するEUのアプローチに注目すべきである。

以上のように、1990年代初め以後、EUは域内社会政策を実施してきたが、その中心には雇用政策が置かれてきた。その際、失業率よりも、労働市場の動向をより正確に反映する就業率を用いて、その引き上げを目標とし、目標実現の手段としては、公共事業による労働需要創出政策よりも、「就業能力」、「適応能力」、「企業家精神」を育成・向上させる教育・訓練・カウンセリングなど労働供給サイドを強める政策、すなわち積極的労働市場政策を推奨してきた。また、雇用弾力化を勧めながら、それが不安定就業の勧めでないことを明確にするため、弾力化と保障の双方を兼ね備えた雇用を意味する「フレクスキュリティ」という術語を用いてきた。

他方で、カステルが述べるような雇用保障と社会保障が整備された「賃労働社会」から「不安定社会」への移行（カステル 2015）にともない深刻化する貧困問題への対応が、雇用政策と並ぶ1990年代以降現在までのEU社会政策のもう一つの柱であった。そこでは、所得で測られる貧困のみならず、労働市場への参入度で測られる社会的包摂と排除が重視された。別の仕方で表現すれば、貧困状態が生活の程度だけでなく社会的認知の程度としてとらえられているのである。これは、すでに述べたように、ポランニーが労働力の商品化により人々が被った打撃を「文化的真空」のなかに見出したことを想起させるものである。こうして、貧困と排除に対する

第1章 資本主義と福祉システム分析の視座

取り組みのなかで雇用が大きな意義を有するようになる。したがって、EU社会政策において雇用増加と社会的包摂が柱となっているのは理由なきことではないのである。

さて、1990年代初めからしだいに鮮明になり形を整えてきたEU域内社会政策は、イギリス労働党の「第三の道」に影響を及ぼした。逆に、労働党の政権掌握後は「第三の道」が欧州社会政策に影響を及ぼした。ブレア（元）労働党党首・イギリス首相が、「古い労働党」から「新しい労働党」（ニュー・レーバー）に再生するうえで、社会学者ギデンズの見解から着想を得たことはよく知られている。そのギデンズが「第三の道」に関する複数の著書を刊行している（以下の叙述の出所は主に、Giddens 1998; 2000）。そのなかで、彼はイギリス労働党の「第三の道」の源泉が、米国大統領クリントンのアイデアであるという流布された見解を否定しないが、実はもっと広がりがあり、「第三の道」の雇用政策は北欧の試み、（社会的）包摂概念はEU社会政策から学んだものであると明言している。

ギデンズの「第三の道」に関する啓蒙的解説は、その中心思想を示すともに、EUの文書よりももっと明快にEU社会政策の背後にある先進国社会経済に対する欧州のエリートの認識を示すものである。ギデンズの著書をふまえながら、私自身の整理で「第三の道」と欧州社会政策に共通する認識を示せば、以下の3点が重要である。①国境を超えた福祉・社会政策の必要性、②「社会投資国家」としての福祉国家の新たな方向づけ、③包摂・排除概念にもとづく福祉アプローチである。

最初の国境を超えた福祉・社会政策の必要性について言えば、EUの理念そのものであり、また、先進国福祉をめぐる言説において当然のように思われるが、決してそうではない。改めて確認しておく必要があるのは、戦後の先進国の経済社会はEU加盟国も含め、優れて国民国家単位で組織され運営されてきたということである。国内需要を当てにした成長が、黄金時代の経済成長であったし、福祉もその成長の果実を国民国家として組織された国家の領域のなかの人間集団、すなわち国境内の特定の国籍を持つ人間集団への再分配として理解されてきた。福祉国家はそのような「一国主義的なもの」として理解されてきたのである。今なおそうである。

私は、そのことを不思議に思うが、事実は事実である。そして、グローバル経済が誰の目にも無視できない現実となるまでは、福祉が国境の枠内に限定されていることを不思議に思わないで済んだのである。商品のみならず、サービス、企業＝実物資本、金融資産に加えて、労働力＝人間の国境を超えた移動が日常茶飯事になることが経済グローバル化であり、グローバル経済の形成であるが、それが急速に進んだのは黄金時代終焉以後であり、とりわけ1980年代以降である。グローバル経済が形成されると、その要請と国内的な論理で形成されてきた制度・政策との間に齟齬・対立が生じる。この段階で、国民国家単位で政策を作成し、実施することが自明で当然のことではなくなり、国民国家はグローバル化の要請に応えなければならなくなる。

　グローバル化の要請に応えるとはどのようなことか。外国を本拠とする資本＝多国籍企業は、国際的に見て低い水準に法人税や最低賃金、長労働時間や不安定就業を可能にするような労働条件を流入先の国家に要求するのが常である。このグローバル経済の利益＝企業の利益に応えるならば、いわゆる「底辺への競争」(race to bottom) が起き、人々の労働・生活は悪化する。したがって、労働し生活する人々の論理からすれば、このようなグローバル資本の要請に応える必要はない。逆に、「パナマ文書」で明らかになったような法人・個人のタックス・ヘイブンでの脱税を暴き、税徴収を行うための国際的な規制がグローバル化の要請に応えることである。国民国家が「底辺への競争」を促進するようなことがあれば、それに反対しなければならない。この点に関しては、資本はともかく労働者や生活人の間で見解の相違は大きくない。

　他方で、労働移民については先進国の国民の間で合意は得られていない。グローバル化の要請に応えるとは、人間の移動の権利を保障することである。しかし、ナショナリストは古くからの定住民と新移民の雇用や福祉の権利には差があると考える。前者が優先権を持つというのである。ナショナリストのみならずそのように考える人のほうが、まだ多いように思われる。それを示したのが、2016年6月のイギリスの国民投票の結果であった。イギリス国民は国境を越えて労働の場を選択する自由を否定した。イ

ギリスだけでなく、スウェーデンのような福祉水準の高い国でも、反移民政党の民主党が一定の支持を得ているのが現状である。スウェーデンのミュルダールはかつて福祉国家を超える福祉世界の構想を示したが、先進国が広域福祉、福祉世界に至る道はまだ遠い（ミュルダールの構想については、藤田 2010）。

　政治が率先して、国民国家とナショナリズムを超える世界への方向づけをすることが必要である。反移民・反難民ナショナリズムを掲げる右翼ポピュリズムが一定の地歩を固めている欧州の現状に鑑みれば、不充分とはいえEU、したがって、その加盟国が国境を超えた社会政策を実施している試み自体は積極的評価に値するし、「第三の道」の唱道者ギデンズが「コスモポリタン国家」を主張していることの意義も大きい。

　しかし、EUは経済的にさえ、まだ広域国家に進むことを明確にしていない。通貨を一つにするユーロ圏を作りながら、EU加盟国のすべてをユーロ圏に入れるという展望を示していない。EUの財政同盟への道も充分明確になっているわけではない。社会保障に関して言えば、まだEUの管轄ではなく、国民国家の権限に属す事項であるとされている。欧州レベルの社会政策の実施となれば、欧州レベルの団体交渉権、ストライキ権、ロックアウトの権利の制定とその権利の行使のための法・制度の整備が必要である。また、欧州レベルの社会政策のためには、欧州レベルの最低賃金の制定が必要である。しかし、EUの現実はこれらとはるかに遠い。

　とはいえ、地域レベルで国境を超えた政策・制度を構築する試みを、欧州と同じ規模で行っている例は他の地域にはない。他地域の経済統合の深さは欧州に遠く及ばず、ましてや国境を超えた社会政策の調整は欧州以外の地域ではほとんど行われていない。こうして、福祉国家を含む国民国家を超えるEUの試みはまだ不充分といったものの、他地域と比較すればはるかに進んでいると評価できるし、評価すべきである。

　第2の「社会投資国家」としての福祉国家について言えば、私は教育・訓練など積極的労働市場政策の意義自体には否定的ではない。しかし、サプライサイドからの雇用問題へのアプローチの限界も知っておくべきである。

IV　現代福祉システム分析

　ブレアが政権を奪還した1997年総選挙キャンペーンにおいて教育の意義を強調したのは周知のところである。欧州社会政策と「第三の道」に共通するのは、所得再分配としての福祉国家の大きさの議論とは別に、所得を生み出す強い経済、強い経済を支える人的資本、そのような人的資本を育てる国家の教育・訓練への投資、すなわち社会投資国家の重視という順序で、供給側から福祉にアプローチする点である。高度成長終焉にともなう労働需要低下が、その後の雇用問題の第一の要因であることに鑑みれば、公共投資による労働需要創出が経済政策の核となるのではないかと思われるが、欧州社会政策にも「第三の道」にもそうした志向はない。換言すれば、ケインズ政策は否定されている。労働需要の縮小に対して、労働時間短縮・ワークシェアリングで答える道もあり得る。事実、1990年代末のフランスの社会党主導のジョスパン内閣（大統領は保守のシラク）は時短を実施し、若者の公務員採用を増やした。しかし、そうした施策が欧州社会政策に浸透しているわけではない。

　なぜ、欧州社会政策と「第三の道」では、効果がそれほど明らかでない労働の供給サイドを重視する雇用増加の施策が打ち出されているのであろうか。私自身は、雇用の供給サイド重視は、他の供給サイド重視の経済政策と同様に、効果があるから実施するというよりは、一つの言説なのではないかと考えている。

　労働需要を上回る供給がある場合、人員余剰が生まれる。その際、未熟練労働者の解雇リスクが相対的に高くなる。そして、被教育歴が短い人や技能に乏しい人の雇用機会が相対的に乏しいのが一般的である。こうして、雇用増加に果たす有効性の問題とは別に、未熟練者、教育歴が短い人の訓練・教育機会を広げる積極的労働市場政策が打ち出されているのであろう。これにIT、遺伝子関連技術など知識集約的産業が成長産業である現在においては、それを担える人材が必要という理屈が付け加わるのであろう。しかし、そうした人材、すなわち高度な科学・技術的知識を備えた人材の養成は、就業率を高める雇用政策とは別に、研究・教育政策として具体化される必要があろう。そして、現実にもそのように具体化されている。

　欧州社会政策や「第三の道」で、労働の供給サイドが重視され、その関

連で「社会投資国家」が強調されるが、積極的労働市場政策が雇用を増加させることが現実で示されているわけではないとすでに述べた。1970年代のスウェーデンや、現在の北欧諸国の先進国のなかで高い就業率が達成されている主な要因は、ジェンダー平等政策による女性の高い就業率である。そして、そこで明らかなのは、女性の就業先の多くを占めるのが公共（福祉・教育）サービス部門であることである。1990年代以後、EUは雇用を柱に据えて共通社会政策を展開してきた。それ自体は積極的であるが、一挙に解決する秘策はないことに留意することが重要である。

第3に、EUにおいて「包摂」という術語が広く使用されるようになっている。包摂を、ギデンズのように万人が等しく社会的市民権を行使している状態、まさに成熟した福祉国家がもたらす状態として規定して使用する場合もあれば、もっと限定的に貧困がない状態をさすものとして使用する場合がある。いずれの場合にも、個人が直面する問題を社会参加の態様との関係でとらえ、社会参加を支援する施策によって個人の物質的・精神的状態を改善することが「包摂」としてとらえられている。

たとえば、失業・貧困・病気などは、個人にとっての困難を意味するが、その困難は社会との関係における困難である。すなわち、失業・貧困・病気は個人の生存上の困難を意味するが、それだけではない。人は通常社会的認知を求めて生きているから、失業・貧困・病気によって社会参加を妨げられることから生じる苦痛は大きい。社会参加を妨げられている状態を「社会的排除」と言ってよいであろう。他方で、失業者や貧困者が、生活が営めるだけでなく、その能力を高めるための教育を受けること、労働参加に必要な訓練を受けることができるような施策は「社会的包摂」を促すと言える。戦後のイギリスの医療がそうであったように、誰でも無償で医療を受けることができるような社会保障制度は、人々の健康状態を改善し社会参加を促すという意味で「社会的包摂」の施策である。

「排除」や「包摂」という術語がなかった時代にも、個人が直面する問題を社会関係の次元でとらえ、社会参加の条件を高めるという視点から社会保障の施策が考案・実施されてきたのはもちろんである。しかし、言葉は大切である。ExclusionとInclusionという対語の導入によって社会的

市民権の内容がより明確になったのではないかと私は考えている。端的に言えば、政治権が政治参加の権利であるのに対し、社会的市民権とは社会参加の権利である。そして、その権利が実現されている状態が「社会的包摂」である。男女差別やマイノリティに対する差別は、あからさまな「社会的排除」である。失業や貧困は、個人的な生活困難をともなうが、それとともに社会参加が妨げられているから「社会的排除」である。したがって、失業や貧困に対する社会保障は所得保障による生活支援にとどまらず、社会参加の条件を高めるものである必要がある。つまり、「社会的包摂」を促す必要がある。

　ギデンズは、社会民主主義の再生のための「第三の道」の方向づけを行い、「包摂」をキーワードとする社会保障をその一つの柱に据えている。その際の「包摂」とは、私が上で述べたような社会的市民権の実現を意味しており、社会的市民権の実現の観点から福祉国家を位置づけてきた伝統的社会民主主義を継承するものである。にもかかわらず、ギデンズが「包摂」を含む「第三の道」を社会民主主義の革新と位置づけているのは、それが出来合いの国家ではなくて、「市民社会」、「コミュニテイ」など民主主義の担い手である個人からなる「社会」が排除をなくし「包摂」を実現していく主体であるという考え、つまり活性化した民主主義が福祉を実現する「ポジティブ・ウェルフェア」のアイデアを強く押し出しているからである。

　もとより、「市民権」、「政治的市民権」（政治権）、「社会的市民権」（社会権）という権利の拡大の歴史は、民主主義の主体としての市民の能力の向上と彼らの活動の拡大と結びついてきた。旧ソ連や中東欧の社会主義国家だけでなく、先進資本主義の福祉国家にも国家官僚制があったことは否めない。民主主義を改めて強調することの意義は大きいと私は考える。排除と包摂、社会的排除と社会的包摂という対句は個人と社会の関係を想起させ、社会参加の視点から福祉をとらえる思考を促す。この思考からすれば、個人の社会参加にとっての障害、つまり社会的排除の要因を取り除く施策が福祉である。そのような理解は間違いでないし、有意義であると私は考える。

さて、以上みてきたように、先進国の福祉システムは黄金時代の社会的市民権の実現の時代、カステルの言を借りれば「社会的所有」の時代から、ジェンダー平等と公的福祉サービスの拡充など新しい社会民主主義の試みと新自由主義モデルへの分岐の時代を経て、現在の社会民主主義と新自由主義の混合物とも言うべき福祉システムに変化してきているというのが私の見立てである。私自身は、大きな福祉国家の支持者ではない。というより、国民国家よりも、ローカルな自治体で営まれる経済と福祉と、国境を超えた経済と福祉を考えている。その構想はすでに示したが、夢物語ではない。すでにこれまで多くの人が提起してきたものをまとめたものにすぎない。福祉の縮減に反対し、それを拡充していく国民国家レベルでの取り組みは重要であり、私はそれに反対するものではない。しかし、コミュニティを求める人々の要求の強さと、経済のみならずグローバル化が進む現在、ローカルでグローバルな社会・福祉構想が求められているのではないかと述べて、本章の結びとする。

第 2 章

中東欧資本主義と福祉システムの研究動向

はじめに

　余裕をもってブダペスト滞在期間を設けている観光客の多くが足を延ばすのが、センテンドレという美しい町である。ブダペストの中心から、郊外電車、定期船、バスのどれでも短時間で行ける。郊外電車の沿線に別荘を持つブダペスト市民も多い。ハンガリーの一人の知り合いの経済学者も、ブダペスト－センテンドレの間のちょうど真ん中あたりの静かな村に別荘を持っている。何度か私も、その別荘に招待されたことがある。

　話題豊富なこの経済学者と話していると、いつの間にか数時間が過ぎてしまう。1990年代末に別荘に招待された時も、夕暮れまで話し込んだ。都心を離れて静かな環境にいることが、会話が弾んだ理由であったが、それだけではない。政治革命の高揚も束の間、資本主義化にとともなう不況・生活苦の厳しい時期を経て人々の生活が一息つく状況となったのが、1990年代末頃であった。それは中東欧の動向を追う研究者についても言えることであり、長い会話となった理由であった。改革加速化・民主化・資本主義化と続く激動の歴史を整理して振り返る余裕が、知り合いのハンガリーの経済学者にも私にも生まれていたのである。

　彼とは、転換不況、「混交（混合）所有」出現といった所有関係の変化、階級・階層分化＝社会構造変化、外資流入動向など中東欧資本主義形成にとって重要な事象・契機について議論した。経済学者であるが、フェルゲなどハンガリーの社会政策専門家と交流があり、北欧など西側福祉国家をフォローしている会話の相手は、ハンガリーと欧州諸国の福祉政策・制度にも精通している。そのこともあり、1990年代末の彼の別荘での会話の時には、本章でも紹介するフェルゲとコルナイの間で行われたハンガリーでの社会主義福祉国家論争、資本主義化にともなう中東欧の福祉システム変容と国際機関の役割などについても議論した。

　1990年代末のこの議論の後、2000年代にも中東欧研究を続けた私が新たに得た知見もある。それは、バルト三国とスロヴェニアの資本主義の

特質に関する知見、欧州経済格差の歴史と現状に関わる知見などであった。2000年代になると先進国を対象とする資本主義多様性論が興隆し、その影響で旧社会主義諸国の資本主義の多様性に関わる研究が行われるようになった。その際、ハンガリー、チェコ、スロヴァキア、ポーランドのヴィシェグラード諸国とは異なるタイプの資本主義として取り上げられたのが、バルト三国とスロヴァニアの資本主義であった。これらの諸国の社会経済システムのヴィシェグラード諸国のそれとの相違を丹念に分析し体系化したのが、前述したボーレとグレシュコヴィッチである。私は彼らとの研究交流を通じて、中東欧資本主義認識を一層深めた。

また、1990年代末に中東欧諸国のEU加盟交渉が開始された後、欧州経済格差問題がクローズ・アップされ、それに関する研究成果が多くみられるようになった。私は、そうした文献に当たるとともに、中東欧の福祉システムの特質とEU社会政策との関係について、フェルゲなどハンガリーの社会政策専門家と議論し知見を広げた。

中東欧の資本主義形成と福祉システムの変容が本書のメイン・テーマである。それに関する叙述の多くは第3章、第4章に委ねる。本章では、その前の予備的考察として、中東欧資本主義形成と福祉システム変容に関わる研究動向を概観しておく。

I 中東欧資本主義研究史と研究動向

旧社会主義国の資本主義への転換を測る指標に関わる統計数字を示しながら、資本主義への移行の到達点を検討する「移行経済学」が盛んであった時期がある。資本主義への移行が完了している中東欧諸国に関して、いま「移行経済学」を持ち出すことは時期遅れである。中東欧の資本主義研究は、現在では一般的な意味での資本主義研究である。

本書では中東欧資本主義研究という語句を、「資本主義化」研究と「資本主義成立以後の政治経済」に関わる研究の双方を指すものとして使用する。したがって、本書のタイトルの「中東欧の資本主義と福祉システム」

の「資本主義」には、「資本主義化」と「資本主義」の双方の意味を込めている。それとの関連で言えば、「資本主義化研究」としては1990年代前半に中東欧で起きた「転換不況」に関わる研究、中欧の「混交（混合）所有」研究、それとも関連する社会構造変化の研究が重要である。「混交所有」、社会構造変化の研究は資本の本源的蓄積に関わる研究である。また、中東欧資本主義多様性研究、欧州格差研究も重要である。各研究の意義を述べれば、以下のようである。

「転換不況」は、民主主義革命としての東欧革命を歓迎した多くの人々に突きつけられた最初の苦い現実であった。社会主義の改革が困難であり、民主主義への政治転換と合わせて資本主義への経済転換が必要であると考えた人々にとっても、性急なマクロ安定化と自由化政策がもたらした大不況と、それにともなう大量失業・貧困問題の深刻化など過酷な「転換の社会的コスト」は、資本主義の本質のみならず現在の資本主義形態、換言すれば、概ね新自由主義イデオロギーの影響を受けた資本主義化政策に起因するものであった。他方で、転換不況は「より良き経済システム」のための探求の契機となった。少なくとも、私にとってはそうであった。何が転換不況をもたらしたのかをとらえておくことは、今後の中東欧の「より良き社会経済システム」を考える際にも意義あることと思われる。

次に、ポスト社会主義期のうち、外資系資本が支配的になる前に中欧諸国に存在していた「混交（混合）所有」形態、すなわち、私有と国有の境界があいまいなハイブリッドな所有形態に関する研究、さらに混交所有と関連する社会主義時代から連続性を保つ経営エリートの存在を指摘するとともに、資本主義化にともなう格差・貧困化の態様などを分析する社会構造研究も貴重である。一般に、社会経済の転換においては新しい創造物が注目されるが、実際の転換は過去の遺産の継承と新しいものの創造からなるところから、両者の絡み合いをとらえることが研究において重要となる。それは今日では、「経路依存性」研究と呼ばれる。

「混交所有」研究と社会構造研究は、そうした研究として貴重である。また、すでに述べたように、生産手段の所有形態と社会構造変化の研究は、「資本の本源的蓄積」に関わる研究である点からも重要である。たとえば、

「上からの資本主義」、「下からの資本主義」、「横からの資本主義」（後述）など資本主義の「出自」をとらえておくことは、当資本主義経済社会の特質をとらえるうえでも重要である。出自が本源的蓄積の態様と関係するのは言うまでもない。

中東欧の資本主義の多様性研究は、過去の遺産と新しい要素のあり方を問う経路依存性の研究の到達点を示すものとして有意義であるとともに、「より良き社会経済システム」の探求という面でも重要である。バルト三国のような「純粋な新自由主義」、スロヴェニアの「ネオ・コーポラティズム」、ヴィシェグラード諸国の「埋め込まれた新自由主義」という3つの型の資本主義が中東欧に出現したとするのが、ボーレとグレシュコヴィッチの資本主義多様性研究の見解である（Bohle and Greskovits 2012）。

「より良き社会経済システム」というような価値判断を含む論点は、学術にはそぐわないといった見解がある。私はそのような見解には与しない。価値判断を持つ研究者は、堂々とそれを示したほうがよい。そして、私の価値判断からすれば、中東欧に出現した3つの型の社会経済システムのなかでは、スロヴェニアの型が最も望ましい。そのスロヴェニアのシステムは、過去の自主管理社会主義の伝統を継承したものである。しかし、スロヴェニアの社会経済システムは現在揺らいでいる。「埋め込まれた新自由主義」であったハンガリー、ポーランドでも、政治面での右翼ナショナリズムへの傾斜が危惧される。こうして、「中東欧資本主義の多様性」は現在ボーレとグレシュコヴィッチが描いた姿から変容を遂げている。彼らは、そうした変容に著書（Ibid. 2012）で言及しているが、充分には展開していない。変容をふまえた研究の進展のためにも、彼らの見解を整理しておく必要があろう。

ギリシャの債務危機と同国のチプラス首班の左翼政権のEUが課す緊縮政策批判、EUの難民政策に距離を置くハンガリーなど中欧諸国というように、近年、EU中心国と周辺国の間の軋轢が問題となっている。イギリスの国民投票によるEU離脱可決など、中心国の間でも亀裂が走っているのはたしかである。イギリスの問題は別途検討が必要だが、南欧・中欧EU中心国の間の軋轢の背景にあるのが経済格差であることは論を待たな

い。中東欧社会経済と EU の将来展望と関わって、欧州経済格差の歴史と現状の分析は避けて通れない。

　これまでの中東欧資本主義ないしは社会経済研究の意義について明らかにした。以下で、個別にそうした研究を概観してみる。

1　転換不況——転換始発期の政策不況

　東欧革命の年から 1990 年代初めにかけて、ポスト社会主義地域で 1930 年代の大不況期に匹敵する規模の生産低下が起きた。資本主義への転換期に起きた不況であったので、それは「転換不況」と呼ばれる。1992 年の旧コメコン諸国の GDP は、1989 年とそれと比較して 3 分の 1 も低下した。ヴィシェグラード諸国、バルト三国、スロヴェニアからなる EU 加盟第一陣の中東欧 8 ヵ国 (2004 年加盟) の平均年間成長率 (GDP) がプラスに転じるのは 1994 年であり、それは他の中東欧諸国と比べ早かった。しかし、そこでも就業率のような実物経済動向と人々の生活状況を示す経済指標の改善は遅れ、これら 8 ヵ国の就業率の成長率がマイナスからプラスに転じたのは、ようやく 2000 年以後のことであった。ブルガリア、ルーマニアの場合はこれより数年遅れた (Alber 2008b)。

　転換不況からの脱出の時期は中東欧各国で異なる。地域全体の経済動向について言えば、1990 年代前半は転換不況にあり、1990 年代後半は回復軌道にあったがまだ不安定であった。中東欧諸国が旧西側諸国よりも高い成長率をおさめ、東の新興国として注目を集めるようになったのは 2000 年代になってからのことである。

　転換不況は「政策不況」であった。この不況をうまく説明したのがコルナイの「転換リセッション」論であった (1990 年代の経済状況は「リセッション」というよりは「不況」と規定するほうが適切なので、以下では「転換不況」とする)。以下でまず、コルナイの転換不況論を紹介し、次いで転換不況の原因となったマクロ安定化政策 (緊縮政策) と中東欧資本主義の関係について私の考えを述べる。

(1) コルナイの転換不況論——不況の診断と処方箋

東欧革命以後、中東欧諸国で実施された政策には共通点があった。どこでも緊縮財政・金融引締め・賃金抑制の政策がとられた。それはマクロ安定化政策と呼ばれた。また、価格・貿易の自由化、私企業創設の自由化措置などがとられた。国有企業の民営化政策も重要であった。自由化と民営化が資本主義経済への転換のための政策であることの説明は不要であろう。マクロ安定化政策がめざしたのは、経常収支と財政収支の安定、通貨安定（インフレ圧力緩和）などマネタリーな安定であり、それは一般的には社会主義末期（および資本主義化始発期）の経済状況への政策対応であった。

しかし、マクロ安定化政策に関しては、中東欧各国によってその必要度には違いがあった。たとえば、資本主義への転換の出発点において、対外債務を抱えるハンガリーやポーランドでは経常収支赤字縮小は大きな課題であったが、チェコ（チェコスロヴァキア）にそうした安定化の課題はなかった。このように中東欧各国のマクロ安定化の課題や必要の程度は異なっていた。しかし、IMFと世界銀行の勧めにより、またバルト三国の場合は自国通貨の安定を特別に重視する政権の意向などもあり、中東欧諸国は一様に資本主義化始発期にマクロ経済安定化政策（緊縮財政・金融引締め・賃金抑制政策）を遂行した。その結果が、中東欧地域一帯での「転換不況」であった。

ポスト社会主義地域の資本主義化の始発点でコルナイは、彼自身の政策提言を公にしていた。彼もまたマクロ安定化と自由化、民営化が必要な政策課題であるとしていた点で、ポスト社会主義地域の経済学者や旧西側経済学者の多くと見解を共にしていた。彼の提言の核となるのは、マクロ安定化・自由化政策は「外科手術で」「一気に」、民営化は時間をかけて計画的に行うべきであるというものであった（Kornai 1990b）。

資本主義への転換初期には「ショックセラピー」か「漸進主義」かが争点となった。その際、マクロ安定化・自由化政策も民営化も短期のうちに実施すること、つまり「ショック・セラピー」を主張する論者と、いずれも時間をかけて進めるべきである主張する論者がいたから、コルナイの立

場はその両極の中間にあったと言えた。

　転換不況に関するコルナイの研究は、1993年にワーキング・ペーパーで発表された（Kornai 1993）。それを精緻化した論文が発表されたのが1994年である（Kornai 1994）。資本主義化政策を提言した時もそうであったが、転換不況を分析した時も、コルナイは直接にはハンガリーを例にとって叙述を行うスタイルをとった。しかし、彼の叙述の内容の多くは他の中東欧諸国の転換不況にも妥当するものであった。

　1994年論文にもとづいてコルナイの転換不況論の骨子を示すと、次のようである。彼は不況の「複合的要因」を指摘した。整理すれば、①マクロ安定化政策実施による総需要不足、②構造転換の遅れ、③金融・農業・住宅部門等の資本主義制度インフラ整備の遅れである。

　「総需要不足」はマクロ安定化政策実施の帰結であった。社会主義時代に、企業は「資源制約」にぶつかるまで設備投資を行う傾向があった。さらに、それを支持する政府の政策が相まって、社会主義経済においては需要過多が一般的であった。需要過多を解消するため、ハンガリーのポスト社会主義政権は国有企業に対する投資補助を削減するのみならず、財政均衡を実現するためインフラ投資も抑えた。こうして企業と政府の設備投資需要が縮小した。1992年までにハンガリーの設備投資は、1989年の水準から23％も低下した。

　他方で、政府は国有企業に対する投資補助のみならず、赤字補填など経常的な補助も削減した（予算制約のハード化）。経営困難となった企業は、人員整理や賃金抑制を実施した。こうして失業者の発生と増加、早期退職者増加など雇用悪化が起き、マクロ経済規模での賃金低下が生じた。それは家計消費縮小を招いた。こうして企業・政府の設備投資低下と家計消費の低下、すなわち総需要低下が起きた。そして、総需要不足による不況、ケインズ主義的不況が生じたのである。コルナイはハンガリーのケインズ主義的不況を以上のように説明したが、それは他の中東欧諸国の転換不況の要因でもあった。

　コルナイは転換不況が、ケインズが指摘したような総需要不足に起因するものであったことを認めた。他方で、転換不況の半分はケインズ主義的

要因に起因するものの、考慮に入れなければならない他の不況要因もあるという意味で、転換不況は「半ケインズ主義的不況」であるとした。彼はシュムペーター的な供給側の不況要因を見落としてはならないとした。転換不況下でも、観光サービス部門やパソコン・通信機器などエレクトロニクス製造部門は高収益部門であった。問題は不採算部門から収益部門への資源と供給の移動が遅れていたこと、すなわち経済構造変化が遅れていることであった。高収益部門があるにかかわらず、構造転換の遅れから国民経済全体としての生産・売上げが落ちているとコルナイは指摘したのである。この構造転換の遅れは、程度の差はあれ他の中東欧諸国にも該当した。

　経済構造転換の遅れを指摘するなら、あわせて産業政策を勧める提案もあり得る。しかし、輸入競争を含む市場圧力により構造転換が起きるべきだと考えるコルナイは産業政策を提言しなかった。代わって、彼は収益が見込まれる企業に資金を工面する資本主義的な金融制度が整備されていないことから投資が妨げられていることを問題にし、金融制度整備を提言した。さらに、ハンガリーでは農業部門において協同組合生産から個人生産にシフトする所有改革が実施されているものの、流通・販売の制度的ンフラが未整備であることから生産低下が生じているとした。また、住宅部門でも公的供給が縮小しているが、それに代わる民間供給制度が未整備のため住宅供給が低下していることも指摘した。

　コルナイは金融制度未整備を不況の独自要因とした。そして、制度未整備による農業部門と住宅部門の生産・供給減については、彼が「調整の中断」と名づける要因から説明している。しかし、金融、農業、住宅のすべてに関して資本主義が機能するための制度の未整備を指摘しており、それに起因して「調整の中断」が生じているとしている。そこで、私はコルナイが①「総需要不足」、②「構造転換の遅れ」、③「資本主義の制度インフラ整備の遅れ」を転換不況要因として指摘していると整理した。そのような整理は大きな間違いでなかろう。

　コルナイは資本主義の制度インフラ整備の遅れから「調整の中断」が起きている転換期の特徴を指摘している。調整の中断とは、社会主義の「官僚的調整」が働かなくなっているが、それに代わる「市場的調整」がまだ

未整備であるところから、経済活動の調整自体が官僚制によっても市場によってもなされていない状況をさす。

　調整について、時系列で言うと、ハンガリーにおいてはスターリン主義的社会主義の時代には「官僚的調整」が実施されていたが、1968年の経済改革以後は、「官僚的調整」優位であるものの「市場的調整」もなされているという状況が形成されていた。そして、資本主義始発期には、一層の自由化・規制緩和によって「市場的調整」が優位になるよう期待されていたのである。しかし、自由化や私的セクター創設がなされたものの、市場が有効に働くための制度が未整備であるところから、金融・農業・住宅部門で「市場的調整」は充分でなかったのである。さりとて、「官僚的調整」も機能していなかった。これが「調整の中断」の含意であり、それは転換不況の一要因でもあったのである。

　中東欧には、ハンガリーとは異なり社会主義時代に経済改革がほとんど実施されていなかった国が多い。それらの国では、官僚的調整の放棄は相対的に容易であったと言えようが、資本主義的制度インフラの整備にはハンガリーよりも長い時間が必要であった。したがって、「調整の中断」期間も長く、そこから生まれる生産へのネガティブな影響は大きかったとみてよい。

　以上が、コルナイが指摘した転換不況の複合的要因であった。彼の転換不況の診断は概ね正しいものであったと私は考えている。では、転換不況に対するコルナイの処方箋はどうだったのであろうか。彼が唱えたのは「成長へのハーフターン」であった。

　「ハーフターン」という命名に、彼の躊躇が示されている。性急なマクロ安定化政策実施が不況を招いたとコルナイはみなしたが、マクロ安定化政策批判が投資の計画化と実施という官僚的調整復活に繋がることをコルナイは恐れた。そのため、経済成長を政策の第一の優先目標にするよう提言しながらも、安定化の課題を放棄するわけではないとして、彼は「成長へのハーフターン」という含みのある言い方をしたのである。彼が、産業政策的な政府投資ではなく資本主義の制度的インフラ整備のための政府投資を提言したのも、この文脈で理解すべきである。

それでも、貿易自由化で苦戦している企業を救済し、雇用を守るための一定の保護政策導入も提言した程であったから、コルナイが転換不況を強く懸念していたのはたしかである。その懸念は、コルナイにおいては「ワイマール化」に対する危惧であった。当時、ハンガリーでは転換不況から生じた失業・貧困・生活苦などに対する国民の不安・不満をナショナリズム高揚のために利用する政治勢力がおり、そこには反ユダヤ主義勢力もいた。ハンガリーのみならず、いくらかの中東欧諸国で右翼ナショナリスト跳梁の危険があったのは事実であり、コルナイの危惧には根拠があった。その後も、彼はワイマール化の懸念にふれることがある（たとえば、私＝堀林も関与したコルナイの著書日本語版、コルナイ 2016 の補論 1）。コルナイにとっては、マクロ安定化政策の実施から生じる人々の生活悪化と合わせて、その状況を利用した右翼ナショナリストの政治支配が大きな脅威なのである。それは現在の中東欧および欧州全体の状況に鑑みて、必要で正しい認識であると言える。

　社会主義時代に「強制成長」、「温情主義」、「ソフトな予算制約」など「不足経済」に繋がる政府支出を批判してきたコルナイにとって、マクロ安定化政策は容易に受け入れられるが、政府による生産者保護を支持し、政府に成長政策を提言することへの心理的抵抗は大きかったはずである。それでもコルナイは、不況の深さと政治状況から不況脱出のための政府の役割を認めた。そして「成長へのハーフターン」を提唱せざるを得なかったのである。

(2) 転換不況以後の中東欧の政策基調と資本主義
　　　──ハンガリーの事例の概要と評価

　転換不況と「転換の社会的コスト」（本書第 3 章）は、1990 年代初めの経済政策基調を見直す機会であった。資本主義化そのものが目的ではなくて、人々の生活向上が経済と経済システムの目的であるという至極当然の立場に立ち戻る機会であったのである。コルナイの転換不況論にもそうした志向が見られた。しかし、その後の資本主義化の時期にも資本主義形成以後の時期も、必ずしも中東欧のすべての諸国においてマクロ安定化政策、

自由化、民営化について政府・議会・社会諸組織の間で「丁寧な議論」がなされたわけではなかった。

　後でみるように、「ネオ・コーポラティズム」を通じて政治と社会の間のコミュニケーションが図られ、社会主義からの経路依存的な社会経済形成を行ったのがスロヴェニアであった。他方で、新自由主義の教義に忠実な資本主義化戦略がとられたバルト三国では、社会保障水準が低く、人々の生活を顧みるような社会経済形成が行われてきたとは言い難い。その中間にあるのがヴィシェグラード諸国である。そのうち、私が最も通じているハンガリーについて、転換不況以後の政策基調、特にマクロ安定化政策をめぐる「サイクル」を見ながら、それと関連する資本主義形成の問題点を明らかにしておきたい。

　コルナイが指摘したように、社会主義時代には官僚的調整が優位であり、官僚的調整優位のもとでは「温情主義」が見られ、国有企業の予算制約はソフトであったこと、そのことが不足経済と非効率を生み出していたのは事実であった（Kornai 1992a）。そこから、社会主義時代のハンガリーの経済改革においては市場的調整の拡大、私的セクターの拡大などにより予算制約のハード化が図られてきたのである。したがって、社会主義から資本主義への転換期初期の経済政策において、企業の財務規律強化＝予算制約のハード化を図るための財政緊縮政策がとられたことには、前の時代からの継承性と政策に関する論理的な整合性があった。

　このことと関連して言えば、転換期初期のマクロ安定化政策実施の誤りは、政策がもたらす社会的帰結に関する判断の誤りにあった。かつて、コルナイは経済効率を高めることと社会的公正・平等・安定性の公準の間にジレンマがあることを認め、政策実施にあたってテクノクラート的に接近することを戒めたことがある（コルナイ 1986）。コルナイは「ジレンマ」にふれた時、それ以上のことを述べなかった。もっと踏み込んで言えば、経済効率と社会的公正・平等・安定のジレンマのなかでどちらを選択するかという論点に関して、絶対的解答はないというのが彼の解答であったのであろう。彼の見解がそうでないなら、それは私の見解である。そして、マクロ経済安定化と社会的安定の間にもジレンマがあり、経済効率と社会

的公正・平等・社会的安定のジレンマの場合と同じように、経済と社会の間でバランスをとることが重要なのである。国内外の債務の抑制や物価の安定は重要である。したがって、マクロ経済安定化政策を私は否定しない。

　しかし、財政緊縮政策から生まれる経済停滞が社会的安定を著しく損なうことは避けなければならない。一般的に言えば、「ショック・セラピー」などというものは経済政策と呼ぶに値しない。ハンガリーは「ショック・セラピー」は実施しなかったが、マクロ安定化を中心とする資本主義化初期の政策によって、ハンガリーの人々は著しい打撃を受けた。たとえば、1989年に約1000万人の人口のうち約半数の500万人が就業していたのに対し、1992年に就業者数は360万人に減少した。3年間で140万人の職が失われたのである。ちなみに、ハンガリーが社会主義化してすぐの1950年から1990年の間に増加した就業者数も140万人であったから、社会主義によって生み出された職と同じだけの職が、資本主義への転換による不況によって失われたということになる（後述。Samuely 1996）。これを目にしても、マクロ安定化政策を続けるなどと言えば常軌を逸している。

　まともな経済学者ならそんなことは言わない。コルナイはマクロ安定化政策から成長への「ハーフターン」を主張した。それは「好み」を越えた専門家としての彼の判断であり、ノーマルな判断であった。ハンガリーやポーランドの有権者も、1993年と1994年総選挙でかつての共産党の継承政党（ハンガリーは社会党、ポーランドは民主左翼同盟）を勝たせ、政権に復帰させることでマクロ安定化政策と転換不況の継続を拒否するという判断を示した。

　上で述べたことは、転換不況を招くことになったマクロ安定化政策は、社会主義期の改革政策の延長線上にあったとしても、結果的に誤りであったから、専門家や国民はそれを拒否する判断を示したということである。しかし、必ずしもそうした判断が多数を占めるわけではなく、かなり長期にわたり緊縮政策を持続させた国もあった。上で述べたバルト諸国の例がそうである。資本主義の多様性については後でも見る。ここでは、1994年に以後のハンガリーの政策についての叙述を続ける。

ハンガリーでは転換不況を招いたポスト社会主義始発政権の与党第一党＝民主フォーラムを破り、旧共産党改革派で構成される社会党が1994年に政権復帰を果たした。社会党主導政権は経常収支赤字問題に対処するためドイツのコール政権と交渉するなどの外交を展開するが不調に終わり、IMFと世界銀行の圧力のもとで1995年に経常収支・財政収支改善のための政策＝マクロ安定化政策（当時の財務大臣の名前に因んで「ボクロシュ・パッケージ」と呼ばれる）を導入した。その時、コルナイはマクロ安定化政策に反対しなかった。むしろメキシコ危機のような状況を避けるために、その安定化政策を擁護した（Konrnai 1997）。なぜ、転換不況を論じた時と立場を異にしたのか私にはわからない。元来、コルナイの経済学はマクロ安定化と親和性の強いものである。転換不況時には社会的コストの大きさからマクロ安定化政策を緩める主張をした彼であるが、ボクロシュ・パッケージ導入の際には「状況判断」を変えていたのであろうと述べるしかない。

ところで、社会党主導政権によるマクロ安定化政策に対する国民の反対、特に社会保障削減に対する反対は大きかった。しかし、社会党主導政権はその政策を強行した。その結果、1998年総選挙では社会党は敗北し、下野することになった。1998〜2002年に政権主導与党となったのは右派政党のフィデスであった。当時のフィデスは保守であったが、現在のような権威主義的右派というよりは、中道右派と呼ばれたように穏健政党であった。

そして、1998年以降少なくとも2009年までのハンガリーにおける政策思想は依然としてマクロ安定化であったけれども、それが首尾一貫して実施されたわけではなかった。2002年に再度政権に復帰して以後、社会党は財政緊縮のスタンスはとらず、2005年までは公務員賃金引き上げや年金引き上げなどを実施した。しかし、2006年春の総選挙に勝利した後の社会党が主導する政権は、しばらくして緊縮政策に転じた。その背後には、ハンガリーの財政赤字を問題にし、緊縮政策を強く進言するEUがあった。中東欧諸国に対して安定化政策を進言する主な国際機関は、1990年代にはIMFと国際機関であったが、2000年代にはEUとなっていた。

緊縮に転じた社会党政権は再度人気を失い2010年春の総選挙で敗北した。その総選挙結果を受けて政権に復帰して以後、現在もその座にあるフィデスは以前よりもナショナリストおよび権威主義政党の色彩を強めてきた。ハンガリーのフィデス主導の現政権は国家主権を唱え、難民政策などではEUのスタンスとは距離をとっている。しかし、フィデスの国家主権の強調は、緊縮政策反対・国民生活を重視する経済・社会政策実施という志向と結びついているわけではない。

フィデスが、自由・平等・博愛（友愛）といった「西欧的近代」の価値と労働の自由移動など、EU政策に示されている「普遍主義」には懐疑的であることはたしかであるが、それが資本主義の見直しを唱えているわけではない。フィデスのスタンスではっきりしているのは、緊縮政策がもたらす生活悪化・社会的分極化から生まれる人々の不満をナショナリズムに誘導しようとする志向性である。この点でフィデスは、大陸欧州の他のEU諸国の右翼ナショナリスト政党と変わらない。

以上が、マクロ安定化政策と中東欧資本主義の関係についてのハンガリーの事例に即した説明である。重要なポイントの第1は、ハンガリーのマクロ安定化政策は資本主義化の当初は、社会主義の改革時代からの継承関係をある程度持つものであったものの、その後はIMFや世界銀行、EUなど国際機関の提言の影響を受けて実施されてきたということである。マクロ安定化策は、インフレを嫌うドイツの国民を別とすれば国民受けはしないので、政治家は避けたがるものである。しかし、国際機関はマクロ安定化政策を迫る。したがって、ハンガリーでも、社会党もフィデスも首尾一貫した立場をとってきたわけではない。人々の意向と国際機関の意向の間で揺れつつ政策を選択してきた。これが第2のポイントである。

私は、人々の意向に即した財政出動を「ポピュリスト」、一貫したマクロ安定化策を追求する政党を責任政党と呼ぶような単純な二分法はとらない。独裁政党でない限り、時々の民意を汲み取った政策を実施するのが民主主義社会における政党の役割である。そして、経済実績の点から見ても、ハンガリーの1990年代末から2000年代の半ばの経済回復と成長の要因の一部は公務員賃金引き上げおよびその効果の民間部門への波及にあった

ことはたしかである。後知恵で当時のハンガリー財政政策を批判する気は私にはない。しかし、寛大な政策が財政赤字増大を招き、再び緊縮財政実施というマクロ安定化政策の「サイクル」をもたらしたのも事実である。そのような「サイクル」のない政策が望ましいとも言えようが、サイクルのない政策実施は多くの国で困難であり、その存在自体は非難の対象になる性格のものではない。

　ハンガリーの資本主義形成の問題点は、マクロ安定化政策が一貫しては実施されなかったという点にはない。むしろ、資本主義化の始点はともかくも、上で見たようにマクロ安定化政策が外圧で実施されてきたという印象を国民に植え付けた点にある。これと、外資主導の資本主義化が相まってナショナリズムからの反発が起きた。2010年のフィデス政権誕生、および極右政党、ヨッビックの議会進出は、大きく言えばその文脈でとらえられる。そして、それはせっかく東欧革命がもたらした自由と民主主義からの後退を招いているのである。こうした資本主義化の問題点の指摘は、資本主義化の経済的解釈というよりも、政治的解釈と言えるかもしれない。

　しかし、経済政策の政治的・社会的帰結も経済政策の是非を判断する際の重要なファクターであることを否定する人はそう多くないであろう。成長、雇用、物価などマクロ「経済指標」だけでなく、健康、幸福、平等など「社会的指標」、自由と民主主義の「政治的指標」を総合して政策や制度を判断するというのが近年の国際的傾向である。それらを総合した「幸福度ランキング」などが、OECDや国連で注目されているのは周知のところである。

　なお、ハンガリーについて、そこで外資主導の資本主義が形成されたと述べたが、それに関して言えば、2003年に投資の82％、雇用の47％、工業部門輸出の89％は外資系企業のよって担われていたこと（Berend 2009）、2005年に銀行総資産に占める外資系企業の資産割合は83％であった（杉浦 2008）と指摘しておけば充分であろう。本書の後に見るように、外資主導の資本主義化はスロヴェニアのような例外を除き、中東欧のほとんどの国における特徴であった。

　ところが、こうした「横からの資本主義化」（田中の形容では「横への

民営化」、田中宏 2005）は、中欧諸国では資本主義始発期からの特徴ではなかった。そこではどちらかと言えば、当初は「上からの資本主義化」の傾向が見られたのである。それを示したのが、次に見る「混交所有」研究であった。

2　資本の本源的蓄積研究――混交所有研究、社会構造変化の研究

　マルクスが剰余価値の資本家による略取、すなわち資本主義的蓄積に先立つ階級形成を資本の本源的（原始的）蓄積と呼び重視したのは周知のところである。資本の本源的蓄積は、一方で生産手段、一般的には富が特定の社会集団に集中し、他方で生産手段を持たないがゆえに自らの労働力を労働市場で生産手段の所有者に販売しなければならない社会集団、つまり労働者階級が創出される歴史的過程のことである。マルクスによれば、資本主義とは全般的商品生産社会であり、それと同時に資本－賃労働関係が成立している社会である。そして、マルクスは資本－賃労働関係創出を資本の本源的蓄積と呼んだのである。

　ポランニーは、資本主義は財のみならず、労働、土地（自然）、貨幣という本来は商品となり得ないものが商品化された社会であるとみなした。そして、ポランニーが『大転換――市場社会の形成と崩壊』において力を込めて分析しているのは、労働（力）が商品化される過程である。具体的に言えば、イギリスでスピーナムランド体制が崩壊し、労働者階級が出現する過程を克明に描いている。その描写は、自由市場社会が国家介入型の社会経済に変貌する過程の描写とともに、『大転換』の核心をなしている。

　マルクスとポランニーの資本主義論には共通点と差異がある。共通点は資本－賃労働関係の重視である。したがって、両者とも資本－賃労働関係の創出過程の描写に力を入れている。こうした社会科学の伝統を継承する学者が、中東欧および旧ソ連における社会主義から資本主義への転換の分析に際して、「資本の本源的蓄積」に関わる研究を行ったのは当然のことであった。但し、そうした研究を指して「資本の本源的蓄積」という術語が使用されることは少なく、その代わりに「エリート研究」や社会構造変

化研究などの術語が当てられた。すなわち、社会主義から資本主義への移行に際して、どのようにして資本家や経営者が生まれたのか、富裕者と貧困者の間の階級・階層分化がどのようにして生じたのかが、企業の所有関係分析や所得に関する統計分析を通じて研究されたのである。その研究のなかで、社会主義末期から資本主義への転換初期の中欧、具体的にはハンガリー、チェコ、ポーランドにおける生産手段の所有関係について「混交所有」（混合所有）の存在を指摘する社会学者や経済学者がいた。スタークやシャバンスなどである（出所は後述）。スタークは社会学者であり、シャバンスは経済学者である。

　先に見た「転換不況研究」が中東欧資本主義化の際の経済政策に関わる研究であり、コルナイの研究を引き合いに出したように、経済学者がその研究を行ったのに対し、「混交所有」、「エリート研究」、「社会構造研究」の対象は、所有と「社会集団」であり、その研究は経済学者と社会学者によって担われた。一般に、社会の変化は新しい要素の創造と古い要素の継続の混合物である。中東欧の資本主義への転換＝変化もそれによって特徴づけられた。そして、そうした特徴をともなう変化を描写したのが「混交所有」研究と社会構造変化に関わる研究であった。

　「混交所有」は、ハンガリー、チェコ、ポーランドを対象とする社会主義から資本主義の転換期の企業所有形態に関わる研究の過程で「発見」されたものである。他の中東欧諸国において類似の所有形態が存在したのかどうか、管見の限りでは定かでない。また、現在の中欧三国において生産手段＝企業の所有形態として特徴的なのは、混交所有ではなくて、上で述べたように高い外資依存、つまり外国人所有の高い比重である。したがって、現在までの研究が示すところでは、混交所有は特定の諸国の特定の時期における状況を指すにすぎない。つまり、混交所有は現在の中東欧の所有形態を示すものでもない。

　混交所有という中欧三国で見られた事象は、社会主義時代のエリートの一部、国有企業の経営者層が資本主義の初期局面においても社会経済的な影響力を行使していたことを示すものである。同時に、所得分布において社会主義時代のエリートの一部、特に国有企業経営者が資本主義化の時期、

少なくとも1990年代末までの時期において高い地位を保持していたことは、中東欧の多くの国を対象とする「エリート研究」が明らかにしている。こうして、混交所有を「変化における過去からの継続」を示す一つの例示ととらえれば、そうした例は社会構造にも見られたということができる。さらに、継続性はエリートばかりではなく、貧困層にも見られた。

　他方で、社会構造の継続性ではなくて変化を強く特徴づけたのは、貧困化と所得格差の増大であった。資本主義化にともなう貧困化、所得格差の増大については、中東欧各国で差異がある。バルト三国、ブルガリアとルーマニアの南東欧諸国、ポーランドで貧困化と格差の度合いは高く、チェコ、スロヴェニアで度合いは低く、スロヴァキア、ハンガリーは、これら両極の中間にあった。こうした差異は、資本主義化の早い時期から生じている。バルト諸国の格差・貧困は今も大きい。世界金融危機の打撃が大きかったハンガリーやスロヴェニアの生活に関わる指標が悪化するなど、貧困・格差に関する最近の傾向の検討が必要であるが、転換初期から2000年代半ばまでの時期の傾向を押さえておくことは重要である。

　ところで、中欧三国の「混交所有研究」と中東欧の「社会構造研究」は、資本主義化にともなう変化と継続性をとらえようとする研究であった。そこから得られた研究成果の意義は、私のなかでまだ充分明らかでない。資本主義形成期に資本家がどこから出現するかについての研究を通じて、歴史上、小商品生産者が資本を蓄積し資本家となる「下からの道」、旧社会の商人・金融業者などエリートが資本家となる「上からの道」、外国人が出資し資本家なる「横から、あるいは外からの道」があることはすでに明らかにされてきた。中東欧の資本主義研究が新しいものを付け加えたかと言えば、付け加えていないというのがさしあたっての答えである。混交所有は、資本主義化の「上からの道」が中欧でもあったことを示すものである。そして、1990年代半ばから2000年代半ばの期間に中東欧一帯で進行した外資による民営化と外資のグリーンフィールド投資の活性化は、資本主義化の「横から、あるいは外からの道」を示すものであった。

　中東欧の資本主義化に際して、歴史上新しい事象が生じたわけではない。むしろ、後発資本主義国において「下からの道」は困難であり、「上から

か」、「横から、あるいは外から」が一般的という歴史上の実例を増やしたと言えるであろう。また、経済社会は変化するが、旧社会のエリートと底辺層が、新しい社会においても元の位置を維持するという「再生産」が見られる点も、資本主義化の歴史において目新しいものではない。最近ではピケティの研究がそれを如実に示すものである（ピケティ 2014）。

　しかし、中東欧の資本主義化にともなう社会構造変化研究に大した意義がないかと言えば、そうではない。一部特権層があったとはいえ、概して平等な資産と所得で特徴づけられた社会主義から資本主義への転換は世界の歴史上初めてのことであった。このことの含意の一つは、転換によって失われたもの、すなわち生活を保障していた平等主義や安定感の喪失は、封建制から資本主義への移行の場合と比較してショックの度合いが大きかったことである。こうして社会構造変化の研究には、本書第3章で検討する「転換の社会的コスト」に関する研究と同じく大きな意義があるのである。

　エスピン-アンデルセンは、1990年代の半ばに中東欧の福祉国家を分析しながら、大きな福祉削減傾向に対しては「社会主義」が反駁したとの絶妙な比喩を使っている（Esping-Andersen 1996b）。それはそのとおりである。社会主義以前からのビスマルク型社会保障制度と社会主義時代の福祉国家の影響で、中東欧諸国、とりわけヴィシェグラード諸国やスロヴェニアでは著しい不平等化に対する国民の反対は強かった。同じく新興国とされる東アジアや中南米の格差・貧困・社会構造・福祉国家と中東欧の比較がなされれば、中東欧の社会主義から資本主義への移行期に見られた混交所有や社会構造の動態研究の意義は増すであろう。

　さらに、中欧三国において混交所有形態に次いで外資支配の経済構造が築かれるに至ったことについても、土着資本の発展を通じて資本主義が形成されている韓国や台湾のような東アジアの国とは異なる事例として注目される。この面からの中東欧と東アジアの資本主義の比較研究も、資本主義研究一般に貢献するであろう。

　中東欧所有形態変化と社会構造変化に関わる研究には、上記のような意義があることを指摘したうえで、以下では中欧の「混交所有研究」と社会

構造研究の概要を示してみたい。

(1) **民営化と混交的所有企業の出現――中欧三国の例**

アメリカの大学に籍を置く研究者で、社会主義末期以後ハンガリーに滞在しつつ民営化を研究したスタークは、1990年代前半にハンガリーで国有と私有の境界が明瞭でない「混交所有」企業が出現していると説いた（Stark 1996）。スタークの研究のほか、チェコのバウチャー民営化に関する研究、ポーランドの所有関係に関する研究を検討したフランスの中東欧研究者シャバンスとマニャンは、形態と経緯は異なるが、この中欧3ヵ国のすべてで「混交所有」が見られると主張した（Chavance and Magnin 1995）。

スターク説に関しては反論もあったが（たとえばTóth 1997-8）、それがハンガリーの「自然発生的民営化」の過程をかなり説得的に描写しているのは事実である。ハンガリーでは、1980年代末の社会主義時代の末期から90年初めの政権移行期にかけて「自然発生的民営化」が進んでいた。ハンガリーでは1988年に国有企業の株式会社化を図るために、また中小規模の有限会社の設立を可能にするために「会社法」が制定された。さらに同年、外国資本の参加も促進する「外資導入法」も制定された。次いで、1989年になると、国有企業、外資参加企業、私企業など多様な所有形態からなる混合経済を想定した「所有転換法」が制定された。

1980年代末の社会主義末期から自由選挙を経て民主フォーラム主導政権が発足し政権運営が安定する1990年代初頭までの時期には、国有企業の民営化の第一歩としての株式会社への転換、それに次ぐ企業組織の再編成、株式売却による所有再編という一連の過程は、国家官僚の緻密な指導を通じて行われるというよりは、企業経営者の意志を反映する形でなし崩しで実施された。それが「自然発生的民営化」とよばれる過程である。

その結果として、大企業の本社機能部分は国有のまま持株会社となり、その持株会社が製造工程部署の株式を保有し、あるいは製造・流通・販売など機能別に分割された経済組織の株式を保有するというような企業構造が形成された。そして、分割された経済組織の株式は、親会社にあたる持

株会社以外に、分割された他の経済組織、外資、私人などによっても保有された。こうして、国有大企業はネットワーク型組織に改編されたのである。そして、ネットワークを構成する個別組織の所有構造は国有、私有、外資所有のすべての要素を含む「混交所有」となった。以上がスタークの描いたハンガリーの自然発生的民営化と混交所有である。

このような自然発生的民営化を通じて、国有企業の経営者が国家資産を「捕獲」したわけではない。その点で、民営化によって財を築いたロシアの政治エリートの行為とハンガリーの国有企業経営者の行為とは異なる。しかし、国有企業経営者は彼らが有する政治家との人的関係など「政治資本」を利用しながら、自らの地位にとって有利な形態の企業・所有構造が築かれるようにイニシアティブを発揮した。そして、後で述べるように社会主義末期に「ナンバー2」の地位にあった経営者は、1990年代の国民の所得分布で高い位置を保持していた。しかし、民営化で富を築いたエリートが世界の長者番付の高位にいるというロシアのような例と、ハンガリーの経営者エリートの例はやはり異なるというべきであろう。

チェコで出現した混交所有は効率の悪い企業を保護することで解雇も避け、結果として労働者も保護する役割を果たした。チェコではバウチャー民営化が実施されたが、それが予期せざる「混交所有」を生み出した。チェコ市民は、民営化対象の国有大企業の株式購入権を意味するバウチャーを購入したが、それを投資ファンドに売却した。投資ファンドの多くはチェコの銀行の傘下にあった。そして、チェコの銀行の大株主は国家であった。こうして、国家は銀行への影響力を通じて、投資ファンドおよび投資ファンドが大株主である民営化された大企業の経営に介入することができたのである。

つまり、チェコではバウチャー民営化によって大企業は、直接には（形式としては）大株主の投資ファンドの所有となったものの、投資ファンドに対する銀行と国家の影響力が強いままに残ったために、実質的に「国有」としての性格を保持したのである。これがシャバンス／マニャンが描いたチェコの「混交所有」であった（Chavance and Magnin 1996）。

そして、民営化された企業の経営者は企業の存続に利益を見出した。彼

らは、低賃金は許容しても解雇には反対する労働者の声を受け入れた。さらに、経済効率の悪さから生じた損失を補填するための銀行融資を要求した。銀行と国家はこれに応じた。このようにして、民営化がなされたにもかかわらず、社会主義時代の行動様式は、企業の経営者と労働者の両者、銀行、国家のすべてにおいて生き残った。その結果として1990年代の初頭、チェコは中東欧のなかで失業率、貧困率も低いという成果をおさめた。

そのことは、労働者や国民の多くには歓迎された。しかし、企業の低い国際競争力は経常収支の赤字、それも一因とする通貨危機を招いた。労働者の生活安定と経済効率の間のこうした関係を、かつてコルナイが「平等と効率性のジレンマ」と呼んだのは、上で述べたとおりである（コルナイ1986）。このジレンマのなかで、資本（効率）の論理を重視する勢力が政策上の主導権を握り、1990年代末よりチェコで混交所有の企業を外国資本に売却する民営化を実施するようになった。しかし、後で述べるように、チェコへの外資流入に関しては、旧加盟国を本拠とする多国籍企業の進出意欲の高まりがあったことを軽視すべきではない。

ポーランドでも混交所有は存在した。それは、形式的には民営化されているが、国家が影響を行使できる株式を保有している旧国有企業（とりわけ旧外国貿易独占体）が、取引企業など関連企業の株式を保有しているという形態の混交所有であった。この「ネットワーク所有」もまた、私有と国有の境界が不明瞭であるという意味で混交所有であった（Chavance and Magnin 1996）。

ポーランドでは、大企業の民営化が計画よりも遅れる一方で、中小国有企業の民営化と新規私企業創設にともなう私的セクター拡大は資本主義化の初期に進行した。国有セクターと私的セクターの混合経済としての性格はポーランドにおいて強かった。

以上のような「混交所有」と「混合経済」的性格のポーランド経済の状況を一変させたのは1990年代末に行われた製造業分野の国有企業と国有銀行の外資への直接売却による民営化の加速化であった。

なお、ハンガリーでは、チェコやポーランドよりも早く1990年代半ばから外資への売却を通じた国有の製造業企業・公益企業・銀行の民営化が

加速されていた。これによって、中欧3ヵ国の混交所有は解消され、外資依存型資本主義が形成されることになるのである。

　さて、以上のように中欧三国においては国有セクターが圧倒的優位な社会主義所有から、国有と私有の境界が曖昧な混交所有を経て、外資が支配的影響力を持つ資本主義的所有への転換が起きたのである。そして、その最初の所有転換を明らかにしたのが混交所有研究であったのである。そうした所有形態の変容のなかで、社会階層の構造はどのようであったのであろうか。混交所有研究とほぼ同じ時期になされていた社会階層研究を見てみる。

(2) 社会構造変化——エリートと貧困層の再生産と中間層の没落

　中東欧の資本主義化の初期に私が力を入れた研究主題は「転換不況」、資本主義化にともなう階層分化・形成であった。この主題については、ハンガリー出身でアメリカの大学に職を持つ社会学者セレーニが中心となり、中東欧数ヵ国の「新エリート」に関する共同研究プロジェクトを実施していた（その成果は、たとえば Szelényi and Kostello 1996）。

　ハンガリーにおいては、1980年代に私的所有セクターの許容範囲が広がるなかで、ポランニーの「再分配」、「市場」、「互酬」という「統合パターン」を援用しつつ、「再分配」による所得分布、「市場」による所得分布、それを集計した全体としての所得分布がどのように変化しているか、そしてそれと関連して社会構造変化がどのように推移しているかを研究していた社会学者コロシが中心となり、民間研究組織の社会研究情報科学センター（TÁRKI）のスタッフが資本主義化にともなう社会階層分化・形成に関する調査・研究を実施していた（その集大成は Kolosi et al. 1999）。

　こうした事情もあり、私がこのテーマを研究するのは容易であった。独自に文献・資料を収集しながら、ブダペストでも時折生活しているセレーニの住居で彼にインタビューを行い、また社会主義時代にハンガリーのエリート研究に関してセレーニと共著を書いた作家コンラードとも、彼が会見場としているホテルの一室で討論を行った。コロシのほか、シャーギな

どTÁRKIのスタッフとは頻繁に意見交換した。

　セレーニ、コロシ、シャーギなどの研究が明らかにしたのは、ハンガリーで1990年代前半の資本主義化の時代にエリートの地位に就いたのは大企業の経営者であり、彼らの出自は多くの場合、社会主義時代の国有企業のナンバー２の経営者であったということである。ナンバー１の経営者について言えば、旧体制の責任を負って退陣するか、定年に近い年齢の経営者の場合は引退した。ナンバー２の経営者のうち、高学歴で経営能力・文化資本を有する人物が国有企業のナンバー１となり、国有企業が民営化された場合には、民営企業でナンバー１の地位を継承したのである。コロシとシャーギは、そのような経営者の交代を「副官の革命」と呼んだ (Kolosi and Sági 1999)。

　資本主義化にともない元ナンバー２からナンバー１となったそうした経営者は、所得分布において1990年代には高所得者に位置した。彼らは資本主義への「転換の勝者」であり「新エリート」であった。エイアルやセレーニらの研究は、他のいくつかの中東欧諸国でも新エリートの出自はハンガリーと同じであることを明らかにした (Eyal, Szelényi and Townsley 1997)。そして、そうした中東欧諸国で「副官」は主に「文化資本を政治資本に転化」して新エリートになったのであり、経済エリートになるには経営能力（文化資本）だけでなく政治家との繋がり（政治資本）も重要であった。

　セレーニの共同研究者であるエイアルはセレーニらとともに、ロシアにおいて社会主義時代の政治エリートの一部が有利な条件で国有資産を民営化し、自分たちの財産にして新経済エリートなった事例と、中東欧で起きた事例は異なると主張した。たしかに、すでに述べたように、ハンガリーなどで起きたことはロシアのような「国家捕獲」の事例とは異なる。しかし、国有企業の民営化と新エリート形成には一定の関係があったことはハンガリーや他の中欧諸国でも言えることであった。民営化と新エリート形成の関係をうまく示したのが、上でみたスターク、シャバンスなどの「混交所有」研究であったのである。それでは、エリートと対極にある貧困層についてはどうか。

ブダペストの中心街にあり、長い歴史を持つホテル「アストリア」のすぐ近くに、経済関連の民間調査研究組織のKOPINT-DATRGのオフィスがあった。「アストリア」で食事をしながら、その組織に所属する経済学者と議論することが何度かあった。ある時、その経済学者が、当ホテルの近くで行われている公共工事で働いているロマ人らしき人に目をやりながら私に述べたことが、今も記憶に残っている。

　「ハンガリーの貧困問題はマイノリティ問題とオーバーラップしている。社会主義時代に、共産党のロマ人定住政策によって、彼らには仕事や住居がかなりのところ保障されていた。しかし、資本主義化にともなってロマ人と社会主義時代に熟練度の低い仕事の就いていた教育期間が短いなど文化資本に乏しい労働者が解雇され、失業者か非経済活動人口になった。ロマ人の失業率と貧困率はハンガリー居住者のなかで最大である」

たしかにそのとおりであり、貧困者を中位所得者の50％以下の所得で生活している人と規定した場合の貧困率について言えば、1996年にハンガリーのロマ人の67％が貧困者であった。なお、当時のハンガリーのロマ人人口は50万人とされていた（Szalai 1998a）。

　マルクスは、資本主義の成立のためには人格的に自由であるとともに、生産手段からも自由な（free from）、つまり生産手段をもたない労働者の存在が必要であるとした。そして、すでに述べたように、生産手段と富の特定の社会集団への集中と合わせて、二重の意味で自由な労働者の創出過程を「資本の本源的蓄積」過程として描いた。

　マルクスの本源的蓄積論との関連で言えば、ハンガリーおよび中東欧の資本の本源的蓄積過程で、生産手段をもたない労働者は、端的な事例としては失業者および非経済活動人口として現れた。実際に生産手段の所有者であったかどうかの論点の検討は措くとして、社会主義時代に中東欧の人々は国有・準国有企業で働く場を保障されており、失業者になることはきわめてまれであった。早期退職を選択するか、育児休暇を取るかなどをしない場合、生産年齢で非経済活動人口になることもまれであった。

　しかし、資本主義化への転換とそれにともなう転換不況によって、

1990年代には失業者が中東欧諸国で出現し、多くの国の失業率は高い水準に達した。さらにポーランドやハンガリーでは、失業者を減らすために退職年齢に近い労働者に対し早期退職を奨励する措置がとられた。また、ハンガリーでは出産を奨励し、家庭での育児を奨励する方向に家族手当制度が改められた。早期退職者の増加と育児休暇取得者の増加は見かけ上の失業率を減少させたが、逆に非経済活動人口を増加させた。

以上のようにして、ポスト社会主義時代の中東欧における資本の本源的蓄積、すなわち生産手段を持たない労働者創出の最も顕著な例は、国有・準国有企業を解雇された人、労働市場からの撤退を奨励され早期退職した人、育児休業を取った人などであった。彼らは、一旦生産手段（国有企業）から切り離された。そして、生き延びるためには資本原理で操業する経済単位での雇用を求めること（育児休業の場合は職場復帰）を余儀なくされたからである。以上の文脈で、失業者や非経済活動人口に属することになった人々を資本－賃労働関係に入ることを余儀なくされた人と呼んで不思議ではなかろう。

社会主義時代に勤務していた企業を解雇されず、早期退職もせず、育児休業で休職することもなかった人々も、資本主義化とともに営利原則を強め操業している国有・準国有企業ないしは民営化された企業の「労働者」もいる。彼らもまた、国有・準国有の官僚的調整のもとで操業している社会主義的企業の労働者（名目的には生産手段の共同所有者）から営利原則の資本主義企業の労働者に転化させられた限りで、資本の本源的蓄積の対象となったとは言える。しかし、彼らの運命は失業や非経済活動人口に追いやられた人々の運命と比べれば過酷ではなかった。

しかし、資本主義化にともなう社会構造変化で見逃してはならないのが、過酷な運命を辿った失業者や年金生活者に追いやられた早期退職者だけでなく、もっと広範な層、すなわち社会主義時代の「中間層からの没落組」がいたということである。社会主義から資本主義への転換にともなう社会構造変化においては、エリートや社会的底辺層の旧体制からの「再生産」の側面だけでなく、中間層の没落と貧困化という旧体制＝社会主義時代からの「切断」の側面も重要である。

先進国において「3分の2社会」という術語が流布した時代がある。当時その術語は、人口の3分の2は生活に満足しているが、残り人口の3分の1が生活改善から取り残され、社会から排除されているという先進国の社会状況に対する警告として使用された。
　ところが、1990年代後半のハンガリーでは、この「3分の2社会」という術語が異なる文脈で使用された。すなわち、資本主義化にともない1990年代後半に人口の3分の2に当たる人の所得と生活が悪化しているという統計上のデータを敷衍し、中間層の没落をさす術語として使用されたのである（Andorka 1997）。私は、社会学者のような専門家の口からではなく、市井の人々がこの術語を自然に口にしていたことを記憶している。
　ポスト社会主義のハンガリーで生活体験があればわかることであるが、資本主義化にともない所得や生活上の改善を経験した人を、社会経済的な意味での「転換の勝者」、逆の経験をした人を「転換の敗者」と定義するなら、「転換の勝者」は少なく「転換の敗者」は多かった。1990年代半ばの統計に即して言えば、ハンガリーで転換の勝者は3割、敗者は7割であった（Andorka Ibid）。そして、程度の差はあれ資本主義化の勝者は少なく敗者が多いことは、どのポスト社会主義中東欧諸国にも言えることであった。
　資本主義とは、そういうものであると言えそうであるが、必ずしもそうではない。戦後の黄金時代に西側先進国では、日本も含め資本主義から恩恵を受けた人が多かった。そして、そのことはすでに述べた「長期雇用」と「社会保障」というカルテルの言う「社会的所有」で支えられた「中間層」に特に当てはまった。「不足経済」、そして何よりも自由と民主主義の欠如という旧西側先進国と比べてハンディキャップを負う中東欧の人々であったが、それでも彼らの大半もまた、旧西側先進国の中間層と同じく、社会主義時代には安定した生活を保障されていた。彼らの生活の安定もまた、長期雇用と老齢年金、高くない医療費などの社会保障で支えられていたのである。この生活の安定を維持したままで、西側先進国のような政治的自由と民主主義がもたらされること、「不足」が解消され、行列がなく買

い物ができること、中東欧の人々が「東欧革命」に求めたのはそのことであったと私は理解している。

その願いの一部は実現された。すなわち「東欧革命」により、政治的自由と民主主義は実現し、資本主義化で「不足」も解消した。しかし、「生活の安定」が多くの人々から失われてしまった。そして、生活の安定を失った典型的な例が、解雇された失業者、早期退職者や育児休業などで非経済活動人口になった人々であった。ハンガリー社会学の大御所であるアンドルカは、1996年に私と会った際、「ポスト社会主義ハンガリーで最も重要な問題は貧困問題である」と断言し、主に失業者と非経済的活動人口になった人々が「新しい貧困層」であると述べた。

社会主義時代に貧困者は、ハンガリー人口1000万人のうち1割にあたる100万人であったが、その「古い貧困層」に属したのはロマ人、農村居住者、高齢者などであった。資本主義への転換のなかでも、この「古い貧困層」はそのまま貧困状態にとどまった。そして、これに「新しい貧困層」が加わり、貧困者数は1990年代半ば（1994年）には300万人に増加したというのがアンドルカの説であった（Andorka ibid.）。上で社会主義時代にロマ人は労働市場に統合されていたのが、ポスト社会主義時代にはそこから排除され、彼らの多くが貧困化したとの経済学者の説を紹介した。それは間違っていない。しかし、ロマ人が社会主義時代にも「貧困層」の一部をなしていたことも事実である。農村居住者と高齢者についても同じである。「古い貧困層」は再生産され、社会主義から資本主義への移行にともなって「新しい貧困層」が付け加わったのである。

アンドルカが貧困者を同定する際に使っているのは、中央統計局が試算する「最低生活（生存）線」であり、これ以下の生活者を貧困者としている（Andorka ibid.）。この他に、中位所得の半分以下、最低年金額以下といった別の貧困の測定基準がある。しかし、どの基準で見ても資本主義にともない貧困率が増加したのは事実であった。

先に述べたように、新しく付け加わった貧困者の多くは、資本主義化にともない失業者や非経済活動人口になった人々であった。その際、社会主義時代に人口の広範な部分を占めていた中間層の一部も含めて、相対的に

教育歴の短い、そして習得技能が乏しい人々が解雇や早期退職の対象者となった。さらに、解雇や早期退職の対象とならずとも、資本主義への転換にともなって実質所得の低下と生活と水準の低下を経験した中間層も多くいた。こうして、1990年代半ばまでにはハンガリー国民の3分の2にあたる人々の所得が悪化していたのである。他方で、コロシとシャーギの研究によれば、上位1割の所得集団と下位1割の所得集団の間の格差は、1988年の5.8倍から1995年の7.3倍にと拡大していた（Kolosi and Sági 1997）。

　ハンガリーの例を中心に、資本主義化にともなう社会構造変化についての研究成果の概要を示した。ハンガリーはポスト社会主義時代において、中東欧の貧困・格差が格別に大きかった国ではない。貧困率が高く、格差も大きいのがバルト三国、ルーマニア、ブルガリアの南東欧諸国、ポーランドであり、貧困率が低く、格差も小さいのがスロヴェニアとチェコであった（多くの統計でも示されている。一例は、TÁRKI 2008; European Commission 2007）。

　ハンガリーは、これらの両極の国の中間にあった。中東欧諸国で資本主義化にともなって起きた事象には、共通性と差異がある。1990年代の研究は、それをポスト社会主義国の資本主義の多様性という比較論の観点からとらえる研究は進んでいなかった。社会構造変化も含め、中東欧資本主義比較研究の成果が表れるのは2000年代である。次に、その分野の代表的な研究成果をみてみる。

3　中東欧に出現した資本主義の多様性

　1996年の冬、私は研究のためイギリスのバーミンガム大学ロシア東欧研究センター（CREES）にいた。バート講師（Batt, Judy。専門は比較政治）が大学院生と外国からの研究者向けに開いていた演習に参加していた。

　ハンガリーで導入されようとしているが、国民の反撃に合っている「ボクロシュ・パッケージ」について報告するようバート講師から要請があった。1994年の総選挙で勝利し、政権復帰した社会党主導政権のもとで経

常収支と財政収支が悪化しているところから、財務大臣ボクロシュを中心として、公務員削減、公共料金引き上げ、育児休暇・給付制度の改変と家族給付の一部減額など財政緊縮政策、および電力・通信企業など公益企業を含む国有企業民営化、とりわけ外資への売却を企図したものが「ボクロシュ・パッケージ」であった。

　私は、そのパッケージの要旨を報告し、(当時の)ハンガリーの財政は赤字であるが、プライマリー・バランスは黒字であり大がかりな財政緊縮策は必要でないこと、国家は国民生活防衛に責任を負うべきあり、その観点から公益企業の民営化には慎重であるべきだとコメントした。そして、外資への民営化については産業構造改善に果たす外資のポジティブな側面と、ハンガリー土着企業育成という課題の間でバランスをとることの必要性を指摘した。

　私の報告に対して賛成の立場をとったのが、演習に参加していたスロヴァキアの外交官であった。外交官はスロヴァキアのメチアル首相が国内企業を保護しつつ成長を図る戦略をとっており、その点で彼の経済政策は日本やアジアの新興国に似ていると述べたうえで、そうした見地から彼は私のボクロシュ・パッケージに対するコメントに同意したのである。

　ここで論点としたいのは、ボクロシュ・パッケージの是非ではない。当時においてスロヴァキアとハンガリーの資本主義化路線には相違があったことを指摘したいのである。中東欧各国の資本主義化の戦略・態様は一様であったわけではない。ところが、自由化・マクロ経済安定化・民営化の達成度を中心にしながら資本主義化の達成度を測ることに重きをおく(多くの)「移行経済学」に、そうした論点を正面に据えて研究する姿勢は弱かった。中東欧諸国が資本主義化を果たした後――資本主義化の「正確な」終点を定めることにさしたる学問的意義があるとは思えないが、EU加盟がその画期となるであろう（Kornai 2008）――「移行経済学」は終わった。そして、中東欧資本主義研究においては新たな試みとして多様性研究が生まれた。

　中欧大学に勤務するボーレとグレシュコヴィッチは、中東欧諸国の資本主義の多様性に関する研究を早い時期から行ってきた。私は彼らの研究に

関心を持ち、2000年代に足繁く彼らの研究室を訪れ討論を重ねた。ボーレ／グレシュコヴィッチと私には、ポランニーの資本主義論・社会主義論の影響を受けている点で共通点があり、研究交流は密になり、日本で開催されたシンポジウムでも討論を行った。彼らの中東欧資本主義多様性論の要約は以下のとおりである（一層具体的な説明は第3章）。

(1) ボーレとグレシュコヴィッチの中東欧資本主義多様性論

ボーレ／グレシュコヴィッチが分析対象としているのは、ヴィシェグラード諸国（チェコ、スロヴァキア、ハンガリー、ポーランド）、バルト三国（リトアニア、ラトヴィア、エストニア）、スロヴェニア、南東欧3ヵ国（ブルガリア、ルーマニア、クロアチア）の11ヵ国である（Bhole and Greskovits 2012）。

このうち南東欧3ヵ国については、1990年代に政治当局に首尾一貫した決定を行い実施していく能力が政治当局になく、資本主義の明確な型を形成しなかったというのが彼らの見解である。2000年代になって政治当局の能力は改善され、クロアチアはヴィシェグラード諸国と類似する型の資本主義となり、ブルガリアとルーマニアはバルト三国に類似する型の資本主義となったというのが彼らの見解である。ここに示されているように、ボーレ／グレシュコヴィッチは資本主義が自生的に形成されるという見解をとらない。マルクスも資本の本源的蓄積における国家の役割を強調しているが、ボーレ／グレシュコヴィッチの資本主義形成における国家の役割重視は、マルクスよりもむしろポランニーの立場の継承である。私もそれに同意する。

ヴィシェグラード諸国とバルト諸国とスロヴェニアでは異なった型の資本主義が出現したとし、ボーレ／グレシュコヴィッチは、それぞれの資本主義を「埋め込まれた新自由主義」、「新自由主義」、「ネオ・コーポラティズム」と呼ぶ（最初にその類型化を体系的に示したのが、Bohle and Greskovits 2007a；2007b。それを発展させたのがBohle and Greskovits 2012）。

ヴィシェグラード諸国の資本主義化を主導したのは、新自由主義イデオ

ロギーであった。しかし、同諸国では政策当局によって福祉国家が社会主義の正の遺産とみなされ、可能な限り福祉水準を維持するような努力がなされた。また、社会主義工業化が一面的に断罪されることはなく、社会主義時代から継承された産業・企業の保護も一定程度は試みられた。そして、ボーレ／グレシュコヴィッチはヴィシェグラード諸国が流入してくる外資を留め置くための施策を実施してきたことをポランニーの「保護主義」の文脈でとらえ、積極的に評価している。スロヴェニアと並んでヴィシェグラード諸国には自動車、パソコンといった情報通信機器製造業など「複雑部門」の外資系企業が流入したため、これらの国は「準中心国」の産業構造となったと評価するのである。

ヴィシェグラード諸国では、「自己調整的市場」の膨張が図られたが、福祉国家の継承と産業保護によって、市場経済の「埋め込み」の試みもなされた。これが「埋め込まれた新自由主義」の意である。ボーレ／グレシュコヴィッチが述べているように、バルト三国の資本主義と比較した時、ヴィシェグラード諸国においては新自由主義に対して一定の「社会的埋め込み」がなされてきたのは事実である。

バルト三国の社会保障支出水準は先進国のみならず、ヴィシェグラード諸国やスロヴェニアと比べても低い。一例を挙げれば、1999～2006年の期間のGDPに対する社会保障支出の割合は、ヴィシェグラード諸国平均が20％、スロヴェニアが24％であったのに対して、バルト三国平均はわずか14％に過ぎなかった (Bohle and Greskovits 2012)。それは、社会保障支出の割合が低い米国よりも低い水準である（2005年に16％。OECD統計)。国家の経済への関与の抑制は低率の均等税（法人税、所得税等での非累進課税）の早い時期における導入という形でも示された。バルト三国は「純粋な新自由主義」であったと形容してもおかしくない。

しかし、エストニアやラトヴィアの国家はリベラルではなかった。両国では、厳しい生活状態に対する人々の不満を逸らせるための「アイデンティティ・ポリティクス」がとられた。それがロシア語話者に対する社会的排除であったというのがボーレ／グレシュコヴィッチの批判であるが、その批判は間違っているようには思われない。

バルト三国では概ね社会主義工業化は継承すべき遺産とはみなされず、資本主義化の過程で国内土着企業の保護施策はとられなかった。こうして、1990年代に「脱工業化」が進行した。そのなかで2000年代にバルト三国で起きたのは、外資系銀行による住宅関連（外貨建て）家計融資増大による住宅バブルであった。そのバブルは世界金融危機の頃に崩壊し、バルト三国は大きな打撃を受けた。国内工業が育成されず、複雑部門の外資導入策も積極的でなかったから、バルト諸国の産業構造は、繊維・衣類・木材加工・家具など「基礎的軽工業部門」と、鉱物採取、エネルギー・金属生産など「基礎的重工業部門」中心の「準周辺」国のそれに匹敵するものとなっていた。同諸国で金融主導の成長が起きたのは、ある程度必然的流れであった。

クラウチの用語法（Crouch 2008）に従って、ボーレ／グレシュコヴィッチはバルト三国の住宅ブームを「民営化されたケインズ主義」に起因したものと呼んでいる。「民営化されたケインズ主義」とは国家債務ではなく、家計債務増加に依る需要創出策＝成長方式である。バルト三国の「純粋な新自由主義」は2000年代に「民営化されたケインズ主義」によるバブル崩壊を経験したのである。

バルト諸国と対照的なのがスロヴェニアである。ここでは、自主管理社会主義の遺産が継承され、国のレベルでも企業のレベルでも労使協調体制（産業別労使交渉と企業レベルの労使共同決定方式）が制度化された。「ネオ・コーポラティズム」とは、直接にはこれをさす。

さらに、上で示したようにスロヴェニアの社会保障支出は、バルト三国だけでなくヴィシェグラード諸国を凌ぎ、旧西側大陸欧州諸国平均に迫る水準にある。同国は外資導入を否定しないものの、慎重に選別する政策をとり、国内土着企業を保護する政策をとっていた。この政策との関連で、バルト三国やヴィシェグラード諸国では2000年代半ばに「外銀支配」（田中素香 2007）、すなわち銀行総資産に占める外資系銀行の比重が50％を超える状況が生まれていたのに対し（実際には50％よりも高く、エストニアはほぼ100％、比率が低いポーランドで74％、ラトヴィアで58％。杉浦 2008）、スロヴェニアの外資系銀行の比重は23％と相対的に低かった。

(2) ボーレとグレシュコヴィッチの見解に対する評価：外資依存型資本主義の問題点

以上のような中東欧の資本主義の3類型論の理論的枠組みは概ね的を射ており、ボーレ／グレシュコヴィッチの実証も説得的であった。彼らの早い時期の議論に関して、私が批判したのは、彼らが中東欧に進出してきた外資系企業を国内に留め置くための政策を保護主義としてとらえていることについてであった（堀林 2014）。それは、直接にはポランニー解釈であり、彼の国内企業保護主義を外資流入促進・外資保護にまで広げることについての批判であった。

しかし、私がボーレ／グレシュコヴィッチ批判を通じて主張しようとしたのは、外資系企業が産業構造改善・技術革新で果たす肯定的役割を評価してよいとしても、多国籍企業が資本であり、それ自身の論理にしたがって行動すること、そのことが国民経済や国民生活にとって有害な結果をもたらす傾向があることを見過ごしてはならないということであった。外資依存型資本主義の問題点は、すでに理論上でなく現実にも外資系銀行が中心となった「民営化されたケインズ主義」が、前述したバルト三国ばかりでなく、ハンガリーでも住宅バブルとその崩壊を招き、国民経済に大きな打撃を与えたことからも明らかになっている。

もっとも、外資系銀行の比重が相対的に小さかったスロヴェニアにおいても、国内銀行の過剰融資を通じて住宅バブルを生み出すというような問題点があった。したがって、2008年前後に中東欧で見られたことは、「外資依存型資本主義」の問題以上に国際的な金融主導資本主義の問題と言えるのかもしれない。いやそうであろう。そして、本来資本に国籍などないのだから、外国資本が起こした問題であろうが国内資本が起こした問題であろうが、そのことにさしたる意味はないというのが経済学の理屈である。

しかし、世界共和国が形成されておらず、EUはあっても欧州連邦に至っていない国際政治共同体の現状では、まだ国民国家が意味を持っている。そして、この政治統合の段階では、資本の運動を規制する力として最も有効なのはこの国民国家であろう。次いで有効なのが地域統合体、最後

に様々な世界レベルの協議機関である。この議論をここで展開する余裕はない。さしあたっては、資本の運動を人々の生活の視点から規制するためには、国民経済の枠内に国内発資本と同定できる資本が適切な規模（「適切な規模」自身が議論の対象となるが）で存在している必要があるというのが私の見解である。その見地からすれば、スロヴェニアを除き中東欧の資本主義は過度に外資依存的であったと私は考えている。こうした考えは、日本では受け入れられることが多いが、管見の限り中東欧の経済学者の間ですんなりと受け入れられるわけではない。欧州の他の諸国、とりわけ「小国」の経済学者の間においてもそうである。

しかし、フィンクなど外資支配の経済構造を批判する経済学者はいる（Fink 2006; 2008）。また、すでに紹介したハンガリー出身の歴史学者で碩学ベレンドは、外資主導資本主義の産業構造改善に果たした役割を評価しながらも、進出する外資の目的が低労働コストと市場拡大を通じた利潤追求にあると正しく指摘したうえで、中東欧諸国の外資誘致型から国内資本重視への政策転換を主張している（Berend 2009）。「適度」な自律性をともなう――今日のグローバル経済においては、鎖国でもしない限り形容詞抜きの自律性確保は不可能である――国民経済の必要性はこうした論者によっても唱えられているのである。

ボーレにスロヴェニアの国内勢力に依拠した資本主義形成を積極的に評価する論文があることに示されるように、ボーレとグレシュコヴィッチのすべての作品が外資主導型資本主義全面肯定の立場であるわけではない。彼らが、ハンガリーやポーランドなどにおける外資誘致策をポランニーの産業保護の文脈で積極的に評価するなかに、外資依存型資本主義という問題点の軽視に至る傾向が潜むという点が私の彼らの批判の主旨であることを再確認しておきたい。また、誤解のないように付け加えておくが、私はナショナリストではないし、経済ナショナリストでもない。物の移動は望ましいし、人の移動の権利は人権であると考えている。多くの人々の利益になる限りで資本（実物・金融）の移動があってもよい。私が危惧するのは、過度の外資依存が人々の間に必要以上のナショナル・アイデンティティへの執着をもたらすということである。

ところで、外資依存型資本主義の形成を含め、中東欧の経済動向は欧州内の経済格差に規定されている。EU東方拡大の時代に、この論点の研究成果が多く出された。次に、これについてみてみる。

4　欧州経済格差の歴史と現状
　　──ベレンド、ロサーティ、ハイデンライッヒの研究

　1990年に邦訳が出版されたベレンドの『ヨーロッパの危険地域──東欧革命の背景をさぐる』（ベレンド1990）は名著である。そこでは西欧に遅れをとった東欧の近現代史が経済・政治・社会・文化にわたって分析されている。2003年に刊行されたベレンド論文「欧州枠内でのこれまでの収斂──近代の経済発展における中心－周辺の多様性」（Berend 2003）も、欧州の中心－周辺関係の動態に関わる優れた分析である。ここで「中心－周辺の多様性」とは、かつて周辺であった「北欧」が19世紀と20世紀の移り目に「中心」に仲間入りしたこと、20世紀から21世紀の移り目には「南欧」が西欧中心国に追いつく可能性を秘めるまでに至ったことなど、「周辺」国の発展によって「中心－周辺関係」が歴史的に変容していることを指している。

　当論文のベレンドの問いと結論は明快である。中東欧の中心国への移行は近いうちに可能かという問いを発し、欧州経済格差の歴史と現状を示したうえで、「可能でない」との回答を出している。根拠のうち重要なのは、中東欧はまだハイテク分野で先進国へのキャッチ・アップに遅れているということである。以下で、彼の論文のエッセンスを紹介してみる。

(1)　欧州の中心－周辺関係の展開──ベレンドの見解

　ベレンドは、欧州地域を西欧、北欧、南欧、中東欧に区分している。ここで、中東欧にはロシア（ないしソ連）が含まれる。経済発展水準、欧州内貿易構造を中心に分析しながら、彼は次の3つの時期における欧州の中心－周辺関係を同定している。

　3つの時期は、①19世紀から第一次世界大戦まで、②戦間期から20

世紀半ば（＝1950年）まで、③20世紀半ばから21世紀初頭まで、である。①の時期のうち、19世紀末以前の中心－周辺関係は、西欧＝中心、北欧・南欧・中東欧＝周辺であったが、19世紀末から20世紀初頭までの時期には北欧が「中心」に移動するという中心－周辺関係の変化があった。②の時期には、西欧・北欧＝中心、南欧・中東欧＝周辺という関係は維持された。③の時期にもまだ西欧・北欧＝中心、南欧・中東欧＝周辺という関係は残ったが、21世紀初頭のアイルランド、スペインの経済動態を見ると南欧が「中心」になる可能性は大きい。他方で、中東欧が「中心」になる可能性について語るのは時期尚早である。以上が、欧州近現代の中心－周辺関係の推移に関するベレンドの見解である。もう少し詳しく見てみると、以下のようである。

　まず、①の19世紀から第一次世界大戦までの時期。市民革命と産業革命という「二重の革命」を経て、西欧中心世界が形成された。イギリス、ベルギー、フランス、オランダが西欧中心国の代表であった。次いで、統一以後のドイツが中心に加わった。北欧、南欧、中東欧諸国はまだ農業国であり、西欧中心国に対する原材料・食糧基地であるという貿易（＝国際分業）構造が形成されていた。このうち、工業化に成功した北欧諸国（スウェーデン、デンマーク）は、1910年に1人当たりGNPで西欧中心国の95％に到達した。こうして周辺国から中心国へ移行した。

　次いで、②の戦間期から20世紀半ば（＝1950年）までの時期。第一次世界大戦以後、特に1930年代以降、西欧とソ連を含む中東欧との関係は変化した。ロシア革命、スターリン主義的工業化を経て成立したソ連経済は、アウタルキー的性格を強めた。中東欧諸国はナチス・ドイツの地域的自給経済に組み込まれた。そして、中東欧諸国は第二次大戦以後はソ連との交易を中心とする経済構造を形成した。この時期のソ連を含む中東欧の成長率は高く、西欧中心国（西欧・北欧。以下同様）の成長率を上回った。とはいえ、中東欧の1人当たりGDPは1950年に西欧中心国の51％にとどまった。他方で、1950年に南欧諸国の1人当たりGDPは西欧中心国の39％であったから、西欧「中心」国に対して「周辺」であるという度合いは、南欧諸国のほうが中東欧よりも高かったのである。

第 2 章　中東欧資本主義と福祉システムの研究動向

　最後に、③の 20 世紀半ばから 21 世紀初頭までの時期。他の論者と同様に、ベレンドもまた 20 世紀の第 3 四半期（1950〜75 年）が西欧中心国の「史上最大の繁栄期」であったとみており、それ以後成長は鈍化したとしている。しかし、他方でシュムペーターの「創造的破壊」を重視するベレンドは、1970 年代末から 80 年代初めにかけて技術革命が西欧中心国で臨界点に達し、それ以後、パソコンなどハイテク産業が興隆したと特徴づけている。そして、こうした技術革命に適応したアイルランドとスペインの経済発展がめざましいとする。他方で、中東欧は西側からの技術移転の途上にあり、まだ技術革命を達成していないというのが、ベレンドのみる 1990 年代初頭から半ばにかけての欧州の動向である。

　1990 年代半ばのアイルランドとスペインの 1 人当たり GDP が西欧中心国の 73％、72％ であったのに対し、転換不況期の 1992 年のソ連・中東欧諸国の 1 人当たり GDP は西欧中心国のわずか 27％（！）であった。21 世紀初頭の時点で南欧諸国の中心国への移行は見通すことができても、中東欧諸国の移行を見通すことはできないというのがベレンドの評価である。

　スペインとアイルランドの 1990 年代以降の経済発展が不動産バブルに起因するところが大きかったことが明らかになっている現在において、2003 年当時のベレンドの評価の甘さを指摘することができる。しかし、ベレンドだけでなく、多くの経済学者が同じ誤りをおかしていたことを指摘しておかないと不公平になるであろう。

　私は、2005 年の論文（堀林 2005）において、経済発展を測る際にベレンドには技術革命への適応を過大に評価する傾向がある点に留保を示したものの、彼の欧州経済格差構造の歴史論が概ね的を射た適切なものであると積極的に評価した。南欧債務、中東欧から EU 旧加盟国への労働力移動など、欧州経済格差と関わって起きている事象がクローズ・アップされてきている。その論点を取り扱う際に、ベレンドの以上のような整理を最低限押さえておくべきであろう。

(2) 欧州内地域格差——ロサーティとハイデンライヒの研究

ロサーティやハイデンライヒの地域格差に関する研究成果も貴重である。それは、中東欧内格差を含む欧州地域格差に関わる研究である。

ロサーティ（Rosati 2004）は、旧ソ連の欧州部を含む中東欧地域を3つの国別グループに分類し、そのグループ間格差ならびにEU旧加盟国（EU15）と3つの国別グループの間の経済格差を検討している。

3つの国別グループとは、①2004年にEUに加盟した中東欧8ヵ国（ヴィシェグラード4ヵ国、バルト三国、スロヴェニア）、②現在までにEUに加盟しているブルガリア、ルーマニア、クロアチアを含む南東欧諸国（ブルガリア、ルーマニア、クロアチア、ボスニア・ヘルツェゴヴィナ、マケドニア、アルバニア、ユーゴスラヴィア＝セルビアとモンテネグロ）、③旧ソ連欧州部4ヵ国＝CIS4ヵ国（ロシア、ウクライナ、ベラルーシ、モルドヴァ）である。これら「中東欧」諸国は、15ヵ国からなるEU旧加盟国グループ（EU15）と比べ経済発展水準が低い。「中東欧」のなかでも中東欧8ヵ国、南東欧諸国、CIS4ヵ国の間には格差がある。

中東欧のなかでは「中東欧8ヵ国」の発展水準が最も高く、「CIS4ヵ国」の発展水準が最も低い。2000年のEU15の購買力平価での平均1人当たりGDPが2万3652米ドルであるのに対し、中東欧8ヵ国のそれは6328米ドルで約4分の1、南東欧諸国のそれは4273米ドル、CIS4ヵ国のそれは3946米ドルであり、いずれもおよそ6分の1である。

ロサーティは、欧州内格差（「中東欧」内格差を含む）を見るにはGDPだけでは不充分であり、社会経済全体の格差を見る必要があるとしている。その点で国連開発計画（UNDP）が使用している「人間開発指数」を参考にした比較が有用である。そして「平均寿命」、「乳幼児死亡率」、「成人識字率」、「学校入学率」、「電話線普及率」、「インターネット・ホスト普及率」、「1人当たり電力使用量」、「二酸化炭素排出量」、「貧困率」などの複合統計による比較を行っている。中東欧8ヵ国および南東欧諸国グループの平均寿命は、EU15のそれと比べて5歳程度短いが、CIS4ヵ国になると10歳程度も短い。「平均寿命」は健康状態、医療水準、社会保障など多くの要

因に左右される。

　ソ連欧州部を含む中東欧の成人識字率、学校入学率は15のEU旧加盟国と比べて遜色ない数字であるが、それは人的資本に力を入れた社会主義時代の遺産の影響であると考えてよい。「電話線普及率」、「インターネット・ホスト普及率」、「1人当たり電力使用量」は生活・産業インフラの整備の度合いを示すものである。このいずれにおいても、中東欧はEU15に遅れをとっている。

　ところで、ロサーティは述べていないが、成熟した社会を持つ国ほど環境保全や貧困克服に熱心であることに留意すべきであろう。スウェーデンやドイツはいずれも環境大国であり、福祉大国である。こうして「二酸化炭素排出量」は少なく「貧困率」は低い。中東欧の二酸化炭素排出量はEU15よりもはるかに多く、貧困率（平均）は高い。2000年で言えば、EU15の貧困率は7.3%、中東欧8ヵ国10.6%、南東欧諸国22.5%、CIS4ヵ国は実に45.7%である。

　以上のように、狭い意味での経済発展水準だけでなく、人的資本、インフラストラクチャー、環境・福祉の関連指標も含めて見た社会経済発展、もっと適切な術語を使えば、社会の成熟度において中東欧はEU15に遅れをとっているのである。

　ところで、ロサーティは以上のような中東欧とEU15の間の格差と中東欧の3つの国別グループの間の格差を規定する重要なものとして、「資本主義（市場経済）の経験の長さ」（歴史）と、「ブリュッセルからの距離の近さ」（地理）を指摘している。EU15に属する国は、概ね中東欧よりも長い資本主義の歴史を有するとともに、「繁栄の象徴」としてのブリュッセル、すなわちロンドン、アムステルダム、フランクフルト、パリを結ぶ長方形内部の中心にある都市と近い位置にある。

　また、「中東欧8ヵ国」に属する国のうちハンガリー、ポーランドは社会主義時代に市場導入をともなう経済改革を経験しており、チェコは社会主義時代以前に相対的に発達した資本主義国であった。さらに、これら中欧諸国はブリュッセルに近く、貿易機会、先端技術や制度の模倣と導入の機会において、他の中東欧諸国よりも有利である。総じて、これらの歴史

的・地理的要因が社会経済発展・成熟の格差を規定するというのがロサーティの結論である。

　私は、政治家による政策選択が意味を持たないというわけではないと考える。また、社会主義か資本主義かという体制に関わる要因が社会経済発展・成熟に及ぼす影響が大きいことを否定するわけではない。しかし、長期的に見れば資本主義の歴史的経験、繁栄地に近い所に位置するか否かという地理的要因が、社会経済的発展・成熟にとって最も重要であるとするロサーティの見解に反論するのは困難であると考えている。

　私も含め経済学者は、短期的な政策の効果や副作用、体制との因果関係などの観点から、すなわち手法が確立しており、計量化可能な筋道で経済発展の問題に答えようとする傾向がある。深層で社会経済を規定している「歴史」、「習慣」、「集積の利」などを見逃しがちであるから、上記のロサーティの分析（さらに上のベレンドの分析）から大いに学ぶべきである。

　さらに、社会経済発展と成熟は、資本主義の経験だけでなく民主主義、もっと広くとらえれば市民社会・文化の成熟に規定される度合いも強いことを指摘しておきたい。すでに述べた環境や貧困に関わる指標のほか、後で見るような雇用・労働に関わる指標においても、民主主義・市民社会の成熟度が先進国と後発国の差を規定する要因となっているからである。

　さて、経済発展格差は国単位であるばかりか、国境を越えた地域間でもみられることは、EU（EC）では早くから認識されていた。それをふまえ、構造基金を通じた地域政策が展開されてきた。東方に拡大したEU域内の地域格差については、ハイデンライヒの研究が鮮やかにその姿を描写している（Heidenreich 2003）。それによれば、欧州地域は以下の「4つのクラスター」に分類される。

　① サービス産業が発展している大都市行政地域。1人当たりGDPが最も高いブリュッセルとロンドン。次いで高いパリ、ハンブルク。1人当たりGDPがEU15平均並みのベルリン、ウィーン、プラハ。
　② 中核工業およびサービス産業地域。アントワープ、シュトゥットガルト、ブラスチスラヴァ、ブダペスト、ブカレストなど。1人当たりGDPはEU15平均に近い。

③　「周辺」のサービス志向地域。東ドイツ地域、南イタリア・スペイン・フィンランドの斜陽地域、フランス海外領・ポーランド・ブルガリア・スロヴァキアの脱工業化地域。
④　「周辺」農工地域。バルト三国、チェコ、ハンガリー、ルーマニア、ブルガリアの工業地域。ギリシャ、スペイン、ポルトガルの農業地域。ルーマニアの農業地域。

　ハイデンライヒは、EU15の人口の80％が上記の①と②、すなわち繁栄地域に居住するが、中東欧人口のうち繁栄地域に住むのは8％に過ぎないと述べ、中心国と周辺国の格差を指摘する。他方で、そのなかでもワルシャワ、プラハ、ブラチスラヴァ、ウィーン、ブダペストと繋がる「中東欧シティベルト」地帯に住む人々は繁栄を享受しているとする。

　さらに、一般に中東欧地域のなかで、首都と外資系企業が立地する西側諸国との国境地域は資本主義化における「勝者」であり、対照的に社会主義工業化の時代に形成された工業地域、特に石炭・鉄鋼・軍事に特化してきた工業地域は資本主義化にともない衰退した「敗者」であったとしている。

　私は、ハンガリーの友人・知人から「資本主義化の悲惨をブダペストでもみることができるが、外資参入でブダペストの街もきれいになっている。本当の悲惨を見たいなら、西側国境地域の町を除く田舎──ハンガリーではブダペスト以外はすべて「田舎」である──に行く必要がある」との指摘を何度も受けた。たしかに、ハンガリーのなかでブダペストおよび西側諸国と国境を接しており外資が進出している地域と、その他の地域の間の格差の問題は大きい。

　東欧革命以後の貧困、所得格差を見る際に、こうした地域格差を念頭に置いておく必要がある。地域格差問題が政治に影響を及ぼしていることにも留意すべきである。ナショナリズムに引き寄せられる有権者は、発展から取り残されている所のほうが多い。それはハンガリーなど中東欧だけでなく、西欧でもみられることである。2016年だけとってみても、春のオーストリア大統領選挙や6月のイギリスの国民投票においてナショナリズムの影響を受ける度合いは、ウィーンやロンドンにおいては地方都市・

農村と比べ小さかった。ナショナリズムが排他主義になり、国民国家間の衝突につながるような事態を避けるためには、地域間格差の是正が不可欠である。この点を強調して、中東欧資本主義研究動向の要約・紹介を終え、次に中東欧福祉システム変容に関する研究動向を見てみる。

II　中東欧福祉システムの研究動向

　名前は記さず、一人のハンガリー人美術史家とする。彼女との出会いは1985年、所はブダの王宮博物館グランド・フロアの展示会場であった。王宮博物館はゲレルトの丘、ヒルトンホテルなどと並ぶブダの王宮付近の観光地の一つである。セーチェーニ橋（鎖橋）のブダ側の端からケーブル・カーで丘に登るとすぐ傍に博物館はあり、博物館前からドナウ川を見下ろすと川の向こう岸（ペスト側）はインターコンチネンタル・ホテルである。当時、20代半ばであった彼女が、画家の父親の個展を開くため日本を訪れたことがあると私に話しかけてきたのが、長い付き合いの始めであった。

　それから数年の間に、彼女は子どもを2人授かり、上の息子は現在20歳代半ばでグラフィック・デザイナー、20歳過ぎの娘が女優の卵で修行中である。彼女の父だけでなく、兄も画家、そして兄の子どもたち、すなわち彼女の甥と姪の多くも画家かデザイナーである。但し、彼女の配偶者は私が会った当時は技術系ホワイトカラーであった。現在彼は、美術史家の配偶者と共にブダペスト郊外の山里の村に住み、「エコロジスト」として農業を営んでいる。

　私は、美術史家、その配偶者、子どもたちからなる狭い家族を越えて、彼女の両親、兄一家を含む広い家族と30年にも及ぶ長い期間付きあってきた。芸術家としての共同作業の必要もあるだろうが、彼女の一家のメンバーは頻繁に会い、一家の友人も呼んで賑やかな食事を共にし、そのような機会によく私を招待してくれた。

　彼女とその一家、そしてその友人たちとの交友を通じて私が学んだこと

は計り知れないが、その一つはハンガリー社会主義の肯定面である。作り上げた社会主義に問題と否定面が多かったとはいえ、独力で革命を行ったロシア、中国、ユーゴスラヴィアの人々が、その革命にもとづいて築かれた社会主義に成果を見出すことはそれほど難しいことではない。それに対して、共産党の力がそれほど強くなく、それを支持する国民もそれほど多くなく、ソ連という「外圧」で社会主義体制が築かれたと言える国々（多くの東欧諸国）において、一般の国民が「社会主義体制の成果」を見出すことは困難である。ハンガリーの場合もそうである。

一党支配の導入、言論・出版・結社の自由など市民的・政治的自由の抑圧・制限、農業集団化、重工業の優先的成長戦略、成長戦略とも結びついた消費財の供給不足などスターリン主義的政治経済から肯定面を見出すことは、東欧の国民にとって難しいのである。それは東欧諸国を対象とする私のような研究者にとっても難しいことである。1956年の反スターリン化の国民運動が鎮圧された後、カーダールが進めた経済改革を中心とするハンガリーの非スターリン化施策も、政治体制の民主化につながる可能性を持つという点で評価できたし、スターリン時代（ハンガリーの指導者名で言えば、ラーコシの時代）の政治経済との比較では積極的に評価できるとしても、それは「社会主義体制の成果」という性格を持つものではなかった。そして、私が1980年代後半のブダペストでの滞在と生活で経験した限りで言えば、ハンガリーの人々のカーダール政治に対する評価は両義的であった。

カーダール政治は、「ソ連との妥協」、「党・国家官僚との妥協」、「国民との妥協」という「三重の妥協」であると特徴づけられていた。そして、人々はカーダール政治の「国民との妥協」の側面を肯定的に評価していた。けれども、国民はカーダールが1956年の自発的民主化運動を鎮圧した人物であること、ソ連軍と対峙した臨時政府のイムレ・ナジ首相を死（処刑）に追いやった側にいた人物であることを忘れたわけではなかった。

カーダールが1988年にハンガリー共産党トップの地位を退いた後、共産党の新指導部は1956年の出来事の評価を「反革命」から「人民蜂起」に変更した。そして、1989年6月4日にはナジ首相の名誉回復のための

II 中東欧福祉システムの研究動向

改葬式が開催された。市民で埋めつくされた改葬式に私も参加した（当日の模様の詳細は、堀林 1990 を参照されたい）。現在のハンガリー首相オルバーン（当時、法学徒）を含む多くの人物のスピーチを聞きながら、私はその式が 1956 年の「復権」の式、カーダールが慎重に避けてきた自由選挙、一党支配廃止、複数政党制導入、市民権・政治権保障などの実施に進む決意表明の場であり、カーダール政治との訣別の場であるとの思いを強くした。こうした経緯をふまえ、カーダール時代も含めた「ハンガリー社会主義の成果」について語ることは、私には難しかったのである。

私がハンガリー社会主義にも肯定的成果があったのではないかと考え出したのは、上でふれた女性美術史家の一家との交流を通じてである。彼女の父と兄の 2 人の画家、そして彼らの友人たちは旧共産党（後の社会党）の支持者であった。みな幅広い教養をそなえた人物であり、出世主義者でなく、人々の生活改善や平和を願い活動する社会主義者であった。ハンガリー社会主義の成果について思いめぐらしていた私に対する美術史家の父、画家の回答はシンプルかつ説得的であった。

「ハンガリー社会主義がなければ、才能があっても貧しい家庭の出身者の私のような人物が絵描きになることはできなかった」。

私がハンガリー福祉国家を社会主義の成果と考えるようになったのは、美術史家の父の上のような言辞と、1990 年代に行われた「コルナイ vs. フェルゲ論争」に対する私の評価が結びついた時であった。

研究のための滞在を始めたハンガリー社会主義最終局面にあたる 1980 年代後半の時期ではなく、社会主義から資本主義への転換政策がとられていた 1990 年代に、私は「社会主義の成果」に気づいたのである。そうしたタイムラグは、私の学問的怠慢からきているのであろう。しかし、ハンガリー国民のなかで私と同じような経験をした人もいるのではないか、との実感を私は持っている。

1990 年代の資本主義への転換のなかで不況が起き、福祉を削減する施策がとられた。そのなかで「失われたもの」と「失われようとしているもの」が何であるのかもはっきした。その時点で、自分たちにとっての社会主義の意義と成果を認識したハンガリー人がいた。それは少ない人数では

第2章　中東欧資本主義と福祉システムの研究動向

なかったと私は考えている。社会主義福祉国家の評価は、「コルナイ vs. フェルゲ論争」で論点の一つとなった。

　以下では、「東欧革命」以後の福祉システムに関わる研究動向を概観する。最初に1990年代のハンガリーでなされた「コルナイ vs. フェルゲ論争」をみる。中東欧の「社会主義時代の福祉システム」、「資本主義化と福祉」といった大きな論点が議論の焦点となったからである。次いで、中東欧の福祉への国際機関の関与に関するディーコンらの優れた研究を取り上げる。最後に、1990年代後半から盛んになった拡大欧州、いわゆる「古い欧州」と「新しい欧州」の社会経済と福祉に関わる比較研究を取り扱う。これらの研究のほかにも有意義な研究はある。それについては、本書第3章と第4章で紹介・検討する。

1　社会主義の成果か「時期尚早の福祉国家」か
──「コルナイ vs. フェルゲ論争」

　社会主義から資本主義への転換政策の実施、それにともなう大不況の発生によって失業者増加・貧困化・平均寿命の短縮など社会的にネガティブな現象が、旧ソ連・中東欧地域で見られるようになった。経済学者や社会学者はそれを「転換の社会的コスト」と呼んだ。ハンガリーのフェルゲなど社会政策専門家は転換の社会的コストを和らげるため、失業給付・社会扶助・家族手当・年金給付等の社会保障制度、福祉国家充実を政策当局に求めた。

　ハンガリーでは、1990年春の自由選挙の結果を受けて民主フォーラム主導の中道右派政権が成立していた。同年秋には、その政権が実施した燃料価格引き上げに反対するタクシーとトラック運転手による大規模ストライキが起きた。燃料価格引き上げは、価格補助金削減・価格自由化という資本主義への転換政策の一環であった。大規模ストは、転換始発期の資本主義化反対運動の性格を有するものであった。

　ハンガリーに対して構造調整融資を行っていたIMFと世界銀行は、その融資条件として社会給付資格制限・各種補助金削減などを通じた財政均

衡をハンガリー政府に提示していた。エネルギー補助金は、国民生活保障と関連する社会主義の施策であった。ブレトン・ウッズ機関は「社会主義の遺産」の払拭が資本主義への道であるとのメッセージを送ったのである。エネルギー価格引き上げは資本主義に向かう第一歩であった。

　中東欧のポスト社会主義政権がブレトン・ウッズ機関やその意を体現する外国人アドバイザーの勧めの言いなりになるなら、ハンガリーの上記ストライキに示されるような国民からの反発を受けることが充分に予想された。そこで、社会主義の遺産を清算しながら、エスニック・ナショナリズムに訴えることで人々を分断し、政権延命を図る方向をとったのがラトヴィア、エストニアの政権であった。これに対して、自主管理の遺産を生かしながら旧西側諸国に近い社会保障支出水準を保つ転換政策をとったのがスロヴェニアの政権であった。どの程度福祉国家を継承するかをめぐって政治が揺れたが、1990年代を通して見た場合、社会主義時代の遺産、とりわけ福祉国家の遺産を可能な限り残そうと試みたのがヴィシェグラード諸国であった。これが上で見たように、ボーレ／グレシュコヴィッチのポスト社会主義の中東欧の資本主義化の多様性の分類の視点であり、それは的を射たものであった。

　大規模ストの後のハンガリーについて言えば、1990～93年の期間の民主フォーラム主導政権は、フェルゲが肯定的に評価しているように社会保障支出水準を劇的に下げるような政策はとらなかった（Ferge 1997a）。

(1) コルナイの「時期尚早の福祉国家」批判

　このようなスタンスのハンガリーの最初のポスト社会主義政権を批判したのが、経済学者コルナイであった。彼は、ハンガリーは社会主義時代からGDPの水準に相応するよりも高い水準の福祉支出を行ってきたし、政治転換以後の非共産党政権のもとでもこれが改められていないとする「時期尚早の福祉国家」批判を1990年代初めに行っていた（Kornai 1992b）。

　その後、彼は上で見たように「成長へのハーフターン」を唱える転換不況論を発表した。コルナイは需要創出の必要も知っていたのだから、1994年に政権に復帰した社会党（＝旧共産党改革派継承政党）主導政権

が1995年に提示した財政緊縮を中心とする一連の政策、いわゆる「ボクロシュ＝パッケージ」に与さないと思われても不思議ではなかった。しかし、彼は「時期尚早の福祉国家」論を再度持ち出し、1995年頃から緊縮政策擁護の論陣を張った（Kornai 1995; 1997）。

　後で振り返って、研究人生のなかで「時期尚早の福祉国家論」提示の時ほど多くの批判を受けたことはなかったとコルナイは述べている（コルナイ 2016）。そのとおりであった。ハンガリーの経済学者のなかで「時期尚早の福祉国家論」を持ち出し、コルナイを擁護し、彼の立論を裏づけるような研究をした人の例を私は知らない。むしろ、その立論に疑問を呈する経済学者や社会政策専門家の研究を目にすることが多かった。国際的名声を誇り、ハンガリーでも尊敬されているコルナイであるが、「時期尚早の福祉国家」論には支持が少なかったと言える。

　コルナイの「時期尚早の福祉国家論」を中東欧社会主義の経験のみならず西側福祉国家の経験とも関連させ、最も説得力のある批判を行ったのがフェルゲであった。コルナイとフェルゲの間での論戦が「コルナイ vs. フェルゲ論争」との名を付して呼ばれているかどうか私は知らない。しかし、多少なりともポスト社会主義中東欧の経済と福祉に関する知識と関心がある研究者なら、それが「時期尚早の福祉国家論」に関わる論争であるということに気づくはずである。また、そのような研究者なら、論争に触発されて、当該論争が社会主義の意義とどのように関わっているのか、その論争がポスト社会主義国固有のものか、それとも先進国の福祉国家・福祉政策論争とオーバーラップする論争であるのかどうかなどの論点について思いをめぐらしたことであろう。そこで、そうした論点を念頭に置きながら、当論争を概観してみる。コルナイの立論の要点、それに対するフェルゲの批判の順に進む。

　コルナイが時期尚早の福祉国家と呼ぶのは、経済の発展段階に見合わないという意味で過度の公的支出がなされている福祉国家である。社会主義国がいつ時期尚早の福祉国家になったかというような一般的な定義をコルナイが行っているわけではない。もっと具体的に、コルナイはカーダール以降のハンガリー、特に1970年代以後のハンガリーを「時期尚早の福祉

国家」の例として挙げている。この時期に福祉支出が拡充されたからである。そして、時期尚早の福祉国家は、社会主義時代の 1980 年代のみならず、資本主義への転換期の 1990 年代の前半期のハンガリーでも保持されているとコルナイは述べた (Kornai 1995)。

厳密に区分しているわけではないが、コルナイは、「時期尚早」の問題点と「福祉国家」の問題点の双方を指摘している。「時期尚早」から来る問題点は、経済が生み出す余剰は一定であるから、時期尚早の（＝過分な）福祉支出がなされる結果、必要な投資が妨げられることであるとする。さらに、再分配を通じて過度に大きな集団的消費・サービスが実施されると労働動機を損なうことも問題である。そして、社会主義時代と、その時代の遺産を継承しているハンガリーの福祉国家、福祉サービス供給は排他的国家独占であるため、個人の選択の自由を妨げていることも問題であるとコルナイは述べている。

私は「時期尚早の福祉国家」というコルナイの立論に与しないが、カーダール時代にハンガリーの福祉国家が拡充されたという事実が彼の議論の基礎になっている点については、事実を反映したものであると考えている。2000 年代になって中東欧の福祉システムの歴史を検討した本格的な研究書の刊行が相次ぎ（最高の成果は、Inglot 2008）、中東欧の福祉を歴史的に考察する共通の学術的基礎が固められてきている。それをふまえて、ここで中東欧の福祉国家の歴史を簡単に振り返っておけば、次のとおりである。

(2) 中東欧とハンガリーの福祉システムの推移

社会主義時代に東欧と呼ばれた諸国の多くは、古くはオーストリア・ハンガリー二重帝国の支配下にあり、19 世紀の末から 20 世紀の早い時期にかけてビスマルク型の社会保険を導入していた。次いで、東欧諸国は第二次世界大戦以後、戦争期に破壊された社会保険を再建するとともに、それを社会主義的に改編する方向で「福祉システム＝国家的生活保障システム」を再編した。小森田 (1998) の言を借りれば、それは「労働を起点とする生活保障システム」であった。小森田は、それをポーランドの社会

主義福祉システム規定として用いているが、他の東欧諸国の社会主義福祉システムの規定として用いても適切である。

「労働を起点とする生活保障システム」は、以下の特質を有する。①生活保障システムの根幹をなす完全雇用、②国家財政と不可分であるが社会保険型の年金制度、③医療の普遍主義的サービス、④医療・育児サービス、住宅供給を含む企業の広範なフリンジ・ベネフィット、⑤女性の高い就業を保障する家族・育児給付および育児サービス・休暇制度、⑥生活必需品に対する広範な価格補助である。エスピン-アンデルセンは、社会主義福祉レジームを、①完全雇用、②広範な普遍主義的所得支持プロジェクト、③企業ベースのサービス供給および様々なフリンジ・ベネフィットからなると特徴づけた（Esping-Andersen 1996b）。

ところで、重要なことは、こうした社会主義福祉システムが中東欧の非スターリン化過程において拡充されたということである。コルナイは、カーダール主義が1956年のような国民的抗議を生み出さないために考案された国民に対する譲歩だと述べ、福祉支出・サービスの拡充を譲歩の一環としてとらえているが（kornai 1995）、そのとおりである。ハンガリーでは1956年の「人民蜂起」があったため譲歩が顕著な形で現れたが、他の東欧諸国でも非スターリン化時代ないしはポスト・スターリン時代に福祉支出・福祉サービスは拡充された。コルナイの「時期尚早の福祉国家」は、直接にはハンガリーについて述べたものであるが、それを社会主義福祉国家規定として用いる意図が彼にあるとしても誤りではない（コルナイ2016参照）。

ハンガリーの福祉拡充について言えば、次のようであった。年金制度については、戦前に発足していた社会保険型の制度が戦後に再編・拡充された。国家財政で賄われる国家公務員向けの年金制度が1885年に発足していたが、1929年にホワイトカラー、ブルーカラー向けの社会保険型の制度が創設された。給付建ての積立年金であり、保険料は使用者と被用者双方が負担した。ビスマルク型年金である。しかし、この時点では公的年金は農業者を包括していなかった。1938年に農業者向け公的年金も発足するが、第二次世界大戦中に年金基金が保有する資産の大半は失われた。ま

た、残った資産も戦後のインフレで価値を失った。

　社会主義化始発期の 1949 年に公務員、ホワイトカラー、ブルーカラーごとに分立していた年金保険が統一され、賦課方式の年金制度となった。1961 年になると、農業協同組合員にも年金制度が適用されるようになった。こうして、1965 年に年金保険の被保険者の対人口比は 97％ となり、社会保障法が制定された 1975 年には 100％ となった。

　年金制度の成熟に加えて、医療サービスの普遍化と有給出産育児給付・休暇制度の充実が福祉拡充の内容として重要であった。1967 年に有給の出産育児休暇制度が導入され、1968 年に休暇期間が当初の 2 年半から 3 年に延長された。1975 年の社会保障法の制定によって、医療サービスは従来の公的保険ではなく、国家財政によって賄われる普遍的なサービスとなった（社会主義時代のハンガリーの福祉国家については、Ferge 1979）。

　コルナイの議論に戻って言えば、ハンガリーの福祉国家がカーダール時代に充実したのは事実であった。しかし、それだけでは経済発展段階を上回るほどの福祉支出であったのかどうかの証明にはならない。コルナイ自身はその証明はしていない。コルナイにあっては、経済発展段階と福祉支出に厳密な相関関係があるかは自明のことであったようである。

⑶　フェルゲのコルナイ批判

　コルナイの「時期尚早の福祉国家論」には様々な論点が含まれているが、社会政策の専門家で西側先進国の動向に詳しいフェルゲのコルナイ批判は、コルナイの議論の「急所」を突くものであった。社会政策の専門家には自明のことでも、経済学者が知らない事柄を正しく指摘していたからである。

　フェルゲは、国際的経験に照らして言えば、経済発展水準に見合う社会保障支出水準などというものは存在しなかったし、現在でも存在しない。社会保障支出の規模は政策当局の志向に対応して国際的に多様であると指摘した。その指摘は、福祉国家の歴史を見れば正しいものである。

　『福祉資本主義の三つの世界——比較福祉国家の理論と動態』（Esping-Andersen 1990）において、エスピン – アンデルセンは労働組合や社会民主主義勢力の力が強く、労働力の「脱商品化」志向が強い北欧の「社

会民主主義」型福祉国家において社会保障支出水準が高く、福祉の分野においても市場＝民間セクターを重視する志向が強いアメリカの「自由主義」型福祉国家では社会保障支出水準が低いと指摘しているが、北欧の福祉国家とアメリカの福祉国家の大きさが違うのは経済発展水準のためではない。また、「保守主義」型福祉国家の社会保障支出水準（対 GDP 比）は、一般的には北欧の「社会民主主義型」福祉国家の社会保障支出水準よりも低いが、保守主義型のフランスの社会保障支出水準はスウェーデンなど社会民主主義型諸国のそれと肩を並べている。そのこともまた経済発展水準の差に起因するものだとは言えない。

　経済発展水準と福祉支出水準を短絡的に結びつける議論に説得力がないことは、上のことからも明らかである。フェルゲはエスピン－アンデルセンの著書や現在の各種統計にもとづいてコルナイの立論を批判しているのではないが、その論文を読めば、彼女のコルナイ批判の一つは、私が上で述べたような事実をふまえたものであることは明らかである（Ferge 1995; 1997b）。

　私はコルナイの「不足の経済学」には敬意を表するが、「時期尚早の福祉国家論」は立論の根拠が弱いものであると考えている。しかし、彼の議論をきっかけにフェルゲなど社会政策専門家が社会主義福祉システムの功績と問題点を正面から論じることになった点で、コルナイの議論には貢献があったと考えている。

　ところで、フェルゲは、ハンガリーの社会主義福祉国家は「福祉国家」であることによって社会改良に貢献したが、他方で一党独裁という社会主義政治システムという問題点と限界を抱えていたと考えている（Ferge 1997a）。言われてみればそのとおりなのであるが、社会政策の研究をふまえていない経済学者は福祉国家の独自の意義を見失う危険を持つので、心しておく必要がある。

　フェルゲがコルナイ批判のみならず、かつて IMF 理事であったカムドシュなどを批判するのは、これらの福祉削減論者が歴史を学んでいないと彼女が考えるからである。フェルゲは次のように問題提起する。思い起こすがよい。「300 万の乞食の国」と言われた貧しい農民を抱えるハンガ

リーにおいて、社会主義国家が「時期尚早」だからという理由で無償の医療・教育を提供せず、完全雇用や年金制度によって所得保障をめざすことをしなかったら、いったいどうなっていたのかと。

社会主義福祉国家は、社会政策の実施によって貧困を削減し、人的資本を開発した点では評価されるものである。国家社会主義の限界と問題は、政治システムの非民主性にあったのである。これがフェルゲの解答である(Ferge 1997b)。これに反論できる論理と証拠があるであろうか。ないであろう。フェルゲの議論は現在では常識のように思われるが、福祉削減が流行になっていた1990年代には常識とみなされていなかった。

現在、人間開発指標が重視され、健康・教育・就労機会が人間の生存条件改善において決定的であるとされている。国家社会主義に欠点があったことは多くの人が認めるとおりであるが、それが無料の医療・教育・完全雇用を提供したという事実も忘れてはならないというのがフェルゲの主張であった。彼女は独立志向の専門家であり、国家社会主義時代にもコルナイと同様に体制批判者であった。

2人の違いは、おそらくコルナイが経済学者であり、フェルゲが社会政策の専門家であった点にあると私は考えている。スティグリッツが述べているように、経済学者は効率に偏りがちであり、まともな常識とかけ離れることがある（Stiglitz 2012）。おそらく、時期尚早の福祉国家論を唱えた時のコルナイはそうであったのであろう。

私自身も、友人の美術史家の画家の父の言と、コルナイ vs. フェルゲ論争におけるフェルゲの立論に出会うまでは、社会主義国家における社会主義福祉国家の独自の意義について考察していなかった。しかし、上で述べたように資本主義への転換期の不況、国際機関が福祉削減を中東欧諸国に提言するのを目のあたりにしながら、社会主義時代の福祉国家の肯定的側面に気づいたのである。同じような人は、私の周囲のハンガリー人にも少なからずいた。このコルナイ vs. フェルゲ論争が注目されていた1990年代後半の時期は、カーダールの「ソフトな社会主義」への郷愁を口にする人が少なからずいた時期でもあった。

2　中東欧福祉システムの変容と国際諸機関の役割――ディーコンらの見解

　私が研究のためブダペストに滞在し始めたのは1980年代半ば、所属先はハンガリー科学アカデミー経済研究所であった。コルナイは当研究所の研究員であった。その後、彼は長らくハーヴァード大学での研究教育とハンガリーでの当研究所での研究の二重生活を送るようになる。社会主義時代からコルナイは冷戦の壁を超えて東西双方の研究者と交流しつつ研鑽を積んできた。フェルゲもまた旧西側の研究者と共同研究を行うなど、社会主義崩壊以前から国際舞台で活躍している研究者であった。

　そのフェルゲの旧西側の共同研究者の一人が、イギリスの研究者ディーコンであった。フェルゲがまだハンガリーの名門、オトボシュ・ローランド大学公共政策学部に勤務していた頃、彼女の大学研究室でディーコンが中心となって書いた著書、*Global Social Policy: International Organizations and the Future of Welfare* (Deacon et al. 1997) が話題となったことが記憶にある。当著は、国際諸機関の社会政策および福祉システムに対する考え方・スタンスと世界への関与、とりわけポスト社会主義諸国への関与を、豊富な文献とインタビューにもとづいて跡づけた優れた研究書である。

　私と同様に、フェルゲがディーコンを評価し、「彼は良い本を出した」と述べたことが、今も印象に残っている。クラインが『ショック・ドクトリン』(Klein 2007)でそうしたように、中南米諸国、旧ソ連・中東欧諸国に対するIMFと世界銀行の経済政策・社会政策面での関与と帰結を検討する試みは多い。しかし、ブレトン・ウッズ機関のほかにILO（国際労働機関）、OECD（経済開発協力機構）、UNICEF（国際連合児童基金）、UNDEP（国連開発計画）など国際機関、欧州評議会、EU、EBRD（欧州復興開発銀行）などの欧州関係機関の政策的見地と個別国民諸国家とのかかわりまでを綿密に調査し、国際諸機関と国民国家の間の緊張関係と協力の関係をディーコンらのように深く掘り下げ分析した研究は少ない。

　旧ソ連・中東欧諸国の社会主義から資本主義への転換の際には、多くの

国際機関が関与し、様々な分野の異なる見地に立つ専門家が国際機関所属メンバーとして活動した。個別国民国家への勧告・提言において国際機関の間の立場の相違が明瞭に表れたのは当然であるが、逆に立場の相違が思われているよりも小さいことが判明した場合もあった。

また、特定の国際機関のなかに異なる立場があることも明らかになった。スタンディング（Standing, G.）がILOの中東欧チームのリーダーとなって活動し、バー（Barr, N.）やスティグリッツ（Stiglizt, J.）が世界銀行の要職に就いたことにより、旧ソ連・中東欧地域の資本主義化のための政策的選択肢をめぐり世界銀行内部で不協和音が生じた。それは官僚でない「自由な学者」が組織で働いたことの帰結であった。しかし同時に、不協和音は大なり小なり現実に存在する政策選択肢をめぐる緊張を反映するものであった。

私は、1992年にブダペストに創設されたILO中東欧チーム事務所に足繁く通い、チーム・タッフと懇談を積み重ねた。また、世界銀行の社会政策関係の研究スタッフであるハンガリー人とも意見交換をした。こうして、国際諸機関のポスト社会主義地域での活動に関してある程度の知見を有していた。しかし、それを体系的に整理できたのは、上記のディーコンらの著書を通じてであった。ディーコンらの叙述は私の体験と一致していたことから、私はそれを信頼に足るものとみなすことができた。

以下ではディーコンらの研究（Deacon. et al. 1997）を中心にしつつ、他の研究にもふれながら、国際諸機関の社会政策・福祉システムに関わる言説、ポスト社会主義国への関与の概要を示す。

(1) ブレトン・ウッズ機関

中東欧の社会政策・福祉システムへの国際諸機関の関与を検討する際、脱社会主義化の始発点において旧西側陣営が「マーシャル・プラン」級の大がかりな援助ではなく、IMF主導の援助メカニズムを採用したことへの留意が重要である。サムエリは、1948〜49年当時は「共産主義の脅威」がアメリカ国民（納税者）に西欧支援（マーシャル・プラン）を納得させたが、1989年の冷戦終結は中東欧への大がかりな援助の根拠を失わ

せたと指摘している（本書第3章参照。Szamuely 1993）。こうしてマーシャル・プラン級の援助は行われず、旧西側の旧東側援助のうち重要なものは途上国向け援助スキームと同じ方式で実施されるところとなった。

すなわち、大野の研究が明らかにしているように、マクロ安定化と構造改革実施を条件としてIMFが融資を行い、国際金融界（世界銀行、融資を行う先進国・民間金融機関）がそれに呼応するという援助方式となったのである（大野 1996）。

IMF・世界銀行というブレトン・ウッズ機関が、新自由主義志向の強い国際機関であることはいうまでもない。IMFはマクロ安定化を融資条件として融資を行うが、マクロ安定化は緊縮財政を通じて社会保障に影響を及ぼすので、その融資には社会政策的含意がある。このようにIMFの融資に社会政策的含意があるのだが、融資に際して社会保障改革など直接に社会的条件を課すのは世界銀行である。

ディーコンらは、IMFは緊縮的マクロ安定策を要求する代表的国際機関であるが、アフリカやラテンアメリカに対する構造調整計画とは異なって、ポスト社会主義地域ではマクロ安定化と貧困の緩和を結びつけようとする志向を示してきたという評価を下している。後でも述べるように、社会主義福祉国家を経験した中東欧地域では福祉削減に対する国民の抵抗は強く、IMFといえどもこうした抵抗を無視するわけにはいかなかったと言えなくもない。しかし、IMFが貧困緩和も重視したと言っても、IMFは社会支出の増加に慎重であったこと、貧困緩和の方法としてワークフェアを強く支持する言説をとってきたことをディーコンらは見逃していない（Deacon et al. 1997）。

中東欧地域の関与をめぐって注目すべきは世界銀行であるとディーコンらは指摘し、次のように記している。世界銀行内部で中東欧の社会政策方向づけをめぐって対立が存在した。一方に、バーのような世界銀行のスタッフで欧州出身、「保守主義・コーポラティズム」を代表する見解があり、他方に米国出身のフォックスに代表される「米国自由主義・残余モデル」を主唱する見解が対立し、進言される政策内容が揺れ動いてきた。たとえば、1994年に世界銀行は年金制度の民営化を推奨する刊行物『高齢

危機の回避』(World Bank 1994) を出版したが、同年に刊行された世界銀行中東欧部門スタッフのバーが編者となっている著書 (Barr 1994) では、賦課方式の公的年金制度の意義・長所が強調されていた。

また、社会主義から資本主義への転換を分析した世界銀行の 1996 年の刊行物『計画から市場へ』(World Bank 1996) には、単純な新自由主義ではない「欧州保守主義モデル」や「社会的リベラリズム」など、欧州の研究者に馴染みの深い見地に立つ叙述が見られる。それは、ディーコンらの観察によれば、世界銀行が「社会主義の遺産」に直面して、経済・社会政策面で大きな影響を受けたことを示すものであった (Deacon et al. 1997)。

(2) 国際労働機関 (ILO)

新自由主義志向の強い世界銀行のなかでの見解の相違に関するディーコンの指摘は誤っていない。しかし、中東欧諸国民から見れば、世界銀行は IMF と並んで社会保障支出削減を含む緊縮政策や年金制度民営化を迫る国際機関の代表格として現れた。そして、これに対抗し、欧州先進国の労使関係・福祉システムをポスト社会主義諸国に根づかせようと最も精力的に活動したのが ILO (国際労働機構) であった。上述したように、ILO は 1992 年にブダペストに中東欧チームの事務所を設けた。それ以後、中東欧各国における政労使三者協議制度樹立と機能化、世界銀行の働きかけで進む中東欧地域での公的年金縮小・民営化に対する反対のための啓蒙などで ILO は大きな役割を果たした。

ディーコンらの著書が指摘するところによれば、中東欧社会政策提言をめぐって世界銀行内部に対立があったように、ILO 内にも不一致があった。中東欧チーム初代のリーダー、スタンディングは「市民所得」構想を中東欧に適用しようと企図したが、ILO の公式方針とならず、その試みは挫折した。「市民所得」は後でふれる欧州評議会、そして欧州の社会政策専門家の間でも広く議論の対象となっている構想であり、就労の有無を問わず、市民権にもとづき個人に基礎的所得（ベーシック・インカム）を保障するという構想である。1986 年に「基礎的所得欧州ネットワーク (BIEN)」が発足し、定期的に国際会議を開催している。フェルゲもそこで報告を

行っている。

　ILOの方針は大陸欧州型福祉国家を中東欧地域で定着させることであり、スタンディングの中東欧での市民所得実施構想は挫折したが、興味深いのは旧西側における社会政策専門家集団内の議論がILOのような国際機関に波及しており、また、それが旧東側専門家の間でも議論の対象となっていた事実である。私は、中東欧チームのリーダーたちと議論したが、初代所長スタンディングとは議論の機会がなかった。スタンディングの構想についてはディーコンらの著書で知り、その後チーム・メンバーとの懇談の時に確認したが、事実であった（Deacon et al. 1997; Deacon 1999）。

(3) OECD、UNICEF、UNDEP、欧州会議

　ディーコンらが指摘している他の重要な国際機関としては、OECD（経済開発協力機構）、UNICEF（国際連合児童基金）、UNDEP（国連開発計画）、欧州評議会がある。これら国際機関の社会政策上のスタンスと中東欧地域への関与については以下のとおりである。

　パリに本部を持つOECDは、1980年代初めに社会政策が成長の阻害要因であるとする「負担としての福祉」の考えを打ち出し、労働分野を含む規制緩和の提言を行ってきた。この点から見れば、OECDの立場はブレトン・ウッズ機関の立場と類似性を持つ。他方で、OECDは人的資本開発を重視しており、「社会投資戦略」志向が強い。それは、1998年のOECD報告『高齢化社会における繁栄の維持』（OECD 1998）が、高齢期の就労を可能にする生涯学習のシステム構築を提言していることからも明らかである。

　OECDのポスト社会主義地域への関与について言えば、「社会的リベラリズム」の立場からのものであるとディーコンらは指摘している。ここで「社会的リベラリズム」とは、経済均衡の要請と社会的要請をバランスさせるという立場である。たとえば、OECDは1995年に『ハンガリーの社会・労働市場政策』を刊行したが、そこでは財政的制約のなかでも社会的苦痛の少ない移行方法を探究すべきであるという立場が示されている。具体的に言えば、家族手当支給の際のミーンズ・テスト（所得・資産テス

ト）を排除しないが、突然のミーンズ・テスト導入には反対し、また家族手当に基礎的手当部分を設定し、それについては普遍的給付を行うことを提案している。

OECD は、ブレトン・ウッズ機関と ILO の中間に位置する社会政策スタンスをとっていたと言えよう。実際において、OECD は ILO とリストラクチャリングと社会問題の関連を主題とする会議を共催するなど関係を保ってきた (Deacon et al. 1997; Deacom 1999)。

なお、OECD は先進国クラブと呼ばれるが、1990 年代半ば、この国際機関に中東欧からチェコ、ハンガリー、ポーランドの 3 ヵ国が加盟したことも重要である。これら中欧諸国は早くから中東欧地域のなかの先進国として国際社会では見なされてきたのである。

ディーコンらは、UNICEF や UNDP のような国連諸機関がブレトン・ウッズ機関推奨の政策がもたらす社会的コストを告発し、ポスト社会主義地域における「人間の顔をした移行」のための政策提言を行ってきたとし、その活動を紹介している。

たとえば、UNICEF は早くも 1991 年の刊行物においてハンガリーの社会政策に言及し、児童手当のミーンズ・テスト化に反対し、また社会扶助の整備を主張していたことを指摘しながら、ディーコンらは UNICEF のスタンスが新自由主義に反対し社会的市民権を重視するものであるとしている。

ディーコンらは欧州評議会もまた、社会的市民権擁護のスタンスが明確であるとしている。他方で、欧州評議会は「市民所得」構想支持を打ち出すなど社会政策のベースを「雇用」から「市民」に移す志向が強いとしている。また、ディーコンらの著書は、中東欧地域で欧州評議会が力を入れたのは、当地域諸政府の極端な新自由主義志向をチェックするための社会憲章調印の奨励活動であったことを明らかにしている (Deacon et al. 1997; Deacom 1999)。

以上のように、ディーコンらは国際諸機関の社会政策・福祉システムに関わるスタンスと中東欧地域への関与の態様を整理している。なお、ディーコンらの著書において、EU の中東欧諸国への社会政策面での関与

に関する叙述は限定的である。それは1990年代の事実の反映であった。

東欧革命が「欧州回帰」の側面を持ったにもかかわらず、「社会的欧州」実現に向けたEUからの中東欧諸国への働きかけは弱かった。さらに、EU加盟交渉が本格化する1990年代末以後にEUから中東欧に示された社会政策上の助言は社会的欧州を実現するというよりは、新自由主義的アジェンダを推奨する性格が強かった。

たとえば、EUは世界銀行推奨で実施されたハンガリーとポーランドの一部民営化を含む年金制度改革に続くよう、他の中東欧諸国に呼びかけた。そのような呼びかけは、フェルゲなど中東欧の社会政策専門家を失望させるものであった（詳細は第4章参照。Ferge 2001）。

その具体的詳細については、後の章に委ねる。ここでは、すでに上で示唆したように、国際機関の中東欧に対する社会政策上あるいは福祉システムの関与のスタンスが東欧革命の頃に予想されたものとは異なる場合もあったこと、その一例がEUであったとだけ指摘しておく。

なお、EBRD（欧州復興開発銀行）について言えば、欧州意識高揚のなかでフランスの提案を受けて、旧社会主義地域の「市場経済移行」支援を目的として1991年に発足したが、世界銀行からの融資との重複を避けるという配慮もあり、その主たる役割は民間部門への商業ベースの援助となり、社会保障改革を含む広範な分野における支援というアタリ初代総裁の構想実施が困難となったことにふれておく必要があろう（山根 1997）。

以上は、ディーコンらの著書など国際諸機関の中東欧社会政策・福祉システムに対する関与についての研究の概要である。

グローバル化が進展した時代に、一国のシステム・制度を国境で仕切られた領域内部の住民の思想と利害のみで形成するのは困難である。これは、先進国、新興国、途上国問わず言えることである。しかし、その困難は「中心部」よりも「周辺部」で一層大きい。逆に言えば、政治、経済的に欧州周辺部に位置する中東欧諸国のシステム・政策に及ぼす国際的アクターの影響は、欧州中心部諸国のシステム・政策に対するその影響よりも大きい

ディーコンらの研究は、政策・形成における国際機関の影響という点に

限った国際的アクターの研究である。それに加えて中東欧社会政策・福祉システムに対する先進各国、そこに本拠を置く多国籍企業といった国際的アクターの影響に関する研究も必要である。しかし、先進各国や多国籍企業の利害は国際機関に反映されており、その点から見ればディーコンらのように国際機関の影響の研究を先行させることのメリットも大きい。

実際のところ、東欧革命以後中東欧の社会政策・福祉システムに及ぼした国際諸機関の影響は大きかった。1990年代にはIMF・世界銀行、1990年代末から現在にかけてはEUの影響が大きい。それらの考察は本書の後の章で行う。

さて次に、本章の最後では、中東欧の福祉システムに関わる研究動向の3つめとして、やや包括範囲が広くなるが、東西欧州の経済雇用・貧困、社会保護に関わる比較研究を見てみる。

3 拡大欧州の雇用・労働・貧困・福祉の比較研究

東欧革命からほぼ20年が経過した頃、ポスト社会主義時代の中東欧の経済社会と福祉の動向を、東方拡大以前のEUの旧加盟国の経済社会と福祉動向と比較する学会報告を行ったことがある。その時、討論者であったのか学会出席者であったのか記憶は定かでないが、ある研究者に「なぜ、中東欧の動向を旧EU加盟国と比較し、旧ソ連構成諸国とは比較しないのか」と質問されたことがある。

東欧革命後早いうちに、私は中東欧の変化を、(旧)西側欧州諸国の政治と経済社会の現状と比較しながら分析するようになっていた。それは、東欧革命を担った諸勢力のうちリベラル派と「社会民主主義勢力」(旧共産党改革派と社会民主主義政党関係者)が、濃淡の差はあれ「西欧志向」であったことを反映している。そればかりではない。東欧革命直後には、私自身が中東欧の目標が、まずは西欧型の自由と民主主義の確立、そのうえで望むべきは連帯原理をふまえた社会主義であるという「希望」を持っていたからである(堀林 1990)。当時、西欧型の自由と民主主義の像は明確であったが、連帯原理をふまえた社会主義についての像はそうではな

かった。その点は、私のような志向性を有する中東欧の知識人や政党も、当地域以外の知識人や研究者についても、ほぼ同じであったように思う。

そして、そうした志向性を持つ研究者にとっては、中東欧の動向を西欧先進国の動向と比較しながら分析・研究するのが自然であったのである。旧ソ連構成諸国の動向にも学問上の関心はあるが、中東欧諸国の実践的課題と照らし合わせてみれば、旧ソ連諸国と中東欧諸国との比較よりも、旧西欧諸国と中東欧諸国の比較の方が私にとって意義が明確であった。

実際にも、1990年代末にEU旧加盟国の観点から見れば「EU東方拡大」、中東欧諸国から見ればEU加盟に向けた動きが本格化するなかで、東西欧州の比較研究が盛んになった。

社会主義から資本主義への転換が「移行経済学」の課題であったが、「東方拡大」、「加盟」と関わる研究は、主に「東の西への」政治・経済・社会全般の「キャッチ・アップ」をめぐる課題を見据えた研究である。それと関連して経済格差だけでなく、雇用・労働条件などの分野における格差や、貧困と貧困に対処する社会保障制度全般と社会扶助の動向に関する相違なども「東西比較研究」の対象となった。

その研究は、旧加盟国（EU15）と中東欧の加盟候補国、加盟以後は新加盟国との比較という意味では「東西比較研究」であった。しかし、先に紹介したベレンドの研究が明らかにしているように、経済面のみならず社会発展面において、西欧と北欧に対して南欧と中東欧が後塵を拝しているという関係があるのが現実であり、それは欧州の「中心」と「周辺」関係についての研究であると言ってよい性格のものであった。

EU離脱をめぐるイギリス国民投票において、「周辺国」からの移民の是非が争点にされた。同国のみならず欧州の多くの国で中心国が労働市場や福祉の面で犠牲を払っていると煽る極右勢力の声が人々の耳に届きやすい状況が生まれている。それは、先進資本主義の成長の余地が狭くなっている現実の反映である。しかし、そのように「評論」している時ではなかろう。

中心国の余力が限られているなかでも、中心国と周辺の国に住む人々が連帯していく道をさぐるべきであろう。私は「社会的欧州」、（欧州社会モ

デル）とは詰まるところ、欧州の各国境内部にも、国境横断的な欧州地域にも社会的弱者と言われるような人々がいなくなる状態を指すものであると考えている。そして、そのための入り口として、まず欧州地域の社会の実態を把握しておく必要がある。拡大欧州の比較研究にはそのような意義があることを確認したうえで、以下で雇用・労働条件、貧困、社会保障・社会扶助制度の比較に関する研究動向を概観してみる。

⑴　**雇用・労働、貧困・社会保障に関する欧州比較研究**

　中東欧の８つの旧社会主義国が2004年にEUに加盟、さらに2007年に２つの国が加盟した。この東方拡大と前後して、「拡大EU」の社会経済の比較研究を主題とする文献が多く出版された。そのなかで今も私が辞書代わりに重宝して使っているのが、『ハンドブック──拡大EUの生活の質』（Alber, J., et al., eds, *Handbook of Quality of Life in the Enlarged European union*, 2008）と、『ハンドブック──欧州の福祉システム』（Schbert K., et al. *The Handbook of European Welfare Systems* 2009）である。

　前者では、当文献刊行当時の27のEU加盟国、すなわち「EU27」の「貧困・生活条件」、「社会的包摂と生活の満足度」、「労働市場」、「家族・家計」が分析されている。当ハンドブックの最初の頁に示されているように、それは社会学、社会政策、EU研究を専攻する学生、大学院生、研究者向けに編纂されたものであり、叙述は具体的で初心者にも理解しやすい。

　後者では、各国の一線級の専門研究者によって、EU27のそれぞれの福祉システムの歴史と現状が記されている。どの国についても「教育」、「年金」、「医療」、「雇用保険・労働市場政策」、「公的扶助制度」、「家族支援政策」が要領よくまとめられており、各国の記述を突き合わせれば、欧州の福祉システムの比較が可能となる。

　これらのハンドブックのほかにも、比較研究の優れた文献がある。しかし、それらの多くは包括領域が狭いか、分析対象国が限定的である場合が多い。そのため、必要とされる学術的水準を満たしながら包括度の高い文献として私が重宝するのは上記ハンドブックとなるのである。ここでは、

基本的にはそのハンドブックをふまえ、他の文献も参考にしながら、比較研究から見えてくる中東欧の雇用・労働、貧困と社会保障について検討することにする。

ⅰ） 拡大 EU の就業・雇用動向と中東欧の特徴

中東欧の旧社会主義国の雇用・労働問題にアプローチする際の視点として重要なのは、次の3点である。

第1は、中東欧の人々が1989年以後に直面したのは、社会主義から資本主義への転換にともなう完全雇用の崩壊であったことである。フォーディズムの終焉にともない、先進資本主義の人々も完全雇用の崩壊を経験したが、中東欧の人々が被った完全雇用崩壊のペースは急激であり、そのショックの大きさは先進国の人々の場合を凌ぐものであった。そのことを理解することが重要である。

第2は、就業率、就業構造、労働条件などに関するいくつかの指標において、中東欧には南欧と共通する欧州周辺部資本主義としての特徴が見受けられるということである。

第3に、高い青年失業率、不安定就業増大などグローバル資本主義に特徴的な現象が中東欧諸国でも見られることである。

EU 新旧加盟国全体を視野におさめながら中東欧の就業・失業動向を多角的に検討しているのが、上記「ハンドブック——拡大 EU の生活の質』に収録されているアルベールの論文「拡大 EU の雇用パターン」（Albert 2008）であるが、それも上で述べた中東欧の雇用と労働分析の重要な視点を示唆している。当論文の EU および中東欧の就業動向に関する叙述の要点は、以下のようである。

ⅱ） 就業率と就業構造

1989 年の中東欧諸国の就業率は、当時の定年退職年齢（男性の場合は概ね 60 歳）と関連して、15～59 歳人口で測られているが、チェコの 86％が最高で、エストニア、ハンガリー、リトアニア、ブルガリアの就業率が 80％台、他の国でも概ね就業率は 75％以上～80％未満であり、高

い水準にあったと言える。

　それが、資本主義化にともなう解雇の発生および失業者増加、早期退職・育児休業奨励策による非経済活動人口増大の双方に起因して、中東欧諸国の就業率は急激に減少した。そして、中東欧 8 ヵ国の EU 加盟が実現した 2004 年にも、(15〜59 歳人口の) 就業率は 1989 年水準を回復していなかった。すなわち、スロヴェニアが 2004 年に就業率 73％ となり、1989 年の就業率 74.5％ に近い水準 (9 割の水準) にまで回復したのを除けば、他の国の 2004 年の就業率は 1989 年の就業率の 7〜8 割の水準にとどまったままであった。

　EU27 で見ると、**表 1** に示されるようにリスボン戦略で示された就業率 70％ (15〜64 歳) という目標を 2004 年時点で満たしていた国は、デンマーク、スウェーデン、オランダ、イギリス 4 ヵ国のみであり、同年の EU25 の就業率平均 64％ を上回るが 70％ 以下である国が、フィンランド、ポルトガル、オーストリア、アイルランド、ドイツ、キプロス、スロヴェニア、チェコの 8 ヵ国であった。スロヴェニアとチェコだけが 64〜65％ の就業率であったが、中東欧の大半の国は 60％ 以上〜64％ 未満の 7 ヵ国 (フランス、ルクセンブルク、ベルギー、スペイン、バルト三国) か、60％ 未満の 8 ヵ国 (イタリア、マルタ、ギリシャ、ハンガリー、スロヴァキア、ポーランド、ブルガリア、ルーマニア) のグループに分類されていた。

　上記の就業率の動向から、中東欧が資本主義化を経て、就業率が相対的に高い地域 (社会主義時代) から低い地域に変わったことがわかる。そのなかでも格差があり、資本主義化する前の社会主義の時代から生産水準が中東欧のなかで高かったチェコ、スロヴェニアの 2 国では、資本主義に転換して以後も、就業率水準は EU27 のなかでそれなりに高い水準を維持していた。この点も含め、アルベールは資料を提供しているが、必ずしも明言していない重要なのは 2 つである。

　第 1 に、EU27 のなかでスウェーデン、デンマークのように積極的労働市場政策をとっており、女性の就労支援の福祉政策・システムも充実している北欧の国と、パート雇用推進策をとってきたオランダ、「ワークフェア」政策をとってきたイギリスなどにおいて就業率が高いことである。ま

第2章　中東欧資本主義と福祉システムの研究動向

表1　労働市場への包摂と労働市場からの排除（2004年）

	労働市場への包摂（就業率）						労働市場からの排除（失業率）						
	全体就業率	女性就業率	ジェンダー格差	青年/全体	高齢者/全体	未熟練労働者/全体[注1]	全体失業率	長期失業率	ジェンダー格差	青年失業率	青年/全体	高齢者/全体	未熟練労働者/全体[注1]
デンマーク	75.7	71.6	-8.1	0.8	0.7	(0.8)	5.5	1.2	0.9	8.2	1.5	0.7	(1.6)
フィンランド	67.6	65.6	-4.1	0.6	0.8	(0.8)	8.8	2.1	0.2	20.7	2.4	0.5	(1.6)
スウェーデン	72.1	70.5	-3.1	0.5	1.0	(0.8)	6.3	1.2	-0.4	16.3	2.6	0.6	(1.2)
アイルランド	66.3	56.5	-19.4	0.7	0.8	(0.8)	4.5	1.6	-0.8	8.9	2.0	0.3	(1.7)
イギリス	71.6	65.6	-12.2	0.8	0.7	(0.7)	4.7	1.0	-0.8	12.1	2.6	0.4	(1.8)
オランダ	73.1	65.8	-14.4	0.9	0.6	(0.8)	4.6	1.6	0.5	8.0	1.7	0.4	(1.4)
オーストリア	67.8	60.7	-14.2	0.8	0.4	(0.7)	4.8	1.3	0.9	9.6	2.0	0.2	(1.9)
ベルギー	60.3	52.6	-15.3	0.5	0.5	(0.7)	8.4	4.1	2.0	21.2	2.5	0.1	(1.7)
フランス	63.1	57.4	-11.6	0.5	0.6	(0.8)	9.6	3.9	1.8	21.9	2.3	0.2	(1.4)
ドイツ	65.0	59.2	-11.6	0.6	0.6	(0.7)	9.5	5.4	1.8	15.1	1.6	0.6	(1.9)
ルクセンブルグ	62.5	51.9	-20.9	0.4	0.5	(0.8)	5.1	1.1	3.3	16.5	3.2	0.1	(1.3)
イタリア	57.6	45.2	-24.9	0.5	0.5	(0.8)	8.0	4.0	4.1	23.6	3.0	0.2	(1.2)
ギリシャ	59.4	45.2	-28.5	0.5	0.7	(0.9)	10.5	5.6	9.6	26.9	2.6	0.2	(1.0)
ポルトガル	67.8	61.7	-12.5	0.5	0.7	(1.0)	6.7	3.0	1.7	15.4	2.3	0.4	(1.1)
スペイン	61.1	48.3	-25.5	0.6	0.5	(0.9)	10.7	3.4	6.5	23.4	2.2	0.3	(1.2)
キプロス	68.9	58.7	-21.1	0.5	0.7	(0.8)	4.7	1.2	2.4	10.5	2.2	0.5	(1.5)
マルタ	54.0	32.7	-42.4	0.9	0.6	(0.9)	7.3	3.4	0.8	16.2	2.2	0.1	(1.3)
スロヴェニア	65.3	60.5	-9.5	0.5	0.4	(0.8)	6.3	3.2	1.0	16.1	2.6	0.1	(1.7)
チェコ	64.2	56.0	-16.3	0.4	0.7	(0.6)	8.3	4.2	2.8	21.0	2.5	0.3	(3.2)
ハンガリー	56.8	50.7	-12.4	0.4	0.5	(0.6)	6.1	2.7	0.0	15.5	2.5	0.1	(2.2)
ポーランド	51.7	46.2	-11.0	0.4	0.5	(0.6)	19.0	10.3	1.7	39.6	2.1	0.2	(1.7)
スロヴァキア	57.0	50.9	-12.3	0.3	0.5	(0.4)	18.2	11.8	1.8	33.1	1.8	0.3	(2.9)
エストニア	63.0	60.0	-6.4	0.4	0.8	(0.7)	9.7	5.0	-1.5	21.7	2.2	0.3	(1.8)
ラトヴィア	62.3	58.5	-7.9	0.5	0.8	(0.7)	10.4	4.6	-0.4	18.1	1.7	0.4	(1.6)
リトアニア	61.2	57.8	-6.9	0.3	0.8	(0.7)	11.4	5.8	0.8	22.7	2.0	0.5	(1.3)
EU-15	64.7	56.8	-15.9	0.6	0.7	(0.7)	8.1	3.7	2.1	16.7	2.1	0.4	(1.4)
NMS-10[注2]	(60.4)	(53.2)	(-14.6)	(0.5)	(0.6)	(0.7)	(10.1)	(5.2)	(1.1)	(21.5)	(2.2)	(0.3)	(1.9)
EU-25	63.3	55.7	-15.2	0.6	0.6	(0.8)	9.1	4.1	2.2	18.9	2.1	0.3	(1.4)
ブルガリア	54.2	50.6	-7.3	0.4	0.6	(0.7)	12.0	7.2	-1.0	25.8	2.2	0.3	(1.8)
ルーマニア	57.7	52.1	-11.3	0.5	0.6	(0.8)	7.6	4.5	-2.1	23.2	3.1	0.1	(1.2)

注1：25〜64歳集団の就業率ないし失業率に対する同年齢集団の未熟練労働者の就業率ないし失業率の割合。
注2：NMS-10は、2004年のEU新加盟国10カ国を指す。
出所：Albent et al.2008a: 136から作成。

た、歴史的に強い工業（製造業）基盤を持つドイツ、オーストリアも相対的に高い就業率を維持している。中東欧のなかではチェコとスロヴェニアの就業率が高いが、その理由の一部は、強い産業基盤という伝統である（他の理由は後述）。

第2に、イタリア、ギリシャ、スペインなど南欧諸国の就業率も中東欧諸国と並んで低く、南欧と中東欧はこの点で周辺部資本主義としての特徴を持つと言えることである。

次に、アルベール論文は就業・失業動向に関し、リスクとハンディキャップの点で異なる集団別の雇用動向を分析している。それは、以下のようである。

まず、アルベールはEUに倣って就業を「社会的包摂」としてとらえ、失業を「社会的排除」とみなしている（表1参照）。そして、「社会的排除」のリスクの高い集団として「女性」、「青年」、「高年者」、「未熟練者」を指摘している。そして、EU27の各国別のそれぞれの集団ごとの失業率を検討している。求職活動をしているが職に就くことのできない人々の数の比重を示す失業率という指標が、社会的排除の度合いを示すことを私は否定しない。しかし、就業困難のため求職活動をあきらめ失業率でカウントされない人々がいること、こうした人々が多ければ低い就業率となるため就業率もまた社会的排除を見る際に重要であると考える。

リスボン戦略においては、2010年までに女性の就業率を60％にまで高めることが目標とされた。2004年にこの目標を達成していたのは、デンマーク、スウェーデン（この2国は70％以上）、フィンランドの北欧3国と、オランダ、イギリス、ポルトガル、オーストリアからなる7ヵ国であった。中東欧ではスロヴェニアとエストニアが60％強の数値であった。ポーランドの女性就業率50％以下（46％）を除いて、他の中東欧諸国の女性就業率は50％台であった。

EU中心国ではドイツが女性就業率59.2％、フランスが57.4％であった。多くの中東欧諸国の水準はこれと同じか、少し下回る数値であった。例えば、リトアニア57.8％、チェコ、56％であった。その数値は、ポルトガルを除く南欧諸国の女性就業率、イタリア、ギリシャ両国の45.2％、スペイ

ンの48.3%を上回るものであった。

　2004年の時点で、スロヴェニア、チェコ、ポルトガルといったいくつかの例外を除き、多くの中東欧諸国と南欧諸国は、全体就業率が低い水準にあるという共通点も持ったが、女性就業率の点では、（ポーランドを除く）中東欧諸国は、（ポルトガルを除く）南欧諸国よりも高く、この点で2つの周辺部欧州は異なっていたということである。それは、女性就業率が高かった社会主義時代の中東欧の遺産の継続として説明可能である。

　次にEU加盟国の青年の雇用動向に関し、就業率と失業率の双方を勘案して言えることは、全体就業率でも優れているデンマーク、オランダ、オーストリアが相対的に高い青年就業率と低い青年失業率を示しており、青年の就業困難リスクを和らげることに成功していることである。他方で、南欧と中東欧の青年の失業と就業困難リスクはいずれも大きい。

　数字で示せば、デンマーク、オランダ、オーストリアでは2004年の青年就業率は全体就業率の8割以上の水準にあり、青年失業率も一ケタ台であった。全体就業率も女性就業率も高いスウェーデン、イギリスであるが、青年失業率は2004年にそれぞれ16％、12％の水準にあり、青年失業問題を免れてはいなかった。ちなみに、このスウェーデンとイギリスの青年失業率は2004年時点において、ドイツの青年失業率15％とほぼ同一水準であり、フランスの青年失業率21％よりは低かった。

　中心国を離れて、周辺部欧州についてみれば、青年失業率は2004年の南欧でスペイン27％、イタリア24％、ギリシャ23％と高い水準にあり、ポルトガルでも15％に達していた。中東欧でも青年失業率は高く、ポーランドで40％、スロヴァキアの33％が最も高いが、他の国でも15％以上の高さであった。スロヴェニア、ハンガリー、ラトヴィアが15～20％未満、その他は20％以上であった。

　未熟練者の就業率は全体就業率よりも低く、失業率は全体失業率よりも高いという傾向は、EUの旧加盟国（EU15）でも中東欧の新加盟国でも共通してみられた。興味深いのは、南欧諸国の未熟練労働者失業率が全体失業率とそう変わらないこと、中東欧諸国のうちスロヴェニア、チェコ、スロヴァキア、ハンガリーでは未熟練労働者の失業率が全体失業率と比べ

てかなり高いということである。

　上のことを数字で示せば、全体失業率に対する未熟練者の失業率の割合はEU15平均で1.4であるが、ギリシャ1.0、ポルトガル1.1であり、イタリア、スペインでも1.2と、南欧の未熟練者の失業率は全体失業率と同じか少し上回る程度である（**表1**）。その理由についてアルベールは、ギリシャとポルトガルでは工業の未熟練労働者には農業に就業できる可能があるからと指摘している。

　中東欧の未熟練者の失業率の全体失業者に対する割合は、2004年にスロヴェニアで3.2、スロヴァキアで2.9、ハンガリーとチェコで2.2と高い。この理由についてアルベールは述べていない。ハンガリー、チェコ、スロヴァキアでは外資主導の資本主義化により自動車・自動車部品、電子機器およびその部品の輸出向け生産の比重が増えたことにともない、熟練者と比較して未熟練者に対する労働需要が低いこと、スロヴェニアについては外資主導型ではないが輸出志向経済であり、同じく熟練者に対して未熟練者に対する労働需要が小さいからといいうのが理由であろうと思われる。

　リスボン戦略は2010年までに高年者（55〜64歳）の就業率を50％に引き上げるという数値目標を掲げた。2004年時点で高年者の就業率が、全体就業率と同じ水準の70％以上だったのがスウェーデンであった。高年者就業率が全体就業率の8割を超えたのがデンマーク、フィンランド、イギリスである。

　中東欧8ヵ国を含む2004年のEU新加盟10ヵ国の高年者就業率の全体就業率に対する割合は36％と低い。中東欧諸国では社会主義時代の退職年齢が男性概ね60歳、女性55歳と若かった。さらに、資本主義への転換時にハンガリーやポーランドなどでは早期退職を募り、彼らの生活を老齢年金や障害年金で保障する措置がとられた。アルベールは明記していないが、これらが中東欧諸国の高年就業率の低さの理由であることはたしかである。

　アルベールの分析で明らかになっているのは、全体に高い就業率を示し、女性・青年・高年者のすべてにおいて優れた就業実績を収めているのがデンマークである。全体就業率、女性・高年就業率で高い実績を収めている

のがウェーデン・オランダ・フィンランド・イギリスである。

　中東欧諸国の全体就業率は社会主義時代に高い水準にあったが、資本主義化とともに減少し、2004年時点にはチェコ、スロヴェニアを除き中東欧諸国の就業率は、EU加盟国のなかで（ポルとを除く）南欧並みの低水準となった。それは、グローバルな競争に勝つ産業構造を持ち、相対的に労働需要が多い中心（先進国）と、そうでない周辺国の間の格差を反映するものである。同様に、中東欧と南欧諸国の青年失業率がEU旧加盟国より高い水準にあることも、欧州の「中心－周辺」構造を反映するものである。

　なお、中東欧諸国ではポーランドの労働市場の改善、旧加盟国ではドイツの失業率の低下など、2007～08年の世界金融危機以降の変化を検討する必要がある。しかし、2004年のアルベールのEU27の就業・失業に見られる傾向に大きな変化はないと思われる。

　現在の欧州の動向を把握するためには、女性、青年、未熟練者、高年者といった「ハンディキャップを持つ集団」に加えて、移民およびその子息、ロマ人およびロシア以外の旧ソ連地域のロシア人などのエスニック・マイノリティ集団の就業・失業動向の分析が必要である。実際のところ、「移民問題」とは何なのかをとらえるためには国境横断的な労働市場の深い分析が必要である。

　次に、同じアルベール論文により、EU加盟国の産業別就業構造を分析する。主要産業を農業、工業、サービス部門に大別することができる。**表2**に示されるように、2003年のEU旧加盟国（EU15）の各部門平均就業率（生産年齢人口に対する就業者比率）は3％、17.3％、45.1％であり、（2004年にEUに加盟した）中東欧8ヵ国の各部門の平均就業率は5.8％、19.9％、34.3％である。この対比からまず言えることは、旧加盟国と比べ新加盟国の農業部門就業者の比重がかなり高いこと（約2倍）、逆にサービス部門就業者の比重は旧加盟国と比べ新加盟国のほうが10％以上低いこと、工業部門就業者の比重は新加盟国の方が旧加盟国より若干高いとはいえ、そう変わらないことである。

　なお、新加盟国の農業の比重の高さは、ラトヴィア、リトアニア、ポー

Ⅱ　中東欧福祉システムの研究動向

表2　拡大EUの産業部門別就業率とその変動 (%)

国	主要セクター就業率、2003 (2004)				主要セクター就業率の変動 1998-2004				産業別の就業率とその変動						
	農業	工業	サービス		農業	工業	サービス		農業と工業 (ISIC1-5)	消費サービス (ISIC6+9)	ビジネスサービス (ISIC7+8)	農業と工業 (ISIC1-5)	消費サービス (ISIC6+9)	ビジネスサービス (ISIC7+8)	
									変動率、1980-2000			就業率、2000			
デンマーク	2.3 (2.4)	17.4 (16.1)	55.2 (57.2)		-0.4	-1.6	2.6		-5.8	4.9	4.9	20.2	39.7	14.5	
フィンランド	3.4 (3.5)	18.3 (17.4)	46.6 (46.6)		-0.6	-0.5	4.1		-12.5	3.4	1.9	22.0	30.6	11.5	
スウェーデン	1.6 (1.7)	16.7 (16.3)	55.2 (54.1)		-0.3	-0.9	2.8		-11.9	0.5	4.9	18.1	39.0	15.7	
アイルランド	3.7 (4.1)	18.2 (18.3)	42.9 (43.9)		-1.3	1.0	6.1		-6.6	9.7	5.8	22.4	30.6	12.5	
イギリス	0.8	16.9	53.8		—	—	—		-10.5	5.4	6.5	17.4	37.3	16.0	
オランダ	2.2 (2.4)	14.8 (12.9)	51.3 (57.7)		-0.1	-1.6	4.5		-2.2	12.5	7.8	17.1	38.2	15.9	
オーストリア	3.7	20.7	44.7		—	—	—		-7.9	7.6	5.1	24.3	31.6	12.3	
ベルギー	1.0 (1.2)	14.8 (12.5)	43.5 (46.6)		-0.3	-0.8	4.0		-5.9	3.9	2.9	15.5	30.5	10.6	
フランス	2.7 (2.3)	15.7 (13.1)	44.2 (47.7)		-0.3	-0.4	3.6		—	—	—	—	—	—	
ドイツ	1.5 (1.4)	20.5 (17.2)	43.0 (46.3)		-0.2	-2.3	3.5		-7.8	4.3	2.8	24.0	29.8	10.4	
ルクセンブルク	1.4 (0.8)	12.9 (13.3)	48.1 (48.4)		-0.2	-2.0	4.2		—	—	—	—	—	—	
イタリア	2.6 (2.4)	12.9 (16.6)	35.6 (38.6)		-0.4	0.9	5.2		-7.6	4.5	4.7	20.9	26.2	9.2	
ギリシャ	8.7 (8.6)	12.9 (13.6)	36.3 (37.2)		-1.5	0.0	4.9		-11.3	7.1	0.7	22.3	23.6	6.9	
ポルトガル	6.0	23.3	38.0		—	—	—		-8.5	12.0	3.9	32.2	31.1	7.8	
スペイン	3.3 (3.5)	18.4 (18.3)	37.9 (39.3)		-0.2	3.3	6.7		-7.8	7.1	2.3	19.3	24.4	6.8	
EU-15 集計	2.4 (2.5)	18.1 (15.5)	43.4 (46.7)		-0.3	-0.7	4.3		—	—	—	—	—	—	
EU-15 平均	3.0	17.3	45.1		-0.5	-0.4	4.3		-8.2	6.3	4.2	21.2	31.7	11.6	
	就業率、2003 (2004)				変動率、1998-2003				変動率、1998-2003			就業率、2003			
キプロス	2.8	16.2	50.2		—	—	—		—	—	—	19.0	35.1	12.0	
マルタ	—	—	—		—	—	—		—	—	—	—	—	—	
スロヴェニア	4.2 (6.9)	23.4 (23.3)	34.4 (35.1)		-1.4	-0.8	4.6		-4.3	1.7	1.4	27.6	24.8	9.6	
チェコ	2.9 (2.6)	26.0 (24.7)	35.9 (37.0)		-1.1	-2.9	0.9		-3.0	0.5	0.1	28.9	25.9	10.2	
ハンガリー	3.1 (2.9)	19.1 (18.7)	34.9 (35.2)		-1.2	0.2	4.1		-0.3	2.6	1.5	22.2	25.5	9.3	
ポーランド	8.8 (9.9)	14.9 (13.9)	27.6 (27.9)		-4.9	-3.5	1.1		—	—	—	23.7	20.7	6.9	
スロヴァキア	3.5 (2.2)	22.1 (19.6)	32.3 (35.2)		-2.0	-2.7	1.2		-3.2	0.3	0.2	25.6	24.1	8.0	
エストニア	3.8 (3.7)	19.8 (21.9)	38.7 (37.5)		-2.0	0.5	-0.1		-4.1	-0.5	1.8	23.6	26.4	12.3	
ラトヴィア	8.8 (7.8)	16.8 (16.5)	36.2 (37.9)		-3.4	1.2	4.5		-1.5	1.5	2.0	25.6	26.5	9.5	
リトアニア	11.4 (9.7)	17.4 (17.2)	34.0 (34.3)		-2.2	-0.6	1.8		-1.2	1.0	0.6	28.8	26.4	7.2	
NMS-8 集計	— (7.1)	— (17.1)	— (31.7)		-3.4	-2.4	1.7		—	—	—	—	—	—	
NMS-8 平均	5.8 (5.7)	19.9 (19.5)	34.3 (35.0)		-2.3	-1.1	2.3		-2.8	0.4	0.7	25.8	25.0	9.1	

注：NMS-8は2004年のEU新加盟国のうちキプロス、マルタを除く中東欧8ヵ国をさす。
出所：Albent et al. 2008a: 141 から作成。

ランドの高さの反映であり、他の中東欧5ヵ国の農業部門就業者の比重はEU旧加盟国平均（3%）からそれほど乖離していないことに留意すべきである。総じて、中東欧EU新加盟国の産業別就業構造の旧加盟国との対比で言えるのは、サービス部門就業者の比重の低さである。

しかし、もう少し立ち入って見てみると、南欧諸国でもサービス部門就業者の比重が低いことがわかる。2003年の中東欧8ヵ国のサービス部門就業率は、ポーランドの28%を除き、いずれも30%台である。他方、EU15においてサービス部門就業率が30%台なのは、イタリア、ギリシャ、スペイン、ポルトガルの南欧4ヵ国だけである。他の旧加盟国のサービス部門就業率は、軒並み40%以上である。デンマーク、スウェーデン、オランダ、イギリスにいたっては50%を超える。こうして、サービス部門就業者の比重が小さいという点でも、南欧諸国と中東欧諸国は共通すると言えるのである。

ところで、本書第1章において、サービス部門の比重の大きな経済が、工業（製造業）の比重が大きな経済と比べて優れているとする見解について懐疑的な私の見解を述べたので、それをここで繰り返すことはしない。但し、EU加盟国の中でデンマーク、スウェーデン、オランダ、イギリスなどサービス部門従事者の比重が高い国の就業率が高いという事実は押さえておく必要がある。そのうえで見ておかなければならないのは、次の2点である。

第1に、サービス部門の就業率がそれほど高くなく、工業の就業率が相対的に高いオーストリアの全体就業率は高いことである。すなわち、同国のサービス部門就業率は44.7%であり（2003年）、工業就業率は20.7%（2003年）、全体就業率は68%（2004年）である。また、部門別就業者構成でオーストリアと類似の傾向を示すドイツ、すなわちサービス部門就業率が43%（2003年）、工業就業率が20.5%（2003年）である同国の全体就業率65%（2004年）であり、オーストリアほど高くないにしてもEU旧加盟国平均（64.7%）よりは高いことを考慮に入れれば、サービス経済化だけが高い就業率への道ではないと言えるということである。

第2に、サービス経済化にも異なる選択肢があることに留意すべきであ

る。国際標準産業分類（ISIC 第2版）の9つの産業大分類のうち、6～9がサービス部門である。6が卸売り・小売り・レストラン・ホテル業、7が運輸・貯蔵・通信業、8が金融・保険・不動産・ビジネス・サービス業、9が自治体および社会・対人サービス業である。そして、7と8が総称「ビジネス・サービス部門」、6と9が総称「消費サービス部門」で括られることがある。

　上記分類に即して言えば、「サービス経済化」には金融など「ビジネス・サービス部門」主導の道と、自治体および対人サービス業など「消費サービス部門」主導の道があると言える。イギリスは、2000年にEU15のなかでビジネス・サービス部門の就業率が最も高い国（16％。EU15の平均は12％）であり、デンマークとスウェーデンは2000年にEU15のなかで消費サービス部門の比重が最も高い国（両国とも40％弱。EU15の平均は32％）である。イギリスでは金融部門での就業者の多さが、デンマークとスウェーデンでは福祉部門の就業者の多さが「サービス経済化」に繋がっていると容易に推察できる（表2）。

　同じ「サービス経済化」といっても、経済構造への帰結は異なるのである。「ポスト工業化」を語りたいのなら、こうした点を無視してはいけないであろう。

　さて、上で述べたことは、中東欧と南欧諸国に共通するサービス部門就業者の比重のEU旧加盟国平均と比べての低さは、それ自体としては産業構造の「遅れ」を示すものではないということである。一般的な「サービス化」や「ポスト工業化」なる要請があるわけではなく、サービス部門の必要が充たされているかどうかが問題なのである。旧社会主義国についてこの点との関わりで言えるのは、社会主義時代には消費者サービスが軽視されており、人々が不便な生活をしていたことが問題であった。したがって、その点でサービス部門は遅れていたこと、したがって2003年のサービス部門就業率（34.3％）で充分ではないことはたしかである。

　ところで、サービス部門就業率の低さよりも、中東欧の産業別就業者構成において注目されるのは（ポーランド、リトアニア、ラトヴィアのように農業部門就業者の比重が相対的に大きな国を除き）、他の国でおしなべ

て高い工業就業者の比重を示していることである。すなわち、2003年のEU旧加盟国の工業の就業率平均17.3％に対して、（2004年の）EU新加盟中東欧8ヵ国の工業就業率平均は20％であった。そして、ハンガリー、エストニア、スロヴァキア、スロヴェニア、チェコのそれらは19～26％であった。

たとえば、チェコは26％、スロヴェニア23％である。チェコ、スロヴェニアは中東欧諸国のなかで最もGDP水準が高く、就業率が高く、貧困率が低く、所得格差の小さい国である。こうして中東欧地域においては、資本主義化以降の時期においても「工業立国」が社会経済的に優れた実績を収めていると言える。旧加盟国では、上で述べたように工業立国であるドイツとオーストリアが社会経済的に優れた実績を収めている。おそらく、中東欧諸国の政治家や人々にとって北欧諸国よりもドイツ、オーストリアなど中欧諸国が身近な「モデル国」となっているのは地理的・歴史的要因とあわせて、こうした産業構造とも関連していると思われる。

この点と関わってさらに付言しておきたいのは、資本主義化の始発期に社会主義時代を全面的に否定したい政治家や経済に詳しくない知識人の一部が「脱工業化」を唱え、工業企業の閉鎖に熱心であったことである。ボーレとグレシュコヴィッチは、バルト三国でそれが顕著であったとしているが（Bohle and Greskovits 2012）、そうした傾向は他の中東欧諸国でもみられた。

他方で、中東欧諸国には社会主義工業化の成果として相対的に熟練度の高い労働力が資本主義化の時期にも継承されていたところから、外国資本は中東欧諸国の国有企業買収に興味を示し、また積極的にグリーンフィールド投資を行った。こうして、中東欧諸国には外資依存型資本主義が成立した。外資依存型資本主義には問題が多い。しかし、外資が強い進出動機を持つほどに中東欧諸国には工業の人的基盤が整備されており、それは社会主義時代の成果であったという評価をしておく必要があるというのが私の見解である。

そのことは、世界金融危機、南欧危機を通じて一層明らかになった。すでに述べたように、2000年代にバルト三国に外国銀行が進出し、住宅・

消費財に関わる家計向け融資、特に外貨建て融資を拡大させ、住宅バブルを起こした。エストニア、リトアニアでは銀行総資産に占める外国銀行資産が2005年に90％を超していた。ラトヴィアでも60％に達していた。ハンガリーでも、「外銀支配」のもとで住宅バブルが形成されていた。これらの国では、世界金融危機前後に住宅バブル崩壊が崩壊し、それに国際的な信用収縮が相まって、大きな不況を経験したのである。こうして、金融主導のサービス経済化とグローバル化の危うさが証明された。中東欧だけでなく、イギリス、アイルランド、アイスランド、スペイン等が経験したのもこれである。

　もう一つはギリシャ問題である。ギリシャの債務問題に関して論じるべき様々な位相があるが、単純で重要な事実はギリシャの工業基盤・輸出基盤が脆弱ことである。アルベール論文で示されている2003年のギリシャの工業部門就業率は、ルクセンブルクと並んでEU15のなかで最も低く13％である。それは、ポルトガルの23％、スペインとイタリアの18％という他の南欧諸国と比べてもかなり低い（表2）。こうした工業基盤の狭さが実物経済の脆弱性の原因となり、ひいては債務危機を引き起こし、また債務返済を困難にしていることは周知のところである。

　世界金融危機と欧州債務危機（ユーロ危機）以後、経済をめぐる言説は、それ以前の金融主導型資本主義肯定から実物経済重視に変わった。オバマ大統領は、それを端的に「ウォールストリートからメインストリートへ」と表現した。上のアルベール論文が収録されている文献は2008年刊行であり、世界金融危機以後の変化をふまえたものではない。そのため、EU新旧加盟国の産業別就業構造の有益なデータを示しながら、その含意を読み解く点では不充分である。上の記述は、アルベール論文に示されているデータの私の意味づけである。

iii）　雇用形態

　次いで、EU加盟国の雇用形態、およびそのなかでの中東欧諸国の特徴に関わる研究についてふれてみよう。これについて包括的な分析を行っているのは、2006年刊行のILOとEU欧州委員会編集『拡大EUの労働世

第2章　中東欧資本主義と福祉システムの研究動向

界の展開』である。そのうち詳しいデータを示しているのが Eyaud and Vaughan-Whitehead 論文「拡大 EU の雇用と労働条件」(ILO and European Commission 2006) である。その論文の雇用形態に関する内容を私の言葉でまとめれば、以下のようである。

　雇用形態が不安定化していることに関して EU 新旧加盟国に違いはない。日本では非正規雇用が増加していると言われる場合、パートタイム雇用（以下ではパート雇用と略記）も非正規雇用に含まれるが、欧州には均等待遇のパート雇用という正規雇用もある。したがって、以下ではフルタイム常用雇用以外の雇用形態を「非典型雇用」と記す。「非典型雇用」の主な形態は「パート雇用」、「有期雇用」、「派遣雇用」である。実際には雇用であるが、自営業であろうと装う「偽装自営業」にも注意しなければならない。

　パート雇用の総雇用に占める比重は、2005 年に EU15 で平均 20％であった。「パートタイマーの国」であるオランダが高く、パート雇用の比重は 46％である。オランダと並ぶ就業率の高い国、デンマーク、スウェーデン、イギリスでもパート雇用の比重は 20％を超す。これらの国のほか、EU15 のうち 20％を超える国はドイツ、オーストリア、ベルギーである。

　ところで、パート雇用の選択が自発的であり、均等待遇である場合には、パート雇用は必ずしも不安定雇用を意味しない。しかし、フルタイムの職に就けないためにパート雇用を選択する人、すなわち「非自発的パート雇用」があることに留意すべきである。2005 年にパート雇用のうち「非自発的パート雇用」が占める比重が高いのは、EU15 のなかではギリシャ（50％弱）、スペイン（50％）、イタリア（35％）の南欧諸国であるが、フランス（30％）、スウェーデン（25％）などの国も高い（EU 平均は 20％弱）。

　「パート雇用」は 2005 年時点では、中東欧諸国ではまだそれほど普及していなかった。Eyaud and Vaughan-Whitehead (2006) では、当諸国におけるパート雇用の総雇用に対する比重は 10％であった。しかし、世界金融危機以後、中東欧諸国でもフルタイマーをパート雇用に代える動きがあり、パート雇用が増加していることに留意すべきである。

次に、EUの新旧加盟国で30歳未満の被用者に占める「有期雇用」の比率は高い。2005年に、有期雇用の総雇用に占める比重は旧加盟国（EU15）で平均14％、新加盟国（中東欧8ヵ国とマルタ、キプロス）で平均16％であった。旧加盟国のなかではスペインが突出しており、有期雇用の総雇用に占める比重は33.3％であり、被用者の3人に1人が有期雇用である。中東欧ではポーランドで有期雇用の比重が高く、総雇用に占める比重は26％、4人に1人が有期雇用である。このほか、有期雇用の比重が高い国は、EU旧加盟国ではポルトガル（19.5％）、オランダ（19.5％）、フィンランド（18.1％）、スウェーデン（16.2％）である。中東欧諸国ではスロヴェニア（16.8％）でも高い。

有期雇用は若者のなかに多く、スペイン、ポーランドでは30歳未満の被用者の50％前後が有期雇用である。デンマークでも30歳未満の被用者の40％、オランダ、スウェーデンの場合は30～40％が有期雇用である。

有期雇用の被用者一般について見ても、若者について見ても、スキルの高い常用雇用に移る道が用意されているとは言えず、有期雇用は不安定雇用であると言える。それは、EU旧加盟国と中東欧の加盟国の双方について言えることである。この点で、北欧諸国やオランダのような先進国のなかで相対的に労働市場のパフォーマンスが良好な国においても、不安定な有期雇用の問題があることには注意する必要がある。それは、（2008年以前に）中東欧の優等生であったスロヴェニアについても言えることである。

次に、派遣雇用について言えば、この雇用形態はEU加盟国ではそれほど普及していない。Eyaud and Vaughan-Whitehead（2006）は、EU加盟国のなかでデータが入手可能であった16ヵ国において最も比重の高いイギリスでさえ、被用者総数に占める派遣雇用の比重は2004年で5％であったとしている。

なお、中東欧では派遣雇用も増加する傾向にあるが、そこでは「偽装自営業」の形をとる「非典型雇用（労働）」のほうが普及しており、その問題のほうが大きい。すなわち、企業が脱税・社会保険負担回避のために一度解雇した人々を自営業者とみなし、業務委託の契約を結ぶが、実態は雇

用であることがチェコ、エストニア、スロヴァキアなどの中東欧諸国で問題となっている。EU15 のなかではイタリア、イギリス、ドイツでもそうした例が増加しており、欧州委員会はそのような「偽装自営業」に懸念を表明している。

さて、上で述べた論点、有期雇用・派遣・パート雇用など雇用弾力化が均等待遇をともなっているかどうかについていえば、パートの均等待遇が保障されているのはオランダである。同国ではパート雇用に対する不満は小さい。しかし、その他の国では、均等待遇が保障されている国においてもフルタイム常用雇用がないため、パート雇用についている人々の不満は大きい。

また、パート雇用の対象職種としては「消費サービス」(ホテル、レストランでの接客) やベビーシッターのような「社会サービス」である場合が多い。そして、そのような人々がスキルをつけ熟練度の高い職に就くキャリア・ラダーが用意されているとは言い難い。

有期雇用に関しても単純労働の仕事が多い。ハンガリーの場合有期雇用の8割が単純労働の仕事であり、イギリスやフランスにおいても多くの有期雇用の対象職種は「退屈なルーティンワーク」である。

デンマークにおいては、常用フルタイム労働者が育児休暇を取る場合の代用として、有期雇用形態が利用される場合が多い。総じて、有期雇用から「より良い」雇用 (＝熟練度の高い常用雇用) への道が用意されているとは言えない。それは、就業率の高さが有期雇用増加、パートタイマー増加と結びついているスウェーデン、デンマークについても言えることである。

雇用弾力化が保障と結びつく、換言すれば現在の非典型労働が将来的には常用雇用に発展するような「フレクシキュリティ」は、上記の北欧2ヵ国でさえ実現されていないというのが Eyraud and Vaughan-Whitehead (2006) の評価である。EU 雇用戦略に対する私の評価はそれほど高くない。これについては少しふれたが、後でもう一度論じる。

iv) 拡大 EU の労働条件と労使関係——中東欧の特徴

　ここでは、EU 加盟国の労働条件と労使関係、およびそのなかでの中東欧諸国の特徴をみる。その際、参考にするのは、前述の『ハンドブック——拡大 EU の生活の質』所収の Wallace, C., and F. Pichet（2008）「労働条件と労働の質——東西欧州の比較」と Visser（2008）「希釈化を通じての拡張？　欧州統合、拡大、労働制度」（Alber et al eds. 2008b 所収）、ILO および欧州委員会編『拡大 EU の労働世界の展開』所収の前述した Eyraud and Vaughan-Whitehead（2006）「拡大 EU における雇用と労働条件」である。

　煩雑さを避けるため出所明記は最小限にし、私の読解で内容をまとめる。いずれも有益なデータが詰まった論文であるが、専門家でなくても理解可能な内容である。

　リスボン戦略は「より多くの雇用」のみならず「より良き雇用」を目標に掲げたが、「より良き雇用」にとって「労働の安全」、「長時間労働でないこと」、「ストレスの大きい労働でないこと」、「低賃金でないこと」などが重要である。そして、より良き雇用を実現するには良好な労使関係（さらに政府を加えた良好な政労使関係）が必要であろう。以下で、これらについてみてみる。

　従来から大陸欧州諸国の労働時間は、米国や日本と比べ短かった。この点は現在も変わらない。しかし近年、EU 新旧加盟国双方において労働時間は緩慢ながら増加している。さらに、シフト制や休日勤務が増加し、社会的（＝社交）時間が減少する傾向にある。こうした傾向は特に中東欧のEU 新加盟国において顕著である。

　表3に示されるように、2003 年の中東欧諸国の週平均労働時間は 40.8 時間、EU15 の週平均労働時間が 37.4 時間であり、中東欧諸国の人々は EU 旧加盟国の人々よりも週に3時間強多く働いている。他方で、Eyraud and Vaughan-Whitehead（2006）によれば、2005 年の中東欧諸国の労働時間が EU15 と比べて長いのは、主に中東欧のパート雇用が EU15 に比して少ないことに起因している。フルタイマーに限っていえば、EU15 の週平均労働時間は 41.8 時間、中東欧諸国を含む 2004 年の新加盟 10 ヵ国（中東

第 2 章　中東欧資本主義と福祉システムの研究動向

表 3　中東欧諸国の労働時間と賃金（2003 年）

国	労働時間		賃金 (ユーロ、購買力単価)(注2)
	平均 Eurostat	平均 EQLS(注1)	平均 Eurostat
ブルガリア	40.8	43.1	362
チェコ	42.1	43.6	941
エストニア	39.9	43.0	755
ハンガリー	40.6	44.3	839
ラトヴィア	42.0	44.8	558
リトアニア	37.9	44.8	659
ポーランド	41.3	45.2	978
ルーマニア	41.4	51.3	472
スロヴァキア	40.5	43.8	794
スロヴェニア	41.1	44.7	1450
中東欧 10 ヵ国	40.8	46.0	781
EU - 15	37.4	39.6	2321

注 1：EQLS のデータには副業労働時間が含まれている。
注 2：月額粗賃金
出所：Wallace and Pichler 2008: 165 から作成。

　8 ヵ国にマルタ、キプロスを加えた 10 ヵ国）の週平均労働時間は 41.9 時間であり、中東欧諸国の労働時間が EU 旧加盟国より長いわけではない。
　しかし、EQLS (*European quality of life survey*) のデータによれば、中東欧諸国の人々の多くが低賃金を補うために副業に従事している。それも計算に入れれば、中東欧諸国の人々の週平均労働時間は EU 旧加盟国の週平均労働時間を 5 時間強上回り、46 時間に達している。ルーマニアの労働時間が特別長く 51 時間であるが、他の中東欧諸国の週労働時間は副業も含め 43〜45 時間の範囲にある（**表 3**）。私も中東欧の人々が生活を営むために副業を持っている例をよく知っている。したがって、このデータの信憑性は高いと考える。
　ところで、新旧を問わず EU 加盟国で問題なのは、長時間労働よりもむしろシフト制（交代勤務）、土日営業、夜勤などにより「社会的時間＝社交時間」の短縮を余儀なくされる労働者が増えていることである。2004年には EU25 ヵ国の就業者のうち 5 人に 1 人が交代勤務を経験したと報告されている。ポーランド、スロヴェニア、ラトヴィアなど中東欧の新加

盟国でも、土日勤務を経験する労働者が多い。

　そうした勤務形態を余儀なくされているレストラン、ホテル、ケアサービスなどサービス従事者である。さらに、中東欧新加盟国においては製造部門の外資系企業が24時間操業をする場合が多く、チェコ、スロヴァキアにおいては製造部門の夜勤従事者が多い。EU旧加盟国のなかではギリシャ、フランス、イギリス、ポルトガルで土日勤務を経験する労働者の割合が高い。そして、新加盟国の場合と同じくサービス業従事者が土日勤務を経験する割合が高い。夜勤についていえば、旧加盟国ではオーストリア、スウェーデン、イギリス、フィンランドなどで多く、医療従事者、ケア労働従事者、24時間営業のサービス業従事者のなかで夜勤を行う人々の割合が高い。

　以上をまとめれば、医療・ケア従事者の不規則勤務は新旧を問わずEU加盟国全体で問題となっており、解決に向けた施策が必要であり、中東欧諸国についていえば外資系製造企業の24時間操業や消費サービス部門増大にともない土日労働、夜勤など不規則労働が増加しており、長時間労働と不規則労働に対する施策が必要となっているということになる。

　次に、上記 Wallace and Pichler（2008）から作成した**表3**によれば、2003年の（購買力平価による）旧加盟15ヵ国の賃金平均（グロス）は2312ユーロである。これに対し、同年の中東欧10ヵ国（EU新加盟国）の賃金平均は781ユーロであり、旧加盟国平均の3分の1である。

　新加盟国のなかで平均賃金が最も高いのがスロヴェニアであり、1450ユーロである。それは同年のポルトガルの平均賃金（1164ユーロ）を凌ぐ。他方で、中東欧のなかで平均賃金の最も低い国はブルガリアとルーマニアである。中東欧諸国の民間の平均賃金格差は、ほぼ1人あたりGDPの差、すなわち経済力の差を反映している（たとえば、2005年のスロヴァニアの1人あたりGDPは、購買力平価で2万2140米ドルであった。ブルガリアとルーマニアのそれは9140米ドル、8980ドルであった。Cohen 2009）。

　ところで、より良き雇用という観点から重要なのは、低賃金で働く人々の数を減少させることである。平均賃金の60％以下の賃金を「低賃金」

と規定し、「低賃金」稼得者の賃金生活者総数に占める割合が15％以下である国を「高賃金経済」、その割合が30％以上に達する国を「低賃金経済」と規定する。その場合、2002年の中東欧諸国においては、チェコとスロヴァキアを除くすべてが「低賃金経済」となる。ラトヴィア、リトアニア、ルーマニアにおいては、特に低賃金生活者の比重が高い。スロヴェニアとハンガリーは、もう少しで低賃金経済から抜け出ることが可能な段階にある（Eyraud and Vaughan-Whitehead 2006）。

チェコでは、資本主義化プロセスにおいて共産主義時代からの平等主義的な所得分配が継承される度合いが相対的に高かったことに着目すべきである。そして、低賃金生活者の比率が小さいチェコと、（就業率が高いうえに）もう少しで低賃金経済から抜け出ようとしているスロヴァニアは、EU27において貧困率が低い国に属した（TÁRKI 2008）。

EU旧加盟国について言えば、「高賃金経済」にはスウェーデン、フィンランド、デンマークの北欧諸国のほかベルギーが該当し、高賃金経済に近い国はオランダ、ルクセンブルクである。低賃金経済にはポルトガル、イギリスが含まれる（Eyraud and Vaughan-Whitehead 2006）。スウェーデン、デンマーク、オランダはリスボン戦略が掲げる「より多くの雇用」（高い就業率）とあわせて、賃金面においても「より良き雇用」（高賃金経済もしくはそれに近い）という目標をかなりのところ実現していると言えよう。

低賃金経済のポルトガルとイギリスの貧困率（EU基準。中位所得の60％が貧困ライン）は、EU27において高いグループに属する（2004年。TÁRKI 2008）。

最低賃金制度も重要である。資本主義化にともない、中東欧諸国に最低賃金制度が導入された。これら中東欧諸国を含みEU27ヵ国のうちほとんどの国において最低賃金は法で定められるが、フィンランド、スウェーデン、ドイツ、デンマーク、オーストリアなどにおいて最低賃金は労使交渉を通じて決められる（Visser 2008）。

最低賃金水準は貧困化との関連で重要である。2004年についてみれば、ベルギー、オランダ、フランスなどでは、最低賃金は平均賃金の45％以

上、イギリス、スロヴェニア、スロヴァキアで40％、バルト三国、チェコ、ハンガリー、ポーランドおよびスペインでは40％以下であった（Visser 2008）。

中東欧諸国のなかで貧困率が低いチェコの最低賃金水準が低いのは意外であるが、最低賃金水準相当の賃金生活者が相対的に少ないこと（すなわち、低賃金生活者の比重が小さいこと）がこの国の貧困率を小さくしていると推定される。

次に、労使関係について言えば、EU旧加盟国のうち北欧および大陸欧州主要国においては、雇用と労働に関わる事項については労働組合と経営者団体による団体交渉（中央、産業、企業レベル）を通じての合意形成がめざされてきた。

それに対して、社会主義時代に中東欧諸国の労働組合は党国家の「伝導ベルト」と位置づけられ——自主管理社会主義の旧ユーゴスラビアや独立労組『連帯』の活動が許容されていた時期のポーランドを除き——労働者の利害表出機能を果たしてこなかった。したがって、中東欧諸国において資本主義的「労使関係」が築かれるようになったのは、社会主義崩壊以後のことである。その際、ILOの支援が大きな役割を果たしたことはすでに述べた。他方で、EU旧加盟国のなかではドイツ、スウェーデンにおいて、団体交渉のレベルおよび適用範囲などにおいて1990年代以後大きな変化があった（後述）。

中東欧新加盟国（2004年と2007年の加盟10ヵ国）の組合組織率を単純平均すれば24.3％であり、旧加盟国の単純平均（EU15の27.3％）（表4参照）よりも低い（各国の組織率は概ね2002年当時のそれである）。中東欧諸国において労働組合組織率は、社会主義時代にはほぼ100％であったから、資本主義への転換によってこれら諸国の組織率は激減したと言える。

表4が示すように、比較的高い組織率を誇るスロヴェニアの組織率は41％である。それは、スロヴェニアが資本主義化初期に自主管理社会主義の遺産を生かしつつ、産業レベルの労使交渉と企業レベルの労使協議会を重視するドイツ型労使関係を導入したことによる。また、スロヴァキア

表4　中東欧諸国の労働組合組織率と労働協約適用率（%）

	労働組合組織率[注1]	労働協約適用率[注2]
ブルガリア	22.2	25.0-30.0
チェコ	25.1	35.0
エストニア	16.6	22.0
ハンガリー	19.9	42.0
ラトヴィア	20.0	20.0
リトアニア	16.0	15.0
ポーランド	14.7	35.0
ルーマニア	31.4	―
スロヴァキア	35.4	50.0
スロヴェニア	41.0	100.0
ＥＵ－15	27.3	75.9

注1：多くの場合、2002年の組織率を示す。
注2：労働組合員、非組合員を問わず団体交渉にもとづく労働協約が適用されている被用者の被用者総数に対する比率。
出所：Gebel 2008: 57 から作成。

とチェコの組織率が相対的に高かったが（それぞれ、35％、25％）、それは同諸国において資本主義への転換開始以後も社会主義時代から継承された労働組合が主力となっており、ポーランドやハンガリーのように複数労組（前者では連帯系労組と共産主義時代から継承された共産党系労組。ハンガリーでは政治転換直前に形成された自主労組と旧共産党系労組）が対立する状況を免れ、制度化された労使交渉を通じて労働者にとって望ましい一定の成果を収めてきたためである。

また、ルーマニアの組合組織率が相対的に高かったのは（31％）、残存国有セクターの経済に占める比重の高さによる。逆に言えば、ほとんどの中東欧諸国において民営化された企業、新たに生まれた私企業、外資系企業などにおいて労組が結成される例は少なかった。

2000年代初めの中東欧諸国においては、賃金・労働条件に関して産業レベルおよび企業レベルでの団体交渉（経営者と労働組合代表）が行われ、そこでの合意事項が労働協約として適用されていた。スロヴェニアの労働協約適用率は2000年代初めに100％であったが、それは同国において経営者が経営者団体に入ることが義務づけられており、産業別経営者団体と産別労組の間で労働協約が締結されているからであった。しかし、後述す

るようにスロヴェニアでも、2000年代にこの労使協調制度は相当程度侵食された。

スロヴァキアにおいても、産別交渉の意義が相対的に高かった。他の中東欧諸国においては労使の産別交渉は行われるものの、賃金・労働条件などに関する協約は企業レベルの労使団体交渉を通じて締結される場合が多く、団体交渉によらず企業経営者と被用者個人の間で賃金・労働条件が決められる場合も多かった。スロヴェニアとスロヴァキアを除く中東欧諸国の労働協約適用率が50％を下回っていたのは（**表4**）、そうした事情のためである。多くの中東欧諸国における労使関係は、イギリスの労使関係に近かったといえる。

EU旧加盟国においも組合組織率は減少傾向にあり、2004年に27％であった。北欧の加盟国（デンマーク、スウェーデン、フィンランド）の組織率は2003〜04年時点で70％を超えていた（EUに加盟国していないノルウェーの組織率は50％台）。ベルギーが50％を超えていた。組合組織率が20〜40％の間にあったのがオーストリア、イタリア、ドイツ、イギリス、ポルトガル、オランダ、アイルランド、ギリシャ、ルクセンブルク、組合組織率が最も低かったのが10％台のスペイン、8％のフランスであった（Visser 2008）。

2000年代半ば時点で、ほとんどのEU旧加盟国において、団体交渉を通じた労働協約適用率は80％を超えていた。しかし、イギリスが35％、ドイツが63％であり、これら両国における労働協約適用率は相対的に低かった。

イギリスで労働協約適用率が低いのは中東欧諸国と同様、同国において企業レベルの労使団体交渉にもとづき労働協約が締結されるか、賃金・労働条件が経営者と被用者個人の契約によって決められる場合が多いからであった。

かつてドイツは、産業別団体交渉で賃金や労働条件に関わる労働協約が決められる典型国であった。その際、産別交渉による労働協約は労働組合が存在しない企業にも適用されていた。そのようなドイツにおける労働協約適用率の減少は、主にドイツ統一に起因するものであった。

第2章　中東欧資本主義と福祉システムの研究動向

　西ドイツの産別交渉においては、賃金のみならず労働条件、技能訓練を含む広範な事項が取り扱われ、労働協約が適用されてきた。ドイツ統一により旧東独企業も労働協約を適用することが求められたが、旧東独企業のなかには労働協約を実施する能力を欠く企業が多く存在した。そうした企業は事実上、そうした協約を遵守しなかった。それを契機として、旧西独地区に立地する中小企業も東独企業の例に追随した。こうして、労働協約適用率が低下したのである（Visser 2008）。

　北欧諸国においては、労働組合組織率も労働協約適用率も高い。しかし、ここでも労使交渉が従来よりも下位のレベルで行われるようになってきている。スウェーデンでは、第二次世界大戦以前の時期から労働組合全国中央組織（LO）と経営者団体全国組織（SAF）の中央レベルの交渉を通じて産業横断的に労働協約が結ばれてきた。しかし、国内向け産業の労使と輸出部門労使の利害と関心の分岐にともない、1983年に金属産業労使団体がSAF-LOから離れ、産別独自交渉をするに至った。

　そして、1990年代初めに経営者団体全国組織が中央交渉から撤退することになった。それ以後、団体労使交渉は産業、企業レベルで行われるようになっている。雇用弾力化にともない企業レベルにおける労使協議事項が増大し、経営者と被用者個人の間の交渉で労働条件が決められる例も増加している。デンマークやスウェーデンでは、解雇規制よりもフレクシキュリティ（この場合、労働移動促進と雇用の継続性の結合を意味する）に力点が置かれているが、それが上記のような労使関係の分権化・個人化とあいまって労働者の地位低下につながらないよう工夫が求められている。

　EUは経営者と労組を社会的パートナーとみなし、「社会的対話」を重視してきた。そして、1990年代以降EUレベルの社会的対話により合意された事項を欧州委員会の「指令」とする措置をとってきた。すなわち、欧州委員会は労使合意にもとづいて両親休暇に関する指令（1995年）、パートタイム労働に関する指令（1997年）、有期雇用に関する指令（1999年）を定め、2000年代にもテレワーク、労働ストレスに関する指令を定めてきた。それは、欧州委員会、社会的パートナー（労使団体）の三者による雇用・労働問題へのアプローチであったと言える。

ところで、EUからの影響というよりも、むしろILOの指導・助言にしたがって、中東欧諸国においては資本主義化にともなう社会的混乱を抑制するため、政労使で構成される「三者協議制度」が1990年代初頭に発足した。三者協議制度はチェコの転換初期の「低失業」に貢献するなど、一定の効果を発揮した（Orenstain 1996）。他方で、三者協議制度はともすれば政府の経済社会政策正統化のための機関になる傾向にあるなど、必ずしも労働者の利益を守る機能を果たしているとは言えないのが現状である。

旧加盟国について言えば、オランダとベルギーにおいて労使協議と国家の経済社会政策の関係が密接である。なかでも、オランダでは社会経済に関わる法案の80〜85％が三者協議制度（社会経済評議会）を通じて準備されており、ベルギーにおいても労働組合の全国組織と経営者団体の全国組織からなる「社会経済評議会」が、賃金のみならず雇用の質に関わる政策も含め協議を行い、合意に達した事項を政府が実施するという「コーポラティズム」が機能している。

資本移動自由化にともない多国籍企業がEU加盟国のなかで果たす役割が大きくなるにつれ、その規制が大きな論点となる。たとえば、安価な労働を求めて（EU旧加盟国を本拠地とする）多国籍企業のプラントがEU新加盟国に移転することから生じる雇用問題が、旧加盟国において重要論点となっている。他方で、多国籍企業のプラントが流入する新加盟国では、外資系企業に対する労働条件に関する監視が重要な課題となっている。

1994年にEUは1500人以上の被用者を有し、少なくとも2つのEU加盟国に立地し、そこで150人以上の被用者を有する多国籍企業に対して、労使協議会の設置を義務づける指令を定めた。

被用者は多国籍企業の国際政策（立地移動等）に関して情報を提供され、諮問を受ける権利を有する。しかし、上記指令においては、多国籍企業の経営者が被用者の要求に反する決定をする場合の罰則を設けていなかった。

2003年までに対象となる企業の50％にあたる1800企業が、EU労使協議会を設置した（Visser 2008）。とはいえ、この労使協議会が労働者の利害を反映する機関として機能する前提は、（加盟国）国内労組の十分な組織力である。しかし、中東欧諸国ではまだその前提が欠けているとい

うのが現状である。

さて、2004年と2007年のEU東方拡大を契機にして増加した東西欧州の比較研究のうち、雇用と労働について分析した論文の内容をまとめてきた。そうして研究から浮かびあがってくるのは、1989年以後の中東欧の人々にとって最もショッキングなのは、突然に完全雇用が崩壊したことである。本書第3章の「転換の社会的コスト」の項で検討するように、資本主義化に伴い、旧ソ連・東欧のいくつかの国では平均寿命が低下した。それは、完全雇用の崩壊という極度のストレスと結びついたものであった。

さらに不幸なことは、「新自由主義の時代」に旧ソ連・東欧で資本主義化が試みられたことであった。すでに見たように、中東欧のすべての国が新自由主義に洗脳された政策をとったわけではなかった。しかし、新自由主義の影響を免れることは困難であった。後で見るように、スロヴェニアでさえ、2000年代半ば以後その影響を受けた。また、有期雇用など不安定雇用がEUの新旧加盟国双方で増加したのは、経済グローバルの帰結であるとともに、新自由主義的雇用・労働政策の結果でもあった。

EU旧加盟国と新加盟国の間に見られる差異のほかに、北欧を含む西欧諸国と中東欧および南欧諸国の間の社会経済格差がある。これらの諸国間の経済格差については、すでにみたベレンドなどの研究が示すところである。就業率、産業別就業構造、労働条件などについても、すでに述べたような中東欧と南欧諸国の共通性、およびそれら諸国と西欧諸国の間の差異を示す研究がなされている。

そうした差異のすべてではないとしても、いくつかは「中心部資本主義」と「周辺部資本主義」というグローバル資本主義の付置構造に占める位置の相違に起因するものである。欧州における貧困の比較研究も、そうした差異を示している。次に、EU新旧加盟国の貧困に関わる比較研究について見てみよう。

(2) 拡大EUの貧困比較研究

世界銀行の刊行物『EU新加盟国の社会扶助』(World Bank 2007) の指摘によれば、EU新加盟国において次の集団の貧困リスクが高い。①長

期失業者（1年以上の失業者。学校歴が短い人に多い）、②経済的斜陽地域の住民、③ワーキング・プア、④バルト諸国のロシア語使用者、⑤ハンガリー、チェコ、スロヴァキアに居住するロマ人である。

他方で、欧州委員会の刊行物『EUにおける社会的包摂と所得分配 2007年』（European Commission 2007）は、マルタ、ブルガリア、ルーマニアを除くEU24ヵ国において（2007年の加盟国は27）、貧困リスクが高い集団として、①単親世帯（多くの場合はシングル・マザー。65歳以下）の構成員、②高齢（65歳以上）単身者（多くの場合、女性。そのなかには勤労歴のない人が多く含まれる）、③単身世帯の無業者、④カップルのうち双方とも、あるいはいずれかが有償労働に従事しておらず、子どもがいる（特に3人以上の子どもがいる）家計の構成員、を指摘している。

人口構成（具体的には高齢者人口の比率）、離婚率、労働市場動向、家族形態の相違（たとえば、南欧の大家族と北欧の小家族等）などにより、貧困者全体に占める上記①〜④の集団それぞれの比重は国により異なる。

それと関連する中東欧の新加盟国に関する若干の特徴を述べるとすれば、エストニアを除くすべての国（ポーランド、チェコ、ハンガリー、スロヴァキア、スロヴェニア、リトアニア、ラトヴィア）において貧困者に占める比重が最も高い集団は、1〜2人の子どもがいながら、カップルのうちどちらかが有償労働に従事していない家計の構成員である。但し、3人以上の子どもがいる家計の貧困リスクが低いわけではない。それだけの子どもを持つ家計数が少ないので、貧困者総数に占める当家計の比重も、1〜2人の子どもを持つ家計構成員の貧困者総数に占める比重よりも低いのである。エストニアでは、生産年齢にある人（特に無業者）の貧困者の比重が高いのが特徴であり、チェコでは単親（多くがシングル・マザー）家計構成員の貧困者の比重が高い。

なお、ヴィシェグラード諸国では、高齢貧困者の貧困者全体に占める比重は相対的に小さい。たとえば、ポーランドの場合が一番低く5%であり、高いハンガリーでも7.7%である（European Commission 2007）。ポーランドについては、社会支出に占める年金支出の比重が大きいことも、高齢貧困者の比重が小さいことの理由の一つと考えられる。

上記の世界銀行と欧州委員会の分析を総合すれば、EU新加盟国における貧困を規定している要因として、労働市場（失業者、無業者の貧困）、家族構成（シングル・マザーおよび多子家族の貧困）、地域経済格差（斜陽地域の貧困）、低賃金（ワーキング・プア）、社会的排除（エスニックおよび言語的マイノリティの貧困）などが重要であるといえる。そして、これら貧困要因には中東欧にとどまらず、世界の他の地域にも該当するものが多い。

上では、EU新加盟国における貧困リスクが高い集団を指摘したが、その際、「貧困基準」（貧困者の定義）についてはふれなかった。貧困問題を取り扱う際には、貧困基準（貧困者の定義）によって貧困率は異なることに注意する必要がある。それと関連する重要点を指摘すれば、次のとおりである。

① 貧困率は貧困基準＝貧困線の引き方に左右されるが、貧困者を「生存線以下で暮らす人々」として定義すれば、貧困者とは「絶対的貧困」状態にある人々を指すことになる。

② 所得集団のなかで相対的に低い位置にある人々を貧困者と定義する場合、貧困者は「相対的貧困」状態にある人々を指す。OECDやEU統計で示される貧困率は、「相対的貧困」状態にある人々の数の対総人口比率である。「相対的貧困」は、特定国内部の文脈で定義される「貧困」である。富裕国の貧困者と貧困国の貧困者の生活水準は異なる

③ 貧困（および「社会的排除」）の規定のためには、「所得」や「消費」にとどまらない、社会参加など別の要素を考慮する必要がある。
そして、EUはそれを考慮した貧困の測定も行っている。

上記のうち、①の「絶対的貧困率」について言えば、たとえばハンガリーとポーランドの統計局は「貧困線＝消費額」で示される生存水準を設け、その水準以下の所得生活者を貧困者と規定してきた。そして貧困率、すなわち「絶対的貧困」状態にある人口の対総人口比率を発表してきた（Adam 1999）。これで測った貧困率は、ハンガリーの場合に、1992年に21.5%、1994年に31.8%と相当高いものであった（Andorka 1997）。

世界銀行も中東欧地域の人々が生存のために必要な「消費額」を設定し（たとえば、2005年で1日4.3米ドル。購買力平価）、中東欧各国の貧困率の比較を行っている。それによれば、2004年のリトアニアの貧困率が22％、ポーランド21％、エストニア18％、ラトヴィア14％であり、これらの国の貧困率が高かった（World Bank 2007）。

上記②の「相対的貧困率」について言えば、OECDは「世帯所得を家族数や家族構成の違いを考慮して、どの世帯の所得も比較できるような等価所得というものに調整」したうえで、「この等価所得を低い方から高い方へと並べ、ちょうど真ん中にある世帯の等価所得（中位所得――引用者）の半分である50％水準を貧困ライン」として使っている（岩田 2007: 47）。EUは中位者の等価所得の60％水準を「貧困ライン」とし、それ以下の所得者を貧困者と定義している。そして、OECDもEUも、そうした定義にもとづき測定される貧困者人口の対総人口比を各国の貧困率として示しているのである。

EU基準にもとづき中東欧のEU新加盟国の2004年の貧困率を見てみると、**図1**が示すように、ポーランド、リトアニア、ラトヴィア、エストニアが高い（18～約20％）。他方で、チェコ（10％）が低く、旧加盟国のスウェーデン（9％）、オランダ（10％）、デンマーク（11％）と並ぶ水準にある。スロヴェニア、ハンガリー（12～13％）の貧困率は、ドイツ、フランス、オーストリアの貧困率（12～13％）にほぼ匹敵する水準である。

このようにして、上記の世界銀行基準で（絶対的概念の）貧困率が高いポーランドとバルト三国は、EU基準による（相対的概念の）貧困率も高いのである。なお、EU旧加盟国ではスウェーデン、オランダ、デンマーク、フィンランドの貧困率が低く（9～11％）、スペイン、ポルトガル、アイルランド、ギリシャ、イギリスの貧困率が高い（16～20％）。ベルギー、フランス、ルクセンブルク、ドイツはこの両極の中間にある（12～15％）。

前述したように「相対的貧困」は、「国民的文脈」において貧困を定義するものである。すなわち、EU基準に即していえば、「各国の」中位所得の60％以下の所得者が「各国の」貧困者なのである。他方で、新加盟

第2章　中東欧資本主義と福祉システムの研究動向

図1　EU諸国の貧困率（2000年、2004年、%）

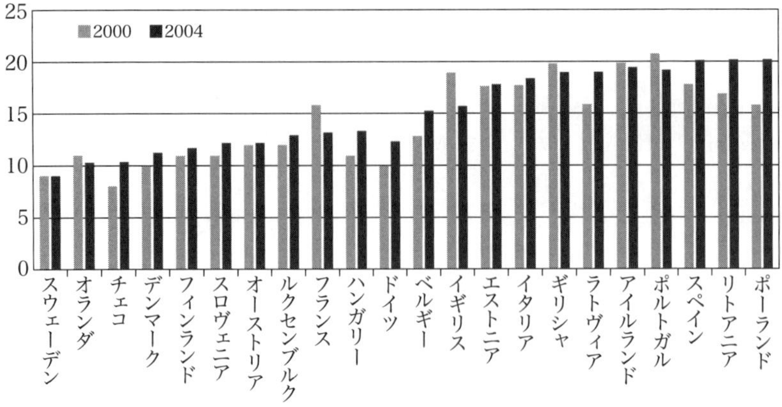

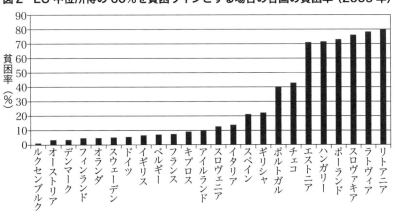

出所：TÁRKI 2008: 97.

図2　EU中位所得の60%を貧困ラインとする場合の各国の貧困率（2005年）

出所：TÁRKI 2008: 99.

国と旧加盟国も中位所得の間には大きな差異が存在する。旧加盟国のなかで中位所得が最も高いのはルクセンブルクであり、2004年と2007年の新加盟10ヵ国のなかで中位所得が最も低いのはルーマニアである。そして2000年代の初めに、ルクセンブルクの中位所得はルーマニアの10倍にも相当した。

Ⅱ　中東欧福祉システムの研究動向

　以上のことは、ほとんどすべてのEU新加盟国において貧困者と規定される人々の絶対的生活水準は、旧加盟国において貧困者と規定される人々の絶対的生活水準と比べて低いことを意味する。

　もし「EU市民」の中位所得の60％を「貧困線」として貧困率を表すと、どうなるであろうか。結果は、**図2**に示されるように、中東欧のEU新加盟8ヵ国（2004年）のうち、バルト三国、ポーランド、スロヴァキア、ハンガリーの貧困率は70〜80％に達することになる。チェコでさえ48％となり、スロヴェニアだけが十数パーセントにとどまる（TÁRKI 2008）。

　旧ハプスブルク帝国に属していた中欧諸国の人々は、オーストリア、ドイツ、イタリアなどの人々の生活水準との関連で自らの生活の程度を測る傾向にある。すなわち、中欧の人々は国内的基準では貧困者に属さないとしても、旧西側隣国の国民と比べ、自らを貧困とみなす場合があるということである。この点に鑑みても、新旧加盟国所得格差是正が必要である。

　EU社会政策は、国民国家の文脈のもとでの貧困抑制を目標にしている。他方で、EU地域政策は、1人あたりGDPがEU平均の75％未満の地域に「構造基金」を配分するなど、「地域格差是正」の政策をとっている。社会政策と地域政策を統合していくことが重要である。

　上記③の「所得」と「消費」ではとらえきれない貧困と社会的排除にアプローチする方法について言えば、EQLS（European Quality Life Survey）は欠如（ないしは剝奪: depreciation）概念にもとづく貧困測定を実施している。

　それは、調査対象となる家計に対して食料、衣服、暖房、耐久消費財、社会生活への参加など10項目について、それぞれの項目に関してそれを保有しているか（社会生活参加に関しては、それが可能か）どうかを尋ね、金銭的理由により「欠如」している（あるいは「不可能」である）いう回答があった場合、それを「欠如数1」と数え、各項目に対する回答から出てくる数を合算し、調査対象となる家計の数値（欠如スコア）の平均を表すというものである。すべてが欠如していれば、欠如スコアは10である。

　この「欠如」（剝奪）を基準とする貧困測定は、所得による貧困測定の問題点（たとえば、インフォーマル・セクターが存在する場合の正確な所

得捕捉の困難）への対応として有効である。また、「社会参加」という項目を入れることによって、「貧困」を「社会的排除」からもとらえる視点を提供する。

　この剥奪を基準とする貧困測定法で2003年の数値を見てみると、EU15の平均が1強の数値、（2004年の）EU新加盟国10ヵ国（中東欧8ヵ国とマルタ、キプロス）の数値が3強であり、ルーマニアとブルガリアは5である。北欧諸国はこの方法で見ても貧困度は低く、中東欧諸国ではスロヴェニアの貧困度が低いなど、他の貧困測定法で見られる特徴がこの方法においても表現されている（Christopher and Maitre 2008）。

　なお、剥奪に関してすでに述べたこと（本書第1章）をここでも繰り返しておく。「欧州2020」において、「貧困または排除のリスクに見舞われている人々」を、この剥奪を基準とする方法も取り入れ、①貧困者、すなわち各加盟国の可処分所得中央値の60％未満に属する人々、②適切な暖房装置、洗濯機、電話など、「物質的剥奪」に関わる9項目のうち4項目以上が欠落している世帯に属する人々、③18～59歳の世帯員のうち1人も就業していないか、たとえ就業者がいても、その就業時間が著しく短い世帯に属する人々、と定義している。

　さて、以上の叙述から中東欧のEU新加盟国のうち貧困率が相対的に低いのがチェコ、スロヴェニアであり、高いのがポーランド、バルト三国、ブルガリア、ルーマニアであり、中間に位置するのがハンガリー、スロヴァキアであることが明らかになっている。それは、社会主義時代からの遺産（スロヴェニア、チェコは社会主義時代に経済的先進国であった）とともに、社会主義崩壊以後の時代における各国の経済・社会政策のスタンスとも関係している。次にこれをみてみよう。

ｉ）　中東欧の社会保障システム──東欧革命以後の推移

　貧困率の低いスロヴェニア、チェコが社会主義時代にも中東欧の経済先進地域であったことに示されるように、中東欧諸国の間の貧困率の差異は、社会主義時代にも遡ることのできる経済発展水準の差異に規定されているところが大きい。他方で、それは資本主義化における国家の政策選択にも

II 中東欧福祉システムの研究動向

図3 総社会保護支出の対GDP比（2001年、2003年。%）

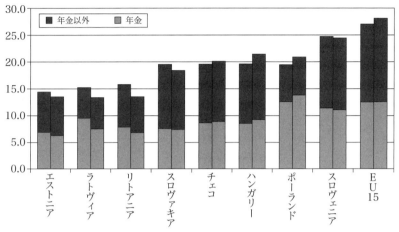

出所：World Bank 2007: 14.

規定されている。

ポスト社会主義諸国の資本主義多様性研究の先駆者ボーレとグレシュコヴィッチが、EU新加盟国の資本主義を3つに区分していることはすでに述べた。ここで再度、彼らの議論を要約しておく。①スロヴェニアは（自主管理時代の遺産を継承して）労使妥協体制（産業レベルでの労使交渉や企業内共同決定制度などドイツ型労使関係）を築き、社会支出（社会保障支出）の対GDP比が旧社会主義諸国のなかでは相対的に高いなど「社会的包摂」度の高い政策をとり、「ネオ・コーポラティスズム」とでも呼ぶべき資本主義を形成してきた。②バルト諸国では独立維持、ロシアへの従属回避の目標とも関連して、マクロ経済均衡を重視し社会支出を抑制するなど、「純粋な新自由主義」的資本主義を形成してきた。③ヴィシェグラード諸国は、両者の中間にある「埋め込まれた新自由主義」的資本主義を築いてきた（Bohle and Greskovits 2007a；2007b）。

上と関連して、GDPに対する社会保障支出の比重は「埋め込み」（「社会的包摂」）の度合いに関わる一つの指標である。図3が示すように、2000年代初めにスロヴェニアのそれは相対的に高く約25％、バルト三国が低く

245

14〜16％、ヴィシェグラード諸国はその中間の20〜22％であった。

　すでに示した貧困率のみならず、所得格差の大小も「社会的包摂」の度合いを示す一つの指標である。欧州委員会の刊行物（European Commission 2007）によれば、2004年の中東欧のEU新加盟8ヵ国のうち、スロヴェニアとチェコの所得格差が相対的に小さく（ジニ係数0.24〜0.26）、バルト三国と並んでポーランドの所得格差が大きい（0.34〜0.37）。この統計数値から、ポーランドでは高齢者保護などでは「社会的包摂」の努力がなされてきたものの、同国の社会的包摂はチェコより弱いといえる。

　先に検討したように、貧困は様々な要因に規定されている。社会扶助を含む社会保障の水準・制度の態様も、その規定要因の一つである。そして、この社会保障水準・制度の動向は、EU新加盟国において資本主義化の経済・社会政策の選択パターンと関連を持ってきた。ボーレ／グレシュコヴィッチの上で示した見解は、少なくともスロヴェニアとバルト三国の間の異なった政策選択（＝前者の「ネオ・コーポラティズム」、後者の「純粋な新自由主義」）と、その帰結（貧困率・格差の大きさにおける差異）の因果関係を示すうえで有効である。これをふまえたうえで、東欧革命以後の中東欧の社会保障制度の変容の推移を見てみる。

　前述したように、社会主義生活保障システムの特徴は「労働を起点とする国家的保障システム」（前述。小森田 1998）であった。それは、国家財政と明確に分離されていないものの、社会保険（年金・医療）からの給付が社会給付の中心である点で「保守主義」（大陸欧州型）に類似しており、他方で女性の就労率が高い点で、すなわち社会保険からの相対的に寛容な育児給付・相対的に長い休暇制度、広範な公的保育サービスなどが高い女性就労率をもたらした点において、「社会民主主義」（北欧型）と類似するものであったと言えなくもない（しかし、この点について詳細は第3章を参照）。フェルゲが指摘したように、社会主義社会保障システムの大きな欠点は当システム形成・運営における民主主義の欠如にあった。

　また、普遍的な社会扶助（特に権利としての最低所得保障制度）および失業保険・扶助制度の欠如（但し、ハンガリーでは社会主義末期に失業保険制度導入）などの点で、社会主義社会の生活保障制度は多くのEU旧加

盟国のそれとは異なるものであった。

　社会主義崩壊以後のEU新加盟（旧共産主義）国社会保護システムの変化の規定要因は、概ね次の3つに整理される。①「欧州回帰」願望、②大量失業・貧困問題の広がり、③IMF・世界銀行、ILOなど国際機関およびEU機関からの影響である。

　「東欧革命」の推進要因の一つに、「欧州回帰」願望があったのは事実である。また、社会主義崩壊（1989／91年）以後1990年代半ばまでの期間には、「転換不況」により大量失業が発生し、貧困問題の広がりがみられた。これらを背景に、1992年に事務所をブダペストの設置したILOの助言も得ながら、多くの中東欧諸国は社会保障制度を大陸欧州諸国のそれに近づける試みを実施した。

　どこでも失業保険（保険料財源）・失業扶助制度（税財源）、社会扶助制度（税財源。多くの国では「最低所得保障制度」も）が導入され、年金・医療給付に関しては社会保険制度をベースとする方向での制度改訂がなされた。家族・育児給付については、財源が社会保険から税に変更された。こうして、EU新加盟（旧社会主義）国の社会保障システムは「欧州化」傾向を強めた。しかし、「欧州化」においてEU機関の果たした役割は小さかった。さらに、バルト諸国は社会保障支出を抑制し、累進税に代えて均等税をいち早く導入するなど、実質的に「小さな政府」をめざす政策をいち早く実施した。

　資本主義化の当初から旧社会主義諸国の経済政策に強い影響を及ぼしていたIMF・世界銀行のうち、世界銀行による旧共産主義諸国の社会保障システム再編に対する関与が1990年代半ば以降強まった。世界銀行が旧社会主義諸国に勧めたのは、失業給付削減や家族給付削減とその「ミーンズ・テスト化」などを通じた社会支出削減、民営化を含む混合年金制度導入（公的賦課方式の第1の柱、義務的積立・民間基金運用の第2の柱、任意民間年金の第3の柱）などであった。それらを新自由主義的社会政策と特徴づけてよいであろう。

　前者の社会支出削減については、ほとんどすべてのEU新加盟国において失業給付額削減と給付期間短縮、家族給付（児童給付が中心であるが、

その他各種給付がある）の「ミーンズ・テスト化」が実施された。そして年金制度について言えば、ハンガリーを皮切りにして（1998年）、2002年までの期間にEU新加盟国のうちポーランド（1999年）、ラトヴィア（2001年）、エストニアとブルガリア（2002年）において世界構想を反映する混合年金制度が導入された（部分的民営化実施）。

　ところで、EU加盟条件を示したコペンハーゲン基準（1993年）には社会政策上の要請はなく、遵守すべきEU法（アキ・コミュノテール）にも加盟候補国に対する社会政策上の要請は少なかったこともあり、EU機関が中東欧諸国の社会保障システム再編に及ぼす影響は1990年代を通じて小さいものであった。

　EUの「リスボン戦略」（2000年）には「社会政策アジェンダ」（2000～05年および2005～10年）が含まれており、「社会的排除」（貧困）問題を「調整のオープン・メソッド」（OMC）で取り扱うことが規定されていた。この調整プロセスに、中東欧諸国はEU加盟以前の時期から組み込まれた。それ以後、EU社会政策の中東欧諸国への影響がみられるようになった。その顕著な例は、EU雇用・社会保護政策において強調されている「アクティベーション」（Activation）アプローチが、新加盟国の雇用政策のみならず失業保険・扶助、社会扶助制度に浸透していたことである。

　上のような推移を経て、中東欧諸国の社会保障システムは、①年金・医療・疾病保険および雇用保険（失業給付のほか積極的労働市場労働政策を賄う）、②税で賄われる家族給付、③税で賄われる社会扶助・失業扶助（後者は社会保険からの失業給付期間が終了した後に、給付される）から構成されるようになった。

　社会保障支出の構成について言えば、2004年の中東欧のEU新加盟8ヵ国の2003年の社会保障支出のうち、支出割合が最も大きな項目はどこでも年金給付であり、次いで医療・疾病関連給付、家族給付などへの支出が大きく、他方で失業給付や社会的排除関連（社会扶助）給付の支出割合は小さかった（World Bank 2007）。

　EU新加盟国に共通する特徴の一つは、社会主義時代からの遺産を継承し、児童給付を中心とした家族手当給付の比重が相対的に大きいことで

あった。それは、特にハンガリーの場合に顕著であった。ポーランドは年金給付の社会保障支出に占める割合が最も高い国であるが、それは同国の実質的退職年齢が低いからでもあった。ポーランドは年金財政の持続可能性の見地からラディカルな年金改革を実施したが、様々な特例措置により現在までのところ顕著な年金支出削減は起きていない（詳細は吉野 2007）。

　以上のように、ハンガリーにおいては児童・家族給付が労働年齢の人々、ポーランドにおいては年金が高齢者の貧困問題対処（予防、緩和）において重要な役割を果たしてきたというような社会保障制度の各国別の特質を押さえておくことが必要である。貧困を論じる際に、しばしば社会扶助制度（生活保護制度）の役割が問題となる。それはそれで必要なことであるが、他の社会保障制度への目配りが必要なことをここで指摘しておく。

　医療について言えば、ハンガリーでは社会保険基金への民間資金導入、患者の診察・入院費の一部患者負担導入などの意思が政権から提起されてきたが、これに対する国民からの反発は強い。同国において 2008 年 3 月に大学授業料導入、受診・入院費の一部患者負担導入の是非を問う国民投票が実施された。国民は大差で拒否の姿勢を示した（柳原 2008 参照）。

　中東欧の EU 新加盟国においては、労働運動や大衆運動は強くないものの、「国家が社会保護に責任を負うべきである」とする社会主義時代から継承されている意識が国民のなかにいまなお強い（コルナイ 2016）。それが当諸国においては社会保障削減に対する一定の歯止めになってきたと、私は肯定的に評価している。しかし、こうした社会主義からの継承物を、近代化＝資本主義化の遅れとして批判する経済学者もいる。

　社会保障の水準と体系が貧困是正との関連を明らかにした。次に、貧困ともっと直接的な関係を有する社会扶助について見てみよう。

ⅱ）　欧州の社会扶助と中東欧の特徴

　ここでは、『ハンドブック——拡大 EU の生活の質』所収論文「EU 新旧加盟国の最低所得政策」（Cantilon, Mechelen and Schute 2008）によりながら、社会扶助の規定、欧州社会扶助の歴史、EU 旧加盟国および中東欧新加盟国の社会扶助を見てみる。

第 2 章　中東欧資本主義と福祉システムの研究動向

　ILO が 1942 年に行っている社会扶助の規定は、「すくない財力（means）しか持たない人に対して、最低必要水準を満たすために充分な額（amounts）の給付を、税を財源として、権利として付与するサービスあるいはスキーム」である。それが意味するのは、次の 4 点である。①選抜的性格、すなわち給付対象を「必要とする人」に限定、②給付額を、最低必要水準を満たす額と規定、その際「最低必要水準」は社会的・歴史的文脈で規定される、③給付はチャリティや任意ではなく権利（法）にもとづく、④給付財源は社会保険ではなくて税である（Cantillon et al. 2008）。

　EU（欧州理事会）は、1992 年の勧告で「国民的ミニマム（最低必要水準）は、ぎりぎりの生存水準を意味するものではない」ことを明確にしている。すなわち、そこでは諸個人が人間の尊厳を保ちながら生きるために十分な資源を保有する権利、そのための扶助を受ける基本的権利を有すると規定されている。諸個人が人間の尊厳を保ちながら生きることのなかには、「社会参加」（社会的統合）が含まれる。社会扶助、特に最低所得保障（= Guaranteed Minimum Income, GMI）は、貧困者の「最後の頼り」（セーフティネット）である。そして、それは貧困者を諸権利の体系に再統合するものでなければならないというのが欧州理事会勧告の趣旨である。なお、日本国憲法 25 条の生存権に関して、朝日訴訟第一審判決では「生存」が「人間的生活」を意味するという判断を示したが、それはこの 1992 年の欧州理事会勧告の立場に近いと言える。こうして、EU においては「社会的排除」をなくし「社会的包摂」を促進することが、1990 年代以降 EU 社会政策（社会扶助）の基調となっている。

　次に、欧州社会保障の歴史について言えば、社会扶助は社会保険に先行したが、それは特定カテゴリーに対する扶助の性格を持つものであった。普遍的スキームの社会扶助、すなわちすべての人々に最低所得を保障するという主旨の GMI プログラムが導入されたのは戦後のことである。1960 年代にドイツ、オランダ、イギリスが最低所得保障スキームを導入した。1970 年代にベルギー、デンマーク、アイルランドが続き、スウェーデン、フィンランド、フランス、ルクセンブルクでの GMI 導入は 1980 年代、

ポルトガルでの導入は 1996 年である。

　スペインは全国レベルではなく、地域単位で最低所得保障制度が規定されている。イタリアには国家の義務としての最低保障制度は存在しないものの、中部・北部では広く普及している。ギリシャにおいてカテゴリー別社会扶助は存在するものの、普遍的社会扶助＝最低所得保障制度は存在しない。中東欧の EU 新加盟国で普遍的な最低所得保障制度が導入されるのは 1990 年代以降のことである。

　以上のように、欧州で普遍的最低保障制度が導入されたのは比較的新しく、またそれを持たない EU 加盟国も存在するのである。但し、普遍的最低保障制度がない国でもカテゴリー別の社会扶助制度は存在する。ともあれ、EU 加盟国の多くが普遍的最低保障制度を持つことは、欧州社会モデルを米国社会モデルと隔てる一つの大きな要素である。

　次に社会扶助行政について言えば、EU 旧加盟国において、一般的に地方政府が担っている。その際、3 つのタイプがある。①全国標準のスキーム（資格要件、給付水準）があり、地方政府に裁量余地がほとんどないフランス、デンマーク、ドイツ、オランダのようなタイプ、②中央政府は社会扶助の原則を定めるが、資格要件や給付水準は地方政府、市町村レベルで決められるため、それら（資格要件、給付水準）が地域によって異なるオーストリアやスペインのようなタイプ、③資格要件、給付水準の全国標準が法律で定められているものの、地方政府レベルで追加的給付（住宅費扶助、医療費扶助、光熱費扶助など）が可能なフィンランド、スウェーデン、ベルギー、ポルトガルのようなタイプである。

　社会扶助の給付水準に関しては、デンマーク、オランダ、フィンランド、アイルランドなどにおける給付水準が相対的に高い。それは「社会的排除に関連する支出の対 GDP 比」を示す EU 統計から明らかである（Cantillon et al. 2008）。しかし、アイルランドの貧困率は高い（OECD 統計によれば、2004 年に 15.4％。OECD 加盟国のなかでメキシコ、トルコ、アメリカに次いで 4 番目に高い）。社会扶助の貧困緩和効果は、「給付水準」のほか「資格要件」の寛容度、行政側での「貧困者捕捉努力」（広報による周知など社会扶助を「必要とする人」の制度へのアクセスを容易にする取り

組み）などにも規定される点に留意すべきである。

　また、前述したように、貧困率は社会扶助以外の社会保障制度項にも規定される点は旧加盟国の場合にも言える。たとえば、ドイツやベルギーでは社会扶助よりも社会保険給付のほうが貧困抑制効果を発揮している（Cantillon et al. 2008）。

　EU は、普遍的最低所得保障（GMI）を有償労働への参加を通じて貧困状況から脱出するための「過渡的措置」であるとみなしている（但し、病人、高齢者、育児・介護に携わる必要がある人は例外である）。そして、すでに述べたように EU は 1990 年代以降、雇用（増加）を重視し、2000 年のリスボン・サミットにおいて就業率引き上げの数値目標（当時の 61％から 2010 年の 70％へ）を掲げたのである。こうして、就労福祉やアクティベーションが強調されるのはすでに見たとおりである。

　社会扶助給付や失業給付を就労と結びつける場合、「アクティベーション」と「ワークフェア」の異同という論点が生じる。私はアクティベーションとワークフェアには共通点があると考え、現在のアクティベーション政策に諸手を挙げて賛成というわけではない。福祉に関係する人々の多くがそうである。

　貧困者に対して就労努力を求める傾向が EU 社会政策で強まっており、それは大なり小なり、EU 加盟国の社会扶助の制度設計に好ましくない影響を及ぼしていることからもそれは明らかである。

　デンマークの場合、30 歳以下の社会扶助受給者は社会扶助受給開始から 3 ヵ月後に、30 歳以上の社会扶助受給者は 1 年後に職に就く（activate）ことを要請されている。そして、政府はそれを可能にするため雇用訓練、再訓練、フレックス雇用、軽度のジョブを提供するという主旨に即して社会扶助制度を運用している。他の旧加盟国も、ワークフェアの場合より緩やかであるが、社会扶助受給者に「ワーク・テスト」——最小限の場合では失業登録すること、求職活動をすることがそれにあたるが——を課す傾向にある。そうした「ワーク・テスト」は、権利としての社会扶助という精神の後退を示すものであり、社会的市民権として社会保障を位置づける立場からは首肯できないものである。

ところで、世界銀行の刊行物（World Bank 2007）は、中東欧のEU新加盟国のうち2004年の加盟8ヵ国、すなわちヴィシェグラード4ヵ国、バルト三国、スロヴェニアのすべてにおいて最低所得保障（GMI）プログラムが導入されているとし、その概要を示している。それによれば、GMIは基本的には各国が独自に設けている「最低限所得」と、実際の所得の差額を——後者が前者を下回る場合に——支給するシステムとして設計されている。なお、ハンガリーについて、上記世界銀行刊行物が同国にGMIが存在するとしているのに対し、柳原はハンガリーの社会扶助制度は老齢・障がい扶助、児童保護扶助、住宅扶助などというようにカテゴリー別に設計されており、GMI制度は存在しないとしている（柳原2008）。

　前述したようにスロヴェニア、スロヴァキアの社会的排除関連支出のGDPに占める比重は高く、チェコの比重もデンマークのそれに匹敵する水準にある。他方で、リトアニア、エストニアの社会的排除関連支出の対GDP比は低い。世界銀行の刊行物（World Bank 2007）によれば、GMI向け支出の対GDP比において、スロヴァキア、チェコ、スロヴェニアの最低所得保障プログラム支出の対GDP比率は高く（スロヴァキアでは2002年以降減少傾向にあるが）、バルト三国の比率は低い。ポーランドの最低所得保障プログラムの対GDP比率は2003年まで高かったが、2004年に急減している。

　すでに見たように、バルト三国の全体としての公的社会保障支出だけでなく、社会扶助向け支出の双方の対GDP比は低いのである。それと、同諸国の高い貧困率には関係があるとみられるが、社会扶助支出の貧困緩和効果については多面的な分析が必要である。

　社会扶助の給付水準が高いことが、貧困緩和に効果を及ぼすことは自明である。しかし、社会扶助給付額の水準の高さ（adequacy）だけが重要なのではない。たとえ社会扶助給付水準が相対的に高くとも、行政当局による貧困者の捕捉能力が低く、受給資格が厳しければ、社会扶助の貧困緩和効果は弱められる。また、すでに述べたように、社会扶助とは他の要因が貧困を緩和している場合がある。

第2章　中東欧資本主義と福祉システムの研究動向

　ポーランドにおいては、社会扶助行政当局が「給付を真に必要とする人」を充分捕捉できていないという問題があった（World Bank 2008）。そのことが、同国の高い貧困率の一つの要因となっていたのである。他方で、チェコの貧困率の相対的低さを、所得再分配よりも平等性に強い所得分配に求める有力な見解がある（Cantillon et al. 2008）。

　さて、本章では、中東欧諸国の資本主義と福祉システムという本書の主題に関わる重要な研究の成果を紹介・検討してきた。これを通じて、東欧革命以後の中東欧地域の社会経済の推移の輪郭が明らかになったと考える。次の第3章、第4章でも、可能な限り本章との重複を避けながら、中東欧の資本主義と福祉システムの検討を深める。

第3章

資本主義の形成と福祉システムの変容
―― 20世紀末の中東欧 ――

ポスト社会主義時代の中東欧をとらえる様々な枠組みがあるであろう。私は、次のような枠組みでとらえている。

第1に、東欧革命以後の政治的な構図について言えば、各国によって相違はあるものの、概ね3つの勢力の競い合いであった。多かれ少なかれ新自由主義の影響を受けたリベラル派、社会民主主義を掲げる政治勢力、ナショナリストの3つである。

第2に、資本主義への転換においてはマクロ安定化、自由化、民営化が政策体系の柱になった。それは、ブレトン・ウッズ機関（IMF、世界銀行）、EBRD（ヨーロッパ復興開発銀行）など、中東欧への関与の大きな超国家機関が推奨する政策体系であった。また、地域統合機関であるEUの政策も、財とサービス、資本（実物と金融）、労働力の自由移動を促し、共通通貨の導入と安定のためにマクロ安定化を重視するものであり、その点では上記の超国家機関の政策と対立するものではなかった。こうした政策をめぐる「国際的」環境のもとで、中東欧各国において政策選択がなされた。さらに、1990年代半ばまでには中東欧諸国のEU加盟意志が明確になり、また、旧西側諸国に本拠を置く多国籍企業の中東欧への進出意志が明らかになっていたことが重要であった。

中東欧各国の国際政治・経済への参入のあり方に関わる決定は、外交の域を越える決定、つまり政治経済の型の決定であり、その意味で内政に関わる決定でもあった。

第3に、中東欧諸国にとってポスト社会主義時代の大半が厳しい時期であった。最初の厳しい時期は東欧革命直後から1990年代半ばないし末までの（国によって長さが異なる）転換不況期、次の厳しい時期は2007～08年以降の世界金融危機から欧州経済危機と続く時期である。中東欧諸国で概ね成長や福祉の点で改善があったと言っても間違いでないのは、2000年代のEU加盟前後の短い期間にすぎない。

上記は、「枠組み」というより重要な事実の指摘にとどまる。これらの事実を仮説と説得力ある実証で結びつけた時にはじめて、東欧革命以後の中東欧をとらえる枠組み、つまり論理体系が出来上がる。私が中東欧で研究対象としているのはハンガリーである。同国とポーランドは東欧革命以

第3章　資本主義の形成と福祉システムの変容

後、よく似た道を辿ってきた。その軌跡の要旨をまとめながら、「枠組み」形成の一歩を踏み出してみよう。

　両国では東欧革命以後、マクロ安定化、自由化、民営化を柱として資本主義化の政策が実施された。すぐに転換不況が起きた。それによって人々が被った打撃は大きかった。こうして、東欧革命に引き続いて資本主義化政策を手がけた政治勢力（両国ともナショナリストの色彩を帯びるものの穏健的「中道右派」勢力）は批判を受け、政権を追われた。次に、両国の政治を担ったのは旧共産党改革派勢力が中心となる社会民主主義勢力（中道左派）であった。ハンガリーの場合は、リベラル派知識人によって創設された政治勢力が連立政権の一翼を担った。

　ハンガリーとポーランドの社会民主主義勢力はマクロ安定化政策の手綱を緩めるなど国民生活に一定配慮する政策を実施したが、国民の期待に沿う成果を上げたわけではなかった。共産党改革派勢力は、新自由主義に毅然として抗するために必要な代替案を持たなかったのである。こうして、1990年代末から2000年代初めにかけて、両国の政権は再び中道右派政権となった。これが東欧革命以後およそ10年ほどの期間を、主に両国の国内政治の側面からみた風景であった。

　ここで注意すべきは、ハンガリーでは1990年代半ばに、ポーランドでは1990年代末に外資導入加速化の道が選択されたことである。さらに、1990年代末からは両国とEUの間の加盟交渉が本格化した。こうした国際政治経済と関わる決定と実践は、2004年のEU加盟実現を前後した時期の両国の経済実績にポジティブな効果を持った。すなわち、ハンガリーの成長率は2004年4.8％、2005年4％、2006年4.1％であった。ポーランドの成長率も2004年5.3％、2005年3.6％、2006年6.2％と高かった。そして、両国において外資参入を通じてハイテク産業が創出され、経済競争力が増したことも、こうした成長の一背景にあった。

　再び両国の国内政治に戻ると、ハンガリーでは2000年代初め（2002年）に社会党が再度政権に就いた。同党は2006年の総選挙でも勝利した。他方、ポーランドでも社会民主主義勢力が2000年代初め（2001年）に再度統治政党になるが、4年後に政権は右派ナショナリスト政党の手に

移った（2005年）。しかし、ポーランドで右派ナショナリスト政権は長く続かず、2007年に同国政権は中道右派政権に代わった。こうして、ハンガリーとポーランドに政治的分岐が生じたものの、いわゆる「リーマン・ショック」（2008年9月）前には、まだ政権は中道勢力（ハンガリーでは中道左派、ポーランドでは中道右派）によって担われていた。

2006年頃からハンガリーではナショナリズムを煽る勢力の策動が強まり、国内外でそれを憂うる声が強まっていた。そのなかで、2006年以後の緊縮政策と世界金融危機の波及という国内外要因により、ハンガリーでは政治経済危機が深まった。国民の不満は中道左派政権与党（社会民主主義政党とリベラル派）に向けられ、中道右派の域を越え右派ナショナリストに転じていた政治勢力（フィデス）が2010年の総選挙に勝利した。また、この選挙では驚くべきことに極右政党（ヨッビク）が議会第3党になった。こうした政治配置のもとで、ハンガリーにおいては復古主義的憲法制定、政権によるマスコミ統制などが行われるなど、現在までに1989年の政治革命でもたらされた民主主義が弱められてきている。2015年の夏に世界の人々が知るところとなったハンガリー政権の反難民政策は、そうした政治の延長線上にあるものである。

他方で、2007年から中道右派政権になっていたポーランドにおいては、ハンガリーなど他のヴィシェグラード諸国よりも低い輸出依存度（人口の相対的な多さによる国内市場の広さ）、農業の好調、移民からの送金などの複合的要因により、世界金融危機とそれにともなう世界不況の影響が小さかった。同国では、2008年以後も安定的な成長がみられた。

とはいえ、ポーランドにおいても国民生活が安定しているという状況はなかった。2015年の労働市場について言えば、チェコの失業率5％、ハンガリーの失業率6.8％と比べ、ポーランドの失業率はもっと高く7.5％であった。同年のポーランドの青年（15〜24歳）失業率は20％であった。さらに、2013年の「貧困と社会的排除リスクにある人々の比率」は、中東欧のEU加盟国のなかではルーマニア、ブルガリア、ラトヴィアが高く、次いでハンガリーの31％、ポーランドは24.7％であった。ポーランドの貧困と社会的排除をめぐるリスクはハンガリーほど高くないにしても、チェコの14％

第3章 資本主義の形成と福祉システムの変容

やスロヴェニアの 20% と比べて高かったのである（なお、2013 年の「貧困と社会的リスクにある人々の比率」のEU28ヵ国の平均値は 24.4% であった。以上はEU統計局）。

このように、世界金融危機と同時不況の影響はポーランドで大きくなかったが、同国の人々の生活は安定しているという状況ではなかったのである。そこから生まれる不満を吸収する形で、ハンガリーに続き 2015 年秋の総選挙結果を受けて右翼ナショナリスト政権がポーランドでも誕生し、現在に至っているのである。

以上が、ポスト社会主義時代のハンガリーとポーランドの政治経済の軌跡である。上記の簡単な描写で、ある程度は経済と人々の生活、そして政治との間の相互の関係、さらに国内政治経済と国際動向との関係も明らかになっていると考える。すなわち、ポスト社会主義時代の「中東欧分析の初歩的枠組み」も示されていると考えている。しかし、上ではハンガリーとポーランド以外の中東欧諸国は含まれていない。また、経済と人々の生活と政治の関係、および国内的事象と国際動向が体系的論理で結びつけられているわけではない。こうした不足を補い、ポスト社会主義時代の中東欧政治経済および社会を体系的にとらえるのが、第3章と第4章の課題である。

第3章では、主に 1990 年代末までの資本主義（化）の態様と福祉システムの変容を検討する。資本主義（化）の態様と関係しては、資本主義化初期の戦略と幻想、資本主義化の社会的コストを取り扱う。さらに、資本主義の多様性についてもみてみる。中東欧資本主義の多様性には、①各国の国内諸制度に関わる多様性の側面と、②国際分業への編入形態の多様性の側面がある。国際分業への編入の多様性が明らかになり、発展パターンの分岐が明らかになるのは 2000 年代である。第3章では、主に国内制度面から見た資本主義の多様性の解明を試みる。国際分業から見た多様性の解明は、本書第4章の課題となる。

第3章の後半では、福祉システムの変容を取り扱う。第2章に続き、再度、中東欧福祉システムのポスト社会主義時代の再編成と変容の過程を跡づけた後、事例研究としてハンガリーの年金制度の変容とジェンダーをめ

ぐる変遷を検討する。

I　資本主義への転換と社会的コスト
――1990年代の中東欧社会経済――

1　転換戦略と幻想

　経済システム転換の態様は中東欧各国ごとに異なったものの、「市場経済への移行」をめざすという目標において、さらにその目標を「マクロ（経済）安定化」、「制度転換」、「構造変革」に関わる経済諸政策を通じて実現するという点において、中東欧諸国には共通点があった。さらに、旧社会主義諸国における経済システム転換のシナリオが、IMF（国際通貨基金）の影響を受けたものであったことも周知のところである。このシナリオ、およびそのシナリオの想定に関するシャバンスの的確な説明を示せば、以下のとおりである。

「マクロ経済安定化が図られるのは、一般にインフレ圧力、財政赤字、通貨の不安定を除去するためである。制度の転換が目指すのは、旧来の社会主義システムに代わる市場経済に固有な組織的インフラストラクチャーの配備である。構造変革は、好ましくない生産（肥大化した重工業、軍事産業、汚染企業）を整理するとか、国内外の潜在的需要の大きな部門や分野を拡張するとか、あまりにも集中しすぎた産業構造を多様化することによって、生産機構の均衡を回復することにかかわっている。マクロ経済の安定化と制度の転換をおこなうことによって、構造変革への道が切り開かれるものとみなされている。そうすれば、新しい経済はかなり短期的な調整期と過度期を経たのちに効果的な成長軌道へと移行し、国際貿易のなかに急速に組み入れられていくであろう」（シャバンス 1993: 282-3）。

このようなシナリオと想定にもとづいて、中東欧諸国において価格・貿

易等の自由化とセットになった緊縮財政・金融引締めなど「マクロ経済安定化政策」、市場経済インフラストラクチャー整備のための生産手段の民営化、および銀行・税制再編などが実施された。

　第2章ですでに述べ、説明を加えたように、この政策・制度転換の実施過程において、とりわけマクロ安定化政策の帰結として「転換不況」が生じた。他方で、民営化が実施された。その際、国内資本の不足から中東欧諸国の多くでは、最終的には国有資産の外資への売却が支配的な民営化方法となった。また、外資のグリーン・フィールド投資も積極的であったところから、中東欧諸国の多くでは、程度の差はあれ、外資依存型資本主義が形成されることになった。

　転換不況が、財政緊縮政策をともなう誤ったマクロ安定化政策の帰結であったことについては、第2章で示したように安定化政策を唱えていたコルナイ自身によっても認められている。転換不況が政策不況であったことは明らかであり、中東欧諸国（あるいはもっと広く旧ソ連・東欧諸国）の資本主義化始発期の政策と不況の関係について改めて論じる必要はない。とは言え、不況を招く政策、すなわち「緊縮策という病」（Blyth 2013の邦訳2015年のタイトル）について、ギリシャなど南欧諸国とドイツなど北の欧州の国々の間で共通認識が見られない現状に鑑みれば、1990年代の中東欧の安定化政策の帰結について確認しておくことが必要であると私は考えている。

　そこで安定化政策の帰結というべき「転換の社会的コスト」について、ここで検討しておきたい。しかし、その前に資本主義化の始発点にみられた安定化政策についての幻想と並ぶ国際支援の幻想と民営化幻想についてふれておきたい。

(1) 国際支援の幻想と現実

　「国際支援の幻想」とは、中東欧を含む旧社会主義国の政治指導者の一部に、資本主義化をめざすのであるから、米国や欧州先進国が、戦後に米国が行ったマーシャル・プランに匹敵するような援助を旧社会主義国に対して行うだろうという期待があったことをさす。現実と照らし合わせるなら

ば、それが幻想であったことは言うまでもない。その後、中東欧の指導者の一部は EU 加盟交渉期間においても EU（旧西側諸国）に対して同じ幻想を持ち、後で失望した。

　資本主義国に対して過大な期待を持つナィーブさが責められるべきだと言うべきであろう。しかし、政治指導者に対してはその批判で済むとしても、彼らの影響を受けた人々が幻想を持ち、失望した時彼らが右翼排外主義者の影響を受けることになる可能性という問題が残る。知識人や政治家は、外国に支援を求めてよいが、その際、旧西側先進国の政治家や国民が資本主義の環境のもとで生きており、それに制約を受けるということをよく理解し、そのことを国民に正直に伝えるべきであった。これは重要な教訓であるが、それについてハンガリーの経済学者、サムエリは相対的に早い時期から国際支援への過剰な期待を戒めていた。

「中東欧が大量の援助プロジェクトを享受できる機会は、かつてより少ないであろう。主要な理由は経済的なものではなくて、政治的なものである。戦争の脅威の減少のせいで、平和を強固にするために援助を支持する（西側）世論が力を失っているというのがその理由である。このような現象は中東欧の経験不足の新しい指導者たちにとっては不可解なことかも知れない。彼らは……（中略）……マーシャル・プランが 1948〜1949 年のアメリカで納税者によって受容された理由がまさに『赤の脅威』にあったという事実を熟知していない……（中略）……。現在その脅威は減少しているが、この事実が西側政府の力（すなわち中東欧への支援を納税者に納得させる力──訳者）を制限しているのである」(Szamuely 1993: 23-27)。

東欧革命、マルタでの米ソ首脳会談と冷戦終結宣言、ソ連邦の崩壊と続く激動のなかで、まさに「赤の脅威」は消失した。核を持ち、まだ軍事大国であるロシアを別として、他のソ連構成諸国や東欧諸国に対する欧米先進国の政治的関心は低下していた。これと関連して、私は 1990 年代の初めにハンガリー国営テレビのトップの座を務めていた社会学者ハンキシュにインタビューした時のことを覚えている。彼は、ハンガリーが「改革先進国」の時代に持っていた「特典」を冷戦終結の後、失ったと指摘した。

それは次のことである。

　旧西側先進国は、ソ連に対して相対的に自立性が強いハンガリーやポーランドのような東欧諸国に対して、そうでない国と比べて相対的に強く物質的・文化的に支援した。なぜなら、そのことで旧ソ連圏のなかで分解傾向が強まるが、それは西側先進国にとっては歓迎すべきことであったからある。しかし、東欧諸国が一斉に資本主義化を開始するにともなって、ハンガリーも中東欧のなかで「普通の国」になってしまい、特に西側先進国が注目すべき国でなくなったのである。

　サムエリやハンキシュの述べたことは、当時の私にはよくわかることであった。資本主義化を進めているハンガリーのような国は、冷戦終結以後も市場あるいは投資先としては重要とみなされていた。しかし、政治的観点からはそれほど重要でなくなったと当時の中東欧の社会科学者は考えていた。私のような観察者もそうであった。しかし、そうでない政治家もいたし、「資本主義に疎い」学者もいて、彼らが外国からの直接投資を資本蓄積目的の投資というより援助の一環として見る傾向があったことに私は驚いたことが何度かあった。おそらく、それも広い意味での国際支援に対する幻想であったと言ってよい。

　たしかに、ポーランドの債務削減など旧西側諸国（国家）と資本による一定の「譲歩」があったのは事実である。しかし、中東欧諸国への支援と呼ばれたものの主な形態はIMFや世界銀行による融資であり、それは緊縮政策など新自由主義的資本主義化の実施を条件とするものであった。それは、ナイーヴな政治家や学者の期待した支援とは異なる性格のもの、すなわち、資本主義への体制転換を促す旧西側諸国と資本による政策手段であった。

　私は、中東欧の社会主義崩壊後の政権が、どの程度の国際支援を期待して資本主義化のプランを作成していたかの検討を行っていない。そうした観点からの本格的研究も目にしていない。したがって、国際支援がもっと大きかったなら転換不況が起きなかったと言えるかどうか、はっきりしたことは言えない。しかし、第二次世界大戦後のマーシャル・プランが西欧諸国の需要を興し、戦後復興に貢献したことに鑑みるならば、東欧革命

Ⅰ　資本主義への転換と社会的コスト

後の政治家や学者の一部が期待したような国際支援があったならば、ポスト社会主義中東欧では需要不足による生産低下の一部は和らげられたと言うことぐらいはできる。それよりもっとはっきりしているのは、ナイーヴな政治家や学者が期待したような国際支援はなかったということである。

⑵　民営化の幻想と現実

　マクロ安定化、自由化と合わせて民営化も資本主義化の鍵とみなされ、実施された。そして、民営化は中東欧諸国で当初想定されていたよりももっと時間がかかることが判明した。国有企業を移管すべき有能な民間所有者・経営者を発掘するのが容易でないこと、国内資本の不足がその主な要因であった。民営化は良いことであり、そうすれば経済はうまくいくという思考方式自体にも問題があった。民営化で「国家官僚主義」が弱められたとしても、大規模独占の国有企業が民間大企業に代わっただけでは官僚主義自体はなくならない。そのことは、後で見るように国有から外資系へと所有形態が変わった中東欧の銀行についても言えることであった（本章のハンガリーの年金制度に関わる項を参照）。そのことも含め、「民営化万能論」も幻想であった。

　なかでも大きな問題は、国有企業や準国有企業優位の経済が民営企業優位の経済になれば、社会主義ではなくて、今度は資本主義の問題点が出てくるということについての自覚が不十分であったことであった。この点でわかりやすい例は、格差増大、貧困者増加である。民営化の帰結が資本主義であること、資本主義の属性に関わる問題群があることに自覚的であれば、問題が出現しても、それに絡めて「民営化＝資本主義化の幻想」を問題にする必要はない。しかし、中東欧のこれまでの経験に照らしてみるならば、資本主義化の始点において資本主義化の負の属性について、政治指導者はそれほど自覚的ではなかったと言える。資本主義世界に住む政治家たちが、社会主義国が抱える問題について本当のところは理解していなかったことが社会主義崩壊の時に明らかになったように、社会主義を経験した政治家は社会主義の誤りに自覚的であったにしても、資本主義について多く知っているわけではなかったことが中東欧の資本主義化過程で明ら

第3章　資本主義の形成と福祉システムの変容

かになったと言える。

　したがって、中東欧の「民営化幻想」とは、民営化が早く進むと考えた点の幻想と、民営化の帰結として経済の問題が「解決する」と楽観視したことの2つが含まれる。そして、後者については、民営化が官僚主義を解決するという点での楽観論と資本主義の属性を把握しない面での楽観論が含まれる。その楽観論を「民営化万能論」と言い換えることもできる。資本主義化の最初の時期（外資主導で民営化が加速するまでの時期）における「民営化幻想」は、主に前者の幻想、すなわち民営化が早く進むという幻想であった。

　他方で、資本主義化の最初の時期にも中東欧諸国は「転換の社会的コスト」を被った。「転換の社会的コスト」にはマクロ安定化、自由化政策だけでなく民営化の直接の帰結も含まれていた。たとえば、初期の民営化で生まれた失業などがそうである。その限りでは、「転換の社会的コスト」は資本主義化の属性と関わる「民営化幻想」から人々を覚めさせる事象であった。しかし、中東欧で民営化された経済＝資本主義経済の問題性が誰の眼にも明らかになるのは、資本主義化の初期よりはもっと後の時期である。中東欧の多くの国では外資主導型資本主義が形成された。そして、その資本主義が国内・国際的要因から不況に直面することになる2007〜08年以後の経済危機の時代にあって、人々の大半は資本主義の本性への自覚を迫られたのである。この時になって、上の2つの「民営化幻想」のうち資本主義に対する幻想から人々は真に解き放たれたと言えるのではないかと私は考えている。

　さて、上の2つの幻想のうち最初のもの、民営化が早く進むという幻想に政権担当者が気づいたのは、資本主義化の初発局面であった。民営化の最大の実践的課題は、国有企業を誰の手に移すのかという問いに適切な答えを出すことであった。所有者としての国家よりも、もっと効率よく、しかも消費者ニーズにもっと適応しながら、財・サービスを提供する民間主体に所有権を移転するのが民営化の目的である。そうであるなら、それを行う有能な主体を探さなければならない。しかし、そうした有能な民間の資本家や経営者を、ポスト社会主義時代に足を踏み入れようとしている入

口の中東欧諸国で見つけ出すことは困難であった。さらに、有能かどうか以前の問題として、国有企業を実際に買い取ることのできるほどの資本（資金）を保有している個人や団体を見つけるのも容易ではなかった。

したがって、自由化はすぐに実施するとしても、国有企業の民営化はすぐには行わず、国家が当面は国有企業を管理し、有能な資本家や民間経営者が出現するのを待って民営化を実施するというのが合理的な選択であった。すでに述べたように、コルナイはそうした現実的な提案を行っていた（Kornai 1990b）。フランスの経済学者シャバンスも、フランスの公私混合経済下の国有企業の効率が悪くないとの例を持ち出し、国有企業の経営改善もあるので、民営化が唯一の選択肢ではないとする現実的判断を提起した（シャバンス 1993）。

しかし、それほど時間をかけないで民営化できる分野や方法もあった。中小国有企業の場合には、大企業の場合と比べれば、売却先の国内の資本家や経営者を探すのは容易であった。見つからない場合は、国有企業を民間人に当面の間リースすることもできた。

他方で、国有大企業の場合、上で述べたように、国内で直接売却先を見つけるのは容易ではないが、外資に売却するという方法があった。資本主義的な意味で有能な外国人（法人）を見つけるのは困難ではなかった。買収資金上の問題も大きくなかった。しかし、「国民」に選ばれる政治家が、国家資産の移転先として資本主義化の始点で外国人を優先するスタンスをとるとは公言しにくい。国有企業の外資への売却代金を対外債務の返済に充てており、外資への売却による民営化の点で中東欧諸国に先行していたハンガリーでさえ、資本主義化の開始時点で民営化の主な方法が外資への売却であると決めていたわけではない。同国が外資主導の民営化に本格的に踏み切ったのは、社会民主主義政党（社会党）とリベラル派政党の連合政権成立以後、すなわち 1994 年以後であった。ポーランドやチェコがそれに続くが、それは 1990 年代末のことである（第 4 章参照）。

民間資本家が育つまでの「待機」と外資への売却のほかにも、選択があった。それは実施に移された。1 つは、「インサイダー」、すなわち国有企業の経営者か労働者、あるいは双方に国家資産を売却するというもので

第3章 資本主義の形成と福祉システムの変容

ある。独立自治労組「連帯」の力が強かったポーランド、自主管理社会主義の遺産を持つスロヴァニアのような国では、インサイダーの影響力を残すようなこの民営化方式が好まれた。このうちスロヴェニアでは、この民営化方式を通じて、かつての自主管理社会主義から「ネオ・コーポラティズム」型資本主義への移行という、中東欧のなかでは最も社会的コストが小さく好ましい資本主義化が行われたのである（中東欧の民営化方法については、Cohen 2009; Lórant 2009）。

他方で、すでにみたように、チェコ（資本主義の始発期はチェコスロヴァキア）では、「大衆株主資本主義」を意図してバウチャー方式の民営化が実施された。バウチャー方式の民営化は、株式との交換可能なバウチャーを大衆が買うことができる仕組みを導入し、国民が旧国有企業の株主となることを推奨する民営化の試みである。しかし、これを実施したチェコで旧国有企業の株式は、それを購入した個人から投資ファンドに売られ、結局のところ、民営化された企業の大きな株主は投資ファンドとなったのはすでに述べたとおりである。投資ファンドは大銀行の傘下にあり、大銀行の最大株主は国家であったから、民営化された後にも、チェコでは国家と企業の強い関係は形を変えて残ったこともすでに述べた。

チェコの例は、しばしば代表的な民営化の「誤算」として取り上げられてきた。しかし、チェコのそうした具体例以外にも1990年代の遅くない時期に民営化の「誤算」（あるいは幻想）が指摘されていた。その場合は、上で述べたような民営化に関連する2つの問題であった。民営化の「遅滞」と民営化で期待された経済効果が小さいということであった。

このうち、民営化が遅れているという論調については、数字が示すところから判断する限りでは、期待がよほど強くない限り遅滞と言えるほどペースが遅いというわけではなかった。言い換えれば、「遅滞」という表現自体が「民営化幻想」を反映していたと私は考えている。

数字で言えば、バウチャー方式で民営化が進んだチェコでは、1995年に国家所有の資本は同国の資本総額の40%にまで低下していた。また、外資への売却で民営化が進展していたハンガリーでは、国家所有の資本額は同国の資本総額の42%にまで低下していた。さらに両国で、1996年の民

間部門（私的セクター）の付加価値の対 GDP 比は、すでにそれぞれ 75%、70％に達していた。

　民間部門の付加価値は新規私企業によっても生み出されるから、民間部門の付加価値の多寡だけで民営化の進展状況を正確に測ることはできない。しかし、民間部門の付加価値の対 GDP 比というその指標に、民営化の進展状況が反映していると判断しても大きな間違はなかろう。そして、スロヴァキア、エストニアのその数値は 1996 年に 70％であり、両国はハンガリー並みであった。これより少し小さいのがラトヴィア、ポーランドの 60％である。もっと低いのがスロヴェニア、ルーマニア、ブルガリアの 55％であった（上の数値は Cohen 2009: 訳 198）。

　上に示されているのは、1989 年の東欧革命から 7 年目の 1996 年に、本書で検討している中東欧諸国において、付加価値の半分以上は民間セクターで生み出されていたということである。民営化と私企業の新規創設は早いスピードで進んだというのが、数字からみた普通の評価であろう。それでも遅いと言うなら、民営化がもっと早く進むものだという誤解あるいは幻想があったのであろうということになる。

　他方で、民営化しても期待した効果が出ていない、あるいは民営化しなくとも問題が解決しているとし「民営化万能論」を批判する議論もあった。それは民営化幻想を批判する正しいものであった。民営化しても経済が好転していないというのは、1990 年代の多くの国に当てはまることであった。ポーランドやハンガリーなどいくつかの国で、1990 年代半ばまでには経済はマイナス成長からプラスに転じていたが、それらの国も含め、総じて中東欧の生産や雇用など実物経済水準は東欧革命以前の水準には戻っていなかった（Cohen 2009; Berend 2009）。

　後で見るように、失業、貧困、格差から平均寿命の短縮に至るまで資本主義への転換がもたらした悲惨＝社会的コストは大きく、資本主義への転換は成果をもたらすどころか、国民生活に打撃をもたらしていた。少なくとも、それが 1990 年代半ばの中東欧の現実であった。そのような時に、民営化の効果があり経済は好転していると言うのは、あまり中東欧に現実的関心がない国際機関のエコノミストぐらいなものであった。もっと現実を

第3章　資本主義の形成と福祉システムの変容

知っている中東欧のエコノミストや中東欧を対象とする研究者は、民営化とミクロレベルの効率の関係について検討していた。

経済のマクロ動向ではなく、もっとミクロ次元の経済問題と民営化の関係について言えば、国有大企業の民営化とは直接関係のない措置で事態が改善されている例があった。端的なものが、消費財不足の解消であった。すでにみたように、コルナイは転換不況を、マクロ次元では緊縮政策による総需要不足から、ミクロ次元では需要にマッチしない企業の生産減少(「創造的破壊」)から説明した。それは正しい指摘であった。その際、需要にマッチしない企業の生産減少が、民営化された企業の消費者需要に適合する生産によって十分に補充されたのかと言えば、そうではなかった。もし補充されていたなら、生産は回復したはずである。コルナイが「創造的破壊」を転換不況要因であると指摘した時には、需要のある製品、サービスを提供する民間事業者がまだ少ないとみていたのである。

上の不況とミクロの構造改善の間の関係は、長期的に見ればタイムラグの問題である。消費者の需要を考慮することの少ない官僚主義的な社会主義企業が、民営化されたらすぐに需要に敏感になり、技術革新を行い、品質が良く流行を取り入れた財を生産する企業に変身すると考えるほうが現実離れしている。変身には時間がかかる。時間がかからないのは、輸入による国内品との代替である。あるいは、進出してきた外資系企業の生産・サービスによる国有企業の活動との代替である。そして、事態はまさにそのように推移したのである。

私のブダペスト滞在時の実感と合うのは、輸入による消費財不足の解消、もっと控えめに言って、消費財不足の緩和であった。社会主義末期のハンガリーでは、他の東欧諸国と比べて西側からの輸入消費財の入手可能性は相対的に高いと言えた。それでも、その可能性は東欧革命以後の比ではなかった。

東欧革命以後数年を経て、それまでならウィーンで入手していた西側製品の多くがブダペストで買うことができるようになった。さらに、1990年代の初頭にハンガリー(エステルゴム)に工場を設けた日系自動車製造企業スズキが、ハンガリー国内で生産した製品を同国市場に供給するよう

になった。社会主義時代にもブダペストで私はスズキの車をよく見かけたが、ポスト社会主義時代にその機会は増えた。

　国有企業が民営化されたからと言って、必ず生産が効率的になったり、サービスが良くなったりするわけでないことは、先進国の民営化の場合にも言えることである。したがって、民営化を含む資本主義化の政策実施以後、中東欧諸国で輸入品や外資系企業の生産・サービスを除いて構造改善面でさしたる実績が見られなかったとしても不思議ではない。もしそれを不思議であると考えるなら、それは民営化に過大な期待があるからであろう。

　さて、その意味での民営化の幻想から覚めたのならよいのであるが、問題なのは一般的な民営化に代わって、次には旧西側諸国の資本流入を万能とする考えが、国際機関やその影響を受ける中東欧諸国の政治家、官僚、学者の間で広がったことであった。

　中東欧地域を市場として、あるいは安価な労働力の利用先として旧西側資本は関心を持ち、進出意欲を持っていた。ハンガリーでは、その意欲にもとづく進出が早く開始されていた。次いで、EUの東方拡大が現実味を帯びる1990年代末以後になると、他のヴィシェグラード諸国を先頭に中東欧諸国一帯で旧西側資本の中東欧進出が強まった。

　以上のような国内外の動きのなかで、大半の中東欧諸国において外資依存型資本主義化が進行し、本格的に資本蓄積原理にもとづく経済が中東欧で成立したのである。

　さて、1990年代の中東欧資本主義化については、第2章で検討したことも含めて、次のようにまとめることができる。第1に、マクロ安定化、自由化、民営化を柱とする資本主義化政策の実施によって、中東欧諸国においては資本主義化が完遂された。上で見たように、1990年代半ばに、すでに中東欧諸国で私的セクターの付加価値がGDPの過半を占めていた。それ以後、主に外国資本の流入増加により、私的セクターの比重は一層増大した。そして、EU加盟条件を満たした国は、2000年代には資本主義への転換を終了したと言える。特に、厳密な基準に照らして、私は資本主義への転換の終了と述べているわけではない。加盟基準の一つとしてEUが

第3章　資本主義の形成と福祉システムの変容

中東欧諸国に対して「市場経済」を提示し（「コペンハーゲン基準」）、加盟承認の際にそれが満たされていると判断したからということを除いて、資本主義への転換完遂の根拠はない。しかし、それ以上の根拠が必要とも思われないし、それを議論することにさしたる学問的意義があるとも私には思われない。

　第2に、資本主義化にともなって起きた不況、「転換不況」の規模は大不況を凌ぐものであり、深刻であったということである。それは、直接にはマクロ安定化政策の帰結であった。すでに本書第2章でみたように、資本主義への転換を唱えたコルナイも、転換不況の原因の一つを緊縮政策に求めた。そして、これによって政治的不安定化が起きることを憂いだ。しかし、中東欧の転換不況や転換の社会的コストから、経済学者が緊縮政策の危険を十分に学んだかと言えばそうではなかった。EUやその中心国がユーロ危機やギリシャ債務問題に際し、1990年代のIMFと世界銀行が中東欧諸国に対してとった政策をとっていることに、そのことは示されている。

　第3に、転換不況と「転換の社会的コスト」を経験した中東欧諸国であるが、それを経て、中東欧一帯で新自由主義と決別するという政治経済的スタンスが確立したわけはないということである。転換の早い時期から新自由主義とは距離を置いたスロヴェニアは、その点で例外である。

　中東欧諸国のうち、1993年から94年にかけて、ポーランド、ハンガリー、リトアニアなどで旧共産党を継承する政治勢力が政権に就くなど、政治的な変化があった。また、チェコでも1990年代末には社会民主主義勢力が政権与党となった。しかし、そうした勢力が資本主義化路線の根本から問い直し、もっと適切な社会経済システム構想を示すということはなかった。

　今から振り返れば、この時に適切な転換が行われておれば、中東欧のいくつかの国におけるバブル経済とその崩壊は避けられていたであろう。また、世界経済危機の影響のあり方も異なっていたと言うことは可能である。しかし、伝統的社会民主主義と新自由主義の間の「第三の道」、「新中道」という消極的なやり方でしか自らのアイデンティティを定義することがで

きなかったイギリス労働党やドイツ社会民主党のスタンスが、欧州左翼に影響力を持った 1990 年代から 2000 年代の初めの時期に、中東欧左翼にだけ新自由主義とまったく無縁なアイデアを求めるのはフェアでないであろう。

しかし、国際支援の幻想や民営化幻想から冷めるとともに、以下で見るような「転換の社会的コスト」を真剣に受け止め、少なくとも新自由主義的な資本主義化を見直すことが必要であったと私は考える。そのような意図も込めて、次に「転換の社会的コスト」を取り扱う。

2　転換の社会的コスト

1995 年夏から秋にかけてのブダペスト滞在の折のことである。同年 3 月に発表された緊縮財政政策をめぐって、ハンガリーの政局は揺れ動いていた。緊縮政策には（教育・医療・軍関係者および国有企業従業員など）公務員の実質賃金引き下げのほか、高等教育機関への授業料導入、家族手当・出産手当受給資格者削減（普遍的支給から所得を基準とする選抜支給への転換）、歯科医療無料制原則廃止（青少年、高齢者、障がい者などに限って無料を維持）、薬価の国庫補助削減（選抜的補助への転換）、定年退職年齢引き上げなど社会保障支出削減が含まれていた。この緊縮財政政策は、当時の財務大臣の名にちなんで「ボクロシュ・パッケージ」と呼ばれていた。

緊縮財政政策は国民の間で不評であり、1994 年に誕生した社会党主導の連合政権の支持率は落ち、右派政党の人気が急増していた。社会党内左右対立は激化、政権崩壊の危機さえ巷の話題となっていた。

この時の訪問では、私に身近なハンガリーの人々に起きている悲劇をみた。失職した人、過労とストレスで心筋梗塞となり入院した人などがおり、友人・知人の多くは現在と将来の生活に悲観的であった。

翌 1996 年の春再度ブダペストを訪れた時、政治的緊張は和らいでいるように見えた。同年初頭、ボクロシュは財務大臣辞任に追い込まれ、社会党内の左右対立は緩和していた。経済学者について言えば、コルナイは

第3章　資本主義の形成と福祉システムの変容

1995年の「緊縮政策」が「景気後退なき調整」をもたらしたと肯定的に評価していた（Kornai 1997）。チャバも、「福祉国家見直し」が転換の第二ラウンドの課題であるとの観点から緊縮政策を肯定的に評価した（Csaba 1996）。

しかし、1996年の訪問の際にも私の周囲には、状況を楽観視する友人・知人はそう多くいなかった。1989年～90年の政治転換当初と比べて、政治を話題にすることを嫌う人が増えていた。政治のことを口にするだけで嫌悪感が募るというのである。私はこれと同じ雰囲気を、後でもう一度味わった。それは2010年のフィデスの政権奪取の時である。

さて、1996年に時を戻せば、ハンガリー社会学界の重鎮アンドルカとのインタビューの際、「現在の社会学界の中心主題は何か」との質問に、即座に彼から「貧困問題だ」との回答が返ってきたのが印象に残っている。経済学者サムエリは、1996年の筆者との対話の折には「転換の社会的コスト」を強調し、その際、チェコとハンガリーの例を比較し、チェコの転換政策の優位性をしばしば話題にした。

私は1996年1～7月に英国バーミンガム大学ロシア・東欧研究センター（略称CREES）に研究のため滞在していた。96年のハンガリー訪問は同センター滞在時のことであり、バーミンガムからブダペストに渡っていたのである。

CREESにおいては、1995年末のポーランドにおける旧共産党系大統領の誕生や、96年のロシア大統領選での共産党系候補健闘の社会的背景の検討がなされていた。そして、1990年代前半には「民主主義と市場経済への到達度」をめぐる政治・経済分析が中心論点であったのに対して、90年代の半ばには当センターにおいても転換の社会的側面、すなわち資本主義への転換政策が国民生活に及ぼす負の影響（社会的コスト）と、資本主義への転換にともなう社会的成層化（分解、階層化）についての学問的研究が行われ、相互討論がなされる機会が増えていたのが特徴的であった。中東欧諸国の国内でも、イギリス以外の旧西側研究者の間でも事情は同じであった。

以下では、サムエリ、アンドルカ、フェルゲなどハンガリーの学者や、

エルマンなど旧西側研究者の論文を紹介しながら、資本主義化初期、具体的には 1990 年代の転換の「社会的コスト」の問題、およびそれとの関連で社会的階層形成や社会政策の動向を取り扱ってみたい。ハンガリーの例示が多くなるとはいえ、対象は旧社会主義地域の多くを包含しているとあらかじめ述べておく。

(1) 転換の社会的コストとは

　最初に、主としてサムエリの論稿（Szamuely 1996）にもとづき、他の学者の見解で補足しながら、旧ソ連・東欧地域の転換の「社会的コスト」を検討するが、その前に用語の定義が必要である。最初にこの検討を行っておく。

　体制転換にともなう社会的にネガティブな現象を指摘する際に、「移行のコスト」という表現が用いられたことがある。しかし、それはサムエリが述べているように、必ずしも学術的に明確に定義されたものではなかった。

　「移行」という用語がまず問題である。「何から何への」移行か。移行の始点はひとまず知られており、一党支配政治体制、中央集権的経済であると言えようが、移行の到達点は明確でなかった。一般的には、市場経済の創出や先進資本主義諸国の経済水準へのキャッチ・アップが到達点であると想定されていた。しかし、サムエリも述べているように、到達点への「移行」が客観的に保証されているわけではなかったし、「歴史的経路依存性」を重視する進化的アプローチをとる諸論者からは、新古典派的な「移行経済学」においては暗黙のうちに英米型資本主義への移行が想定されていることへの批判（換言すれば、資本主義には様々な型があるという主張）があった（たとえば、Chavance & Magnin 1995; Stark 1994）。「移行」という術語の使用には慎重である必要があるというのは正論であろう。

　「コスト」という表現も明確ではない。通常、コストとは特定の結果を生むために必要な費用を意味する。もし「移行」が、ひとまずは先進資本主義国に見られるような構造・能力・制度の確立であるというのなら、「移行のコスト」には経済構造転換のための費用、労働力養成のための費

用、制度的インフラストラクチャー整備の費用などが含まれる。そして、それらの「移行のコスト」をポスト社会主義諸国が賄うのは困難であると言える。しかし、「移行のコスト」という術語がこのような文脈で使用されたことはほとんどない。前述したように、資本主義への体制転換にともなう失業、貧困化、生活水準悪化など、社会的にネガティブな事象をさして「社会的コスト」という表現が使用されている場合が多い。したがって、本来ならば「コスト」よりも「犠牲」という表現がふさわしいということになる。これがサムエリの見解である。

以上をふまえて、私は、以下で「移行のコスト」ではなく「転換の社会的コスト」という表現を使用する。国際的にもそれは、よく使用されている表現である。転換は資本主義への転換であり、社会的コストとは社会的犠牲（あるいは社会的代償）である。

(2) 大量失業

旧ユーゴスラヴィアや旧ソ連構成諸国における内戦を別とすれば、ポスト社会主義諸国の転換の「社会的コスト」の最大のものは、失業と非経済活動人口の増加であった。中東欧の労働市場動向については、本書第2章ですでにみた。ここでも必要最小限の範囲で、サムエリの検討（Szamuely 1996）のほか、他の学者の見解も参考にしながら、第2章ではみなかった旧ソ連構成共和国も含めたポスト社会主義地域における1990年代前半の雇用・失業動向の主な特徴を指摘しておく。

第1に、中東欧の全ての国を包括するわけではないが、旧東欧のうちの7ヵ国（ポーランド、ハンガリー、チェコ、スロヴァキア、ルーマニア、ブルガリア、スロヴェニア）でみてみると、表5が示すようにチェコを除くすべての国において1990年代半ばに失業率は10％以上を記録していた（1994年のチェコの失業率は3.2％）。それは旧東欧（中東欧）の失業率が短期のうちに、当時の多くのEU加盟国の水準に到達したことを意味する。すなわち、戦後30年間の「黄金時代」に続く20年の間に西欧で徐々に進行した事態が、旧東欧ではきわめて短期のうちに進行したということである。「完全雇用」が当然視されており、したがって、失業に対す

表5 登録された失業（1991-94年）

国	失業者数（単位：千人）				失業率（単位：%）			
	1991	92	93	94	1911	92	93	94
ブルガリア	419	577	626	488	11.5	15.6	16.4	12.8
チェコ	222	135	185	167	4.1	2.6	3.5	3.2
ポーランド	2156	2509	2890	2838	11.8	13.6	16.4(注)	16.0
ハンガリー	406	663	632	520	7.4	12.7	12.6	10.4
ルーマニア	338	929	1165	1224	3.1	8.2	10.4	10.9
スロヴァキア	302	260	368	372	11.8	10.4	14.4	14.8
スロヴェニア	91	118	137	124	10.1	13.4	15.5	14.3
ヴィシェグラード諸国	3085	3567	4075	3897	9.7	11.4	13.4	12.8
ロシア	62	577	836	1637	0.1	0.8	1.1	2.1
ILOの定義での数値		3600	4100	5300	—	4.8	5.5	7.1
ウクライナ	7	71	84	82	—	0.3	0.4	0.3

注：1993年以来ポーランドでは新しい方式で計算がなされている。古い方式で計算すれば、1993年12月の失業率は15.7％である。
出所：Szamuely 1996: 57 から作成。サムエリの典拠は、ECE (1996) *Economic Survey of Europe in 1994-1995*, United Nations, Economic Commision for Europe, New York & Geneva。

る精神的・物質的・制度的な備えがなかった旧東欧での大量失業の「衝撃」は、西欧の類ではなかった。

　第2に、失業率でみれば、他の旧東欧諸国と比較してハンガリーは突出しているとはいえないが（**表5**が示すように1994年のハンガリーの失業率は10.4％。ポーランドは16％）、就業者数減少についてみれば、上記旧東欧7ヵ国のうち最大であった。すなわち、1990〜94年の期間に就業者数は実に26％も減少した。それに対し、チェコは失業率が他の諸国と比較して低いことのほか、就業者数減少の点でも1990年代前半に旧東欧諸国のなかで低い数値を示していた。1990〜94年の期間のチェコの就業者数減少率は、9.6％であった。体制転換過程の旧東欧における雇用水準は、一方で企業閉鎖・人員削減などを通じた「失われた雇用」と、他方で私企業創設などを通じた「新たに創造された雇用」の双方から影響を受けていると考えられるが、ハンガリーのチェコと比較しての高い失業率の多くは、「失われた雇用」の大きさに起因するとみなすことができた。

　サムエリはこの点を強調した。彼は、ハンガリーではこの間、「腐ったりんごは落ちるに任せよ」のスローガンで表現される経済政策（赤字企業

の倒産容認・促進）が遂行され、また、経済効率よりもむしろ政治的動機にもとづいて大規模農場が解体されたことなどもあって1990〜94年に総計で140万の仕事が失われた。本書第2章で述べたように、それは1950年〜90年の間に創出された雇用数に匹敵したのである。

他方で、チェコでは「時間を稼げば生活が救われる」の原則にもとづく経済政策（可能な限り企業を倒産させない）がとられた結果、「失われた雇用」の数が抑制されたとサムエリは指摘した。また、チェコのバウチャー方式による民営化は、国民総株主ではなく、国家の影響力の強い銀行傘下の投資会社による株式保有という帰結をともなったが、そのことが国家による企業補助を可能にしたと指摘している。

なお、新古典派的「移行経済学」においては、チェコの失業率の低さを、他の体制転換諸国と比較しての「リストラの遅れ」としてネガティブに評価する傾向が見られたが、ジャックマンとパウナは「潜在的成長力を有する部門への労働力移動」の比較調査を行い、この点におけるチェコの成果がポーランドやハンガリーよりも大きいことを明らかにし、チェコの失業率の低さを「リストラの遅れ」と短絡的に結びつける見解を批判していることも注目に値する。他方で、彼らもまたチェコの失業率の低さを、倒産・解雇抑制的な企業補助政策に起因するとしている（Jackman and Pauna 1997）。

第3に、上記旧東欧諸国では1990年代半ば以降、失業率は減少する傾向にあったが、1996年の論文においてサムエリは、経済（成長）回復がそのまま失業率の急速な低下には結びつかないと予測していた。そして、それと関連する2つの理由を挙げていた。1つは、旧ソ連・東欧諸国には、まだ既就労者のなかに「予備」があり、成長にともなう労働需要についてはこの「予備」の利用（労働力移動・再訓練）で対応がなされ、成長は必ずしも新たな雇用を生まないという予測であった。2つめは、旧ソ連・東欧諸国において経済成長の性格はようやく「外延的」なものから「内包的」なものに変化しており、したがって成長は労働需要の増加にそれほど結びつかない傾向が見られるということであった。サムエリが指摘した最初の理由と関連して、ジャックマンとパウナもまた、チェコでの調査にも

とづいて、成長部門において労働力不足が補われる場合、それは失業者の雇用ではなく、むしろ既就労者の労働力移動を通じて（および新規就労者から）の場合が多いこと、したがって経済成長が必ずしも失業者の減少につながらないことを指摘していた。これらの指摘は、すでに第2章で見た2000年代の中東欧諸国の就業・失業動向と矛盾するものではない。

　第4は、第3で述べたことと関連する長期失業者の増加である。国連欧州委員会によるデータとしてサムエリが示しているものによれば、1994年第3四半期において、長期失業者（失業期間が1年以上）の失業者全体に占める比重は、ブルガリアで59％、チェコ22％、ポーランド39％、ハンガリー41％、ルーマニア48％、スロヴァキア45％、スロヴェニア58％であり、チェコを除けばいずれも高い数値を示していた。なお、ハンガリーの調査機関（「ハンガリー家計パネル」）が示すデータによれば、1992年から95年にかけて、失業者の平均失業期間は41週、52週、71週、83週と増加していた。また、ハンガリーにおいて1995年の長期失業者の失業者に占める比重は56％であった。

　これらの数値からは、ハンガリーにおいては1990年代半ばには失業の長期化とともに、失業者の特定の人々への固定化（＝「特定集団のマージナル化」）傾向がみられたといえる。サムエリの指摘によれば、ハンガリーにおいて長期失業者群を形成しているのはロマ人（彼らの1995年の失業率は45.5％であり、非ロマ人の10.6％と比べ格段に高い）と学校歴が短い未熟練労働者であった。第2章で見たように、この傾向は2000年代にも持ち越された。

　第5に、ロシア、ウクライナにおいて1990〜94年に「失われた雇用」はチェコ並み、すなわち当期間の就業者数の減少はともに9.4％と、チェコの9.6％と同水準であった。公式に登録されている失業者で見た失業率はチェコよりも低く、「完全雇用」に近い状況にあった。表5が示すように、1994年の失業率はロシアで2.1％、ウクライナで0.3％であった。両国の経済政策が倒産・解雇奨励的でなかったことはたしかであり、それは旧ソ連を対象とする多くの研究者も指摘するところであった。しかし、実際の失業率がこれほど低いわけではなかった。

サムエリによれば、実際の失業者と公式統計上の失業者の乖離が旧ソ連構成諸国では大きかった。そして、それは失業登録手続きの煩雑さと失業手当の驚くべき低さにも一部起因していた。たとえば、1995年のロシアの失業手当は平均賃金の10分の1、最低賃金の3分の1の水準にあった。このため、求職活動をしている失業者は失業手当を受給するために失業者としての登録をしているわけではなかったのである。したがって、登録失業者のほかに未登録であるが求職活動を行っている人々も含む、より現実を反映する失業率を掴む必要がある。未登録失業者も包括するILOの定義にもとづくロシアの失業率は、1994年に7％程度であった。なお、サムエリが独自に入手したデータでは、1995年に8％であった。1990年代半ばのロシアの失業率はチェコよりも高いが、その他の旧東欧諸国よりも低い水準にあったということである。しかし、7～8％の失業率が低い失業率というわけではない。

　第6（最後）に、旧ソ連・東欧諸国においては「闇経済」（「隠れた経済」ないし「インフォーマル経済」）が経済全体で占める比重が大きく、失業者もこれに携わっている場合があるので、数字で示されるほど失業問題を深刻に考える必要がないという議論がある。しかし、これについては非合法に雇用されている人々の労働条件は一般的によくないこと、さらに「闇経済」に従事している人々は社会保障の受給資格の点で不利であることをサムエリは指摘している。

(3) 貧困化

　本書第2章で中東欧の貧困問題について検討したが、ここではハンガリーとロシアを比較しながら「ポスト社会主義地域」の1990年代半ばの貧困化について概観してみたい。ハンガリーで見られる傾向は、旧東欧諸国のほとんどにおいて見られ、ロシアの傾向は旧ソ連諸国の大部分において見られたと言っても大きな誤りではないから、この両国を見ながらポスト社会主義国の貧困化を論じても許されるであろう。

　アンドルカによれば、ハンガリーにおいては1995年の1人当たり実質所得が1989年と比べて13％低いということに示されるような生活水準

悪化があったが、その過程で「貧困線＝最低生存水準（消費額）」以下で生活する人口も増大した。すなわち、それに該当する人々の人口全体に占める比率は1980年代の約10％から、1995年には30〜35％に増大した（Andorka 1996）。

　ロシアにおいては、ソ連時代にはルーブル表示で「公式最低生存所得水準」が定められていたが、その水準を示す数値が1992年の価格自由化とその後のハイパー・インフレで無意味となった。そしてそれ以後、世界銀行の推奨する方法、すなわちWHOの栄養ガイドライン（「食物バスケット」）から出発して最低生存水準を決定する方法がとられた。そうした貧困線決定方法の変化も考慮に入れて試算されたデータによると、ロシアの「貧困者」は1990年の人口比約10％から95年には31％へと増加した（Szamuely 1996）。

　ロシアにおいてもハンガリーにおいても、貧困者数は資本主義化過程を通じて3倍化し、1995年時点で人口の3分の1の規模に到達していたのである。

　ところで、貧困者にはどのような人々が含まれるのであろうか。すでに本書第2章において中東欧の貧困研究が明らかにしている事象の要点を示したが、それは主に2000年代初めのデータの分析によるものであった。それとの関連を明らかにするためにも、転換の社会的コストの議論で示された1990年代半ば頃の旧ソ連・東欧の貧困層の実態を見ておきたい。『世界銀行報告』（The World Bank 1996）が明らかにしているものと、サムエリ（Szamuely 1996）の指摘するものは、若干の例外を除いて一致している。1990年代半ばの貧困者に関して留意すべきは、次の点である。

　第1に、一般に言われていたように、年金生活者の生活は苦しかった。たとえば、ハンガリーにおいて70歳以上の人々の生活水準は、国民の平均生活水準よりも低かった。しかし、年金生活者の状況については各国において差異があり、一様ではなかった。たとえば、1996年の『世界銀行報告』によれば、ポーランドでは年金生活者の生活は比較的保護されているが、ロシアの年金生活者、とりわけ女性高齢者の貧困が顕著であった。

第3章　資本主義の形成と福祉システムの変容

他方で、各国の子どもの貧困率は高く、ハンガリーにおいて2歳以下の幼児の貧困率は、1995年に32.9％にも達していた。

　第2に、失業者の貧困率は高かった。『世界銀行報告』によれば、1993年のロシアにおける失業者の63％は貧困者であった。また、サムエリによれば、1990年代半ばのハンガリーにおける失業者の44％が貧困者であった。

　第3に、失業者の場合と同様に、学校歴の短い人々の貧困率も高かった。サムエリによれば、ハンガリーにおいて初等教育（8年）を上回る学校歴を持たない人々の貧困率は25％であった。また、『世界銀行報告』によれば、ポーランドにおいて学校歴の短い人々が貧困化する確率は大学卒業者の9倍であり、ルーマニアでは実に50倍であった。

　第4に、前述したように、ロマ人の失業率は高いが、その貧困率も高かった。サムエリによれば、ハンガリーにおいてロマ人の3分の2が貧困者であった（但し、それは人口を所得にしたがって5つの集団に分類し、最下位集団——人口の20％——を貧困者と規定する方法をとった場合の貧困者である）。なお、1990年代半ばに、チェコにおいて貧困と結びつく「社会的排斥」は問題となっていなかったが、エスニックな差異やライフスタイルの差異に起因するロマ人排斥、とりわけスロヴァキア出身のロマ人を排斥する風潮が存在すると指摘されていた（Vécerník 1996）。2000年代になると、ハンガリーでは反ロマを掲げるヨッビクという極右政治集団が国会議席を持つようになるなど、1990年代よりも社会的排除の風潮が強まったことに留意すべきである。

　第5に、サムエリの指摘によれば、ハンガリーにおいて貧困は農村において顕著であった。すなわち、人口を所得にしたがって5つの集団に分類した場合、ブダペスト人口の40％は所得最上位集団に属するのに対して、農村人口の4分の1は最下位集団に属し、残りの約4分の3も相対的に下位の集団（下から3つまで）に属していた。また、ロシアにおいてモスクワが相対的に潤っていることは多くの研究者の指摘するところである。

　第6に、1996年の『世界銀行報告』は、ウクライナやアルメニアにおいては「自留地」が貧困への転落の防波堤となっていると指摘している。

I　資本主義への転換と社会的コスト

　ハンガリーの社会学者サライはこの点と関連して、自留地も含めカーダールの改革共産主義時代に「セカンド・エコノミー」に従事する機会を持たなかった人々（戦前の農村プロレタリアートで戦後工業プロレタリアートに転じた人々のなかにこの例が多く見られる。彼らは国有重工業セクターの未熟練低賃金労働力を形成した）において、資本主義化の過程で（いっそう）貧困化（企業倒産・失業を通じて）する例がみられたことを重視している（Szalai 1996）。

　第7に、サムエリはハンガリーにおける長期貧困者の数を試算している。すなわち、中位所得の60%以下である所得生活者（貧困者）のうち、1992～95年の4年間を通じ、一貫してその状態から「這い上がれなかった」人口を試算している。長期貧困者に相当するのは、人口の5.7%であった。そして、その比率は1～3年間「貧困者」であった人々の合計（約30%）よりもはるかに小さい。すなわち、ハンガリーにおいて1990年代半ば時点では、まだ「貧困者」が「這上がれるチャンス」はかなりの程度残されていたということである。また、サムエリは他の研究者のデータに依拠しながら（1992～93年に関する貧困の流動性に関するデータ）、ロシアにもそのような状況がみられたと指摘している。

　最後の点に関して（貧困の流動性）、サムエリが示している理由は単純である。政治転換に次いで資本主義化に踏み出して後の時間がまだ短いからというものである。貧困者に転落した人々には、まだ「蓄え」を持っている人々が含まれていたのである。「蓄え」には家屋や所持品、教育、かつての社会的地位、それと関連する人脈などが含まれていた。それらの「蓄え」は、「這上がるため」の機会を提供した。また、保健、保育所、教育、公的輸送機関などにおいて従来の「非市場的サービス」も維持されていた。それもまた「這上がろうとする」人々にとって側面支援となった。

　こうして、サムエリは「蓄え」と非市場的サービスの存在が、旧社会主義地域の「貧困者」の生活条件を「第三世界」のそれから区別するものであるとしていた。言い換えれば、公的サービス（社会政策）の水準が維持されなくなると、貧困が固定化し、ポスト社会主義地域に第三世界的状況が出現するということである。この点から、1990年代と現在を比較して

みるのも意味あることであろう。私は、ハンガリー現地で「蓄え」と非市場的サービスが減少し、格差固定化が強まる傾向を観察してきた。同国を含めポスト社会主義諸国の時系列データを作成し、これを裏づけることが残されている課題である。

以上が、転換の社会的コストとしての大量失業と貧困をめぐる1990年代半ば頃までの旧ソ連・東欧諸国の動向であった。

(4) 貧富の差の拡大と「ニュー・エリート」

貧困化は社会の一部階層の富裕化とともに進行した。長期貧困者をさして「下層階級」という「社会経済用語」が旧社会主義地域の社会階層化を論じる際にしばしば登場するようになっていたのが、1990年代半ばの特徴であった。他方で、少数の富裕者については「ニュー・リッチ」や「ニュー・エリート」の名で呼ばれた。以下では、資本主義化過程における所得不平等拡大と「ニュー・エリート」形成について見てみる。すでに本書第2章で中東欧諸国における動向を見たが、ここではロシアを含むポスト社会主義国の動向まで広げて考察する。

ⅰ） 貧富の差の拡大

アンドルカ（Andorka 1996）によれば、ハンガリーにおいて1989年政治転換以後1995年までの期間に実質所得が低下した人は、実に人口の60～70％を占めた。

貧困者の比重は人口の30～35％、以前と同程度の所得を維持しているの人の比重が20～25％であったのに対して、豊かになったのはわずか10～15％であった。そして後者には、急速に豊かになった人々が含まれていた。1989年政治転換以後のハンガリーにおける所得分配の傾向をアンドルカは、最も豊かな人々の富の「分け前」増加と、中間階層および貧困者の「分け前」減少として特徴づけ、1989年政治転換以前の所得不平等の程度がスカンジナヴィア諸国並みであったとすれば、1990年代半ばに、それはドイツ（旧西独）並みになったとしている。

サムエリ（Szamuely 1996）は、ジニ係数によってハンガリーとロシ

アの 1989／91 年政治転換以後の不平等の広がりを指摘した。まず、ハンガリーについていえば、転換以前の 1987 年のジニ係数は 0.21 であったが、1992 年には 0.27 に増大した。そして、1992 年のドイツ（旧西独部）のジニ係数は 0.26 であった。このようにサムエリによっても、アンドルカの指摘と同様に、政治転換以後数年のうちにハンガリーが旧西独並みの所得不平等度に到達したことが示されていたのである。また、サムエリは OECD の資料（ジニ係数）に即して、ロシアにおける所得不平等の広がりについても指摘していた。それによれば、1991 年が 0.256 であったのに対して、94 年には 0.412 へと急増していた。

ロシアの不平等拡大については、そのペースが急速であるとともに、規模においても大きく、アルゼンチンやフィリピンに匹敵するということに留意すべきである。なお、1996 年の『世界銀行報告』（The World Bank 1996）によれば、1992 年のポーランドのジニ係数は 0.272 であり、所得不平等度はハンガリーとほぼ同水準であり、チェコの 1993 年のそれは 0.2666 であった。これらの数値は、政治転換後数年を経た時点の中欧 3 国の所得不平等の度合いが旧西独水準にほぼ等しかったことを示すものである。

フェルゲ（Ferge 1997）もハンガリーにおける不平等の広がりを指摘しており、人口を 10 の所得集団に分類した時に、1988 年に最上位所得集団は最下位所得集団に対して 4.6 倍の所得を得ていたのが、1994 年には 7.4 倍へと増加したと述べている。そして、この数値（格差）は旧西側水準と同程度のものであった。

さて、いくつかの研究から、ハンガリーとロシアにおいて政治転換以後の資本主義化のなかで、貧富の格差が広がっていることが示されているが、程度の差こそあれ、それは他のポスト社会主義国にも言えることである。

ⅱ）「ニュー・エリート」

ところで、政治転換以後の資本主義化過程において「富の分け前を集中させた」少数の豊かな「経済エリート」、当時の研究において「ニュー・エリート」と呼ばれた人々は、どのような出自の人々であったのだろうか。

第3章　資本主義の形成と福祉システムの変容

　第2章で示したように、「歴史的経路依存性」に着眼しながら「所有転換分析」を行ったシャバンスとマニャン（レギュラシオン学派）およびスタークの労作、「エリート分析」を主題とするセレーニとコステロ、ローナ・タシュなどの労作から、「ニュー・エリート」の中身をかなりの程度窺い知ることができる。すでに述べたことと重複するが、第2章の補足として、ここでも言及しておく。

　スターク（Stark 1996）は、ハンガリーの1980年代末（改革時代末期）から始まる「自然発生的民営化」において、国有企業経営者がイニシアティブをとり、大規模組織を分解し、株式保有で繋る「親会社－子会社－孫会社」の「系列関係」に再編してきたこと、さらに「親会社間のクロス・オーナーシップ」を形成したプロセスを明らかにした。そして、形成された所有関係を「組替え所有」（＝ Recombinant Property）と呼んだ。

　このような「組替え」によって「新たに」形成された株式・有限会社は、他の法人（銀行、企業）、国家、外資、私的投資家などによって所有されており、したがって「企業の境界と所有の境界が不明瞭な」独特の「混交所有」の性格を持っている。

　また、シャバンスとマニャンは、別の経路を辿ってではあるが、ポーランドとチェコにおいても、民営化は実際には「混合所有セクター」形成に至った例が多いことを示し、「ポスト社会主義中欧における種々の経路依存的混合経済の出現」（Chavance and Magnin 1995）を説いたことはすでに第2章で紹介した。

　そして、セレーニとコステロの調査（Szelényi and Kostello 1996）によれば、このような民営化過程を経た後の企業（会社）において、ハンガリーとポーランドでは経営者の80％が旧体制と連なる人々で構成されていた。すなわち、旧経営陣のうち、高齢でしかも政治的基準で選抜されトップにいた人々は資本主義化にともなって退陣したものの、旧体制下の比較的若い層のテクノクラート的経営者層がトップの地位に就いたのである。なお、バウチャー方式の民営化によって、国家と企業の間の緊密な関係が残ったチェコの経営者構成については旧体制からの継承関係が強いとする研究がある（Clark and Soulby 1996）。

ローナ・タシュ（Róna-Tas 1994）は、ハンガリーの政治転換前後に二度所得調査を行っているが、資本主義化過程で最も富裕化したのは大法人の経営者であり、それは以前のカードル層（ノーメンクラトゥーラ）であったとしている。すなわち、旧エリートは旧体制のもとで持っていた人脈その他の有利な条件を利用して「生き残り」、また資本主義化過程で富を蓄積したとしている。

前述したように、セレーニとコステロは、旧体制から継承されたテクノクラート的経営エリート（彼らの用語法では「新法人ブルジョアジー」）が資本主義化過程の最大の受益者であるが、「新プチブル」もこの過程において富裕化したと述べている。そして、この「新プチブル」の典型的な例は、戦前の土地所有・農業経営者や都市中産階級の末裔であり、戦後の国有化・集団化で一時苦境に陥ったが、カーダール時代の自由化政策のもとで自営農者あるいはその他の自営業者として経済力を盛り返し、資本主義化過程においても高所得集団のなかに位置していた人々であると述べている（Szelényi amd Kostello 1996）。

以上は主として、ハンガリーの「ニュー・エリート」（ニュー・リッチ）の出自についての見解であるが、そこで明らかにされているのは、「ニュー・エリート」が実は旧体制下でのエリートか、あるいは戦前において経済的に優位にあった人々（あるいはその子孫）であったということである。この意味で、資本主義化過程で富を蓄積していた人々を「ニュー・エリート」の名で呼ぶのにはふさわしくないようにも思われる。なぜなら、前述した「長期貧困者」の場合と類似して、「エリート」もまた「再生産」されているからである。

旧ソ連・東欧地域でポスト社会主義時代に形成された資本主義を特徴づけるに際して、「ノーメンクラトゥーラ資本主義」という用語が使用される場合があることにも示されるように、ハンガリーで見られたような「再生産」の特質を有する社会的階層化が、他の旧社会主義諸国でも進行したと考えて問題ないであろう。

しかし、以上は1990年代前半までに進行した社会構造変化であることに留意されたい。それ以後の外資主導の資本主義化の傾向の強まりのなか

で、社会構造変化の傾向も変わっている可能性があるからである。

とはいえ、ピケティの『21世紀の資本』(邦訳 2014) が統計的裏づけをともなって示しているのは、資本主義が「世襲資本主義」であったという事実である。そして、ポスト社会主義中東欧の階層化研究が示しているのも、中東欧において「階層」が、第二次大戦以前の資本主義と第二次大戦以後の社会主義時代、そしてポスト社会主義時代の資本主義化時代を通して「再生産」されてきたという事実である。社会の「表層」の変化は大きいように見えても「深層」はさほど変わらない。それは、資本主義一般の傾向であるとともに、近代欧州社会の傾向なのかもしれない。

(5) 人口学的変動——出生率と死亡率

エルマンは「人口学的危機としての転換」というタイトルの論文を発表し、1990年代前半のポスト社会主義諸国における死亡率増加や出生率低下、移民の増加などについて論じている (Ellman 1997)。サムエリは、「過剰死」を転換の「社会的コスト」の最たる表現として指摘している (Szamuely 1996)。以下では、主としてこの2人の論文にもとづいて、旧ソ連・東欧諸国の転換期における出生率と死亡率の動向をみてみたい。

i) 出生率

1989年から90年代前半にかけての出生率の変動を見てみると、各国別に変動幅の相違があるが、旧ソ連・東欧諸国において出生率は低下している。旧東独の低下が顕著であり、1989年の1.57人から93年には0.77人に低下している。低下率は51％である。バルト三国、ロシアなど旧ソ連構成諸国の多くでも出生率の低下の規模は大きい。ロシアでは1989年の2.01人から94年の1.4人に低下している。

中東欧では、ブルガリアとルーマニアの低下率が相対的に大きく、ブルガリアの出生率は1989年の1.9人から94年の1.37人、ルーマニアは89年の1.92人から94年の1.41人に低下している。ポーランドとハンガリーでも低下率は小さいものの、ポーランドで89年の2.05人から94年の1.8人へ、ハンガリーでは89年の1.78人から94年の1.65人に低

下している。

　問題は出生率低下の要因である。もし生活条件の低下がその要因ならば、それは「転換の社会的コスト」であると言えよう。エルマンは、旧ソ連・東欧諸国の出生低下自体は旧西側諸国の水準への収斂傾向を示すものであり、旧東ドイツのような極端な例は除いて、特にネガティブなものとはとらえていない。たとえば、中東欧諸国の加盟以前のEU15ヵ国の「女性1人当たりの子ども数」は1994年に1.46人であり、ドイツは1.28人、イタリアは1.22人であったから、94年のポーランドの1.8人やハンガリーの1.65人は取り立てて低い出生率であるとは言えない。

　しかし、エルマンは、出生率低下が資本主義への転換に関する人々の否定的評価の表現である限りにおいて、それは転換のネガティブな側面の指標として理解されると述べている。そして、出生率低下と関わる諸要因として次のようなものを列挙しながら、各要因についての議論を紹介している。①経済状況と社会政策の将来についての不確実性、②実質賃金の低下と貧困化、③乳幼児の社会的養育環境の悪化、私的養育費用の増大、④婚姻率低下、⑤近代的避妊薬の入手可能性増大、⑥いくらかの諸国では女性の年齢構成（最も出産可能性の高い年齢集団の比重が小さい）。

　上記のなかで、転換の社会的コストと直接関連するのは①～③であろう。④もそれが生活条件の悪化を反映している限りでは、転換の社会的コストと関連を持つ。エルマンは生活条件の悪化、将来見通しの困難、社会的養育施設の減少、乳幼児養育の「民営化」など、資本主義化と関連するすべての要因が旧ソ連・東欧諸国の出生率低下に影響を及ぼしたとし、出生率の劇的低下を示した東ドイツについては、一般的な生活条件、出産・養育条件変化と合わせ、国家（ドイツ民主共和国＝東ドイツ）崩壊、雇用崩壊＝突然の高い失業率、ドイツ連邦共和国への編入など心理的ショックが婚姻・出産に及ぼした影響を重視している。

　前述したように、エルマンは出生率低下そのものを否定的にみるべきではなく、出産の決定はカップルに任せるべきであり、福祉政策は出産奨励策としてではなく、子どものための福祉政策拡充として設定されるべきであるとしている（Ellman 1997）。これはポスト社会主義のみならず、西

側先進国の人口政策においても重要な留意点である。

ii）死亡率と平均寿命

資本主義化の時期における人口学的変動でもう一つ重要なものは、死亡率の変動であった。1989～94年の旧ソ連・東欧諸国の死亡率の変動を見てみると、出生率の場合とは異なり、国によって差異があった。旧東ドイツ、チェコ、スロヴァキアでは死亡率は低下した。ポーランドでは1989～91年にわずかに増加したものの、その後元の水準に戻った。ブルガリア、ルーマニア、アルバニア、ハンガリー、スロヴェニアで死亡率は上昇した（5～10％の幅）。旧ソ連諸国においては、ロシアにおける死亡率上昇（47％）が深刻であった。

死亡率は高齢化と関連する。そして、高齢化要因による死亡率の「自然変動」と、そうでない「過剰死」による死亡率変動を区別できる。エルマンはロシアについて、「自然変動」と「過剰死」を区分する。すなわち、1990～94年の「追加的死亡者」（死亡率が1989年水準にとどまっていたとしたら生じたであろう総死亡者数を超える死亡者部分）を166万5930人と試算し、そのうち「自然変動」（人口構成上の変化＝高齢化）に由来するのが21％であり、残り79％（人数で言えば131万6297人）は人口構成では説明できない何らかの要因による「過剰死」であったとしている。

そして、「追加的死亡者」のうち人口構成上の変化という要因で説明される比重は1991年に大きかったが（約50％）、年々その比重は低下し、1994年には16％に過ぎなくなっているとしている。つまり、1994年のロシアの「追加的死亡者」のうち84％が「過剰死」であったと述べている（Ellman 1997）。

サムエリによれば，旧東欧諸国のなかではブルガリア、ハンガリー、ルーマニアで「過剰死」があり、その総数は1990～93年に3万8000人であった（Samuely 1996）。

「過剰死」は、年齢別死亡率において相対的に若い世代の死亡率が増加していることからも説明される。サムエリによれば、多くの旧ソ連・東欧

表6　誕生時の平均余命　1989-1994 年（歳）

		1989	1990	1991	1992	1993	1994	89-94年の変動
ブルガリア	男性	68.6	68.4	68.0	67.8	67.7	67.2	−1.4
	女性	75.1	75.2	74.7	74.4	75.1	74.8	−0.3
チェコ	男性	68.1	67.5	68.2	68.5	68.9	—	+0.8(注)
	女性	75.4	76.0	75.7	76.1	76.6	—	+1.2(注)
ポーランド	男性	66.8	66.5	66.1	66.7	67.4	67.5	+0.7
	女性	75.5	75.5	75.3	75.7	76.0	76.1	+0.6
ハンガリー	男性	65.4	65.1	65.0	64.6	64.5	64.8	−0.6
	女性	73.8	73.7	73.8	73.7	73.8	74.2	+0.4
ルーマニア	男性	66.6	66.6	66.6	66.1	—	—	—
	女性	72.7	73.1	73.2	73.2	—	—	—
スロヴァキア	男性	66.9	66.6	66.8	66.8	68.4	68.3	+1.4
	女性	75.4	75.4	75.2	75.3	76.7	76.5	+1.1
ロシア	男性	64.2	63.8	63.5	62.0	58.9	58.2	−6.0
	女性	74.5	74.3	74.3	73.8	71.9	71.4	−3.1
ウクライナ	男性	66.0	66.0	66.0	64.0	63.0	62.8	−3.2
	女性	75.0	75.0	75.0	74.0	73.0	73.2	−1.8

注：1989 年と 1993 年の比較。
出所：Szamuely 1996: 66。サムエリの典拠は、UNICEF（1996）"Poverty, children and policy: Response for a Brighter Future", *Regional Monitorng Report* 3, p.111。

諸国において、資本主義への転換期に 1 歳以下の乳児と 1〜4 歳の乳幼児死亡率は改善されており（ロシア、ウクライナ、ブルガリアについてはそうでない）、5〜14 歳のそれも改善されていた。しかし、死亡率上昇が 15〜19 歳集団で始まり、20〜39 歳の男性死亡率上昇が顕著であった（ポーランドとスロヴァキアでは改善されたので例外）、40〜59 歳集団の死亡率も上昇した（ポーランド、スロヴァキア、チェコで改善されたので例外）。

エルマンもまた、1993 年のロシアの死亡率上昇に最も影響を及ぼしたのは 15〜59 歳の生産年齢の男性死亡率の上昇、特に 30〜59 歳男性の死亡率上昇であったと述べている。

「過剰死」があった国では、平均寿命（ゼロ歳時の平均余命）も短縮された。ロシアの例は劇的であり、**表6**が示すように 1989〜94 年の期間に男女とも平均寿命の短縮があった。特に男性の平均寿命は 6 歳も短縮され、58.2 歳となった。この平均寿命はロシアの定年退職年齢を下回るもので

あり、またパキスタン、インド、インドネシアの平均寿命に匹敵する短さであった。エルマンによれば、平均寿命短縮の規模で歴史上これに匹敵するのは大不況期の米国である。すなわち、1933〜36年に男性の平均寿命は5歳も短縮されたのである。なお、**表6**にみられるように中東欧ではブルガリア、ハンガリーで平均寿命の短縮がみられた。

　サムエリは、資本主義への転換期における人命損失を、転換の「社会的コスト」の最たる表現ととらえ、それを「大量失業」、「貧困化」、「法と秩序の崩壊」、医療などの分野における「公的サービス低下」などに起因するものとした。そして、資本主義化過程においてロシア、ウクライナで失われた人命総数（サムエリの試算ではエルマンの試算より少なく、1990〜93年の期間に84万2000人）、第二次大戦時の英米両国（当時の英米両国の総人口は、現在のロシア、ウクライナ両国合わせた人口にほぼ匹敵する）の人命損失よりも大きいこと、しかもそれが平和時に起きているという「異常さ」を強調した。

　サムエリはこの事実から、人々が学ぶべき事柄のいくつかを指摘した。その最も重要なのは、旧ソ連・東欧諸国においては、これ以上「疎遠な社会的・経済的パターンを国民に強制すべきではない」ということ、「『過去』は一掃されないし、されるべきでない。必要なのはラディカルな中断ではなく継続性を保証する漸進的改革である」いうことであった（Szamuely 1996: 67）。

　エルマンもまた、ロシアの死亡率増加と資本主義化過程における生活条件悪化との関連を指摘しつつも、もっと長い時間軸で死亡率上昇の原因を探究している。エルマンは、男性の生産年齢集団（15〜59歳）の死亡率の長期の動向を問題としている。彼によれば、1960年代の半ばから、この年令集団の「死亡の確率」は増大しているのである。

　そして1985年から87年にかけてその確率は低下したのであるが、その後再び増加し始め、1993年、94年に急増した。1993年、94年の死亡率急増については、資本主義への転換にともなう生活条件の悪化や社会的ストレスの増大から説明するのが可能である。問題なのは、1960年代半ば以降（中期的）、生産年齢集団の死亡率上昇の傾向があることであり、

また 1984～87 年に一時的に死亡率減少傾向が生じたということである。したがって、ロシアの死亡率上昇、平均寿命短縮については資本主義化がもたらした否定的要因に加えて、それ以外の要因についても留意することが必要である（Ellman 1997）。

エルマンは、これに関わるロシア内外の議論を紹介しながら、先に述べた人口構成要因（高齢化）のほか、医療、環境要因、アルコール消費など生活スタイルに絡む要因と死亡率動向の関連を検討している。たとえば、旧東西諸国において死因としての伝染病の比重が小さくなり、循環器疾患や癌の比重が高くなっているが、旧西側諸国においては後者に対応する措置・キャンペーン（医療的改善のほか、ダイエット、適度な運動習慣、禁煙、アルコール摂取の抑制など予防キャンペーン）が実施されてきたのに対し、ロシア（ソ連）ではそうした対応が遅れていること、さらに環境汚染もまた、旧西側での平均寿命の増加と相反するロシアの平均寿命動向を説明する要因となっている。

さらに 1984～87 年の死亡率の一時的低下と、それ以後の再度の上昇傾向はある程度「反アルコール・キャンペーン」（アルコール消費減少）、その後のキャンペーン中止（アルコール消費拡大）によって説明可能である。アルコール消費拡大と死亡率増加の間にある因果関係は、1987～92 年におけるアルコール消費拡大と事故・暴力死増大という事実からも説明され得る。また、エルマンは必ずしもそれに全面的に賛同するわけではないが、資本主義への転換期における医療事情の悪化（医療支出の低下）が「過剰死」を生み出しているという議論も紹介している（以上は、Ellman 1997）。

以上のように、1989 年から 90 年代前半にかけての旧ソ連・東欧諸国における「人命損失」については、それをどの程度まで転換の社会的コストとみなしうるかについて議論がある。とはいえ、それを転換が生み出した生活条件悪化（貧困化、公的サービスの低下、ストレス増大等々）と無関係とするのはかなり無理があることだけはたしかである。

第3章 資本主義の形成と福祉システムの変容

(6) 資本主義化政策と社会的コスト——政策転換の必要と方向

「転換の社会的コスト」は甚大であった。私は、ブダペストでそれを目にした。おそらく旧ソ連諸国やルーマニア、ブルガリア、アルバニアなどにおける社会的コストはもっと大きかったであろう。そこに滞在していたならば、見たくないことを多く見たであろう。旧ユーゴスラヴィアの人々は内戦まで経験した。その影響が最も小さなスロヴェニアを別とすれば、これらの諸国における社会的コストも大きかった。「歴史の終わり」を議論している人に出会うと、なんと「歴史の現場」に関心のない人であろうかと思ったことがあると正直に述べておく。

私は1990年代前半には、ハンガリーに焦点を当てて中東欧の資本主義化の動向を追っていた。資本主義化初期の経済政策、その帰結としての転換不況、自然発生的な民営化の帰結としての「混交所有」などが主な研究主題であった。これらの主題を、ブダペストでの取材と文献研究を通じて追っていたが、緊縮政策、自由化政策、民営化の進展状況によって資本主義化の進捗状況を測るとする「移行経済学」にはどうしても馴染めなかった。そこには緊縮政策が不況を招いたことを重く受けとめ、人々が被っている苦境の数々を分析するという本来の経済学が持つべき姿勢が欠けているように思われたからである。もっと控えめに言えば、そうした姿勢が弱かったように思われたからである。

そこで、私は転換の社会的コストの研究と、この社会的コストを軽減するための社会政策がどうなっているのかの検討などを始めた。その時期は、イギリスのバーミンガム大学ロシア東欧研究センター（CREES）での滞在研究の時期と重なっていた。というわけで、上で示した転換の社会的コストに関わる記述は、イギリスからの帰国後の1997年夏に書いた論文「旧ソ連・東欧地域の社会動向——体制転換の『社会的コスト』に焦点をあてて——」の加筆修正である（堀林 1997）。

当論文の最後に社会的コストを生み出した政策とその背景を示し、代替的政策に向けた提案を行っている。それから20年近い歳月が経過する。しかし、当時私が考えていたことと現在の考えはそう違わない。そこで、

以下では当時の叙述に依拠しながら、転換の社会的コストと政策との関係、1990年代半ばにおいて必要とされていた政策の方向（換言すれば政策転換の方向）を示しておきたい。

　サムエリ（Szamuely, 1996）は、資本主義への転換政策の態様が「転換の社会的コスト」に大きな影響を及ぼしたとみている。彼によれば、1990年代初めの期間にチェコは大量失業を回避する経済政策をとり、また社会政策においてもできる限り過去の公的サービスを維持するための努力を行ってきた結果、他の旧ソ連・東欧諸国と比べて転換の社会的コストは小さかった。また、チェコにおいて転換後の体制についての国民の支持が安定しているのはそのためであった。

　それと関連して、フェルゲ論文（Ferge 1997a）が示す1994年2月の世論調査の結果によれば、「現在の体制を過去よりも良い」と考えている人はポーランドで40％、ハンガリーで26％に過ぎないのに対して、チェコは58％にも達していた。それは、上のようなサムエリの叙述を裏づけるものであったと言ってよい。

　オレンスタイン（Orenstain, 1996）も、チェコとポーランドの資本主義への転換政策の比較を行い、チェコの政策当局が行った「転換の社会的コスト」を小さくするためのきめ細かな緩衝装置づくり（家賃や公共輸送機関料金の公的規制、価格上昇補償措置など）の努力をしている点を評価している。

　私もまた、1997年の論文執筆当時、各種データや諸研究の検討からサムエリやオレンスタインの見解に賛成であり、チェコの資本主義への転換施策から他のソ連・東欧諸国が学ぶ教訓は多いと考えていたが、当時はまだスロヴェニアの政策・制度を検討していなかった。それをしていたなら、1997年の論文執筆時点でもスロヴェニアから学ぶところが多いと述べていたと思う。

　他方で、当時においても私は「社会的にセンシティブ」な政策実施を阻害している要因が何であるかを明らかにしながら、オルタナティブな政策の基本的方向を見出すこと、またそれにもとづきオルタナティブな勢力結集をはかることが必要であろうと考えていた。そして、私の考えに近い見

第 3 章　資本主義の形成と福祉システムの変容

解を提示しているフェルゲの論稿（Ferge 1997a）を要約紹介していた。ここでもそうすることで、「転換の社会的コスト」に関わる叙述のまとめとしておきたい。

　フェルゲは、「国家社会主義」の崩壊は二重の意味で「遅く起きた」と述べている。第1に、旧ソ連・東欧地域の国民が不適切な政治・経済体制のもとで長く暮らさなければならなかったという意味において「遅く起きた」のである。しかし、転換の社会的コストと関連してもっと重要なことは、社会主義崩壊が旧西側諸国においてすでに「福祉コンセンサス」が失われ、「ニュー・ライト」（新保守主義）の反福祉国家イデオロギーが影響を持つようになった1980年代末から90年代初めに起き、そのことによって旧ソ連・東欧諸国の国民多数が苦痛を味わわなければならなかったということである。このことも「遅く起きた」ことの含意である。

　旧西側先進国では1970年代半ばまで「黄金の30年」が続き、所得と消費の不平等は縮小し、「生活の質」は改善され、貧困は減少し、平均寿命の拡大がみられた。経済学者はそれを経済成長から説明するが、フェルゲによれば「福祉コンセンサス」の存在がそれを可能にした重要な要因であった。戦中の共通の苦難と戦後の欠乏体験が人々の間に「平等と連帯の精神」を育み「福祉コンセンサス」をもたらした結果、前述の成果がもたらされたのである。

　ところが、1970年代半ば以降90年代に至るまでに、徐々に所得不平等が拡大し、高失業が顕在化し、富裕者の富の追求は抑制のないものとなり、「下層階級」が固定化し、福祉を「社会権」としてではなく「施し」とするイデオロギーが幅をきかせるようになった。経済学者はこれらの変化を、成長力の低下、国際競争の激化、対外債務増大などの経済環境変化からくる国家の再分配能力の低下として説明した。しかし、フェルゲは変化の理由として「福祉コンセンサス」の減退（時代精神の変化）を重視した。

　なぜなら、低成長とはいえ西側先進国において1980〜91年の間にGDPは平均して年率2.3％のペースで拡大しており、それは世界平均の1.2％よりも高く、「富裕な国が貧しくなったわけではない」からである。そして、この間に富裕国18ヵ国のうち11ヵ国において所得不平等が拡大

したが、その主な要因は「貧しい人々がより貧しくなった」ことであった。

　上のような時代精神の変化は、2つの理由から説明され得る。第1は、戦中・戦後の共通体験の「風化」（継承力の低下）である。第2は、国家社会主義（共産主義）による「平等と連帯に挑戦する力」の弱まり、つまりは社会主義の信用の失墜である。

　これらを背景にして、市場で社会的サービスを享受することが可能な「納税者」、つまりは（相対的にみた）強者の間で、「弱者」のために税金を支払い、それを通じて弱者を助けようとすることを拒否するイデオロギーが形成され、そのイデオロギーが社会のなかに浸透していくことになる。「政府の失敗」が盛んに宣伝され、「ミニマム国家」・市場・自助努力・家族の復権が強調され、（失業者、シングルマザー、移民など）市場で弱い立場の人々が「怠け者」のレッテルを貼られ、援助は彼らの労働意欲をそぐものと喧伝され、福祉水準切り下げが正当化されるようになった。

　とはいえ、「社会権」剥奪の試みが旧西側先進国において成功したというわけではなかった。多くの旧西側先進国おいては、社会民主主義者であれキリスト教民主主義者であれ、人間がその尊厳を損なうことなく人生を全うするために、社会がすべての人々に援助をする責任を否定する立場を公然と宣言することはなかった。また、貧困の規模の大きさや大量失業の現実に対処する必要からしても、福祉支出の切り下げは困難であった。そのため、現在まで旧西側先進国の多くにおいて、公的福祉支出は不変か微増の傾向にある。「福祉国家攻撃」が現実になし得たことは、「社会など存在しない」（サッチャー）という新保守主義イデオロギーの市民権獲得であり、新旧双方の左翼を「時代後れ」と見せかけ、彼らを防御的姿勢にすることに成功したということであった（以上は、Ferge 1997a）。

　すでに述べたように、フェルゲは「福祉コンセンサス」衰退状況のなかで「国家社会主義」（共産主義）が崩壊したことが、旧ソ連・東欧諸国の人々の不幸の一つの源であったとしている。旧ソ連・東欧地域住民の大多数は、国家社会主義の継続を望まなかった。しかし、人々が望んだのは19世紀型の純粋資本主義などではなく、社会的不平等と貧困が少ない政治経済であった。その例証としてフェルゲは、中欧諸国での調査にもとづ

いて、これらの諸国の住民が「社会的安全」（職の保障、年金・子どものケア・教育・医療に関わる保障）は政府の責任に属すると考えていることを示す世論調査のデータを紹介している。

しかし、IMFや世界銀行などの超国家機関が旧ソ連・東欧の転換にあたって推奨するものは、そうした国民感情とはかけ離れたものであり、「福祉コンセンサス」が衰退して以降、旧西側諸国で影響力を持っていた「最小の国家」というイデオロギーにもとづく施策であった。それは市民自身の自助を強調し、国家は「最後の手段」としてのみ登場すべきというイデオロギーにもとづく施策であった。ここから、「普遍的給付」（家族手当のような全国民向け給付）を「選抜給付」（資産・所得評価にもとづく給付）に転換することが奨励され、また、社会保険（年金・医療など）によって保障される領域を狭め、給付水準を縮小する施策が推奨されたのである。

さらに、超国家機関は旧ソ連・東欧諸国に対して、「国家の撤退」を補完するものとしての「市場」と「コミュニティ」の役割を強調した。これらの国の富裕な人々（人口の10～20%）にとって、「市場」を通じてサービスを享受する（私立学校、私的年金保険、私的医療）のは困難ではない。しかし、残りの人々（人口の80%）にとって、市場で提供されているサービスの価格は高すぎて利用できない。

「コミュニティ」による相互扶助について言えば、旧ソ連・東欧諸国で家族やNPOが、従来国家が果たしてきた規模の社会的サービスを継承するのは不可能である。国家がサービス提供から撤退するとしても、ドイツのように国家が補助金を支給する形で資金の供給を継続するなら、「下請け」ボランティア団体が政府機能のかなりの程度を補完できるかもしれない。しかし、そうした方向での施策はポスト社会主義諸政権によって打ち出されてはいない。さらに、ボランティア活動という民主主義社会の「美徳」は、旧ソ連・東欧地域ではまだ充分には育成されていない。

こうして、ポスト社会主義国における「国家の撤退」がもたらしたのは「社会的安全」の喪失である。フェルゲは、「自由」と「安全」に関する国民意識の調査結果を示しながら、東欧革命の時期に「自由」に高い価値を

おいていた国民が、1990年代の半ばまでには、「安全」により高い価値を置くに至ったことにふれている。特に国民が重視したのが「仕事の安全」、「子どもの未来の安全」、「所得保障」であった。また、1993年にハンガリーでなされた調査によれば、ハンガリー国民は1980年代を「黄金期」であったと感じており、1993年の状況を「1950年代のスターリン主義時代よりはましだが、戦前期よりも悪いと感じていた」のである (Ferge, 1997a: 107-119)。

　以上のようにフェルゲは、新保守主義（新自由主義）イデオロギーが旧ソ連・東欧の資本主義化政策に強い影響力を及ぼしたため、チェコなど一部の国を除く多くの国で、人々の多数が資本主義への転換を否定的にみなすようになってきたと説いていたのである。あわせて、これらの国の「ニュー・エリート」は国民とは異なり、国際的影響力のあるイデオロギーを積極的に受容する傾向にあると指摘し、エスタブリッシュメントと人々の間の大きな亀裂をみていた。

　そしてフェルゲもまた、すでに言及したようなセレーニなどと同様、転換後の経済エリートは（特にハンガリーの場合について言えば）戦前の所有者層で、改革社会主義時代に限定的ではあるが富を蓄積してきた人々（およびその末裔）と、社会主義時代のテクノクラート的エリートから構成されるとしている。彼らはポスト社会主義時代において、社会主義時代に抑制されていた「富への野望」を満たすのに熱中した。彼らにとって新保守主義（＝新自由主義）のイデオロギーは、抑制のない不平等を肯定しており、心地よかったのである。このようなイデオロギーとそれを信奉するニュー・エリートが、「転換の社会的コスト」を大きなものにした要因であった。

　さらに、「転換の社会的コスト」を軽減するように、国家が社会政策を実施することをためらわせるものとして、国家の関与には「全体主義的過去」のイメージが付きまといがちであるという社会主義の「負の遺産」の問題があった。しかし、フェルゲは「国家社会主義は絶対的悪魔ではなかった」としている（Ferge 1997a: 108）。

　政治・経済体制は別として、社会主義時代の社会政策は歴史的根拠があ

第3章　資本主義の形成と福祉システムの変容

るものであり、当時において大衆的な支持を得たものであった。旧ソ連・東欧地域の社会関係の近代化を促進するものであった。大衆的規模での医療、教育、安定した所得へのアクセスを可能にすることによって、封建的な社会的亀裂を除去し、極度の貧困を減少させ、人々の能力を開発することに貢献したのである。社会政策がなかったとしたら、戦前の大きな社会的分岐を克服することはできなかったであろうし、1989年の政治転換に導いた民主主義を要求する人々を生み出すことはできなかったであろうというのがフェルゲの見解である。

そもそも社会政策は資本主義の歴史のなかで、伝統的コミュニティ（家族、地縁共同体などゲマインシャフト）が弱まり、新たな生産組織に起因するリスクが高まり、保険市場も含めて「市場の失敗」が明らかになるなかで生じた問題を解決するために、国家に課せられて出てきたものである。社会政策がそのような性格を持つということを知らないで、それ以前のもの（「市場」や「コミュニティ」）で国家の機能を代替しようとする人間がいるとすれば、歴史に無知な人間か、社会政策の不十分さの社会的帰結に無関心な人間であるとフェルゲは断言している。

以上のように、フェルゲは転換の「社会的コスト」をめぐるイデオロギー状況を明らかにし、新保守主義（＝新自由主義）イデオロギーとそれを勧告する「超国家機関」、それに呼応するポスト社会主義国内部の一部の社会階層の影響力が資本主義への転換の「社会的コスト」を大きくしていると論じたのである。そして、先進国とのギャップの縮小は福祉支出の削減ではなく、むしろ福祉政策の強化による「社会的諸資源動員」によってこそ可能になると説いた（以上は、Ferge 1997a: 107-19）。

私はフェルゲの論述、すなわち新自由主義的（フェルゲは新保守主義や新右翼＝ニュー・ライトという術語を好むが）資本主義化政策が、資本主義への転換の社会的コストを大きなものにしたこと、そしてその政策が「黄金の30年」よりももっと昔の経済学を基礎としており、富裕者のイデオロギーを具現したものであるという指摘に同意する。

また、こうした資本主義化政策と、そのイデオロギーに正面から挑戦すべき勢力が、旧ソ連・東欧諸国において社会主義崩壊以後イデオロギー

的・政策的昏迷に陥ったことが、資本主義化の「社会的コスト」を大きくした別の要因であったと考えている。

　新自由主義的な資本主義化政策は、転換不況や大きな転換の社会的コストにもかかわらず、中東欧諸国で1990年代、2000年代以後も継続された。しかし、1990年代を振り返れば、新自由主義的な資本主義への社会経済の改編が顕著であった国、新自由主義の影響がそれほど強くなかった国、新自由主義と対抗運動の緊張関係が強かった国など、中東欧諸国は多様であった。多様性は形を変えて2000年代にも継承された。次にこれを検討してみる。

3　中東欧の資本主義の多様性

　1990年代の旧ソ連・東欧社会経済研究の中心的主題は資本主義化、よく使われた表現では市場経済移行であった。そして2000年代の初めになると、旧ソ連・東欧諸国に出現した資本主義の特質と多様性が学術的関心となる。さらに、2008年以後は世界金融危機と欧州債務危機の旧ソ連・東欧経済への影響が重要な論点となった。このように、現実の展開と学術的関心の推移とともに、旧ソ連・東欧ないし中東欧社会経済研究のあり方も変化してきた。

　ところで、旧ソ連・東欧諸国に出現した資本主義の多様性が2000年代初めに学術的関心を集めたと言っても、旧ソ連・東欧の「資本主義化」の多様性は1990年代からみられた。たとえば、ヴィシェグラード諸国だけとっても、チェコと他の国々の差異など資本主義化の態様に相違があった。そうした相違に関心を持つ学者によって、旧ソ連・東欧諸国に出現した資本主義の相違と多様性を体系的に明らかにしようとする試みが、2000年代初頭に盛んになった。そして、そうした試みは先進国を対象にする比較政治経済学、資本主義の多様性研究の成果に促されたところが大きかった。

　すでに本書第1章で、先進国資本主義の多様性研究の成果について言及している。さらに、中東欧の資本主義の多様性研究の最も優れた成果であるボーレとグレシュコヴィッチの中東欧の資本主義の多様性論についても

第3章 資本主義の形成と福祉システムの変容

第2章で紹介している。ここでは、それとの重複をなるべく避けながら、本書の主題である中東欧資本主義にアプローチする比較政治経済学の方法を明らかにする。あわせて、その方法を活かしながら、1990年代に現れていた中東欧資本主義の多様性についても示したみたい。

(1) レギュラシオン学派の比較政治経済学

　政治経済システムを「諸制度の総体」として把握し、各々の制度の特質と配置構造を検討しながら、資本主義の「時間的（歴史的）可変性」と「空間的多様性」の解明に努めてきたのがレギュラシオン学派である。すでに本書第1章でみたように、レギュラシオン学派は戦後黄金時代の先進資本主義国の「発展モデル」（政治経済システム）を「フォーディズム」と規定した。

　さらに、フォーディズムから「ポスト・フォーディズム」への発展モデルの変化、換言すれば資本主義の歴史的変化（時間的可変性）の解明にも努めてきた。その過程で資本主義の複数の諸形態という問題に直面した。それを契機にレギュラシオン学派は、青木など「比較制度分析」（CIA）学派、ホールやソスキスなど「資本主義の多様性（VoC）アプローチ」の成果なども摂取するようになり、資本主義の「空間的多様性」の解明も手がける比較政治経済学の代表的潮流となったのである。以下の引用文がそれを示す。

　「レギュラシオン理論はもともと……（中略）……資本主義の諸段階（特に「黄金時代」の——著者）についての分析であった。しかしながら、フォーディズム——戦後成長の黄金時代を刻印したもの——に取って代わる諸蓄積体制についての研究によって資本主義には複数の諸形態が共存するという問題が前面に出てきた」（ボワイエ 2005: 63）。

　「というわけでレギュラシオン理論の支配的特徴は、長期の歴史的時間における変遷と資本主義諸形態の多様性を不断に組み合わせていこうとする点にある」（同上書: 85）。

　ここでの課題はレギュラシオン理論の検討自体ではなくて、中東欧諸国などポスト社会主義国の資本主義の多様性解明のための「手がかり」を資

本主義の多様性に関する旧西側諸国における先行研究のなかに求めるという点にある。その観点から、レギュラシオン学派の成果から学べると思われるのは、さしあたり次の3点である。

　第1に、資本主義システムを諸制度の総体として把握し、特定国（地域）の資本主義の特質を各制度の特質および諸制度の相互関係（＝「制度補完性」）によって特徴づけるという視点である。第2は、制度と産業特化パターンの関連に関する理論である。第3に、ある時代の資本主義から別の時代の資本主義システムへの変化に関するレギュラシオン学派の見解も有益である。当学派は、システムの変化を各制度の変化とともに、諸制度間に存在する「階層性」（＝「制度階層性」）の変化を重視しながら解明し、またシステム変化における「政治的次元」を重視している。以下で、この3点に絞って当学派の見解を要約し、中東欧などポスト社会主義諸国の資本主義分析への適用可能性について検討してみる。

ⅰ）　多様な諸制度と制度補完性――資本主義の多様性

　レギュラシオン学派は、資本主義の制度諸形態として次の5つを挙げている。①賃労働関係（労働力の使用と再生産にかかわる諸制度）、②貨幣形態（通貨・金融をめぐる諸制度）③競争形態（企業間関係、市場構造、価格決定方式などをめぐる諸制度）、④国家形態（大きな政府、小さな政府、租税制度など）、⑤国際体制とそれへの編入形態（国際通貨体制、対外開放度、産業特化、財・資本の輸出入構造など）である（山田 2004）。

　レギュラシオン学派によれば、黄金時代の資本主義形態であるフォーディズムは、これら制度諸形態の特質によって規定されていた。賃労働関係についていえば、労働者側での「テーラー主義的労働編成の受容」と、使用者側からの「生産性上昇に応じた賃金上昇の提供」という「労使妥協」が特徴的であった。そして、一方でテーラー主義的労働編成が大量生産を可能にし、他方で生産性に応じた賃金上昇が消費者信用制度（貨幣形態）や福祉国家（国家形態）と相まって大量消費を可能にした。また、対外開放度が小さいこと（国際体制とそれへの編入形態）が、貿易収支危機による投資活力阻害の可能性を小さくし、安定した成長をもたらした。こ

第3章　資本主義の形成と福祉システムの変容

れをまとめてボワイエは、「フォード的成長」の3条件は「生産性の上昇」、「資本と労働の妥協」、「小さな国際開放度」であったとしている（ボワイエ　2005: 70-1)。

　ところで、レギュラシオン学派は、初めは米国とフランスの経験にもとづいて、上のようにフォーディズム概念を定式化していたのであるが、研究を他の諸国にも広げるうちに、黄金時代の先進資本主義諸国は「大量生産・大量消費」で成長を遂げた点では一致していたものの、必ずしも当時代の各国の制度諸形態は同一でなかったという見解に到達する。たとえば、ドイツの成長はかなりのところ輸出主導であった（対外開放度は小さくなかった）。また、経営者側の労働者側への譲歩は米国やフランスの場合には「賃上げ」の形をとったが、日本においては「雇用保障」のほうがより重要であった。

　以上のように、資本主義は「黄金時代＝フォーディズムの時代」においても、各制度の特質に対応して空間的に多様であったのである。しかし、ポスト・フォーディズム時代になると、資本主義国の「分岐」＝資本主義の多様性は一層鮮明になるとするのがレギュラシオン学派の見解である。そして、ボワイエは21世紀初頭の資本主義類型として次の4つを提示した。①「市場主導型」（英米)、②「会社主導型」（日本)、③「国家主導型」（フランス)、④「社会民主（主義）型」（北欧諸国）である（ボワイエ　2001)。

　各制度の特質とともに「制度補完性」に着目して、資本主義の多様性を「5つの資本主義」として示したのが、レギュラシオン学派第二世代のアマーブルである。それは、①（米英など)「市場ベース型」、②（北欧諸国の)「社会民主主義型」、③（独仏など)「大陸欧州型」、④（イタリア、スペイン、ポルトガルなど)「地中海型」、⑤（日本、韓国の)「アジア型」である。ここで「5つの資本主義」は、5つの「基本的制度エリア」、すなわち①製品市場競争、②賃労働関係と労働市場規制制度、③金融仲介部門とコーポレート・ガヴァナンス、④社会保障と福祉国家、⑤教育部門の分析を通じて摘出されたものである（Amable 2003)。

　アマーブルは、各国の「基本的制度エリア」を詳細に分析し、さらに

「制度補完性」を重視しながら資本主義の類型化を行っている。経済システム分析に「制度補完性」概念を導入したのは、「比較制度分析」(CIA)学派である。それは「現実の経済に存在する複数の制度の間には、一方の制度の存在・機能によって他方の制度がより強固なものになっているという関係」があることを示す概念である（青木・奥野 1996: 35）。アマーブルはCIA学派の制度補完性概念を継承し、現実の分析に活かしている。

たとえば、アマーブルによれば「市場ベース型」の国において、制度補完性は「規制緩和された製品市場」、「規制緩和された労働市場」、「市場ベースの金融市場」の間でみられ、また「社会民主主義型」諸国においては「調整された賃金交渉と積極的労働市場政策」（賃労働関係と労働市場規制制度）、「高水準の社会保障」（社会保障と福祉国家）などの間に制度補完性がみられる。引用文を示せば、以下のとおりである。

（市場ベース型の諸国では）「規制緩和された製品市場は規制緩和された労働市場や市場ベースの金融システム（直接金融――著者）と組み合わされており、そういったものがこのモデルを形づくる制度補完性の核心を示している」（アマーブル 2003: 訳 202）。

（社会民主主義型諸国では）「強力な対外競争圧力があるので（北欧小国の対外開放度は高い――著者）、ある程度の労働力のフレキシビリティが必要となる。しかし、フレキシビリティは、単純にレイオフや市場的調整を通じて達成されるわけではない。高度な熟練労働力の再訓練が、労働者の適応可能性においてきわめて重要な役割を果たす。従業員の特殊的投資への保障は、適度な雇用保障、高水準の社会保障、そして積極的労働市場政策による再訓練への容易可能なアクセスなど、これらのミックスによって実現される。コーディネートされた賃金交渉システムは連帯的賃金設定を可能にし、それはイノベーションと生産性を促進する」（Amable 2003: 訳 141）。

以上が制度の特質と制度補完性をふまえた資本主義多様性論の要点である。制度の特質と制度補完性に着眼するレギュラシオン学派の先進国資本主義の多様性論から、旧ソ連・東欧（ないしは中東欧）資本主義の多様性分析も学ぶことができるであろう。ボーレとグレシュコヴィッチは、制

度・政策に関わる6つの領域を設け、領域ごとの特質と領域（制度・政策）間相互関係（必ずしも制度補完性ではないが）を明らかにしつつ、中東欧資本主義の多様性を明らかにしている。6つの領域は、「市場」、「福祉国家」「マクロ経済的調整」、「民主主義」、「政府」、「コーポラティズム」である（Bohle and Greskovits 2012）。

さらに、ボーレとグレシュコヴィッチの議論においては「国際体制への編入形態」（具体的には国際分業上の位置）もポスト社会主義国の資本主義多様性理解にとって重要である。

ii）制度と産業特化の関係から生じる資本主義の多様性

レギュラシオン学派第二世代のアマーブルの、ボワイエなど第一世代に対する議論の新しさの一つとして、経済システムを「制度特性」と「イノベーション特性」の複合体としてとらえる見方、すなわち「社会的イノベーション・生産システム」論を提起している点を指摘できる。それは、「異なる制度的特徴は異なるイノベーション能力と関係づけられるべきであり、異なった産業特化パターンと関係づけられるべき」であるとする理論である（Amable 2003: 訳118）。

たとえば、「市場ベース型」資本主義の米国においては、柔軟な金融市場と市場ベースかつ競争的な教育などの「制度特性」が、ハイテク産業（バイオ・テクノロジーや情報・通信産業）の優位を同国にもたらしているのに対して、「アジア型」資本主義の日本では、教育システムは一般技能の向上に向けられており、特殊技能は雇用保障をともなう企業内で形成されるという「制度特性」に起因して、高熟練労働を要する複雑な工業財（機械、コンピューター、エレクトロニクスなどの製造業）が比較優位産業になるとするのがアマーブルの見解である。引用で示すと、以下のとおりである。

（市場ベース型の）「アメリカの金融システムは、小規模で技術集約的な事業への融資を可能にする。これらの事業は一流大学の出身者や科学者を集中的に利用しているが、かれらの供給は高度に競争的な大学システムに依存している……（中略）……したがってアメリカはバイオ・テク

ノロジーやコンピューター・エレクトロニクスといったように、ドラスティックなイノベーションが企業の競争力の根幹を成すような財の生産において抜きん出ているといえよう」(同上書：訳229)。

「アジア型資本主義モデル（においては）……（中略）……労働者の特殊的投資は、企業内において法律上というよりも事実上の雇用保障や再訓練機会が存在することによって守られている」(同上書：訳141)。

「教育システムは一般的技能へと方向づけられており、特殊技能は内部異動とOJTを通じて、グループ内で獲得される……（中略）……このモデルに近い諸国（実際には日本）は高熟練労働力や良好な作業調整が必要とされる複雑な工業財において、有利となる」(同上書：訳121)。

「アジア型資本主義の諸国は、コンピューター、エレクトロニクス、機械に比較優位を持つ」(同上書：訳39)。

以上がアマーブルの「社会的イノベーション・生産システム」論の要点である。資本主義を「自由な市場経済」（LMEs。典型は米国）と、「コーディネートされた市場経済」（CMEs。典型はドイツ）に大別するホール／ソスキスの比較政治経済学（資本主義の多様性アプローチ＝VoCアプローチ）もまた、アマーブルと同じ主旨の「比較制度優位」論を提示している。米国のような「自由な市場経済」の諸制度配置は「ラディカルなイノベーション」に適合的であり、したがって米国は「ラディカルなイノベーション」が重要な産業（バイオ・テクノロジー、医療機器、テレコミュニケーションなど）において「比較制度優位」にある。他方で、ドイツのような「コーディネートされた市場経済」の諸制度配置は「インクレメンタル（漸進的）なイノベーション」に適合的であり、したがって、ドイツは「インクレメンタルなイノベーション」が重要な産業（機械、輸送、耐久消費財など）において「比較制度優位」にあるというのが、ホールとソスキスの見解である（Hall and Soskice 2001）。

ボーレとグレシュコヴィッチの中東欧の資本主義の多様性論においても、産業構造の相違が重視される。その点で、彼らはアマーブルやホール／ソスキスの方法を継承している。しかし、中東欧資本主義の諸制度と制度配置の特質と比較優位産業の関係について彼らが見解を提示しているわけで

はない。資本主義制度形成の歴史が浅く、産業構造（高度化）の点でまだ先進国と比べ遅れをとっている中東欧諸国で、そうした議論を行うのは時期尚早である。彼らが重視しているのは、主に流入する外資の活動と関係する中東欧諸国の国際分業上の位置（の相違）である。

iii) システム変化の理論——制度階層性、政治の役割、ハイブリッド化

日本のレギュラシオン学派の代表格である山田は、1990年代の米国で成立した「発展モデル」（「金融主導型成長体制」）を、株価を起動力とする「成長体制」と、企業（経営者）と金融（株主）の間に成立した「新たな妥協」から説明している。そして、その背景としてグローバル化を挙げている。山田の議論を要約すると、以下のとおりである。

金融主導型成長の起動力は「株価」である。株価が上昇することにより機関投資家の「金融収益」が高まる。また、株価上昇の「資産効果」によって消費が増加する。他方で、株価上昇は企業の資金調達を容易にし、投資を増加させる。こうして消費と投資の増加から経済は成長する。これが1990年代以降の米国の成長体制としての「金融主導型成長体制」である。他方で、株価上昇をもたらす装置が「グローバル金融による企業支配の制度」である。たとえば、ストック・オプションは経営者にとっても株価上昇を有利にする制度である。これも含め、1990年代に支配的であった米国の「企業統治」は、「経営者と株主の妥協」によって特徴づけられる（山田 2004）。

ところで、1990年代に成立した米国の「金融主導型」発展モデルの背景には、経済グローバル化の進展があった。フォーディズム終焉以後、経済のグローバル化が加速した。中国の対外開放政策（1970年代末以降）、直接投資の拡大（1980年代以降。それにともなう東アジア経済勃興）、旧社会主義国の世界市場参入（1990年代以降）、情報・金融技術の開発・普及などが、経済グローバル化促進要因であった。

そして、経済グローバル化、特に金融グローバル化は「即応性」が経済実績を左右する環境を形成した。資本と労働力を経済動向に即応させ「流動化」させる能力が、経済実績にプラスに働くような環境を形成したので

ある。1980年代のレーガン時代以降、米国では労組弱体化と労働流動化、さらに製造業から金融を含むサービス業への産業構造変化が進行した。そして、1990年代の「IT革命」は資本の瞬時の移動に活用され、労働再編（たとえば、外国へのアウト・ソーシング）を促進するために利用された。こうして、米国はグローバル化を背景にし、そのシステムが有する「即応性」を活用しながら1990年代に成長を遂げたのである。

すでに述べたように、フォーディズム型発展モデルが「労使妥協体制」にもとづくものであったのに対し、「金融主導型発展モデル」は「経営者と株主」の妥協にもとづいている。そして、そこでは「労使関係」は「グローバル金融」の圧力によって決まる「従属変数」となっている。ボワイエから引用すれば、以下のようである。

「1945-79年期は、産業資本分派と賃労働者層との同盟の結果として解釈できる。……（中略）……まさにこうした文脈のなかで、賃労働関係がヒエラルキー的に支配的となったのである。……（中略）……1990年代といえば、およそ金融ロジックの支配力を見せつけられ、それによって大部分の制度諸形態が改造されることになった……（中略）……賃労働関係の金融化傾向という文脈のなかで、大企業の雇用管理は株式相場の変動に従属することになった」（ボワイエ 2005：39）。

「大企業の雇用管理は株式相場の変動に従属する」には、株価下落によって労働者が解雇される状況が含まれることは言うまでもない。そして、以上のことが意味するのは、システムを構成する制度のなかでの「主役」の交代、ないしは「制度階層性」の変化である。フォーディズム的発展モデルにおいては、「制度諸形態」（賃労働関係、貨幣形態、競争形態、国家形態、国際体制とそれへの編入形態）のうち、「賃労働関係」（労使妥協）が制度配置において「主役」の座を占めていた。つまり、「階層性の頂点」に位置していた。ところが、金融主導型成長体制においては、「国際体制」（グローバル化）や「貨幣形態」（金融関係）がシステムを規定する「主役」の座を占めているのである。

それが「制度階層性」という概念を用いた「資本主義の変化」（時間的可変性）に関するレギュラシオン学派の見解である。さらにレギュラシオ

第3章 資本主義の形成と福祉システムの変容

ン学派は、「制度階層性」の変化は経済アクター間の「政治的同盟」関係の変化(「労使妥協」から「経営者と株主の間の妥協」へ)と結びついていること、国家が政治的同盟を形成・安定させる役割を果たしていることを指摘している。こうして、レギュラシオン学派は資本主義の「境界」内におけるシステム変化における政治的次元の重要性を指摘しているのである(ボワイエ 2005)。

この政治的次元と関連して、アマーブルは大陸欧州型モデルに関して、1990年代以降の「間接金融」から「直接金融」へのシフトなど制度変化の傾向がみられるものの、2000年代の初めには、将来予測として「労使妥協」を提示していた。引用で示せば、以下のようである。

「大陸モデルの転換と刷新を支持する新しい社会政治的ブロックが見出されるとしたら、それは、全面的な金融自由化とそれゆえの株主の圧力に対して抵抗しようとする製造業大企業の雇用主と、高水準の社会保障が維持されることを望む労働組合と——この両者間の妥協のうちにおいてであろう。組合ないし労働者はある程度の雇用保障を手放し、ある程度のフレキシビリティを受け入れ、その代わりに、企業経営にもっと大きな責任を持つことを手に入れることができよう」(Amable 2003: 訳 42)。

前述したように、コルナイは社会主義と資本主義のシステム・パラダイムにおいて、また社会主義から資本主義への転換において政治的次元を重視している(「マルクス-レーニン主義党の政治権力独占」から「資本主義・私的所有・市場に反対しない政治権力」への移行)。レギュラシオン学派は、資本主義の「境界」内におけるシステム変化における政治的次元(同盟関係、国家の役割)を重視している。旧社会主義国の資本主義への転換においても、さらに当諸国で出現した資本主義の多様性の分析においても、「政治経済学的アプローチ」が必要である。私は、後述するように、資本主義への転換にあたって、ポスト社会主義政治勢力、特に政権が持つ価値観・志向性が中東欧資本主義の態様・多様性に大きな影響を及ぼしていると考えており、その点でも政治的次元への着目は重要であると考えている。

なお、ボワイエが制度変化のいくつかのメカニズムを指摘し、その一つとして「ハイブリッド化」を挙げている点にも注目すべきである。それは「他の空間での有効性が証明された制度を模倣し移植する試みがある独自な構図の形成に道を開いていくということ」である（ボワイエ 2005: 261）。社会主義から資本主義への転換は、大なり小なり現存する資本主義の「模倣」と「移植」の過程である。そして、それが「独自な構図の形成に道を開く」場合もあろう。すなわち、「ハイブリッド化」を生み出す場合もあろう。こうした視点から、ポスト社会主義資本主義生成過程を分析した研究成果がすでに存在する。すでにみたスタークやシャバンス／マニャンの「混交所有」論がそうである。

以上のような旧西側諸国研究者による先進資本主義を対象とする比較政治経済学（資本主義多様性論）の方法を、ポスト社会主義国の資本主義（および、その多様性）を分析する際に用いることができる。すなわち、上記の比較政治経済学の成果を援用しながら、ポスト社会主義諸国における「労使関係・労働市場」、「金融制度」、「社会保障制度・福祉国家」、「国際体制への編入形態」などに関わる制度の特質と各制度の相互関係、さらには「制度特性」と「産業特化」の関係、経済と政治の相互関係の分析などを通じて、当諸国に出現している資本主義の特質（多様性）を規定できるであろう。しかしその際、少なくとも次の2点に留意する必要がある。

第1に、旧西側諸国の比較政治経済学が主たる分析対象としてきた先進資本主義国においては資本主義システムを構成する諸制度がすでに存在しているのに対して、旧社会主義国においては資本主義を構成する諸制度は資本主義化過程で形成されてきたという相違を重視すべきである。こうしてたとえば、社会主義時代の「遺産の継続」と資本主義化をめざす新しい制度形成の間で「ハイブリッド化」が起きることに注目する必要があるのである。第2に、第二次大戦以後1970年代までの先進国資本主義は、ボワイエが指摘したように「相対的に小さな対外開放度」という特徴をともなっていた。それ以後、先進国資本主義はグローバル化への対応を迫られてきたが、旧ソ連・東欧のポスト社会主義国は資本主義形成の「出発点から」グローバル資本主義に強く規定された。ポスト社会主義国の資本主義

の特質（および多様性）解明に際しては、そのことを念頭に置いたアプローチが必要であろう。

　以上のことに留意しながら、次にポスト社会主義地域のうち中東欧地域（以下では、旧東欧とバルト諸国を包括する概念として使用する）に出現している資本主義を分析する所説を検討しながら、あわせて1990年代に見られた中東欧資本主義の多様性を示す。

(2) 中東欧の資本主義の多様性——経済、社会、政治的指標からの分類

　中東欧の資本主義の類型論の最高峰は、ボーレとグレシュコヴィッチの著書である（Bohle and Greskovits 2012）。彼らは、先進国を対象とするレギュラシオン学派の比較政治経済学やホールとソスキスの資本主義の多様性アプローチ（Hall and Soskice 2001）の研究成果を摂取しながら、いずれの理論・アプローチもそのまま中東欧には適用できないとの正しい判断を示している。そして、先進国のように制度が定着しているのではなく、それが導入されて歴史が浅いか、あるいは制度がいまだ形成途上にあるポスト社会主義国特有の環境のもとでは、政治的アクターの価値観と志向性が資本主義の型に大きな影響を与えることを重視している。さらに、グローバル資本主義の圧力が強いなかでの資本主義化においては、国際分業への編入形態が資本主義の態様に大きな影響を及ぼす点に留意し、中東欧の資本主義の多様性に関して、その点にも注目している。

ｉ) 国際分業への編入形態と資本主義の多様性

　後者について言えば、スロヴェニアのような外資導入に慎重であった例外を除けば、ヴィシェグラード諸国、バルト三国、ブルガリア、ルーマニアなど中東欧諸国は、主にEU中心国に本拠を置く外資参入とその活動により、欧州経済とグローバル経済に組み込まれる過程のなかで資本主義化を成就した。そして、第4章で詳しく見るように、中東欧諸国は製造業部門に参入した外資系企業が先進国に準ずるような輸出構造を作りだしている「準中心国」と、そうではない「準周辺国」に分けられる。ヴィシェグラード諸国は「準中心国」であり、バルト三国は「準周辺国」、ブルガリ

ア、ルーマニアも「準周辺国」である。

　スロヴェニアは外資導入に慎重であったが、社会主義時代からの旧西側市場との結びつきを継承するとともに、「選択的外資導入策」を実施することによって「準中心国」になった。

　これが、ボーレとグレシュコヴィッチが明らかにしている中東欧の資本主義の多様性の一面である。アマーブルやホールとソスキスのような制度と制度配置と比較優位産業という関連においてではないが、ボーレとグレシュコヴィッチが中東欧資本主義の多様性論に国際分業への編入形態（産業構造）の差異を組み込んでいることは重要である。外資導入が加速する時期は中東欧各国でそれぞれ異なるが、概して言えば、1990年代末から2000年代初めである。こうして、その時期に産業構造から見た中東欧資本主義の多様性が明瞭になるのである（第4章参照）。

ⅱ）　制度と政策からみた資本主義の多様性論――諸見解

　他方で、制度・政策面から見た中東欧の資本主義（化）の相違・多様性は、すでに1990年代にかなりのところ明らかになっていた。しかし、その相違に関する研究者の体系的記述が増えたのは2000年代であった。上述したレギュラシオン学派と資本主義の多様性アプローチが興隆するなかで、分析のためのツールが鍛えられたのである。

　民営化がハンガリー、チェコ、ポーランドで「混交所有」に導き、そのもとでチェコではそれが低失業をもたらしていること、中東欧諸国のどこでも導入された「三者（政府・労働者団体・経営者団体）協議制度」や他の「労使妥協」形態を通じ、チェコでコーポラティズムが相対的によく機能していることもチェコの「転換の社会的コスト」を小さくしている理由であることなどを指摘する中東欧資本主義化の比較論が1990年代にあったことはすでにみたとおりである（前述のシャバンス／マニャンの議論、サムエリの議論、オレンシュタインの議論。Chavance and Magnin 1995; Szamuely 1996; Orenstein 1996）。

　2000年代になると、先進国資本主義の比較論の枠組みを使ってポスト社会主義国の資本主義の多様性を明らかにする研究が発表されるように

第3章 資本主義の形成と福祉システムの変容

なった。ブッヘン、フェルドマン、キングなどの研究がそうであった。彼らは、ホールとソスキスの資本主義の多様性アプローチを援用した。そこで、ホールとソスキスのアプローチの要点だけ先に述べておく。

ホールとソスキスは、①労使関係、②職業訓練・教育システム、③コーポレート・ガヴァナンス、④企業間関係、⑤企業の従業員との関係という5つの領域を重視した。そして、これら各領域が自由な「市場」によって調整されているか（市場コーディネーション）、産業別の労使交渉を通じた賃金決定・経営者団体主導による産業レベルでの職業訓練制など「非市場」的制度で調整されているか（非市場コーディネーション）を基準として、国民経済の型を区分した。

ホールとソスキスによれば、「市場コーディネーション」が優勢な資本主義が「自由な市場経済」（LME）、「非市場コーディネーション」が優勢な資本主義が「コーディネートされた市場経済」（CME）である。英語圏に属す米国、イギリス、オーストラリア、ニュージーランド、カナダ、アイルランドなどが「自由な市場経済」群（LMEs）、ドイツ、日本、スイス、オランダ、ベルギー、スウェーデン、ノルウェー、フィンランド、デンマーク、オーストリアなどが「コーディネートされた市場経済」群（CMEs）に属する（Hall and Soskice 2001）。

ホールとソスキスの分析を援用しながら、ブッヘンおよびフェルドマンはポスト社会主義諸国のなかでスロヴェニアがドイツのようなCME（コーディネートされた市場経済）に、エストニアがLME（自由な市場経済）に類似しているとした（Buchen 2006; Feldman 2007）。ブッヘン、フェルドマンともに、両国の労使関係の相違を重視した。ブッヘンによれば、スロヴェニアにおいては社会主義崩壊以後、労働組合の組織率は低下したものの（1989年の69％から2003年の40％）、他の旧社会主義諸国よりも高く、経営者団体の影響力も強く、中央労使交渉が実施されている。さらに、企業にはドイツ型の共同決定制度が存在する。また雇用保護は強く、失業手当の所得代替率も高い。こうして、スロヴェニアの資本主義はドイツ、オーストリアなどのCMEsに近い。

他方で、エストニアの労働組合組織率は、1990年の93％から2000年

の14％にまで低下した。また、経営者団体はエストニアの企業の4％を代表するだけであり、労使交渉は企業レベルで実施されるにとどまる。エストニアの雇用保護は高いけれども、失業手当の所得代替率はきわめて低い（従前賃金のわずか10％。2003年以前）。こうして、エストニアの資本主義はLMEに近いというのがブッヘンの見解であった（Buchen 2007）。

フェルドマンは、こうした両国の相違を「社会主義時代の遺産」（経路依存性）と「転換政策」の相違に求めた。市場社会主義と自主管理制度を経験したスロヴェニアでは、システム転換以前から存在していた企業間の水平的関係や労使交渉の経験（経路依存性）に加えて、（企業経営者・労働者への売却の比重が高い）インサイダー重視の民営化方式＝転換政策が「コーディネートされた市場経済」に必要な「ネットワーク」形成の促進につながった。他方で、ゴルバチョフ改革まで中央管理機関（ロシア）から企業（エストニア）に至る「垂直関係」が支配的であったエストニアにおいては、旧体制崩壊以後短期のうちに企業間水平的ネットワークを形成することが困難であった（経路依存性）。（外資を含む）企業の外部者（アウトサイダー）への売却重視の民営化方式（＝転換政策）も、「企業間ネットワーク」形成促進的ではなかった。その結果、エストニアでは「自由な市場」を主要な調整形態とするLME型資本主義が形成されたとするのが、フェルドマンの見解であった（Feldman 2007）。

キングは、ハンガリー、ポーランド、ロシアの資本主義化を比較しながら、「自由な市場主義経済」と「コーディネートされた市場経済」というホールとソスキスの比較資本主義論は、国家が資本主義化を先導する能力を保持した中東欧諸国においては意味を持つとする。しかし、（旧）ノーメンクラツーラが権力を保持するとともに、「パトロン－クライアント関係」を通じて私的利害を追求しているロシアなど旧ソ連諸国の多くで見られる「世襲的資本主義」（Patrimonial Capitalism）、さらに「ウェーバー的な有能な官僚国家を欠いた」資本主義と、先進国でみられる資本主義（LME、CME）の間には明確な区別がなされるべきであると説いた（King 2007: 327）。

そして、キングはハンガリー、ポーランドについては、双方とも「コー

ディネートされた資本主義」に必要な労働組合（労働者階級）が弱体であるところから自由市場資本主義の特質を有しているとした。そのうえで両国は構造変化（イノベーション）を外資に頼っているところから「自由主義的であるとともに依存的な資本主義」（Liberal dependent capitalism）と特徴づけられると述べた（King 2007）。

彼らの見解は、自由化、マクロ安定化、民営化といった資本主義化の遂行度をチェックし、中東欧各国の市場経済化のランク付けを行うといった類の「移行経済学」よりはずっと構造分析として優れたものである。しかし、フェルドマン、ブッヘン、キングの研究には資本主義多様性を論じるには検討対象国が少なすぎ、比較対象領域も少ないという弱点があった。こうした弱点を免れているのがボーレとグレシュコヴィッチである。彼らの中東欧の資本主義の多様性論については、すでに紹介している。以下では、可能な限りこれまでの叙述との重複を避け、彼らの分析領域、および領域ごとの中東欧各国の制度・政策の態様の概要を示しながら、1990年代に明らかになっていた中東欧資本主義の多様性を示したい。

ⅲ）ボーレとグレシュコヴィッチの中東欧資本主義多様性論
──６つの分析領域と３つの資本主義

ボーレとグレシュコヴィッチの分析方法の一つの特徴は、ポランニーをふまえ、資本主義を自己調整的市場の拡張と社会の自己防衛運動という「二重運動」からとらえる点にある。すなわち、「二重運動」に関わる制度・政策の態様から資本主義（化）の多様性を明らかにするところにある。

さらに、同じくポランニーに依り、国家の相対的自律性に着眼し、国家（ないし政治勢力）の判断・志向性（価値観）や能力が資本主義化の遂行度と方向に影響を及ぼすとしている点も重要である。

上記から、彼らは具体的に６つの分析領域を設定している。①市場、②福祉国家、③マクロ経済的調整、④民主主義、⑤政府、⑥コーポラティズムである。

このうち、経済領域は「市場」と「マクロ経済的調整」は経済と問われる。市場は主に自由化・規制緩和、マクロ経済的調整は財政・金融の政

I 資本主義への転換と社会的コスト

策・制度と関係する。ポランニーの自己調整的市場の拡張との関連では、市場領域が重要である。社会の自己防衛運動と関係の深い領域は、「福祉国家」と「コーポラティズム」である。このほか、ボーレとグレシュコヴィッチはポランニーに倣って、社会の防衛運動の見地からは産業保護制度・運動も重視している。福祉国家のほか、産業保護とコーポラティズムに関わる制度・政策を通して社会防衛が行われるのである。

政治システムの制度の中では、コーポラティズムのほかには「民主主義」と「政府」が重要である。よく機能するという意味で、「強い国家」（政府）は資本主義化と資本主義の安定に寄与する。対照的なのは「非力な国家」である。こうして「政府」（国家）の分析は、資本主義化と資本主義の性格解明に重要である。民主主義も資本主義の性格を明らかにするうえで重要である。ボーレとグレシュコヴィッチは、資本主義が民主主義を条件とするという立場をとっていない。彼らは（コルナイのように）それを明言しているわけではない。しかし、彼らの立論からそれは明らかである。民主主義をめぐる政治の態様は、資本主義の態様に影響を及ぼすのである。

さて、中東欧資本主義の多様性を示す「理念型」は3つである。これについては、第2章で紹介したがここでも再度述べる。第1がバルト三国の「純粋な新自由主義」、第2がヴィシェグラード諸国の「埋め込まれた新自由主義」、第3がスロヴェニアの「ネオ・コーポラティズム」である。ブルガリア、ルーマニア、クロアチアの南東欧3国については、政府（国家）に政治経済システム像を示し、それに向けた政策体系を実施し、制度を形成する力（行政能力）が備わっていなかった（＝非力な国家）。したがって、これらの国では1990年代の大部分を通じて「ノン・レジーム」とも言うべき状態が続いた。しかし、これら3国においても、EU加盟準備過程において国家の行政能力面で一定の改善があり、2000年代にはブルガリア、ルーマニアは「純粋な新自由主義」に、クロアチアは「埋め込まれた新自由主義」に近づいた。

南東欧3ヵ国については第4章で若干ふれることにして、ここではバルト三国とヴィシェグラード諸国、スロヴェニアの1990年代の資本主義

（化）の様態を要約して示す。基本的にボーレとグレシュコヴィッチの著書（Bohle and Greskovits 2012）に即した叙述とするが、必要な補足のため他の文献も参考にする。

a) 純粋な新自由主義——バルト三国

　バルト三国の資本主義形成には、独立志向が最も強く反映されていた。旧ソ連の経済社会から可能な限り遠い資本主義モデルを選択するというのが同諸国の政権のスタンスであり、それは新自由主義的な資本主義化の徹底した実施をもたらした。自由化ないし規制緩和は、早いペースで行われた（上記①の市場）。そして、マクロ安定化政策の徹底した実施がバルト三国の特徴であった。それは、同諸国の独立の象徴である通貨安定化の切望と結びついていた。1990年代前半には、エストニアとリトアニアで外貨準備高と通貨供給量をリンクさせ、中央銀行の金融政策に制約を加えるカレンシー・ボード制が導入された。それは、この通貨安定の切望によるものであった（上記の③マクロ安定化）。さらに、均等税（フラット・タックス）がバルト三国でいち早く導入された（エストニアとリトアニアは1994年。ラトヴィアは1997年）。それは、累進性を排する新自由主義志向の強い政策であった。

　バルト三国の政権は、福祉国家（上記②）についても、また旧ソ連のなかでは相対的に発展していた工業に関しても、社会主義の「遺産」として積極的に評価するというようなスタンスをとらなかった。1989〜95年のバルト三国の（総）社会保障支出（total expenditure on social protection）の対GDP平均は15.5％であり、その数値は同期間のブルガリアとルーマニアの平均と同じ値であるが、ヴィシェグラード諸国の平均値21.1％、スロヴェニア24.6％よりも低かった。ちなみに、時期は2004年になるが、各国別の社会保障支出の対GDP比について見れば、エストニア13.4％、ラトヴィア12.6％、リトアニア13.3％であった。2004年の同数値に関して、ヴィシェグラード諸国とスロヴェニアの4国のなかで最も低いのはスロヴァキアの17.2％であるが、それと比べてもバルト三国の数値はかなり低く、資本主義の社会的コストを補償するための社会保障

I　資本主義への転換と社会的コスト

支出がバルト三国では小さかったことが明らかである（2004年の数値はAlber 2008）。

　なお、ポランニーをふまえ、ボーレとグレシュコヴィッチは国内産業保護を社会防衛運動の一環としており、中東欧資本主義の多様性を論じる際にも重視している。さらに、産業競争力形成のための外資参入のインセンティブ制度も社会防衛の観点から位置づけているのが、彼らの議論の特徴である。これについて、私は批判的であるとすでに述べたので（第2章）、ここで繰り返さない。ただ、国内産業保護の面でも、外資導入のインセンティブに関わる制度形成の点でも、バルト三国はヴィシェグラード諸国と比較して積極的ではなかったことを指摘しておく。このこととも関連して、ポスト社会主義時代のバルト三国の製造業の競争力は弱く、2000年代に同諸国は金融主導の発展パターンを経験したことが重要である（第4章）。

　集団協約適用率や労働組合組織率など、労使協議に関わる指標（上記⑥のコーポラティズムの関連指標）についてみれば、バルト諸国でコーポラティズムが根づいていないことがわかる。ボーレとグレシュコヴィッチが示すところによれば、1989～98年の集団協約適用率は、バルト三国平均が26％、ヴィシェグラード諸国平均が55％、スロヴェニアが100％であった。同時期の労組組織率のバルト三国平均は35％、ヴィシェグラード諸国平均が55％であり、スロヴェニアの労組組織率は56％であった（Bhole and Greskovits 2012）。福祉国家と並んで労使団体協議制度（＝コーポラティズム）は、社会防衛がどの程度制度化されているかを示す指標である。社会保障水準の低さとコーポラティズムの低い水準からして、バルト三国が新自由主義的傾斜の強い資本主義であることは明らかである。ボーレとグレシュコヴィッチが「純粋な新自由主義」と特徴づけているのも頷ける。

　「純粋な新自由主義」はバルト三国の政権の意識的選択であった。そして、同諸国の政権はその選択にしたがって、政策を実施し制度形成を行う能力を有していた（上記⑤の政府）。他方で、エストニアとラトヴィアでは民主主義には制約が課せられた。ソ連邦編入以後の「移民」に対する市民権の制限やロシア語話者に不利な公務員登用試験など、社会的排除をと

もなう施策が実施されたからである。ボーレとグレシュコヴィッチは、それを新自由主義的な資本主義にともなう人々の不満を逸らせるための方法＝「アイデンティティ・ポリティクス」ととらえている。エストニアとラトヴィアでは、「新自由主義」と（エスニックな多数派のための）「ナショナリズム」の「結婚」が見られたのである。

b）　埋め込まれた新自由主義──ヴィシェグラード諸国

　ヴィシェグラード諸国の「埋め込まれた新自由主義」においては事情が異なった。自由化（上記①の市場）が速やかに実施されたことは確かである。他方で、マクロ安定化政策（上記③のマクロ安定化）について、ボーレとグレシュコヴィッチは、ヴィシェグラード諸国はマクロ安定化政策を実施する行政能力（上記⑤政府）は有していたものの、転換の社会的コストを補償するための社会保障支出を確保する必要から、マクロ安定化と「福祉主義的社会契約」（Bole and Greskovits 2012）の間で均衡をとろうと努め、マクロ安定化を徹底して実施するというような政策はとらなかった。上述のように、1989～95年の期間のヴィシェグラード諸国における社会保障支出の対GDP比の平均値は（21.1％）、バルト三国平均値（15.5％）より高かった。

　2004年の各国別社会保障支出の対GDP比について言えば、ポーランド20％、ハンガリー20.7％、チェコ19.6％、スロヴァキア17.2％であった（Albert 2008。上記②の福祉国家）。ヴィシェグラード諸国の政権はバルト三国の政権よりも福祉国家志向は強かったので、その点に着目してボーレとグレシュコヴィッチのように「埋め込まれた新自由主義」とヴィシェグラード諸国の資本主義を特徴づけるのも的外れではない。

　明確に彼らが述べていることではないが、私はポーランド、ハンガリー、チェコにおいては1990年代以降の資本主義化の期間に、有力な政治勢力として社会民主主義勢力が存在し与党経験も持ったということが、新自由主義の「社会的埋め込み」に一定程度寄与したと考えている。ハンガリーの1990年代半ばの社会党主導政権のように、社会民主主義政党主導の政権が新自由主義的緊縮政策を実施した例もある。しかし、社会民主主義の

価値観を有する政党が一定の力を有しているという政治状況は、そうした場合でさえも資本主義の「暴走」をチェックするのに効力を有すると考えるからである。スロヴァキアについても、左派政党が一定の役割を果たしてきたことと、後でふれる労働組合の組織率が相対的に高かったということが「埋め込み」に寄与したと言える。

　すでに述べたように、ボーレとグレシュコヴィッチは社会防衛の観点から産業保護も重視している。そして、いくつかの指標で産業保護の比較を行っている。平均適用関税率もその指標の一つである。1989～97年にその値はバルト三国で2.5％、ヴィシェグラード諸国平均で8.1％、スロヴェニアで10.6％であった。国内産業保護の点では保護の強いスロヴェニアと弱いバルト三国が両極であり、ヴィシェグラード諸国はその中間にあった。しかし、外資系企業の流入・定着に対するインセンティブの施策においては、ヴィシェグラード諸国はバルト三国とスロヴェニアよりも積極的であった。ボーレとグレシュコヴィッチはこの施策も社会防衛とみなし、この点でのヴィシェグラード諸国の政策を肯定的に評価している。

　コーポラティズム（上記の⑥）に関するヴィシェグラード諸国の態様は、その制度化が強いスロヴェニアと弱いバルト三国の両極の中間にある。1989～98年の期間の集団協約適用率は、上で述べたようにヴィシェグラード諸国の平均は55％であり、100％のスロヴェニアと比べれば半分以下であるが、バルト三国平均26％と比べれば2倍以上であった（Bohle and Greskovits 2012）。

　2003年の各国別数値で言えば、スロヴァキアの労組組織率は48％、チェコ37％、ハンガリー30％、ポーランド29％であった（Visser 2008）。なお、この数字は上の1989～98年の数値（4国平均）より低い。そのことは、1999～2007年の期間の集団協約適用率（年間平均）のヴィシェグラード諸国平均が40％に低下していることでも示されている（Bohle and Greskovits 2012）。

　上の2003年の各国の集団協約適用率の動向は、労働組合組織率と強い関連を持つ。すなわち、2004年の労働組合組織率はヴィシェグラード諸国のなかでスロヴァキアが最も高く30％台、次いでチェコが20％台、ハ

ンガリーとポーランドは 10％台であった。2003 年頃のヴィシェグラード諸国の労使交渉の場は、主に企業であった。したがって労働組合組織率と集団協約適用率の関連が強かったのである。

　1989～97 年の集団協約適用率（年平均）が 50％であることや、労働組合組織率の低さ（2003 年、10～30％台）からヴィシェグラード諸国のコーポラティズムについては低い評価が導き出されそうである。事実、ボーレとグレシュコヴィッチも、2000 年代半ば以後のコーポラティズムの「退化」について述べている（Bhole and Greskovits 2012）。

　しかし、私はコーポラティズムと労働組合がヴィシェグラード諸国で果たしてきた役割を過小評価すべきでないと考えている。後で述べるように、ハンガリーでは 1990 年代初めに民主化された健康保険と年金保険の運営において労働組合が一定の役割を果たすようになったこと、チェコではオレンシュタインが述べるように、1990 年代初めに三者協議制や労使団体交渉を通じて「(低賃金と引き換えではあるとしても) 低失業」が実現したのは事実であった。ヴィシェグラード諸国のなかで相対的に高い労組組織率であったスロヴァキアで、労組が政治において一定の影響力を行使してきたことも重要である（林 2013 参照）。

　ドイツなどの産業別交渉と企業内の共同決定制度を核にするような「コーディネートされた市場経済」を形成するような力は、ヴィシェグラード諸国の労働組合になかった。それはキングが述べたとおりである。「コーディネートされた市場経済」に近い経済システム（資本主義）が形成されたのは、スロヴェニアだけであったと言える。しかし、ヴィシェグラード諸国でもコーポラティズム的な制度と労働組合は、社会防衛の面で役割を一定果たしてきたのである。すなわち、それは「新自由主義」の「埋め込み」の点で貢献したことを評価すべきであるというのが私の見解である。

　次に、選挙を通じた平和的な政権交代があったヴィシェグラード諸国において、民主主義（上記の⑥）が維持されてきたと言えそうである。少なくとも、2010 年にハンガリーにおいてフィデス主導の右派なナショナリスト政権が誕生するまではそう言えた。ボーレとグレシュコヴィッチの著

書は、2012年に刊行されている。その著書で彼らは、ハンガリーは「埋め込まれた新自由主義」型の資本主義、民主主義、外資主導の「再産業化」という3つの点でフロント・ランナーであったのであるが、そのうちの2つの点、すなわち「埋め込まれた新自由主義」型の資本主義と民主主義の点で崩壊の危機に瀕していると述べている。右派政権のもとで社会保障が弱まっていることと、民主主義が弱体化していることを彼らは憂いていたのである（Bhole and Greskovits 2012）。ポーランドの2015年の右派ナショナリスト政権誕生以後の事態とあわせて、現在においてヴィシェグラード諸国の民主主義について再検討する必要があることは確かである。

c) ネオ・コーポラティズム――スロヴェニア

　スロヴェニアの「ネオ・コーポラティズム」型資本主義については、すでにバルト三国とヴィシェグラード諸国の資本主義の型を紹介する叙述のなかで、一定程度明らかにしてきた。それを補足する叙述を以下で行う。自由化（上記の①市場）について、スロヴェニアに遅れがあったわけではない。社会主義時代から同国は開放経済であり、旧西側諸国との貿易の比重も大きかった。開放経済は継承されたが、バルト三国のように関税を急速に削減するような措置はとられず、一定の国内産業保護が実施されたことは上述したとおりである。マクロ安定化の面で（上記③のマクロ経済的調整）、スロヴェニアの実績はヴィシェグラード諸国よりも良好であったが、マクロ安定化のために社会保障水準を下げるというような政策はとられなかった。2004年においても、スロヴェニアの社会保障支出の対GDP比は24.3%であった。それは中東欧諸国のなかでは最も高い水準にあり、同年のEU旧加盟国（EU15）の社会保障支出の対GDP比27.6%（平均）に迫る数値であった（Alber 2008）。そのことが、スロヴェニアが資本主義への転換の社会的コストを抑制するのに大きな役割を果たしてきたのは言うまでもない。

　加えて、スロヴェニアではユーゴスラヴィア社会主義の遺産である労働者自主管理制度を改変した「ネオ・コーポラティズム」があった（上記⑥のコーポラティズム）。同国では、1993年に共同決定に関わる法律や三

者協議制に関わる法律が制定された。そして、労働組合と経営者の全国組織による中央交渉（集団協約締結）と企業内での共同決定制度という労使妥協制度が整備された。それもまた、資本主義化にともなう社会的コストを軽減する役割を果たしたのである。すでに第2章で見たように、就業動向や貧困・格差に関わる指標を見れば、チェコと並んでスロヴェニアの人々が、資本主義化のなかでも中東欧諸国の間で最も安定した生活を送ってきたことが明らかである。そして、スロヴェニアの場合、その要因は相対的に高い社会保障支出とコーポラティズムにあったのである。

なお、ボーレとグレシュコヴィッチは、スロヴェニアで民営化方法として「インサイダー民営化」、すなわち経営者と労働者への民営化（MEBO）が優先されたことがコーポラティズムの制度化に有利に働いたとしている。「アウトサイダー民営化」、特に外資への民営化においては、コーポラティズムの制度化に困難が生じることがあるからである。

さらに、スロヴェニアについては公益部門の企業の外国資本への売却や、衣服・繊維・靴など製造過程が複雑でない部門における外資参入に積極的ではなかったものの、自動車関連部門やコンピューター関連部門など「複雑部門」における外資導入には積極的であり、総じて「選択的外資導入政策」がスロヴェニアのスタンスであったことにも留意すべきである。

2000年当時、スロヴェニアの1人当たり対内直接投資累積額は、中東欧諸国のなかではハンガリーに次いで大きく、スロヴェニアは外資導入に消極的であったわけではないとボーレとグレシュコヴィッチは述べている（Bhole and Greskovits 2012）。ミャントとドラホコウピルもまた、1998年当時の1人当たり対内直接投資累積額において中東欧諸国で最も多かったのが、ハンガリーの2050米ドル、次いでスロヴェニアが2位で1400米ドル、3位がチェコの1396米ドルであったとし、それを裏づけている（Myant and Drahokoupil 2011）。

スロヴェニアの「ネオ・コーポラティズム」型の資本主義を形成してきたのは、中道左派政権であった。それは有能な政権であった（上記⑤の政府）。スロヴェニアの人々の政治参加意識も高く、1989〜98年の国政選挙の投票率平均は80％であり、同期間のヴィシェグラード諸国平均72％、

バルト三国平均59％よりも高かった。民主主義についても、スロヴェニアは高い実績を示したのである。

(3) ポスト社会主義国の資本主義研究の残された課題

さて、上ではボーレとグレシュコヴィッチの中東欧資本主義の多様性論を要約し、それを他の文献でも補強した。彼らの議論のうち、私が疑問に思う点はすでに述べているので繰り返さない。総じて、彼らの理論と実証についての私の評価は高い。レギュラシオン学派や資本主義の多様性アプローチなどによる資本主義多様性論を摂取したうえで、中東欧諸国の資本主義の特質を明らかにする分析すべき経済領域、社会領域、政治領域を設定している。そして、各種指標にもとづいて各領域の態様を明らかにし、それを総合することによって資本主義（化）の多様性を明らかにしている。

私は、少なくとも世界金融危機以前の時期までの中東欧諸国の資本主義の共通性と多様性を、基本的に彼らの見解にもとづいて明らかにできると考えている。そのうえで残されているのは、最近の変化を理論的・実証的に明らかにすることである。

さらに、中東欧のうちボーレとグレシュコヴィッチが扱っていない諸国とロシアなどCIS諸国も対象に広げ、資本主義（ないしは社会経済システム）の多様性解明を行うのもポスト社会主義研究の課題であろう。それについては、ミャントとドラホコウピルが5つの型を提示していることが一つの手がかりになる。5つの型は、①（対内）外国直接投資ベースの市場経済（東中欧諸国）、②周辺的な市場経済（南東欧諸国とバルト三国）、③オリガルヒ的で恩顧主義的な資本主義（ロシア、カザフスタンなどいくつかのCIS諸国）、④指令国家（改革がほとんど進んでいないいくつかのCIS諸国）、⑤送金と援助ベースの経済（CISと中東欧のいくつかの低所得国）である。それは、国際分業への編入形態と国内制度の特質からの類型論である。但し、ボーレとグレシュコヴィッチの仕事と比較すれば、ミャントとドラホコウピルの類型論はまだ試論の域の段階にあり、理論的にも実証面でも体系化には至っていない。

以上で、中東欧資本主義（化）の様態はかなり明らかになっていると考

える。これに加えて、EU 加盟過程前後と世界金融危機の時代の中東欧資本主義の分析が必要となる。それは本書第4章の課題となる。

ところで、私もボーレやグレシュコヴィッチと同じようにポランニーを継承し、自己調整的市場の膨張と社会防衛運動という「二重運動」のなかで資本主義をとらえるという思考と志向性の持ち主である。したがって、社会防衛運動を反映する福祉システムの変容が、中東欧資本主義をとらえる際に重要と考えている。本書第2章でも中東欧の福祉システムには言及しているが、以下でもハンガリーの事例を多く検討する仕方で、中東欧福祉システムの変容を見てみたい。

II 中東欧福祉システムの変容
——動態と多様性——

上で中東欧の資本主義化の戦略、1990年代の資本主義への転換の社会的コスト、1990年代の末までに明らかになっていた中東欧資本主義の特質と多様性について検討した。

資本主義への転換過程において、中東欧の福祉システムも変容を遂げた。本書第2章で、中東欧福祉システムの研究の一端について紹介している。可能な限りそれとの重複を避けながら、以下では、まず東欧革命以後のヴィシェグラード諸国を中心に、中東欧の福祉システムの一般的動向を検討する。次いで、ハンガリーの年金改革とジェンダーに関わる福祉の言説・施策の事例を見てみる。

1 社会支出・社会保障再編・社会保障の担い手
——ヴィシェグラード諸国の事例

第2章で述べたとおり、社会主義時代の中東欧社会保障制度は「労働を起点とする国家的保障システム」（小森田 1998）であった。それは、ビスマルク型社会保険の伝統を継承している点で「保守主義」（大陸欧州

型）と類似点を有し、女性の就労を促す育児支援政策を重視していた点で「社会民主主義」（北欧型）と類似点を持つものであった。しかし、ハンガリーの事例研究のなかでふれるように、同国の社会主義時代には育児給付制度はそれなりに充実していたと言えるが、保育所サービスは遅れており、ジェンダーの伝統的役割を促すような家父長制的言説が生きていたことを考慮に入れるなら、社会主義時代の中東欧の福祉システムの社会民主主義との類似性について強調することには慎重にならざるを得ない。

　また、社会主義時代のソ連・東欧のシステムが社会保障制度の運営において民主主義を欠いていたこと、その福祉システムが構成要素として普遍的な社会扶助と失業保険・扶助制度をもたなかったことにも留意が必要である。こうして、社会主義時代の中東欧の福祉システムは欧州先進国の保守主義や社会民主主義モデルとは異なる独自の福祉システムであったと規定すべきであろう。

　ところで、東欧革命は西欧回帰願望の現れでもあったから、中東欧諸国における1990年代以後の社会保障の変容には「欧州化」の要素もあった。しかし、それだけが中東欧福祉システム変容の契機ではなかったし、帰結は大陸欧州の福祉システムへの収斂というものでもなかった。

　以下で東欧革命以後の中東欧の社会保障支出、社会保障再編、社会保障の担い手をめぐる動向をみてみる。ヴィシェグラード諸国、バルト三国、スロヴェニア、南東欧諸国（ブルガリア、ルーマニア）によって事情は異なる。以下の叙述では、ヴィシェグラード諸国を主たる対象とするが、他の中東欧諸国の動向についても言及する。それを通じて、東欧革命以後変容を遂げた中東欧福祉システムの特徴を明らかにする。

(1) 社会保障支出

　コルナイが、ハンガリーがカーダール時代の「遺産」としての「時期尚早の福祉国家」（経済能力を超える社会保障支出）をポスト社会主義時代にも継承することによって経済成長に必要な投資を妨げているとし、その状況を批判したのは本書第2章で述べたとおりである（Kornai 1992b; 1995）。

　ヴィシェグラード諸国のポスト社会主義時代の社会政策の特質として、

社会主義の「遺産の継承」があるとするリンゴールドは、国際機関の統計に依拠しながら1990年代前半にGDPに対する社会保障支出の比重が増加したという事実を指摘している。すなわち、ポーランドで1989年の社会保障支出の対GDP比は17％であったが、1995年には32％とほぼ倍増している。チェコ、スロヴァキア、ハンガリーにおいてもその数値は増加し、25～30％の値を示している（1990年代半ば。Ringold 1999）。ILO中東欧チームが刊行した文献においても、1990年代半ばのヴィシェグラード4ヵ国の社会保障支出の対GDP比は平均25.7％であり、EU旧加盟国（EU15）の平均26％とほぼ肩を並べるものであった（Cichon et al. 1997）。

1990年代半ば頃のヴィシェグラード諸国の社会保障支出の対GDP比（25.7％）はスロヴェニアと変わらなかったが、バルト三国の平均や南欧2ヵ国（ブルガリア、ルーマニア）の水準よりは高かった。前述したように、1989～95年の期間のバルト三国と南欧2ヵ国の社会保障支出の対GDP比（期間平均および該当国平均）は、それぞれ15.5％であった（Bohle and Greskovits 2012）。

社会保障支出の構成について言えば、国際機関の統計に依拠したリンゴールドの指摘では、年金がヴィシェグラード諸国で最大の支出項目であった。その際、ポーランドで年金の対社会保障支出比率が1990年代前半に増加したことが特徴的であった。ポーランドやハンガリーにおいては、失業対策として早期退職が奨励された。障害年金適用基準が緩和され、年金生活者が増大した。ポーランドでは1993年末に3860万の人口のうち年金受給者が850万人（対人口比22％）に達した。うち障害年金受給者は350万人を数えた。その数字には、早期退職奨励策の帰結が反映されていたのである（Standing 1996）。

社会主義時代の寛大な育児・家族給付が継承されたハンガリーにおいては、1990年代に社会保障支出に占めるこの項目の支出割合が、他のヴィシェグラード諸国のそれよりも高いという特徴が見られた。

ヴィシェグラード諸国の社会保障支出の対GDP比は、21世紀初頭（2001年、2003年）には20％程度となり、1990年代半ばに比して低下した。社

会保障支出の対GDP比が中東欧諸国で最も高いのはスロヴェニアで25%程度、他方でバルト三国は15%程度（2001年、2003年。Word Bank 2007）、ブルガリアとルーマニアの平均も同程度の14.6%であった（1999～2006年の平均。Bohle and Greskovits 2012）。当数値は、先進国のなかで社会保障水準が低いことで知られる米国の数値（15.9%。2001年）とほぼ同じ水準であった。

なお、2003年のEU旧加盟国の社会保障支出の対GDP比は平均27%であった（World Bank 2007）。1990年代の半ばにヴィシェグラード諸国やスロヴェニアの社会保障支出の対GDP比はEU旧加盟国（EU15）と同じだったが、21世紀初頭にはEU15よりも低くなっていたのである。社会保障支出の構成について言えば、ポーランドの年金支出、ハンガリーの家族・育児支出が他の諸国よりも大きいことなど、ヴィシェグラード諸国間で1990年代に見られた特徴は21世紀初頭（2003年）にも継続していた（World Bank 2007）。

(2) 社会保障制度再編・福祉システムの変容

ポスト社会主義地域における資本主義への転換初期の経済政策基調が新自由主義であったことはたしかである。社会政策においてもそうであったと強調する見解がある（たとえば、Standing 1996）。他方で、転換始発期の中欧の社会政策は体系的というよりは、むしろ経済転換にともなって生じる諸問題へのアドホックな対応という性格を有していたとする見解がある（たとえば、Ringold 1999; Cook and Orenstein 1999; Cichon ed. 1995）。

資本主義への転換政策における新自由主義の影響は大きかったが、それは特に経済政策において顕著であり、転換始発期の社会政策について言えば、アドホックな対応という性格のほうが濃厚であったと私はみている。そうしたアドホックな対応の典型的な事例は、失業・貧困増大に対応するための失業給付・社会扶助制度の整備であった。他方で、資本主義化始発期のヴィシェグラード諸国においては、社会保障制度は大陸欧州（ビスマルク）型をモデルとして再編成された。同諸国の社会政策分野において新

自由主義の影響が増したのは、1990年代半ば頃からである。これが1990年代にも頻繁にハンガリーを訪れ、ヴィシェグラード諸国を観察していた私の体験に合致する中東欧福祉システム再編の流れであった。

しかし、文献で追うと様相は異なる。バルト三国では資本主義化の初期から福祉システムにおける新自由主義の影響は強かったし、スロヴェニアでは1990年代半ばでも新自由主義の影響はヴィシェグラード諸国と比べて弱かった。

このように、中東欧の福祉システムの変容については、新自由主義の影響が経済政策の場合と社会政策の場合では異なること、また影響の度合いが各国において異なることへの目配りが必要というのが、現在の私の見解である。これまでの叙述と重なる点もあるが、改めてヴィシェグラード諸国における社会保障制度再編の推移を示そう。

転換始発期に社会保障制度再編を促した要因（契機）としては、失業・貧困化・生活水準低下など「転換の社会的コスト」、国有企業の予算制約のハード化・民営化が重要であった。また、年金・医療制度において民主化も再編の独自の契機となった。そして、これらの契機による社会保障制度の改編に際してモデルとなったのは、大陸欧州型であった。

転換の社会的コストの最たるものとしての失業との関連で言えば、失業給付制度（社会保険）が導入された。失業給付制度は、ハンガリーでは社会主義末期の1986年に導入されており、それが1989年に整備された。チェコ・スロヴァキア、ポーランドにおいて、失業給付制度は1990年に導入された。また、チェコ・スロヴァキアでは1990年、ハンガリーで1993年に貧困対策として社会扶助（生活保護）制度が整えられた。

社会保障制度と予算制約のハード化・民営化との関連で言えば、社会主義時代には国有企業が従業員向けに広範なサービスを供給していたのであるが、国有企業の予算制約のハード化（国家財政からの補助金削減）や民営化により、企業の福祉（保育所、医療サービスなど）供給能力が低下したことが重要であった。

この問題への対処法は、社会サービス供給機能を地方自治体に移すことであった。しかし、地方自治体は十分な財源を持たなかった。その結果、

たとえばチェコ・スロヴァキアでは、3歳児以下向け保育施設が1989年の7万8555から1991年には1万7000に激減するという深刻な事態が生じた (Rueschenmyer et al. 1999)。他の諸国でも類似の事態が発生したのであるが、迅速な対応がなされたわけではなかった。その結果、中東欧諸国の多くでは、ポスト社会主義時代に就学前教育の水準が低下した。

年金・医療財政について言えば、ポーランドではすでに政治転換以前に国家予算と切り離された社会保険基金が大きな役割を果たすようになっていた。ハンガリーでも1989年に同様の措置が採られ、1992年に社会保険基金が「年金基金」と「健康保険基金」に分離された。そのうえで、1993年に各基金（政府・労働者団体・使用者団体代表による自主管理組織）の労働者代表（労組代表）選出のための選挙が実施された。これは、社会保険制度の民主化を目的とするものであった。

チェコでは、1991～93年にかけて「一般保険会社」のほか、産業部門・職域・企業などをベースとする保険会社が設立され、複数医療保険制度となった（詳細はOECD 1996; 堀林 1999）。この措置も分権化という限りにおいてであるが、民主化をめざすものであった。

医療財政において、社会保険原理を強める方向で制度が再編されたが、ハンガリーの医療支出は社会保険のみで賄われるのではなく、国家・地方自治体も医療費を負担した。チェコにおいても、上記改革以後の年金生活者や児童の健康保険料は国家が肩代わりした。すなわち、同国の複数社会保険制度のもとで国家が負担を免れるようになったわけではないのである。

ともあれ、ヴィシェグラード諸国は政治転換（1989年）を前後して、いち早く社会保険型社会保障制度に移行した。その背景として、これらの国が歴史的に「中欧文化圏」に属してきたこと、社会主義化以前に大陸欧州型の社会保障制度を経験していたという事実を思い起こしておくことが必要である。

他方で、ヴィシェグラード諸国だけでなく中東欧諸国全体において、失業者増大、企業の保険料滞納、「隠れた経済」（インフォーマル・セクター。後述）の広がりなどのため、1990年代を通じて社会保険財政が逼迫し、国家財政からの支出（補助）が増加するという事態が生じたことにも留意

が必要である（Ringold 1999; Standing 1996）。

1990年代初頭には、家族手当など普遍主義的給付制度も存在していた。これと前述のような社会保障制度再編をあわせて評価するならば、ヴィシェグラード諸国では政治転換後数年のうちに、①普遍主義的給付制度（家族・育児手当）、②医療・年金・雇用などの分野における社会保険制度、③貧困者向け社会扶助（生活保護）制度からなる大陸欧州型に近い社会保障制度、シチョンらの指摘によれば、西欧で一般的な「三層構造」（Cichon et al. 1997）が整えられることになったと言えよう。社会保障水準は異なったものの、社会保障の制度的構成については、バルト三国、スロヴェニア、ルーマニア、ブルガリアなどの国もヴィシェグラード諸国と変わるところはなかった。

ヴィシェグラード諸国における資本主義化始発期の社会保障制度再編の模様は上に述べたとおりである。次の局面は、1990年代半ば頃からの新自由主義的傾斜の強まりであった。失業手当給付資格制限強化・給付期間短縮措置がとられた。また、1990年代半ば頃には家族手当支給が選別主義を強める方向で改編された。次いで、1990年代末にはハンガリーとポーランドにおいて年金が部分的に民営化された。

失業給付について言えば、ハンガリーにおいて給付期間は当初の2年から1年に短縮され、失業手当受給資格も厳格となった。1991年と96年を比較すると、失業者に占める失業手当受給者の割合はハンガリーで77％から29％へと減少していた。同期間に、チェコで72％から50％に、ポーランドでも79％から54％に減少していた。これら3国において、賃金に対する失業給付額の割合も減少した。一例を挙げれば、ブダペストにおいて失業給付額は1992年の純賃金比55％から95年の46％へと減少した。ハンガリーの地方での代替率はもっと低いものであった（Adam 1999）。

家族手当については、チェコで1993年以降、ポーランドで1995年以降にミーンズ・テストをふまえて支給されることになり、普遍主義的給付という性格が失われた。たとえば、ポーランドでは1995年以降に、家族手当支給は（1人当たり）家計所得が平均家計所得の50％以下の家計に

限定されることになった。チェコでは1993年に導入されたミーンズ・テストが1995年に一層厳しいものとなり、「社会ミニマム」(貧困基準)の1.8倍を上回る所得生活者は家族手当の受給資格を有しないものとされた。ハンガリーでも、1996年に家族手当がミーンズ・テストをともなう選別主義的制度に改編された(後述)。

社会保障制度における新自由主義の影響は、部分的民営化を含む年金改革で示された。そうした改革はラトヴィアで1996年に実施された後、ハンガリーで1998年、ポーランドでも1999年に実施に移された。2000年代半ば(2005年)にはスロヴァキアでも実施された。それらは、1994年に発表された世界銀行(世銀)の年金改革構想(『高齢危機の回避』。World Bank 1994)に沿うものであった。

中東欧諸国において実施された年金改革は、「公的年金(賦課方式)部分縮小」と被用者拠出の「強制積立制度導入」(積立金は民間年金基金が運用=民営化)を通じて「年金財政問題」に対応し、あわせて資本市場活性化を図ろうとするものであった。それは世代間連帯を弱める制度改編であった(ハンガリーの事例については後述)。

なお、ポーランドでは年金改革のほか、1999年には医療改革も実施され、職域・地域別に複数の保険基金が設けられることになった。その際、健康保険基金は非営利組織であった(Adam 1999)。

(3) 労働市場政策と教育

社会主義の福祉システムの根幹は完全雇用であった。女性就業率は高く、夫婦共働きが普通であり、賃金は「家族賃金」(「一家の稼ぎ手としての夫」が家族成員を扶養すると想定した賃金)ではなく、個人賃金の性格を有していた(Standing 1996)。また、教育と労働を結合するため、中等教育において職業教育が重視された。

ヴィシェグラード諸国のみならず、中東欧諸国全体の資本主義化の最大の社会的コストは完全雇用の崩壊・大量失業の発生であった。すでに述べたように、失業者は学校歴の短い未熟練労働者、ハンガリー・チェコ・スロヴァキア・ルーマニアなどではロマ人、バルト諸国ではロシア語話者な

第3章　資本主義の形成と福祉システムの変容

どマイノリティの間に多かった。また、青年の失業リスクはどこでも高く、多くの国で女性の失業率は男性のそれを上回った。

　労働市場の変化は失業にとどまらず、非経済活動人口の増加としても現れた。早期退職による労働市場退出者の増加や、生産年齢の学生数増加などがその要因であった。大量失業と非経済活動人口の増加の結果として、たとえばハンガリーにおいて人口に占める就業者の比重は、1989年に50％であったのが、1997年には37％となり激減した。1990年代のハンガリーでは、他の中東欧諸国と異なり、女性の失業率は男性のそれより低かったが、就業（雇用）率について言えば、女性（15〜64歳）のそれは、1985年の約70％から1997年の約47％へと激減した。男性（15〜64歳）の労働力率も、1985年の80％から1996年には60％に低下した（後述。Frey 1997; ILO-CEET 1998）。

　非経済活動人口（および失業者）のすべてが、実際に未就労であるわけではなかった。生計のために働かざるを得ないが、公式就業が不可能な場合、「隠れた経済」(hidden economy)に就労の場を求める人々がいたのである。これは旧西側諸国でも見られることであるが、中東欧ではポスト社会主義時代に顕著な現象であった。

　「隠れた経済」とは、自家用生産やドラッグ取引等の犯罪を除く非公式の経済活動のことである。「インフォーマル・セクター」や「ブラック経済・グレイ経済」という表現が用いられる場合もあるが、厳密な定義がなされているのは「隠れた経済」である (Hungarian Central Statistical Office 1998)。その比重はハンガリーの場合、1996年に対GDP比16％程度であったと試算されている (Sik et al. 1999)。

　ポーランドでは「隠れた経済」の就労者数は、1996年に80〜100万人であったと推定されている (Adam 1999)。「隠れた経済」は「現実のセーフティ・ネット」の役割を果たしている。グレシュコヴィッチは、1990年代の末に、厳しい生活状況にもかかわらず中東欧の多くの国で相対的な社会的安定が見られた理由の一つを「隠れた経済」に見出していた (Greskovits 1998)。

　中東欧の労働市場政策について言えば、資本主義への転換初期には早期

退職奨励と失業給付を柱として展開されたが、しだいに積極的労働市場政策（ALMP）が重視されるようになった。積極的労働市場政策は、具体的には①企業の賃金補助による雇用、②訓練と再訓練、③公共事業、④失業者の起業支援、⑤障がい者雇用促進などから成った。

チェコでは、早くから積極的労働市場政策が重視され、1994年時点で労働市場政策支出の3分の2が積極的労働市場政策向け支出であった。上記の①〜⑤のカテゴリーのなかでは、①の「企業の賃金補助による雇用」に最も多くの支出がなされた。また、チェコでは6ヵ月の失業給付期間の後、一定の仕事遂行と引き替えに給付を与える制度、すなわちワークフェアの性格を持つ制度が1990年代の資本主義化の初期から存在した。

ハンガリーでも労働市場政策支出に占める積極的労働市場政策への支出の比重は、1992年の22％から1995年の37％へと増加した。上記①〜⑤のなかでは、②の「訓練と再訓練」への失業者の参加の比重が最も高く、①の「企業の賃金補助による雇用」や③の「公共事業」などを上回っていた。ポーランドにおいては、1990年代半ば時点において積極的労働市場政策で提供されるプログラムへの失業者の参加率は低く、1993〜95年の期間に失業者の10％が参加するだけという状況であった。

1990年代以降のEU社会政策では就労が重視され、積極的労働市場政策が強調されたのであるが、チェコをはじめヴィシェグラード諸国では、EU加盟以前に積極的労働市場政策が実施されていたことには注目する必要があろう。

教育について言えば、すでに述べたように、資本主義化にともなう育児環境の悪化（育児サービスの低下。保育所・幼稚園数の減少）が児童の就学前教育参加の低下をもたらしたことが大きな問題であった。他方で、初等教育参加率は低下しなかった。しかし、失業者や貧困者の割合が高い農村の家族およびロマ人家族の生徒の登校状況が悪化した。

中等教育については、社会主義時代の過度に専門化した職業教育は産業構造変化に対してフレキシビリティを欠いていると認識された。東欧革命以後は、一般教育が重視されるようになった。高等教育も変化した。社会主義体制のもとでは、工学関連の人材、特にエンジニア育成が重視された

が、資本主義化に伴いマネジメント・スタッフ、法律専門家など経済学・ビジネス・法学を修得する人材育成に力が注がれることになった。

資本主義化にともない就職機会や階層化における学校歴（文化資本）の意義が増大するにつれ、大学進学率も向上してきた。社会主義体制においては、研究機能と教育機能が分離する傾向にあった。研究機能は科学アカデミー付属の各種研究所が担い、他方で大学教員の主要な役割は教育であるとされていた。資本主義化のなかで、両機能は統合される傾向にあった。しかし、問題の一つは、研究者や教育者の給与水準が低いため、優秀な人材が研究・教育分野に向かわないこと、また、そこから人材が他の分野に流出する傾向があることである（以上は、主に Ringold 1999）。

バルト三国は、すでに述べたように社会保障支出が低い水準にあり、その意味で「小さな国家」であるのが特徴である。しかし、教育や公的部門一般での雇用促進に向けた支出水準は相対的に高い点に注目すべきである。それもまた「アイデンティティ・ポリティクス」と関係している。エストニアやラトヴィアでは、「マジョリティ」の公的部門での就業の割合が民間と比較して高いのである（Bohle and Greskovits 2012）。

(4) 福祉の担い手

社会主義体制において、国民の福祉の主な担い手は国家であり、国家は医療・教育サービスを提供し、その費用を国家予算で賄っていた。国有企業も従業員向けに保育・医療サービスを提供し、住宅費用を補助していた。また、国有企業が提供する福祉の運営に労働組合が関与していた（保養施設運営など）。各種社会団体も福祉を供給していたが、社会団体は共産主義政党の「傘下団体」である場合が多かった。また、地方機関の自律性は弱かった。

東欧革命以後のヴィシェグラード諸国の医療分野において社会保険の役割が増加したことなどにより、「財源としての国家」の役割は軽減されたものの、なお大きい。すなわち、国家財政は現在も、年金基金・健康保険基金・労働市場政策のための基金などの社会保険財政を補完している。

また、医療機関の民営化は家庭医（GP）レベルでは進行しているもの

の、1990年代を通じて病院の多くは国有のままにとどまった。教育分野においても私学の広がりが見られたが（たとえば、チェコの中等教育に占める私学の比重は1994年で25％にまで増加していた。Ringold 1999)、公教育が支配的であった。1990年代だけではなく、現在においても医療・教育分野においてサービス提供者としての国家の役割はなお大きいと言える。

社会主義時代の無償の医療を継承すべき「遺産」と考える人々は多く、有料化の試みは反対に遭ってきた。たとえば、2008年に入院・診察費の患者負担を求めるハンガリー政府提案は国民投票で否決された。医療が典型であるが、社会主義のなかに「負債」を見出す人のなかでも、福祉サービスに関しては「遺産」とみなす人が多いのである。

東欧革命以後のヴィシェグラード諸国において、地方自治体の役割は増大した。地方自治体は、従来国有企業が供給していた福祉機能（保育、住宅、医療サービス提供など）の一部を継承するとともに、社会扶助・家族手当給付に関する業務も担当している。大きな問題は、財源不足と専門家不足（たとえばソーシャル・ワーカーの不足）である。なお、ポーランドでは年金改革、医療改革とあわせて、1999年には地方行政改革が実施されたことも指摘しておく。

国有企業は従来の福利機能を縮小した。他方で、民営化された企業や新規私企業は、社会主義時代の国有企業と同じほどに高い福祉を従業員に供給しているわけではない。とはいえ、企業福祉に関する研究論文のなかには、優秀な人材確保・人的資本開発という目的のために福祉を充実させる企業も存在すると指摘するものもある（たとえば、Simonyi 1999)。

1989年の政治転換以後も、中東欧の最大の社会団体は労働組合であった。すでに述べたように、自主管理社会主義の伝統をふまえ、スロヴェニアは産業別労使交渉制度と企業内の共同決定制度を組み合わせた「ネオ・コーポラティズム」型資本主義を1990年代に形成した。後で述べるように、こうした労使妥協制度が21世紀の初めに侵食され始めたことが、世界金融危機およびユーロ危機の影響を受け、スロヴェニア経済が低迷する要因の一つとなったことに注目する必要がある（本書第4章参照）。

ヴィシェグラード諸国について言えば、資本主義化の混乱を小さくするため、どこでも政府・労働組合・使用者団体からなる三者協議制度が設けられた。このうちチェコの労働組合については、三者協議制度を利用し、(低賃金と引き替えであるが) 政府・使用者に解雇を自制させ、また政府に積極的労働政策を採らせるなど効果的役割を果たしているという評価があったことはすでに指摘した (Orenstein 1996)。但し、これについては1990年代前半を対象にする評価であったことを付加しておく。

ハンガリーについては、1990年代において三者協議制は中央レベルではまがりなりにも機能していた。しかし、産業・企業レベルの労使集団交渉は減少する傾向にあった。その背景には、国有企業の民営化、外資系企業の増加、「脱工業化」(サービス部門の拡大) などにより労働組合の組織率が低下したことがあった (Tóth 1999)。

現政権与党であるフィデスは、1990年代末から2000年代初めの与党時代 (1998〜2002年) にも労働組合を政権のパートナーとみなす態度をとらなかった。それは、その後の社会党政権とは対照的であった。フィデスは2010年に再度権力を掌握して以後も、労働組合とは距離をとるスタンスをとっている。同党は一般的に権威主義であるが、対労働組合においてもその性格は色濃い。

三者協議制度や労働組合の組織化など「より良き」労使関係の構築のために、1992年にブダペストに中東欧チーム事務所を設けたILOが果たした役割が大きかった事実を、ここでも再確認しておきたい。

ポスト社会主義期の中東欧では、非営利組織 (NPO)、非政府組織 (NGO) も福祉供給において一定の役割を担っている。ハンガリーでは、納税者が所得税の1%を公共目的を果たす (NPOを含む) 特定組織に振り向けることを可能にする法制が、1996年に整備された。東欧革命の熱気とは対照的に、資本主義化過程における福祉システム再編に市民参加は乏しかったように思われる。そのなかでこうした法制化がなされた意義は大きく、記憶に留めておく必要がある。

他方で、国家や企業による福祉が後退するなかで、家族・親戚・地縁・友人などが個人の生存にとって重要性を増している。しかし、ポスト社会

主義期のハンガリーにおいて個人が有する「社会的ネットワーク」形成にも所得格差の影響があり、貧困者は孤立する傾向にあることが1990年代末には指摘されていたことに注目する必要がある（Angelusz et al, 1999）。

(5) 中東欧の福祉システムの特質——自由主義と保守主義のはざま

　中東欧諸国における福祉システムの欧州化の帰結が、大陸欧州型システムへの収斂ではなかったと述べた。そして、ヴィシェグラード諸国とバルト三国、スロヴェニア、ブルガリアとルーマニアのポスト社会主義時代の福祉システムが異なると指摘した。現在の中東欧福祉システムは、どのように特徴づけられるのであろうか。

　ボーレとグレシュコヴィッチが、中東欧の資本主義をバルト三国（およびブルガリア、ルーマニアの南欧2ヵ国）の「純粋な新自由主義」、ヴィシェグラード諸国（およびクロアチア）の「埋め込まれた新自由主義」、スロヴェニアの「ネオ・コーポラティズム」と特徴づけたことは妥当であると私は述べた。但し、ハンガリーとポーランド政治の右傾化（ハンガリーでは2010年、ポーランドでは2015年）以前の分類として妥当であるという限定がある。また、スロヴェニアのコーポラティズムの浸食についても検討が必要である。

　こうした限定をともなったうえで、ボーレとグレシュコヴィッチの中東欧資本主義多様性論を福祉システム多様性論としても適用することが可能である。しかし、比較福祉システム（レジーム）論としてはエスピン-アンデルセンの議論があまりにも有名で定着しているので、それもふまえ中東欧の福祉システムを規定するとすれば、以下のようになると私は考えている。

　まず、資本主義化以前の中東欧の社会主義福祉システムについては、独自の性格を有しており、小森田のように「労働を起点とする国家的保障システム」と特徴づけたほうがよいであろう。ディーコンらも、それを独自のシステムとみなし、「国家官僚主義的集団主義」と命名していた（Deacon et al. 1997）。その際、ディーコンらは社会保険が柱となった「国家官僚主義的集団主義」の「保守主義」（大陸欧州型）との類似性も指摘し

第3章　資本主義の形成と福祉システムの変容

ていた。

　次に、ヴィシェグラード諸国でも他の中東欧諸国においても、1990年代半ばまでの時期に大陸欧州型諸制度の一定の模倣過程を経て、福祉システムは「保守主義」に近づいた。すなわち、年金・医療・失業手当などの社会保険、家族・育児手当などの普遍的給付、セーフティネットとしての社会扶助（生活保護）給付からなる三層の構造が形成されたことによって、中東欧の福祉システムは大陸欧州諸国のそれに近づいたと言える。

　しかし、大陸欧州型福祉システムをとる国のなかには、フランスのように北欧諸国に匹敵する高い社会保障支出水準を誇る国があるほか、一般に社会保障支出水準は高く、少なくとも社会保障支出の対GDP比は20％以上の国が多い。それと比べれば、バルト三国やブルガリアやルーマニアの社会保障水準は低すぎる。さらに、マクロ安定化政策の徹底ぶりや早い時期における均等税導入（累進課税の否定）に示されるように、バルト三国には「小さな政府」の志向が強かった。

　こうした点も考慮に入れて、バルト三国やブルガリア、ルーマニアの南欧2ヵ国に関しては資本主義の類型化の場合と同様に、ヴィシェグラード諸国やスロヴェニアとは区別してグループ分けするのが適切であろう。その際、バルト三国とブルガリア、ルーマニアの福祉システムをどう呼ぶかという論点がある。ミャントとドゥラホコウピルのように、あっさりと「最小福祉国家」と呼ぶのも一案である（Myant and Drahokoupil 2011）。

　それでは、ヴィシェグラード諸国とスロヴェニアの福祉システムをどのように規定したらよいのであろうか。ミャントとドゥラホコウピルは、それらを「欧州社会モデル」と形容している。しかし、彼らは「欧州社会モデル」を厳密に規定しているわけではない。その用語で明らかなのは、ヴィシェグラード諸国とスロヴェニアの福祉システムはあからさまな新自由主義ではないこと、エスピン－アンデルセンの類型論で言えば「自由主義」モデル（米国が典型）ではないということである。

　ところで、イギリス（およびアイルランド）を除くEU旧加盟国（EU15）は、福祉レジームの点からは「保守主義モデル」と「社会民主主義モデル」のいずれかに属するとみてよい。その際、「保守主義」と「社会民主

主義」を分かつ大きな分岐点は、育児・介護などの社会サービスがどれだけ充実しているか、換言すれば女性と家族のそうしたサービス労働が軽減されているか（脱家族化の度合い）であると言ってよい。そうであるならば、育児・介護サービスがどれほど社会化されているかの検討によって中東欧福祉レジームの規定が可能になると言える。

　私のこれまでの研究においては、ハンガリーの社会主義時代に育児給付と休暇制度はそれなりに充実しており、女性の就労支援に貢献してきたが、保育サービスが需要を完全に満たしているわけではなかった（後述）。そして、ポスト社会主義時代にこの点で大きな改善があったというわけではなかった（後述）。そこから、ハンガリーが育児において北欧諸国に匹敵する水準の「脱家族化」を遂げていると言い切る確信は私にはない。

　さらに、私の研究はハンガリーの介護の実証研究にまでは進んでいない。また、他のヴィシェグラード諸国とスロヴェニアの育児・介護制度の実証研究を私は行っていない。こうして私の研究の現在までの深さの段階で、ヴィシェグラード諸国とスロヴェニアについて言えることは、ミャントとドラホコウピルと同じく、一方で同諸国の福祉水準は自由主義モデルの米国ほどには低くなく、他方で欧州主要国が有している社会保障制度を備えているという意味で「欧州の福祉システム」であるということにとどまる。

　しかし、ハンガリー、ポーランド、スロヴァキアで年金制度が一部民営化され、ハンガリー、ポーランド、チェコで育児給付が削減されるなど、福祉システムの自由主義への傾斜もポスト社会主義時代には起きている。

　こうして、結論的にはバルト三国とブルガリア、ルーマニアの福祉システムは、エスピン－アンデルセンの用語法での「自由主義」類型に近く、ヴィシェグラード諸国とスロヴェニアの福祉システムは社会保険にもとづいているという点で「大陸欧州」型（「保守主義」）に近いと言える。但し、ヴィシェグラード諸国の社会保障支出は旧西側欧州諸国よりも低い。また、1990年代半ば以後は新自由主義の影響を受けた制度改革がなされた結果として、チェコを除くヴィシェグラード諸国の福祉システムには「自由主義」型の要素も見られる。

　なお、社会主義時代から中東欧諸国の福祉システムには「脱家族化」を

促す要素があったが、この点での中東欧福祉システムに関わる実証研究、ジェンダーに関わる研究や介護の研究が私のなかで充分でなく、社会主義時代とポスト社会主義時代の福祉システムと「社会民主主義」類型との関係について、私の評価はまだ定まっていない。

以上、私の中東欧福祉システム研究に残された課題は多い。中東欧諸国の事例研究を積み重ねることによって、中東欧福祉システムの特質の規定がより洗練されていくだろう。他日を期待するしかない。以下では、上で述べたことと関係する事例研究を示す。

2　年金制度の改編──ハンガリーの事例

1990年代初めのヴィシェグラード諸国の社会政策は、「転換の社会的コスト」の緩和に重点を置くものであった。また、欧州回帰志向も反映し、当諸国の社会保障制度は大陸欧州型に接近した。

しかし、資本主義への経済システム転換政策を主導した新自由主義イデオロギーやブレトン・ウッズ機関の影響が社会政策分野に及ぶにつれて、失業給付引き締めや家族給付におけるミーンズ・テスト導入の措置がとられるなど、1990年代半ば頃にはヴィシェグラード諸国の社会政策は「残余主義」への傾斜を示すようになった。

1990年代半ばに、ハンガリーやポーランドで「年金制度民営化」の動きが強まったのもその現れであった。そして、両国では1990年代末に年金制度の改革が実施された。しかし、生活保障を国家に求める国民意識も一因となり、ハンガリー、ポーランドにおける年金改革は部分的民営化にとどまり、公的年金＝社会保障年金は存続した。

その後、中東欧の多くの国で部分的民営化をともなう年金改革が実施された。中東欧諸国の年金改革は、新自由主義的福祉システムの移植をねらう世界銀行と社会保障制度の削減に反対する多くの人々の闘いの場であった。ポランニーの表現を借りれば、「二重運動」の場であった。このような流れを考慮に入れるならば、中東欧のポスト社会主義時代の評価にあたって年金改革を検討することには意義がある。

以下では、ポスト社会主義時代の1998年に実施されたハンガリー年金改革を検討する。同時に、社会主義体制下での年金制度の問題点についてもみてみる。ハンガリーの事例をみたあと、他の中東欧諸国の事例についても簡単にふれる。なお、以下で年金改革を取り扱う際の年金は高齢者年金（＝老齢年金）に限られるということをあらかじめ断っておく。

(1) **社会主義崩壊以前の年金制度**

ポスト社会主義時代の年金動向の検討にあたっては、社会主義時代の年金制度とその問題点の理解が欠かせない。また、社会主義時代以前の年金制度も、ポスト社会主義時代の年金制度再編に一定の影響を及ぼしている。そこで、ハンガリーの社会主義時代以前と社会主義時代の年金制度の推移を先に見ておきたい。

ⅰ) **社会主義化以前の年金制度**

ハンガリーにおいて社会保険制度が導入されたのは、19世紀末（オーストリア＝ハンガリー二重帝国時代）のことである。1891年に労働者向け（強制加入）健康保険が導入された。高齢者保護について言えば、1912年に公務員年金制度が発足したが、年金給付は国家予算で賄われていた。したがって、それは社会保険の性格を有するものではなかった。1929年に疾病や年金に関わるホワイト・カラーおよびブルー・カラー向け社会保険制度が発足した。年金保険は「給付建て」（確定給付）であり、給付は一律部分と報酬関連部分からなった。使用者と被用者双方が保険料を負担し、年金基金の管理運営は使用者と被用者代表からなる自治組織に委ねられた。年金受給年齢は男女ともに65歳と定められた。

しかし、年金制度の適用範囲は1938年時点で国民のわずか38％と狭かった。高齢者（老齢）年金制度は都市部の勤労者を対象としており、人口の多数を占める農業従事者には適用されていなかったからである（以上の出所は主にMüller 1999。ガールは悪い条件であるが、1938年に農業分野においても高齢者年金が導入されたと指摘している。Gál 1999）。

当時の年金財政は完全積立方式であり、積立金は株式、国債、不動産な

どに投資された。年金基金が保有する資産の大半は第二次世界大戦中に失われ、残った積立金も戦後のインフレーションによって価値を失った（Müller 1999; Ferge 1999）。

ⅱ）　社会主義時代の年金制度

　社会主義始発期にあたる1949年の法制化によって、賦課方式の公的年金制度が発足した。社会主義化以前に公務員、ホワイト・カラー、ブルー・カラーごとに分立していた年金保険は、この法制化によって統一された（Müller 1999; Augusztinovics 1993）。さらに、年金保険料は使用者のみに課せられるものとなった。

　年金受給年齢は男性60歳、女性55歳と定められた。1950年に年金基金の管理運営自治組織は廃止され、労働組合中央評議会が基金運営に携わることになった（さらに、1984年に管理運営権限は国家機関に移管されている）。次いで1954年に、使用者に加えて被用者にも年金保険料（総賃金の4%）が課せられるようになった。

　国有農場の勤労者には1949年以後年金制度が適用されていたが、1961年になると、集団化の進展にともない農業協同組合員にも年金制度が適用されるようになった。その結果、被保険者（自己年金権を有する人々と年金権を有する家族成員）の対人口比は1965年に96.6%に達し、1975年には100%となった（Augusztinovics 1993）。

　1975年に包括的な「社会保障法」が制定されるにともない、都市労働者と農民の年金給付計算式が統一・標準化され、給付額は勤続年数および（退職前3年間の）平均所得（賃金）と関連づけて算出されるようになった。給付額の上限が定められたが、それは42年間の勤続年数の場合で、退職前3年間の平均所得の75%であった（Augusztinovics 1993）。なお、医療サービスは1975年の「社会保障法」にともない、税によって賄われる普遍的サービスとなった（Ferge and Tausz 2002）。

　また、1967年に有給出産育児休暇制度が導入され、1968年に休暇期間が延長された（当初の2年半から3年間へ）。これと上記の年金制度の成熟および医療サービスの普遍化をあわせて評価すれば、ハンガリー社会

主義の社会保障体系は 1960 年代から 70 年代にかけて拡充整備されたと言えるであろう。そして、それはカーダールの「グヤーシュ社会主義」路線、すなわち「一党支配維持」を目的とした「国民との和解」路線に対応するものであった。また、社会保障拡充を可能にしたのは、1968 年の経済改革の年から 1970 年代半ば頃までの期間における相対的に安定した経済成長であった。

　しかし、1970 年代半ば、とりわけ 1970 年代末以降、ハンガリーの経済状況は悪化した。それにともない年金生活者の生活水準は低下した (Augusztinovics 1993)。第 1 に、既裁年金 (既受給者の年金) は物価上昇に適切にスライドされていなかったため、その購買力が低下した。すなわち、物価上昇率は 1970 年代後半が年率 6.3％、1980 年代前半が年率 6.7％、1980 年代後半が年率 10.2％であったのに対して、年金の物価スライドは年率 2％にとどまっていたのである。こうして社会主義末期に、年金生活者の実質受給水準は低下していたのである。

　第 2 に、1982 年に新受給者の年金計算にあたって「逓減制」が導入された。それは名目所得を段階的に区分し、高い名目所得部分については年金受給額に関連させる割合を小さくする計算方式であり、「高すぎる年金」を防ぐという意図を持つものものであった。しかし、物価上昇が続き、名目所得も上昇するなかで、(1982 年に設定された名目所得区分に変更が加えられなかったため)「逓減制」は高所得者のみならず中所得者や低所得者の年金受給額抑制をもたらすことになった。こうして、1980 年代末には年金額の現役時の所得 (賃金) に対する代替率が低下することになった (Augusztinovics 1993)。

　他方で、高所得者および中・低所得者の年金受給額が (主にインフレーションのために) 目減りするなかでも、最下層所得者の年金 (＝ミニマム年金) だけは物価上昇に対して完全にスライドされた。このようにして、社会主義時代末期における年金制度は強い再分配機能を果たすべく設計され運営されていた (Augusztinovics 1993)。それは、多くの年金生活者から見て、年金制度の保険としての性格が弱いと受けとめられていた。

　また、年金制度の成熟 (適用範囲の拡大。「制度扶養率＝ System dependency ratio＝保険料拠出者に対する年金受給者の割合」の上昇）にともない、GDPに対する年金支出の比率は（1960年の2.5％から）1989年には9％に到達していた（Müller 1999: 62）。年金制度の成熟は、専門家の間では年金財政問題の文脈で意識されていた。

iii) 社会主義時代と資本主義化始発期の年金問題

ハンガリーの社会主義時代の年金制度と先進資本主義の戦後の年金制度の関係をどのように把握すべきであろうか。マイルズとピアソン（Myles and Pierson 2001）は、戦後の先進資本主義諸国の年金制度の推移に関して以下のように述べている。

戦前に年金制度を「積立方式」で運営していた国においては、不況と戦争によってこの制度が崩壊したため、さらに積立方式に対する国民不信のため「賦課方式」が導入された。賦課方式導入当初は受給資格を持つ人々は存在しないので、国家は国民（被保険者）に対して相対的に少額の保険料拠出を求めながら将来の寛大な給付を約束することできた。また、退職年齢真近の人々に対して（充分な保険料拠出歴がないにもかかわらず）年金給付を保障することが可能であった。

また、戦後の出生率は高く、さらに1950年代と60年代には雇用と実質賃金が増加したため（保険料収入基盤が強化されたため）、賦課方式は安定的に運営された。このようにして、1970年代半ば頃までに賦課方式の年金制度が成熟するに至った。

しかし、賦課方式に有利にはたらいていた条件が、その後失われていくことになる。実質賃金は停滞し、雇用状況は悪化した。さらに、出生率が低下し、平均寿命が延び、人口高齢化が進行したのである。こうして、「年金（財政）問題（危機）」が起き、1980年代半ばまでに「年金改革」の最初の試みがなされることになった。しかし、それでも「危機」は進行し、1980年代末に改革ペースが加速化し、現在に至っているのである（Myles and Pierson 2001）。

戦後の先進資本主義諸国の年金制度の以上のような推移とハンガリーの社会主義時代のそれを比較するなら、賦課方式の公的年金制度が経済成長

II 中東欧福祉システムの変容

と実質賃金の上昇に支えられながら1970年代半ば頃までに成熟を遂げたが、経済が停滞期に入るとともに「年金（財政）問題」が現れるという道筋を辿った点で、先進資本主義諸国とハンガリーは共通していたと言えよう。

その点で、アウグスチノヴィッチの指摘、すなわちハンガリーの年金制度の問題点と他の欧州諸国の賦課方式に内在する問題点とは同じであるとする以下の指摘は正しい。

「（ハンガリーを含むポスト社会主義諸国において——著者）以前から存在した賦課方式の公的年金スキームに内在する問題点は、他の欧州諸国の類似のスキームが持つ問題点と大きく異なるものではなかった」（Augusztinovics 1999a: 89）。

経済停滞とそれにともなう実質賃金の停滞を通じて保険料収入が停滞したが、他方で制度の成熟にともなって年金受給者は増加（GDPに占める年金支出比重増大）していたことから「年金（財政）問題」が生じたのである。そして上で見たように、社会主義時代のハンガリーではこの問題に「年金給付抑制」で対応する傾向が見られた。

しかし、社会主義崩壊以前のハンガリーと1980年代の先進資本主義諸国の「年金問題」（とその背景）には上述のような共通点とあわせ、差異も存在した。先進資本主義諸国の多くが、1970年代、80年代において「雇用問題」と直接関わる「年金財政問題」（高い失業率＝保険料拠出者の減少。早期退職者増加＝年金受給者の増大）に直面していたのに対して、社会主義時代のハンガリーにおいては完全雇用が維持されており、雇用問題が年金問題と直結しているということはなかった。

また、人口構造（少子・高齢化。高齢者従属人口指数の上昇）が年金財政に及ぼす圧力について言えば、先進資本主義諸国（特に北欧と西欧）のほうがハンガリーの場合と比べて強かった。すなわち、ILOの統計によれば、1980年の高齢者従属人口指数はハンガリー20.8%、北欧22.7%、西欧22.4%であった（Fultz and Ruck 2000）。

ハンガリーにおいて経済危機が雇用危機を招き、年金財政問題を深刻化させるという因果関係が見られるようになったのは資本主義化始発期

(1990年代前半)であった。また、ハンガリーにおいて人口構成が年金財政に大きな影響を及ぼすのは2020年頃であると予測されていた(Augusztinovics 1999b)。

こうしてハンガリーの社会主義末期における年金問題とは、まず年金生活者にとっての生活水準の低下と保険原理の弱さであった。上で見たように、たしかに社会主義末期には年金財政の持続可能性も年金問題として浮上していた。しかし、この問題が顕著になるのは、社会主義末期というよりは資本主義化の始発期であった。繰り返しになるが重要なので再度指摘する。資本主義化にともなう雇用の大幅減少により社会保険料納付額が減少したことが、年金財政問題を深刻にしたのである。こうして、1990年代以降の年金改革においては、社会主義体制のもとでの年金問題と資本主義化によって深刻化した年金問題の双方への対応が試みられるのである。

(2) ポスト社会主義時代の年金問題への対応

東欧革命以後のポスト社会主義時代のハンガリーの年金問題への対応に関しては、次の3つの時期に区分される。第1は、部分的民営化を含む大きな年金制度改編諸法案が国会を通過する1997年までの時期である。第2は、部分的民営化がなされたものの新制度には問題が多かったため、その修正が行われた時期である。第3は、部分的民営化部分が実質的に(再)国有化(2010〜11年)されて以後である。

私は、第2の時期の2003年あたりまでのハンガリー年金改革をフォローした論文を既に発表している(包括的なものとしては、堀林 2003)。それは年金実務を含む詳細な学術論文である。年金に関心のある読者には有益であろう。しかし、中東欧の資本主義化と福祉システムという本書の主題に即して言えば、そこまで詳細な年金制度分析が必要とは思われない。以下では、第1の時期を中心にしてポスト社会主義時代のハンガリーの年金問題への対応の大筋を示す。詳細を必要とする読者には、上記の論文の併読を勧める。

さらに、再国有化以後のハンガリーの年金制度について大枠は把握しているものの、私自身本格的な深い分析はまだ行っていない。そのため、年

金再国有化とそれ以後の状況については概略の紹介にとどめる。

ⅰ） 資本主義化始発期の年金制度改革の試み
── 1997 年の年金改革法案可決以前

　ハンガリーでは 1989 年に「社会保険基金」が国家予算から分離された。次いで 1992 年に「年金基金」と「健康保険基金」が創設された。年金基金は「被用者」、「使用者」、「退職者代表」からなる自治組織によって運営されることになり、1993 年に被用者代表を決めるための選挙が実施された。このような組織改編を年金制度が労使代表からなる自治組織で運営されていた社会主義化以前の「伝統」への回帰とみなすことが可能である。

　また、従来社会保険制度（年金基金）で賄われていた家族・育児等手当の財源は 1992 年以降徐々に国家予算に移されていった。上記の組織上の改編とあわせて、それもまた国家財政の役割と社会保険の役割を再規定する試みであった。すなわち、福祉システムを（社会主義時代の）「国家的生活保障システム」から「大陸欧州型システム」に向けて改編する試みの一環であった。

　ところで、社会主義崩壊以後、年金制度に影響を及ぼした最大のものは転換不況にともなう労働市場の激変であった。1989～96 年の期間にハンガリーにおいて雇用は約 25％も減少した。これにともない年金保険料拠出者数が減少したが、他方で年金受給者数についても 22.4％増加した（Müller 1999: 63）。後者は、定年に近い勤労者に対して高齢者年金給付と引き替えに早期退職を促し、障がい保険を柔軟に適用することにより失業者数増加を抑制する政策がとられたことの帰結であった。

　雇用減少に起因する保険料拠出者数の減少と実質賃金の減少（1996 年に実質賃金は 1989 年の 74.5％の水準にまで低下した。Augusztinovics, 1999a）、それに加えて年金受給者数増大のため、制度扶養率（保険料拠出者に対する年金受給者の割合）は 1989 年の 51.4％から 1996 年には 83.9％にと増加した（Müller 1999）。高齢者従属人口指数は、1980 年代以降変化していないので、制度扶養率の上昇は人口構成上の要因でなく、経済変動（労働市場要因）にともなうものであった。すなわち、人口構成につい

て言えば、15〜59歳人口に対する60歳以上人口の割合は1980年に20.9％、1996年も20.9％で変わっていない（Palacios and Rocha 1998）。

他方で、ハンガリーの年金問題専門家で有名な数理経済学者アウグスチノヴィッチの指摘によれば、年金計算式（pension formula）の以下のような変更は結果として年金給付額抑制になり、年金財政均衡に貢献した。

第1に、従来の年金給付額算定のベースとなる「平均所得（賃金）」は、退職前5年のうちで所得が高い3年を選び、それを平均した値であったが、1992年以後は1988年以後のすべての年の所得を総計して「平均所得」を算出する方式（2050年には全勤労期間の所得平均が「平均所得」となる）に変更された。

第2に、過去の所得（賃金）を、名目所得変動を考慮して評価し直すこと、すなわち「再評価」は限定的にしか実施されなかった。これらは、いずれも新規裁定年金給付額抑制につながる効果をともなうものであった。

第3に、1991年以降、既受給者の年金（既裁年金）を名目賃金にスライドする措置が導入されたが、それは実質賃金が低下する（物価上昇が名目賃金上昇を上回る）状況のなかで実質年金額の低下をもたらした（以上については、Augusztinovics et al. 2002）。

ともあれ、上記による年金給付額抑制の効果もあり、1997年にハンガリーにおいては年金財政の均衡が実現された。すなわち、同年の年金支出は保険料収入で賄われた。しかし、年金制度には様々な問題点が残されていた。

第1に、年金問題専門家の間では、すでに述べた2020年頃に予想される高齢者従属人口指数上昇に備える必要が強く意識されていた。2020年頃に戦後ベビー・ブーム世代が年金受給年齢に達すること、2030年頃から2050年にかけて高齢者従属人口指数が劇的に上昇し、65％に達するという予測がなされていたことにより、こうした人口要因が意識されていたのである（詳しくは、Palacios and Rocha 1998）。

そして、それへの対応措置として、年金受給年齢を男女とも62歳に引き上げる（男性は2000年までに、女性は2009年までにそれぞれ段階的に引き上げ）という主旨の法律が1996年に制定された。労組はこれに強

く反対した。

　第2は、社会主義時代から継承された年金制度の問題点、すなわち年金制度が再分配を促すように設計・運営されていること、逆に言えば年金制度が保険制度と位置づけられていながら実際には保険としての性格（拠出と給付の対応関係）が弱いという問題であった。これと関連して年金問題専門家のなかでは、以下の3つの問題点が指摘されていた。

a）給付乗率の問題点

　勤務年数が長くなるほど「給付乗率」が減少するという年金計算式の問題である。被保険者の年金受給額は、計算のベースとなる所得（「評価所得」）と勤務年数に給付乗率を掛けることによって算出されたが、その際、「給付乗率」は勤務期間の最初の10年間が最も高くて33％であり、その後、勤務年数が25年に達するまでは年間2％、さらに32年に達するまでは年間1％、それを超すと年間わずか0.5％であった。こうした給付乗率の設定は、長く働くこと（保険料を長く拠出すること）のインセンティブを弱めるものであった。

b）逓減制の問題点

　年金給付額試算のベースとなる所得（＝「評価所得」）を決める際の逓減制にも問題があるとされた。逓減制を具体的に示すために、**表7**に示される1995年の計算方法で説明してみよう。

　それによれば、「平均所得（賃金）」（定められた期間の平均所得。前述のように1992年以降は1988年以降退職時までの期間の平均所得である）が2万フォリント以下である場合には、実際の所得がすべて評価され評価所得になるが、平均所得が2万1フォリントから2万2000フォリントの間の値である場合、2万フォリントまでは100％評価されるが、2万1フォリントを超える所得部分については、90％分だけが評価所得に反映される。さらに、平均所得が2万2001フォリントから3万フォリントの間の値である場合には、2万2001フォリントを超える所得部分については80％だけが評価所得に反映される。こうして、高い所得部分の評価率は

表7　1995年の新規裁定年金の場合の平均月収（賃金）と「評価所得」の関係

平均月収（賃金）の段階区分 （単位：ハンガリー通貨フォリント）	「評価所得」に含まれる賃金の割合 （単位：パーセント）
20,000フォリントまで	100パーセント
20,001–22,000	90
22,001–30,000	80
30,001–40,000	70
40,001–50,000	60
50,001–60,000	50
60,001–70,000	40
70,001–80,000	30
80,001フォリント以上	10

出所：Cichon 1995: 42から作成。

減少し、8万1フォリント以上の所得は10％しか評価所得に反映されない。

さらに、それを超過する所得部分がまったく「評価所得」に反映されないところの所得の値、言い換えれば「年金に反映される所得（pensionable income）」の「上限」が設定されていた。また、被用者の保険料拠出額にも上限が設けられていた。他方で、使用者拠出額にそうした上限は設けられていなかった。

以上のような逓減制は再分配効果を持つ一方で、保険原理を弱めるものであった。さらに問題とされたのは、1992年から96年にかけて上述の所得上限の名目値が据え置かれたことであった。すなわち、当期間の物価上昇率が高かったため、所得上限の平均所得に対する割合が1992年の3.36から1996年には1.63にまで減少したことにより、高所得者ばかりでなく中所得者の給付額までが抑制されたことが問題とされたのである。

c）　既裁年金に対する裁量的調整

前述したように、1991年以降、既裁年金を名目賃金とスライドする制度が設けられたが、年金行政当局はそれを厳密に適用せず、一方で受給額

の低い高齢者に有利になるように（厳密に名目賃金とスライドさせるよりも年金額が多くなるように）、他方で中位よりも高い水準の年金受給者に不利になるように（厳密に名目賃金とスライドさせる場合よりも年金額が少なくなるように）、裁量的に運用した。この裁量的行政もまた再分配効果を持ち、保険原理を弱めるものであった（以上の①～③の問題点については、Augusztinovics et al. 2002）。

以上のような公的年金制度における弱い保険原理（強い再分配効果）に対する中・高所得者層の不満に応えることを目的の一つとして、1993年には任意私的（および補足）年金保険制度が導入されている（1993年法制化、94年実施。後述）。

いささか実務的詳細に入りすぎたが、以上をまとめると次のようになる。ポスト社会主義時代のハンガリーにおいて、年金制度は転換不況から生じる失業者数を抑制する効果、すなわち余剰労働となる人々を年金生活者にするという緩衝材の役割を果たしたが、それは年金財政不均衡問題を生んだ。他方で、1990年代に実施された年金計算式やスライド制度は年金支出抑制につながり、1997年頃には年金財政を均衡させた。

しかし、社会主義時代にすでに問題となっていた年金制度における保険原理の弱さという問題は、ポスト社会主義時代にも持続した。すなわち、ポスト社会主義時代においても、公的年金制度は（相対的）高所得者と（相対的）低所得者の間の所得再分配を促す方向で運営されていたのである。再分配原理は貧困抑制効果を持ったが、相対的に高い所得を得ている人々にとっては不利であった。保険原理の弱さは保険料拠出のインセンティブを弱めた。国有企業の民営化、私的セクターの比重拡大、「インフォーマル経済」の浸透など、ポスト社会主義時代特有の状況において、保険原理の弱さが社会保険料徴収の低下の要因となることが専門家の間では危惧されていた。

しかし、そうした問題を含みつつも公的年金制度は転換不況、完全雇用崩壊という困難な時期にあっても機能し、高齢者を保護する役割を果たした。年金給付額は減少したが、1996年までは年金水準の低下のペースは賃金水準の低下とほぼ同じペースであった（Augusztinovics et al. 2002）。

第3章　資本主義の形成と福祉システムの変容

また、年金の所得（賃金）代替率の減少は、転換不況期にもそれほど大きいものではなかった。すなわち、所得（賃金）代替率は1989年に63.1％、1994年は56.1％であった（Cichon, et al. 1997）。

ここで留意すべきは、転換不況にともなう年金財政問題に対して年金給付抑制につながる年金計算式やスライド方式の設定・運用がなされたが、それは（経済低迷以後の）社会主義時代における実践を継承するものであったということである。これと比較すれば、1997年に法制化された年金改革関連法は社会主義時代以来の実践からの離脱をめざすものであった。

ii）1997年の年金改革関連法制定に至る経緯

アウグスチノヴィッチらによれば、（ポスト社会主義時代において）ハンガリーの年金問題専門家や政治家の間で年金改革が必要であるとする点では合意があった（Augusztinovics et al., 2002）。しかし、1995～96年頃には異なるパラダイムの2つの改革案が競合する状況が生まれていた。

案の1つは、年金基金自治組織が提起し、労働組合および年金問題専門家などに支持される案であり、「ビスマルク型」と「ベヴァリッジ型」双方の制度原理を組み合わせ、社会保障年金制度を設計しようとするものであった。もう1つの案は、財務省から提出された改革案であった。それは、公的年金制度の民営化をめざすものであり、世界銀行の意を受けた案であった。

まず、前者について言えば、1991年の3本柱の年金制度創設という国会決議に対応する案であった。すなわち、①普遍的で均一給付の年金（基礎年金）、②拠出と給付の関連が緊密な年金（報酬関連年金）、③任意の私的年金（補足年金）というハンガリー国会決議で示された構想（Ferge 1999）を具体化しようとするものであった。

年金基金自治組織が提起した案によると、公的年金（社会保障年金）は2つの柱からなった。第1の柱は「市民権」にもとづく一律給付の「基礎年金」であり、再分配機能を果たすものとして位置づけられ、税収によって賄われるものとされた。第2の柱は保険原理に沿う「フェアな」年金制度であり、給付は報酬（拠出）と関連づけられる。そこではドイツ式の

「ポイント制度」が採用される。すなわち、被保険者の拠出額がポイント表示で被保険者毎に記帳され、累積ポイントが被保険者各自に毎年報告される。1ポイントの名目貨幣価値は、賃金動向に対応させながら国会が毎年定める。ポイント制度は、早期退職が給付減を、退職時期の延期が給付増をもたらすことを明確に示す。したがって、この制度のもとでは退職時期を被保険者自身の選択に委ねることが可能である。

なお、この案においては（1996年に定められた）年金受給年齢（男女62歳）が試算の際に用いられ、年金（基礎年金と報酬関連年金の総計）の所得（賃金）代替率が60％となるよう設計された。

また、試算によれば1990年代半ばから2010年代半ばまでの期間には「予備基金」の創出が可能なので、当案ではそれを2020年頃にやってくる高齢者扶養率上昇の衝撃緩和に用いることが予定されていた。当案にもとづいた年金制度にすれば、将来の受給者も現行給付水準（所得代替率）の年金を受給することができ、年金財政は持続可能であり、また拠出と給付の関係が透明であるため保険料拠出に対するインセンティブがはたらくというのが、設計者たち（年金自治組織。実際の制度設計・試算はアウグスチノヴィッチらの専門家。Augusztinovics and Martos 1996）の見解であった。

以上のような年金改革案の主旨は、ベヴァリッジ型要素（均一給付。税財源）とビスマルク型要素（報酬関連給付。保険料財源）を組み合わせ、再分配の性格を持つ制度（第1の柱）と保険の性格を持つ制度（第2の柱）を分離しようとするところにあった。そして、そのような年金基金自治組織案は、当初は厚生省によっても支持されるものであった。

もう1つの財務省案は、公的年金の民営化をめざすものであった。それは『高齢危機の回避』（Word Bank 1994）刊行以後、ハンガリー年金改革への関与を強めた世界銀行の影響を受けて作成されたものであった。社会党・自由民主連合連立政権の財務相ボクロシュによって最初に示されたのは、公的年金の完全民営化案（チリ型）であった（Ferge 1999）。その後、財務省は「公的年金制度の枠内での改革」という立場をとる厚生省との調整を図るため、部分的民営化（アルゼンチン型）実現へと戦略を切り

替えた(チリ型民営化とアルゼンチン型民営化の相違については、Müller 1999)。

1996年4月に厚生省と財務省の間の妥協が成立した。その後、(同年2月に辞任したボクロシュの後任) メジェシ財務相 (＝現首相) とサボー厚生相 (当時) によって、両省の共同案が公にされた。そこにおいては、公的年金の3分の1の民営化が志向されていた。ちなみに、この共同案以前の財務省案は2分の1の民営化であった。また、後に公的年金の民営化は約4分の1の規模にまで削減された(後述)。

厚生省の財務省との妥協の後も、年金基金自治組織、年金問題専門家、労働組合、市民諸組織は年金民営化に反対したが、財務省主導で新年金制度の法制化に向けた準備が急ピッチで進んだ。政府は、(民営化される)私的年金(部分)について保護を設けるなど譲歩(後述)を行うことによって、「全国利害調整評議会」(政府と労使代表による三者協議組織)の同意取りつけに成功した。1997年5月に始まった年金改革諸法案の国会審議のなかで400の修正がなされたものの、部分的民営化という政府・財務省が志向する年金改革の主旨は維持され、1997年7月に年金改革関連諸法案が国会を通過した(以上の経緯について詳細は、Ferge 1999; Müller 1999)。

iii) 1997年の年金改革法の骨子―― 3本柱の年金制度

1998年に年金改革が開始されたが、その基礎となる年金改革関連法は1997年に制定された。1997年の改革関連法に示されている年金改革の概要を以下に示す。

a) 3本柱の年金制度

1998年以後のハンガリー年金制度は、1994年に導入された「任意の私的(民間)年金」をあわせると3本柱から構成された(但し、充分な年金受給権を持たない高齢者向け社会扶助年金も含めれば4本柱となる)。

第1の柱は、賦課方式の公的(社会保障)年金制度である。従来どおり、被用者は公的年金制度加入を義務づけられている。

第2の柱は、積立方式の私的（民間）年金制度である。この私的年金制度への加入を義務づけられているのは労働市場の新規参入者のみであり、他の既被用者の私的年金制度加入は任意である。とはいえ、加入を義務づけられる人口は年々増大し、移行が完了すれば被用者すべてが私的年金制度の加入者となるので、第2の柱を専門家は「強制加入の私的積立年金制度」と呼んだ（Mandatory funded and privately managed pension system）。後に「再国有化」の対象となったのは、この「第2の柱」である。

　年金制度の第3の柱は、1994年から存在していた任意の私的年金制度である。なお、任意の私的年金に対する法的規制と第2の柱の強制加入の私的積立年金制度に対する法的規制は異なるので、第2と第3の柱は別の制度とみなされるべきである。

　明らかなように、前述の年金自治組織のよる改革案と1997年に法制化された年金制度との違いは第2の柱にあった。年金自治組織の改革案において第2の柱は賦課方式の公的年金であったのに対して、1997年に法制化された新年金制度において第2の柱は積立方式の私的年金であったのである。

b）　1998年の年金改革の性格＝公的年金制度から公私混合制度への移行の開始

　第3の柱である任意の私的年金制度と上述の社会扶助年金をひとまず措くとすれば、1998年以後のハンガリーにおいては、第1の柱の年金制度のみに包摂される被保険者と、第1と第2の柱の年金制度の双方に包摂される被保険者が存在する。そして、移行が完了すればすべての被保険者（被用者）が公私（第1と第2の柱からなる）「混合年金制度」に包摂されることになると予定されていた。

　賦課方式の公的年金制度は将来においても維持されるので、1998年改革は「賦課方式から積立方式」への移行、あるいは「公的年金の全面的民営化」の開始を意味するものではなかった。それは「賦課方式の公的年金制度から、賦課方式の公的年金制度と強制加入・積立方式の私的年金制度

表8 年金保険料拠出率（粗賃金＝100）

（括弧内の数字は1997年に定められていたもの）

	使用者	被用者	総計	混合年金制度加入者の拠出	
				私的年金基金	公的年金基金
1998年	24 (24)	7 (7)	31 (31)	6 (6)	1 (1)
1999年	22 (23)	8 (8)	30 (31)	6 (7)	2 (1)
2000年	22 (22)	8 (9)	30 (31)	6 (8)	2 (1)
2001年	20 (22)	8 (9)	28 (31)	6 (8)	2 (1)
2002年	18 (22)	8 (9)	26 (31)	6 (8)	2 (1)

出所：Augusztinovics et al. 2002: 50 より作成。

で構成される混合制度への移行の開始」を意味するものであった。

「混合年金制度への移行」というハンガリー年金改革の特質は、1997年に定められた保険料拠出のあり方を見てみると鮮明になる。**表8**に示されるように、使用者の年金保険料は1998年に総賃金の24％であるが、1999年に23％、2000年に22％に減少する。そして、この使用者負担分はすべて公的年金基金に納付され、賦課方式で運用される（既・新年金給付の財源となる）。被用者の年金保険料は、1998年に総賃金の7％であるが（従来は6％であった）、1999年に8％、2000年に9％に増加すると予定された。

その際、第2の柱の年金制度（＝私的年金制度）に加入しない被用者の保険料はすべて公的年金基金に納付される。第2の柱の私的年金制度に加入している被用者の保険料は、2000年を例にとると、9％の拠出分のうち1％分は公的年金基金に納付され、残り8％分が被用者が選択する私的年金基金に納付され、当被用者の個人勘定に振り込まれる。

公的年金制度のみの加入者の年金が公的年金基金から支給されるのは当然のことである。他方で、年金制度の第2の柱である私的年金制度にも加入している被用者の場合は、（2000年以降）使用者と被用者の保険料拠出総額のうち約4分の1（正確には31分の8）が私的年金基金に振り向けられるので、その分だけ公的年金の受給権を失うことになる。公的年金からの受給削減分は私的積立年金制度（第2の柱）からの受給で補塡され

ることが期待されていた。

1998年に開始された年金改革の主旨が公私混合制度への移行の開始であり、（約）4分の1の民営化（部分的民営化）であったことは、以上のことから明らかであろう（以上について詳細は、Simonovics 1999）。

c）第1の柱──賦課方式の公的年金制度

以上のように、削減されるとはいえ1998年以後の年金制度においても主要な柱（第1の柱）は賦課方式の公的年金制度である。そして、公的年金制度にある上で述べた諸問題について、1997年の年金改革法制化の際の対応は以下のようであった。

年金給付額のベースとなる「平均賃金」を評価する際の「逓減制」は漸進的に廃止の方向に向かうが、全廃は2009年の予定であるとされた。

「給付乗率」については、2013年以降に改められるとされた。すなわち、2013年以後に給付乗率は勤続年数1年につき均一1.65％となると予定された。この1.65％は、公的年金制度のみの加入者に適用されるものであり、私的年金制度（第2の柱）にも加入している被用者の給付乗率は1.22％となるとされた。公的年金制度だけの加入者と比べ、混合制度加入者の場合、保険料（労使双方）拠出総額のうち公的年金制度に振り向けられる部分が31分の8だけ少ないからである（1.65×23／31＝1.22）。

被用者の保険料拠出額に上限を設けるという制度、すなわち保険料拠出の対象となる賃金額の上限を設けるという従来の制度は存続するとされ、平均賃金の2倍に相当する賃金額が上限とされた。

既裁年金のスライド制については、従来の賃金スライド制から、賃金と物価の双方にスライドさせる方式に改められた。しかし、その実施は2001年以降に持ち越すとされた。すなわち、2000年の双方の変動が30：70の比率で2001年の年金支給額に反映され、2001年の変動が50：50の比重で（つまり、スイス方式で）2002年の年金支給額に反映される。

d) 第2の柱の私的年金制度

年金制度の第2の柱にも包摂される被用者（私的年金制度加入者）は、前述のように2000年を例にとれば、賃金比8％に相当する保険料を被用者自身が選択する私的年金基金に振り向ける。納付の実施責任は使用者にある。

第2の柱において重要な「私的（民間）年金基金」について言えば、使用者、商工会議所、労働組合によって（単独もしくは共同で）創設可能であった。さらに、1994年以後設立されていた「任意年金基金」も、年金制度の「第2の柱としての法的規制を受ける」私的年金基金を創設できるとされた。それらは非営利組織であり、私的年金基金の所有者は保険加入者である。保険加入者の総会で取締役会と監査役会が選出される。私的年金基金は自身で経営を行うほか、資産管理や行政管理業務等を金融機関に外注することも許されている。

私的年金基金やそれに業務を委託された金融機関を監督するのは国家金融監督庁であり、長官（任期6年）は議会で選出される。

私的年金基金は、その加入者の退職後の年金給付を保障するため保険料収入を投資運用する。加入者の保険料拠出金のうち4〜5％が管理費用に向けられ、残り95〜96％が加入者の個人勘定に入り、（投資）運用される。投資運用のあり方に関しては法的規制が設けられている。たとえば、ハイ・リスクの投資は総資産ポートフォリオの30％を超えてはならないとするなどの規制がある。また、1998年と99年の最初の2年間については、外国資産への投資は禁止された。私的年金基金加入者の「保護」については、次の2つのものが重要であった。

第1は、私的年金基金は「収益（リターン）調整準備金」の創設を義務づけられているということである。国家金融監督庁の諮問委員会が、毎年私的基金の資産運用の「最小限収益（リターン・ミニマム）」を設定する。そして、実際の投資収益がその数値に達しない場合、不足額が上述の「収益調整準備金」から私的年金加入者の個人勘定に移される。

第2は、私的年金基金からの拠出によって「保証基金」（Gurantee Fund）が創設されるということである。「保証基金」創設の目的は、私的

年金加入者の退職時の個人勘定残高が「定められた水準」に達しない場合に不足分を補塡することである。この「定められた水準」とは、私的年金基金加入者が公的年金基金から受給する年金額の25％に相当する額である。したがって、混合年金制度加入者は、最悪の場合でも公的年金制度だけに加入していた場合に支給される年金額の93％までを保障されるのである（((100＋25)・(23：31)より算出。Simonovics 1999参照)。

　但し、上述の「保証基金」から保護を受けることができるのは、私的年金基金の加入歴が最低15年ある者に限られる。それは、混合年金制度加入者を47歳以下（1998年時点で）の被用者に限定するよう誘導することにより、「移行のコスト」を軽減することを目的とする措置であった。

　退職後の私的年金給付についても公的年金の場合と同様のスライド制が適用されると、1997年の法律は規定した。しかし、それが実現されるかどうかは不確実であった。

e）　被用者の年金制度選択

　前述のように、労働市場新規参入者にとっては、私的年金制度加入は強制的であるが、現役被用者が年金制度の第1の柱（公的年金制度）のみの加入にとどまる（「純粋公的年金経路」。Müller 1999）か、それとも公的年金制度に加えて私的年金制度からなる「混合年金経路」（Müller Ibid.）を選択するかの決定は被用者自身に委ねられた。決断の期限は（1997年9月から始めて）1999年8月末までと定められた。

　但し、「混合年金経路」を選択したとしても、2000年末までなら「純粋公的年金経路」への復帰が可能であるとされた。さらに、「混合年金経路」を選択した被保険者が私的年金基金を変更することは（1年間のうち2回までを限度として）可能であるとされた。

f）　任意の私的（補足）年金制度

　新しいハンガリー年金制度において第3の柱と位置づけられた任意の私的（補足）年金制度は、1994年に導入されていた。当制度の動向について言えば、以下のようであった。

2000年代初めに任意私的（補足）年金基金の加入者は110万人（Gál et al, 2003）を数えた。そして、総資産は12億ユーロに達していた（2001年）。しかし、任意私的年金基金からの年金給付額は、公的年金支出総額の1％にも満たない状況であった。

任意年金基金加入者は相対的に裕福な人たちで構成されており、加入者の平均所得は非加入者のそれを60％ほど上回っていた。税控除があり、任意私的年金保険料の30％および社会保険料の25％相当額は所得税の対象とならなかった。また、使用者が被用者の任意年金保険基金に拠出している場合の税・社会保険料控除も大きかった。2000年代の初頭に、任意年金基金収入に占める使用者拠出の割合は3分の2まで達していた（Gál et al. 2003）。

g）「移行のコスト」への対応

賦課方式から積立方式への移行の問題点としてしばしば指摘されたのが「移行のコスト」である。移行期には既年金生活者の年金支給を維持しながら、しかも同時に現役世代の退職後に備えた積立てを実施しなければならないという問題である。ハンガリーのように、純粋な公的年金制度（賦課方式で運営）から「公的年金と私的年金の混合制度への移行」（部分的民営化）の際にも、完全積立方式への移行（全面的民営化）の場合と比べて小さいとしても「移行のコスト」が生じる。

具体的に言えば次のようである。1997年の公的年金への労使あわせた保険料拠出分は、賃金の30％であった（1998年以後は31％）。「混合年金経路」に入る被用者の拠出保険料、すなわち賃金の7％（1998年）のうち1％を除く6％は私的年金基金に振り向けられる予定であった。この分だけ公的年金基金の「損失」が生じることになり、これに何らかの形で対応する必要（追加的コスト負担）が生じた。1998年に即して言えば、その分が「移行のコスト」となる。

そもそも、ハンガリーが公的年金を年金制度の主要部分として維持した背景、すなわち民営化を部分的なものにとどめた背景には、この「移行のコスト」を小さくするという意図があった（Simonovics 1999: 220）。そ

して、ハンガリーの年金改革において「移行のコスト」軽減を目的として導入された施策として、他に以下のものが挙げられる。

まず、一定年齢以上の被用者が「混合年金経路」を選択することを不利にするための措置、つまり公的年金基金の収入減の規模を小さくするためにとられた措置である。前述のように、私的年金基金加入者が「保証基金」による保護を受けるには最低15年の基金加入歴が必要であるという規定は、1998年に47歳以上である被保険者は（退職年を延期しない限り）保護を受けられないということを意味するから（当被保険者は1998年から数えて15年に達しないうちに、つまり2013年までに退職年齢に達するから）、「混合年金経路」選択者数の抑制につながるはずであった。

さらに、2013年以後、公的年金計算式において「混合年金経路」選択者の給付乗数（＝1.22）を「純粋公的年金経路」選択者の給付乗数（＝1.65）よりも小さく設けたのも同様の効果を期待してのことである（Müller 1999）。

そのうえで、「混合年金経路」をとる被用者の私的年金基金への保険料拠出にともなう公的年金基金の「損失」は、主に国家予算（＝納税者の負担）で補填するというのがハンガリー政策当局者の想定であった（Simonovics 1999）。

但し、ミュラーが指摘しているように、年金改革に至る過程において「移行のコスト」をめぐる公の議論は巧妙に回避された（Müller 1999）。フルツが述べているように、ハンガリーにおいて「移行のコスト」への対処を含む公的機関による長期的年金財政見通しは明らかにされなかった（Fultz 2002）。

他方で、社会政策専門家の間では年金改革のコストが大きいことを予測し、批判する議論が存在した（たとえば、Ferge 1999）。以下では、1998年以後、2000年代初頭にかけての改革実施過程を辿り、さらには2010～11年の年金「再国有化」に言及し、「移行のコスト」を含むハンガリー年金改革の問題点を明らかにする。

iv) 1998年以後の年金制度の動向——問題点への対応と再国有化

　上で述べたように、1997年に法制化されたハンガリーの新しい年金制度は問題を含むものであった。問題は様々である。第1は、公的年金制度を縮小し、強制的性格の私的年金制度を付加することには、初めから説得力を持つ強い根拠はなかったという問題である。社会政策の専門家や（数理）経済学者の間では、1997年に制定された年金改革法の主旨に反対する人が多かった。それはハンガリー国内にとどまらず、国外でもそうであった。

　すでに述べたように、人口動態を見据えた年金改革に関しては、ハンガリーの国内で社会政策専門家が主導する形で、公的年金の枠内で基礎年金と報酬比例の付加年金の組み合わせによって対応する案が提起されていた。それは、ハンガリーに存在していた年金制度の継承的発展であり、ドイツなど先進国の経験も取り入れた説得的なものであった。一言で言えば、ハンガリー国内の動きだけ見ればこの改革でよかったのである。

　世界銀行の提案を取り入れた社会党主導政権の年金改革案の特徴は、労働市場に新規に参入する人々にとっては強制的な私的（民間）保険基金が管理する年金制度の導入であった。賦課方式と積立方式では、それ自体として人口構成（高齢化）の影響を受ける点では変わらないという有力な説があることは周知のところである（たとえば、Barr 2002）。1997年に法整備され、98年に実施に移されたハンガリーの年金改革はこの説に対する説得的な反論をふまえ実施されたものではない。さらに、資本市場が未発達な国での積立方式の私的年金は現実的な選択肢とは言えないとする、当時は世界銀行副総裁であったスティグリッツらの見解は説得力のあるものであった（Orszag and Stiglitz 2002）。しかし、ハンガリーの年金改革を主導した諸勢力が、この点について熟考していた形跡はない。

　以上は、年金改革の大きな問題点であった。しかし、より限定して言えば、ハンガリーの有力な専門家（フェルゲ、アウグスチノヴィッチ、シモノヴィッチ）も国際機関の有力な専門家（ミューラー、フルツ）もこぞって「移行のコスト」を問題としていたのに対し、ハンガリーの年金改革法案をめぐる過程では、それに対する議論もなされなかった。これが第2の問題点であった。

どのような経緯で制定されたかにかかわらず、いったん導入された制度は当初から予想されていた問題を露呈した。そして、1998年以後の年金制度をめぐるハンガリーの動向はこうした問題点への対応として特徴づけられる。そして、最も近い時点の対応が年金制度の再国有化である。1998年以後の動向を詳細にフォローすることもできるが、本書の性格に鑑みて、それはやめる。以下では当初から予想されていた問題、移行のコストの問題と私的年金基金の運営の問題（スティグリッツが述べる「資本市場の未整備」の状況での私的年金基金の問題）を簡単に見ておくことにする。あわせて再国有化の経緯を概観したうえで、ハンガリーの年金改革の現時点での総括をしておきたい。

a）「移行のコスト」の負担──納税者、年金生活者、被用者の負担

「移行のコスト」は誰によって負担されたと言えるであろうか。年金改革法を可決させた中道左派政権与党、「社会党」と「自由民主連合」が1998年の総選挙で敗れ、その後、2002年まで政権の座にあったのは「フィデス」など保守政党であった。この政権により、年金制度には若干の修正がなされた。その細部には立ち入らず、保守政権時代に「移行のコスト」が誰に負担されたのかを見てみる。

ILOの専門家、フルツは（Fultz 2002）ハンガリー保守政権がとった政策を分析しつつ、コストは主に納税者、年金受給者、被用者によって負担されたとの結論を引き出している。それを敷衍すれば以下のようになる。

第1に、公的年金基金には保守政権時代に国家予算から補助がなされた。換言すれば、それは納税者の負担を意味した。それで「移行のコスト」は賄われたと言ってもよい。

第2に、1997年の改革関連法は2000年までは既裁年金が名目賃金スライドで調整されると規定していたが、保守政権はこの規定を守らなかった。1999年の給付額の引き上げは、名目賃金とスライドすれば18.4％となるはずであったが、保守政権は既定のルールを適用せず、「定額引上げ措置」をとることにより年金水準引き上げを14.2％に抑えたのである。それは、「移行のコスト」を年金受給者が負担したことを意味した。

第3章　資本主義の形成と福祉システムの変容

　第3に、「移行のコスト」を被用者も負担したとも言える。保守政権は混合年金加入者の公的年金への拠出率を当初予定の賃金比1％から2％に引き上げて、公的年金財政問題に対応しようと試みた。他方で、公的年金への拠出分増加は混合年金加入者の公的年金受給額には反映しない旨の措置をとった。こうして、「移行のコスト」の一部を被用者が負担したと言えるのである。

　2002年以後の社会党主導政権は、混合年金制度加入者の私的年金への拠出率を1997年の年金法制定当時の率に戻すなど、保守政権の「逸脱」を是正する措置をとった。しかし、「移行のコスト」を免れたわけではない。柳原（2015）の試算によると、2006年から2010年までの期間（社会党主導政権からフィデス主導政権時代にも及ぶ）の国家予算から年金財政への補填額は毎年対GDP比2％前後に達していた。年金財政赤字がすべて「移行のコスト」に起因するわけではないが、そこに「移行のコスト」が含まれているのは確かである。

　そもそも、すでに述べたように1997年の法制化をめぐる議論において、年金財政の長期的見通しは示されず、「移行のコスト」の掘り下げた議論は回避された。そのことが、「移行のコスト」と年金財政赤字の関係が不明瞭なことの一因であり、問題であったと言ってもよい。

　こうした「移行のコスト」も含め、1997年の年金制度改革は初めから問題含みであった。1997年金改革の中心であった民営化の是非は、短期のタイム・スパンで評価はできない。そして、年金の「再国有化」が実施されたことで民営化の評価はできなくなってまった。それでも年金制度において公的年金部分を縮小し、私的部分を大きくした1997年の年金改革を積極的に評価すべきだとする理論的・実証的な材料は私には見当たらない。「移行のコスト」だけが問題なのではなく、2000年代初めに明らかになっていた以下のような私的年金基金の問題性も、私のそのような判断の根拠である。

b)　私的年金基金の問題性

　私的年金基金の問題点は次のようである。ハンガリーの年金改革始発時

に60の基金が開業認可のための申請を行ったが、2001年時点で営業を続けていた私的年金基金は21にとどまった。このうち13の基金に、私的年金制度加入者の76％が集中していた。そして、加入者が集中している基金は銀行や保険会社によって創立されたものであった。前述したように、1997年の法律では、私的年金基金は労組、使用者、商工会議所のほか、（年金制度の第3の柱である）任意私的（補足）年金基金によっても創立可能となっていた。銀行や保険会社は任意の私的年金基金を最初に創設することを介して「第2の柱」（強制加入の私的積立年金制度）に参入したのである（Ferge 1999）。

私的年金基金の営業と関わる問題点の一つは、その収益が低いこと、しかも大きな市場シェアを持つ基金（銀行や保険会社によって創設された基金）のほうが、小さな基金と比べて加入者に利益をもたらしていないということであった。

総体としての私的年基金の1998〜2000年の収益率は7.1％（名目）であった。当該期間の物価上昇率は11.2％であったから、投資運用実績はマイナス4.1％（実質）であった。大きな基金と小さな基金の間に大きな収益格差は存在していない。銀行や保険会社によって創設された年金基金の管理費用・宣伝費用は大きく、そのため収益から23.8％分もが手数料（経費）として差し引かれ、その残りが加入者の個人勘定に振り込まれるのに対して、小さな私的年金基金の手数料（経費）は収益の8.5％分であった。こうして、加入会員の個人勘定における収益の差は、経費の差に起因していた。したがって、大きな私的年金基金の経費削減が求められたが、保険加入者が大規模年金基金の管理部に影響を及ぼせる可能性は限られていた。寡占市場問題があったのである。

さらに、ハンガリー私的年金制度については、年金給付の不確実性の問題があった。1997年の法律は、2つの私的年金給付方法を提示していた。1つは、私的年金基金自体が被保険者の貯蓄を退職以後、年金として支給するというものであり、もう1つは、私的年金基金が被保険者の貯蓄で保険会社から「年金」を「購買する」という方法である。

その際、法律はいずれの場合にも年金計算にあたって「ジェンダー中

立」の死亡生存表を使用しなければならないとし、また公的年金と同様に私的年金の場合にも物価と賃金にスライドさせた給付を実施しなければならないとしていた。

　私的年金基金は基金加入者の年金を自らが支給するのではなくて、それを保険産業に頼ろうとする姿勢を示していた。ところが、保険産業（会社）は「ジェンダー中立」の死亡生存表を適用することに乗り気でなかった。また、ハンガリーの市場には物価と賃金とのスライド制をともなうような「金融商品」が存在していないという問題があった。物価と賃金にスライドさせた政府債券も存在しなかった。このように、私的年金積立てが開始されていたにもかかわらず、2000年代初めにおいて私的積立分の給付方式が不確実であったのである。

　2000年代初めから年金制度の再国有化（2010～11年）までの間に上記のようなハンガリー私的年金基金に関わる問題、もっと一般的に言えば、ハンガリー資本市場に改善があったかどうか、私はフォローしていない。しかし、1997年に積立方式で私的年金基金が運用する制度を年金制度の重要な第2の柱とするような法制化を行うとするならば、上述した私的年金部分の給付の不確実性のような問題が起きないような状況はいち早く整備されている必要があった。それすらできていないのが、ハンガリーの年金改革であったことを強調しておく。次に、中東欧の他の国の年金改革を一瞥した後、ハンガリーの年金改革の現地点での評価を示しておく。

c)　他の中東欧諸国の年金改革とハンガリー年金改革の評価

　ハンガリーに続いて、1999年に混合年金制度への移行を開始したポーランドの年金改革も問題含みであった。ポーランドの場合はハンガリーと異なり、「移行のコスト」と年金財政の長期見通しが試算されていた。それによれば「移行のコスト」の3分の2が公的年金の給付抑制、4分の1が政府からの借入れの増加、残りが民営化収入で補塡される見通しであった。

　公的年金の給付抑制によって、1973年生まれの人々の場合で年金受給額、つまり、公的年金および私的年金の総計額の所得（賃金）代替率は男

性で 40%、女性で 30% になると試算されていた。それは、年金以外の所得がない高齢者が貧困化することを予想させる金額であった。

　ポーランドの私的年金基金加入者の年金給付のための法制化は遅れた。また、年金実務面の遅れも同国で顕著であった。たとえば、被用者の私的年金保険料徴収と私的年金基金への納付はポーランドでは社会保険庁（ZUS）の役割とされたが、改革 3 年後の時点においても、社会保険庁はこの役割を果たしていないと指摘されていた（以上のポーランドの年金改革に関しては、Fultz 2002; Chlon 2002）。

　ところで、ハンガリー、ポーランドだけでなく中東欧のほとんどの国で、基本的にはハンガリーと類似する年金改革が実施された。社会主義時代から継承された公的年金制度を守ることに努めたのが、中東欧地域では最も経済と生活水準の高いスロヴェニアとチェコであったと指摘しておく。

　中東欧各国の年金改革の実践は細部で異なっているので、各国別の評価と、それにもとづく比較研究が必要であろう。その一助のためにも、以下でハンガリーの年金改革の簡単な総括を行い、2010～11 年の再国有化も概観し、本項の結びとしたい。

　ハンガリーは、欧州のなかでも早い時期に社会保険制度を導入し、戦間期において都市勤労者・労働者向け高齢者年金制度を成立させた。その財政は積立方式であり、年金基金は労使の自治組織によって運営された。第二次世界大戦および戦後インフレーションによって積立方式の年金制度は崩壊、社会主義化と時を同じくしてハンガリーにおいて賦課方式の年金制度が発足した。その後、被保険者数は増大、給付水準も上昇し、1975 年頃までに賦課方式は成熟を遂げた。それを可能にしたのは、先進資本主義諸国の場合と同じように経済成長であった。そしてこの頃、ハンガリーでも「国家的生活保障システム」と特徴づけることのできる福祉システムが確立した。

　しかし、1970 年代半ば、とりわけ 1970 年代末以後の経済停滞のなかで年金給付水準は低迷した。先進資本主義国と同様に、保険料拠出基盤である実質賃金の停滞が年金財政にゆとりを失わせたからである。先進資本主義国における「年金危機」の背景には、保険料拠出基盤である雇用の危

第3章 資本主義の形成と福祉システムの変容

機があった。それに対して、ハンガリーにおいては社会主義崩壊以前まで完全雇用が維持されたから、雇用問題が年金制度の維持可能性の問題を浮上させるということは社会主義時代にはなかった。

また、ハンガリーの高齢化のペースは北欧・西欧よりも遅かった。民営化をともなう本格的な年金改革が法制化され実施に移された1987〜98年時点でも、人口高齢化が年金財政に「直接」の影響を及ぼすというような状況はなかった。しかし、保険料収入停滞に起因する財政問題は早くから存在し、社会主義時代にも年金給付抑制による対応がなされていた。他方で、社会主義時代には所得区分で最下層の高齢者を保護するため、再分配を重視する年金政策がとられていた。

ハンガリーにおいて資本主義化は転換不況をもたらし、完全雇用を崩壊させた。こうして、ハンガリーもまた先進資本主義国が一足先に直面していた雇用減に起因する年金財政問題に直面した。しかし、1997〜98年の本格的年金改革までのハンガリーの年金政策は、基本的には社会主義時代のそれを継承するものであった。すなわち、年金計算式やスライド制の再規定を通して年金給付が抑制された。他方で、最下層の高齢者保護を重視する年金政策がとられた。ポスト社会主義時代の年金政策の従来と異なる特徴の一つは、早期退職制度や障害年金制度などの制度を失業対策として運用する試み、すなわち失業予定者を年金生活者に転化させる試みであった。

ハンガリーにおいてはポスト社会主義時代の初期から年金改革が課題となっており、その主な目的は「保険機能」と「再分配機能」を区分する年金制度体系の整備であった。また、2020年頃に予想される年金受給者増加に備えることであった。その観点から、年金問題専門家による改革案が具体化された。しかし、ハンガリーにおいては新自由主義の影響が社会政策分野にも浸透し、世界銀行に支持された財務省主導の改革案が1997年に国会を通過した。それは、基本的には年金財政問題を民営化と積立方式導入によって解決するという志向性（それを「信じている人」のために言えば「幻想」）を持つものであった。

しかし、全面的民営化と積立方式への全面的移行にともなう膨大なコス

ト（「移行のコスト」）を危惧するだけでなく、生活擁護の根幹をなす制度を民営化する誤りに警鐘を鳴らす強力な勢力（年金自治組織、社会政策専門家、初期には厚生省）の存在を考慮して、ハンガリー政府も民営化は4分の1にとどめ、賦課方式の公的年金と私的積立年金からなる「混合年金制度への移行」を主旨とする年金改革法案を示し、法案通過後の1998年から年金改革を実施した。

新方式に移行した1998年以後の年金制度の展開は、たとえ「混合年金制度」であれ、それへの「移行のコスト」が存在し、そのコストは国民（納税者）・年金生活者・被用者に転嫁される傾向にあること、公的年金を補完すると期待される私的年金についても、資本市場の未整備などに起因して給付の確実性が保障されていないことなどの問題点が、2000年代の初めには明らかになっていた。

このような問題含みの年金改革を、私はハンガリーにおける新自由主義の主な3つの表れのうちの1つであったとみなしている。第1は、資本主義化のためのマクロ安定化・自由化・民営化政策、とりわけ深刻な「転換の社会的コスト」をもたらす直接の要因となったマクロ安定化政策である。マクロ安定化政策は、社会主義末期からの「予算制約のハード化」という改革の論理の延長線上にあるものとも言えるが、本質的にはワシントン・コンセンサスにもとづきブレトン・ウッズ機関、とりわけIMFによって推奨され、ハンガリー国内政治勢力によって実施された新自由主義政策であるとみたほうがよい。

2つ目の新自由主義的政策が上記年金改革であった。それは、ブレトン・ウッズ機関のうち世界銀行が推奨する政策をハンガリー国内の政治勢力が実施するという性格のものであった。それは持続可能な年金を唱えるものであったが、改革をめぐる議論のなかでは「移行のコスト」も年金財政の長期的見通しも十分議論されなかった。すなわち、ハンガリーの年金改革は、年金財政が持続可能性を備えていることを内外の専門家に納得させるような性格の改革ではなかった。

ハンガリーの年金改革は、年金制度の持続可能性の要請に応えることを志向しているように見えるが、実際のところは国際金融資本の要請に応え

第3章　資本主義の形成と福祉システムの変容

るものであったとみなしたほうがわかりやすい。スティグリッツらは、遅れた資本市場のもとでの私的年金制度の問題性を指摘している（Orszag and Stiglitz 2002）。その批判は、適切な年金制度という観点からのものである。そして、後の展開（ハンガリーの例で言えば、寡占市場問題や私的年金給付の不確実性問題）を見ても正しい批判であった。

ところで、国際金融資本は一国の年金制度の持続可能性などに関心を持たない。国際金融資本にとっては、年金改革によって投資市場が提供されることが関心の的であった。金融機関の民営化過程への参加やグリーン・フィールド投資によって、中東欧に進出していた金融資本やそれを目論む金融資本は、ハンガリーを含む中東欧諸国における年金改革に商機を見出していた。金融資本の中東欧への外資進出が本格化したのは1990年代末から2000年代初めの時期であったが、それが中東欧の年金改革の時期が重なったのは偶然の一致ではなかった。国際金融資本と中東欧年金改革の関係を私は以上のようにとらえている。

次に、国際金融資本の動きと絡むが、ハンガリーにおける新自由主義の3つ目の顕著な表れは「民営化されたケインズ主義」であった。それは2000年代のバルト三国やハンガリーで起きた金融機関による家計向けの外貨建て融資の増加、具体的には住宅および消費財購入を望む家計への融資増加のことである。国家債務ではなく家計債務増加による需要創造であるところから、これをケインズ主義ではなく「民営化されたケインズ主義」と呼ぶことはすでに述べた。この「民営化されたケインズ主義」は、政府が直接意図した政策というよりは、民間資本の活動の帰結である。しかし、バブルの危惧が指摘されていたにもかかわらず（たとえば、Enoch and Ötker-Robe 2007）、自由市場が重要であるという原理にもとづいて政府が過剰融資に対する規制を行わなかった国で住宅・消費バブルとバブル崩壊が起きたという点に注目すれば、「民営化されたケインズ主義」も「新自由主義政策」の表れであったと言える。この「民営化されたケインズ主義」の典型国は、バルト三国とハンガリーであった。これらの国の家計の被った被害が大きいことは、2007～08年頃に判明していた（Bohle 2009）。

さて、新自由主義的な資本主義化政策の誤りは「転換の社会的コスト」により誰の目にも明らかであり、リベラルな経済学者であるコルナイでさえマクロ安定化政策の見直しを提言したほどであった（前述）。また、世界金融危機の後、「民営化されたケインズ主義」（＝「金融主導型資本主義」ないしは「従属金融型」成長）を支持する論調は影を潜めた。ところが、民営化をともなう年金改革の誤りは、上に見たような「移行のコスト」の納税者・年金生活者・被用者への転嫁という形で表れていたものの、専門家でなければわからない類のものであった。ハンガリーにおいて、混合年金経路加入者の多数が年金受給者となる時期になり、公的年金と私的年金の総額がポーランドの試算で示されている水準、あるいはそれよりも貧しいものとなることが判明する時に、人々が「誤り」を経験することになったであろう。さらに、私的年金からの支給が「約束通り」でなかったこともその時判明し、それも年金改革の誤りとして総括されることになったことであろう。しかし、ハンガリーの人々はそうした経験をしなくて済むことになった。

　フィデス主導のハンガリー政権が、2010年に混合年金経路加入者の私的年金向け保険料の拠出分を私的基金に移転することをやめ、公的年金基金（第1の柱）へと振り向け、その後、混合年金経路加入者に「純粋公的年金経路」に移行することを呼びかけたからである。この結果、2011年9月末までに混合年金経路加入者の3％に相当する人々が混合年金経路に残ったものの、他の大多数は公的年金経路に移行した（柳原 2015）。これが年金制度再国有化の意味するところである。

　柳原（2015）が指摘しているように、フィデス政権の年金制度再国有化は、1997年に法制化された年金制度を再検討し、新しい年金制度を打ち立てるという目的で実施されたよりは、政府債務の返済、IMFへの融資返済やフィデス政権の政策実施を目的として行われた。すなわち、混合年金経路加入者が積み立ててきた年金資産は新設された「年金改革・債務削減基金」に振り込まれ、上記の用途のために流用された。とはいえ、流用分は将来被保険者に対して年金として給付する義務を政府は負っているから、この措置は資産の先食いであったと言ってよい。

他方で、賦課方式の既年金生活者に年金支給を支えながら、同時に退職後の積み立も行うことから生まれる「移行のコスト」問題が、年金制度の再国有化によって消失したことはたしかであった。事実、フィデス政権による年金再国有化によって、年金財政への国家財政からの補填は必要でなくなった。

もし、フィデス政権の再国有化が新自由主義的年金改革の反省に立ち、より適切な年金制度を模索する試みの一環であったならば喜ばしいことであった。しかし、右翼権威主義的な傾向を持つ政権政党フィデスが年金再国有化を実施したことは、国家主義への偏向を危惧させるものである。ハンガリーのフィデスも含め右翼ナショナリスト政党には社会権としての福祉という認識は乏しく、(国民) 国家への忠誠 (特に労働「義務」の遂行) と福祉サービス・給付資格を直結させる志向性・イデオロギーが強い。こうした志向性・イデオロギーを持つ政治勢力のもとでの福祉部門の国有化は、福祉の「国民国家主義的制約」を乗り越えるどころか、一層それを強める可能性をはらむ。

こうした問題を念頭におきながら、ハンガリーの年金再国有化を判断する必要がある。それは他日の課題となる。しかし、そうした検討が必要であることはたしかであるとしても、再国有化以前の民営化を含む年金改革が正しかったかという問題に対しては、そう判断できる積極的な理由が見当たらないというのが私の見解である。

3　ジェンダーと社会政策——ハンガリーの事例

1980年代半ばにハンガリー科学アカデミー経済研究所に研究のため滞在した時、研究所のスタッフのなかにも、そして研究所以外の場でも、職業生活と育児を両立させている女性を多く見かけた。彼女らの配偶者は概ね家事・育児に積極的であった。スウェーデンやデンマークなどジェンダー・フリーが進んでいるとされる国での生活体験がないので、私は実感のレベルで北欧福祉国家と社会主義時代の中東欧のジェンダー平等の比較をすることはできない。他方で、1990年代半ばに滞在したイギリスとの

比較で言えば、ハンガリーとイギリスの間でジェンダー平等面において大きな差異はないというのが、生活体験の範囲のなかでは私の実感であった。

　しかし、生活実感と、制度やデータ分析を経て得られた知見の間に相違が見られることはよくあることである。私のハンガリーとイギリスにおける友人・知人の多くは知識人であり、その階層の生活スタイルが私の実感に反映されているが、男女関係も含め知識人の生活スタイル・人生は、他の階層と異なる可能性があることを考慮に入れる必要もある。したがって、生活実感を大切にしながらもデータや文献に依拠した研究が必要である。ここでは文献とデータにもとづき、ハンガリーのジェンダーと社会政策の検討を行う。

　社会政策、福祉システムについて語る時、ジェンダーの視点を欠かすことはできない。そのことは、比較福祉レジーム論を提示したエスピン-アンデルセンが（Esping-Andersen 1990）、ジェンダー視点が弱いと指摘されことを受け止め、自己批判したうえでジェンダー平等と関わる「脱家族化指標」を新たに設け、福祉システム比較の視座を広げたことからも明らかである（Esping-Andersen 1999）。

　以下では、ジェンダー平等に関してハンガリーはどうなのかについて、社会主義時代とポスト社会主義時代の双方を通して検討する。その際、「言説」、女性の「労働実態」、「家族政策」を分析しながら、ジェンダー平等に関わる動向をみる。ハンガリーの事例が、他の中東欧諸国とどの程度共通性を有するのかという論点がある。私の研究はその論点の解明まで進んでいない。しかし、社会主義時代の中東欧諸国の間には、女性の就業率が国際比較のうえでは相対的に高い水準にあったこと、女性の就業支援のための育児休暇・給付制度も国際的に高い水準にあったことなどの点で共通性があったことは周知のところである。ポスト社会主義時代において、その点がハンガリーにおいてどうなったのかは以下でも検討する。ポスト社会主義時代のハンガリーと他の中東欧諸国の動向との比較は他日を期したい。

第3章 資本主義の形成と福祉システムの変容

(1) 社会主義時代のジェンダーをめぐる言説

ジェンダーの生産・再生産において、「言説」は制度と並んで大きな役割を果たす。最初にハンガリーの社会主義時代のジェンダーをめぐる支配的言説の推移を跡づける。あわせて、言説と政治経済の関連も検討する。まず、ハンガリーの社会主義時代のジェンダーと家族をめぐる言説に関するガルの研究（Gal 1997）の紹介から始める。

中東欧の「国家社会主義」（ガルの中東欧社会主義の規定）始発期には、国家と社会の一体性を強調する言説が普及した。その言説のなかでは、国家と社会の一体性の実現と維持のためには、あらゆる社会的差異が除去さるべきであるとされた。そして、社会的同質化は男女を問わず全人民が労働者となることで実現されると述べられた。

こうして、国家社会主義始発期においては生産が最も重視されるところになった。他方で、再生産（生殖）は副次的な社会的義務であるとされた。国家社会主義による同質化は、1950年代のハンガリーでは、指令を通じる女性の服装や化粧の規制にまで及んだ。他方で、この時期に妻である女性は、家の掃除を拒否したという理由で夫である男性を裁判に訴えることができた。

ハンガリーにおいて、ジェンダーをめぐる言説が変化するのは1956年の民衆蜂起以後のことである。1956年以後、カーダール政権は、国民が政治と労働の場で沈黙することを条件にして、「私的領域としての家族」への介入を控えるという妥協政策をとった。国民は家族、親族、友人からなるネットワークを形成した。さらに、私的領域で営まれるインフォーマル経済（影の経済）が生まれた。

インフォーマル経済は、国民の側で国家に対する抵抗の拠点と認識されることもあった。しかし、それは実際には国家セクターの指令経済の補完物であった。カーダールの妥協政策の時代においても社会的同質化を唱える言説は続いたものの、他方で1960年代初頭には「自然な」ジェンダー役割を唱える言説が公式メディアに登場することになる。女性が労働市場で男性と競争するよりも男性の世話をし、育児に力を注ぐよう促すような

言説もあった。そして、そのような言説の背景には、当時顕在化しつつあった「過剰雇用」の問題があった。次いで、1980年代になると女性の家庭責任を当然のものとみなすような言説が、公式メディアのみならず反体制派の間でも普及することになった。

以上のように、ハンガリーの社会主義始発期には国家主導で同質化の文脈でジェンダー平等化が押し進められたが、1960年代には「自然な」ジェンダー役割分業を支持する言説が公式メディアに登場し、そうした言説は1980年代以降は反体制派の間においても共有される言説となったというのがガルの見解である。

ゴーベン（Goven 2000）もまた、ハンガリーにおいて1980年代に種々の「反フェミニズム的言説」の影響が強まったとし、諸言説と政治諸潮流の関係を以下のように整理して示している。

社会主義時代の反フェミニズム的言説の一つは、「個人の権利」を重視する自由主義的反体制派のそれであった。ハンガリーの自由主義的反体制派は、国家に対する自律性の文脈に私生活を位置づけた（「反政治」）。彼らの「個人の権利」、「私生活」重視は、ジェンダー不平等を内包するものであった。彼らは、女性は家庭責任を果たすことで男性の「反政治」活動を支援すべきであると唱えた。自由主義的反対派にとって（西側）フェミニズムや「解放された女性」は、国家に対する男性の闘いを阻害する贅沢品であったのである。

ゴーベンによれば、ハンガリーのナショナリスト・ポピュリストも「解放された女性」を攻撃の的にした。ナショナリスト・ポピュリストにとって、民族は家族であった。彼らによれば、社会主義体制は母性に反する女性＝「解放された女性」を作り出し、「解放された女性」は生殖を拒否するか育児の失敗を通じて民族を破壊した。このように社会主義とフェミニズムを等置し攻撃するのが、右派ナショナリスト・ポピュリストの言説の特徴であった。

さらに、ハンガリーには共産主義政党＝国家の意を汲んだ「科学的反フェミニズム」の言説も存在した。それは、女性のフルタイム労働は非合理（高価）であり、社会を破壊するものであるとする言説であった。「科

学的反フェミニズム」は、ハンガリーの高い離婚率と種々の「社会的病理」が女性のフルタイム労働に起因するものであるとし、女性が家庭にもっと多くの時間を割くようにと説いた。この言説は、経済危機のなかで完全雇用政策を放棄し、社会支出を削減しようと目論んでいた当時の社会主義国家にとって都合の良いものであった。以上がゴーベンの社会主義時代における反フェミニズム的言説の整理である。

　ガルとゴーベンの見解をまとめれば、ハンガリーでは社会主義始発期にはジェンダー同質化を促す言説が支配的であったが、1960年代に伝統的ジェンダー分業を容認する言説が生まれ、1980年代に後者の言説がさらに普及・強化されたということになる。1960年代以後、ハンガリーにおいて伝統的ジェンダー役割分業を支持する言説が普及し、その言説に沿う政策が実施されたことは他の研究者も指摘するところである（後述。Harney 1999）。

　ところで、ハンガリーのジェンダーをめぐる言説の推移が、政治経済状況と密接な関連を有していた点に着目することが必要である。ガルやゴーベンを敷衍すれば、次のようである。

　社会主義始発期のジェンダー同質化の言説は、ジェンダー平等という社会主義理念の実現を図ろうとするものであったが、同時に工業化の遂行、そこにおける女性労働力の活用という経済的要請とも結びついていた。次いで、1960年代以降のジェンダー役割分業を促す国家の言説は、国民との妥協政策、その一環としての「家族の復権」、同時に「過剰雇用」への対応と関連を持った。

　そして、1980年代の反体制派の間での反フェミニズム的言説には、弱体化しつつある社会主義の代替肢として「ブルジョア社会」、あるいは「ハンガリー伝統社会」を対置しようとする反体制派の政治志向が反映されていた。

　ところで、1960年代以降の国家、直接には公式メディアの言説や1980年代の反体制派の言説が、ジェンダー・バイアスを有するものであったのに対して、ジェンダー平等を唱え、女性の労働参加を促した社会主義始発期の国家は、ジェンダー中立であったということができるであろ

うか。これについてハンガリーのフェミニズム研究者、アダミク（Adamik 2001）は否定的である。

　アダミクは1960年代より前の時期から、ハンガリーの社会主義国家は「男性上位主義」の性格を帯びていたとする。たとえば、1953年に中絶を禁止した時、女性に協力するようにと男性に呼びかけるのではなくて、専ら国家が「女性にメッセージを送った」ことをアダミクは批判している。それは、社会主義国家が男性上位主義者であったことの証拠であるとしたうえで、アダミクは「セクシュアリティの領域で人々は正義の国家をあてにすることはできない」と述べている。

　以上は、ハンガリーにおいて1960年代以降、ジェンダー・バイアスをともなう言説が現れ、それに沿った政策が実施されてきたが、その芽は以前からあったとするハンガリーのフェミニストの見解である。これまでに、3人の研究者の見解にもとづいて社会主義時代のハンガリーのジェンダーに関わる言説の推移を見てきた。次に、社会主義時代のハンガリーにおいて、労働の次元でのジェンダー平等はどうであったのかをみてみる。

(2) 社会主義時代の労働とジェンダー

　1989年の政治転換の年、ハンガリーの女性の生産年齢（15〜54歳）人口のうちで4人に3人（75.8％）が就業者であった（Frey 1998）。上で述べたように、1960年代以降、国家は女性が労働よりも家族を重視するよう促す言説を公式メディア通じて普及させたのであるが、その国家は「完全雇用」の保障を掲げる社会主義国家でもあった。また、社会主義時代の（現在もまたそうであるが）ハンガリーにおいて、女性の有償労働なしで生計を営めるほど裕福な家計は限られた存在であった。1989年時点の高い女性就業率は、完全雇用の理念と大多数の人々の所得動向の反映であった。

　しかし、所得においても地位においても、女性は「二線級の労働者」（Tóth 1998）の扱いを受けた。所得について言えば、第二次大戦終了時から1970年初めにかけての時期のハンガリー女性の平均所得は、男性の平均所得の3分の2の水準にとどまった。1970年代以後、所得における

第3章 資本主義の形成と福祉システムの変容

ジェンダーの格差は徐々に縮小したが、1980年代においても女性の所得は男性の所得の71.5〜74.5％の水準にあった（Saget 1998）。

所得のジェンダー間格差は、1970年頃までは工業化の需要を満たすために男性が携わってきた低賃金・未熟練労働の多くを女性が引き継いだという事情から、かなりの程度説明できる。すなわち、女性就業者の産業別分布において、1950年にはまだ農業のシェアが50％を超えており（54.6％）、工業のシェアは15.8％に過ぎなかったが、1970年になると工業のシェアは約40％（39.6％）に達し、農業のシェア（23％）を上回るに至っていたのである。その際、工業部門の女性労働の多くは、「日勤と夜勤が交互に、そして果てしなく続く、アッセンブリー・ライン」上の低賃金労働であった（Szalai 2000: 215）。

技能向上につながる実習生制度（apprenticeship）は女性に広く開かれておらず（Ferge 1979）、再訓練のための成人教育についても事情は同じであった（Saget 1998）。

次いで、1970年代以降は女性就業者のなかでサービス部門のシェアが増加し、1980年には50％弱（46.8％）を占め、工業部門のシェア（37.6％）を追い抜くに至った。しかし、サービス部門は社会主義賃金体系においては生産部門と比べて低い格付けであった。就業者に占める女性の比重が高い職種、すなわち「女性の職業」（feminised professions。たとえば教師、看護婦、銀行員）の賃金は特に低かった。

一般的に言えば、社会主義社会においても、資本主義社会と同じく就業構造上の「ジェンダー住み分け（segragation）」の問題があった。すなわち、社会的評価の高い（高賃金の）産業・職業には男性が女性よりも多く見出され、社会的評価の低い（低賃金の）産業・職業において女性が男性よりも多く見出されるという問題があったのである。女性が多い産業・職業は「女性の領域」（feminine area）と表現される場合があるので、以下でその術語を使用する。そして、就業構造における「ジェンダー住分け」はジェンダーの次のような就学上の相違によって準備された。

教育の普及につれて、就業者に占める第二次（中等）教育と高等（大学）教育修了者の比重が増加した。1970年に、第二次教育および高等教

育修了資格を有する就業者の就業者総数に対する割合は男性で29.5％、女性で24.7％であったが、1980年にはそれぞれ50％と41.1％に増加した（Nagy 1977）。しかし、受けた教育内容についてはジェンダー間に相違があった。フェルゲによれば、1975年に第二次教育機関在籍者数の48％は女性で占められていたが、そのうち職業資格取得と結びつかない「グラマー・スクール」（Grammer School）在籍者においては女性の比重が高かった（65％）。また、専門資格取得と結びつく第二次教育機関において女性の比重は47％に達していたが、その場合の専門資格は「ホワイトカラー」（事務労働者）やサービス業である場合が多かった（Ferge 1979）。

さらに、女性の多くはアカデミズム界では評価の低い高等教育機関に在籍しており、高位行政職や経営職に就く確率が高い学部を卒業する女性の比重は低かった。たとえば、社会主義時代に賃金・地位とも優遇された工学部出身者に占める女性の比重は低く（13.1％。1973年）、教育学部出身者（教師は低賃金の職業）に占める女性の比重は高かった（61.1％。1973年。Ferge Ibid）。

ブルデューは、女性の多くが中等・高等教育にアクセスするようになったとしても（変化）、彼女らが獲得できる地位は男性よりも低いという現実（継続性）を「変化の中の、そして変化を通しての継続性」（permanence in and through change）と表現しているが（Bourdieu 2001: 90-91）、それはハンガリー社会主義の現実でもあった。

こうして、1980年代には女性就業者の約半分がサービス部門で働いており、その多くは「教員」、「看護師」、「行政職員」、「企業経理職員」、「銀行員」、「旅行ガイド」など「女性の領域」の職業であった。それらは、大抵低賃金の職業であったために、女性の平均賃金は男性よりも25〜30％程度低かった。管理上の地位について言えば、「女性の領域」において女性管理職が見られたものの、多くの産業部門において（時には「女性の領域」においてさえ）高い管理職に就いているのは主として男性であった。ジェンダーの就業上の「住みわけ」と、地位の「垂直的分離」（vertical segragation）があったということである。その際、このジェンダーの「垂

直的分離」を規定していたのは、伝統的ジェンダー役割を肯定する社会意識、すなわち女性は男性に従属すべきものであり、女性にとって労働は家事・育児に次ぐ二次的仕事にすぎないという意識であった（Nagy 1997; Ferge 1979）。

見てきたように、ハンガリー女性は社会主義時代において社会的労働領域で「周辺的地位」におかれていた。そして、そのような地位はすでに述べたようなジェンダーをめぐる支配的言説に照応するものであった。ところで、1960年代後半以降に採られた家族政策もまた、女性の育児における役割を強調する支配的言説に対応するものであった。次に、この点をみてみる。

⑶ 社会主義時代の家族政策とジェンダー

ハーネイは、ハンガリーの福祉国家を3つの時期に区分している。第1期は1948年から68年まで、第2期は1968年から85年まで、第3期は1985年以降である。ハーネイは家族政策の特質に即して時期区分をしており、第2期を「母性福祉国家」（Matarnalist Welfare State）、すなわち、女性が「母親となること、母親であること」を奨励する福祉国家と解釈し、第3期を「リベラルな福祉国家」と規定している。その議論を要約すれば、以下のようである。

第1期においては、経済計画と「労働に基づく給付」が国民の必要を満たすと想定され、「特定の集団」に向けた国家の社会政策は存在しなかった。次いで1960年代半ば以降、「労働者であること」とは異なる社会的特性、つまり「母親であること」と受給資格とを結びつける福祉制度が導入されることになる（母性福祉国家）。

「母性福祉国家」形成の背景にあったのは、第1に出生率の低下であり、第2に1968年に開始された経済改革に伴う失業発生のおそれ、第3に社会的インフラストラクチャー（保育所・幼稚園等）投資抑制の意図であった。国家は女性の出産を奨励し、「過剰雇用」問題に対応し、公立・企業附属保育所建設等の財政負担を軽減するという目的をもって「家庭において育児を行う母親」に報いる政策を採ったのである。

種々の母親向け福祉政策が導入されたが、その中心は1967年に導入され、1969年に拡充された有給出産・育児休暇制度であった（ハンガリー語の略称は、GYES）。1967年のGYESにおいては、産後6ヵ月の休暇期間に（休暇前）賃金と同額の出産手当が支払われた。そして、その後2年の休暇期間に定額（女性の平均賃金の約40％相当分。Goven 2000）育児手当が支給された。

1969年には有給育児休暇期間が半年間延長され、子どもが3歳の誕生日を迎えるまで有給育児休暇を取得することが可能になった。有給出産・育児休暇の資格要件は、出産以前に1年間、あるいは出産前1年半のうち1年間フルタイムで就業していることであった。他方で、雇用者は休暇期間終了後、女性（母親）を再雇用することを義務づけられた。以上がハーネイの叙述の要約である（Haney 1999）。

コリンズもまたハーネイと同じく、ハンガリーにおける育児休暇制度導入の背景には、国家の側に過剰雇用に対処する必要の認識があり、保育所や幼稚園を建設するよりは育児責任を家庭（女性）に負わせる方が安価であるという経済計算があったと指摘している（Corrins 1990）。1960年代以後の「母性福祉国家」には、このような経済的背景があったのである。そして、前述した1960年代初頭以後に公式メディアに現れたジェンダー役割分業を促す言説は、「母性福祉国家」導入の露払いの役割を果たしたのである。

1979年に出版した著書のなかで、フェルゲはGYESの導入を理由にして育児施設建設ペースが遅らされてはならないとし、また伝統的ジェンダー役割を克服するために育児休暇取得資格を母親だけでなく、両親とすべく法改正が必要であると、当時から的を射た主張していたことに注目する必要がある（Ferge 1979）。

育児施設について言えば、4〜6歳児向け施設（幼稚園）は着実に普及し、政治転換以前に当該年齢の幼児80％をカヴァーしていた（1950年に23.5％、1960年に33.7％、75年に74.9％、1980〜90年は80％）。他方で、3歳児までの「家庭外育児」（保育所での育児）は停滞し、保育所による育児カヴァー率は1975年で10.6％にすぎず、1980〜90年には

8.6％の水準に低下していた（Ferge Ibid; Makkai 1994）。

なお、社会主義福祉レジームの特徴として、国家（国家予算）とともに国有企業が福祉供給者として重要な役割を果たしていた点を指摘できる。しかし、ハンガリーにおいて育児サービスに果たす国有企業の役割は大きくなかった（1986年に保育所総数に占める企業附属保育所の割合は14％にすぎず、また幼稚園についても26％であった。Fajth and Lakatos 1997）。

以上から、GYES導入以降3歳児までの「家庭外育児」はハンガリーにおいては停滞し、3歳までの育児は「家庭」の「母親」の仕事であるという社会的意識が定着していったとみてよいであろう。1982年に男性の育児休暇取得を可能にする法改正がなされたものの（それは前述のようにフェルゲが主張していたことだが）、育児休暇をとった男性（父親）の割合が1％以下にすぎなかった事実（Corrins 1990）は、育児は「母親の仕事」であるとする男性意識の現れであったと言えよう。

ところで、ハーネイは1980年代半ば以降、ハンガリーの福祉レジームは「母性福祉国家」から「リベラルな福祉国家」に変質したと説いている。これについてのハーネイの見解を要約すると、以下のようである。

福祉制度の変化の背景にあったのは、「セカンド・エコノミー」（私的セクター）の発展とも関連する国民の間の所得格差の広がりや貧困者増大であった。社会学者は、分極化する社会諸集団それぞれの「物質的必要」を満たすべく福祉制度再編が必要であると説いた。社会学者の多くは貧困者救済を重視する見地から「物質的必要」にもとづく福祉制度の必要を唱えたのであるが、他方で新自由主義の影響を受けた経済学者は福祉供給を削減し、財政負担軽減を図るべきであるという見地から、社会学者とは別の意味での「物質的必要」を基準とする福祉制度への転換を主張した。

社会学者と経済学者の動機は異なるが、両者には福祉供給の基準を「物質的必要」に変えようする志向性において共通点があったのである。1985年に有給出産・育児休暇制度が改革された。それは、制度利用者を絞るものではなくて、逆に制度利用のインセンティブを強めるものであったが、他方で社会給付水準を所得とリンクさせる点において「物質的」な

志向性をともなうものであった。

　従来の制度（GYES）において育児手当は個々の母親の所得とは関係なく定額（女性の平均所得の40％程度——前述）とされていたが、そのことは相対的に高い稼得を有する女性（「中間階級」）にとって不利であった。そのため、「中間階級」の女性はGYES利用期間を短縮する傾向にあった。1985年の制度改正は、従来のGYESを3つの給付部分（期間）に分解した。それは、①出産手当（6ヵ月）、②母親の（出産前）所得の75％相当の育児手当支給期間（1年半。ハンガリー語の略語でGYED）、③定額の育児援助支給期間（GYES、6ヵ月）である。育児給付額を、限定された期間ではあるが、出産前所得とリンクすることによって、「中間階級」の有給育児休暇制度利用のインセンティブを強めることが改革の目的であった。

　他方で、GYEDの導入を除けば、1980年代に採られた他の家族政策は、所得テスト（ミーンズ・テスト）にもとづき支給対象者を絞るという志向性を有するものであった。たとえば、「育児支援プログラム」がそうであった。1974年に開始されたこのプログラムは、もともとは子どもの養育が困難な低所得者・労働者家計に対して、ケース・ワーカーの裁量で給付を行うという性格のものであった。そして、1980年代半ば以前においてケース・ワーカーは母親が家庭で養育の役割を果たしているかどうかを基準にして給付の可否を決定していた。しかし、1980年代半ば以降、家計所得が生存水準に到達しているか否か（物質的必要）を基準にして給付の可否を決定するようになったのである（以上は、Haney 1999）。

(4) ポスト社会主義時代のジェンダー

　ハンガリーでは1989年の複数政党制導入、1990年の自由選挙を経て民主フォーラム主導の中道右派連立政権が樹立された。その後、1994年総選挙結果を受けて、政権は旧共産主義政党の流れを汲む社会党に自由主義政党の自由民主連合を加えた中道左派連立政権に移行した。

　その政権も1期で終わり、1998年総選挙後、フィデス主導の保守連立政権が誕生した。次いで21世紀には社会党主導政権が統治する時代を経

第3章 資本主義の形成と福祉システムの変容

て、現在中道右派から右派権威主義に転じたフィデスが主導する政権になり、現在に至っている。以下でポスト社会主義時代のジェンダーの問題を考察するが、対象とするのは 2000 年代初頭までの時期である。

その時期には、どの政権も資本主義化を推進する経済政策をとった。その過程で雇用は縮小し、富の格差が拡大し、貧困者が増加した。雇用縮小や貧困者増加は資本主義化の帰結であった。より正確に言えば、1980 年代以降に影響力を増した新自由主義・新保守主義イデオロギーにもとづく資本主義化の帰結であったといえる。資本主義化の時代にもジェンダー不平等が存続した。そして、ポスト社会主義時代における男女関係について、社会主義の遺産からの継承もあるが、資本主義化のなかで起きた変化も見逃せない。

前述したように、1960 年代以降の社会主義の言説と政策は、女性労働をエンパワーするものとは言えなかったが、それでも女性の多くは（有償）社会的労働領域にとどまった。ポスト社会主義時代において、かなりの数の女性が非経済活動人口となり、女性の間で非正規労働が増加した。他方で、育児と家事を女性の義務とする言説はポスト社会主義時代にも継続しているが、1990 年代半ばに「母性福祉国家」から離脱する方向での家族政策の転換が起きたことも重要である。

以下では、ハンガリーにおけるポスト社会主義時代、主に 2000 年代初めまでの期間の労働領域と家族政策におけるジェンダーをめぐる動向を検討してみる。現在のハンガリーにおいては右翼権威主義政権のもとで復古主義的ナショナリズムが興っており、その影響がジェンダー関係にも及んでいる可能性がある。しかし、私の研究はそこまで及んでいない。

ⅰ）ポスト社会主義時代の就業・失業動向とジェンダー

ハンガリーの労働問題の専門家フレイは、1989 年から 97 年までに起きたハンガリー労働市場の変動、その変動と女性労働の関係を以下の4つに要約している。

① 1989 年から 97 年にかけてハンガリーの就業者は 150 万人減少した。1989 年時点で人口に占める就業者の比重が 50.4％であったのが、

97 年には実に 36.6％に低下した。1990 年代後半のハンガリーの 15～64 歳人口における就業率は男性 60％（1996 年）、女性 46％（1997 年）であり（生産年齢が異なるため**表9**の数値とは異なる）、同時期の EU 加盟国平均の男性 70％、女性 50.4％を下回る。

② 失業者数は 1993 年までに 70 万人に達した。男性就業者が多い産業に解雇が集中したため、男性失業率が女性のそれを上回った。1993 年以後、女性就業者の多い公共部門でも人員削減が開始されたが、あからさまな失業を避けようとして、多くの場合早期退職のような「ソフト」な措置が採られた。そのため、女性失業率は急増しなかった。とはいえ、1993 年以降、97 年までの期間に男性失業率が女性のそれを上回る状況が続いていたものの、男女の失業率の差は縮小した（**表9**参照）。

③ 1993 年以後失業者は減少し、97 年初めに 50 万人以下となった。しかし、96 年まで就業者は増加せず、97 年にわずかに増加しただけであった。失業給付期限の切れた失業者の多くが非経済活動人口となった。それは、失業者数減少の一要因であった。したがって、失業者数減少を労働市場の改善と見るのは正しくない。失業者（unemployed）と非経済活動人口の総和としての「非就業者」（non-employed）の生産年齢人口に対する比率（＝非就業率）を見ることが肝要である。「非就業率」は、1989 年の 20％から 96 年の 40％へと増加しており、女性のそれは男性を上回り、97 年には 46.6％に達している。

④ 1997 年初頭に、生産年齢人口のうちで非経済活動人口は 200 万人である。それは、4 つの集団からなる。第 1 は育児手当受給者、第 2 は 15 歳以上の学生、第 3 は生産年齢の年金生活者、第 4 は「その他の非経済活動人口」（家計で扶養されている家族成員）である。非経済活動人口に占める女性の比重は 60％であり、女性の非経済活動人口は 1989 年と比べて 50 万人も増加している。その増加の半分は、以前に職を有していた女性の有償労働からの撤退に起因するものであった（以上は、Frey 1998）。

ハンガリーの資本主義化過程における就業者減少は、失業者増加と非経済活動人口増加のそれぞれに起因しており、このうち失業者数については男性が女性と比べて多いが、失業者に非非経済活動人口を加えた「非就業率」について言えば、女性が男性を上回っているというのがフレイの分析である。

ラキもまた、2000年の論稿においてハンガリー女性の非経済活動人口が並みはずれて高いと指摘している (Laky 2000)。このことを少し詳しく説明すれば、以下のようである。

表9が示すように、生産年齢における女性就業率は、1989年の75.8%から97年には53.2%と、この期間に22.6%も低下した。同期間の男性の就業率低下は19%（1989年の就業率83.3%に対して、97年のそれは64.3%）であり、女性のそれより小さい。ポスト社会主義地域で一般に女性失業率が男性のそれを上回っているのとは対照的に、ハンガリーでは女性失業率が男性のそれより低い。このことは、女性の雇用喪失の打撃が男性のそれに比べて小さかったことを意味するわけではない。逆である。ハンガリーにおいても、雇用喪失は女性において一層顕著であった。さらに重視すべきは、1994年から97年に至る期間に男性の失業率は減少し、非就業率が減少したのに対して、女性の場合は失業者数が減少したにもかかわらず非就業率が増加し続けていることである。

表10が示すように、、それは女性の非経済活動人口の増加、とりわけ生産年齢における「その他非経済活動人口（家計の被扶養者）」増加に負うところが大きい。ハンガリーの非経済活動人口について分析すれば、次のようである。

第1に、15歳以上の学生数（労働年齢の非活動人口）は政治転換以後、男女を問わず増加している。これは中・高等教育入学者比率が増加したことに起因するとともに、就職難のために教育機関に「駐車する」青年が増加していることの反映でもある (Frey 1998)。

第2に、非経済活動人口増加の他の要因は早期退職奨励政策の結果、男女双方において生産年齢の年金生活者が増加していることである（定年退職年齢が1歳繰り上げられたのにともない、1997年に労働年齢の女性年

表9 1989〜97年の女性と男性の経済活動および就業状況

人口のカテゴリー（1000人及び%）	1989年1月	1994年1月	1996年1月	1997年1月
女性				
1 女性人口数	5398.1	5354.0	5328.4	5311.1
2 15〜54 (55) 歳(注1) の人口数	2839.4	2912.3	2916.1	2977.3
3 55 (56) 歳およびそれより年長の人の数	1500.7	1507.9	1515.3	1454.2
4 女性労働力数 (5＋8)	2438.8	2044.2	1871.9	1853.5
5 就業者数 (6＋7)(注2)	2433.3	1788.2	1661.3	1651.4
6 5のうち15〜54 (55) 歳の人の数	2151.9	1670.5	1577.5	1583.6
7 5のうち55 (56) 歳以上の人の数	281.4	117.7	83.8	67.8
8 登録失業者数	5.5	256.0	210.6	202.1
9 外国で就業している人の数	1.0	8.0	5.0	6.0
10 15〜54 (55) 歳の人々の労働参加率 (6＋8)：2＝%	76.0	66.2	61.3	60.0
11 55 (56) 歳以上の人々の労働参加率 (7：3)＝%	18.7	7.8	5.5	4.6
12 失業率 (8：4)＝%	0.2	12.5	11.2	10.9
13 女性人口総数に対する就業者のシェア (5：1)＝%	45.1	33.4	31.2	31.1
14 15〜54 (55) 歳の女性生産年齢人口における就業者のシェア (6：1)＝%	75.8	57.4	54.1	53.2
男性				
1 男性人口数	5023.0	4923.0	4883.9	4863.3
2 15〜59歳の人口数	3129.3	3159.3	3164.6	3167.5
3 60歳およびそれより年長の人の数	783.6	786.7	779.8	773.4
4 男性労働力数 (5＋8)	2839.4	2469.7	2367.7	2352.0
5 就業者数 (6＋7)	2830.7	2093.6	2082.4	2076.6
6 5のうち15〜59歳の人の数	2607.4	2011.2	2032.1	2036.0
7 5のうち60歳以上の人の数	223.3	82.4	50.3	40.6
8 登録失業者数	8.7	376.1	285.3	275.4
9 外国で就業している人の数	2.3	19.0	18.0	18.0
10 15〜59歳の人々の労働参加率 (6＋8)：2＝%	83.6	75.6	73.2	73.0
11 60歳以上の人々の労働参加率 (7：3)＝%	28.5	10.5	6.5	5.2
12 失業率 (8：4)＝%	0.3	15.2	12.0	11.7
13 男性人口総数に対する就業者のシェア (5：1)＝%	56.4	42.5	42.6	42.7
14 15〜59歳の男性生産年齢人口における就業者のシェア (6：1)＝%	83.3	63.7	64.2	64.3

注1：女性の生産年齢の上限は1997年の1月1日に54歳から55歳に引き上げられた。
注2：就業者には育児休暇中の人は含まれない。それを非経済活動人口の一部とみなす国際標準にもとづいて中央統計局が分類を行っていることによる。
出所：Frey 1998：4から作成。但し、訳出の際、表現を一部訂正している。なお、フレイはハンガリー中央統計局の労働力バランスに関するデータにもとづいて計算し、本表を作成している。

表10　生産年齢人口のなかの非就業者の構成

15〜54（55）歳(注1)の 女性の主なカテゴリー（1000人）	1989年 1月1日	1994年 1月1日	1996年 1月1日	1997年 1月1日
就業者数(注2)	2152.9	1678.5	1582.5	1589.6
非就業者数	686.8	1233.8	1333.6	1387.7
（内訳）				
失業者数	5.5	256.0	210.6	202.1
育児休暇中の人の数	239.8	252.4	226.0	245.1
育児支援金受給者数	―	24.1	44.6	48.1
学生数	218.8	287.8	301.1	317.4
年金生活者数	81.3	151.2	160.7	149.4
その他の非経済活動人口	141.4	262.3	390.6	425.6
非就業率（％）	24.2	42.4	45.7	46.6
15〜59歳の男性の 主なカテゴリー（1000人）				
就業者数(注2)	2609.7	2030.2	2050.1	2054.0
非就業者数	519.6	1129.1	1114.5	1113.5
（内訳）				
失業者数	8.7	376.1	285.3	275.4
育児休暇中の人の数	1.2	2.2	4.6	2.0
学生数	231.8	289.9	304.2	313.8
年金生活者数	161.4	219.3	243.7	259.6
その他の非経済活動人口	116.5	241.6	276.7	262.7
非就業率（％）	16.6	35.7	35.2	35.1

注1：1997年1月1日に女性の生産年齢の上限は54歳から55歳に引き上げられた。
注2：就業者数は外国で就業している人を含み、育児休暇中の人を含まない。
出所：Frey 1998：5から作成。但し、訳出の際に表現を一部訂正している。なお、フレイはハンガリー中央統計局の労働力バランスのデータにもとづいて計算し、本表を作成している。

金生活者は前年と比べ若干減少しているが）。

　第3に、非経済活動人口構成において男女で大きく異なるのは、育児関連の非経済活動人口である。両親に育児休暇制度を利用する権利があるが、前述のように実際にそれを利用しているのは圧倒的に女性（母親）である（**表10**）。また、1993年に導入された育児援助制度は、主に母親に向けられたものであった（後述）。1989年以後、育児のために非経済活動人口と

なった女性の数（育児休暇制度利用者と育児援助受給者の総計）は増加した。その際、トートが指摘している事実、すなわち育児休暇終了後に失職する女性が多いことに注目すべきである（Tóth 1997）。

第4に、1996年以後「その他の非経済活動人口」（学生を除く家計の被扶養者）が、女性の非経済活動人口において最大の比重を占めていることに注意すべきである。すなわち、生産年齢にありながら、学生身分ではないのに家計で扶養されている女性は、1997年に46万6000人を数え、男性の26万2700人を大きく上回っているのである（**表10**）。1989年と比較して、他の家族成員に経済的に依存する女性被扶養者数は28万人も増加した。これと関連するが、1989年以後の女性の非経済活動人口増加分50万人のうち半数は、以前有職者であった女性の失職＝再就職断念＝家庭回帰から生じたとするフレイの見解に留意する必要がある（Frey 1998）。

資本主義化は男女を問わずハンガリーに住む人々の雇用環境を悪化させたが、それから強い打撃を受けたのは男性よりも女性であったのである。労働参加の顕著な後退、これが資本主義化がハンガリーの女性にもたらした最大の帰結であった。

ii） ポスト社会主義時代の就業・賃金・地位の構造とジェンダー

ハンガリーにおいて資本主義化は就業者減少のほか、産業別・所有形態別就業構造の変化をもたらした。そのなかで、就業・賃金・地位の構造にも変化が生じた。すなわち、金融業など需要が高まる産業に男性が異動するなどの産業別就業構造変化が起き、また、女性と比べて男性のほうがより多く公的セクターから私的セクターに異動する傾向が生じた。さらに、女性の就業形態は従来よりも弾力化・不安定化した。このように、資本主義化にともなって労働領域でジェンダー関係が再編成されてきた。以下でそれらを説明する。

1990年から96年の間に男女とも農業と工業の就業者は大きく減少し、サービス部門で増加した。すなわち、男性の1990年の産業部門別シェアは農業19％、工業43％、サービス38％であったのが、96年にはそれぞれ11％、39％、50％に変化した。女性は、1990年に農業11％、工業

32％、サービス57％であったのが、96年にはそれぞれ4％、25％、71％であった。

　サービス部門のうち、1992年から97年にかけて商業、ホテル業、飲食業、不動産業、金融業において雇用が増加したが、その増加の多くは男性の参入によってもたらされた。そして、これらの業種において女性が占めるシェアは減少した。

　たとえば、所得水準が向上した金融業について言えば、1992年から96年にかけて女性就業者の増加は10％であったが、男性就業者の伸びは約1.5倍であった。金融業は、前述のように社会主義時代において「女性の領域」であったが、資本主義化にともない男性の参入が顕著になり、金融業従事者に占める男性の比重は92年の24％から96年に30％へと増加した。

　次に、所有構造変化と就業構造の関連について言えば、ポスト社会主義時代においても公共サービス部門、とりわけ教育・保健部門で働く女性が多かったこととも関連して、1994年時点で女性就業者の52％は「純国有セクター」に属していた。「純私的セクター」に属していたのは25％であった。男性就業者について言えば、それぞれの比重は33％、32％と拮抗していた。

　これが1997年になると、男女とも「純私的セクター」従事者が「純国有セクター」従事者を上回るに至ったが、女性の場合は「純国有セクター」の就業者のシェアが31.5％、「純私的セクター」のそれが32.6％であり、両セクターの就業者数はほぼ同数であった。他方で、男性については「純国有セクター」の就業者のシェアはわずかに19.5％にすぎず、「純私的セクター」の就業者のシェア45.5％を大きく下回るに至っていた（Frey 1998）。

　以上は、資本主義化とともに進行したサービス経済化と民営化に対して、男性が女性よりも迅速に適応したことを示すものである。他方で、雇用縮小やサービス経済化への「女性の適応形態」の特質を見るうえで、サライが述べている「下からの市場化」にも留意しておく必要がある。サライの見解（Szalai 2000）を要約すれば、以下のようである。

II　中東欧福祉システムの変容

　前述のように、1960年代に導入された後にハンガリーに定着したインフォーマル経済（隠れた経済）や育児休暇制度を利用して、女性は家庭やコミュニティを拠点とする様々な経済・社会活動（住宅建設、修繕、家庭菜園での労働、相互扶助的なケア・サービス、地域ベースの教育活動）に参加した。また、簿記、コンピューター技術の習得など「スキル」を蓄積してきた。社会主義時代において女性の活動の多くは「アンペイド・ワーク（無償労働）」であったが、市場化にともなってそれらの活動は有償労働（ペイド・ワーク）に転化されつつある。サライが「下からの市場化」で意味しているのはこのことである。

　それと関連して、サライは公式統計においては失業者や非経済活動人口とされている女性の多くも、現実には「グレイ・ゾーン」（犯罪や脱税を目的としないが、登録されていない経済活動領域）で働いていると主張している。

　また、（登録されている）正規雇用の職を保持しつつ、インフォーマル経済において従来蓄積してきたスキルを利用し、サイド・ビジネス（小規模企業のコンサルティング・簿記会計業務の臨時請負、流通分野の自営業等々）を行う女性が増加しているとも述べている。このような女性にとっては、正規雇用先で社会保険受給資格を確保しながら、他にいくつか所得源泉を有することによって所得を増加させるというのが、ポスト社会主義時代の生活戦略であったのである。

　市場化とともに進行したサービス経済化は、従来、同分野でスキルを蓄積してきた女性が、そうした戦略を採るうえで好都合な環境を形成していたとサライはみている。しかし、他方でサライは、スキルを保有する人々とそうでない人々の間に所得格差が生じていることもあわせて指摘している。

　サライの指摘は、公式統計だけではとらえ切れない女性の就労実態を知るうえで有益である。但し、グレイ・ゾーンや「隠れた経済」での就労や「兼業」は女性に限られた現象ではないことにも注意すべきである。

　さらに、サライ自身が、女性の姿が多く見出されるのは「銀行や株式取引仲介のような儲けの多い、新たに拡張しつつある大規模サービス」では

なく、「より低いランクの小規模サービス」分野であると述べていることも銘記すべきである（Szalai 2000: 219）。サービス経済化や民営化に対する「女性の適応形態」は、男性と比べて慎しいものであったのである。

また、女性の場合のみならず男女ともに「グレイ・ゾーン」での就労は不安定であることも考慮に入れておく必要がある。さらに、本業のほかにいくつかの副業を持つという就業形態についても、それが正規就労先（本職）の先行き不安や、生活不安（1つの職では暮らしが困難である）への対応であるという側面を軽視すべきではない（ポスト社会主義時代の女性の就労形態を論じた次の研究が注目される。大津 2000）。

次に所得のジェンダー間格差については、ハンガリーではポスト社会主義時代に縮小する傾向にある。ハンガリーの社会主義時代の1980年代に、女性の所得は男性の71.1～74.5％の水準にあったが、ポスト社会主義時代の1992～95年に78.9～88.1％（78.9％は1995年、88.1％は1994年の数値。Saget 1998）の水準へと上昇した。

フレイが紹介している緻密な研究が示すところでは、ポスト社会主義時代のジェンダー間所得格差縮小の主な要因は2つある。第1の要因は、従来から女性労働のシェアが高かった分野で「ノン・マニュアル労働」の評価が高まったこと、第2の要因は、未熟練労働力を雇用していたいくつかの衰退産業において、男性賃金が（それよりも低い）女性賃金水準にまで低下したことである（Frey 1998）。

フレイは明言していないが、第1の要因については、社会主義時代に「女性の領域」とされていたいくつかのサービス業種における賃金上昇、第2の要因については、重工業部門など衰退産業における賃金の下方平準化をさしていると解釈してよい。上で述べたように、サービス経済化に対し男性は素早く適応した。他方で、ポスト社会主義時代におけるサービス経済化は、ジェンダー間所得格差縮小をもたらしたことも事実なのである。

しかし、社会主義時代に女性によって担われ、社会的に評価の低かった業種のいくつかにおいて、1990年代に需要が高まり、そこから女性は利益を得たものの、その利益は長く続かず、やがて男性によって奪われたとするサーゲットの見解（Saget 1998）にも注目する必要がある。たとえ

ば、1996年において金融部門は男女双方において最も所得の高い部門であるが、そこでの女性の所得は男性の所得の63.6％にすぎない。前述のように、資本主義化にともないサービス部門のうち儲けの多い業種への男性労働力の異動が見られる。そこにおいてすでに「新たな」ジェンダー・ギャップが生まれつつあるのである。サーゲットのほかにも、若い男性が急速に第三次産業に入りつつあり、女性たちが「市場化」から得た利益は早晩消失すると示唆している研究がある（Emigh et al, 2001）。

他方で、行政部門においてジェンダー間所得格差がほとんど見られないことも注目される。フレイは、一般に公共部門においては報酬と昇進について定められた体系があるので、交渉で賃金が決定される競争部門と比べ、ジェンダー間差別が生まれにくいと指摘している。ちなみに、1997年において競争部門＝市場部門のジェンダー間所得格差は12.7％であったのに対して、公共部門におけるそれは8.5％であった（Frey 1998）。このことと、女性が男性と比べて公共部門に留まる傾向が強いことは無縁でなかろう。

地位のジェンダー・ギャップについて言えば、フレイは1997年の論稿では「低いランクに行けば行くほど、より多くの女性が見い出される」とし、（ジェンダー間の）「垂直的分離」に言及しながらも、他方で1990年以降上級・中級管理職のモビリティが高まり、女性が管理職に任命される例が多いことに注目していた（Frey 1997: 19-21）。しかし、1998年の論稿では女性マネージャーのシェアが減少する傾向にあることに注目している（Frey 1998）。資本主義化初期のキャリア・モビリティが大きい局面において、高い地位を獲得する女性がいたが、それは男性優位の地位の構造を揺るがすことはなかったということである。

ところで、ポスト社会主義時代の労働領域におけるジェンダー関係をガルとクリグマンは次のように特徴づけている。

「労働市場は重層的に分岐している。公共的なものと私的なものへ。そして、私的なものの枠内でも男性のものとしてコード化される常用で安定した雇用（jobs）と、大部分が女性によって占められる不安定なパート・タイム労働及び兼職労働（multiple-jobs）へ」（Gal and Kligman

第 3 章　資本主義の形成と福祉システムの変容

2000: 61)。

　私は、このようなガルとクリグマンの叙述が、ポスト社会主義時代のハンガリーの労働領域におけるジェンダー編成のすべてではないことにその傾向を表現していると考えている。

　資本主義化は、女性を労働市場から撤退するよう促し、また女性の不安定就業を増加させた。他方で、資本主義化は一部の女性の経済地位を改善し、ジェンダー間所得格差を縮小させた。しかし、それは男性優位の構造を変えるものではなかった。資本主義化はジェンダー不平等の形態に変化をもたらしたが、ジェンダー不平等を変えることはなかったというのが、ハンガリーのポスト社会主義時代の労働市場に起きた事柄の要約である。

iii) ポスト社会主義時代の家族政策とジェンダー

　ポスト社会主義ハンガリーの労働領域におけるジェンダー関係の再編（変化のなかの継続）が「社会主義の遺産と負債」と資本主義化（「市場の論理」）の双方に規定されていたのと同様に、ポスト社会主義時代の家族政策も（社会主義時代から継承された）家父長制的イデオロギーと「市場の論理」を体現する新自由主義イデオロギーの双方の影響を受けた。

　資本主義化初期には、社会主義時代を継承する家族政策が採られた。1990年代半ばには新自由主義的イデオロギーが家族政策の変化をもたらした。次いで1990年代末には、変化に対する一定の揺れ戻しが見られた。少し詳しく説明しよう。

　新自由主義的経済政策を基調とする資本主義化のなかで、1990年代前半にハンガリー経済は深刻な不況に陥った。国家財政収入は減少したが、大量失業の発生や貧困者の増大によって国民の生活保障に対する要求が高まった。他方で、ポスト社会主義地域の経済・社会政策に強い影響力を及ぼす国際機関、IMFと世界銀行は、ハンガリーに対しても財政均衡を図るために社会支出削減・社会保障制度再編を迫った。

　民主フォーラム（ナショナリスト・ポピュリスト的保守勢力）が主導するハンガリーのポスト社会主義初発政権（1990〜94年）は、国民の反発を恐れ、社会保障支出の大幅削減や包括的社会保障改革を実施しなかった。

フェルゲはこの政権の社会政策は貧困化に適切に対処するものでなかったと批判しながらも、「福祉給付が急速に悪化しなかったのはアンタル（民主フォーラム総裁。1993年に死去するまで首相）政権の功績である」と一定の評価を示した（Ferge 1995: 174）。

他方で、民主フォーラム主導政権は民族と家族の価値を強調するイデオロギーにもとづく家族政策を採り、共産主義時代から継承された有給育児休暇制度（GYES、GYED）に加え、新たに別の育児給付制度（GYET）を導入した。それは、3人以上の子どもを持つ母親に（例外的に父親も対象となるが）末の子が3〜8歳の間、基礎年金相当額の給付を与えるというものであった。それは（子どもの多い母親に限ってではあるが）有給育児休暇期間を延長する試みであった。ゴーベンは、新しい育児給付制度を女性に「フルタイムの母親であること」を求める政策の一環であったと述べている（Goven 2000）。

ポスト社会主義始発期の女性自身の意識も、育児・家庭役割を重視する方向に変化していた。たとえば、トートが引用しているアンケート調査結果によれば、「幼児を持つ母親が家庭に留まることを支持する」女性は政治転換以前の1988年には少数派であったが（46％）、1994年には多数派（60％）に転じた（Tóth 1997）。

こうした女性の意識変化については、立ち入った分析が必要である。ポスト社会主義地域において従来以上に「男性至上主義」が強まったこと（この点の詳細は、Watoson 1993）の影響を女性も受けたことや、前述のように資本主義化にともない、かなりの数の女性がフルタイムの職を失ったが、再就職が困難であったことも意識変化の背景にあったと言えよう。

ハンガリーでは、1994年の総選挙結果を受けて保守系政党は下野した。そして、共産党（社会主義労働者党）の流れを汲む社会党と、リベラル派（自由民主連合）からなる連立政権（中道左派政権）が誕生した。そして皮肉なことに、保守派ではなくてこの「中道左派」政権が、IMFや世界銀行の意を汲んで新自由主義的社会政策を実施したのである。すでにみたように、部分的民営化を内容とする年金改革関連法案は、この政権の時代

に国会を通過した（1997年）。そして、この政権下で家族手当と育児給付対象者を絞る措置が採られた（1996年）。ハーネイは、1980年代半ばに開始された「母性福祉国家」から「リベラルな福祉国家」への転換の動きは、中道左派政権時代に「頂点に達した」と述べている（Haney 1999: 169）。

たしかに中道左派政権が採った措置は、1960年代後半から続く家族政策からの離脱を示すものであった。しかし、それは社会主義時代から継承されたジェンダー関係（育児・家事責任を女性の役割とする分業関係）を変革するという強い意志のもとに実施されたわけではなかった。以下では、ゴーベンに依りながら、1990年代半ばの「家族政策の転換」の実相に迫ってみよう。

家族政策の転換は、世界銀行（世銀）によって準備された。世銀は、1992年にすでにハンガリー社会政策改革に関するレポートをまとめ、家族政策の転換を提言していた。その内容は、産休期間短縮・手当減額（従来の所得補充率100％を80％に削減）、育児休暇期間短縮（最長2年とする）、所得比例の育児給付制度（GYED）の廃止と定額給付（GYES）への制度統合などであった。世銀の提言の目的が財政均衡にあったことは明白である。

他方で、世銀レポートが、若い有能な女性の労働参加のインセンティブを弱めているという理由から、ハンガリー育児休暇制度を批判していた点にも注目すべきである。世銀は、育児給付削減で浮いた資金の一部を保育所・幼稚園拡充の費用に充て、母親の労働参加を促すよう提言していた。世銀は1992年に次いで95年にも、ハンガリーが「仕事への復帰」（back to work）という国際的潮流と調和する方向に家族政策を転換するよう迫った。以上のように、世銀の提言には社会保障支出削減という新自由主義的要素とあわせて、女性の労働参加推進（ジェンダー関係変化）という方向づけも含まれていたのである。

世銀の提言を受けて社会党主導の中道左派政権が示した育児休暇制度改定案は、所得比例の育児休暇給付（GYED）廃止と定額給付（GYES）への制度統合であり、給付対象者を絞るためにGYESにミーンズ・テスト

を導入することであった。これによって、試算では7〜20％の家族が育児給付の対象からはずされる予定であった。

　さらに、有給育児休暇利用条件から就業歴（出産前に1年間、もしくは出産前1年半のうち1年間の就業歴）を除くことが提案された。ゴーベンは、これによって有給育児休暇制度は本来の性格（育児のため労働を離れる期間の所得補償）を失い、「母親／両親」向け給付制度に変質したと述べている。

　上記のような育児休暇制度改定案をめぐって国会審議がなされたが、ゴーベンは、審議が、育児は女性の義務であることを当然としたうえで、支援すべき家族（貧困層の家族に的を絞るか、それとも「中間階級」の家族も包摂するか）や、支援の目的（社会的公正か人口増加か）をめぐる議論に終始し、審議において働く「女性の権利」を保障する志向性は希薄であったとしている。すなわち、与野党ともに「母親の（家庭にとどまる）権利」を擁護したが、労働を選択する女性にとって不可欠な保育所や幼稚園拡充の必要を無視したのである。

　中道左派政権が提案した育児休暇制度改正案は、国会を通過した（1996年）。ゴーベンの中道左派政権に対する評価は厳しい。中道左派政権は、有給育児休暇を縮小した点において世界銀行の新自由主義に追随したと言えるが、保育所・幼稚園拡充を真剣に取り上げなかった点では世界銀行よりも「ずっと新自由主義的」であったというのが、ゴーベンの評価である（Goven 2000）。私はゴーベンの批判を正当と考えるが、制度改正は単に新自由主義というだけではなく、社会的育児の軽視という点では保守主義であったみなしている。

　上で要約・紹介したゴーベン論文のタイトルは「新しい議会、古い言説？ハンガリーにおける両親休暇論争」であった。ゴーベンは、政治転換によって「新しい議会」ができたものの、ハンガリーではなお政治転換以前の言説が支配的であるとみたのである。

　他方で、労働法の専門家コロナイは、社会主義時代以降母親に与えられてきた有給育児休暇を含む種々の「特権」が、現実には雇用者が女性を「二線級の被用者」として扱うことを「正当化」し、また家事・育児を担

うのは女性の義務であるとする伝統的観念を助長してきたととらえたうえで、「特権」削減は「女性の平等な雇用機会に向かう一つのステップ」であるとみなし、家族政策の転換を肯定的に評価した（Kollonay 1998: 57）。

しかし、コロナイのような肯定的評価が説得力を持つのは、政府（国会）が、育児が母親のみでなく両親の責任であることを明確に打ち出し、「両親」の有償労働と家庭責任の両立を可能にするための社会的インフラストラクチャー（保育所・幼稚園等の）整備への強い意志を示した場合においてのみであろう。

ゴーベンが述べているように、政府の施策と国会審議にはそのいずれもが欠如していた。そこで示されたのは、古いジェンダー役割分業を肯定する保守主義の言説と、「国家の削減」という新自由主義的施策であった。育児・家事を女性の義務とする古い言説＝保守主義はまだ生きている。変化は、古い言説に照応する制度（育児休暇制度）が新自由主義的施策によって浸食（利用資格制限）された点にある。

ところで、新自由主義的施策に対する国民の反応は1998年総選挙で示された。中道左派政党はこの選挙で多数を確保できず、政権はフィデスを主軸とする保守連立政権に移行した。保守政権は、育児休暇制度と同様に（ミーンズ・テスト導入によって）選別主義的支給に変更されていた家族手当を再度普遍化するなど、「家族の権利」を一定程度復活させた。

しかし、保守政権は「家族」を重視するが、女性の「働く権利」を擁護するわけではなかった。保守政権は、2001年春に労働組合などの反対を押し切って労働法を改正した。それは、週労働時間（40時間）を総計した年間労働時間の「弾力的」配分（労働時間の不規則化）を可能にする法改正であった。それは、女性労働の一層の弾力化＝不安定化を促し、女性が家庭と労働を両立させていくことの困難を増幅するものであった。

⑸　ジェンダー関係の継続性と変化──保守主義の継続と新自由主義的傾斜

上では社会主義とポスト社会主義時代のハンガリーの労働領域と家族政策におけるジェンダー編成の推移を辿った。最後に、これまでの叙述の主

II 中東欧福祉システムの変容

旨を要約し、ハンガリーの２つの時代（社会主義とポスト社会主義）に起きたことの意味を明らかにしておく。

社会主義始発期に、国家はイデオロギー（完全雇用、ジェンダー平等）と工業化（外延的成長）戦略にもとづいて女性の労働参加を促した。全人民のプロレタリアート化（社会的同質化）を志向し、その観点から家族・ジェンダー関係を統制した。しかし、この国家もジェンダー中立というわけではなかった。

1956年人民蜂起を経て、社会主義国家は国民との妥協に転じた。国家は社会に対するコントロールを保持しつつ政治的安定をめざし、私的領域（＝家族、隠れた経済）を容認した。1960年代にはジェンダー役割分業に関する古い言説を復活させ、女性に育児責任を負わせる家族政策を採った。そうした言説・政策は、労働領域におけるジェンダー・ギャップを定着させる役割を果たした。しかし、社会主義体制は女性の「期限付き家庭回帰」（育児休暇）を促したものの、そのイデオロギー的立場（完全雇用）から女性を社会的有償労働の場にとどめた。

ポスト社会主義（資本主義化）時代に労働市場は縮小した。男女双方が職の喪失という打撃を受けたが、女性の有償労働からの撤退は男性のそれを上回った。社会主義時代のジェンダー・ギャップ（所得・地位格差）は存続し、それに加えて女性労働の不安定化が進むなど、新たな形態のジェンダー・ギャップが生まれた。

ポスト社会主義時代にも、育児・家事などを女性の義務とする言説は継続したが、他方で、育児・家事労働に対する国家からの「報酬」は削減された。すなわち、保守主義と新自由主義が併存しているのが、1990年代と2000年代初めのハンガリーの状況であった。

ところで、こうしたジェンダー関係の推移を福祉システム論のフレームワークでとらえればどうなるであろうか。ディーコンらは、エスピン - アンデルセンの福祉資本主義論（Esping-Andersen 1990）を援用しつつ、社会主義（国家官僚主義集団主義）福祉レジームの「脱商品化」の度合いは保守主義レジームより高いが、賃金体系において優遇される特定労働者集団が年金その他の社会的給付でも優遇される点で、保守主義レジームと

親近性を有したととらえている。そして、ジェンダー視角からの社会主義福祉システムの位置づけについては、「社会民主主義と保守主義の中間」にあるものとみなした（Deacon et al. 1997）。

ハンガリーの社会主義は、女性の高い労働参加という事実においてはスウェーデンなど社会民主主義と共通点を有したが、家族政策が女性（だけに）に家庭責任を負わせるバイアスをともなっていた点では、保守主義と共通性を有していたとみることができよう。したがって、社会主義福祉レジームを「社会民主主義と保守主義の中間」に位置づけるディーコンらの評価はハンガリーの事例に即して言えば的外れではなかろう。

ポスト社会主義時代のハンガリーの福祉システムを、ジェンダーの視点からとらえればどうなるであろうか。ジェンダー視点からの福祉システムの特徴づけに際しては、女性が家事・育児・介護などの義務から解放される（＝脱家族化の」）度合いやその方法、すなわち「公共サービスによる脱家族化」か、あるいは「市場サービスによる脱家族化」かの違いを重視するエスピン－アンゼルセンの議論が手がかりとなる。すなわち彼の見解によれば、公共部門を通じて脱家族化と女性の労働参加を押し進めてきたのがスウェーデンなど社会民主主義であり、脱家族化が市場サービスによる家事・育児の代替という形を採るのがアメリカなどの自由主義である。さらに、保守主義の大陸欧州諸国では脱家族化は進展していない（Esping-Andersen 1999）。

ペストフが指摘しているように、ハンガリーを含めポスト社会主義国の国民の多くは、対人サービスに支出できる購買力を有していない（ペストフ 2001）。したがって、「市場による脱家族化」はポスト社会主義時代の顕著な現象であるとは言えない。他方で、すでにみたように、ハンガリーでは社会主義時代の1960年代以降、育児は家庭の責任とされ、保育所など公共インフラストラチャーの整備は停滞していた。さらに、資本主義化にともなって公共部門は削減され、「公共部門による脱家族化」は進展しなかった。

家事・育児・介護などは家庭（女性）の義務として存続している。また、女性の労働参加はポスト社会主義時代に低下した。こうしてポスト社会主

義時代のハンガリーの福祉システムは「保守主義」モデルに近いと言えよう。

　他方で、ハンガリーにおいて家族主義（＝保守主義）は維持されているものの、家族に「報いる制度」は育児給付制度へのミーンズ・テスト導入などを通じて「残余主義」の色彩を強めている。社会保障における「残余主義」は、（女性の）就業形態の「弾力化」とあわせて、（新）自由主義の特徴である。

　こうして、ジェンダー視点からとらえたポスト社会主義ハンガリーの福祉システムは、保守主義（家族主義）と（新）自由主義の両者の特質を合わせ持つと言えよう。但し、国家に生活保障を求める国民世論（社会主義の遺産）は強く、（新）自由主義的施策への抵抗は強かったこともあわせて指摘しておく必要があろう。

　保守主義の要素をともなう社会主義時代の遺産と新自由主義的施策が絡み合いつつ、ポスト社会主義時代のハンガリーの労働市場と家族政策、そしてジェンダー関係を規定してきた。労働者運動、女性運動、福祉拡充を求める運動やEU加盟がジェンダー関係に影響を及ぼしてきたこともたしかである。しかし、それに関する私の研究はまだ充分でない。他日の課題としたい。ハンガリーの動向を論じたが、シクラとトムカの研究（Szikra and Tomka 2009）によれば、社会主義時代において育児を家族責任とみなす考えは、ハンガリーやチェコスロヴァキアよりもポーランドで強かった。そうした差異がポスト社会主義時代にも経路依存的に続いているかどうかも含め、中東欧のジェンダー関係の比較研究も残されており、他日を期したいと表明し、ハンガリーの福祉システムの事例研究を終える。

第4章
外資依存経済のアポリア
―― 21世紀初めの中東欧 ――

民主主義革命に次ぐ資本主義化という「大きな嵐」が和らぎ、経済成長の兆しも見えていたのが20世紀末であり、東欧革命の時のような高揚感はないにしろ、EU加盟を市民が受け入れていたというのが21世紀初めの中東欧諸国の様子であった。
　前章でみた資本主義への「転換の社会的コスト」と呼ばれた事象が収まったわけではない。失業や貧困化は資本主義化の過程で起きたが、それは一度限りのものではなく、資本主義の属性であるからである。とはいえ、資本主義のもとでさえも21世紀の初めの中東欧諸国では、人々の生活は東欧革命以後の激動から落ち着きを取り戻し、消費も伸びた。相対的に高い成長が記録され、21世紀の初めの数年間は中東欧諸国の「黄金時代」であった。
　しかし、黄金時代は短かった。バルト三国、ハンガリーでは外資系銀行が作り出した住宅（と消費）バブルの崩壊が、2008年以前にすでに経済停滞を生み出していた。そして、米国リーマン・ブラザーズ破綻にともなう世界金融危機の影響を中東欧諸国も受けた。中東欧諸国の株や通貨が売られ、金融市場は動揺した。また、西側欧州市場の収縮が中東欧諸国の輸出を低下させた。実物経済の不況も起きたのである。ポーランドのように、経済の打撃が小さい国があったが、1990年代以後の中東欧で優等生であったスロヴェニアが深刻な経済危機を経験した。
　危機の度合いも回復のペースも、中東欧各国で異なっていた。しかし、全体の傾向について言うならば、中東欧は2008〜09年には不況を経験し、その後、徐々に回復してきたと言って誤りでない。とはいえ、中東欧諸国の現在の経済基盤は盤石ではない。それどころか弱いと言える。大きな問題は、中東欧諸国の大半において外資依存型資本主義が形成されており、国内資本の発展が充分でないことである。
　現在の中東欧資本主義をとらえるためには、20世紀末以後から21世紀初頭にかけての外資に依存する民営化（および外資によるグリーン・フィールド投資増加）、そのもとで築かれた産業構造、外資依存型資本主義のもとでの中東欧諸国の短い黄金時代と危機の時代をみておく必要がある。本章の課題はこれである。

第4章　外資依存経済のアポリア

　ところで、外資依存型資本主義の形成過程は中東欧諸国のEU加盟過程と重なっていた。こうして21世紀の初めに、中東欧諸国は旧西側諸国、とりわけEU旧加盟国（EU15）に本拠を置く多国籍企業の生産・金融ネットワークに編入されるとともに、欧州連合＝EUの政策体系のなかにも組み込まれることになった。中東欧諸国のEUとの関係も、本章で考察する課題である。

　なお、前著（堀林 2014）において中東欧8ヵ国、すなわちヴィシェグラード諸国、バルト三国、スロヴェニアのグローバル経済およびEUへの編入過程と、それらの国で起きた経済危機を分析した。本章でも前著と重複する叙述を行うが、前著で取り扱わなかったブルガリア、ルーマニアについても言及するなど、前著刊行以後の研究成果も反映した叙述となるよう心がける。

I　準中心国と準周辺国への分岐と経済危機
—— 輸出志向経済と従属金融型成長 ——

1　ヴィシェグラード諸国の外資依存型資本主義

　外資依存型資本主義を形成した中東欧諸国の典型例は、ヴィシェグラード諸国であった。その先鞭をつけたのはハンガリーであり、ポーランド、チェコ、スロヴァキアがハンガリーに続いた。

　資本主義化の始点から旧西側企業の誘致に積極的であったハンガリーにおいて、外資依存の資本主義化が本格化する画期となったのは、前述した1995年の「ボクロシュ・パッケージ」である。ボクロシュは1994年に成立した社会党主導政権の財務大臣の名前（姓）であり、ボクロシュ・パッケージとは、財政赤字拡大・対外債務増大などマクロ経済指標の悪化のなかで、社会党主導政権が提示した緊縮政策（公務員削減・社会保障支出削減）、電力・ガス関連公益企業を含む国有企業と国有銀行の民営化の

促進を柱に据えた政策のことであったことはすでに述べた。このパッケージ発表以後、外資への直接売却による民営化が加速した。さらに、早くからハンガリーに進出していた旧西側諸国を本拠地とする多国籍企業を中心にして、外資によるグリーン・フィールド投資も増加した。その結果として、外資依存型資本主義がハンガリーで形成されたのである

　次に、チェコ（1993年のスロヴァキアとの分離まではチェコスロヴァキア）について言えば、資本主義化初期においてはバウチャー方式の民営化方式が採用された。それはすでに述べたように、成人国民に比較的安価で株式購入権証の役割を果たすバウチャーを販売し、購買者は所有するバウチャーの点数の範囲内で、民営化対象企業のうち希望の株式を購入できるという方法による民営化、つまり大衆株主資本主義をめざした民営化であった。しかし、バウチャー民営化にあわせて設立された投資ファンドに対して、国民の多くが自ら購入したバウチャーを売却ないし委託したため、投資ファンドにバウチャーが集中することになった。さらに、投資ファンドは銀行の傘下にあり、その銀行の株式の40％を国家が保有しているというのが1990年代半ばのチェコの所有構造であった。こうして、チェコの民営化の結果として生まれたのは大衆株主資本主義ではなくて、公私の混合所有（「混交所有」）をともなう経済であったことはすでに述べたとおりである。

　このチェコで、ハンガリーに続く外資依存の資本主義化が行われることになった契機は通貨・経済危機であった。1996〜97年に起きた経常赤字急増は、外国人投資家の不信を買った。そしてチェコ通貨（コロナ）が売られ、急落した（1997年）。この通貨危機は経済危機につながり、1997年から99年の3年間にわたってチェコはマイナス成長を記録した。危機を招いた大きな要因が「混交所有」下での企業統治の欠陥であるとされることが多かった。次のような因果連関が指摘されたのである。大企業の株主である投資ファンドは大銀行の傘下にあり、大銀行の株主である国家は企業に対する影響力を有していた。こうした状況のもとでは、大企業はたとえ損失を被っても最終的には国家に頼ることができると考え、構造改善努力を怠りがちであった。そして、製造部門の構造改善の遅れに起因する

第4章 外資依存経済のアポリア

弱い国際競争力から経常収支赤字増加がもたらされた。通貨危機と経済危機は「混交所有」の帰結であったと（池田 1999）。

こうした状況のなかで、1998年に誕生した社会民主党主導の中道左派政権は、混交所有とそこから生じる企業統治の欠陥を正すべく大企業（混交所有）と銀行（国家が支配的株主）の株式の外資への直接売却を促進する政策をとった（Chavance and Magnin 2006）。さらに、外資のグリーン・フィールド投資を促す政策をとった。こうして、1990年代末にはハンガリーと同様にチェコでも外資主導の資本主義化の道に舵が切られたのである。

ポーランドにおける国有大企業の民営化は、ハンガリーやチェコと比べて遅れた。社会主義時代から持ち越された対外債務返済に関してポーランドは債権国と交渉し、債務軽減、返済延期などの譲歩を得たこともあり、ハンガリーのような国有大企業（株式）の外資への直接売却を通じた債務返済という道を選択せず、国内資本に立脚する資本主義への道を選択した。

ポーランドの民営化の特徴の一つは、国有企業資産を従業員が買い取るというケースが相対的に多かったということである。他方で、ポーランドにも「混交所有」があった。その代表例は、電気製品の旧国有貿易独占体（＝エレクトリム）が旧取引先企業の株式を多数保有し、国家はエレクトリムの株式の16％を保有しているというものであった（1990年代半ば。Chavance and Magnin 1996）。しかし、国有企業の民営化と新規私企業設立にともなう私的セクター増大は資本主義化の初期にポーランドで顕著な傾向であり、私的セクターの健闘により同国はポスト社会主義中東欧のなかで最も早く転換不況から脱出することに成功した。

ポーランドにおいて国内資本の発展による資本主義化の道から外資に依存する資本主義化の道への転換の契機となったのは、1997年総選挙を受けての連帯系政権発足にともなうバルツェロヴィッチ（資本主義化始発政権において急進的財政緊縮・自由化政策＝ショック療法を実施した財務大臣）の財務大臣への復帰であった。バルツェロヴィッチは、反インフレ財政緊縮政策を実施するとともに、欧州委員会の支持を得て製造業企業と銀行の外資への直接売却による民営化政策を進めた。このため、外資のグ

リーン・フィールド投資も増え、ポーランドでも外資に依存する形で資本主義化が遂行された。

スロヴァキアにおいても、1998年に外資主導型民営化への舵が切られた。1992年の総選挙でスロヴァキアでは「民主スロヴァキア運動」が勝利し、メチアルが首相となった。彼は、1993年のスロヴァキア独立以降も同国の首相を続けた。メチアル政権はスロヴァキアの自立と国家主導の漸進的資本主義化をめざした。その観点から、スロヴァキアではバウチャー方式に代わって国家による国有企業の直接売却、しかもスロヴァキア国民への売却を優先する民営化政策が実施されるところとなった。さらに、インフラ投資と重工業重視の産業政策が実施された。このようにして、スロヴァキアにおいて1993年の独立後に志向されたのは国内資本に立脚する資本主義であった。

1998年には中道左派と中道右派からなる連立政権が成立し、ズリンダが首班となった。そして、ズリンダ政権（第一次）のもとで、メチアル政権とは異なる民営化政策、すなわち外資への直接売却による民営化と外資のグリーン・フィールド投資促進の道が選択され、スロヴァキアでも外資依存型資本主義化が遂行された。

以上のように、1990年代末までにヴィシェグラード諸国のすべて（4ヵ国）において、外資に依存する形の資本主義化政策が実施されるに至った。その時期は、これらの国とEUの間で加盟交渉が本格化した時期であった。そして、それが偶然でないことを銘記すべきある。

2　ヴィシェグラード諸国の発展パターン——輸出志向の準中心国経済

ヴィシェグラード諸国で外資への売却による民営化が進み、外資によるグリーン・フィールド投資が増加したことにより、経済における私的セクターの比重が高まった。1996年に私的セクターの付加価値の対GDP比は、ヴィシェグラード諸国で60％（ポーランド）から75％（チェコ）まで（ハンガリー、スロヴァキアは70％）の高い水準にあったが、2006年のその値はチェコ、スロヴァキア、ハンガリーで80％、ポーランドで75％

に達していた（Cohen 2009）。これらの国は、EUに加盟する2004年までには資本主義に転換していたと言える。

　生産水準について言えば、ポーランド、ハンガリー、スロヴァキアでは、2000年時点において1989年のGDPの水準を回復していた。そして、EU加盟が実現した2004年の各国GDPの1989年のGDPに対する比率は、ポーランド142％、スロヴァキア121％、ハンガリー120％、チェコ114％であり、すべての国においてGDPは1989年を凌いでいた（Berend 2009: 169）。

　2002〜07年まで上記4ヵ国の成長率について言えば**表11**が示すように、2002年のポーランド、チェコ、2007年のハンガリーを除いて、低い場合でも3％台（2003年のチェコの3.6％と2005年のポーランドの3.6％）、高い場合は6〜10％台（2006年のチェコの6.8％、2007年のポーランドの6.7％、2007年のスロヴァキアの10.4％。なお、2000年代のハンガリーでは2004年の4.8％が最大）にも達した。21世紀の初めの数年間の時代は、経済面で中東欧諸国の「黄金時代」であるが、ヴィシェグラード諸国についてもそう言えるのである。

　ヴィシェグラード諸国の2000年代の成長の一つの要因は、製造業部門への対内直接投資増大に起因する構造改善・競争力強化であった。さらに、ヴィシェグラード諸国には銀行部門への外資導入も多く、外資系銀行の家計および私的セクターへの融資、特に外貨建て（ユーロ建て、スイス・フラン建てなど）住宅融資が内需振興を通じて2000年代の成長に貢献した国もあった。ハンガリーがそうである。同国においては、2000年代前半に実施された賃金引き上げ、追加年金支給なども内需増加を通じて成長に貢献した。

　1989〜2005年の期間に中東欧諸国の間で、累積対内直接投資総額が最も大きかったのはポーランド（563億米ドル）であり、2位がチェコ（410億米ドル）、3位がハンガリー（370億米ドル）、4位がスロヴァキア（110億米ドル）であった（Berend 2009: 116）。

　ヴィシェグラード諸国への直接投資は、「製造業」、「金融業」、ホテル・大型量販店のような「サービス業」などすべての部門に及んだ。そして重

表11　2002〜07年の中東欧諸国の実質GDPの成長率

(単位：%)

	2002	2003	2004	2005	2006	2007
ポーランド	1.4	3.9	5.3	3.6	6.2	6.7
ハンガリー	4.1	4.2	4.8	4.0	4.1	1.1
チェコ	1.9	3.6	4.5	6.3	6.8	6.0
スロヴァキア	4.8	4.7	5.2	6.5	8.5	10.4
エストニア	7.8	7.1	7.5	9.2	10.4	6.3
ラトヴィア	6.5	7.2	8.7	10.6	12.2	10.0
リトアニア	6.9	10.2	7.4	7.8	7.8	8.9
スロヴェニア	4.0	2.8	4.3	4.3	5.9	6.8
ブルガリア	4.5	5.0	6.6	6.2	6.3	6.2
ルーマニア	5.1	5.2	8.5	4.2	7.9	6.0

出所：EBRD 2009a から作成。

要なことは、対内直接投資を通じて中東欧諸国が旧西側諸国を本拠地とする多国籍企業の生産・金融ネットワークに組み込まれたことであった。田中素香（2007）は、1990年代には旧西側諸国を本拠地とする多国籍企業によるチェコ、ハンガリー、ポーランドに対する自動車生産関連の直接投資が始まっていたこと、21世紀に入ってからは上記3ヵ国に対する事務機器、コンピューター、ラジオ、テレビ、通信機器などICT関連の直接投資が増加したこと、自動車生産関連直接投資も増加傾向にあったことを指摘している。また、最後の点と関連して、ベレンドは2006年に国民1人当たりの自動車生産台数でスロヴァキアが世界一になったことも、ヴィシェグラード諸国の世界の生産に占める位置の重要性を示すうえで重要であると指摘している（Berend 2009）。

進出してきた企業の本拠地について言えば、2004年までのヴィシェグラード諸国への直接投資累積総額の約80％は、EU15に拠点を置く多国籍企業によるものであった。このうちハンガリーではドイツ系企業による直接投資が最も多く、オランダ系企業による直接投資がそれに次ぎ、他の

3ヵ国(ポーランド、チェコ、スロヴァキア)においてはオランダ系企業による直接投資が最も多く、ドイツ系企業による直接投資がそれに次いだ。ヴィシェグラード諸国のすべての国において、3番目に直接投資が多かったのがオーストリア系企業であるが、その際、オーストリア系銀行の中東欧への進出が大きかったことに留意すべきである(田中素香 2007)。

こうして、ヴィシェグラード諸国は外資に依存しながら資本主義化を遂げた。同諸国の資本主義化は、経済が汎欧州ネットワークに編入される過程であったのである。

グレシュコヴィッチは、ヴィシェグラード諸国の輸出構造を分析しながら、チェコとハンガリーでは重工業、軽工業のいずれにおいても「複雑部門」に属する財の輸出が「基礎的部門」に属する財の輸出の比重を上回っていること、ポーランドでは軽工業において、スロヴァキアにおいては重工業において、「複雑部門」に属する財の輸出が「基礎的部門」に属する財の輸出の比重を上回っていることを指摘している。そして、そうした分析にもとづきヴィシェグラード諸国を「準中心」(semi-core)国であると規定している。その際、重工業の「複雑部門」の代表的な財は自動車関連財(製品、中間財、部品)、軽工業のそれはエレクトロニクス・家電関連財である。そして、この種の「複雑部門」の財の輸出が多い点で、ヴィシェグラード諸国は「中心国」と類似性を持つものの、中心国(=先進国)の輸出構造と比較するなら、まだヴィシェグラード諸国の輸出においては「基礎的部門」の比重も高いところから、同諸国を「準中心国」とグレシュコヴィッチは規定しているのである(なお、「複雑部門」と「基礎的部門」の詳細は後述。Greskovits 2008)。

ところで、ヴィシェグラード諸国がEU加盟を果たした年である2004年に、当該諸国の輸出の約80%はEU加盟国向け(ヴィシェグラード諸国も含むEU25向け。なお、スロヴァキアの場合が最も高く約86%、最も低いポーランドの場合も79%)であり、輸入についても約80%がEU加盟国からであった。ヴィシェグラード諸国の輸出に占めるドイツの比重は高く、いずれの国においてもそれが30%を超えていた。さらに、ヴィシェグラード諸国にとってオーストリアも重要な貿易パートナーであった。

I 準中心国と準周辺国への分岐と経済危機

　GDP に対する輸出の比率（輸出依存度）は、ヴィシェグラード諸国で高かった。2006 年のハンガリーの当該比率は 78％、チェコのそれは 76％であった。さらに、2007 年のスロヴァキアの当該比率は 86％にまで達していた。人口が多く内需の比重の高いポーランドの当該比率は相対的に低かったが、それでも 2007 年に 41％であった。したがって、ヴィシェグラード諸国の経済は輸出志向という特徴を持つと規定してよい。

　その際、ヴィシェグラード諸国の輸出を牽引したのは外資系企業であった。たとえば、外資系企業はハンガリーの工業部門輸出の 89％、ポーランドの工業部門輸出の 59％、チェコの工業部門輸出の 61％を担っていた（2003 年。Berend 2009）。

　こうして、ヴィシェグラード諸国の経済は外資系企業に強く依存するだけではなく、外資系企業の輸出にかなりのところ依存する経済になっていたのである。そして、高い輸出依存度は当該諸国において外国の経済動向の影響を強く受けやすい体質を形成していたと言える。こうして、米金融機関リーマン・ブラザーズ破綻以後の世界不況が（人口規模＝内需規模の大きいポーランドを除く）ヴィシェグラード諸国に大打撃を及ぼした要因の一つは、輸出市場（特に EU 中心国の市場）縮小であったのである。

　ヴィシェグラード諸国では、外資系企業による輸出が大きな比重を占めていたのであるが、外資系企業は輸出にとどまらず、投資、雇用においても大きな役割を果たしていた。たとえば、2003 年にハンガリーにおいて投資の 82％、雇用の 47％、ポーランドにおいて投資の 63％、雇用の 29％、チェコにおいて投資の 53％、雇用の 27％を担っていたのは外資系企業であった（Berend 2009: 115）。こうしてヴィシェグラード諸国において、外資系企業は輸出だけでなく国内経済にも大きな影響を及ぼしていたのである。

　ところで、ヴィシェグラード諸国において、2000 年代（2007 年まで）に輸出は毎年増加したものの、輸入も増加し経常収支の赤字が続いた。したがって、2000 年代の同諸国の成長を対外貿易から説明することはできない。外資系企業はヴィシェグラード諸国の投資と雇用のかなりの比率を担い、労働生産性の上昇にも貢献（2004～07 年の期間にチェコで毎年 3

第4章　外資依存経済のアポリア

〜5％の上昇、ポーランドで1〜2.7％の上昇、ハンガリーで3〜5％の上昇、スロヴァキアで3〜6％の上昇。Berend 2009: 164) することによって、当該諸国の成長に貢献したと言えるのである。

さらに、ヴィシェグラード諸国では「外銀支配」状況（田中素香 2008）も生まれた。2005年において、銀行総資産に占める外資系銀行の資産の比重は、チェコで84％、スロヴァキアで97％、ハンガリーで83％、ポーランドで74％と高かった（杉浦 2008）。このうちハンガリーにおいては、外資系銀行の外貨建て家計向け融資の増加が2000年代初めから半ばにかけての経済成長に寄与するところが大きかった。外貨建て住宅融資の増大は住宅建設増加をもたらし、また、住宅需要増加にともなう住宅価格上昇は資産効果による消費増大を促したのである。クレジット・カードの普及も消費増加に貢献した。

ヴィシェグラード諸国の銀行資産において最も高いシェアを占める外資系銀行は、第1にオーストリア系銀行、次いでイタリア系およびベルギー系銀行であり、ドイツ系銀行とフランス系銀行がそれに続いた（Barisitz 2008）。外資系銀行はヴィシェグラード諸国に立地する製造業外資系企業に資金を供給するとともに、消費者需要増大に貢献した。この点はハンガリーが典型的であるが、程度の差はあれ他の国にも当てはまる。

以上のように、ヴィシェグラード諸国は欧州の多国籍製造企業と銀行のネットワーク（「汎欧州ネットワーク」。田中素香 2007）に組み込まれるなかで資本主義化を遂げ、21世紀の初め（2007年まで）は黄金時代を享受したのである。

なお、**表11**において2007年にハンガリーで成長率が低下した（2006年の4.1％から2007年の1.1％へ）のは、2006年総選挙結果を受けて引き続き政権を担当することになったジュルチャーニ政権（当時、社会党党首。2002年からハンガリーの政権は社会党主導政権）が緊縮財政政策に転じたためであった。ハンガリーでは、2000年代初めから成長の果実を国民に配分するため、公務員給与の引き上げ、追加年金支給などの政策が実施された。それは消費需要増加を促した。他方で、財政赤字を膨らませた。EUからの警告もあり、ハンガリーは2006年から緊縮政策に転じた

結果、世界同時不況が起きる前から同国では経済減速が始まり、2007年の成長率は1.1％と、他の中東欧諸国と比べ低かったのである。

3 バルト三国の従属金融型発展パターンと純粋な新自由主義
──「準周辺国」経済

　バルト三国が1990年代に新自由主義的な資本主義をめざす国内政策をとったことは、第3章で述べたので繰り返さない。ただ、新自由主義的施策の具体的な表れが、厳格なマクロ安定化政策、累進課税を否定する均等税の早い時期からの導入、低い社会保障支出水準などであったことを再度指摘しておく。

　民営化政策について言えば、エストニアは外資を含むアウトサイダー（企業外部者）への直接売却とインサイダー（経営者、従業員＝被用者）向け売却を併用する民営化政策をとった。そして、資本主義化初期に従業員への売却が民営化の20％を占めたものの、その後は企業外部者への売却が民営化の主な方法となった（Buchen 2007）。ラトヴィアでは企業外部者への売却、リトアニアではバウチャー民営化が主な民営化方式であった（Lórant 2009）。民営化方式でそれぞれ異なったバルト三国であるが、貿易自由化は進めるものの、製造業の構造改革に国家が関与しないという政策スタンスにおいて共通しており、その結果、いずれの国においても、輸出競争力強化に向けた製造業の構造改善は進まなかった。

　バルト三国において外資への売却を通じた民営化が進み、外資によるグリーン・フィールド投資が増加したのは、EU加盟交渉が開始される1990年代末以降のことである。しかし、エストニアの電気通信部門（ICT）への対外直接投資を除けば、製造業の構造改善につながるような外資流入はバルト三国では顕著でなかった。他方で、対内直接投資の国民経済に及ぼす影響が大きかったのは金融部門であった。

　すなわち、2000年代初めのバルト三国の高い成長は、外国銀行による家計向け融資拡大による住宅・消費ブームによって生まれたものであった。外国銀行の融資拡大から生まれる住宅・消費ブームはヴィシェグラード・

第4章　外資依存経済のアポリア

グループに属するハンガリーでもみられたが、ハンガリーでは外資主導による製造業の構造改善も成長に貢献した。この点で、バルト三国とハンガリーの経済は区別される。以下で、この点との関わり、バルト三国の事例を述べておこう。

　上で述べた中東欧の「黄金時代」、すなわち2000年代の世界金融危機以前の時期において、最も高い成長を実現したのはバルト三国であった。EU加盟の年である2004年から07年までについて言えば、先の**表11**に示されているようにエストニアの成長率が7.5％（2004年）、9.2％（2005年）、10.4％（2006年）、6.3％（2007年）、ラトヴィアの成長率が8.7％（2004年）、10.6％（2005年）、12.2％（2006年）、10％（2007年）、リトアニアの成長率が7.4％（2004年）、7.8％（2005年）、7.8％（2006年）、8.9％（2007年）であった。こうした高い成長率を誇るバルト三国は当時「バルトの虎」と形容された。

　バルト三国の主な成長の源泉は、内需の増加であった。その内需形成にあたって大きな役割を果たしたのが外資主導の金融部門であった。

　EU加盟交渉過程においてバルト三国への対内直接投資も増加し、「1人当たり累積対内投資額」の大きさについて言えば、2004年のEU新加盟の中東欧8ヵ国（ヴィシェグラード4ヵ国、バルト三国、スロヴェニア）のなかで、エストニア2位、ラトヴィア5位、リトアニア8位であった（Berend 2009: 116）。中東欧8ヵ国のなかでみれば、リトアニアの1人当たり累積対内投資額は最下位であったものの、その規模はブルガリアとルーマニアを上回るものであった。

　ここで留意すべきは、対内直接投資の規模もさることながら、対内直接投資の国民経済への影響であり、バルト三国の外資導入で大きな役割を果たしたのは金融部門であり、製造業の構造改善に果たす外資の影響は小さかったということである。銀行総資産に占める外資系銀行の資産の比重は、2005年にエストニアで99.6％に達していた。ラトヴィアで57.9％、リトアニアで91.7％に達していた（杉浦 2008）。2000年代半ばまでに、バルト三国において「外銀支配」状況が生まれていたのである（田中素香 2007）。バルト三国に進出していた主な外国銀行は、スウェーデンの銀行

であった。なお、バルト三国のなかでラトヴィアの外資系銀行の比重が相対的に低かったのは、ラトヴィアが主要銀行のパレックス銀行（Parex Bank）を国内銀行として活動させたからであった。

　外国銀行はバルト三国の現地法人を通じて、バルト三国の通貨よりも金利の低いユーロ建ての家計融資、特に住宅融資を行った。バルト三国において住宅ブームが起き、2002～06年の期間に住宅価格は毎年24～36％のペースで上昇した（Bohle and Greskovits 2012: 134）。住宅価格上昇は、住宅建設・不動産部門の活況および資産効果による消費ブームを生み出した。これらがバルト三国の高度成長の要因であった。

　2008年の世界金融危機がバルト三国に波及し、信用収縮から実体経済も悪化したが、バルト三国における経済危機は住宅バブル崩壊の結果でもあり、その点から言えば経済危機は国内要因から生じたものであった。IMFや国際金融の専門家は、2008年より前からバルト三国の住宅バブルに関する懸念を表明していた（Enoch and Ökter-Robe 2007；田中素香 2007）。

　他方で、バルト三国への製造部門への対内直接投資の構成について言えば、ハイテク部門への投資は少なく、食品、繊維・衣類、木材加工、石油化学、鉄鋼部門への投資の比重が高かった。バルト三国の製造業に直接投資を行っていた主要国は、スウェーデン、フィンランド、デンマークであった（田中素香 2007）。

　グレシュコヴィッチは、重工業の「基礎的部門」（鉱物採取、エネルギー・金属生産部門）と軽工業の「基礎的部門」（繊維・衣類、木材加工、靴下、玩具、家具生産部門）の輸出を、重工業の「複雑部門」（自動車製造、造船、航空機製造、機械設備製造部門）と軽工業の「複雑部門」（電子・電機、軽機械製造部門）の輸出を比べ、バルト三国の輸出財構造においては重工業、軽工業を問わず「基礎的部門」の財が占める比重が「複雑部門」の財よりも大きいことを示し、こうした輸出構造の態様からバルト三国を「準周辺」国と規定した（Greskovits 2008）。

　旧ソ連・東欧諸国のなかで比較すれば、ヴィシェグラード諸国ほど「中心国」に近い輸出構造ではないが、ロシアなど多くの旧ソ連構成共和国ほ

第4章　外資依存経済のアポリア

ど「周辺国」に近い輸出構造でもないというのがバルト三国の位置であった。

このように、バルト三国では対内直接投資による製造業の構造改善の度合いは低く、外資による製造業の労働生産性向上や競争力強化が当該諸国の黄金時代の成長の主な要因ではなかった。上で述べたように、金融部門の融資増加で作られた需要による成長、その意味で金融主導型成長、すでに述べた「民営化されたケインズ主義」が2000年代のバルト三国の発展方式であったのである。

上で見たように、ハンガリーでも外資系金融機関による家計への住宅融資増大が黄金時代の成長の一つの要因であったけれども、同国では外資による製造業の構造改善と公務員賃金上昇と年金増額など社会保障の改善による内需増加もまた成長要因であった。これに対し、バルト三国では外資による製造業の構造改善の効果が乏しかっただけでなく、社会保障拡充の動きもなかった。1989年から95年の時期のバルト三国の社会保障支出の対GDP比が平均15.5％であったのに対して（前述）、1999年から2006年の対応する比率も14.6％であったことも、バルト三国の社会保障の貧弱さを示している（Bohle and Greskovits 2012）。ボーレとグレシュコヴィッチは、バルト三国において、1990年代初頭からの「純粋な新自由主義」は2000年代にも継承されたと述べているが、それを否定する事実はない。

しかし、2000年代のバルト三国の政策は、1990年代の政策そのままの継承というわけではなかった。ラトヴィア、エストニアのロシア語話者排除の政策が、EU加盟交渉過程において批判されたこともあり、両国で2000年代にはアイデンティティ・ポリティクスを新自由主義的な資本主義化の社会的コストへの人々の不満をそらせる施策として用いることは困難になっていたとボーレとグレシュコヴィッチは指摘している。そして、そうした困難から両国政権担当者を救ったのが、外資系銀行の外貨建て家計融資の増大による住宅（および消費）ブームであったとしている。すなわち、社会保障など国家財政支出拡大に依らないで「民営化されたケインズ主義」を通じて国民の多くの生活改善がなされたのである。そして、こ

の生活改善により国民の「純粋の新自由主義」批判は緩和された（Bohle and Greskovits 2012）。

　さらに、ボーレ／グレシュコヴィッチは、リトアニアも含め 2004 年から 07 年にかけてバルト三国から EU15（旧加盟国）へのかなりの数の移民があり、エストニア、ラトヴィアにおいて移民に占めるロシア語話者の比重が高かったことが、両国におけるアイデンティティ・ポリティクスを薄める要因となったとも指摘している。すなわち、2004～07 年の間に EU15（旧加盟国）への移民は、エストニアで毎年約 7000 人、ラトヴィアで約 2 万人、リトアニアで約 4 万 2000 人を記録した（Bohle and Greskovits 2012）。なお、バルト三国はいずれも人口の少ない国であり（2013 年にエストニアは 132 万人、ラトヴィアは 210 万人、リトアニアは 296 万人。出所は世界銀行）、こうした数の EU 旧加盟国への人口移動でも、国内経済に及ぼす影響は小さくなかったことに留意すべきである。

　以上のボーレ／グレシュコヴィッチのバルト三国の発展方式と社会経済に対する以上のような見方は的を射たものである。

　バルト三国の 2008 年第 4 四半期から 2009 年にかけての経済危機について言えば、ヴィシェグラード諸国よりも大きいものであった。上で述べたように、世界金融危機の影響が大きかったのはもちろんであるが、それとともにバルト三国ではハンガリーと同じように、外資系が圧倒的な比重を占める銀行の外貨建て家計融資が住宅・消費財バブルを生み出しており、その崩壊が不況要因として大きかったことにも注意すべきである。

　ボワイエは、世界の成長体制を 7 つに類型化し、世界金融危機以前に外資系銀行が大きな役割を果たしていた国を「従属金融型」成長体制の国としている。そこに分類されるのが、旧西側ではアイルランド、アイスランドであり、中東欧ではハンガリーとバルト三国である（ボワイエ 2011）。2007～08 年の（世界）金融危機は、「金融支配型」（ボワイエ 同上）の米国、イギリスの失敗の端的な表現であったが、同時にその時期にはバルト三国を含む「従属金融型」成長方式の失敗も明らかになったのである。なお、「金融支配型」成長体制、「従属金融型」成長体制の双方とも「金融主導型資本主義」や「民営化されたケインズ主義」に近い概念である。

第4章　外資依存経済のアポリア

　世界金融・経済危機はルーマニアとブルガリアの南東欧経済をも直撃した。それだけでなく、ポスト社会主義時代に社会的コストの小さな資本主義を形成していたスロヴェニアにも打撃を与えた。次に、危機に入る前の南東欧経済を見てみる。

4　スロヴェニアとネオ・コーポラティズムとブルガリア、ルーマニアの非力な国家

　ボーレとグレシュコヴィッチの中東欧の資本主義多様性論は、初めヴィシェグラード諸国、バルト三国およびスロヴェニアの8ヵ国を対象とするものであったが、2012年の彼らの刊行書はこれにブルガリア、ルーマニア、クロアチアを加え11ヵ国を比較分析している。そして、スロヴェニア、ブルガリア、ルーマニア、クロアチアを南東欧諸国とし、なぜスロヴェニアでネオ・コーポラティズムが形成されたのか、他の3つの国ではなぜ安定した資本主義の形成が遅れたのかを問うている。そしてブルガリア、ルーマニア、クロアチアの資本主義の特質も明らかにしている（Bohle and Greskovits 2012）。

　資本主義の枠組みを形成する能力を持っていたヴィシェグラード諸国、バルト三国、スロヴェニアと異なり、ブルガリア、ルーマニア、クロアチアの3ヵ国は、それぞれ事情は異なるが、総じて国家が非力であり、1990年代には資本主義に必要な諸制度の形成が遅れた。しかし、EU加盟過程（ブルガリアとルーマニアは2007年加盟、クロアチアは2013年加盟）において同3ヵ国でも行政能力が向上し資本主義システムの形成が進んだ。そして、ブルガリア、ルーマニアの資本主義はバルト三国の「純粋な新自由主義」に近く、クロアチアの資本主義はヴィシェグラード諸国の「埋め込まれた新自由主義」に近いものになっているというのが、ボーレとグレシュコヴィッチの見解である。

　ブルガリアとルーマニアの資本主義がバルト三国に近いという見解は、他の論者によっても指摘されている。そして、その一つの根拠は、南東欧の2つの国とバルト三国はいずれも、外国銀行の金融部門支配があるだけ

でなく、製造業部門の構造が「準周辺」国のそれであるという点にある(Myant and Drahokupil 2011)。なお、ブルガリアとルーマニアの銀行総資産に占める外資系銀行資産の割合は、2008年にそれぞれ83％と80％と高い率に達していた（ECB *Structural Indicators for the EU Banking Sector*, January 2010)。

以下では、これらの見解をふまえ、クロアチアを除く南東欧3国（スロヴェニア、ブルガリア、ルーマニア）の動向を見てみる。

スロヴェニアにおいては、中道左派政権主導で社会主義時代からの経路依存性が鮮明な資本主義化政策がとられたことは、本書第3章で述べたとおりである。再度記しておくと、スロヴェニアは1990年代前半に自主管理社会主義の遺産にもとづき労使妥協制度を構築した。すなわち、中央レベルでの労使団体交渉制度と企業内の共同決定制度を整備した。また、同国は政府・経営者団体・労働組合による三者協議制度も設けた。スロヴェニアの最初の総選挙で成立したのは右派連立政権であったが、それ以降、長らく中道左派連立政権が続き、そのもとで同国では経営者団体と労働組合が社会的パートナーとして協力しながら漸進的に資本主義化を図る「ネオ・コーポラティズム」路線がとられた。

これに対して、1990年代初めには労働組合の力が相対的に強かったブルガリア、ルーマニアでも三者協議制が導入され、それが一定の役割を果たした。しかし、経営者団体と労働組合の妥協を組織する国家の力が弱かったため、この2国ではネオ・コーポラティズムは形成されなかった。社会主義時代のエリート層の利害に左右される両国の政府は、どの型の資本主義を組織するかという選択を明らかにするという以前に、そもそも資本主義化のための課題を遂行する能力を持ち合わせていなかった。

民営化について言えば、スロヴェニアにおける民営化は、インサイダー優先（経営者および従業員への売却）で緩やかなペースで実施された。それでもGDPに占める私的セクターの付加価値の比重は、1996年にすでに55％に達していた。そして、2006年には65％になった。この時までにスロヴェニアで資本主義は形成されていたのである。ブルガリアとルーマニアの民営化についても、1990年代はインサイダー優先で実施された。

第4章　外資依存経済のアポリア

ペースは緩やかであった。1996年のDPに占める私的セクターの付加価値の比重は、両国とも55%であった。

　その後、上記の数値は2006年にはルブルガリア75%、ルーマニア70%に増加していた（Cohen 2009）。2007年のEU加盟までに両国でも行政能力が向上した。それにより民営化が進み、EU加盟過程を果たした南東欧の2国（ブルガリア、ルーマニア）においても資本主義が成立した。

　1990年代以降のスロヴェニアとブルガリア、ルーマニアとの間の大きな差異は社会保障水準にあった。スロヴェニアの1989～95年の社会保障支出の対GDP比は24.6%（年平均）であり、ヴィシェグラード4ヵ国平均（年平均、21.1%）、バルト三国平均（年平均、15.5%）を上回るものであった（前述）。これに対して、ブルガリアとルーマニアの社会保障支出の対GDP比（両国平均）は、1989～95年に15.1%（年平均）であり、バルト三国（平均）とほぼ同じで、国際比較で見ると低い水準にあった。1999～2007年の社会保障支出の対GDP比は、スロヴェニア23.8%（年平均）に対して、ブルガリアとルーマニアの両国平均が14.6%（年平均）であり、1990年代の傾向は2000年代にも続いた（Bohle and Greskovits 2012）。

　こうして、南東欧のうちスロヴェニアとブルガリア、ルーマニアとの間で資本主義化の道は異なっていた。ブルガリアとルーマニアの資本主義は、社会保障水準が低いことでバルト三国のそれに近いものであった。また、2000年代にブルガリアとルーマニアは金融主導型（従属金融型）成長を遂げたが、その点もバルト三国と似ていた。次に、南東欧3ヵ国の成長パターンを見てみる。

5　スロヴェニアの輸出志向経済とブルガリア、ルーマニアの従属金融型成長

　中東欧諸国の黄金時代に、南東欧諸国も高い成長を遂げた。先の**表11**が示すように、2004年から07年について言えば、スロヴェニアの成長

率は 4.3%（2004 年）、4.3%（2005 年）、5.9%（2006 年）、6.8%（2007 年）であった。ブルガリアは 6.6%（2004 年）、6.2%（2005 年）、6.3%（2006 年）、6.2%（2007 年）、ルーマニアは 8.5%（2004 年）、4.2%（2005 年）、7.9%（2006 年）、6%（2007 年）であった。

　社会主義時代から旧西側諸国との結びつきが強かったスロヴェニアは、旧西側諸国との貿易を強めたものの、旧西側諸国からの外資導入については選別的な立場で臨んだ。すなわち、製造業の構造改善に必要な外資導入には積極的であったが、ガス・水道・輸送・電信など公益部門においては外資導入に積極的ではなかった。商業銀行の外国銀行への売却・民営化にも慎重であった。こうして、2005 年に銀行（総資産）に占める外資系銀行（資産）の比重は、中東欧諸国のなかで最も高いエストニアが 99.4%であったのに対し、スロヴァニアは 21.4%であった（杉浦 2008）。

　したがって、スロヴェニアでは、バルト三国やハンガリーのように外銀主導の家計部門への過剰融資という問題は起きなかった。しかし、外国から国内銀行が借り入れを行い、不動産や建設業に過剰に融資する成長パターンがスロヴェニアでもあったことが、2007〜08 年の世界金融危機以後に判明した（詳しくは小山 2014）。他方で、2008 年以後のスロヴェニア経済危機は、輸出市場の縮小からも生じた。チェコ、スロヴァキア、ハンガリーほど輸出への依存が高いわけではないが、スロヴェニアの輸出依存度は 60%（2004 年）であり、ポーランドの 41%（2007 年）よりは高かった。スロヴェニアの輸出の 73%、輸入の 84%は EU25 向けであり(2004 年)、貿易パートナーとしてはドイツ、オーストリア、イタリアが重要であった。

　外資導入に選別的態度で臨んだスロヴェニアであるが、2000 年当時に高い技術を要する「複雑部門」における 1 人当たり対内直接投資累積額について言えば、スロヴェニアはハンガリーに次いで大きく、チェコ、ポーランドを凌いでいた（Bohle and Greskovits 2012）。スロヴァニアもグローバル経済、汎欧州経済に組み込まれながら資本主義化したと言えるのである。そして、複雑部門に流入する外資によって構造改善がなされた結果、スロヴェニアもヴィシェグラード諸国と同じく国際分業上の「準中心

第4章 外資依存経済のアポリア

国」の地位を占めるようになっていた。

　外資流入が増加した1999～2007年の期間においても、前述したようにスロヴェニアの社会保障支出は対GDP比23.8%（年平均）であり、中東欧諸国のなかでは最も高い水準を維持した。社会的包摂度の高い資本主義という特徴は、2000年代にもスロヴェニアで残っていた。しかし、2000年代の半ばに労使協調体制とそれを支援する政府の姿勢が弱まるなど、スロヴェニアのネオ・コーポラティズムの浸食が起きており、それが2008年以後の危機を深くする一因となった（後述）。

　次に、ブルガリアとルーマニアの成長率は、スロヴェニアを上回るものであった。しかし、銀行総資産の80%を占めるに至っていた外資系銀行による住宅・耐久消費財向け家計融資の増加が、両国の高い成長率の主な要因であった。そして、世界金融危機により両国の「従属金融型」発展パターンは終焉を迎えた。2009年のブルガリアとルーマニアの成長率はマイナスとなった。ブルガリアがマイナス4.2%、ルーマニアがマイナス7%であった。その後、ブルガリアは2010年、ルーマニアは2011年に経済回復に向かった。しかし、2014年の両国の成長率はヴィシェグラード諸国と比較してまだ低いものであった。ブルガリア1.5%、ルーマニア3%である。ヴィシェグラード諸国について言えば、2014年にハンガリー3.7%、ポーランド3.3%、チェコ2.7%、スロヴァキア2.5%であった。

　ブルガリア、ルーマニア経済の回復が緩やかであることの要因として、「複雑部門」への外資流入がヴィシェグラード諸国やスロヴェニアと比較して比べて少なく、産業構造改善が遅れていることがある。前述したように、中東欧諸国のなかで、1989～2004年の期間の累積対内直接投資額（1人当たり）が最も多かったのがチェコの4000米ドル、次いでハンガリーの3700米ドルであった。それに対して、ブルガリアは1000米ドル、ルーマニアは750米ドルであった（Berend, 2009）。そして両国に対する外国からの直接投資は、ヴィシェグラード諸国の場合のように、自動車や電気・電子製品生産など「複雑部門」に向けられるというよりも、単純工程の「基礎的部門」に向けられる傾向にあった。

　こうして、産業構造改善はヴィシェグラード諸国よりも遅れており、ブ

ルガリアとルーマニアの2ヵ国は国際分業上「準周辺国」と位置づけられる。また、前述したように両国の社会保障水準は2000年代も低く、社会保障支出の対GDP比（両国平均）は1999〜2006年に14.6%（年平均）であり、ヴィシェグラード諸国の20%（4ヵ国平均、年平均）、スロヴェニアの23.8%（年平均）よりもかなり低かった。

産業構造の遅れや社会保障水準の低さ、2000年代の「従属金融型」成長とその挫折など、南東欧2ヵ国はバルト三国と似た資本主義と発展軌道を辿ってきた。次に、中東欧における経済危機発生と、危機以後の動向を見てみる。

6　経済危機と政治の右傾化

2006年からハンガリー経済は低迷し、世界金融危機波及以前にラトヴィアの住宅バブルは崩壊していた。2008年のリーマン・ブラザーズ破綻に続く世界的信用収縮と市場の縮小から中東欧の経済危機を経験した。**表12**が示すように、ポーランドを除き、2009年の中東欧各国のGDPは対前年比マイナスとなった。

2010年にはブルガリアとラトヴィアを除き、中東欧経済は回復基調に入った。しかし、欧州債務危機のなかでスロヴェニア、ハンガリー、チェコの2012年の成長率は再度マイナスになるなど、中東欧経済は困難を経験した。

その後、2014年にはスロヴェニア、ハンガリー、チェコの成長率（実質GDP）はそれぞれ3.1%、3.7%、2.7%となり、全体として見るなら中東欧経済はEU中心国経済よりも高い成長率を記録した。

他方で、ハンガリーに次いで2015年にはポーランドにも右翼ナショナリスト政権が発足し、両国における反民主主義的施策はEU中心国と摩擦を起こしている。経済危機を乗り切ったが、いくつかの国の政治の右傾化が懸念されるというのが、中東欧の現況であると言ってよい。

まず、2008年9月以後の中東欧の経済についてみてみよう、主にEU旧加盟国に本拠を置く銀行の現地法人、つまり中東欧諸国から見れば外資

第 4 章　外資依存経済のアポリア

表 12　2008〜14 年の中東欧諸国の実質 GDP の成長率

(単位：%)

	2008	2009	2010	2011	2012	2013	2014
ポーランド	4.2	2.8	3.6	5	1.6	1.3	3.3
ハンガリー	0.8	−6.6	0.7	1.8	−1.7	1.9	3.7
チェコ	2.7	−4.8	2.3	2	−0.8	−0.5	2.7
スロヴァキア	5.7	−5.5	5.1	2.8	1.5	1.4	2.5
エストニア	−5.4	−14.7	2.3	7.6	4.3	1.4	2.8
ラトヴィア	−3.6	−14.3	−3.8	6.2	4	3	2.4
リトアニア	2.6	−14.8	1.6	6	3.8	3.5	3
スロヴェニア	3.3	−7.8	1.2	0.6	−2.7	−1.1	3.1
ブルガリア	5.6	−4.2	0.1	1.6	0.2	1.3	1.5
ルーマニア	8.5	−7.1	−0.8	1.1	0.6	3.5	3^p

注：p は暫定値。
出所：Eurostat 2016 から作成。

系銀行が支配的役割を果たしているヴィシェグラード諸国やバルト諸国においては、リーマン・ブラザーズの破綻以後の世界的信用収縮が瞬く間に国内融資（対家計および住宅・不動産部門）縮小を通じて内需低迷をもたらした。国内銀行が外国銀行からの借り入れにより家計住宅融資と住宅建設部門への融資を拡大させていたスロヴェニアにおいても、国内融資縮小で内需低迷が起きた。

さらに、輸出依存度の高い大方のヴィシェグラード諸国とスロヴェニアでは、輸出の減少も不況要因となった。但し、中東欧諸国のなかで相対的に輸出依存度が低く（41%、2007 年）、人口規模が大きいポーランド（3848 万人、2014 年）は 2009 年以後もプラスの成長率を維持した。同国の 2008 年から 2011 年までの成長率は低い年でも 2.8%（2009 年）、高い年には 5%（2011 年）もあった。しかし、そのポーランドでも欧州債務危機の影響もあり、2012 年と 13 年には成長が減速した（1.6% と 1.3%）。

信用収縮と住宅バブル崩壊にともなう内需大幅減少により、バルト三国

の実体経済悪化は中東欧諸国のなかで最大となった（2009年、ラトヴィアのGDPは対前年比14.3％減少、エストニアでも14.7％減少、リトアニアでは14.8％減少。**表12**参照）。

バルト三国の実体経済の不況は大きかったが、これらの国はEU加盟以後ERMIIに入り、自国通貨をユーロとペッグしていたので、資金流出にともなう通貨危機を経験することはなかった。また、スウェーデン系銀行が金融部門を支配し撤退しなかったため、金融機関破綻の連鎖という意味での金融危機に見舞われることもなかった。

しかし、大きな国内（土着）銀行パレックス銀行（Parex Bank）への資本注入のため、ラトヴィアはEUとIMFに協調融資を申請し、2009年1月に世界銀行やスウェーデンなどを含め大型金融支援を受けることになった。それと引き換えに、ラトヴィア政府は不況にもかかわらず緊縮財政を強いられ、増税、公務員削減などの施策を実施した。エストニア、リトアニアも緊縮政策を実施した（Bohle and Greskovits 2012）。

このように2008年に起きた世界経済不況とそれに続く欧州経済停滞のなかでも、バルト三国は資本主義化の初期からの新自由主義的政策を継続したのである。緊縮政策の結果として、3国ともマクロ安定化に関わる条件を満たし、ユーロ圏のメンバーとなっている（エストニアは2011年、ラトヴィアは2014年、リトアニアは2015年以後）。

しかし、新自由主義的経済政策およびその端的な表れである緊縮政策に起因して、バルト三国は貧困・物質的剥奪・労働時間によって測定される「貧困ないし社会的排除リスクに見舞われている人々」の比重（指標）において高い値を示している。2010年にそれは、ヴィシェグラード諸国やスロヴェニアと比べ、かなり高い値であった。2014年に関しては、中東欧のEU加盟国のなかで、バルト三国の数値はブルガリア、ルーマニア、ハンガリーに次いで高い数値であった（出所は欧州統計局）。

成長率について言えば、バルト三国は2008年以後2010年までは対前年比で低下または停滞していた。2011年と12年に欧州のなかでは相対的に高い成長率をおさめ、2011年のエストニア、ラトヴィア、リトアニアの成長率はそれぞれ7.6％、6.2％、6％と高かった（**表12**参照）。その

第4章　外資依存経済のアポリア

ような高い成長率は、2008年と09年の落ち込み幅が大きかったことの反動という要素が大きい。2014年のGDPの成長率は、エストニア2.9％、ラトヴィア2.4％、リトアニア3％であった。

ヴィシェグラード諸国は、2008年の世界金融危機による（住宅融資縮小を含む）信用収縮と世界同時不況にともなう輸出減少により経済的打撃を受けた。しかし、金融危機以前の政治経済状況の相違により、打撃の規模および危機管理の態様、危機後の政治過程は各国で異なる。

2006年から財政緊縮政策を実施し、すでに2007年に経済停滞に陥っていたハンガリーの経済的打撃が最も大きかった。それに加え、民主主義からの後退、政治の右傾化の点でハンガリーは突出している。こうしてハンガリーとドイツなどEU中心国との政治的摩擦も大きい。社会党主導政権の2006年からの緊縮政策実施にもかかわらず、2007年にもまだハンガリーの財政赤字はGDPの4.9％、対外債務はGDPの97％に達していた。また、外貨建て住宅融資の住宅融資に占める比重は70％であり、ヴィシェグラード諸国のなかで最も高い数値であった（出所はEBRD 2009b）。

世界金融危機によりハンガリー通貨フォリントは大幅に下落し、資本流失により債務危機（国債償還困難）に陥ったハンガリーはIMFとEUに緊急融資を申請し、2008年末にIMF、EUと世界銀行は緊縮政策と引き換えに同国への融資を決めた。しかし、フォリントは2009年にも下落した。

中東欧諸国に進出している欧州系銀行が進出先で再融資を行うことなど、一連の支援の施策で合意に達したこと（「ウィーン・イニシアティブ」。高田 2011参照）により金融危機は回避されたものの、通貨安のため家計の外貨建て融資返済額が増加したことも響いてハンガリーの消費は落ち込み、住宅建設数も減少した。輸出も減少し、2009年のGDPは対前年度比で6.6％も減少した。2010、11年にはわずかながらもプラス成長を記録したが、欧州債務危機の影響でハンガリーの成長率は、2012年に再度マイナス1.7％となった（**表12**参照）。その後、経済は回復し、2014年の成長率は3.7％となった。それは、同年のヴィシェグラード諸国の成長率のなかでは最も高い数値である。

I 準中心国と準周辺国への分岐と経済危機

　他方で、2000年代半ばのハンガリーの失業率は、中東欧諸国のなかでは相対的に低い値（6.1％、2004年）であったのであるが、2008年以後、失業率は急上昇し、2013年3月には10.5％となった。その後、2014年に失業率は6％に低下している。しかし、「貧困ないし社会的排除のリスクに見舞われている人々」の比重（指標）において、ハンガリーはブルガリア、ルーマニアに次いで数値が高い国となっている。

　不況と生活条件悪化のなかで、社会党は下野に追い込まれた。すなわち、2010年の総選挙の結果を受けてフィデスが政権主導政党となった。1998～2002年に政権を担当した当時、フィデスは中道右派政党であったが、2010年までには右翼ナショナリスト、権威主義政党に転じていた。2010年総選挙ではフィデスが議会第1党となるだけでなく、極右政党「ヨッビック」が議会第3党となった（社会党は第2党）。

　フィデス主導政権はその後、復古主義な憲法制定、憲法裁判所の権限縮小、マスコミ統制など民主主義を後退させる政策を実施してきた。2015年夏の終わりに難民の入国制限強化措置をとったハンガリーは、現在はポーランドと並んで中東欧における右翼の砦ともいうべき存在になっている。

　そのポーランドでは、2005年にカトリック政党の「法と公正」と右翼ナショナリスト政党「ポーランド家族連盟」、左派農民政党「自衛」からなる連立政権が誕生したが、同政権は短命であり、2007年に中道右派「市民政綱」（PO）主導政権が成立した。これにより、世界金融危機に実務的に対応できる政治体制となっていたことが、ポーランドにとっては救いであった。しかし、ハンガリーと同じく、戦前に右翼権威主義統治の経験を持つポーランドでは、2015年の10月に再度「法と公正」が政権の座に就くという事態が起きてしまった。同政権は、メディア支配など右翼権威主義政治を行い、EUからその反民主主義を批判されている。

　チェコにおいては市民民主党（中道右派）と社会民主党（中道右派）が競ってきたが、同国には互いを敵とするような政治文化はない。とはいえ、チェコの政権（2014年以後社会民主党が政権与党）、スロヴァキアの政権（2012年以後左派政党スメルが政権与党）も、難民の入国規制強化で

はハンガリーやポーランドの右翼権威主義政権と歩調を合わせるといった状況が見られるのが現状である。

経済について言えば、2007年にポーランドもチェコも財政赤字はGDPの2％以下、対外債務もGDPの60％以下であった（EBRD 2009b）。また、外資系銀行の外貨建て住宅融資の住宅融資に占める比重はチェコの場合0.1％、ポーランドで40％であり、バルト三国やハンガリーと比べ低かった（エストニア、ラトヴィアは80％台。ハンガリーは70％。Bohle and Greskovits 2012）。

2009年にポーランドはプラスの成長を維持（2.6％）、2010年に3.6％、2011年には5％の成長を記録した（**表12**）。2012年にポーランド経済は減速したものの、プラス成長を維持した。2014年のポーランドの成長率は3.3％であり、EU平均1.4％をはるかに上回っていた。ポーランドのこの間の相対的に良好な成長実績の要因としては、他の中東欧諸国と比べて内需が大きいこと（人口規模が大きいことと、相対的に輸出依存度が低いこと）、2007年から13年の中期財政枠組みにおいて、EU結束基金（格差是正基金）から加盟国で最大の673億ユーロを配分されたこと、国内通貨安（輸出に有利）などがあったことなどを指摘できる。しかし、相対的に良好な成長実績にもかかわらず、ポーランドの失業率は高い水準にあった（2012年8.9％、2013年9.1％、2014年8.1％。但し、EU加盟国の平均失業率は2014年に10.2％であり、ポーランドの失業率より高かった）。これも2015年のポーランド総選挙における中道右派の敗北、右翼権威主義政党の勝利の背景であった。

チェコは2009年に成長率がマイナス4.8％という打撃を受けたが、2010年に2.3％、2011年に2％の成長を記録した。2012年に再度マイナス0.8％となったが、それは（経済危機直後の）財政刺激政策から緊縮政策への転換と、最大の貿易パートナーであるドイツの経済減速（欧州債務危機に起因）に依るものであった。しかしその後、チェコの経済状況は改善し、2014年には2.7％の成長を記録している。

スロヴァキアでは2002年からの第二次ズリンダ政権のもとで、バルト三国に次ぐ均等税制度導入、一部民営化を含む年金制度改革、失業手当受

給資格の制限など新自由主義政策が実施された。その後、2006年総選挙の結果、左派政党のスメルが主導する政権が誕生し、フィツォが首相となった。そして、このスメル主導政権のもとで政府と労働組合との関係が修復された。2009年にスロヴァキアはユーロ圏入りを果たした。

2007年にスロヴァキアの財政赤字はGDPの1.9%、対外債務は52%、外貨建て住宅融資の住宅融資総額に占める比率は2.8%と、いずれも相対的に低い数字を示していた。世界金融危機の波及で、2009年のスロヴァキアの成長率はマイナス5.5%となった。フィツォ首相のもとで景気刺激策と輸出部門支援策が実施された結果、2010年には5.1%の成長をおさめるなど経済は回復した。

2010年総選挙でスメルは第1党となったものの、連立相手が敗北した結果、政権は右派国民党主導のものに代わった。政権交代による経済への影響が懸念されたが、スロヴァキアは2011年に2.8%の成長を記録した。2012年繰上げ総選挙でスメルが勝利し、フィツォが首相に返り咲いた。フィツォ首相は左派政党の指導者であるが、すでに述べたように、ハンガリーやポーランドの現右翼政権と同様、難民受け入れに消極的な態度を表明している。

以上は経済危機以後のヴィシェグラード諸国の政治と経済動向であるが、2008年以後の社会保障制度の変化について言えば、ハンガリーにおいて主に財政状況改善の観点から、2010年末に年金制度の再国有化が実施されたこと（前述）が最も大きな動きであった。

2008年以後2013年までの間の経済と生活に関わる指標が思わしくなかったのがスロヴェニアである。2007年にユーロ圏に入ったスロヴェニアの同年の財政収支は黒字であった。しかし、対外債務は多く、2007年にGDP比100%に達していた。前述したように、外国銀行から借り入れた資金を用いて国内銀行が住宅部門・不動産部門と家計向け融資を増加させていたことがその要因であった。世界金融危機に直面し、国内銀行が融資を縮小した結果、2009年住宅関連投資は対前年比20%低下した。それに加え世界同時不況により、輸出も対前年比で10%も減少した。こうしてスロヴェニアの成長率は、2009年にマイナス7.8%を記録した。不

良債権を抱えた銀行に対する公的資金注入と景気刺激策により、同年のスロヴェニアの財政赤字の対GDP比は6％となった。

スロヴェニアは2010年には1.2％、11年には0.6％と、低水準ながらもプラスの成長率を示した。しかし、欧州債務危機の影響を受けた2012年の同国の成長率はマイナス2.7％となった（**表12参照**）。これとも関係して、スロヴェニアの失業率は2008年以後徐々に上昇し、12年には9％にまで達した（なお、2003〜08年の失業率平均は5.8％）。これにも起因して、家計消費は2012年に対前年度で2.3％減少した。家計消消費減少に加え、主な貿易パートナーであるイタリアの経済低迷による輸出の減少が、2012年のスロヴェニアのマイナス成長の主な原因であった。同年の財政赤字は対GDP比4.8％であり、国内銀行の不良債権問題も解消されていなかったことから、2013年春にはキプロス危機の次はスロヴェニアと予測される事態となった（以上の数値の出所は欧州統計局とOECD Economic Surveys Slovenia, 2013）。しかしその後、スロヴェニア経済は回復し、2014年には3.1％の成長を遂げている。

2000年代半ば、中東欧のEU加盟国のなかで貧困率がチェコに続いて低かったのがスロヴェニアであった。2014年に「貧困ないし社会的排除リスクに見舞われている人々」の比重において、スロヴェニアはチェコ、スロヴァキアに続いて低い。しかし、チェコ15％とスロヴェニア20％という数値は両国の間の差がひろがっていることを示すものである。こうした生活に関わる指標の悪化は経済実績だけでなく、2004年以後の中道右派政権のもとでのコーポラティズムの浸食によるところもあった。2006年に企業経営者の経営者団体（商工会議所）への加入義務が廃止され、中央労使交渉の意義が低下し、輸出セクターの労働条件が悪化するなどの問題点が生じていたからである。

とはいえ、スロヴェニアの2009年の社会保障支出の対GDP比は24.3％であり、中東欧諸国のなかでは最も高い水準にあったことにも留意しておく必要がある。

銀行の家計向け融資増加によるバブル経済が崩壊し、前述のように2009年にブルガリア、ルーマニアの両国はマイナス成長を記録した。

2009年にルーマニアはIMFとEUに支援を要請した。そして、両機関と世界銀行、欧州復興開発銀行（EBRD）から融資を受けた。ブルガリアは2010年から、ルーマニアは2011年からプラス成長に転じ、2014年の成長率はそれぞれ1.5％、2.9％であった（**表12**）。しかし、両国において国民の生活は苦しく、「貧困と社会的排除のリスクに見舞われている人々」の比重（指標）は中東欧のEU加盟国のなかで最も高く、最も低いチェコの2倍を数える。この南東欧2ヵ国の資本主義は、すでに見たようにバルト三国の型＝「純粋な新自由主義」に近い（Bhole and Greskovits 2012）。

以上が世界金融危機以後の中東欧の経済と社会動向である。以下では、東欧革命以後の中東欧資本主義の形成に関するこれまでの叙述の含意を明確にしておこう。

7　中東欧資本主義の多様性と共通性

1989年「東欧革命」以後の中東欧の資本主義化は、「資本主義」の「再開」であった。佐藤（1996）が記しているように、これらの諸国では1940年代末（社会主義化の開始）から東欧革命に至る期間に「中断されていた」資本主義が、社会主義崩壊（1989年）とともに「再開」されたのである。

資本主義の再開のためには、生産手段を持たないが人格的自由を持つ労働者（二重の意味で自由な労働者）が生み出されることと富の集積（資本の運動に必要な貨幣と生産手段の私的所有者への集中）、すなわち「資本の本源的蓄積」が必要であった。

二重の意味で自由な労働者の創出について言えば、政治革命（東欧革命）と国有企業の民営化を通じて遂行された。「東欧革命」は中東欧の人々の（人格的自由を含む）自由を実現し、国有企業（および農業における準国有企業＝協同組合）の民営化は社会主義時代の雇用保障を崩壊させ、人々を路頭に迷わないためには自らの才覚で有償労働にありつかなければならない状況に陥れた（生産手段からの自由）。こうして、中東欧諸国に

おいてポスト社会主義時代に人格的に自由で、生産手段からも自由な労働者が創出されたのである。

富の集積、とりわけ生産手段の所有者の創出については、中東欧の大部分の国では土着資本家の成長が期待されていたものの、グローバル資本主義の時代環境のもとでは、外国人所有者（多国籍企業）が資本として果たす役割が大きいことが証明された。

資本の本源的蓄積過程と、それに続く蓄積過程において、労働力の商品化から生じる悲惨（「転換の社会的コスト」）を和らげる措置が、いくつかの中東欧諸国ではとられた。スロヴェニアでは中道左派政権が労使協調体制（ネオ・コーポラティズム）を築き、西欧先進国に近い水準の社会保障水準を保持してきた。ヴィシェグラード諸国は、大枠では新自由主義的なイデオロギーに沿った資本主義化政策を実施したが、新興国のなかでは相対的に高い社会保障支出を行った（埋め込まれた新自由主義）。

バルト三国とブルガリア、ルーマニアの南東欧諸国は新自由主義的な資本主義化政策をとり、資本主義へ転換にともなう社会的コストを小さくするに必要な社会保障支出については、それを抑制してきた。これらの国では、貧困や社会的排除のリスクが大きかった（純粋な新自由主義）。

これら中東欧の資本主義多様性分析を丹念に行っているのがボーレとグレシュコヴィッチであり、私が彼らの立論に概ね同意していることはすでに明らかにしている。私だけでなく、彼らの議論に注目する研究者は多い（たとえば、Berend 2009；Myant and Drahokoupil 2011；Copeland 2014）。そのこともふまえ、これまでの総括として、中東欧資本主義化をとらえる際に重要な3つの点を指摘しておきたい。

第1に、中東欧の資本主義化は、新自由主義イデオロギーと政策が強い影響を行使する環境のもとで実施されたこと、したがって「純粋な新自由主義」に属する国だけではなくて、大部分の中東欧諸国において新自由主義の痕跡が見られることである。

第2に、中東欧諸国の資本主義化は、欧州の東方拡大と資本のグローバルな展開の加速という対外環境のなかで実施されたということである。そして、グローバル資本、とりわけEUの中心国に本拠を持つ多国籍企業・

銀行主導で中東欧諸国の資本主義が形成されたということである。外資の流入に慎重であったスロヴェニアの資本主義も、「汎欧州ネットワーク」（あるいはグローバル資本主義）に組み込まれる過程において成立した。

第3は、ボーレとグレシュコヴィッチが2012年の著書（Bohle and Greskovits 2012）で示唆しているように、2000年代に入って中東欧の政治経済に変化が起きていることと関連して、1990年代の資本主義多様性論に修正を加える必要が生じていることである。

上記のうち、第1と第2についてはすでに述べているので、第3の点について若干説明しておきたい。

2000年代以後で現在に至る中東欧の傾向の中で重要なことは、新自由主義が生き残り、スロヴェニアのネオ・コーポラティズムを浸食していることである。前述したように、スロヴェニアでは政権が2004年に中道右派に移った。そして、中道右派政権のもとで新自由主義的な措置がとられた。2006年に経営者の商工会議所への加入義務が廃止された。「ネオ・コーポラティズム」が浸食されるにともない、失業率の上昇や労働条件悪化が見られた。さらに、妥協制度の弱体化は人々の不満がストライキの多発につながる状況を生み出した。これを背景にスロヴェニアでは、2014年には左派主導政権が誕生した。ネオ・コーポラティズムは揺らいだものの、それがスロヴェニアで終わったわけではない。

次に、新自由主義的な施策から生じる社会的コストに対する人々の不満に加えて、外資主導の資本主義化とEU加盟など「外からの」影響力の強まりに対する不満を背景にして、ハンガリーとポーランドで右翼ナショナリスト政党が政権に就いたことがある。新自由主義イデオロギー・政策と右翼ナショナリズムの間に直接の関係があるわけではない。しかし、新自由主義が貧困・格差問題を深刻化させ、左派政党や中道右派政党がその問題を解決する能力を持たない場合には、ナショナリズムと権威主義が頭をもたげるという関係で、2つのものは結びついている。

以上は、2000年代に起きたことで現在に至る「ネオ・コーポラティズム」（スロヴェニア）と「埋め込まれた新自由主義」に属する国（ハンガリーとポーランド）の変化であるが、スロヴァキアとバルト三国の動向に

第4章　外資依存経済のアポリア

ついても見ておく必要がある。

　スロヴァキアでは2002年の第二次ズリンダ政権のもとで、バルト三国に次ぐ均等税制の導入、失業給付の資格厳格化など社会保障削減措置がとられ、社会的「埋め込み」は弱まり、新自由主義に傾斜する政策がとられた。現在は中道左派政権であるが、スロヴァキアで新自由主義への傾斜を改める動きはそれほど顕著には見られない。

　民族的多数派の国家建設をめざし、1990年代に新自由主義的マクロ安定化政策で国を統治したラトヴィア、エストニアの政権は、2000年代に金融主導のブームを作りだす政策に転じた。リトアニアも含めバルト三国は、住宅バブル崩壊の後の経済危機のなかでも緊縮政策を実施し、ユーロ圏入りを実現した。緊縮政策実施のなかにバルト三国の新自由主義的スタンスの継続を見ることができる。

　こうした変化と継続性をふまえながら、中東欧の資本主義の特質と多様性、そして中東欧の人々の課題も明らかにする必要がある。重要なのは以下のことである。

　ハンガリーやポーランドにおける右翼権威主義政権の誕生とその施策は、新自由主義の終わりを意味するわけではない。すなわち、その政権のもとで労働者をはじめとする国民の福祉拡充策がとられているわけではない。実施されているのは、メディアや司法に対する統制など政治的権利の縮小である。そして、難民規制強化などナショナリズムに訴えることによって支持を得ようとする施策である。EUやEU中心国との対立を煽る右翼権威主義者の言説も、それが正しいというからではなくて、不満を持つ人々の支持を得る可能性があるから行われていることを人々が理解することが重要である。

　私は、深い学識を持つハンガリーの歴史家のベレンドが、中東欧政治社会の底流にあったのが左右の急進主義であるとしていることに従来から注目してきた（ベレンド1990; 堀林1992）。なぜ急進主義が蔓延るのかと言えば、これらの国が国民国家形成、資本主義化、民主主義化など西欧諸国が遂行してきた近代の課題に挑戦しながら首尾よく成功しなかったからであった。現在気をつけなければならないのは、急進主義のうちで右翼急

進主義の方である。

　戦間期の右翼政治の形態は、ハンガリー、ポーランドの右翼権威主義政権、ハンガリーの矢十字党とルーマニアの鉄衛団のようなファシズム、バルカン半島の王政などであった。現在のところ、ハンガリーとポーランドの政権は右翼ナショナリスト・権威主義政党が担っている。政権与党はファシストではない。しかし、ハンガリーの議会第3党は極右政治勢力である。そのことにも留意が必要である。

　西欧の先進国においても極右勢力が跳梁している。しかし、これについてはベレンドがオイゲン・ウェーバーの言を引用して示唆しているように、右翼のものであれ左翼のものであれ、反抗（革命）も「消費」してしまう余裕が先進国にはあると言えるかもしれない。これに対して、資本主義が成熟していない中東欧諸国においてはそうした余裕は大きくない。したがって、右傾化には特別の注意が必要であると言えよう（ベレンド 1992）。

　中東欧諸国においては右傾化に対抗する民主主義の強化とあわせて、外資依存型資本主義を改め、国民がもっと関与できることのできる資本主義ないしは経済社会の創出が求められていると私は考えている。ベレンドは外資の中東欧への進出による産業構造近代化を評価しながらも、外資進出の目的が低労働コストと市場拡大による利潤追求にあったことを指摘し、外資誘致型から国内企業重視への政策転換を主張していた（Berend 2009）。そうしたベレンドの主張は、右傾化の危険の認識からもなされていたと私は考えている。

　1990年代以降の中東欧の資本主義化は、グローバル化が加速し、欧州統合と拡大が進むなかで実施された。とりわけ、欧州拡大は中東欧資本主義と福祉システムに影響を及ぼしてきた。次にこの論点を取り扱うことにする。

II　欧州社会モデルと中東欧
──競争と連帯のはざまで──

　ハンガリーでは、1990年代から2002年までは右派（民主フォーラム）主導政権、左派（社会党）主導政権、右派（フィデス）主導政権と4年ごとに政権が交代した。2002年からは2期（2002～06年と2006～10年）続けて社会党主導政権であった。2006年の総選挙で社会党が勝利したものの、その後の緊縮政策による経済停滞（2007年）と2007～08年の世界金融危機波及による深刻な不況を背景にして、2010年にはフィデス主導の右翼権威主義政権が誕生した。同年の総選挙を通じて、極右政党ヨビックの議会進出も起きた。次いで、2014年にフィデスが総選挙で再度勝利し、ヨッピクも議会第3党の座を維持した。

　ポーランドでも1989年以後、「連帯」系の中道右派政党と社会民主主義を掲げる旧共産党改革派の流れを汲む中道左派政党の間で政権交代が繰り返されてきた。2005年に右翼ナショナリスト政党「法と正義」主導の政権が成立したが、すでに述べたように、幸いにもポーランドでは2007年の総選挙で中道右派政党「市民政綱」が勝利し、（ポスト社会主義時代の）最初の右翼ナショナリスト政権は短命に終わった。「市民政綱」は世界不況に対処する政策を実施し、2011年の総選挙にも勝利した。こうして「市民政綱」は8年間政権の座を維持したが、2015年10月の総選挙で敗北し、右翼ナショナリスト政党「法と正義」に政権の座を明け渡した。

　1989年の東欧革命の先陣を切ったポーランドとハンガリーは、現在、中東欧の右翼の砦となっている。そして、政権与党によるメディア統制や司法の独立侵害など、両国における民主主義の後退について、両国内および他の欧州諸国の民主主義勢力が懸念し批判を強めているのが現状である。

　ハンガリーの政権政党「フィデス」も、ポーランドの政権与党「法と正義」も、難民政策などでEUの政策とは距離をおいている。EU加盟国であっても、EUの政策に距離をおくことで世論の支持を期待できると考え

ているからである。私のハンガリー体験も含めて言えば、ハンガリーの平均的市民のEU帰属意識はそれほど強くない。そして、彼らの目からは、EUがドイツなど大国の意志をハンガリーなど中東欧の新規加盟国に押し付ける機関のように見えている場合もある。

　ハンガリー以外の中東欧の人々の対EU観について、統計・文献（たとえばVaughan-Whitehead 2003）から伺うことはできる。しかし、私はそれを肌でつかんではいない。とはいえ、狭い交友関係を辿ってみて、ハンガリー以外の中東欧EU加盟国に関して、EUに対する人々の好感度が特別に高い国があると経験したことは私にはない。

　一般的に、中東欧諸国とEUの関係について私が知っていることで重要なのは次の事柄である。中東欧諸国の多くでは、東欧革命当時「欧州回帰」が唱えられ、政治革命を経てから早いうちにEUへの加盟申請が行われた。そして、中東欧諸国と旧西側のEU加盟国の間で貿易、資本取引など経済関係も1990年代に急速に拡大・強化された。

　しかしながら、1990年代の中東欧の資本主義化に対して、思想および政策面で強い影響を及ぼしたのはIMFと世界銀行、すなわちブレトン・ウッズ機関であり、EUではなかった。もっと明確に言えば、中東欧の資本主義化に際して、ブレトン・ウッズ機関は新自由主義（アングロサクソン）型の資本主義化政策を提示し推奨したが、EUが「大陸欧州型資本主義」とも言うべき代替案を提唱したわけではなかった。もし「大陸欧州型資本主義」を提唱するとすれば、「アングロサクソン型資本主義」とは異なり「コーディネートされた市場経済」、そして社会保障の水準の高い社会経済の提唱ということになろうが、そうした提唱がEU諸機関からなされることはなかった。

　この点と関わって私が覚えているのは、ジュルチャーニ首相（社会党政権）に請われて「子どもの貧困」を減少させるためのアドバイザーを務めていたハンガリーの社会政策専門家フェルゲの事務所を訪問した時のことである。

　私たちは、東方拡大に関する交渉期間中のEU機関の中東欧諸国に対する提言を取り扱った彼女の論文（Ferge 2001）と、経済的欧州と社会的

欧州という「2つの欧州の鬩ぎ合い」から欧州統合・拡大史をとらえた私の論文（Horibayashi 2006）について互いにコメントしながら、社会的欧州（Social Europe。今日の術語は欧州社会モデル＝The European Social Model）の展望について話し合った。フェルゲも私も欧州統合のなかで経済的次元、政治的次元と並んで社会的次元が重要であり、社会的次元に関わる「社会的欧州」は、欧州が「国境を超えたコミュニテイ＝福祉国家を超えた広域の福祉社会」に至る可能性を有する概念であると考え、その展開に注目していたからであった。

彼女は、彼女の論文においても私との対話においても、EUが中東欧諸国との加盟交渉過程で社会保障支出の「持続可能性」を強調する文脈で、世界銀行が提唱し、ハンガリーやポーランドが実施したような一部民営化を含む年金制度改革を他の中東欧諸国に対して推奨していることを批判した。その批判に私は同感であった。また、彼女はEUにおいては、近年、社会的市民権＝社会権の考えが希薄になっていることも批判した。そして、ロマ人や女性差別などに反対するなど、EUは人権擁護のチャンピオンであることは間違いないが、社会権擁護のチャンピオンではないと指摘した。たしかに、国際レベルで労働・福祉問題に取り組んできたILOが、ワシントン・コンセンサスにもとづくIMFと世界銀行の労働規制緩和・福祉削減の政策提言に明確に反対してきたのとは異なり、EUはしばしば緊縮政策推奨などにおいてIMF、世界銀行と共同歩調をとっている例が多い。

人権擁護のチャンピオンだが社会権擁護ではチャンピオンでないというEUのスタンス、あるいはドイツのようなEU中心国のスタンスは、最近ではギリシャ問題、アフリカ・中東からの難民増加への対応でも示された。

2015年1月の総選挙結果を受けて形成されたチプラス首相率いるギリシャの左派政権は、債務削減と新たな経済支援をEUに要請してきた。これに対して、ドイツおよび経済水準の高い北のEU加盟諸国の政権と世論の大勢は、ギリシャ政権からの要請に対して冷淡な立場をとった。ギリシャ（および南欧）債務危機とそれに起因するユーロ危機は、通貨は一つであるが財政は統合されていない状況のもとで起きることが予想される問題であった。にもかかわらず、それへの対応が定められていなかったとこ

とから問題が生じたという点で、欧州債務危機は制度設計ミスの問題であった。そして、EU 加盟国の人々の連帯が試される性格の問題でもあった。

ギリシャへの債務減免と経済支援が早いうちに実施されておれば、債務問題はこれほど大きくならなかった。しかし、ドイツや北の先進国の国民はギリシャや南欧支援のために税金を払うことに消極的であった。それらの国の政治家も、国民意識を反映して十分な規模のギリシャ・南欧支援を実施してこなかった。そして、それらの国の国民も政治家も、ギリシャ国民が 20% を超す失業率、若者の場合は 50% を超す失業率のもとにあるのを知りながら、公務員削減を実施し年金引き下げなど福祉水準削減の努力で外国債務を返済すべきであると考えてきたのである。その理由は、ギリシャや南欧国民は、自分たちの国の住民でないというものであろう。突き詰めて考えれば、ギリシャ（および南欧）債務・ユーロ危機問題とは、この種の問題であると私は考えている。

社会学者の故ベックは、ユーロ（欧州債務）危機に対して、超国家レベルの社会民主主義を始めることで解決を図ること、そのために欧州市民に対してコスモポリタンであるよう呼びかけた（Beck 2012）。ボワイエ（2013）も、コミュニテイと協調という価値観が、競争という価値観およびそれに対応する政府間主義にとって代わることのうちに、ユーロ危機の真の解決をみた。

EU 官僚、欧州の政治家、欧州市民の多くの意識は、ベックやボワイエの認識まで到達していない。そのことがギリシャ問題の本質である。すなわち、欧州統合と言いながら、ギリシャ（および南欧）債務問題をなお国民国家の枠組みでとらえている欧州政治家と市民が多いことが真の問題である。EU が社会権のチャンピオンでないのは、こうした「国境意識」の反映であると私は考えている。

ところが、中東、アフリカの難民受入れ問題になると様相は異なる。ドイツ国民のなかには難民排除を掲げ、難民施設襲撃を行うネオ・ナチを支持する者がいるのはたしかである。また、排外主義的な新興政治勢力『ドイツのための選択肢』（AfD）が影響力を増すという懸念される状況が生

第4章　外資依存経済のアポリア

まれているのは事実である。しかし、メルケル宰相をはじめ、保革を問わずドイツの伝統的主要政党と政治家は、排外主義を批判し、難民受け入れに積極的であろうと努めている。他方で、ハンガリーをはじめとする東欧諸国の政治家のほうが、ドイツなど「中心国」の政治家よりも難民受け入れに消極的である。排外主義政治家はもちろんであるが、それに影響される人々の多くにおいては、人権意識が国境を越えることが困難なのである。

「平和」、「自由と民主主義」、「人権」のような領域で、国境を越えた対応が必要であるとする意識が、第二次世界大戦以後の欧州統合への粘り強い努力のなかで築かれてきた。そして、その意識はドイツ、フランスなどEU中心国の国民・政治家のなかにかなり深く根づいてきたと私は考えている。私はもちろん、フランス「国民戦線」のような勢力が大きな影響力を持つ点を軽視してはいない。それでも、不戦のために国境の壁を可能な限りなくすことに努めてきた大陸欧州のEU中心国と、「鉄のカーテン」の東側で民主主義的な意識の成熟を阻まれてきた中東欧のEU新加盟国の40年ほどの歴史の違いを無視することはできない。

さて、私が以上で述べたかったのは、民主主義と人権の欧州だけでなく、社会的市民権の欧州、つまりは社会的欧州が必要であるという意識＝精神がEU機関のなかでもっと強かったならば、そしてそのような精神のもとでEUの東方拡大が実施され、拡大EUの政策も展開されておれば、中東欧の資本主義の態様も現在とは異なる、もっと良いものとなっていたであろうということである。以下では「政治的欧州」、「経済的欧州」、「社会的欧州」という視点からEU東方拡大の歩みをまとめてみたい。

1　中心国の政治的決断によるEU東方拡大

1990年代末にEUによって東方拡大の決断がなされた。それに至るまでの推移を記す。社会主義崩壊以後の中東欧10ヵ国（ヴィシェグラード4ヵ国、バルト三国、スロヴェニア、ルーマニア、ブルガリア）との間で、EC（EU）は1991年から96年にかけて順次、「欧州協定」（連合: Association）を締結した。

ECが加盟基準を明示したのは、1993年6月のコペンハーゲン欧州理事会においてである。加盟基準は次の3つであり「コペンハーゲン基準」と呼ばれた。①民主主義、法の支配、人権とマイノリティの権利を保障する諸制度の安定性、②機能する市場経済、EC内の厳しい競争と市場圧力に対処できる能力、③加盟国の義務の遂行と政治および経済通貨同盟の受容である。東方拡大以前において、EC加盟基準は事実上「政治的民主主義の成熟度」であった。「コペンハーゲン基準」の新しさは、それに「経済基準」が付加された点にあった。それは、EC（EU）が初めて旧社会主義国を加盟予定国としたことと、中東欧諸国の資本主義化を望む西側旧加盟国に本拠を置く多国籍企業の利害と関わっていた。

　次いで、1994年のエッセン欧州理事会は中東欧の「加盟前戦略」を打ち出し、通商関係強化のみならず、中東欧諸国における「立法の調和」を重視した。後者との関連で、1995年6月の欧州理事会は加盟予定国向け「白書」を採択した。「白書」はEU加盟に必要な法的措置（「EU標準」適用のための国内法の整備。それには社会政策関連法規も含まれる）を示すものであった。

　1996年春、EUはマルタ、キプロスおよび中東欧10ヵ国（欧州協定締結諸国）に対し、当諸国がEUの法体系に適応するための準備をどの程度整備しているか尋ねるアンケートを送付した。EUの条約、そこから派生する法規、欧州裁判所が下した判決などの総体は「アキ・コミュノテール」（以下、「アキ」と略記）と呼ばれる。EU加盟国は国内法を「アキ」に調整することを求められたが、上記「白書」やアンケート送付は加盟予定国にもその準備が必要であることを示すものであった。

　1997年にEUは「東方拡大」の観点も取り込み、既加盟国と加盟予定国の双方が取り組むべき課題を示す「アジェンダ2000」を公表した。それは、加盟予定国に対して一定の過渡期を設けたうえで、国内法を「アキ」に調整するよう求めるものであった。

　以上のように、EUと中東欧諸国の正式の加盟交渉開始に先行して、EU加盟に備えた中東欧諸国の法の整備が行われた。また、欧州協定に沿ってEU加盟国と中東欧諸国との経済関係が強化された。

第4章　外資依存経済のアポリア

　第五次 EU 拡大（東方拡大）に向けた正式交渉が開始されたのは 1998 年のことである。前年のアムステルダムおよびルクセンブルク欧州理事会において、中東欧 10 ヵ国（欧州協定締結諸国）のうち 5 ヵ国（ハンガリー、チェコ、ポーランド、エストニア、スロヴェニア）とキプロスが「第一陣」の加盟予定国として選定されており、これら 6 ヵ国と EU の間で加盟交渉が開始された。

　しかし、ハンガリーの経済学者、パラーンカイ（Palánkai ed. 2003）によれば、EU が第五次拡大を「優先すべき戦略」として明確に宣言したのは 1999 年 12 月のヘルシンキ欧州理事会においてである。そこで上記 6 ヵ国のほか、ルーマニア、ブルガリア、ラトヴィア、リトアニアおよびマルタを加盟予定国に加えることが決定された。

　EU は中東欧諸国の加盟によって中東欧地域のエスニック間対立が持ち込まれることを危惧し、1990 年代初めから半ばにかけては東方拡大に慎重であったが、1990 年代末になってようやく欧州の安定は中東欧諸国の加盟受け入れによってのみ可能であるとの認識に至ったというのが、パラーンカイの見解である。廣田もまた、EU 旧加盟諸国が東方拡大を決めた動機のうちで「東の安定」という政治的動機が重要であったとしている（廣田 2005）。

　旧西側における「戦後欧州建設」が「独仏不戦」という政治および安全保障上の動機から始まったのと同じく、「冷戦後欧州建設」においても「欧州安定」という政治的動機が重要であったのである。これは、欧州統合を見るうえで忘れてはならないことである。

　欧州統合は経済統合で語られることが多い。そのこと自体は問題ではない。問題なのは、欧州債務危機など経済統合が問題に直面した時に、それが統合自体の危機のように論じられることがあることである。経済統合の危機も統合の危機ではあろう。しかし、統合の真の危機としては、欧州の政治的分裂や安全保障の危機のほうがもっと重要である。2016 年 6 月のイギリスの EU 離脱の決定が欧州に衝撃を与えたのは、経済的影響もさることながら、何よりも政治的分裂や安全保障の危機にもつながることが懸念されたからである。

上で述べたように、EU 東方拡大は中心国の政治的決断の結果であった。他方で、中心国と中東欧諸国の経済関係は、東欧革命以後の早い段階から始まっていた。中東欧諸国もそれを求めたが、EU 旧加盟国に本拠を置く多国籍企業の利害が経済関係強化を推し進めた。

2　中心と周辺の経済関係

 EU 旧加盟国と中東欧諸国の経済関係の基礎となったのは「欧州協定」であった。それは、「民主化の意義」を強調するなど政治的側面も有するものであった。しかし、経済面では貿易自由化を目標としている点で、従来の「連合協定」と同主旨であった。欧州協定は「4つの自由」、すなわち「財」、「サービス」、「労働力」、「資本」の自由移動のうち、「財」と「資本」に限り「自由移動」に向けた具体的義務を定めた。経済関係強化は、財の貿易と資本移動で始まったのである。

 従来の「連合協定」では、連合対象国に対する EC 側の資金援助に関わる義務が規定されていたが、欧州協定が定めた EC（EU）の対中東欧諸国資金援助義務は慎ましいものであった。その際、援助の主なものは中東欧の通貨交換性実現のための金融支援であった。

 ハンガリーの経済学者パラーンカイ（Palánkai ed. 2003）が指摘している「欧州協定」実施によって、中東欧諸国が得た利益は以下のとおりである。

 ①旧加盟国（EU15）との貿易関係強化。欧州協定の実施過程において、中東欧 10 ヵ国と EU15 の間の貿易は急増した。2002 年の中東欧 10 ヵ国と EU15 の貿易額は、1989 年の 10 倍に達した。中東欧 10 ヵ国の輸出総額に占める EU15 向け輸出の比重は 1989 年に 32〜33％であったが、2002 年には約 67％へと倍増した。輸入総額に占める EU15 からの輸入の比重は、2002 年に 64％であった。

 ②欧州協定は中東欧（協定締結）諸国の国際的信用を高め、当諸国の OECD、NATO 加盟条件を整備した。また、中東欧への（旧西側諸国からの）外資流入を促した。

③欧州協定は中東欧の協定締結国の経済近代化に貢献した。特に、EU15からの直接投資が経済近代化に果たした貢献は大きかった。

④EU15と中東欧諸国の貿易関係強化により、EU15にとっての中東欧諸国の経済的意義が増したこと、すなわち中東欧経済がEU15にとって無視できない存在となったことは、中東欧諸国の利益にかなうことであった。1989年当時、EC加盟国の貿易総額に占める中東欧10ヵ国との貿易の比重はわずか2.7～2.9%であったが、その後、EU15の貿易総額に占める対中東欧10ヵ国貿易の比重は増加し、2000年代初頭には13%となっていたのである。

私は、EU15と中東欧諸国の間の貿易拡大、前者から後者への直接投資の増加が中東欧諸国の経済に肯定的影響を与えたことを否定しない。しかし、そこからより多くの利益を得たのは、EU15の生産資本と金融資本であったと考えている。後述するように、パラーンカイもそのようにとらえている。

他方で、パラーンカイは中東欧10ヵ国に対するEUの資金援助の規模は小さく、中東欧の経済近代化要請にとって充分なものではなかったとしている。ハンガリーを例にとれば、1990～2000年の期間にPHAREプログラムにより10億エキュの資金援助を受けたものの、それに欧州投資銀行（EIC）と欧州復興開発銀行（EBRD）からの援助を加えても、同国GDPの0.5%未満にすぎなかった。それは、ギリシャやポルトガルの援助受入れ総額の10分の1の規模であった。PHAREプログラムとは、1989年7月の先進国サミットでポーランドとハンガリーの民主化支援プログラムとして発足し、90年以後、支援対象が他の中東欧諸国にまで広げられたプログラムである。当プログラムの調整は欧州委員会に委ねられた。

資金援助に関する廣田の指摘を付け加えるなら、中東欧のEU新加盟国は2004～06年の間、毎年国民1人当たり125ユーロの援助を受けることになったが、それは南欧拡大の際の約300ユーロよりもはるかに少ないものであった（廣田 2005）。

パラーンカイは、EU15と中東欧諸国の貿易自由化はEU15に有利に展開したと指摘している。すなわち、1992～97年の中東欧10ヵ国の間の

貿易において黒字を計上したのはEU15であった。1992〜97年にEU15は全体として約760億エキュの貿易黒字を記録したが、黒字の約80％（約640億エキュ）は対中東欧10ヵ国貿易によるものであった。1998〜2001年の期間においても、EU15の対中東欧10ヵ国貿易は黒字であり、黒字額は約720億ユーロに達した（ここで、EU15も中東欧10ヵ国も「総体」としてのそれをさしている。Palánkai ed. 2003）。

　以上のように、EU東方拡大に至る期間におけるEU旧加盟諸国と中東欧諸国の間の貿易関係強化は中東欧諸国よりもEU15に有利に展開したこと、EUの中東欧諸国への資金援助は乏しかったということに留意すべきである。さらに、EU東方拡大に至る期間のEUと中東欧の関係の態様に関わる次の2つの事項も重要である。

　第1に、EU15をはじめとする旧西側諸国からの直接投資がヴィシェグラード諸国やスロヴェニアの経済・輸出構造改善に大きく貢献し、程度で劣るものの他の中東欧諸国経済近代化にも寄与したことである（前述）。しかし、中東欧に進出する多国籍企業の主な動機は中東欧近代化支援ではなく、低賃金労働力活用と市場確保であった。

　それとも関連して、EU15を本拠地とする多国籍企業が高付加価値を生む工程や研究・開発部門を中東欧諸国に移転する例は少なかった（Vaughan-Whitehead 2003）。さらに、すでにみたように、旧西側諸国から中東欧への直接投資は、首都や旧西側諸国との国境地域に集中し、中東欧諸国内経済格差の要因となった。さらに、EU15のうち、オーストリア、ベルギー、ドイツ、フランス、オランダ、スウェーデンなどに本拠を置く銀行は中東欧に現地法人を置き、積極的な融資、とりわけ不動産部門と家計向け融資（住宅・耐久消費財）を行い、バルト三国、ハンガリーなどにおいて利益を得たこと、それらの国におけるバブル崩壊で多くの人々が困難に陥ったことはすでに述べたとおりである。

　第2に、EU東方拡大過程において、旧加盟国と中東欧の新規加盟国の間に存在する経済的係争点については旧加盟国の利害を優先する対応がなされる傾向にあった。たとえば、EU予算への重圧を緩和するため、中東欧新規加盟国の農家所得に対する直接補償は、（旧）EU加盟諸国適用基

準の25％の水準から始めるという「移行措置」がとられた（2013年に100％に到達）。

　また、「4つの自由」のうち「労働力移動」については、ドイツやオーストリアなどが表明した危惧、すなわち、中東欧新規加盟諸国から旧加盟諸国への大量労働移民発生（および、それにともなう旧加盟国内雇用問題の深刻化）という危惧に配慮して、EUは旧加盟国が新加盟国からの労働力移動について最長7年の「移行期間（移民規制が可能な期間）」を設けることを認めた。これは、2004年の中東欧の新加盟国（ヴィシェグラード諸国、バルト三国、スロヴェニア）、2007年の新加盟国（ブルガリア、ルーマニア）に対しても同じであった（労働移民規制措置について、詳しくはKvit 2004）。なお、2016年のイギリスのEU離脱の是非を問う国民投票において、ポーランドやルーマニアなどからの労働移民が「論点」となった。それはEUの政策によるものであったのか、イギリスの政策選択の問題であったのか。「移行期間」におけるイギリスの「対応」を詳細に跡づけて検証する必要がある。

　以上みてきたように、EU15と中東欧諸国の経済関係は東方拡大過程において強化された。中東欧諸国もそこから利益を得たが、より多くの利益を享受したのはEU15、何よりもEU15を本拠地とする多国籍企業であった。ところで、東方拡大に至る過程におけるEUと中東欧の社会政策面における関係はどうであったのであろうか。

3　東方拡大過程と社会政策——社会的欧州は二次的目標

　1990年代に中東欧の社会政策や福祉システムに影響を及ぼした国際機関はブレトン・ウッズ機関やILOであり、EUではなかった。とはいえ、1990年代にも以下のような特定の領域・事項においてはEUの影響もあった。

　第1は、欧州委員会が調整にあたったPHAREプログラム（前述）を通じた影響である。PHAREには社会政策関連プロジェクトも含まれており、たとえばハンガリーでは1992〜94年の期間に（資金援助をともなう）

「雇用と社会開発プロジェクト」が実施された。そして、EC（EU）は当プロジェクトを通じて「社会的（労使）対話」をハンガリーに定着させるよう努めた（Ferge and Juhász 2004）。

第2は、（中東欧）国内法規のアキ・コミュノテールへの適応措置である。前述したように、1995年に欧州委員会はEU加盟を求める中東欧諸国に対し「白書」を示し、そのなかで各国労働・社会関連法規をEU労働・社会法と調和させるよう促した。たとえば、労働法についていえば、企業倒産の際の被用者に対する補償の問題があった。ハンガリーは、1994年の立法によってこれに関わる規定を設けたが、後に当規定はEU法に調和するよう改訂された（Ferge and Juhász 2004）。

EUが社会政策や福祉システムと関連した提言を行うようになるのは、中東欧諸国との加盟交渉に入った1999年以降のことである。EUの中東欧諸国に対するスタンスの一端は、民主化、市場経済化、アキ・コミュノテールへの調和などに関する中東欧各国の進捗状況を点検評価する「レポート」から伺い知ることができる。

社会政策専門家のリスは1999年の「レポート」を分析し、そこでは「政治的、経済的基準と同程度には社会的基準が考慮されていない。その結果、社会保護の問題がその経済的側面だけに還元される」傾向が見られると批判している（Rys 2001: 185）。「社会保護の問題が経済的側面に還元される」とは、端的に言えば、社会保障の合理化（削減）のことである。また、1999年と2000年の「レポート」を分析しながらフェルゲ（Ferge 2001）は、中東欧に対するEUの政策スタンスを以下のように特徴づけている。

第1に「レポート」は、（ロマ人など）エスニック・マイノリティ、児童、障がい者の権利保障やジェンダー平等を重視し、中東欧諸国においてそれらが保障されていない場合、鋭い批判を行っているが、他方で中東欧諸国において広範にみられた所得格差拡大など社会的結束を弱める状況に対する「レポート」の批判は鈍い。換言すれば、「レポート」において人権は重視されているが、社会権擁護の立場は弱い。それは上でふれたように、私との会話でフェルゲが述べたことでもある。

第4章　外資依存経済のアポリア

　第2に「レポート」は、社会保護の水準よりもむしろ社会保障支出の持続可能性を重視している。そして、緊縮財政を勧める文脈において民営化を含む医療・教育制度改革を奨励している。同様に、世界銀行の影響で実施された部分的民営化を含むハンガリーやポーランドの年金改革を支持し、他の諸国がそれに続くよう示唆している。これについて、フェルゲは私との会話のなかでも強く批判した。

　総じて、「レポート」の政策スタンスは、民主主義、市民社会を重視する点で「欧州モデル」と合致するが、連帯という価値や社会保護に力点を置いていない点で「社会的欧州＝欧州社会モデル」とは乖離しているというのがフェルゲの評価である（Ferge 2001）。私はリスやフェルゲの批判が的を射たものであると考えている。

　そのうえで付け加えておきたいのは、それがEUの社会政策からの逸脱ではなく、「埋め込まれた新自由主義」というEUの経済社会政策の傾向を忠実に反映するものであったということである。すなわち、1980年代後半に単一市場創設を掲げ、その後は通貨統合に邁進してきたEU（EC）は、経済的に競争力ある欧州を第一義の目標としてきており、社会的欧州ないし欧州社会モデルは二次的目標であったということである。

　EUは、労働者の権利や人々の社会的市民権の実現を放棄しているわけではない。それは、社会的排除をなくし社会的包摂をめざしている。しかし、1990年代以降、EUの社会政策の重点は雇用政策に、そして雇用政策は労働需要の創出よりも、就業能力をつけるなど供給側に置かれている。そのなかで、労働者の権利や社会的市民権を実現するための社会政策、社会的連帯の社会的欧州が後退しているというのが、東方拡大の交渉を開始した頃のEUの姿であった。そうしたEUの経済社会政策は、「社会的欧州」ではなくて「埋め込まれた新自由主義」という術語によって特徴づける方が適切なのである。

　中東欧諸国に対するモニタリングには、そうしたEUの特徴が見られる。しかし、モニタリングは中東欧社会政策に対するEUの「直接の関与」を示すものではなかった。EU社会政策の中東欧への直接の影響が増すのは2000年代以降である。

II　欧州社会モデルと中東欧

　2000 年のニース欧州理事会は「欧州社会政策アジェンダ」を採択するとともに、既加盟国のみならず中東欧の加盟予定国に対しても社会政策領域で「行動計画」を作成するよう求めた。これと関連して、中東欧諸国に対する EU 社会政策の影響が増すことになる。

　フェルゲとユハーズによれば、ハンガリーにおいても 2002 年以降に EU 社会政策の具体化が進行した。2002 年にハンガリーは、EU から「社会的包摂」をめざす政策の具体化を図るよう要請を受け、2003 年 12 月に（EU）「共同（社会的）包摂メモランダム」に調印した。それを通じてハンガリーの「戦後の歴史において、初めて貧困と社会的排除という論点が公的な政治的議論となる」という状況が生まれた（Ferge and Juhász 2004: 246）。

　また、2003 年には機会均等を取り扱う大臣職が設けられた。さらに、2002 年から産業部門レベルの「社会的（労使）対話」促進に向けた EU からの資金援助（250 万ユーロ）が開始された。これらは、EU 加盟が中東欧諸国の社会政策に及ぼした肯定的要素であったと評価できよう。

　しかし、中東欧諸国が EU 加盟を控えた 2000 年代初めの EU 社会政策の中東欧社会政策への影響は、政策内容よりも「行動計画」作成、機会均等大臣設置など社会政策に関わる制度や形式面でみられたのが特徴であった。これとも関わり、ギランとパリェは 1980 年代の EC 拡大（南欧への拡大）と、2000 年代の東方拡大における EU（EC）の社会政策傾向の差異を、1980 年代の EC は社会政策充実（「社会的欧州」）を志向していたが、東方拡大の時代の EU においてそのような志向はそれほど明確ではなかったという点に求めている（Guillén and Palier 2004: 206）。

　また、シュピオは、「欧州基金」（「結束基金」）が 1980 年代の EC 加盟諸国（南欧諸国）の経済発展を可能にしたのに対して、東方拡大に至る期間において西側が東側に「マーシャル・プラン」（充分な援助のこと）を実施しなかったと指摘し、欧州における「連帯の精神の後退」を指摘している（シュピオ 2005: 169-70）。

　このように、フェルゲのような中東欧の社会政策専門家だけでなく、旧西側の専門家（ギラン、パリェ、シュピオ）によってもまた、EU 東方拡

大の時期には「社会的欧州」、連帯精神が後退していたと診断されていることには注目する必要がある。

とはいえ、ポーランドは2007～13年には加盟国で最大の673億ユーロのEU「結束基金」からの配分を受けた。それは、世界経済危機以降の時期にも同国が堅実な経済成長を実現してきた一つの要因となった。もし、他の中東欧諸国がポーランドの場合と同様に寛容な支援を受けておれば、当該諸国の2008年世界経済危機の打撃はより小さなものとなっていたと想定できる。

ともあれ、東方拡大過程、およびそれ以後の期間において、EUが経済統合（競争的欧州）と比べて社会的欧州実現をそれほど重視してこなかったのは事実である。そして、それは広い意味では、中東欧および旧西側諸国の右翼ナショナリスト跳梁やイギリスのEU離脱の決定の大きな背景であったと私は考えている。

EUに加盟して以後、中東欧諸国は雇用・社会的包摂などに関して「開かれた政策調整」（OMC）を実施していくことになった。そこで顕著となった傾向は、就業率向上に社会政策上の重点を置くとともに、EU旧加盟国の例と同様に、社会扶助給付と就労のリンクを強めることであった。その傾向は特にスロヴァキアで特に顕著であった。この施策によりスロヴァキアにおいては、社会扶助（GMI＝最低限所得保障）支出がGDPに占める比重が急速に低下した（World Bank 2007）。それに加え、スロヴァキアは法人税減税、均等税導入（累進制撤廃）などを実施し、2000年代に新自由主義への傾斜を強めた（Fisher et al. 2007）。

EU社会政策のハンガリーへの影響についても、スロヴァキアと同様の傾向が見られた。ハンガリー政府は、社会的包摂を労働市場への包摂ととらえたうえで、失業手当（社会保険財源）と社会扶助（失業手当の支給期間が切れたあとに支給される。税が財源）からなる失業給付を2005年に「求職給付」と名称変更したうえで、「求職給付」の支給条件を厳格化（求職活動が支給条件）する施策をとった。さらに、ハンガリー政府は2006年には、適切な仕事がある場合、社会扶助受給者にその仕事の受け入れ義務を課すなど、社会保障給付を一層厳格にした（柳原 2012）。事実上の

ワークフェアとみなして差し支えない。

　総じて、社会的欧州に向けた EU のスタンスが後退するなかで東方拡大が実施されたことは、中東欧諸国にとって不幸であったと言えよう。

4　拡大 EU と「埋め込まれた新自由主義」

　社会主義崩壊以後の中東欧諸国は、資本主義化を進めつつ EU 加盟をめざした。そして、EU 加盟実現以前の期間の中東欧諸国の生活保障変容に影響を及ぼしたのは、ILO と自由市場資本主義を推奨するブレトン・ウッズ機関（とりわけ世界銀行）であり、EU の政策的関与は乏しかった。EU（旧加盟諸国）は社会主義崩壊以後の中東欧と経済関係を強化し、「東側の安定」という政治的動機と旧加盟国（特に中心国）に本拠を持つ多国籍企業の利害実現の見地から、1990 年代末に東方拡大を決断した。

　しかし、2004 年と 2007 年の東方拡大に至る期間、そして現在においても、「社会的次元」における EU の中東欧諸国に対する支援は乏しい。「社会的欧州」を実現する方向で「拡大欧州」が出現したわけではないのである。その要因を、フランスのミッテラン政権の「一国ケインズ主義」（一国社会主義）の実験失敗を受けて、ドロール欧州委員会委員長のもとで始まる欧州単一市場創設から単一通貨創設と東方拡大に至る欧州統合深化・拡大過程を主導した「埋め込まれた新自由主義」路線に求めることができる。これが、これまでの考察から得られる結論である。

　EU の経済社会政策を「埋め込まれた新自由主義」と規定して詳しく論じているのは、ファンアペルズーンである（たとえば、van Apeldoorn 2002; 2009）。それは、基本的には 1980 年代以後 EU（EC）がとってきた路線、すなわち「競争力ある欧州」をめざし、市場統合や通貨統合を進めること（「新自由主義」）を優先し、それに抵触しない限りにおいて労働者や社会民主主義政治勢力の要請にも耳を傾ける（「埋め込まれた」新自由主義）という政策スタンスのことである。

　ここで「埋め込まれた新自由主義」の含意について補足しながら、EU 東方拡大の特質を整理して示しておく。そのことは、欧州債務問題やイギ

リスのEU離脱問題をとらえるための視点も提供する。

2005年5月末から6月初めにかけてのフランス、オランダの国民投票で否決された「欧州憲法条約」について、欧州憲法条約に「完全雇用」と「社会的市場経済」が掲げられていることに注目しながらも、小林はその意義が「高水準の雇用」や「自由競争を伴う市場経済の原則」などの語句多用で打ち消されているとしたうえで、それ（憲法条約）がめざす経済社会像は不明瞭であるとしている。そこでは、欧州の保守勢力と社会民主主義勢力による「妥協」の痕跡が見られるとしている（小林監訳・解題、細井・村田訳、2005: 382-383）。

ボワイエは、政治経済モデルとしての社会民主主義が定式化されてこなかったことを欧州統合の問題点の一つとして指摘している（ボワイエ 2013）。ベックは、現在の欧州危機からの脱却の道として「超国家的レベルでの社会民主主義」実現の運動が重要であると強調している（Beck 2013）。

小林、ボワイエ、ベックが言わんとすることは同じである。欧州建設路線における「埋め込まれた新自由主義」は、新自由主義と社会民主主義（社会的欧州）の妥協のなかで生まれた。しかし、新自由主義が1980年代以降、明確な政策・制度を通じてEU統合深化・拡大路線のなかで実現されてきたのに対し、社会的欧州（欧州社会モデル。社会民主主義）は効力を持つ政策・制度を通じて実現されてこなかったということである。端的に言えば、現在の欧州の問題はこれなのである。

中東欧の視点から欧州統合を見ればどうか。中村（2005）やボーレ（Bohle 2006）は、1980年代半ば以降の欧州産業経営者円卓会議（ERT = the European Round Table of Industrialist）がEUガヴァナンスに及ぼした影響をつぶさに検討し、ERTの自由市場的欧州建設志向とドロール委員長の「社会的欧州」構想に見られる社会民主主義志向・欧州労働組合連合会（ETUC=European Trade Union Confederation）による労働者の利益擁護の闘いのなかで、自由市場的欧州が優位に立つ状況のなかでEU東方拡大が実施されてきたことを明らかにしている。

さらに、中村（2008）はローザ・ルクセンブルクから着想を得たハー

ヴェイの「新帝国主義」概念（Harvey 2003）を援用し、欧州中心国に本拠を置く多国籍企業が政治権力（欧州理事会）を利用し、過剰資本を解消しようとしたのがEU東方拡大であったと指摘している。ハーヴェイが新帝国主義で意味しているのは、「政治権力を利用した過剰資本解消の運動」である。帝国主義は強制をともなうが、必ずしも植民地保有や軍事力の行使をともなうわけではない。EU東方拡大過程に見られた旧加盟国（中東欧の加盟を決定した欧州理事会）と中東欧加盟候補国の加盟交渉過程は対称的ではなく、前者が後者を審査する関係にあった。その意味で強制をともなったのである（中村 2009）。

　非対称的関係を通じてEU中心国に本拠を置く資本がEU東方拡大で得ようとしたのは、新市場（フロンティア）確保、過剰生産資本の解消、過剰貨幣資本解消であった。そのことは、前章で見たように低労働コストと市場を求めてEU中心国を本拠とする製造部門の多国籍企業が中東欧へ積極的進出し、EU中心国を本拠とする銀行が中東欧金融部門を支配するに至り、それら銀行が住宅関連部門と家計融資に積極的融資を行い、バルト三国やハンガリーで住宅ブームとその崩壊を生み出した事実により立証されている。

　「新帝国主義」という術語使用の是非を別として、EU東方拡大がEU中心国の優位のもとで、しかも中心国を本拠とする多国籍企業の利害を重視して実施されたことは事実である。そして、東方拡大過程のみならず中東欧のEU加盟以後の期間においても、EUの基本スタンスは、自由市場化を最重要の目的とし、その目的実現を阻害しない限りにおいて、労働者や社会民主主義政党に対して若干の譲歩を行うという「埋め込まれた新自由主義」であったことは事実である。

　こうした性格を持つEU東方拡大、拡大EUが東西欧州間の経済・社会格差是正と社会的結束を意味する社会的欧州の実現をもたらさなかったのは当然のことである。そして、欧州債務危機とイギリス国民投票におけるEU離脱の決定も、「埋め込まれた新自由主義」という欧州建設路線と無縁ではない。

5 欧州危機と社会的欧州の必要

　中東欧と南欧の共通性に着目しながら、欧州債務危機の問題、さらにイギリスのEU離脱問題、社会的欧州に向けた欧州建設の今後の展望について述べておきたい。

　中東欧と南欧の資本主義はともに欧州周辺部資本主義として特徴づけられる。いずれも、「北」ないし「西」の先進資本主義と比べ、競争力において劣位にある。そこから生じる不均衡が2008年以後の中東欧と南欧諸国の苦難を生み出してきた。すでにみたように、EU東方拡大プロセスの期間を通じて、欧州中心国に本拠を置く資本は中東欧諸国との貿易を通じて利益を得、中心国は経常黒字、中東欧諸国は経常赤字という不均衡を生み出してきた。他方で、欧州先進資本主義国に本拠を持つ生産資本と金融資本（銀行）は、中東欧諸国への直接投資と融資を通じて利益を上げるとともに、中東欧諸国の成長を演出してきた。

　欧州中心国から中東欧諸国への公的資金の移転ではなく（社会的欧州ではなく）、民間資金の移転が2000年代の中東欧諸国の成長（多くの国では住宅・消費バブルをともなう）を代替してきたのである。そして、中東欧諸国の住宅・消費バブル崩壊は、外資主導の「民営化されたケインズ主義」、「従属金融型」成長体制の帰結であった。バブル崩壊によって苦境に陥った中東欧諸国のうち、ラトヴィアとハンガリーに対して、EUはIMFと協調しつつ緊縮政策実施を条件に資金援助を行った。

　以上と類似する関係が、ユーロ圏に属する南欧諸国と欧州先進国の間でも見られた。ユーロ圏加入以後、物価上昇率の高い南欧諸国の競争力の弱さが明らかとなり、また、2002～08年のユーロ高は南欧諸国の輸出を一層困難にし、経常赤字を累積させた。

　他方で、ユーロ圏単一の政策金利とEMU加盟国の国債利回りの格差縮小は、物価上昇率が高い南欧諸国が低金利で資金調達できる状況を生み出した。ここから、ギリシャ、ポルトガルにおいては財政赤字が膨らみ、スペインでは過剰融資に依る住宅バブルが生じた。北の豊かな国々では、

ユーロ高に対処するため高付加価値活動は国内に残しつつ、他の工程を海外に移転する政策をとり、またユーロ圏内輸出を増加し経常黒字を達成した。そして、ドイツなど北の国々の銀行は、ポートフォリオ投資および銀行融資によって南欧諸国の経常赤字を賄った。

　2008年の世界金融危機のなかで住宅バブルが崩壊したスペインでは、税収低下と金融機関の公的救済により金融危機が財政危機を誘発した。2009年末にギリシャの財政赤字額が粉飾されていたことが明らかになると、国際金融界はギリシャのみならず、アイルランド、イタリア、ポルトガル、スペイン（GIIPS）の財政の長期持続性を疑い、当該諸国から資金を引き揚げ始めた。その結果、2009年末以後南欧（またはGIIPS）債務危機（およびユーロ危機）が起きたのである。EUは南欧への資金援助を実施するとともに、欧州安定メカニズムを発足させ、銀行同盟実施を決めた。

　田中素香（2010）はユーロ崩壊のシナリオを否定したうえで、EU（およびユーロ圏）にコア（中心）とペリフェリの関係が存在する以上、格差是正のための公的資金の移転をともなう「経済政府」が必要であると説いた。ボワイエ（2013）は、田中が示すシナリオのほか、ユーロ圏解体もあり得るとし、予見し得る7つのシナリオを提示している。ボワイエの指摘のなかに単一通貨導入に必要な諸制度が備えられていなかったこと、ギリシャ債務危機への最初の対応の失敗などがあるが、私がボワイエと見解を共有するのは、欧州債務危機とユーロ危機のみならず、経済危機に対処するために金融自由化を見直すべきであるという見解である。

　2007～08年の米国発の世界金融危機は金融主導型資本主義に起因するものであった。米国とイギリスではそれは「支配金融型」成長体制の帰結であり、中東欧のうちハンガリーやバルト三国、さらにはアイルランドやアイスランドでは「従属金融型」成長体制の帰結であった（ボワイエ2011）。世界金融危機以前には、金融主導型資本主義の影響は欧州主要国や日本のおいても見出された。金融主導型資本主義は新自由主義的資本主義の一つの側面（ないし形態）であった。そのように考えるならば、ボワイエの唱える金融自由化の見直しは、新自由主義的資本主義の見直しの一

第4章　外資依存経済のアポリア

環と言える。

　そして、興味深いのは2016年のイギリスの国民投票の結果を受けて、グローバル資本主義の見直しが「ファイナンシャル・タイムズ」のような国際的有力経済紙の論説で主張されるに至っていることである。私が最も注目する論説は、マーティン・ウルフによるものである。それは "Global elites must heed the warning of populist rage" と題する論説である (*Financial Times*, 20th July, 2016. 日本経済新聞7月23日付にその邦訳が掲載されている。タイトルは「きしむ民主主義と世界秩序」)。そこでは、金融部門の削減を含むグローバル資本主義の見直しが以下のようにはっきりと主張されている。

　ウルフが現在必要だと考えている施策は、次の5つである。①環境保持など地球公共財の提供などに関わる国際協力、②肥大化した金融を改めること、③国際協調にもとづく各国政府の富裕者課税制度の強化、④最低賃金引き上げなどを通じて低所得者の生活水準を引き上げ、総需要の下支えを行うこと、⑤「扇動政治家と戦うこと」である。

　私は、ウルフの論説にEU加盟国および先進国一般の政府と人々に求められている課題のほとんど全てが含まれていると考えている。

　そして、もし上の5つのことが実施されていたなら、イギリスの2016年6月の国民投票の結果は違ったものになっていたであろうと考える。国民投票の「真の論点」は、EU離脱か否かではなかった。EUが欧州平和のために政治協調することにイギリス国民の多くは反対していないであろうと私は考えている。そして、財、サービス、資本、労働力移動の自由、そこから生じる社会的問題の双方を検討しながら、経済的自由と社会的安全の間の最適のバランスを、欧州（EU加盟国）の人々全体の民主主義的な議論を通じて見出していくことが、EUが直面している問題なのであり、イギリスの人々が考えるべき問題であろうと私は考えている。

　それは、「単純な解」のある問題ではない。時間と生活の余裕があれば人々はもっと考えるであろう。しかし、そうした余裕を欠くと、人々は単純な解を示してくれる「扇動政治家」に惑わされることもある。イギリス国民投票をめぐる報道や、アメリカ大統領選の報道に接しながら私が受け

る感慨は、「敵か味方か」の舌戦のなかでは、問題を深く考える雰囲気と環境が失われるというものである。そのなかでウルフの上の提案は、そうした雰囲気と環境を打ち破る貴重なものであると私は考えている。

　ウルフのような観点から、欧州建設の今後についても展望すべきである。私は、欧州建設の将来に関しては、ボワイエが述べる「現在の条約（リスボン条約――著者）に深く埋め込まれている競争原理（自由市場資本主義――著者）に対立して、共同体および協調の価値観といった新しい基礎が生まれ、これが政府間主義に代わっていくいくという未来」（ボワイエ 2013: 161）に期待している。それは、ベックの唱える「超国家レベルの社会民主主義の時代」を始めることを意味する（Beck 2012: 訳91）。社会的欧州と欧州建設の将来は、新自由主義的資本主義を欧州レベルでもっと強く「埋め込む」欧州市民の運動にかかっている。そして、それはグローバルな資本主義の「埋め込み」強化のための世界の人々の運動と連動する必要があるであろう。

　中東欧の大部分の国は、東欧革命という政治的にすばらしい経験の後、新自由主義的資本主義による苦難を経験してきた。それを背景にしてナショナリズムに立脚した権威主義という中東欧の歴史のなかでは新しくもなく、問題の解決にならない、そればかりかせっかくの民主主義革命の成果を台無しにする傾向がいくつかの国で出現している。グローバルな資本主義を埋め込むとともに、こうした傾向を克服するアイデアと運動が求められている。それについてエピローグで論じてみる。

エピローグ
ポスト社会主義からどこへ
―― 良い資本主義 vs. 社会主義 ――

エピローグでは、先進国と中東欧諸国に共通する将来展望を示す。そのためには、グローバル資本主義の現状把握が必要である。先進国資本主義をとらえる視角と将来展望については、本書第1章で大枠を示している。また、第2章から第4章までの叙述を通して、中東欧諸国の資本主義の共通性と多様性について明らかにしている。ここで述べたいのは、経済学者（社会科学者）には世界の「客観的分析」だけでなく、それをふまえるとともに自らの価値観（ないしは価値判断）にもとづいた現状の改善のための政策体系、もっと進んで、将来社会の構想の提示が求められるということである。そして、それを行うためには資本蓄積の現代の形態とその矛盾を明らかにするだけでなく、ポランニーの述べる「対抗運動」の立ち入った分析が欠かせないということである。

「対抗運動」の分析は、本書のこれまでの叙述では弱い。ここでもそれを補足することはできない。それでも以下では、これまでの叙述を整理・補完しながらグローバル資本主義の現状を示し、あわせて先進国と中東欧諸国における将来社会構想を提示してみたい。

その前に、私のここ30年ほどの研究の軌跡を述べておくことにする。エピローグでの課題を一層明らかにするためである。

1　1970年代から現在までの私の研究の軌跡

(1)　現地滞在調査を含むハンガリー研究——1970年代〜90年代半ば

1970年代にハンガリーを中心に中東欧経済研究を開始した私は、1980年代半ばから、ほぼ毎年ハンガリーを訪問し、ブダペストを拠点にして中東欧の政治・経済・社会動向を観察してきた。1980年代後半は、経済改革から政治的多元化・民主化に進む中東欧の動向の分析が私の研究課題の中心であった。そして、1990年代前半に私は、中東欧の資本主義化にともなう「不況＝転換不況」、「転換の社会的コスト」、「資本主義化による階層分化」などの研究を行った。

これらの研究において、中東欧全体を視野に収めていたが、私が直接の

エピローグ　ポスト社会主義からどこへ

研究成果として発表したものにはハンガリーに関するものが多かった。中東欧の資本主義と福祉システムを分析対象とする本書においてもハンガリーの事例研究が多くを占めるが、それは私の上のような研究歴と関係している。

　1990年代の半ばに、1980年代半ばからの10年の研究を振り返ってみて、研究を前に進めるため欠落している面を補強する必要を私は感じていた。一つは、ハンガリーの動向を中東欧諸国の全体動向のなかに位置づける必要であった。本書との関連で言えば、中東欧各国の資本主義と福祉システムの間の比較研究の必要を感じていたのである。もう一つは、資本主義研究の必要であった。中東欧社会主義体制研究に傾倒していた1970年代から89年までの期間に、社会主義経済に関する知識と経験は、私のなかでそれなりに蓄積されていた。しかし、私の先進資本主義国研究の蓄積は、資本主義経済の専門研究者と比べて残念ながら少ないと言わざるを得ない状況にあった。そして、その研究なしに中東欧資本主義化の研究は不十分に終わるとの焦りにも似た感情があったのである。

(2)　**1990年代半ばにバーミンガム大学に滞在**
　　　── 比較経済学的アプローチと社会政策との出会い

　こうした研究上の不足を埋めるため、私は1990年代半ばにバーミンガム大学ロシア東欧研究センター（CREES）に研究のため滞在すること決め、それを実行に移した。CREESにおいて中東欧諸国の比較研究ができることは最初からわかっていた。実際に、多くの研究者との稔り豊かな交流を通じてそれを行うことができた。

　先進資本主義国の研究に関しては、CREESでそれを行うというよりは、イギリスに身を置くことで資本主義研究を行っている欧州の研究者と出会い、文献とふれる多くの機会を作ることが私のねらいであった。そして、実際に目的をかなり叶えることができた。1990年代前半に、日本でも資本主義への制度学派的アプローチ、比較経済学的アプローチが浸透し始めていた。欧州でも同じ傾向が見られた。こうして、イギリス滞在中に比較経済学的アプローチを手がかりにして先進資本主義研究を行うという方向

を定めることができた。これは私にとって、研究の前進に向けた大きな収穫であった。

ところで、イギリス滞在の思わぬ成果は、社会政策・福祉システム研究との出会いであった。私は、イギリスでの滞在研究以前に、中東欧の人々が被っている資本主義化の悲惨、転換の社会的コストを研究していた。そして、そのコストを軽減するためには、経済政策だけでなく社会政策による対応が必要であると考えていた。したがって、私自身が社会政策に関する研鑽を積むことが必要だと痛感していた。ところが、日本とハンガリーを往復する研究スタイルから抜け出せず、腰を落ち着けて（私にとっての）新たなチャレンジになかなか踏み出すことができなかった。

イギリスは社会政策研究の蓄積が多く、研究者の層も厚い国と聞いていたが、実際そうであった。書店でも図書館でも読みたい社会政策関連の文献が並んでおり、イギリス滞在中に出席した学会等の催しでも多くの社会政策専門家に出会うことができた。こうして、私はイギリスで社会政策論、先進国比較福祉システム論、中東欧福祉システム論、欧州社会政策論などと関連する英語文献を購入し、それらを読む時間を持つことになった。私の本格的な社会政策研究は日本語文献でなく、英語文献で始まったと言ってよい。

1990年代半ばから現在までの私の研究は、概ねバーミンガム大学滞在で思い立った主題に関するものである。具体的には、「中東欧の資本主義と福祉システム」、「EUの東方拡大と社会政策」、「社会的欧州をめぐる動向」、「比較資本主義論からの先進国資本主義と中東欧資本主義研究」などが私の研究の主題であった。

(3) ポランニー・レギュラシオン学派とボーレ／グレシュコヴィッチ
——私の資本主義論の枠組み

ところで、比較経済学ないしは比較資本主義論からのアプローチをとる学派のなかには、ポランニーを援用する研究者が多くいる。本書で言及した研究者のなかで言えば、ボワイエ、ベッカー、ストリークなどがそうであった。また、新自由主義を理論的に解明しようとするハーヴェイの研究

エピローグ　ポスト社会主義からどこへ

もマルクスやローザ・ルクセンブルクとあわせて、ポランニーに触発されているところが大きい。

　こうした事情にも影響されて、私は1970年代に読んだポランニーを2000年代初頭から再び読み始めることになった。ポランニーに親しむなかで、「自己調整的市場の拡張」と社会防衛（対抗運動）からなる「二重運動」、それがもたらす政治的・経済的機能不全、その帰結としての「大転換」という思考の枠組みで、生成期から1940年代初めに至る資本主義の歴史をとらえる彼の考え方を、私は現代に適用するようになった。すなわち、ポランニーの視点を戦後先進国資本主義、ポスト社会主義期の中東欧社会経済、欧州建設（EU統合深化・拡大）の分析に生かすという方法が、私のなかで自然に確立されていたのである。

　私の戦後先進国資本主義論は、基本的にはポランニーの方法をふまえたものである。もっと正確に言えば、ポランニーの視点と山田・ボワイエ・アマーブルなどレギュラシオン学派と、ベッカーの資本主義の動態・多様性分析を結合したものである。さらに、私のポスト社会主義中東欧の資本主義研究については、中東欧資本主義および福祉システムの個別実証的な分析を、ボーレとグレシュコヴィッチの中東欧資本主義多様性論の枠組みと結合したものである。これも意識的というよりは、ハンガリーでボーレおよびグレシュコヴィッチと議論を積み重ねているうちに、自然とそうなったというのが真実である。

　また、私のEU論の方法論的特色は、政治的統合、経済的統合、社会的統合のうち経済統合を重視する「経済的欧州」（＝競争・市場）路線と社会的統合を重視する「社会的欧州」（＝連帯・社会的包摂）路線の間の対抗関係からEUの歴史、現状、将来をみるというものである。この方法論は、誰かのEU研究に触発されてというよりは、ポランニー再読の影響であるといってよい。

　ここ30年ほどの私の研究は、以上のようなものである。本書はこうした研究のなかで、中東欧の資本主義と福祉システムの分析を直接の対象とするものである。そして、その分析に必要な限りでポランニーの視点、戦後先進国資本主義と福祉システムの動態と多様性、EU東方拡大と社会政

策に関わる論点を取り扱い、それに対する私の見解を述べてきた。

　中東欧の資本主義や福祉システムを論じる時に、現代資本主義論が必要であり、そのためには先進国資本主義の研究が不可欠であるというのが私の立場である。それについては、本書のなかですでに述べている。ここで付け加えておきたいのは、中東欧の将来を語る際にも現代資本主義論が必要であるということである。

(4) エピローグの課題と構成

　ジェソップ（Jessop 2009; 2014）が述べているように、中心部と周辺部の資本主義国の間には危機対処能力などにおいて明確な差異がある（後述）。そして、「資本主義の多様性」は、資本主義国の政治指導者による自由な選択からだけでは説明できない。これまでの中東欧資本主義の分析で示したように、政治指導者の選択と実践には「初発条件」（過去の遺産）、「国際的制約」（外資の意図、国際機関の関与など）、国家の能力などが大きな影響を及ぼしてきた。したがって、政治指導者であれ市井の人々であれ、人間は願望だけに即して将来展望を描けるわけではない。中東欧諸国の現実的な将来展望を描くためには、欧州周辺部に配置されている資本主義のなかで暮らしていることの認識が必要なのである。

　しかし、プロローグで述べたように、さらに本書のこれまでの叙述から明らかなように、先進国においても中東欧新興国においても格差・貧困問題の深刻化、ナショナリズムの台頭など共通の現象が見られることも他面の事実である。すなわち、先進国と新興国に問題と課題の共通性が見られるのである。これは、発展度が異なっても資本主義には共通性があることを示すものである。そこで、現在の先進国（中心国）にも欧州新興国にも共通する問題点に焦点を当て、そこで暮らす人々にとっての課題を示すことができる。そして、その課題解決のための将来展望を考えることができる。ここで行いたいのはそれである。

　すなわち、現代資本主義の見取り図を示したい。そのうえで、先進国と中東欧諸国のような新興国にも共通する将来社会の望ましいあり方を提示したい。そこに至る先進国と新興国の道筋は異なるであろう。また、先進

エピローグ　ポスト社会主義からどこへ

国のなかでも米国と日本と西欧諸国では辿る道筋は異なるであろう。新興国のなかでもアジア、ラテンアメリカ、中東欧では異なる道筋となるであろう。ここではその論点にはふれない。本書をポスト社会主義中東欧に即したプロローグで始めたが、エピローグはより一般的な叙述にしたいと考えている。先進国にも中東欧諸国にも共通する課題に焦点を当て、将来社会を展望する。

　私が現代資本主義論を主題として記した最新の論文は、『比較経営研究』第39号の「カール・ポランニーと現代社会経済学の課題」(堀林2015a) である。また、『比較経済体制研究』第21号の序文として「グローバルな歴史的政治経済学の興隆と比較経済学の課題」を記している(堀林 2015b)。この2つは紙数が異なるが、ほぼ同主旨のものである。

　いずれも、現代資本主義をとらえるために学ぶべきポランニーの視点に言及し、比較資本主義論の現状と問題点、現代政治経済学からみた現代資本主義像を示している。それは1年以上も前の私の認識である。しかし、若干認識が深まっている点があったとしても、それ以後、私の認識の枠組みに大きな変化はない。そこで上記『比較経営研究』掲載論文を元にしながら、本書の主旨に沿って加筆修正を行う。それを通じて、「ポランニーの議論」、「レギュラシオン学派やベッカーなどの比較資本主義論」、「2008年以後の比較経済学批判と政治経済学の興隆」、そうした議論から見える「現代資本主義像」について記すことにする。

　そこには、本書のこれまでの叙述のなかでふれていることとの重複部分がある。特に、第1章の叙述と内容的に重複する部分がある。繰り返しを避けるよう努めるが、叙述の体系性を保つためにそれが避けられない。あらかじめ断っておく。

2　ポランニーの議論

　ポランニーの社会経済学は、次のように解釈される場合が多い。資本主義以前の社会においては、社会が経済＝市場を埋め込んでいた、あるいは両者は渾然一体であったのに対し、資本主義においては経済＝市場が社会

を埋め込もうとする動き、すなわち自己調整的市場の拡張とともに、それがもたらす弊害に対して社会が自己防衛運動＝対抗運動を行う。この対抗運動は経済＝市場を再度社会に埋め込むことをめざす運動である。

対抗運動の結果として生まれる社会保護、産業保護、環境保護、金融規制の「歴史的相違」、すなわち保護と規制の強弱が資本主義の動態を、保護と規制の形態の「空間的相違」が各国資本主義の型（資本主義の多様性）を規定する。私は、2014 年に刊行した著書（堀林 2014）において、そうしたポランニー解釈をふまえ、戦後先進国の動態と多様性の解明を試みた。

私は今も対抗運動から資本主義の動態と多様性を解明するという視点は有効であると考えているが、上掲書刊行以降それについてもう少し掘り下げている。改めてここで、それを整理しておく。この整理は、本書第 1 章の叙述に対する補足でもある。

(1) 資本蓄積と社会防衛の関係

第 1 に、自己調整的市場の拡張と労働（力）・土地（＝自然）・貨幣の商品擬制化に対抗する社会の自己防衛運動からなる「二重運動」については、以下のように考えている。

資本主義社会では「社会的諸関係が経済システムの中に『埋め込まれている』」とする見解を、「経済は社会から首尾よく切り離され、経済が社会を埋め込んでいる」と一面的に理解すべきではないとするブロックの見解（ポランニー 2009: xxviii-xxix）に私は同意する。すなわち、資本主義経済と社会はたえず緊張を孕んだ関係にあると理解している。その際、社会の自己防衛の運動を「対抗」運動とポランニーが述べていることに示されるように、資本主義においては「自己調整的市場の拡張」、すなわち政治経済学的に表現すれば「資本蓄積」（または資本の本源的蓄積）の運動が先行するということである。私は、この点に着目すべきであると考える。少し長いが、それに関連する文章をポランニーから引用すると、次のとおりである。

「（修正救貧法の成立＝スピーナムランド体制崩壊の年──著者）1834

エピローグ ポスト社会主義からどこへ

年になって初めて、イギリスに競争的労働市場が確立した。それゆえに社会システムとしての産業資本主義は、それ以前に存在していたとは言えないのである。だが労働市場の確立に間髪を入れず社会の自己防衛が開始された。工場法や社会立法さらに工業労働者階級の政治運動が出現したのである」(Polanyi 2001: 訳 143-4)。

資本蓄積が「社会の自己防衛運動」に先行したことは、ポランニーの次のような米国に関する叙述からも明らかである。20世紀初めの米国では、土地、労働、貨幣の供給は無制限であった。このような前提条件が行きわたっている限りでは「人間も自然も、また企業組織も、政府の介入だけが提供できるような保護をまったく必要としなかったのである。しかしそうした条件が存在しなくなるや否や、社会防衛が開始された」(同上書: 訳366)。

資本蓄積の運動が社会の自己防衛運動に先行するという点を重視すべきだと私が考えるのは、社会防衛の態様が、すなわち社会防衛の強弱が資本主義の動態を、そして社会防衛の形態の差異が資本主義の多様性を規定するとしても、まず資本主義自身が蓄積動機（利潤）にもとづき形成され、一つの蓄積の危機に対応して資本が別の蓄積形態に変化するという論理をふまえることなしに、資本主義の動態と多様性をとらえることはできないと考えるからである。

ポランニーは、労働者は工場法や社会立法において労働の擬制商品化に対する、地主は土地の擬制商品化に対する、中産階級（産業経営者）は貨幣の擬制商品化に対する自己防衛運動を行ったことを詳細に検討した後で、工場法や保護関税など社会の自己防衛運動による費用増大や輸入関税が輸出を妨げるところから、先進資本主義国が政治的に保護されていない市場（途上国）への輸出を確保し、市場支配を盤石にしようとしてとった戦略が「帝国主義」であったとしている（同上書: 訳 392-3）。

このように帝国主義は、社会の自己防衛に対する資本蓄積の形態変化である。そのうえで、自己調整的市場と社会の自己防衛の「二重運動」の結果として生まれた帝国主義生成と、そこから生まれる（帝国主義戦争、第一次大戦以後の政治・経済機能麻痺などの）危機と「大転換」への道を、

ポランニーは端的に次のように表現している。

「社会はみずからを保護するための手段をとった。しかしどのような手段であろうと、そうした保護的手段は市場の自己調整を損ない、経済生活の機能を乱し、その結果、社会を別のやり方で窮地に追い込んだ」（同上書: 訳6)」

上の文章を、社会の対抗運動が強まることに起因する資本主義の危機の表現としてとらえることができる。そして、資本主義が蓄積の危機に対して、蓄積形態を変化させるという認識がポランニーにあることは事実であり、そのことが重要なのである。

私は、2014年の刊行書（堀林 2014）において、一方で社会防衛の強弱と形態の相違により戦後先進国資本主義の動態と多様性を明らかにし、他方で米英に始まり1990年代以降に他の先進国資本主義に浸透した「自由市場資本主義」、その特定形態としての金融主導型資本主義をハーヴェイの「略奪による蓄積」、すなわち「利潤圧縮」に対処するための（労働力商品の）等価交換を侵犯する形での蓄積（略奪）、過剰資本に対処するための金融空間創出という蓄積形態の変化としてとらえた。それは、ポランニーの社会防衛論と資本蓄積論を総合して適用する試みであった。

しかし、社会防衛の強弱と形態による資本主義の歴史的変容と多様性把握と、資本蓄積の形態変化に関する分析を、まだ自分のなかで整合的に結びつけられていないことに、前掲書刊行以後気づいている。「二重運動」のさらなる緻密な読み込みのなかで、資本の論理からする資本主義の動態と多様性理解と、社会の自己防衛からの資本主義の動態と多様性理解を整合的に結びつける課題はまだ残されているというのが、現在の私の見解である。

それと関連して、ポランニーの説く「自己調整的市場システム」とは、彼自身において「利得動機に自分自身の基礎を置く」システム（ポランニー 2009: 49）、すなわち資本そのものであり、その拡張は資本蓄積を意味することを改めて確認しておきたい。ストリークも、ポランニーの商品擬制化をマルクスの資本蓄積と同義であるととらえている（Streeck 2014: 50-1）。ポランニーのなかに資本蓄積形態変化論を読み取り、現代

エピローグ　ポスト社会主義からどこへ

資本主義の動態把握に生かす必要があるということが、ここで強調したい点である。

(2) 資本主義と国家——国家の重層的理解

　第2は、資本主義と国家の関係についてのポランニーの理解である。これについて本書第1章で言及しているが、改めて整理して示しておく。ポランニーは、資本主義と国家をそれぞれ別の起源を持つものとしてとらえている。「国家集団と社会的諸制度［この場合の社会的諸制度は文脈上資本主義を指す——著者］はそれぞれ別の起源をもつ」（ポランニー 2009: 46）。『大転換——市場社会の形成と崩壊』において、ポランニーは「互酬」、「再分配」、「家政」、「交換」という統合パターンを列挙し、国家を「再分配」パターンにおける「支配的政治体制」とみなしている。

　「一般的にいって再分配のプロセスは、部族社会、都市国家、専制体制、家畜あるいは土地に関する封建制のいずれにおいても、支配的な政治体制の一部を構成していた」（同上書: 訳89-90）。

　そして、資本主義に先立つ社会において政治領域と経済領域は明確に分離されていなかったが、「交換」パターンが支配的となる資本主義において両者が分離されるとするのがポランニーの見解である。

　何よりも国家が外に向けられたものであるとする柄谷は、資本主義においても国家は「上部構造」ではなく、税を徴収し、インフラを整備するなど「下部構造」（経済）に根差しており、商品交換様式が支配的な資本主義において、再分配＝国家（柄谷は再分配を「略取と再分配」と再規定している）は、ネーションとともに「変形され存続する」と説いている（柄谷 2010: 16）。

　まず、柄谷と同様、近代国家が重商主義システムの時代に「外に向けて」成立したとするポランニーの記述を『大転換』のなかに見出すことができることを指摘しておこう。

　「重商主義システムは、事実上、数多くの難問に対する一つの対応であった。……政治的にいえば、中央集権国家は、このような商業革命がもたらした一つの新たな仕組みであった。対外政治においては、主権の

確立は時代の要請であった」(Polanyi 2001: 訳 112)

他方で、ポランニーが「二重運動」論において、対内的国家（広い射程では政治体制）をどのようにとらえていたかも重要である。なぜなら、それは資本主義の動態・多様性把握にとって不可欠であるからである。

「二重運動論」との関連で言えば、国家は単に資本蓄積（自己調整的市場の拡張）の推進力のみならず、資本蓄積と社会防衛運動の間の緊張を調停する能動的主体でもあるとポランニーはとらえている。スピーナムランド体制崩壊（修正救貧法成立）が労働力商品化の契機となったように、国家は資本主義形成において決定的役割を果たした。他方で、商品擬制化に抗する社会の要求に応え、立法化措置をとるのも国家（政府）である。それは、以下の叙述に示されている。

「社会的保護は、一般に社会の全体的利害を託された人々が担うことになる。近代の文脈においては、これは時の政府が担い手になることを意味する」(同上書: 280)。

また、産業を代表する雇用者、社会構成員の多くを代表する労働者と農民の利害は（雇用者の利潤追求を別にすれば）社会の利害と一致するとしつつ、ポランニーは政治的な立法機関と行政機関が複合的社会においては不可欠であるとしている。そして、1920 年代には階級闘争の激化とともに、社会は経済システムと政治システムの麻痺という脅威にさらされたとする。これに関するポランニーからの長い引用文を、本書第 1 章で示した。ここでは短縮しながらも、再度引用文を示しておく。

「いかなる複合社会も、政治的な立法機関と行政機関の機能なしには立ち行かないであろう。産業か、国家か、あるいはその双方の組織に麻痺をもたらすような集団的利害の衝突は、社会に対する直接的な脅威となったのである」(同上書: 訳 420)。

以上のように、ポランニーは国家の資本蓄積において果たす役割、社会防衛において果たす役割、社会と経済を円滑に機能させる役割などを指摘し、「国家＝階級支配のための機関」というような一面的なとらえ方をしていないことに留意すべきである。また、経済システムのみならず政治システム（国家）の麻痺が、ポランニーにとっては危機を意味することを押

さえておくことも重要である。

　この点と関わり、独自のポランニー解釈から、国家（政治システム）の、社会と経済を円滑に機能させる役割を重視し、社会主義から資本主義への転換と資本主義の維持にとって政治領域が決定的に重要であったとする本書で何度も言及したボーレとグレシュコヴィッチの共著は注目に値することを、ここでも再度指摘しておく（Bohle and Greskovits 2012）。すでに述べたように、この共著は「市場」、「福祉国家」、「マクロ経済的調整」など経済と社会に関わる指標のほか、「コーポラティズム」、「政府」、「民主主義」という政治に関わる指標において中東欧のポスト社会主義諸国がどのような実績をおさめたかを基準にしながら、「欧州周辺部の資本主義の多様性」を説得的に提示している。

　ポランニーの国家論においてさらに注目されるのは、彼が、危機に際しては階級よりも国家のほうが社会的紐帯として機能することを示したのがドイツにおけるファシズム（ナチズム出現）であったとし、国家もまた「社会的単位」であるという解釈を行っていることである。この点に関しては本書第1章ですでに述べ、しかも引用文も示しているので、ここで再度立ち入ることはしない。

　さて、以上のようなポランニーの資本主義と国家に関わる重層的理解は、戦後先進資本主義の福祉国家に関わるコンセンサス、それに対する新自由主義の反撃、しかも新自由主義が逆説的に国民結束を訴える新保守主義的レトリックを用いたこと、債務危機以降強まる欧州右翼ナショナリズの影響などを理解するうえで有効である。

(3) グローバル・システムとしての資本主義

　最後に、本書第1章ですでに指摘したことであるが、ポランニーの国際（グローバル）システムの理解についても再度指摘しておく。

　『大転換』は、「第1部　国際システム」から始まる。そこでポランニーは「自己調整的市場」を支える国際システムとその崩壊を鮮やかに論じている。欧米諸国を中心とした先進国に限定されるが、ポランニーの資本主義（市場社会）分析において国際システムの占める比重が大きいことを再

確認しておくべきである。そして、世界システムを分析の出発点とするウォーラーステインが、「ミニシステム」、「世界＝帝国」、「世界＝経済（近代世界システム））という歴史把握がポランニーの互酬、再分配、交換（市場）という統合パターンの系譜にあるとしていることを指摘しておく（Wallerstein 2004）。

ポランニーは「19世紀文明」を支えてきた国際システムが「バランス・オブ・パワー」と「国際金本位制度」であったと指摘している。このうち、「バランス・オブ・パワー」を支えたのは「平和の100年」（1815～1914年）の前半においては「神聖同盟」、後半は欧州協調に寄与した国際金融業者であった。

世界システム論は、19世紀後半にはイギリスの覇権の衰退とともに、米国とドイツが興隆し、1914年から45年は米国とドイツの「30年戦争」の時代であったと特徴づけている（Wallerstein 2003）。それをポランニーは、「バランス・オブ・パワー」崩壊という文脈でとらえているのである。

また、ポランニーにとって重要なのは、1930年代における国際金本位制の崩壊である。ポランニーは、国際金本位制度を貨幣の商品化と規定している。貨幣は「単に購買力の表象」（Polanyi 2001: 訳125）に他ならない。しかし、外貨準備の増減により各国の貨幣供給と信用供与を規定する国際金本位制度という自己調整的メカニズムにおいては、貨幣が実物経済を左右する。これをポランニーは、「貨幣の商品化」と呼んだ。国際収支の赤字は、当該国の貨幣と信用供給の縮小をもたらし、労働者や農民のみならず経営者にも打撃を及ぼす。このため貨幣の商品擬制もまた、社会の自己防衛運動をもたらした。そして金本位制の維持と社会の自己防衛の緊張から政治的対立激化が生まれ、1930年代に国際金本位制が崩壊するのである。

このように国際金本位制度は社会と対立したが、自己調整的市場からなる世界、世界資本主義（世界＝経済）の支柱でもあった。したがって、その崩壊は貨幣への信頼にもとづく自由市場経済の基礎を掘り崩した。それと同時に、自由主義国家に代わるファシズム、共産主義を生み出す。ポラ

エピローグ　ポスト社会主義からどこへ

ンニーが特定国家（社会）の「大転換」を国際システムの変化と結びつけていることを再確認しておくべきであろうと、私は考えている。

　ここでは上記と関連して、「貨幣の商品化」の増加傾向が、経済の金融化の文脈で使用される場合があることを指摘しておきたい。ストリークは、経済の金融化を、古い「M（貨幣）－C（商品）－M'（生産過程を通じて増加した貨幣）」レジームから、「M（貨幣）－M'（生産過程を媒介しないで増殖した貨幣）」レジームへの移行と表現している（Streeck 2014: 52）。

　米国の圧倒的優位のもとで形成された国際通貨・金融システムとしてのブレトン・ウッズ体制（金ドル本位制）とその崩壊、その後の経済の金融化傾向の強まりの帰結が、2007～08年のグローバル危機であった。金融システムを含む国際システムの動態分析を取り入れながら、現代資本主義論を発展させなければならない。この点でも、ポランニーの議論から学ぶところは多いと私は考えている。そして、後でみるように、ジェソップ（Jessop 2009; 2014）がポランニーの思考を継承していると考えている

3　戦後資本主義と比較経済学——レギュラシオン学派の議論の意義

(1)　黄金時代の資本主義——労使妥協

　1917年に生まれ、「破局の時代」（1914～45年。ポランニーの大転換を含む時代）を経験したホブズボームが、資本主義が戦後の「黄金時代」を迎えたことに驚愕したのは当然のことであった。

　「それにしても、第二次大戦後の資本主義は、いかにして、またなぜ1947年から73年にかけてのかつて前例のない、そしておそらく異常な、あの『黄金時代』へと盛り上がっていったのであろうか。それは資本主義研究の歴史家も含めて、誰もが驚いたことであった」（Hobsbawn 1994: 訳（上）14）。

　元来、「資本主義の諸段階についての分析」（ボワイエ 2005: 63）から出発し、「黄金時代」の資本主義をフォーディズムと特徴づけたのがレ

ギュラシオン学派であった。その後、「フォーディズム——戦後的成長の黄金時代を刻印したもの——にとって代わるうる諸蓄積体制についての研究によって、資本主義には複数の諸形態が共存するという問題が前面にでてきた」(同上書: 63) ことにより、レギュラシオン学派は資本主義の動態と多様性を扱う比較経済学の一翼を形成するようになったのである。彼らの方法とポランニーの親縁性について、ボワイエは次のように述べている。

「レギュラシオン理論はあきらかに経済の社会への埋め込みの方に位置づけられる。制度諸形態は同時に、社会的、政治的、経済的産物である。この点で、レギュラシオン理論はマルクス、ポランニーと同じ系譜のなかに位置づけられる」(ボワイエ 1996: 150)。

フォーディズムと規定される黄金時代の資本主義においては、「労使妥協」の制度形態が「制度階層性」の頂点にあり、他の諸制度を規定するシステムであった。簡潔に言えば、「テーラー主義的生産方式＋機械化」を労働者が受け入れる代わりに、団体交渉を通じて経営者（資本）は生産性インデックス賃金を与えるという労使妥協（「賃労働形態」）が成立し、これにケインズ主義政策・福祉国家（「国家形態」）、ブレトン・ウッズ国際体制のもとでの支配的ルール（貿易フローの大幅コントロール、民間資本移動の極端な制限など「国際形態」と公的金融の大きな役割など「金融形態」）が相まって、大量生産・大量消費型の成長が可能になったのである。ボワイエは黄金時代の成長条件を「労働生産性の上昇の潜在力」、「資本・労働妥協の安定性」、「小さな国際開放度」と規定している（ボワイエ 2005: 70）。

レギュラシオン学派の黄金時代の資本主義規定は有効であると私は考えている。ポランニーの見解と関連づけて言えば、社会の自己防衛運動としての労働・社会運動を資本が取り込み、賃金上昇と福祉支出を通じて内需を創出することにより資本蓄積を行うという蓄積形態・調整様式がフォーディズムであったのである。

(2) ポスト・フォーディズム時代の資本主義の動態と多様性の総合的理解
──趨勢転換論

　しかし、先進国では大量消費型製品に対する国内市場の需要飽和、生産性を超える賃金上昇（利潤圧縮）、大量廃棄が生み出す環境制約などによりフォーディズムは行き詰まり、各国でそれへの対処がなされた。米英では1980年には（規制緩和など）「競争形態」に関わる制度変化が起き、1990年代にはブレトン・ウッズ体制崩壊以後の金融グローバル化、金融革新などを背景にして、（株価・住宅価格など）資産価格上昇を起点とする「金融主導型資本主義」が米英両国で成立した。そこでは、労使妥協ではなく経営者と株主（特に機関投資家）の同盟関係が成立しており、「国際体制」、「貨幣形態」（金融）に関わる制度が他の制度を規定するという制度階層性が支配的であった（山田 2008）。

　上記のような資本蓄積形態の変化に関するレギュラシオン学派の見解も有効であると私はみなしている。また、フォーディズムの危機から生まれる社会経済における制度変化を決定したのはつまるところ国家であったとするボワイエの見解は（ボワイエ 2005: 119）、ポランニーの国家論と通じるものである。そして、起きた現実と照らし合わせると、それは説得力を有する見解である。すなわち、資本主義の自生的展開から制度変化や新しい秩序は生まれないことは資本主義成立以後の歴史全体に言えることである。

　ところで、フォーディズムからポスト・フォーディズムという先進資本主義の動態と、資本主義の多様性をどのように総合的に把握するのかという論点がある。

　すでに本書で言及したように、ボワイエよりも若い世代のアマーブルは、2003年刊行の著書で「製品市場」、「賃労働関係」、「金融部門」、「社会保障」、「教育」の領域の態様の相違を分析しながら、先進国資本主義を「市場ベース型」（米英）、「社会民主主義型」（北欧諸国）、「アジア型」（日本と韓国）、「大陸欧州型」（ドイツ、フランスなど）、「南欧型」の5つに区分した（Amable 2003）。そして、1990年代以降の欧州を分析しつつ、

「大陸欧州型」資本主義において「銀行ベース型の金融が完全に消滅したわけではないが、それはもはやかつてのような役割を果たしていない。労働市場は一層『フレキシブル』になり、雇用保障が高まる見込みははっきりしない」としながらも、「欧州大陸で市場ベース型が一般化していくという見通しはない」と明言し、先進資本主義諸類型の市場ベース型（米英型）への収斂を否定している（同上書：邦訳298）。

ボワイエは、1990年代以降「社会民主主義的な資本主義を除いてほとんどの資本主義が内的限界にあり、と同時にまたとりわけ、金融市場資本主義の支配と推進力にあと押しされて国際システムが不確実になり、それによって急激な変化がもたらされているということである」と述べている（ボワイエ 2005: 157）。他方で、「金融主導型成長のうちにうまく組み込まれるのはアメリカとイギリスだけだ……その他の国民諸経済はほとんどどれも、たとえ金融市場や年金基金を発展させる努力をしたところで、そのような全体ロジックにしたがっていない」（同上書：44）としている。

このように、ボワイエは多様な資本主義類型の収斂については否定的であるものの、特定の型の資本主義が国際システムに及ぼす影響は否定していない。ポランニーを援用しつつ、社会による経済の埋め込みの型の相違により先進資本主義の多様性を「自由主義型」（アングロサクソン諸国）、「国家主導型」（典型はフランス）、「コーポラティズム型」（北欧諸国とドイツ）、「メゾ・コミュニタリアン型」（日本）の4つの型で示す著書を2008年危機の次の年に刊行したベッカーは、1970年代初めから世界経済危機が起きるまでの期間に「自由主義的傾向を持つ政治経済はさらに自由主義になり、コーポラティズム型、国家主導型、メゾ・コミュニタリアン型に近い政治経済はより自由主義型になった」としている（Becker 2009: 49）。ベッカーの資本主義の多様性論は、著書のタイトル（Open Varieties of Capitalism）に示されているように、資本主義諸類型の変化と変化の方向における共通性、つまりは収斂ではなく、収斂への「傾向」を認めるものである。

上のようにボワイエやベッカーの比較経済学は、米英で勃興した自由市場（新自由主義型）資本主義、そしてその特定形態としての金融主導型資

エピローグ　ポスト社会主義からどこへ

本主義が、国際システムおよび他の先進資本主義類型に及ぼした影響を考慮に入れている。その点で、制度補完性と経路依存性を重視し、グローバル資本主義のなかでも「自由な市場経済」（LME。主にアングロサクソン諸国）と「コーディネートされた市場経済」（CME。大陸欧州諸国、北欧諸国、日本など）の2つのタイプの資本主義の間の制度的相違が残ることを（過度に）強調するホールとソスキスの静態的なVoC理論（ホール／ソスキス 2007）と比較すれば、現実の資本主義の変化をより多く反映していると私は考えている（なお、VoCは、狭義ではホールとソスキスの見解を、広義では様々な「資本主義の多様性論」をさして用いられている）。

　私は、山田のように「趨勢転換論」によって資本主義の動態論と多様性論を総合しようとする試みを肯定的に評価する。山田は、資本主義には資本蓄積を表す「資本原理」と、ポランニーの言う社会防衛を表す「社会原理」が働いており、両原理の力関係によって決まる資本主義の趨勢があるとしている。たとえば、戦後資本主義について言えば、フォーディズムの時代には「社会原理」が「資本原理」の暴走を抑制していた。しかし、ポスト・フォーディズム時代の金融主導型資本主義のもとでは資本原理が暴走し、社会は窒息し、社会的統合は解体しつつあるというのが山田の見方である。このように、資本原理と社会原理の力関係が歴史的に変化し、それに対応して資本主義の趨勢も転換するのである（山田 2008）。

　そうした趨勢転換論を通して、資本主義の動態と多様性は総合的に把握されるであろう。時間軸に即した資本主義把握と空間的把握の双方が必要であるが、私自身は時間軸に即した資本主義の共通性をまず把握することが重要であると考えている。また、資本主義に多様性はあっても、黄金時代にはフォーディズム的な調整様式の方向への収斂傾向があり、金融主導型資本主義の時代には、米国やイギリスがそのタイプの資本主義であったばかりでなく、それに向かう傾向が他の資本主義タイプでも見られたことを重視すべきであると考えている。そして、そのような認識（比較経済学者においては反省）が2007～08年の世界金融危機以後強まっていることを、現代資本主義論を試みる者は注目すべきである。

4 比較経済学の反省と批判的政治経済学の興隆──ストリークとジェソップ

　グローバル危機を経て、資本主義の空間的多様性に重きを置く比較社会経済学のアプローチの限界を指摘する見解が提起され、比較経済学が再考を迫られているのが現在である。この文脈において「ポストVoC」的アプローチの道を開いたのは、有力な比較社会経済学者のストリークであった（なお、ドイツ語で書かれた著書、Streeck 2012 の邦訳書では、著者の表記は「シュトレーク」となっている。シュトレーク 2016。本書では「ストリーク」と表記している）。ストリークは、2009 年に刊行された著書のなかで、ドイツはもはや「コーディネートされた市場経済」（CME）ではないとし、ドイツの変化を詳細に検討した。そして、「本書の主題は制度でなくて資本主義である」と述べた（Streeck 2009: 3）。

　そして、同書においてストリークは、ホールとソスキスをはじめ、VoC アプローチが社会秩序としての資本主義に内在する動態と不安定性を軽視していることを批判している。しかし、当時のストリークがめざしたのは、資本主義の不安定性を分析することによって、制度からの資本主義へのアプローチ（比較社会経済学）を洗練させ、現実把握に磨きをかけることであった（Cotes 2014: 24）。

　それから 5 年の歳月を経て、ストリークの立場はさらに変化した。ストリークは、資本主義の 1970 年代初頭以降の先進国の趨勢を、①経済成長率の持続的低下、②（政府、家計、金融部門・非金融部門に属する企業の）債務増加、③不平等の増大としてとらえ、現在の世界を「成長低下」、「寡占的再分配」、「公的分野の縮小」、「汚職」、「無政府的な国際秩序」に象徴される「秩序の崩壊」（disorder）の時代と規定している（Streeck 2014）。そして、それがポランニーの説く労働、自然、貨幣の商品化を規制する秩序の崩壊から起きたとし、「資本主義の終わり方」を論じ「必然的というわけではないが、1930 年代の規模のグローバルな崩壊の可能性」があり得ると指摘している（Streeck 2014: 64）。このように、ストリークは制度を重視する比較経済学から批判的政治経済学（Critical Po-

エピローグ　ポスト社会主義からどこへ

litical Economy, CPE）に限りなく近づいていると言えるであろう。

　批判的政治経済学にも様々な潮流がある。その様々な潮流を代表する研究者が、2012 年に、資本主義の多様性を説く制度学派的アプローチの弱点を指摘し、新たな資本主義論を示すということを目的として議論を行った。その成果がすでに幾冊かの著書として刊行されている。その一端を *Class & Capital* 38（1）2014 年の特集「批判的政治経済学と資本主義の多様性」に収録されている序文を含む 19 編の論稿から窺い知ることができる。編者の一人ブルフを含む共同論文は、グローバル危機以後も様々な資本主義の多様性論者（VoC, DoC, CC）が危機の要因よりも危機に対する多様な反応に焦点を当てていると批判しつつ、「制度」ではなくもっと広い「社会関係」をとらえ、資本主義における矛盾、不平等、対立を分析するのが批判的政治経済学であると規定している（Bruff and Ebenau 2014）。

　19 編のなかで、VoC と DoC のいずれをも批判しつつ、批判的政治経済学からの多様性論、Varigated Capitalism を提起しているのがジェソップである。彼の論稿は 2000 年代以降に興隆した比較社会経済学に対する批判として最も説得的であり、私は彼の問題提起を受けて現代資本主義論を発展させるべきであると考えている。

　ジェソップの各種の比較資本主義論（VoC, DoC, CC）に対する体系的批判は、すでに 2009 年に提起されている（Jessop 2009）。2014 年の論稿はそれを圧縮し、彼の見解をより明確に示したものである。ここでは、各種の比較資本主義論と彼の提示する Varigated Capitalism（多様な資本主義）論の対比（Jessop 2009; 2014）を行うとともに、彼の 2014 年の論稿の結論を示すことにする。

　ジェソップによれば、各種の比較資本主義論においては、第 1 に、方法論的ナショナリズムがとられている。すなわち、分析単位が国民経済であり、国内の地域内分業や超国家的ブロック、世界都市、グローバルな商品連鎖などが充分に考慮に入れられていない。第 2 に、それぞれの資本主義類型の内的一貫性が重視され、それぞれが相対的に分離して存在していると想定されがちである。そして、各資本主義類型の安定は内生的であると

される。第3に、短期・中期の国内資本の特性に焦点が当てられ、世界市場の（長期的）動態の探究は軽視されがちである。第4に、すべての類型は対等であり、もしどれかが「効率的」、「進歩的」であれば、競争を通じてその類型は他の空間に拡張するか、他の空間で模倣されるか、あるいは外から押し付けられることも可能であると想定されている。

　これらの比較資本主義論の想定について言えば、第1から第3までについてはホールとソスキスのVoC論には当てはまるが、第4については当てはまらないと私は考えている。ホールとソスキス（ホール／ソスキス2007）はハイブリッド化を否定しないものの、「自由な市場経済（LME）」と「コーディネートされた市場経済」のいずれかへの収斂には否定的であるからである。

　レギュラシオン学派の論客ボワイエは、米英金融主導型資本主義の他国への影響を否定しないものの、他の類型がそこに収斂するとは考えていないから、ジェソップが説く比較資本主義論の第4の特徴は、ボワイエには当てはまらない。レギュラシオン理論は「国際体制」への編入形態を重視しているものの分析単位を国民経済においているから、ジェソップの比較資本主義論の第1の特徴づけは、レギュラシオン学派にある程度あてはまると言える。また、世界の変容、危機を通じた国民経済の調整様式の変容を説く点で、第2の特徴づけはレギュラシオン学派には当てはまらないと私は考えている。

　それでは、ジェソップの「多様な資本主義論」（Variegated Capitalism）の視点はどうであろうか。第1に、ジェソップが分析対象とするのは「明確な傾向を備えた単独のグローバルで、なおかつ多様な資本主義の広範な分業の中にある補完性と緊張」（Jessop 2009: 229）であり、第2に、それはある特定地域の安定が他の諸国および国を越えた地域の不安定性と結びついていることを探究し、第3に、対立、コンフリクト、危機の傾向を他に移すか、先送りにするうえでの不均衡な能力と関連するコストを探究することである。第4に、ジェソップによれば、ある資本主義の類型（varieties）は他の類型よりももっと釣り合いいがとれており、支配的なモデルはどこでも適用可能というわけでない（以上は、Jessop 2009;

2014)。

　説明は難解のように思われるが、内容的にはそうでない。世界市場を分析単位として見なければならない。そうすれば、ウォーラーステインの説く「中心－半周辺－周辺」という関係のなかで資本主義諸類型は作動しており、中心部資本主義は危機管理能力において他の資本主義よりも高い。こうした世界の政治経済配置においては、中心部のモデル――それが米国モデル、ドイツ・モデル、北欧モデルのどれであろうと――半周辺、周辺に位置する地域・国がそのまま採用できるものではないというのがジェソップの基本的視点である。これが彼の多様な資本主義（Variegated capitalism）論の要点である。

　上記に加え、ジェソップはウェーバーの資本主義論を援用する。ウェーバーは、「伝統的重商主義」、「政治的資本主義」、「合理的資本主義」を区別した。これに対して各種の比較資本主義論においては、合理的資本主義の一形態のみが想定されている。合理的資本主義には「自由市場における交易と資本主義的生産に基づく」ものと、「投機と金融に基づく」資本主義がある。また、政治的資本主義は「略奪」、「強制と支配」、「通常ではない政治権力との取引」を通じて利潤を獲得するような資本主義である。ジェソップは現代資本主義においても、重商主義、政治的資本主義、合理的資本主義のすべてが資本蓄積のために利用される。金融主導型資本主義はジェソップによれば、政治的に作られた世界市場における金融主導の蓄積体制であり、グローバルな資本家集団のなかでの金融資本の支配を表現しており、また、それは新自由主義の支配を反映したものである（Jessop 2014: 54-5）。

　ジェソップは、2009年の論稿では金融主導型資本主義を合理的資本主義のうちの「投機と金融に基づく」形態で説明していたが、2014年の論稿では現代資本主義にも引き継がれ存在する「政治的資本主義」から説明している。

　上述した議論をふまえ、ジェソップは比較資本主義アプローチに対する批判と、求められている経済学とは何かに関して、3つの結論を引き出している。

第1に、比較資本主義の欠陥は確かな資本主義論に支えられていないとジェソップは指摘する。すなわち、資本主義はせいぜい私的所有、賃労働、競争、利潤志向と規定されるだけであるが、それだけでは資本主義に内在する対立を危機への傾向、ある地域の不安定が他の地域に転化されるか、先延ばしにされる方法は解明されない。第2に、最近になってようやく比較資本主義論でも金融主導型資本主義の不安定性に目が向けられるようになってきているが、それが世界市場統合の深まりのなかで起きていること、資本が作動するための、そして財産としての、さらに金融主導型蓄積を接合する貨幣から、新しい政治的資本主義のための貨幣への変化は見過ごされがちである。したがって（第3に）、経済学は、ローカルかつ地域的な、あるいは資本主義の国民的多様性に焦点を当てることよりも、不安定な世界市場から現れる「垂直的秩序」、「中心－周辺関係」と、「加入と排除のパターン」をもっと分析すべきである。
　私は、上記のようなジェソップの指摘に概ね賛成であると考える。同時に、前述したように、ジェソップのグローバル資本主義の体系に組み込まれた資本主義諸類型（多様な資本主義）という現代資本主義認識は、資本主義をグローバルなシステムとしてとらえたポランニーの現代的継承であると考えている。

5　一層の分析が必要な分野・論点──「対抗運動」、「成長」、「政策」

　ジェソップが指摘するとおり、これまでの比較資本主義論には、多かれ少なかれ方法論的ナショナリズムの傾向があったことは事実である。すなわち、分析単位を国民経済に置き、（各国）国民経済から論じ始め、次いで国民経済を制約するものとして「対外環境としてのグローバル経済」を分析するという傾向がみられる。しかし、今日のように資本のグローバルな展開が進んでいる状況のもとでは、国際的な資本の布置をまず明らかにしたうえで、つまり、グローバルな資本主義の構造を分析したうえで、（各国）国民経済の特質の分析に進む必要がある。
　良質の比較資本主義論のレギュラシオン学派でさえ、生産資本が優位な

エピローグ　ポスト社会主義からどこへ

フォーディズム的蓄積形態から金融部門主導の蓄積形態への移行を、国際金融市場における米国金融市場優位というグローバル資本主義の布置ではなく、各国の諸制度配置から説明する傾向がある。すなわち、分析単位をグローバルな資本主義に置くというよりは、資本主義分析において各国の資本主義の制度的配置をまず問題にするという傾向がみられる。米英に対抗するモデルとしてのドイツを持ち出すホールとソスキスのVoC論も、世界市場におけるドイツ生産資本の優位性を論じてはいない。これまた方法論的ナショナリズムの問題である。

私は、国民経済の分析や各国の制度的配置に着目する資本主義の多様性分析が無意味であるというような極論に与するものではない。ここで述べているのは、比較経済学は、最近のストリークの見解やジェソップの批判的政治経済学で補強される必要があるということである。資本主義の多様性は、経路依存性も反映した国内的な制度配置からのみならず、「単独のグローバル資本主義の布置」（垂直関係、中心と周辺、加入と排除）からも説明される必要があるといいうことである。

しかし、従来の比較経済学も、ジェソップのような批判的政治経済学も看過している別の事項がある。

(1) 対抗運動のより深い分析の必要

かつて比較経済学の論客であったコーテスは、最近の論稿 (Cotes 2014) で戦後の世界資本主義の動態を次のように説明している。1945年以降、米英でレーガン政権、サッチャー政権が誕生するまでの先進国資本主義は、第二世界、第三世界をグローバルな蓄積体制から排除したものであるとともに、国内の労働者階級の強さと政府の完全雇用政策追求を特徴としていた。しかし、フォード主義的編成にもとづく資本蓄積の内生的矛盾、レーガン政権とサッチャー政権の政策が相まって、北側労働者の力は弱められた。他方で、アジアと中南米の新興国が台頭し、そこで農民の全面的な労働者化が進展した。その結果、先進国資本主義の労働者階級の賃金と社会保障の権利は侵食され、賃金主導の消費でなく労働強化レジームと債務増加で賄われる消費経済が現れた。

資本間の競争と階級闘争を資本主義の作動因とするグローバルシステムとしてとらえたマルクスを継承し、その観点から資本主義を分析すべきである。同時に、階級構造の現代の特徴と現代国家の分析をふまえた資本主義分析である必要があるというのが、コーテスの見解である（Cotes 2014: 26-7）。グローバル資本主義の分析を重視せよというのはジェソップの指摘と同じであるが、コーテスの上で述べている別の指摘も重要である（以上は、最初に述べた私の論文「カール・ポランニーと現代社会経済学――システム・パラダイムの発展に向けて」（堀林 2015）の「1. はじめに」と「4. 小括」を除く部分に加筆修正したものである。以下は本書で新たに記す部分である）。

上の国家の分析が不可欠であるという点については後で戻ることにし、コーテスの階級構造の現代の特質の分析が資本主義分析に組み込まれなければならないという点について言えば、資本主義分析は資本の運動の側からだけのものでは不十分であり、対抗運動の深い分析もふまえなければリアルな分析とはならないというのが私の考えである。

換言すれば、ポランニーの「二重運動」の視点を生かした現代資本主義分析が必要である。この点との関連で言えば、ポランニーを援用するストリークには対抗運動の深い分析が欠けている。ストリークは、「資本主義の終わり方」を問題にしている。そして、2007〜08年危機後も旧左翼と新左翼の力は弱く、消費主義に取り込まれた民衆の力も弱いとの評価を示している。しかし、それは印象論的な叙述にとどまっており、その叙述の根拠となる分析がなされているわけではない（Streeck: 2014）。

ストリークが言うように、本当に対抗運動はそれほど弱いのだろうか。私はそうは考えない。世界金融危機以後先進国、新興国を問わず対抗運動は強まり、それは現代資本主義の転換を要求するものとなっている。2011年9月に始まったウォール街占拠運動は現代資本主義そのものを批判する運動であったが、資本主義への対抗運動はその後も強い。

2015年以後に限って見ても、反資本主義運動の言説と運動は強力である。2015年初め、緊縮政策に反対する政権がギリシャで生まれた。そして、チプラスを首班とするギリシャ政権は粘り強くEUと交渉してきた。EU

エピローグ　ポスト社会主義からどこへ

はギリシャ支援の条件として緊縮政策実施という姿勢を条件にするという間違った政策を取り続けてきているが、すでに言及したブライスのほか、クルーグマンなど緊縮政策を批判する学者は多く（Blyth 2013; Krugman 2012）、「ヨーロッパの怒れる経済学者たち」もより良き社会をめざし、現在の先進国での政策を変えるための提言を行っている（ヨーロッパの怒れる経済学者たち　2016）。

2015年9月には、「第三の道」ではない伝統的な社会主義者コービンがイギリス労働党党首に選出された。また、米国大統領の民主党候補選出のための選挙で社会主義者のサンダース候補が健闘した。1980年代以降に最も新自由主義の影響が大きかったイギリスと米国においてみられる格差増大と貧困化、資本優遇策と労働者抑圧に対して、青年をはじめ広範な人々が対抗運動を担っていることに注目すべきである。また、スペインでも左派政党ポデモスに対する支持が大きい。右翼排外主義を警戒すべきだが、それだけに目を奪われてはならない。社会主義につながる性格の対抗運動が近年強まっていることにも注目すべきなのである（欧州左派の運動と言説を活写にしたものに、ブレディ 2016がある）。

比較資本主義論に批判的政治経済学の視点を加えることによって理論を精緻にすることだけが求められているのではない。経済学、いや社会科学の目的は社会の解釈ではなくて、その変革にあるというのはマルクスの時代だけでなく今なお真実である。こうして、対抗運動を深く分析し、それを組み入れた経済学、社会科学が求められているというのが私の考えである。

(2) グローバルな次元の政策とローカルな次元の政策の枠組み

さらに、それと関係して、対抗運動が示すべき政策の枠組みの検討が必要なのは言うまでもない。政策の枠組みの詳細には立ち入らないで、現在の大きな論点を一つだけ示せば、以下のとおりである。

それは、「グローバル」、「ナショナル」、「ローカル」な政策の相互連関である。このうち、ナショナルな次元についてはコーテスが指摘した「現代国家の分析」の必要という指摘と関係する。まず、グローバルとローカルな次元の政策について述べ、その後、ナショナルな次元の問題について

検討してみる。

　本書第1章において私は、「ポランニー、資本主義、社会主義——将来社会展望」という項を立て、この論点について若干の検討を行っている。以下は、その補足ともいうべき性格の叙述である。

　特定の国民経済の姿の構想は、国境を越えたグローバルな経済社会構想なしにはありえないという認識を、現在誰もが共有するところとなっている。たとえば、世界金融危機以後、金融の暴走や富の格差を是正するための金融取引規制強化や累進課税強化が多くの経済学者によって提起されている。その際、具体的な構想としての金融取引税や富裕税（高所得者課税引き上げ）は、一国レベルの実施だけでは効果に乏しく、最終的には「世界政府」による課税を必要とする。それを見越しながら、過渡的には国際協調による各国での共通した課税制度の実施が必要である。

　同じことは、すでに始まっている地球温暖化防止のための国際協調の強化を含むグローバルな環境規制についても言える。世界金融危機と不況からの脱出のために先進主要国・地域で金融緩和政策がとられた。ユーロ圏ではすでに、金融政策を担うのは欧州中央銀行（ECB）となっている。国境を越えた資金のフローが各国の実物経済に及ぼす影響が大きくなっている現在、金融によって実物経済が歪められるリスクを抑制するためには世界中央銀行創設を構想に入れる必要があろう。そして、それへの過渡期として現存の国際的枠組み（G7、G20、IMFや世界銀行など）の役割の民主的な再規定と、それにもとづく国際金融政策の実施が必要であるのは歴然としているのではなかろうか。

　次に、少なくとも先進国、つまり公共投資による産業・生活基盤の整備、家電・自動車など耐久消費財普及という開発段階が終わり、経済社会が成熟段階に入っている国の多くにおいては、医療・介護・育児の充実への要求が強くなっていることを確認しておきたい。あわせて、ヨーロッパにおける「スローライフ」運動の普及にみられるように、豊かな自然の享受、コミュニティの復興は、社会の一部ではなく多くが持つ要求となっていることも指摘しておきたい。そして、これらの要求の実現と密接に関わっている重要な主体は地方政府や自治体、すなわちローカルな行政主体である。

そして、まだ中央集権度の高い国では、生活に関わる決定の多くを地方分権化（ローカル化）することが要求となっていることも明記しておきたい。

(3) ナショナルな次元の政策、国民国家

こうしてグローバルな政策と政策主体、およびローカルな政策と政策主体の役割と意義が増しているのが現在の先進国の状況である。逆に言えば、ナショナルな次元の政策の範囲や政策主体の役割は縮小している。第二次大戦終了から1970年代初め頃までの、主に国内需要充足向けの生産で成長した先進国においてはナショナルな次元の政策の意義は大きく、そうした政策は効果を上げた。「一国主義的」（ケインズ主義的）財政政策や開発型産業政策などが効果的であったのである。上でジェソップによる方法論的ナショナリズムにもとづく経済分析批判があることを指摘したが、当ナショナリズムはイデオロギー的偏向というよりは、黄金時代の思考方式の経済学者の間での名残りであると言ってよいであろう。

しかし、国際貿易や外国直接投資（FDI）、国際的ポートフォリオ投資が増大して、特定国経済の実績や当国に住む人々の利益と、特定国に本拠を置く多国籍企業の業績と利益が一致するわけではない状況が生まれるにつれて、国民経済という概念や国民経済レベルの経済政策が自明のものではなくなってくる。それは、ある国に居住する多くの人々にとっても、多国籍企業の所有者や経営者にとっても真実である。先進国に住む人々が今日誰でも気づいている事実である。こうして「国民経済」はかつてほど自明ではないのである。

とはいえ、ナショナルな次元の政策が不要になっているというわけではない。国民国家があり、労働基準が国家単位で制定され、年金、医療、失業保険など社会保障制度が福祉「国家」単位で形成されている以上、国境で仕切られた領域で暮らす人々にとって、ナショナルな政策の重要性はまだ存在している。

また、上で述べたようなローカルな次元での要求を満たすためには、「内発的」な経済構造が求められるというのが私の見解である。すなわち、小さな規模のローカルな経済を守るために、（必ずしも論理的には、現存の

国民経済の単位と一致する必要はないが）グローバルな資本の直接的圧力に晒されない、ローカルとグローバルな経済の中間的な空間の経済単位が必要であるように思われる。そして、そうしたローカルというよりはもっと広域の単位が――多数者の民族が少数者の民族の自由を抑圧しているなどの問題を有している場合を別にして――現存の国民国家であっても差し支えはないというのが私の考えである。

　私は本書で、中東欧の過度に外資に依存する経済は、そこに住む人々にとってリスクが大きいので、もっと自律的な経済構造が必要であると述べてきた。それはローカル経済の延長線上にあり、グローバル資本の活動を抑制する行政単位が必要であるという判断によるものである。また、排外主義的ナショナリズムの芽を摘むためには、逆説的だが、国境で区切られた地域の枠内において「ある程度」自律性を備えた（自給自足などはあり得ないし、必要でもないが）経済構造を形成する必要があるというのが、論理というよりは、私の政治的判断である。

　私の上記のような国民国家に関する見解と判断は、特定の国民国家に居住する平均的な市民としてのものである。しかし、今日のグローバル経済や国民経済に大きな影響を及ぼしている資本家や経営者にとっての「国民国家」とは何なのかは別の問題である。私は、それを十分には解明できていない。コーテスが「現代国家の分析」が必要としながら、彼自身の国家論を展開していないのも、私と同じく彼の国家論の弱さを反映しているのかもしれない。というより、国家論は現在の社会科学において資本主義論よりも遅れた研究分野ではないかというのが私の実感である。

　現在明らかなのは、先進国に本拠を置く多国籍化した資本（家）や経営者にとって、将来の市場という視点から見れば、先進国市場よりは新興国市場の方が重要であろうということである。つまり、多国籍の資本や経営者は新興国の経済発展に期待するという現実的判断をし、世界戦略を立てているということである。これを否定できる材料はそれほどないと私は考えている。先進資本主義国家が中国と「政治的」距離をとりながら、経済界の利益のために「経済関係」を強化していることなどはその表れである。

　他方で、先進国を本拠とする資本や経営者の多くは、レーガンやサッ

チャーのような指導者を持つ「強い(先進国)国民国家」を好む。労働基準を下げ、企業の社会保障費負担を削減してくれるような政権は、ハーヴェイのいう「略奪による蓄積」(Harvey 2010a) を遂行するためには好都合であるからである。強い国家というのは、資本と経営者に対して強い態度をとる国家ではなくて、人々に対して強権を発動する国家である。

但し、気をつけなければならないのは「略奪による蓄積」が唯一の資本蓄積の方法ではないということである。それが唯一の方法ならば「多様な資本主義」など存在しなかったであろう。そして、そもそも資本主義の改善を構想することなど無益であろう。

私は、そうした硬直した資本主義観や国家観を持ってはいない。持っていたとしたら、資本主義の歴史的変容や空間的多様性といった比較経済学の問題群に関心を持ち、それを研究してこなかったであろう。さらに、国家がいつも資本と経営者の利益を反映し、国民国家領域内の広範な住民の利益を反映するようなことは決してしないというような静学的な国家観を私が有しているわけではない。もし、そのような国家観を持っていたとしたら、自由や民主主義などに期待しないだろうし、福祉システムの態様なども議論することはないであろう。

私は、資本主義は資本の蓄積を第一義的とするシステムであり、資本主義の国家は資本の利益を優先する傾向にあることを否定しない。そして、そのような傾向が1970年代以後強まったことを否定しない。しかし、そうした傾向が資本主義の不安定性を増し、世界金融危機を招いた要因であったこと、それをふまえ社会防衛の対抗運動が近年強まっているというのが私の現状認識である。そして、その対抗運動に依りながら資本主義における「資本蓄積原理」をコントロールすることができるし、資本主義国家の政策に、そうしたコントロールへの人々の要望を反映させることが「できる」と考えている。

ここで「できる」というのは、一般的な可能性の問題でだけでなくて、歴史的にそうであったという事実の問題でもある。「コーディネートされた市場経済」や「社会民主主義」型資本主義など資本主義の多様性論に絡む概念は、そうした事実を定式化したものである。ポランニーの「二重運

動論」は、資本蓄積運動と対抗運動の対立激化が政治的・経済的機能不全をもたらすという論理を内包しているが、同時に対抗運動（社会原理）が資本蓄積運動（資本原理）を規制するという状態に至るという展望（希望）も否定していない。そして、「政治権力」が社会による規制を媒介するということはあり得るのである。但し、その政治権力が国境で仕切られた国民国家でなければならないという論理が「二重運動論」から導かれるわけでもない。

6　将来社会構想——グランド・デザイン

　もし、市民や学者が現在あるよりももっと良い社会を望むなら、現実を批判するだけではなく、未来の青写真を示すべきだと私は思う。個々の代替的政策が提示されることはあっても、望ましい社会を体系的に示す試みは少ない。政治政党は、本来それを示さなければならない立場にある。しかし、世界観や社会観を真正面から示す政党は少ない。特に、社会主義政党が、現在の社会主義のあり方を示すことが少なくなっている。私がここで言う「社会主義」とは、経済に社会が従属するのではなく、逆に社会——すなわち人間の連帯——に経済が従属する状態である。社会主義において労働、土地（自然）、貨幣は商品ではないことが望ましい。労働は物象化されず、それ自身の有用性で評価される。社会主義では職人気質が評価される。古い身分制、資本主義的な階級制、官僚主義などすべての不平等で敵対的な人間関係は対等な人間関係で置き換えられる。

　以上は、ポランニーやマルクスの表現方法で社会主義を特徴づけたものである。しかし、それは彼らだけの構想ではなく、多くの思想家が考えてきた構想である。そして、そうした社会主義構想に反対の人はそれほど多くないであろうと私は思う。社会主義に反対という人の多くは、コルナイが「システム・パラダイム論」で定式化したような、現実に存在した「一党制」、「国家的所有」、「官僚的調整」を特徴とする社会主義に反対なのであろう。私がいま語っているのは、そのような社会主義ではない。長い社会主義思想の歴史のなかで継承され、いまも魅力を持つ社会構想である。

エピローグ　ポスト社会主義からどこへ

　それを現在の状況にマッチするようある程度具体化したものを、以下で示すことにしたい。それが上で述べたような社会主義となるのか、それとも資本主義の「大改造」なのかは、後に論じることにする。

(1)　コミュニティと世界共和国

　以下も、第1章の「ポランニー、資本主義、社会主義──将来社会展望」の項の叙述の補足となる。ポランニーは、労働、土地（・自然）、貨幣を商品化する資本主義は、人間の生存、自然の保全、モノづくりにとって望ましくないシステムとみなした。そして「社会の自己防衛運動」を描き、自由市場資本主義の終焉とファシズム・ソ連社会主義・ニューディール体制の成立を「大転換」とみなした。しかし、ファシズム、ソ連社会主義、ニューディール体制のいずれもが、社会主義思想家が考えたような社会主義ではなかった。ポランニーが構想していた社会でもなかった。
　ポランニーにとって、理想の社会はコミュニティ（共同体）であり、それはローカルな空間に成立するものであり、職人芸が認知される社会であった。私は、現在よりも良い社会は、前述したようにローカルな次元とグローバルな次元の構想のうえに成立すると考えている。グローバルな次元の社会構想について、私の考えがポランニーと同じかどうかはわからない。しかし、ローカルな次元の理想社会についての私の構想は、ポランニーや他の社会主義思想家の構想と変わらない。上でグローバルな次元とローカルな次元の重要性について述べたが、さらに展開してみよう。
　昔から人間は顔の見える空間、コミュニティ＝共同体を単位とする理想社会を考え、実践してきた。輸送や通信技術の発展で人間のコミュニケーションの空間は広がったが、現在においても人間はそれほど広い空間で生活はしていない。生まれた地域とは異なる地域、ある場合には移民としての生活を送っている人間にしても、その人の生活空間は、通常はローカルである。今も理想社会がコミュニティ単位で想像されるのは不思議なことではなく、自然なことであると私は考える。理想社会やより良い社会をまずローカルな単位で考えるということの説明を求める人は、そう多くないであろう。

むしろ、良い社会を構想するのにグローバルな社会構想が必要であると言った場合に、説明を求められることが多いであろう。これと関連して、ソ連・東欧社会主義は「一国社会主義」であり、世界社会主義が実現していなかったために失敗したという議論があった。その含意は、対立する資本主義国の軍事的・政治的・経済的圧力によってソ連・東欧社会主義建設と体制の作動が妨げられ、それも一因となって体制崩壊に至ったということであった。

しかし、私は対外的要因を否定しないものの、ソ連・東欧社会主義の失敗については内からの要因で十分説明可能と考える。すなわち、ソ連・東欧社会主義の失敗は、究極的には資本主義と民主主義の未成熟な発展段階から社会主義に移行したこと、社会主義社会においてそうした経済的および政治的発展の遅れをとり戻す必要があったが、当諸国がそれに失敗したことに起因すると考えている。

他方で、「一国社会主義」の困難を私が痛感したのは、ソ連・東欧社会主義の場合よりもむしろ、1980年代初めのフランスにおける一国社会主義（ないしケインズ主義）の失敗の時であった。また、ギリシャの社会主義政権の現在の困難も「一国社会主義」の困難である。

ミッテラン政権は国有セクター拡大のほか、福祉支出拡大などケインズ主義的財政出動を実施しようとしたが、それは欧州通貨メカニズム（EMS）など欧州統合政策と衝突した。欧州の資本主義諸国との協調関係を維持しながら、それと並行してフランス国内で社会主義的政策をとることは困難であった。これが一因となって、ミッテランの社会主義の実験は挫折したのである。

現在のギリシャのチプラス社会主義政権とドイツなどEU中心国の関係は、本質的には1980年代初頭のフランス社会主義政権と他のEU中心国の関係と同じであると言ってよい。現在のギリシャ政権は国境の内側で良い社会に向けた政策を実現しようと試みているが、現在のEUの政策はその実現を妨げるものとなっているのである。ギリシャ政権はEUと交渉しながら、他方で良い社会作りを進めるという路線を追求するしかないであろう。しかし、EUの政策変更が不可能と考え、EUから離脱するという選

エピローグ　ポスト社会主義からどこへ

択肢もあるであろう。2016年6月に、イギリス国民の多数派の選択は「孤立」であった。しかし、グローバル化された政治経済のもとで国際的政策協議機関や地域規模の共同体との関わりを捨てる道は、より良き社会につながらないと私は考えている。むしろ地域共同体や、すでに述べた世界共和国の創出に向けた取り組みの方が必要であると考えている。そして、地域共同体や世界共和国を準備する国際協議機関の民主的運営に向けた努力の方向を選択すべきであると考えている。

ローカルな理想社会の構想を提示する試みは多いが、それを現実的なものにするためにグローバルな枠組みが必要であることを認識する人は意外と少ない。したがって、将来社会構想はローカルなコミュニティにもとづくものであるが、それは同時にグローバルな社会と結びつくものであることを再度強調しておきたい。

(2)　所有関係──社会的共通資本の公有と社会権実現という意味での社会的所有

私にとって、「全面的」生産手段公有が必要であるという理論的・現実的根拠はない。私的所有や営利活動よりも公的所有と非営利活動のほうが適切と思われる分野では公的所有のほうがよいであろう。さらに、人間と土地を荒廃に晒しているような企業の活動には様々な制限を加えたほうがよいというのが私の将来社会構想である。

まず、環境保全のために土地は公有化されるべきである。土地公有は特に社会主義というほどのことでもない。さらに、土地以外の「社会的共通資本」（医療・介護・教育・通信・輸送など）の公有についても、新自由主義以前の戦後資本主義諸国の多くにおいては現実であった。現在においても、社会民主主義型、大陸欧州型資本主義において福祉・教育セクターは公的部門である。新自由主義に対する市民の反対が強い現在、社会的共通資本の公有拡大は多くの支持を得るであろう。

カステルは、完全雇用に近い状況、（社会保険、税金を通じた）医療費公的負担の高い比率、暮らしていける年金や賃金の給付水準など、戦後高度成長期の勤労者が獲得していた権利を「社会的所有」と呼んだ。これが黄金時代以後、しだいに多くの先進国で縮小されてきたのである。こうし

た「社会的所有」復活の運動もまた、多くの勤労者や市民の支持を得るであろう。これもまた、社会主義の要求と言えるほどのものではないであろう。

(3) 賃金水準と雇用水準の引き上げ

　賃金水準や雇用水準の引き上げも重要である。これは、資本主義の廃絶を求める政策ではない。黄金時代の資本主義においては、生産性の上昇がインデックスされて賃金上昇が実現された。そして、賃金増加にともなう消費の増加が設備投資を促し、拡大再生産が雇用の増加を可能にした。こうした好循環を通じて、上記の「社会的所有」が実現されたのは周知の事実である。

　こうした好循環が可能でなくなった後に、資本は労働組合を弱め、労使妥協制度の効力を削ぐことを通じて、労働分配率を資本に有利なように変えてきた。また、非正規雇用者を増加させるなど、雇用不安定化と労働強化を通じて「略奪による蓄積」、すなわち労働力との等価交換を下回る賃金支払い形態による資本蓄積（本源的蓄積の反復）を図ってきたのである。ブラック企業が行っていることは、この「略奪による蓄積」に他ならない。そして、それは新自由主義の本質である（Harvey 2010a）。

　企業に不安定雇用を止めさせる、そして少なくとも等価交換を侵犯しない賃金を支払わせるという要求にもとづく運動、過労死させられないため企業に労働基準を守らせるという要求にもとづく運動もまた、資本主義の廃絶を求める性格の運動ではない。むしろ持続可能な資本主義を再建する要求であり、運動であると言える。

　しかし、高度成長時代のような成長が見込めない現代の先進資本主義国で、資本主義はかつてのような「社会的所有」を再建し、賃金水準や雇用水準を引き上げる「余力」を持っているのであろうか。この論点はそれほど複雑な思考や分析を要する類のものではない。余力があることはすでに証明されている。

　日本の最近の例について見てみよう。1990年代初めからの「失われた20年」を過ぎた最近でも日本経済はほぼゼロ成長である。しかし、企業

エピローグ　ポスト社会主義からどこへ

の内部留保は過去最大である。自民党政権自体が、経営者団体に賃上げを要請しているのが現状である。それに対して、日系大企業を代表する経営者団体が自民党政権に猛烈に反駁するキャンペーンを張っているわけでもない。

　米国についても、ピケティの次の指摘が要所をついたものである。少し長くなるが、要約して示してみる。

　黄金時代の1960年代末に米国の最低賃金は群を抜き高く、時給11米ドルであった。生産性も高く教育体制も整備され、失業もほとんどなかった。公民権運動の高まりのなかで、「偉大な社会」構想にもとづく新しい社会政策も実施されていた。

　この状況に最初に不満を募らせたのが、少数の反動的な人々と金融エリートであった。ベトナム戦争敗北、日本や西ドイツの追い上げなど米国の威信失墜と、オイル危機とインフレなど経済混迷のなかで、原初的な資本主義への回帰を掲げたレーガンに大衆的支持が集まり、彼が大統領になった。そのもとで、最低賃金は上昇せず、インフレで目減りした。ビル・クリントン、オバマの民主党政権のもとでもその傾向は逆転せず、2016年でも最低賃金は日給7ドル程度の水準にある。

　レーガン政権は金持ち優遇税制を実施し、累進税制の最高税率を28％まで下げた。クリントン、オバマ両政権においてもその根本的見直しは実施されておらず、最高税率は40％あたりにとどまっている。それは、1930年代〜80年代の数字の半分以下である（以上は、ピケティ「米大統領選──サンダース氏は新時代を開くか」『朝日新聞』2016年2月24日付）。

　他方で、ピケティは『21世紀の資本』（邦訳は、みすず書房、2014年）で、主に先進国の18世紀から現在までの膨大なデータを収集・分析しながら、資本収益率が国民所得の成長率を上回る傾向（$r > g$）を明らかにし、大戦期および戦後から1970年代までの黄金時代（栄光の時代）を例外として、資本主義においては富の集中と格差拡大が一般的であるとの結論を引き出している。そのうえで、1970年代以降、とりわけ米英での1980年代以降の格差拡大は、富裕者に有利な税制選択（最高限界所得

税率引き下げ)という政治的選択の結果であると述べている。

　富裕者が所有資産から富を得る機会が増加し、国民所得の成長率が低い傾向が先進国で続くなら、21世紀に富の集中と格差はさらに広がるだろうという警告がピケティの上記著書の主なメッセージであった。それを米国に即してわかりやすく示したのが、上記小論である。ピケティは、累進課税や最低賃金の水準が企業の支払い余力といった経済的キャパシティによってではなく、政治的に決まるとみている。それは歴史的事実を踏まえた正しい見方である。

　また、ピケティが行っているのは、全体としてイデオロギーというよりは、事実と資料と計量分析に即した資本主義分析である。そして歴史的な計量分析をふまえた、より良い資本主義のための提言である。スティグリッツが行っているのも同じであり、現代資本主義における格差の広がり、貧困化に焦点を当てた著書のなかで、スティグリッツも累進課税の強化などピケティと重なる主張をしている(Stiglitz 2012)。

　ピケティやスティグリッツなど現在の有力な経済学者は、政治的行為によって今よりもましな資本主義の実現が可能であると考えているのである。私もそう考える。前に述べたとおり、有力紙「ファイナンシャル・タイムズ」のコメンテーター、ウルフの論説も資本主義の改革を唱え、富裕者課税強化、最低賃金の引き上げ、低所得者の生活水準引き上げなどを主張している(Financial Times, 20th July 2016)。いまや資本主義の改革方向について経済学者のコンセンサスは形成されてきていると言っても過言ではない。

(4) 当面の目標実現からからどこへ――社会主義への漸進的なプロセス

　私は土地をはじめとする「社会的共通資本」の公有化、安定した雇用を実現すること、医療と教育の無償化、暮らしていける水準の賃金や年金支給、過労死させないための労働基準の設定と順守などは、世界のすべての地域で実現すべき要求であり、当面の目標であると考えている。そして、それは先進国では経済的に実現不可能な目標ではない。政治的選択の問題である。

エピローグ　ポスト社会主義からどこへ

　本書が分析対象としたポスト社会主義の中東欧諸国も、上記のような要求が実現できないほど経済発展水準が低いわけではない。たしかに、ジェソップが述べるように中心国と比べて周辺国の自律的選択の余地は狭い。私は、先進国のほうが中東欧諸国を含む新興国と比べ、危機管理のみならず、上で述べたような将来社会の形成においても有利な条件をもっていることを否定しない。しかし、ポスト社会主義中東欧諸国の資本主義に「新自由主義」、「埋め込まれた新自由主義」、「ネオ・コーポラティズム」といった多様性が存在したことに示されるように、資本主義の形態を選択する余地はあった。

　経路依存性があるにしても、1989年以後現在までの期間において、概ね資本主義化のコストを小さくする選択をしたスロヴェニアやチェコの政権、またそうした選択を行った期間の他のヴィシェグラード諸国の政権、さらにそのような選択をさせた市民を、私は積極的に評価し敬意を表する。そうした選択をしたことは、そこに暮らす人々だけではなく、他の地域の人々にとっても良いことであった。「底辺への競争」があるグローバル資本主義のもとで、「周辺部」での労働・生活水準の低下を食い止めることは、「中心部」の勤労市民の生活悪化を食い止めることにもなるからである。

　転換の社会的コストに対する人々の不満が、民主主義的な運動と政策転換を通じて、より良き資本主義に行き着くことが望ましい。不満が右翼権威主義、排外主義的ナショナリズムからファシズムやナチズム再来に行き着く可能性が、現在のヨーロッパにはまったくないと言えないのが現状である。ハンガリーやポーランドの状況をヨーロッパの人々が懸念するのは、それが他人事ではないからである。こうした観点から、東欧革命以後のポスト社会主義政治経済の軌跡を振り返る必要があるのである（旧ソ連・東欧諸国の包括的なポスト社会主義研究としては、羽場・溝端 2011 がある）。

　さて、論点に戻ろう。上で提起した「将来社会構想」は、先進国と中東欧諸国に居住する人々にとっての代替的選択肢と私が考えるものである。「将来社会構想」としているが、それは実際のところは、戦後の黄金時代

に先進国で一度は実現されたことのある経済社会政策・制度に近いものである。それらの政策・制度には社会民主主義思想や運動が反映されているとし、ジャットのように将来構想としての社会民主主義について語ることもできる (Judt 2010)。そして、ジャットと私が示しているのは実質的には同じ構想である。

　しかし、そうした資本主義改造・改良の構想でさえ、万国の勤労者・市民の連帯なくして実現しないであろう。資本の国境を越えた移動の多い現在では、上述したように「底辺への競争」(低賃金と悪い労働条件に向けた資本主義間競争) があり、一国で「良い資本主義」が実現されると、そこから資本が流出し、流出先で「悪い資本主義」を創出するとともに、流出元の経済社会の劣化に向けて圧力をかける可能性があるからである。ピケティだけでなく、資本主義の改良を求める経済学者が国際的規模での富裕者税、金融取引税、タックス・ヘイブン規制などグローバルな規制を求めているのはこうした事情のためである。

　先進国を中心にして新興国でも、資本にとってではなくて社会と人々にとってより良い資本主義をめぐる運動が展開され、その実現が一国レベルでも国際政治においても論点となるであろう。それはすでに論点となっている。他方で、そうした運動と運動にもとづく上記諸政策の実現は、長期的に見れば、営利を原則とする社会と世界からマルクスがみたような物質的欲望を超えた諸個人の自由な発展そのものが目的である社会と世界に向けた長い過渡期における一幕であろう。

　水野 (2015)、広井 (2015)、ラトゥーシュ (2015) などが、先進国における定常状態への移行のサインをとらえ、ポスト資本主義の展望を示す研究書を出版している。そこでは、自然を開発するのではなくて、それを享受する社会、利潤ではなく人々の社会的包摂を実現する社会への転換、成長よりも分配と再分配に重点を置く社会への転換など、一言で表現すれば成熟社会への転換が唱えられている。しかも彼らは、その転換をユートピアというよりは、すでに始まっている歴史として述べている。ミルが定常状態を肯定した時 (ミル J.S. 1960)、彼にとってもそれはユートピアでなく、現実であったのであろう。そして、先進国に住む人々にとって「成

長しない経済」はかなりのところ現実である。換言すれば、セドラチェクが述べるように、先進国で「成長資本主義は危機に瀕している」(セドラチェク 2015: 476)。そこでは、人々が考えなければならない問題は成長ではなくて、公平な分配問題なのである。

　生産から分配へという論点の移行は、営利から非営利という論点移行と重複する。21世紀の初めの著書でウォーラーステインは (Wallerstein 2003)、既存の例を示しながら、私的所有は存在するが、非営利組織が中心となる将来社会を展望していた。たしかに、現在でも世界の多くに民間セクターの非営利組織が存在する。非営利組織の目的は資本蓄積ではない。現存の非営利組織には様々な目的がある。そして将来、人々の社会的連帯を直接の目的とする非営利組織が経済社会のなかで大きな比重を占めるに至る場合、そうした社会を資本主義社会と呼ぶのは適切ではなかろう。それは社会主義であろう。こうして現代資本主義、もっと良い資本主義、社会主義は線引きが難しい一連の過程なのである。

　社会民主主義政党などへの政権交代という意味での政治革命、社会的共通資本の公有化など象徴的な政治行為はあるであろう。しかし、先進国で現在もその予兆が見られるように、成長志向と営利目的が一層衰退し、資本主義が「内部から」変質し、より成熟した社会の枠組みが形成されていく過程は文字どおり漸進的であると、私は考えている。

　そして成熟した社会の枠組みは、ポランニーの言う擬制商品化とは反対方向、すなわち労働の脱商品化、土地と自然の脱商品化、貨幣が実物生産を支配しないという意味で貨幣の脱商品化、もっと解りやすく言えば経済の非金融化が進んだところで形成される。

　環境規制強化、福祉充実、人権の保障と拡大などによって、成熟社会の実現の程度が測られるであろう。上で述べたように、私は良い資本主義よりももっと後に非営利組織中心の社会主義を展望している。しかし、それに賛成する人でも、まだ自らの社会主義構想まで提示する人は少ない。米大統領選挙で青年の支持を集めたサンダース候補は自らを民主社会主義者と述べたが、その政策の中心は、「最低賃金引き上げ」、「累進課税強化」、「公立大学無償化」など資本主義のなかで実現されたことのある施策であって、

特に目新しい政策・制度ではなかった。しかし、それが社会主義者の主張であるかのように見えるところに、資本主義が1970〜80年代以降に原初的形態に戻ってきた歴史の「歪み」が反映されていた。

しかし、資本主義の改革要求を掲げながら、サンダース候補が自らを社会主義者と称したことを間違いであると私は考えていない。「運動としての社会主義」は、これまでも資本主義改革構想を提起してきたからである。さらに、私は社会主義を共産党の一党支配、国有、官僚的調整（計画化）など、コルナイが述べるシステム・パラダイムで規定するのはもうやめるべきだと考えている。そして、そのシステム・パラダイムを基準にして社会主義的政策か否かを判断するのをやめるべきだと考えている。そして、ウォーラーステインが示唆しているように、社会主義は脱私有化ではなくて「利潤カテゴリーの排除」（非営利化）という意味での「脱商品化」のプログラムとして理解される必要がある（Wallerstein 2003: 訳243）。

コルナイの社会主義の規定が間違っているというわけではない。それは、存在した社会主義の規定としては間違っていない。しかし、存在した社会主義は、社会主義の歴史の一部であって全体ではない。マルクス＝レーニン主義ではない社会主義思想の伝統と影響力、社会民主主義的な政策、非営利組織の組織化と運動などを含めれば、社会主義の歴史は非常に豊かである。

そして、社会的共通資本は公有が適切だが、社会主義の実現のために全面的国有化が必要であるとの論理は、現状分析からは出てこない。累進課税、最低賃金や同一労働・同一賃金など適切な賃金体系の設定などのためにマクロ経済・ミクロ経済的な経済計算や計画化が必要であるが、それは存在した社会主義国の物財志向の官僚的計画化・調整が将来必要であるということを意味するものではない。市場の利用も含め、そうした調整の問題は、「より良き資本主義」に至る過程と、そこから「非営利組織中心の社会主義社会」に至るそれぞれの過程において、人々の民主的討論のなかで解決されていくであろう。

現在の資本主義、現在よりも改良された資本主義、非営利組織中心の社会主義社会という過程は、上で述べたように連続している。サンダース候

補が唱えた改良された資本主義の構想実現も、社会主義の端緒となり得る。この点に鑑みても、彼を社会主義者であると規定してよいのである。

ところで、私はウォーラーステインを援用しながら、社会連帯が目的であるような、非営利組織が中心となる社会を社会主義と定義した。従来のように国有化を前面に掲げないことに何か理由があるのであろうか。存在した社会主義の国有セクターの経験がそうした理由の一つとなっているのは事実である。

しかし、それが大きな理由というわけではない。私が上のように社会主義を定義するのは、人々、特に先進国の人々がもはや営利を目的とする組織や社会にそれほどの興味を持っていないとの認識を有しているからである。人々の多くは、営利目的の社会や組織が環境面で問題を持つことを知っている。さらに、人々の欲求・関心は営利から離れ、文化的なものや社会的承認に移行しつつあると私は判断している。そのような現在において、抽象的命題として国有を掲げるよりは、現存する営利目的でない組織が中心となる経済を構想・提示するほうが現実的であると私は考えている。また、私が目下の課題として土地など社会的共通資本の公有化を掲げるのも、自然の尊重という要求が人々のなかで強いからであり、公有＝社会主義というシステム・パラダイムに依るものではない。

ウォーラーステインは、非営利組織が中心となる社会の展望を示す著書において、長く続いた資本主義社会から来るべき「より民主的で、より平等主義的な」世界の構築のためには広範な議論が必要であると述べている (Wallerstein 2003: 訳243)。私もそう思う。そして、そうした議論を活発にするために、上で述べた当面の課題（社会的共通資本の公有化、社会権の実現、最低賃金の引き上げ・低所得者の生活水準引き上げ、富裕者課税強化など）実現と非営利組織中心社会の実現のほかに、現在時点でもある程度見通せることがらについては明確にしておくほうがよいと考えている。

労働に関しては、当面の最低限の要求として労働力に対する価値どおりの支払い、すなわち等価交換を侵犯しない賃金支払いと、安定した雇用形態を挙げている。しかし、それ自体は労働の商品化であって脱商品化ではない。マルクスは、資本主義社会における労働力の価値に応じた賃金支払

いから社会主義社会における労働に応じた分配、共産主義社会における必要に応じた分配というように、分配原則の移行を構想した。

　これと同じではないが、まず「略奪による蓄積」を廃止・禁止することから始め、労働力再生産を保障するという原理に即した分配を実現することと、何らかのメリットクラシー（実績主義）の原理による分配を実現すること、必要に応じた分配も実現すること、これらの目標を組み合わせた賃金体系を考案する必要があるだろう。その際、労働に関する私たちの目標が労働の脱商品化、すなわち「労働は商品でない」としたフィラデルフィア宣言の実現であることを一層明確にしていくことが必要である。2016年にはスイスで、「ベーシック・インカム」導入に関わる国民投票が実施された。こうした所得構想は、他の国でも議論されている。分配に関わる議論をもっと広範に行うべきである。

　すでに述べたように、所有形態については、私的所有から公的所有への転換という抽象命題に即して考えるというよりは、もっと具体的に労働、土地と自然、貨幣の商品化の悪弊を除去する必要に即して考える必要があるだろう。

　社会的共通資本については、公有であるほうが良いとすでに記した。それは、一般的に公的所有が私的所有より良いという命題にもとづくものではない。公的医療・介護、公的保育・教育制度、国有鉄道、公的通信制度等などに関わる先進国での経験にもとづく私の判断である。

　私的所有が資本主義にとって重要であるというイデオロギー的・抽象的命題を離れてみさえすれば、医療・介護、保育・教育、輸送・通信などの分野は非営利原則でサービス提供される方がよく、その分野では公的セクターが適切であるというのは、多くの先進資本主義国の市民の判断でもあるのではないであろうか。

　ポスト社会主義中東欧で民営化は早いスピードで進んだが、教育・医療機関の民営化に対する市民の反対は強い。これについて私は、社会主義時代の公的所有一般とは別の評価を市民が下していることの表れではないかと考えている。

　他の分野では、一般的には営利活動が環境破壊・労働環境悪化など人命

エピローグ　ポスト社会主義からどこへ

軽視、投機などを通じた経営破壊につながっている場合に、そうした活動を規制するという観点からまずそうした活動を法的に規制するのが適切である。そして、法的規制だけでは社会的に有害な活動が阻止できない場合に、所有形態の変更を視野に入れるということになるであろうと考える。

要するに、人々の利益に即して、そして社会の合意に従って所有形態の変更が行われるべきであるというのが、私の考えである。社会主義とは国有であるというような考えを私はとらないことを改めて記しておきたい。

7　本書の結び

最後に、本書のまとめを示しておこう。但し、ここで述べることには、今後検証していく課題も含まれることをあらかじめ断っておく。

中東欧地域が、市民革命としての東欧革命の後に辿ったのは資本主義の道であった。その際、中東欧の市民にとって不運だったのは、新自由主義イデオロギーと政策の影響が強い時代に、ポスト社会主義政権が資本主義化を「再開」したということであった。そうでなくとも資本主義への転換の社会的コストは大きいが、そのコストを予期されたものより大きくしたのは、このような時代背景であった。そのなかで、ポランニーが説いた資本主義化とそれに対する社会の防衛という「二重運動」が中東欧地域でも展開された。

資本主義化だけでなく、独立国家の形成・維持などの課題を持つ中東欧では「多様な」戦略がとられた。その結果、「純粋な新自由主義」、「埋め込まれた新自由主義」、「ネオ・コーポラティズム」など「多様な資本主義」が出現した。本書では、資本主義（化）とともに福祉システムの変容も検討した。社会主義システムに対する否定的評価のなかでも社会主義時代の福祉システムが果たした役割について中東欧の市民の評価は高かった。こうして、新自由主義的な圧力のなかでも、スロヴェニアはもちろん、ヴィシェグラード諸国では福祉システムの遺産を継承する試みが行われたのである。

他方で、資本主義の多様性にもかかわらず、中東欧に出現した資本主義

エピローグ　ポスト社会主義からどこへ

は、スロヴェニアを除けば外資依存度の強い資本主義という共通の特徴を持っていた。さらに、中東欧の資本主義は「準中心国」の資本主義か「準周辺国」資本主義かの違いはあるが、中心国の資本主義ではないという点で共通していた。

　1990年代の苦難の時代を経て、2000年代に短い（中東欧諸国にとっての）「黄金時代」を経て、大部分の中東欧諸国は2008年前後から再度、危機と困難の時代に入った。現在までに中東欧経済は改善傾向にあるものの、人々の生活は依然として苦しい。

　ハンガリーやポーランドなど、四半世紀前には東欧革命の牽引者であった国で右翼のバックラッシュが起きている要因の一つは、資本主義化への蓄積された不満である。本書の最初に立てた問い「資本主義化の道は明るかったのか」に対する答えは、「明るくなかった」というのが適切だろう。これが本書の一つの分析結果である。その多くは検証されていると思う。

　もう一つの本書の分析は、先進国資本主義にかかわるものである。1970年代までの先進資本主義国では、フォーディズムという調整形態が機能していた。そして、その調整様式のもとで多くの先進国の人々は、現在よりも安定した雇用と今より高い労働分配率や高い水準の公的年金・医療給付を受けていた。こうして、戦後の先進国の黄金時代は資本主義体制にとってだけでなく多くの人々にとっても黄金時代であったのである。

　本書では、先進国の資本主義を私自身の方法で実証分析しているわけではない。すでに黄金時代の先進資本主義については実証をふまえた豊富な理論的定式化が行われている。また、私の世代にとって黄金時代とそれ以後の時代の変化は経験した歴史である。すなわち、先進国の高度成長、1970年代以後の成長減速、経済の不安定化、そして資本主義経済の多様化、福祉システムの多様化と社会保障の削減傾向は、私自身がみてきた歴史である。

　新自由主義型、その特定の型としての金融主導型資本主義の影響力の強まり、2008年前後以後の金融主導型の資本主義の動揺についても、私はみてきた。そして、レギュラシオン学派など比較経済学の成果を私自身の体験と照らし合わせながらまとめたのが本書の先進国に関する叙述である。

エピローグ　ポスト社会主義からどこへ

但し、本書の主な分析対象は中東欧資本主義と福祉システムであり、その検討に必要な限りで、本書で先進国資本主義と福祉システム分析を行っているという点を再度断っておく。

ところで、先進資本主義国であるか、中東欧資本主義国であるかを問わず、必要とされているのはそれらの一層緻密な構造分析とあわせて、様々な社会の防衛運動の実態の研究と、それをふまえた将来世界像の提示である。すでに、比較経済学と批判的政治経済学の双方に欠けているのが、このような人々の運動をも視野に入れた学問的試みであると述べた。これは、現代の経済学に対する批判であるとともに、私自身のこれまでの研究に対する自己批判でもある。

学術研究は、エスタブリッシュメントの弁護をするために行うものではない。対抗的政治勢力のための構想や政策立案を目的とするものでもない。研究者自身の関心にもとづき研究が深められるというのが、学術研究の自然な姿である。経済学研究においても事情は同じである。既存の理論的枠組み＝パラダイムをふまえて、特定の推論を行い、推論のためのデータ分析、調査、実験を行う。そして、その成果をふまえて、既存のパラダイムの修正あるいは放棄と新しいパラダイムの創出に至る。そうした営みは「客観的」でなければならない。しかし、それは研究者に「規範」、「価値判断」ないしはイデオロギー的選好があってはならないということを意味しているわけではない。むしろ研究者に必要なのは、価値判断を示すことである。そして、価値判断を示す際に、価値判断の理論的・実証的な根拠を示すことである。

新自由主義に傾く研究においては「価値判断」は黙示的に示され、価値判断の理論的・歴史的根拠が示されていないことが多い。その点と関連し、すでに本書で述べたことであるが、ブライスが「緊縮」を「危険な思想」とみて、その歴史を検討する著書を刊行したことの意義は大きい（Blyth 2013、邦訳はブライス 2015）。それは緊縮政策が持続的な債務削減に無益であることを「客観的」に検証した好著である。他方で、ブライスの行っている深さと広さを備えた、新自由主義経済学者による「客観的な」緊縮政策擁護論を見出すのは難しい。

事態は民営化についても同じである。新自由主義の多くの命題は、私的所有と市場経済は優れているという「主観的」、「イデオロギー的」判断のもとで主張されており、客観的な検証をふまえたものでない場合が多い。しかし、上で私が述べたかったことは、新自由主義に傾く研究者の研究ではなくて、むしろ私も含む新自由主義に批判的な経済学者の場合でも、分析対象を資本の運動、すなわち資本蓄積の諸形態と動態に据えている場合が多いということである。

　たしかに、そうした経済学者も資本主義の構造分析とあわせて政策提言を行っている。その際、彼らは、人々の生活防衛に何が必要かの考察も行っている。しかし、人々の生活防衛の運動を資本主義の構造分析と同じ程度に深く分析していると言えるであろうか。

　これを書いている2016年8月6日、広島被爆71年の「原爆の日」の新聞の池澤夏樹の論説に目が留まった。彼は、6月末以後の世界について「どの国も難民に対して頑なになり、イギリスはEU離脱を決め、ニースではテロがあり、ミュンヘンでは若い人たちが殺された。日本では選民思想に基づく大量殺人があった」と記し、「我々は排除と独占と抗争の世界の入り口で戸惑っている」としている（「終わりの始まり――難民問題を考える（下）」『朝日新聞』2016年8月16日付）。私も「戸惑っている」。

　他方で、私は「戸惑い」から覚める道が、世界市民と世界共和国に向かう人々の営みを発掘し、それを積極的に評価することであることを知っている。池澤がその論説で紹介しているのは、難民に手を貸すことを誇りに思っているギリシャ人ボランティアの女性である。彼女が救いであり、希望である。

　ポランニーが行ったような「自己調整的市場の膨張」（資本蓄積）と「社会の自己防衛」という「二重運動」の両者に目を配る経済学が求められているというのが私の主張である。上述のように、それは自己批判でもある。

　前の拙著（堀林 2014）に対する批判のなかに、先進国資本主義、中東欧資本主義に対する、そして欧州統合過程における「対抗運動」の分析が弱いというものがあった。そのとおりであった。残念だが、本書にもその

批判が当てはまる。それだけではない。将来社会の展望が「推論」の段階にとどまっていることも本書の問題点である。それは、最初の問題点の帰結でもある。将来展望の根拠となる運動の分析が充分でないことが、将来展望の不充分性と関係しているのである。この分析が私の次の課題となることを述べて、本書の結びとしたい。

参考文献

Adam, Jan (1999) *Social Costs of Transformation to a Market Economy in Post-Socialist Countries*, Macmillan Press.
Adamik, Mária (2001) "The Greatest Promise — The Greatest Humiliation", in Gabriele Jahnert, *Gender in Transition in Eastern and Central Europe*, Trafo Verlag.
Alber, Jens et al. eds. (2008a) *Handbook of Quality of Life in the Enlarged European Union*, Routledge.
Alber, Jens (2008b) "Employment Patterns in the Enlarged EU", in Jens Alber, et al. eds., *Handbook of Quality of Life in the Enlarged European Union*, Routledge.
Amable, Bruno (2003) *The Diversity of Modern Capitalism*, Oxford University Press.（山田鋭夫／原田裕治ほか訳『五つの資本主義』——グローバル時代における社会経済システムの多様性』藤原書店、2005 年）
Andorka, Rudolf (1996) "Heading toward Modernization?", *The Hungarian Quarterly* (143)
Andorka, Rudolf (1997) "The Development of Poverty during Transformation in Hungary", Ivan Berend, eds., *Long-Term Structural Changes in Transforming Central & Eastern Europe (The 1990s)*, Südosteuropa-Gesellschaft.
Angelusz, Róbert, et al. (1999) "Changing Pattern of Social Network Resources in the Nineties", in Tamás Kolosi et al.eds., *Social Report 1998*, TÁRKI.
Augusztinovics, Mária (1993) "The Social Security Crisis in Hungary", in István Székely and David Newbery eds., *Hungary: An Economy in Transition*, Cambridge University Press.
Augusztinovics, Mária (1999a) "Pension Systems and Reforms in the Transition Economies", *Economic Survey of Europe* (3).
Augusztinovics Mária (1999b) "Pension Systems and Reforms: Britain, Hungary, Italy, Poland and Sweden", *European Journal of Social Security* 1 (4).
Augusztinovics, Mária and Béla Martos (1996) "Pension Reform Calculations and Conculusions", *Acta Oeconomica*, 48 (1-2).
Augusztinovics, Mária et al. (2002) "The Hungarian Pension System Before and After the 1998 Reform", in Elaine Fultz ed., *Pension Reform in Central and Eastern Europe: Restructuring with Privatization: Case studies of Hungary and Poland*, ILO.
Barisitz, Stephan (2008) Banking in Central and Easten Europe 1980-2006, Routledse.
Barr, Nichlas (1994) *Labour Markets and Social Policy in Central and Eastern Europe: The Transition and Beyond*, Oxford University Press.
Barr, Nicholas (2002) "Reforming Pensions: Myths, Trusts and Policy Choice", *International Social Security Review*, 55 (2).
Beck, Ulrich (2012) *Das deutsche Europa: Neue MachatlandShaften in Zeichen der Krise*, Suhrkamp Verlag.（島村賢一訳『ユーロ消滅？ ドイツ化するヨーロッパへの警告』岩波書店、2013 年）
Becker, Uwe (2009) *Open Varieties of Capitalism*, Palgrave Macmillan.
Berend, Ivan (2003) "Past Convergence within Europe: Core-Periphery Diversity in Modern Economic Development", in Gertrude Tumper-Gugerell and Peter Mooslecher eds., *Economic Convergence in Europe: Growth and Regional Development in an Enlarged European Union*,

参考文献

Edward Elgar.
Berend, Ivan (2009) *From Soviet Block to the European Union*, Cambridge University Press.
Blyth, Mark (2013) *Austerity: The History of a Dangerous Idea*, Oxford University Press.（若田部昌澄監訳・田村勝省訳『緊縮策という病──「危険な思想」の歴史』NTT 出版、2015 年）.
Bohle, Dorothee (2006) "Neoliberal Hegemony, Transnational Capital and the Terms of the EU's Eastward Expansion", *Capital & Class*, 88.
Bohle, Dorothee (2009) "Race to the Bottom? Transnational Companies and Reinforced Competition in the Enlarged European Union", in Bastiaan van Aperdoorn, et al. eds., *Contradictions and Limits of Neoloberal European Governance: From Lisbon to Lisbon*, Palgrave Macmillan.
Bohle, Dorothee and Béla Greskovits (2007a) "Neoliberalism, Embedded Neoliberalism and Neo-corporatism: Transnational Capitalism in Central-Eastern Europe", *West European Politics* 30 (3).
Bohle, Dorothee and Béla Greskovits (2007b) "The State, Internationalization, and Capitalist Diversity in Eastern Europe", *Competition & Change* 11 (2).
Bohle, Dorothee and Béla Greskovits (2012) *Capitalist Diversity on Europe's Periphery*, Cornell University Press.
Bourdieu, Pierre (2001) *Masculine Domination*, Polity Press（初版はフランス語版、La domination masculine, edition du Seul, 1998）.
Bozóki, András (1999) "The Rhetoric of Action: The Language of the Regime Change" in András Bozóki ed., *Intellectuals and Politics in Central Europe*, CEU Press.
Bruff, Ian and Mattias Ebenau (2014) "Critical Political Economy and the Critique of Comparative Capitalisms Scholarship on Capitalist Diversity", *Capital & Class* 38 (1).
Buchen, Clemence (2007) "Estonia and Slovenia as Antipodes", in David Lane and Martin Myant eds., *Varieties of Capitalism in Post-Communist Countries*, Palgrave Macmilan.
Catillon, Bea et al. (2008), "Minimum Income Policies in Old and New Member States", in Jen Albert et al. eds., (2009).
Chavance, Bernard and Eric Magnin (1995) "The Emergence of Various Path-Dependent Mixed Economy in Post-Socialist Central Europe, *EMERGO, Journal of Transforming Economies and Societies*, 12 (4).
Chavance, Bernard and Eric Magnin (2006) "Convergence and Diversity in National Trajectories of Post-Socialist Transformation", in Benjamin Coriat et al. eds., *The Hardship of Nations*, Edward Elgar.
Chlon, Agnieszka (2002) "The Polish Pension Reform of 1999", in Elaine Fultz ed., *Pension Reform in Central and Eastern Europe: Restructuring with Privatization Case Studies of Hungary and Poland*, ILO-CEET.
Christpher, Whelan and Bertrand Maitre (2008) "Poverty, Deprivation and Economic Vulnerability in the Enlarged EU", in Jen Alber et al. eds., (2008).
Cichon, Michel ed. (1995) *Social Protection in Visegrad Countries: Four Country Profiles*, ILO-CEET Report (13)
Cichon, Michel et al. (1997) *Social Protection and Pension Systems in Central and Eastern Europe*, ILO-CEET Report 21.
Clark, Ed and Anna Soulby (1996) "The Reforming of the Managerial Elite in Czech Republic", *Europe-Asia Studies* 48 (2).

参考文献

Coates, David (2014) "Studying Comparative Capitalism by Going Left and Going Deeper, *Capital and Class* 38 (1).
Cohen, Solomon (2009) *Economic Systems Analysis and Policies*, Palgrave Macmillan（溝端佐登史ら監訳『国際比較の経済学——グローバル経済の構造と多様性』NTT 出版、2012 年）.
Cook, Linda and Michael Orenstein (1999) "The Return of Left and its Impact on the Welfare State in Russia, Poland, and Hungary", in Linda Cook et al. eds., *Left Parties and Social Policy in Postcommunist Europe*, Westview Press.
Copeland, Paul (2014) *EU Enlargement, the Clash of Capitalisms and the European Social Dimension*, Manchester University Press.
Corrins, Chris (1990) "The Situation of Women in Hungarian Society", in Bob Deacon and Julia Szalai eds., *Social Policy in the New Eastern Europe*, Avebury.
Crouch, Colin (2008) "What Will Follow the Demise of Privatized Keynesianism", *The Political Quarterly* 79 (4).
Csaba, László (1996) "The Second Round: Transformation and the Enlargement of the EU", *The Hungarian Quarterly*, 37 (144).
Deacon, Bob et al. (1997) *Global Social Policy: International Organizations and the Future of Welfare*, SAGE.
Deacon, Bob (1999) "Social Policy in a Global Context", in Andrew Hurrell et al. eds., *Inequality, Globalization and World Politics*, Oxford University Press.
Dore, Ronald (2000) *Stock Market Capitalism: Welfare Capitalism–Japan and Germany versus Anglo-Saxons*, Oxford University Press.（藤井眞人訳『日本型資本主義と市場主義の衝突：日・独対アングロサクソン、東洋経済新報社、2001 年）.
EBRD (2009a) Economic Statistics and Forcasts, http://www.ebrd.com/country/sector/econo/stats/indec.him（2009 年 9 月 13 日検索）.
EBRD (2009b) *Transition Report 2009*.
Ellman, Michael (1997) "Transformation as a Demographic Crisis" in Salvatore Zecchini ed., *Lesson from the Economic Transition*, Kluwer Academic Publisher.
Emigh, Rebecca et al. (2001) "The Radicalization and Feminization of Poverty?", in Rebecca Emigh and Ivan Szelényi ed., *Poverty, Ethnicity and Gender in Eastern Europe during the Market Transition*, Prager Publication.
Enoch, Charles and İnci Ötker-Robe eds. (2007) *Rapid Growth in Central and Eastern Europe: Endless Boom or Early Warning?* International Monetary Fund.
Esping-Andersen, Gøsta (1990) *The Three World of Welfare Capitalism*, Polity Press.（岡沢憲芙・宮本太郎訳（2001）『福祉資本主義の三つの世界』ミネルヴァ書房、2001 年）.
Esping-Andersen, Gøsta ed. (1996a) *Welfare States in Transition: National Adoptions in Global Economies*, SAGE Publications.（埋橋孝文監訳『転換期の福祉国家』早稲田大学出版部 2003 年）.
Esping-Andersen, Gøsta (1996b) "After Golden Age? Welfare State Dilemmas in a Global Economy", in Gøsta Esping-Andersen ed., (1996).（埋橋孝文監訳「黄金時代の後に？——グローバル時代における福祉国家のジレンマ」2003 年所収）.
Esping-Andersen, Gøsta (1999) *Social Foundation of Postindustrial Economies*, Oxford University Press.（渡辺雅男・渡辺景子訳『ポスト工業経済の社会的基礎』作品社、2000 年）.
European Commission (2007) *Social Inclusion and Income Distribution in the European Un-*

参考文献

ion-2007.
Eurostat (2016) *Real GDP Growth Rate-Volume*, ec.europa.eu/Eurostat/tgm/table.do（2016 年 9 月 20 日檢索）.
Eyal, Gil, Iván Szelény and Eleanor Townsley (1997) "The theory of post-communist managerialism", *New Left Review* 222.
Eyraud, François and Daniel Vaugham-Whitehead (2006) "Employment and Working Conditions in the Enlarged EU", in Eyaraud François and Vaugham-Whitehead eds. *Evolving World of Work in the Enlarged EU*, ILO and European Commission
Fahey, Tony (2007) "The Case for an EU-wide Measure of Poverty" *European Sociological Review* 23.
Fajth, Gaspar and Judit Lakatos (1997) "Fringe Benefits in Transition in Hungary", in Martin Rein et al., *Enterprise and Social Benefits after Communism*, Cambridge University Press.
Feldmann, Magnus (2007) "The Origins of Varieties of Capitalism: Lessons from Post-Socialist Transition in Estonia and Slovenia", in Bob Hancké et al. eds., *Beyond Varieties of Capitalism: Conflict, Contradictions, and Complementarities in the European Economy*, Oxford University Press.
Ferge, Zsuzsa (1979) *A Society in the Making: Hungarian Social and Societal Policy 1945—75*, M.E. Sharp, Inc.
Ferge, Zsuza (1995) "Challenges and Constraint in Social Policy", in *Question Marks: The Hungarian Government 1994-1995*, Center for Political Research.
Ferge, Zsuzsa (1997a) "Is the World Falling Apart? A View from the East of Europe", in Ivan Berend eds., (1997).
Ferge, Zsuza (1997b) "Social Policy Challenges and Dilemmas in Ex-Socialist Systems", in Joan Nelson et al. eds., *Transforming Post-Communist Political Economies*, National Academy Press.
Ferge, Zsuzsa (1999) "The Politics of the Hungarian Pension Politics", in Katharina Müller et al. eds., *Transformation of Social Security: Pensions in Central-Eastern Europe*, Physica-Verlag.
Ferge, Zsusa (2001) "European Integration and the Reform of Social Security in the Accession Countries", *European Journal of Social Quality*, 3 (1/2).
Ferge, Zsuzsa and Katalin Tausz (2002) "Social Security in Hungary: A Balance Sheet after Twelve Years", *Social Policy & Adminstration*, 36 (2).
Ferge, Zsusa and Gabor Juhász (2004), "Accession and Social Policy: the Case of Hungary", *Journal of European Social Policy*, 14 (3).
Fink, Phillip (2006) "FDI-lead Growth and Rising Polarisation in Hungary: Quantity at the Expense of Quality", *New Political Economy* 11 (1).
Fink, Phillip (2008) *Late Development in Hungary and Ireland: From Rags to Riches?* Nomos.
Fisher, Sharon et al. (2007) "Slovakia's Neoliberal Turn", *Europe-Asia Studies* 59 (6).
Frey, Mária (1997) "Work and Career: Women on the Labour Market", in Katalin Lévai et al. eds., *The Changing role of Women*, TÁRKI, Minister of Social and Family Affairs (Hungary) and UNDP.
Frey, Mária (1998) "The Position of Women on the Labour Market after the Change of Political System", in ILO-CEET, *Women in the World of Work: Women Worker's Right in Hungary*.
Eultz, Elaine (2002) "Pension Reform in Hungary and Poland: A comparative Overview", in Fultz, E. ed., *Pension Reform in Central and Eastern Europe Restructuring with Privatization:*

参考文献

Case Studies of Hungary and Poland, ILO-CEET.
Eultz, Elaune and Markus Ruck (2000) "Pension Reform in Central and Eastern Europe: An Update on the Restructing of National Pension Scheme in Selected Countries", *ILO-CEET Report25*.
Gál, Róbert (1999) "Hungarian Old-Age Security Prior to the 1998 Reform", in Katharina Müller et al. eds., *Transformation of Social Security: Pensions in Central-Eastern Europe*, Pysica-Verlag.
Gal, Susan (1997) "Feminism and Civil Society", in Joan Scott et al. eds., *Transition Environment Transformation: Feminism in International Politics*, Routledge.
Gal, Susan and Gail Kligman (2000) *The Politics of Gender after Socialism: A Comparative-Historical Essay*, Princeton University Press.
Gebel, Michael (2008) "Labour Market in Central and Eastern Europe", in Irena Kogan et al. eds., *Europe Enlarged*, Policy Press.
Gedeon, Peter (2000/2001) "Pension Reform in Hungary", *Acta Oeconomica*, 51 (2).
Giddens, Anthony (1998) *The Third Way: The Renewal of Social Democracy*, Polity Press. (佐和隆光訳『第三の道――効率と公平の新たな道』日本経済新聞社、1999年).
Giddens, Anthony (2000) *The Third Way and its Critics*, Polity Press.
Goven, Joanna (2000) "New Parliament, Old Discourse? The Parent Leave Debate in Hungary", in Susan Gal and Gail Kligman eds., *Reproducing Gender: Politics, Publics and Everyday Life after Socialism*, Princeton University Press.
Greskovits, Béla (1998) *The Political Economy of Protest and Patience: East European and Latin American Transformations Compared*, Central European University Press.
Greskovits, Béla (2004) "Beyond Transition: The Variety of Post-Socialist Development", in Ronar Dworkin et al., *From Liberal Values to Democratic Transition*, CEU Press.
Greskovits, Béla (2008) "Leading Sectors and the Varieties of Capitalism", in John Pickeles ed., *State and Society in Post-Socialist Economies*, Palgrave Macmillan.
Guillén, Ana M. and Bruno Palier (2004), "Introduction: Does European Matter? Accession to EU and Social Policy Developments in Recent and New Member States", *Journal of European Social Policy*, 14 (3).
Hall, Peter and David Soskice (2001) "An Introduction to Varieties of Capitalism", in Peter Hall and David Soskice eds., *Varieties of Capitalism: The Institutional Foundations of Comparative Advantage* (遠山弘徳他訳『資本主義の多様性：比較優位の制度的基礎』ナカニシヤ出版、2007年).
Hancké, Bob Mantin Rhodes and Mark Thatcher "Introduction: Beyond Varieties of Capitalism", in Bob Hancké et al. eds, *Beyond Varieties of Capitalism*, Oxford University Press.
Haney, Lynne (1999) "But We are still Mother: Gender, the State, and the Construction of Need in Postsocialist Hungary", in Michael Burawoy and Katherine Verdery, *Uncertain Transition*, Rowham & Littlefield Inc.
Harvey, David (2003) *The New Imperialism*, Oxford University Press. (本橋哲也訳『ニュー・インペリアリズム』青木書店、2005年).
Harvey, David (2005) *A Brief History of Neoliberalism*, Oxford University Press. (渡辺治監訳『新自由主義』作品社、2007年).
Harvey, David (2010a) *A Companion of Marx's Capital*, Verso. (森田成也・中村好孝訳『＜資本論＞入門― Marx's Capital』作品社、2011年).

参考文献

Harvey, David (2010b) *The Enigma of Capital and the Crises of Capitalism*, Oxford University Press.（森田成也 / 大津定晴 / 中村好考 / 新井田智幸訳『資本の＜謎＞──世界金融恐慌と21世紀資本主義』作品社、2012年）.

Harvey, Mark, Sally Randles and Ronnie Ramlogan (2007) "Working with and beyond Polanyian Perspectives" in Mark Harvey, Ronnie Ramlogan and Sally Randles eds., *Karl Polanyi: New Perspectives on the Place of the Economy in Society*, Manchester University Press.

Hay, Colin and Daniel Wincott (2012) *The Political Economy of European Welfare Capitalism*, Palgrave Macmillan.

Heidenreich, Martin (2003) "Regional Inequalities in the Enlarged Europe", *Journal of European Social Policy*, 13 (4).

Hobsbawn, Eric (1994) *Age of Extremes: The Short Twenties Century 1914-1991*. ABACUS（河合秀和訳『20世紀の歴史──極端な時代（上・下）』三省堂、1996年）.

Horibayashi, Takumi (2006) "The Social Dimension of European Integration and Enlargement: 'Social Europe' and Eastern Enlargement of the EU", *The Journal of Comparative Economic Studies* 2.

Hungarian Central Statistical Office (1998) *Hidden Economy in Hungary*.

ILO-CEET (Central and Eastern European Team) (1998) *Women in the World of Work: Women Workers' Right in Hungary*.

Inglot, Tomasz (2008) *Welfare State in East Central Europe 1919-2004*, Cambridge University Press.

Jackman, Richard and Catalin Pauna (1997) "Labour Market Policy and the Reallocation of Labour across Sectors", in Salvatore Zecchini eds., *Lesson from the Economic Transition*, Kluwer Academic Publisher.

Jessop, Bob (2009) "Rethinking the Diversity and Variability of Capitalism: on Variegated Capitalism in the World Market", in Christer Lane and Geffrey Wood eds., *Capitalist Diversity within Capitalism*, Routledge.

Jessop, Bob (2014) "Capitalist Diversity and Variety: Variegation, the World Market, Compossibility and Ecological Dominance", *Capital & Class* 38 (1).

Judt, Tony (2005) *Post War: A History of Europe Since 1945*, William Heinemann Ltd.（森本醇訳『ヨーロッパ戦後史 上 1945-1971』、浅沼澄訳『ヨーロッパ戦後史 下 1971-2005』みすず書房、2008年）.

Judt, Tony (2010) *Ill Fares the Land*, Penguin Press（森本醇訳（『荒廃する世界のなかで──これからの「社会民主主義を語ろう』みすず書房、2010年）.

Judt, Tony et al. (2012) *Thinking the Twenties Century*, William Heinemann Ltd.（河野真太郎訳『20世紀を考える』みすず書房、2015年）.

King, Lawrence (2007) "Central European Capitalism in Comparative Perspectives", in Bob Hancké, et al. eds. *Beyond Varieties of Capitalism*, Oxford University Press.

Klein, Naomi (2007) *The Shock Doctrine: The Rise of Disaster Capitalism*, A Metropolitan Book, Henry Holt and Company（幾島幸子・村上由美子訳『ショック・ドクトリン──惨事便乗型資本主義の正体を暴く（上・下）』岩波書店、2011年。

Kollonay, Csilla (1998) "What's Good is Wrong? Women's Rights in Labour Legislation", in ILO-CEET (1998).

Koloshi, Tamás et al. eds. (1999) *Social Report 1998*, TÁRKI.

Koloshi,Tamás and Matilda Sági (1999) "System Change and Social Structure", in Tamás Kolos-

hi et al. eds. (1999).
Kornai, János (1990a) "The Inner Contradictions of Reform Socialism", *Journal of Economic Perspectives*, 4 (3).
Kornai, János (1990b) *The Road to a Free Economy–Shifting from a Socialist System: The Case of Hungary*, W.W. Norton & Company Inc. (佐藤経明訳『資本主義への大転換―― 市場経済へのハンガリーの道』日本経済新聞社、1992 年).
Kornai, János (1992a) *The Socialist System: The Political Economy of Communism*, Oxford University Press.
Kornai, János (1992b) "The Postsocialist Transition and State", *The American Economic Review* 82 (2).
Kornai, János (1993) "The Macroeconomic Dilemmas of Transition", *Transit Club Series 3*, Institute of Economics, The Hungarian Academy of Sciences.
Kornai, János (1994) "Transformational Recession: The main Causes", *Journal of Comparative Economics* 19.
Kornai, János (1995) "A Steep Road", *The Hungarian Quarterly* 36 (138).
Kornai, János (1997) "Adjustment Without Recession: a Case Study of Hungarian Stabilization", in Salvatore Zecchini ed. (1997).
Kornai, János (2000) "What the Change of System From Socialism to Capitalism Does and Does Not Mean", *Journal of Economic Perspectives*, 14 (1).
Kornai. János (2008) "What Does "System Change" means?", in János Kornai, *From Socialism to Capitalism*, CEU Press.
Krugman, Paul (2012) *End This Depression Now!* New York and Norton (山形浩生訳『さっさと不況を終わらせろ』早川書房、2012 年).
Kvist, Jon (2004) "Does EU Enlargement Start a Race to the Bottom? Strategic Interaction among EU Member States in Social Policy", *Journal of European Social Policy*, 14 (3).
Laki, Teléz (2000) "Labour Market in Hungary", in Fazekas Kárloy ed., Munkaerőpiaci Tükör 2000, Közgazdaságtudományi Kutatóközpont.
Landesmann, Michael and Dariusz Rosati (2004) *Shaping the New Europe: Economic Policy Challenges of European Union Enlargement* Palgrave Macmillan.
Lórant, Kárloy (2009) "Privatisation in Central and East European Countries", in Marica Frangakis et al. eds., *Privatisation against the European Social Model: A Critique of European Policies and Proposals for Alternatives*, Palgrave Macmillan.
Makkai, Toni (1994) "Social Policy and Gender in Eastern Europe", in Stainsbury Diane ed., *Gendering Welfare State*, SAGE Publications.
Müller, Katharina (1999) *The Political Economy of Pension Reform in Central- Eastern Europe*, Edward Elgar.
Müller, Katharina (2002) "From the State to the Market? Pension Reform Paths in Central-Eastern Europe and Former Soviet Union", *Social Policy & Administration*, 36 (2).
Myant, Martin and Jan Drahokoupil (2011) *Transition Economies: Political Economy in Russia, Eastern Europe and Central Asia*, John Willy & Sons, INC.
Myles, John and Paul Pierson (2001) "The Comparative Political Economy of Pension Reform", in Paul Pierson ed., *The New Politics of the Welfare State*, Oxford University Press.
Nagy, Beáta (1997) "Women's Career" in Katalin Lévai et al. eds. (1997).
OECD (1996) *OECD Economic Survey: The Czech Republic.*

参考文献

OECD (1998) *Maintaining Prosperity in Ageing Society.*
Orenstein, Michell (1996) "The Czech Tripartite Council and its Contribution to Social Peace", in Ágh, Attila et al. eds., *The Second Steps*, Hungarian Center for Democratic Studies.
Orenstein, Michell et al. (2008) "A Fourth Dimension of Transition", in Michell Orenstein et al. eds., *Transnational Actors in Central and East European Transitions*, University of Pittsburgh Press.
Orszag, Peter and Joseph Stiglitz (2002) "Rethinking Pension Reform: The Myths about Social Security Systems," in Robert Holzmann and Joseph Stiglitz eds., *New Ideas about Old Age Security*, World Bank.
Palacis, Robert and Roberto Rocha (1998) "The Hungarian Pension System in Transition", in Lajos Bokros et al. eds., *Public Finance Reform during the Transition: The Experience of Hungary*, The Word Bank.
Palánkai, Tibor, ed. (2003) *Economics of European Integration*, Akademiai Kiado.
Polanyi, Karl (2001) *The Great Transformation: The Political and Economic Origins of Our time*, Beacon Press. (野口建彦・栖原学訳『大転換――市場社会の形成と崩壊』東洋経済新報、2009年).
Polanyi-Levit, Kari (2007) "Preface: the English Experience in the Life and Work of Karl Polanyi" in Mark Harvey, Ronnie Ramlogan and Sally Randles eds., *Karl Polanyi: New Perspectives on the Place of the Economy in Society*, Manchester University Press.
Ringold, Dena (1999) "Social Policy in Postcommunist Europe: Legacies and Transition", in Linda Cook et al. eds., *Left Parties and Social Policy in Postcommunist Europe*, Westview Press.
Róna-Tas, Ákos (1994) "The First Shall Be Last? Entrepreneurship and Communist Cardres in the Transition from Socialism", *American Journal of Sociology* 100 (1).
Rosati, Dariusz (2004) "The impact of EU Enlargement on Economic Disparities in Central and Eastern Europe", in Michael Landesmann and Dariusz Rosati eds., *Shaping the New Europe: Economic Policy Challenges of European Union Enlargement*, Palgrave Macmillan.
Rueschenmeyer, Marilyn et al. (1999) "The Return of Left-Oriented Parties in Eastern Germany and Czech Republic and their Social Policies", in Linda Cook, et al. eds., (1999).
Rys, Vladimir (2001) "Transition Countries of Central Europe entering the European Union: Some Social Protection Issues", *International Social Security Review*, 54 (2-3).
Saget, Catherine (1998) "Remuneration and Conditions of Market for Women" in ILO-CEET (1998).
Schubert, Klaus et al. eds. (2009) *The Handbook of European Welfare Regimes*. Routledge.
Sennet, Richard (1998) *The Corrosion of Character: The Personal Consequence of Work in the New Capitalism*, W.W. Norton & Company (斉藤秀正訳『それでも新資本主義についていくか――アメリカ型経営と個人の衝突』ダイヤモンド社、1999年).
Sik, Endre, et al. (1999) "Some Elements of the Hidden Economy in Hungary Today", Tamás Kolosi et al. eds. (1999).
Sikra, Dorottya and Bela Tomka (2009) "Social Policy in East Central Europe", in Cerami, Alfo et al. eds., *Post-Communist Welfare State*, Palgrave Macmillan.
Simonovics, András (1999), "The New Hungarian Pension System and its Problems", in Katharina Müller et al. eds., (1999).
Simonyi, Agnes (1999) "Labour and Social Welfare in Competitive Firms", in Csaba Makó et al.

eds., *The Management and Organisation in the Global Context*, University of Godollo /Budapest University of Economic Sciences.
Standing, Guy (1996) "Social Protection in Central and Eastern Europe: a Tale of Slipping Anchors and Torn Safety Nets", in Gøsta Esping-Andersen ed., (1996).
Stark, David (1994) "Path Dependence and Privatization Strategies in East Central Europe", in János Kovács, *Transition to Capitalism: Legacy in Eastern Europe*, Transition Publishers.
Stark, David (1996) "Recombinant Property in Eastern European Capitalism," *American Journal of Sociology* 101 (4).
Stiglitz, Joseph (2012) The Price of Inequality, W.W. Norton & Company.（楡井浩一／峯村利哉訳（2012)『世界の99％を貧困にする経済』徳間書店、2012年).
Streeck, Wolfgang (2009) *Re-forming Capitalism*, Oxford University Press.
Streeck, Wolfgang (2013) Gekauft Zeit. *Die vertagte Krise des demokratishen Kapitalismus*, Suhrkamp.（鈴木直訳『時間かせぎの資本主義――いつまで危機を先送りできるか』みすず書房、2016年).
Streeck, Wolfgang (2014) "How will Capitalism End" *New Left Review* 87.
Szalai, Julia (1996) "Why the Poor are Poor", *The Hungarian Quarterly* 37 (144).
Szalai, Julia (1998a) "Trends of Poverty in Hungary in 1990s", *East Central Europe* 20-23 (3-4).
Szalai, Julia (1998b) "Women and Democratizations: Some Notes on Recent Changes in Hungary", in Jane Jaquette and Sharon Wolchik eds., *Women and Democracy: Latin America and Central and Eastern Europe*, Johns Hopkins University Press.
Szalai, Julia (2000) "From Informal Labour to Paid Occupation: Marketization from Below in Hungarian Women's Work", in Susan Gal and Gail Kligman eds. *The Politics of Gender after Socialism*, Princeton University Press.
Szamuely, László (1993) "Transition from State Socialism: Whereto and How?", Acta Oeconomica 45 (1-2).
Szamuely, László (1996) "The Social Costs of Transformation in Central and Eastern Europe", *The Hungarian Quarterly* 37 (144).
Szelényi, Ivan and Eric Kostello (1996) "The Market Transition Debate: Toward Syntheisis?", *American Journal of Sociology* 101 (4).
TÁRKI (2008) *European Social Report*, Budapest.
Tóth, András (1999) "The State of Trade Unions in Hungary", *EMERO*, 6 (3).
Tóth, Olga (1997) "Working Women: Changing Role, Changing Attitude", The *Hungarian Quarterly* 38 (147).
Tóth, János (1997/1998) "Inter-Enterprise Ownership Links in Hungary" *Acta Oeconomica* 49 (3-4).
van Aperdoorn, Bastiaan (2002) *Transnational Capitalism and the Struggle over European Integration*, Routledge.
van Aperdoorn, Bastiaan (2009) "The Contradictions of 'embedded Neoliberalism' and Europe's Multi-level Legitimacy Crisis: The European Project and its Limits", in Bastiaan van Aperdoorn et al. eds. *Contradictions and Limits of Neoloberal European Governance: From Lisbon to Lisbon*, Palgrave Macmillan.
Vaughan-Whitehead, Daniel C (2003) *EU Enlargement versus Social Europe*, Edward Elgar.
Večerník, Jin (1996) *Markets and People*, Avebury, Ashgate Publishing Ltd.
Visser, Jelle (2008) "Extensions through Dilution; European Integration, Enlargement and La-

bour Institutions,", in Jens Alber et al. eds., (2008).
Wallace, Claire and Florian Pichler (2008) "Working Cconditions and Equality of Work, in Jens Alber et al. eds., (2008).
Wallerstein, Immanuel (2003) *The Decline of American Power*, The New Press（山下範久『脱商品化の時代――アメリカン・パワーの衰退と来るべき世界』藤原書店、2004 年）.
Wallerstein, Immanuel (2004) *World-System Analysis: An Introduction*, Duke University Press（山下範久訳『入門・世界システム分析』藤原書店、2006 年）.
Watoson, Peggy (1993) "The Rise of Masculinism Eastern Europe", *New Left Review* 198.
Word Bank (1994) *Averting the Old Age Crisis*, Oxford University Press.
World Bank (1996) *From Plan to Market: World Development Report*, Oxford University Press.
World Bank (2007) *Social Assistance in the New EU Member State*.
青木昌彦・奥野正寛（1996）『経済システムの比較制度分析』東京大学出版会。
アルベール、ミッシェル 小池はるひ訳（1992）『資本主義対資本主義』竹内書店新社。
飯田洋介『ビスマルク――ドイツ帝国を築いた政治外交術』中公新書。
池田俊明（1999）「チェコおよびスロヴァキア」小山洋司編『東欧経済』世界思想社所収。
岩田正美（2007）『現代の貧困』岩波書店。
大津定美（2000）「移行期ロシア／ソ連におけるアンペイド・ワーク」川崎賢子・中村陽一編『アンペイド・ワークとは何か』藤原書店所収。
大野健一（1996）『市場移行戦略――新経済体制の創造と日本の知的支援』有斐閣。
長部重康（2006）『現代フランスの病理解剖』山川出版社。
小野善康（2012）『成熟社会の経済学――長期不況をどう克服するか』岩波新書。
カステル、ロベール 北垣徹訳『社会喪失の時代――プレカリテの社会学』明石書店。
柄谷行人（2006）『世界共和国へ――資本＝ネーション＝国家を越えて』岩波新書。
柄谷行人（2010）『世界史の構造』岩波書店。
河村哲二（2003）『現代アメリカ経済』有斐閣。
小林勝監訳・解題、細井雅夫・村田雅訳（2005）『欧州憲法条約』御茶の水書房。
小森田秋夫（1998）「ポーランドの社会福祉」仲村優一・一番ケ瀬康子編集委員会代表『世界の社会福祉 (2) ロシア・ポーランド』旬報社所収。
小山洋司（2014）「ユーロ加盟と中東欧諸国におけるカジノ資本主義の破綻――ラトヴィアとスロヴェニアの事例を中心に――」www.jsie.jp/Kanto/papers/2014/koyama141220paper.docx（2016 年 9 月 20 日検索）。
コルナイ、ヤーノシュ 盛田常夫訳（1984）『「不足」の政治経済学』岩波書店。
コルナイ、ヤーノシュ 盛田常夫編訳（1986）『経済改革の可能性――ハンガリーの経験と展望』岩波書店。
コルナイ、ヤーノシュ 溝端佐登史・堀林巧・林裕明・里上三保子訳（2016）『資本主義の本質について――イノベーションと余剰経済』NTT 出版。
コルナイ、ヤーノシュ／ベルナール・シャバンス 北川旦太訳（2015）「知性の遍歴についての風変わりな回想――経済学の現状に対する問い」『比較経済体制研究』21。
コロシ、タマーシュ 堀林巧訳（1988）「構造集団と改革」金沢大学経済論集 25。
佐藤経明（1997）『ポスト社会主義の経済体制』岩波書店。
シャバンス、ベルナール 斉藤日出治訳（1993）「東欧における過渡期と大不況」山田・ボワイエ編『転換――社会主義』藤原書店所収。
シュピオ、アラン 橋本一径訳（2005）「否決の解剖学: EU 憲法条約に対するフランス

の『ノン』」『世界』8月号（742）、岩波書店。
杉浦史和（2008）「移行経済諸国における金融セクターの展開とグローバリゼーション——新規EU加盟国への金融部門FDIを中心に」池本修一・岩崎一郎・杉浦史和編『グローバリゼーションと体制移行の経済学』文眞堂所収。
セドラチェク、トーマス　村井章子訳（2015）『善と悪の経済学——ギルガメシュ叙事詩、アニマルスピリット、ウォール街占拠』東洋経済新報社。
高田公（2011）「中東欧諸国の金融・経済危機と外国銀行」『ロシア・ユーラシア経済と社会』950。
田中素香（2007）『拡大するユーロ経済圏——その強さとひずみを検証する』日本経済新聞社。
田中素香（2010）『ユーロ—危機の中の統一通貨』岩波新書。
田中宏（2005）『EU加盟と移行の経済学』ミネルヴァ書房。
中村健吾（2005）『欧州統合と近代国家の変容—— EUの多次元ネットワーク・ガバナンス』昭和堂。
中村健吾（2009）「EU、帝国、帝国主義——同心円状に拡がる新自由主義的ガバナンス」『比較経済体制研究』15。
中村健吾（2011）「リスボン戦略の十年でEUはどう変わったか——金融によって支配される蓄積レジームの危機」田中浩編『現代世界—その思想と歴史3 EUを考える』未来社所収。
中村健吾（2012）「EUの雇用政策と社会的包摂政策——リスボン戦略から「欧州2020」へ」福原宏幸・中村健吾編（2012）所収。
羽場久美子・溝端佐登史編（2011）『ロシア・拡大EU』ミネルヴァ書房。
林忠行（2013）「スロヴァキア政党政治における「第二世代改革」——遅れてきた新自由主義の「成功」と定着」村上勇介・仙石学『ネオリベラリズムの実践現場——中東欧・ロシアとラテンアメリカ』京都大学出版会所収。
ピケティ、トマ　山形浩生/守岡桜/森本正史訳（2014）『21世紀の資本』みすず書房。
広井良典（2011）『創造的福祉社会』ちくま新書。
広井良典（2015）『ポスト資本主義——科学・人間・社会の未来』岩波新書。
廣田功（2005）「拡大EUの経済的挑戦–経済統合史との関連で」森井裕一編『国際関係の中の拡大EU』信山社所収。
福原宏幸・中村健吾編（2012）『21世紀のヨーロッパ福祉レジーム——アクティベーション改革の多様性と日本』糺の森書房。
福原宏幸・中村健吾・柳原剛司編（2015）『ユーロ危機と欧州福祉レジームの変容——アクテベーションと社会的包摂』明石書店。
藤田菜々子（2010）『ミュルダールの経済学——福祉国家から福祉世界へ』NTT出版。
ブランパン、ロジェ　小宮文人/濱口圭一郎監訳（2003）『ヨーロッパ労働法』信山社。
ブレディみかこ（2016）『ヨーロッパ・コーリング——地べたからのポリティカル・レポート』岩波書店。
ブルデュー、ピエール　加藤晴久訳（2000）『市場独裁主義批判』藤原書店。
ペストフ、ビクター　藤田暁男ほか訳（2001）『福祉社会と市民民主主義——協同組合と社会的企業の役割』日本経済評論社。
ベレンド、イヴァン　河合秀和訳（1990）『ヨーロッパの危険地域——東欧革命の背景をさぐる』岩波書店。
ポランニー、カール　若森みどり/植村邦彦/若森章孝編訳（2012）『市場社会と人間

の自由――社会哲学論選』大月書店。
堀林巧（1990）『ハンガリーにおける改革の軌跡――経済分権化から政治的多元化へ（1968～1989年）金沢大学経済学部研究叢書5、金沢大学経済学部。
堀林巧（1992）『ハンガリーの体制転換――その現場と歴史的背景』晃洋書房。
堀林巧（1993）「過渡期経済政策のアポリア――中欧のポスト共産主義」『金沢大学経済学部論集』14（1）。
堀林巧（1995）「旧共産主義地域過渡期経済政策再論――コルナイとエルマンの最近の所説紹介と検討を中心にして」『金沢大学経済学部論集』15（2）。
堀林巧（1997）「旧ソ連・東欧地域の社会動向――体制転換の「社会的コスト」に焦点を当てて」『医療・福祉研究』9。
堀林巧（1998）「ポスト共産主義転換期社会政策論――いくつかの所説紹介を中心に」『金沢大学経済学部論集』19（1）。
堀林巧（1999）「転換期中東欧の社会保障制度―社会保障制度変容を中心に」『ロシア・ユーラシア経済調査資料』3月号（800）。
堀林巧（2000）「ポスト共産主義転換期ハンガリーの社会構造」『金沢大学経済学部論集』20（1）。
堀林巧（2001a）「中欧の社会政策とその国際的文脈――ポスト共産主義社会政策再論」『金沢大学経済学部論集』21（1）。
堀林巧（2001b）「ハンガリーの労働領域と家族政策におけるジェンダー――継続性と変化」『金沢大学経済学部論集』22（1）。
堀林巧（2003）「ハンガリーの年金制度――その歴史と現状」『金沢大学経済学部論集』24（1）。
堀林巧（2005a）「EU東方拡大と社会政策」『金沢大学経済学部論集』25（1）。
堀林巧（2005b）「欧州経済格差の歴史と現状――いくつかの所説紹介を中心に」『金沢大学経済学部論集』25（2）。
堀林巧（2007a）「比較政治経済学と中東欧の資本主義」『金沢大学経済学部論集』27（1）。
堀林巧（2007b）「比較政治経済学とポスト共産主義諸国の資本主義の多様性」『金沢大学学部論集』28（1）。
堀林巧（2009）「EU新加盟国の貧困問題・社会保護システム・社会扶助」『金沢大学経済論集』29（2）。
堀林巧（2010）「ハンガリーの政治経済――「1989年」から20年後の動向」『金沢大学経済論集』30（1）。
堀林巧（2011a）「中東欧の資本主義化と生活保障システムの変容―― 1989年以後の軌跡」『ロシア・東欧学会年報』39。
堀林巧（2011b）「政治循環と外資依存経済――ハンガリー政治経済動向（1989～2011）」『ロシア・ユーラシアの経済と社会』950。
堀林巧（2011c）「ポランニーと比較経済体制論」『比較経済体制研究』17。
堀林巧（2011d）「拡大EUの雇用・労働問題――中東欧新加盟国と旧加盟国の比較」『金沢大学経済学論集』32（2）。
堀林巧（2012）「先進国資本主義と福祉システム――戦後の軌跡と将来展望」『比較経済体制研究』18。
堀林巧（2014）『自由市場資本主義の再形成と動揺――現代比較社会経済分析』世界思想社。

堀林巧（2015a）「カール・ポランニーと現代社会経済学の課題——システム・パラダイムの発展に向けて」『比較経営研究』39。
堀林巧（2015b）「グローバルな歴史的政治経済学の興隆と比較経済学の課題」『比較経済体制研究』21。
ボワイエ、ロベール　井上泰夫訳（1996）『現代「経済学」批判宣言——制度と歴史の経済学のために』藤原書店。
ボワイエ、ロベール（2001）「パクス・アメリカーナの新段階」渋谷博史・丸山真人・伊藤修編『市場化とアメリカのインパクト―戦後日本経済社会の分析視角』東京大学出版会。
ボワイエ、ロベール　山田鋭夫訳（2005）『資本主義 vs 資本主義——制度・変容・多様性』藤原書店。
ボワイエ、ロベール　山田鋭夫／坂口明義／原田裕治訳（2011）『金融資本主義の崩壊——市場絶対主義を超えて』藤原書店。
ボワイエ、ロベール　山田鋭夫／植村博恭訳（2013）『ユーロ危機——欧州統合の歴史と政策』藤原書店。
水野和夫（2014）『資本主義の終焉と歴史の危機』集英社新書。
溝端佐登史・堀江典夫（2013）「市場経済移行と経路依存性——体系的レビューの試み」『経済研究』64。
藻谷浩介・NHK 広島取材班（2013）『里山資本主義——日本経済は「安心の原理」で動く』角川（one テーマ）新書。
ミル、J.S. 末永茂喜訳（1960）『経済学原理』岩波文庫。
宮本太郎（1999）『福祉国家という戦略——スウェーデンモデルの政治経済学』法律文化社。
宮本太郎（2009）『生活保障』岩波書店。
柳原剛司（2008）「ハンガリー」『世界の社会福祉年鑑 2008　第 8 集』旬報社所収。
柳原剛司（2012）「EU 新規加盟国の雇用政策の変容——ハンガリー」福原宏幸・中村健吾編（2012）所収。
柳原剛司（2015）「危機下における国家の再構築と社会政策の変化——ハンガリー」福原宏幸・中村健吾・柳原剛司編（2015）所収。
山口義行編（2009）『バブル・リレー——21 世紀型世界恐慌をもたらしたもの』岩波書店。
山田鋭夫（2004）「レギュラシオンの経済学」塩沢由典編『経済思想 1　経済学の現在 I』日本経済評論社所収。
山田鋭夫（2008）『さまざまな資本主義——比較資本主義分析』藤原書店。
山根裕子（1997）『経済交渉と人権——欧州復興開発銀行の現場から』中央公論社。
湯元健治・佐藤吉宗（2010）『スウェーデン・パラドックス——高福祉、高競争力経済の真実』日本経済新聞社。
吉井昌彦（2015）「書評　堀林巧著『自由市場資本主義の再形成と動揺——現代比較社会経済分析』」『比較経済研究』52（2）。
吉野悦雄（2006）「ポーランド年金制度の調和妥協的改革」西村可明編『移行経済国の年金改革——中東欧・旧ソ連諸国の経験と日本への教訓』ミネルヴァ書房所収。
ヨーロッパの怒れる経済学者たち　的場昭弘監訳・尾澤和幸訳〈2016〉『今とは違う経済を作るための 15 の政策提言——現状に呆れている経済学者の新宣言』作品社。
ラトゥーシュ・セルジュ　中野佳裕訳（2013）『〈脱成長〉は、世界を変えられるか？』

参考文献

　作品社。
若森みどり（2011）『カール・ポランニー――市場社会・民主主義・人間の自由』NTT
　出版。

あとがき

1　本書刊行を思い立ったのは、前著『自由市場資本主義の再形成と動揺——現代比較社会経済分析』（世界思想社、2014年）刊行後、それほど日が経っていない頃のことであった。当書でポスト社会主義中東欧の社会経済分析も手がけたものの、1989年の東欧革命以後四半世紀に起きた事象について書き尽くすことができなかったという思いが残っていたのである。当時刊行しようと考えていた著書の主題は、「中東欧の資本主義と福祉システム」であった。本書のタイトルはそのとおりになっているから、その限りでは本書の刊行は予定どおりであったといえよう。

　2016年3月に勤務先の大学の定年退職を控えて過去を振り返ってみた時、1973年の大学院進学後、気づけば40年強の歳月にわたって中東欧社会経済、特にハンガリー社会経済に関する研究成果を世に問うていた。刊行していた著書（単著）は3点、学術論文は多数あったが、その大部分はハンガリーを中心とした中東欧社会経済に関わる研究であった。1989年政治革命以前と1989年以後数年間の研究については、1990年代初めに2点の著書（単著）にまとめ刊行していたから、東欧革命から約25年間に起きた中東欧社会の変動を、たとえ未熟であるにしても私なりの理論的枠組みにもとづき体系的に説明した著書を刊行したいというのが私の願いであった。

　本書の本文でも述べているように、私は東欧革命以後の早いうちに中東欧諸国などポスト社会主義国の資本主義化をとらえる理論的枠組みを身につけたわけではなかった。重要と思われる事象を見つけ、手探りの方法で分析する歳月がかなり長く続いた。社会主義から資本主義への転換という史上初の経験を扱うのであるから、既存の理論がなく試行錯誤を繰り返さざるを得ないのは、ある程度仕方のないことであった。私が、ポスト社会主義国の資本主義化と資本主義を分析する視座と方法をある程度持てたように思えるようになったのは、比較資本主義論（比較経済学）の研究成果

あとがき

を吸収し、ポランニーを再読した後のことであった。

　本書の刊行を思い立った時、私が行いたかったのは、身につけた視座と方法をふまえて、これまで刊行してきたいくつかの研究成果（論文）に意味づけを行い、再構成をすることによって中東欧の資本主義化と資本主義について体系的な説明を提示することであった。ところが、仕事を始めようとした矢先に体調を崩してしまった。2015年の初夏のことである。そして、本書刊行に向けた仕事を再開できるようになったのは、ようやく2016年の初め頃であった。

　本書に生かすことになる（既）発表論文を選定し、それらに加筆修正を行い、不十分な場合は全面的に書き改めた。内容は元論文と同じであるが文章はそれと異なる場合、逆に叙述の多くは元論文と重なるが再解釈のため内容が元論文と異なっている場合もある。そのほかに、書き下ろしもある。対応関係の強弱にかかわらず、本書の叙述のベースとなっている論文（および著書）を示しておくと、堀林（1993, 1995, 1997, 1998, 1999, 2000, 2001a, 2001b, 2003, 2005a, 2005b, 2007a, 2007b, 2009, 2010, 2011a, 2011b, 2011c, 2011d, 2012, 2014, 2015a, 2015b）である。なお、対応関係がかなり明確な場合は、本文中に元の論文名を明記している。

2　2016年3月31日に定年で退職した元勤務先大学で4月から週に1度、「比較経済体制論」の講義を行っている。体調を崩し、1年間講義を休んだという単純な事実のためか、それとも困難に直面したことによる心境の変化のためなのかどうかはわからないが、今年度の講義が新鮮であり、私が講義を行うことに喜びを覚えているのは事実である。

　私は講義中に「時論」に当てる時間をとり、講義内容と現在という時代の関係を学生と一緒に考えるよう努めている。今年の4〜7月の講義期間には、米国大統領選挙、タックス・ヘイブン問題、オーストリア大統領選挙、イギリスのEU離脱の是非に関わる国民投票などを取り上げた。こうした論点について掘り下げ、学生に向かって自分自身の見解を述べることは、私自身の時代認識を鋭くするという点で有益であった。講義との関連で私が考えたことは、本書のメッセージともなっている。

あとがき

　深く立ち入らないが、それと関連して一つだけ、ここでもメッセージを記しておきたい。「時流の変化」とそれに対する私の想いである。前著『自由市場資本主義の再形成と動揺——現代比較社会経済分析』を刊行した時、私には自由市場資本主義、すなわち、社会的埋め込みの弱い資本主義は「動揺」しているとの認識があった。世界金融危機で金融主導型成長体制の失敗は明らかであったし、「略奪による蓄積」（ハーヴェイ。等価交換の原理を侵犯する形態の資本蓄積）は世界的に批判にさらされていた（世界各地での反貧困・格差運動）。この動揺は現在も続いている。

　「時流の変化」というのは、TPP反対や移民排斥など「反グローバル化」の感情と言説が米国、イギリスにおいても強くなっているということである。この感情と言説は、大陸欧州諸国やその他の地域や国でもみられる。しかし、新自由主義の本拠地である米国とイギリスでそれが浸透していることの意味は大きい。そして、注意すべきは「反グローバル化」を「扇動」している現在の主役は左翼よりも右翼であり、その際のベースとなるイデオロギーがナショナリズムであることである。人々の暮らしと幸福という観点から国境を越えた資本の運動を民主的に規制するという文脈において反グローバル化が唱えられているわけではないのである。

　このような「時流の変化」を端的に表現すれば、「新自由主義からナショナリズムへ」ということになるであろう。とはいえ、「略奪による蓄積」が終わっているわけではない。ナショナリストが民主主義によって規制された資本主義を作ろうと試みているわけではない。彼らに幻想を持つことはできない。私が持つのは期待ではなくて危惧である。右翼ナショナリズムの空気のなかで民主主義が制限され、非寛容な社会と世界が広がることを私は望まない。歴史を見れば、そして最近の先進国の状況を見れば、中東欧のいくつかの国で起きている右翼ナショナリズムによる民主主義の制限が、先進国で起きないと言い切る確信は私にはない。そして、そうした事態が起きないための理論的・実践的営みが求められているのが現在であると私は考えている。

　健康面の困難も含め様々な事情により、本書の刊行は遅れた。叙述の重複をもっと削るなど完成度を高めてから刊行したいと考えたが、時間は有

あとがき

限である。最善を求め、これ以上刊行を遅らせるよりは、次善を選び見切りをつけることにした。欠陥に関しては、次の発表機会に改めることにする。忌憚のない批判をお願いする。

　2015年末に40年を越すの研究生活を振り返る機会（退職記念研究会）を設けて下さった当時の勤務先の教員諸氏、および（主に関西在住の専門研究者で構成されている）「比較経済体制研究会」会員諸氏には記して謝意を表明したい。退職記念と健康祈願の会を設けてくれた私の演習所属の同窓生諸氏との再会と、そこで受けた励ましも本書刊行の力となった。感謝する。さらに、逐一お名前を挙げないが、学会、研究会、シンポジウム等の場で学問的刺激を与えて下さった国内外の研究者の皆さんに感謝している。

　執筆の遅れに寛容で、本書完成まで私を温かく励まし、編集の労にあたって下さった旬報社の真田聡一郎さんには心からお礼申し上げる。

　最後に、本書の刊行が近しい親族も含め闘病中の人および社会的困難に立ち向かっている人たちの励ましとなることを祈願している。

2016年11月1日

堀林　巧

人名索引

【あ行】

アウグスチノヴィッチ	347
アダミク	379
アマーブル	77, 82
アルベール	48
ヴェブレン	69
ウォーラーステイン	477, 504, 505, 506
エスピン‐アンデルセン	36, 119, 126
エルマン	288, 289, 290, 291, 292, 293
小野	125
オレンスタイン	23

【か行】

ガール	343
ガル	376
カステル	115
ガルブレイス	76
ギデンズ	103
キング	314, 315, 316
クラウチ	35
クリグマン	396
グレシュコヴィッチ	30, 181, 184
コーエン	48
ゴーベン	377, 378
小森田秋夫	199, 326
コルナイ	18, 148, 156, 189, 196, 201
コロシ	58, 173
コロナイ	399, 400

【さ行】

佐藤経明	48
サムエリ	11
サライ	392, 393
ジェソップ	76, 484, 485, 486, 487, 488, 502
シチョン	332
シャーギ	173
ジャット	105
シャバンス	18
シュピオ	453
スターク	167, 170
スタンディング	205
スティグリッツ	47
セドラチェク	503
セネット	114
セレーニ	173
ソスキス	75

【た行】

田中素香	414, 459
ディーコン	204

【な行】

中村健吾	456, 457

【は行】

バー	205
ハイデンライヒ	189
ハーヴェイ	75, 457
ハーネイ	382, 383, 384
パラーンカイ	446
ピケティ	500, 501
広井良典	14
廣田功	446
ファンアペルズーン	455
フェルゲ	70, 196, 201
フェルドマン	314, 315, 316
藤田菜々子	144
ブッヘン	314, 316
ブライス	35
フルツ	365
フレイ	386, 394
ベッカー	71
ベレンド	24, 186

人名索引

ボゾーキ	44
ポランニー	19, 36, 57, 60, 64, 68, 96, 470
ホール	75
ボーレ	30, 181, 184
ボワイエ	77

【ま行】

マーティン・ウルフ　　　460, 461

水野和夫　　　14
藻谷浩介　　　14

【ら行】

ロサーティ　　　189

用語索引

【あ】

アクティベーション	120, 136
アムステルダム条約	140
アンペイド・ワーク（無償労働）	393

【い】

移行経済学	47
偉大な社会	500
インフォーマル・セクター	331, 334

【う】

ウィーン・イニシアティブ	430
埋め込まれた新自由主義	154, 181
右翼ナショナリズム	12, 14

【え】

エリート	167, 173
エリート研究	167, 168

【お】

欧州経済格差	155, 186
欧州（EU）雇用・社会政策	120
欧州債務危機	225
欧州産業経営者円卓会議（ERT）	456
欧州社会モデル	212
欧州周辺部	34
欧州周辺部資本主義	214
欧州評議会	204, 208

【か】

外銀支配	225
外資依存経済	28
階層化指標	112
隠れた経済	331, 334
過剰死	288
カレンシー・ボード制	318
官僚的調整	19

【き】

企業主義	83, 114
偽装自営業	226, 227
金融主導型資本主義	76
金融主導型（従属金融型）成長	424

【く】

組合組織率	233
グヤーシュ社会主義	345
グローバル資本主義	502

【け】

経路依存性	26

【こ】

合理的資本主義	486
高齢危機の回避	206
高齢者従属人口指数	349, 350
国際支援の幻想	262
国家資本主義	20
コーディネートされた市場経済（CME）	75
コペンハーゲン基準	445
コーポラティズム	111
コミュニテイ	98, 104
混交所有	27, 145, 166, 167, 170

【さ】

再生産	169
最低所得保障（= Guaranteed Minimum Income, GMI）	250
サービス経済化	392, 393
サプライサイド経済学	131
三者協議制度	237

用語索引

【し】

時期尚早の福祉国家	197
自己防衛運動	62
自主管理社会主義	72
市場（的調整）	20
システム・パラダイム	18, 19
「支配金融型」成長体制	459
資本原理	61
資本の本源的蓄積	153, 166, 175
社会原理	61
社会的欧州	135, 212
社会的市民権	107
社会的対話	236
社会的包摂	103
社会的排除	136, 240
社会民主主義	103, 105
自由市場資本主義	31
自由市場経済（LME）	75
「従属金融型」成長体制	459
準周辺国	312, 313
純粋な新自由主義	154
準中心国	312, 313
職人気質	114
ジェンダー	327, 374, 376, 379, 382, 385, 386, 391, 396, 400
新自由主義イデオロギー	13
新帝国主義	457

【す】

趨勢転換論	480, 482
スピーナムランド	58

【せ】

政治資本	174
政治的資本主義	486
制度階層性	77
制度補完性	77
世界銀行	40
積極的労働市場政策	104
絶対的貧困	240

戦後コンセンサス	103, 105

【そ】

相対的貧困	241
ソフトな社会主義	203

【た】

第三の道	103, 134
脱家族化	119, 127
タックス・ヘイブン	28

【ち】

地域格差	189
長期雇用	114

【つ】

積立方式	343

【て】

底辺への競争	148
転換の社会的コスト	22, 160, 196, 502
転換の勝者	177
転換の敗者	177
転換不況	153, 155, 156, 160

【な】

南欧危機	224

【に】

二重運動	36, 67
ニュー・エリート	284

【ね】

ネオ・コーポラティズム	154

【は】

ハウスバンク	85
派遣雇用	226, 227
パート雇用	226
汎欧州ネットワーク	414, 416

【ひ】

非営利組織（NPO）	338
比較経済体制論	15, 47, 49
比較経済学	43, 49
比較資本主義論（資本主義の多様性論）	50, 81
比較資本主義論	467, 484, 485, 487
比較制度優位	84
比較福祉レジーム論	43
ビスマルク型社会保障制度	112, 126
非政府組織（NGO）	338
非典型雇用	226
批判的政治経済学	483, 484
開かれた政策調整（OMC）	136

【ふ】

フォーディズム	77, 79
賦課方式	344, 346
複合的社会	64
ブラック企業	499
フレクシキュリティ	228
ブレトン・ウッズ機関	204, 205
文化資本	174

【へ】

ベヴァリッジ型福祉国家	103
ベヴァリッジ型社会保障制度	112
ベーシック・インカム	207

【ほ】

方法論的ナショナリズム	484, 487
ポクロシュ・パッケージ	163, 180
保護主義	62
ポスト資本主義	14
ポスト社会主義	17
ポスト・スターリン	200
ポスト・フォーディズム	81

母性福祉国家	382, 383, 384

【ま】

マネタリズム	131

【み】

民営化されたケインズ主義	35

【め】

メインバンク	85

【ゆ】

有期雇用	226, 227

【り】

リスボン戦略	140

【れ】

略奪による蓄積	499
レギュラシオン学派	49, 478, 479

【ろ】

労働協約適用率	234

【わ】

ワークフェア	121
ワシントン・コンセンサス	47

【A～Z】

EBRD（欧州復興開発銀行）	46, 204
ILO（国際労働機関）	204, 207
IMF（国際通貨基金）	40
NATO（北大西洋条約機構）	447
OECD（経済開発協力機構）	204, 208
PHAREプログラム	448, 450
UNDEP（国連開発計画）	204, 208
UNICEF（国際連合児童基金）	204, 208
WHO（世界保健機関）	281

●著者紹介

堀林　巧（ほりばやし　たくみ）

金沢大学名誉教授。
1951年生まれ。大阪市立大学経済学部卒業。同大学経済学研究科後期博士課程退学。博士（経済学）〔京都大学、2014年〕。主な著書に、『ハンガリーにおける改革の軌跡：経済分権化から政治的多元化へ』（金沢大学人間社会研究叢書5、1990年）、『ハンガリーの体制転換——その現場と歴史的背景』（晃洋書房、1992年）、『自由市場資本主義の再形成と動揺——現代比較社会経済分析』（世界思想社、2014年）がある。

中東欧の資本主義と福祉システム
——ポスト社会主義からどこへ

2016年12月8日　初版第1刷発行

著　者　堀林　巧
装　丁　池田久直（株式会社 ビジュアル・ジャパン）
発行者　木内洋育
編集担当　真田聡一郎
発行所　株式会社 旬報社
　　　　〒112-0015　東京都文京区目白台2-14-13
　　　　TEL03-3943-9911　FAX03-3943-8396
　　　　ホームページ　http：//www.junposha.com/
印刷所　シナノ印刷株式会社

©Takumi Horibayashi 2016, Printed in Japan
ISBN978-4-8451-1478-8 C3036

乱丁・落丁本はお取り替えいたします。